U0679697

陆杰峰 著

早期禅宗般若思想研究

儒道释博士论文丛书

巴蜀书社

《儒道释博士论文丛书》由上海城隍庙和北京东岳庙资助出版

《儒道释博士论文丛书》缘起

国家“985 工程”四川大学宗教、哲学与
社会研究创新基地首席科学家
《儒道释博士论文丛书》
编委会主编 卿希泰

儒道释是中华民族传统文化的三大支柱，源远流长，内容丰富，影响深远，它对中华民族的共同心理、共同感情和强大凝聚力的形成与发展，均起了极其重要的作用，是我们几千年来战胜一切困难、经过无数险阻、始终立于不败之地的精神武器，在今天仍然显示着它的强大生命力，并在新的世纪里，焕发出更加灿烂的光彩。

自从 1978 年中国共产党第十一届三中全会确立改革开放路线以来，我国对儒道释传统文化的研究工作，也有了很大的发展，在全国各地设立了许多博士点，使年轻的研究人才的培养工作走上了有计划有组织地进行的轨道，一批又一批的博士毕业生正在茁壮成长，他们是我国传统文化研究方面的一支强大的新生

力量，是有关各学科未来的学术带头人。他们的博士学位论文有一部分在出版之后，已在国内外的同行学者中受到了关注，产生了很好的影响。但因种种原因，学术著作的出版甚难，尤其是中青年学者的学术著作出版更难。因此还有相当多的博士学位论文难以及时发表。不及时解决这一难题，不仅对中青年学者的成长不利，且对弘扬中华优秀传统文化，促进学术交流也不利。我们有志于解决此一难题久矣，始终均以各种原因未能如愿。直到1999年，经与香港圆玄学院商议，喜得该院慨然允诺捐资赞助出版《儒道释博士论文丛书》，当年即出版了第一批共5本博士学位论文。此后的10余年间，在圆玄学院的鼎力支持及丛书编委会同仁的共同努力下，一批又一批优秀的博士学位论文通过这个平台展现在世人面前，到2013年，已出版了15批共130部；这些论著的作者，有很多已经成长为教授、博士生导师。2014年，圆玄学院因自身经济方面的原因，停止资助本丛书，我们深感遗憾，同时也对该院过往的付出与支持致以敬意和感谢！

令人欣慰的是，当陈耀庭教授得知本丛书陷入困境的消息后，即与上海城隍庙商议，上海城隍庙决定慷慨施以援手。2015年，慈氏文教基金有限公司董事长王联章先生也发心资助本丛书。学术薪火代代相传，施善之士前赴后继。在党中央弘扬中华民族优秀传统文化的英明决策指引下，本丛书必然会越办越好，产生它的深远影响。

本丛书面向全国（包括港澳台地区）征稿。凡是以研究儒、道、释为内容的博士学位论文，皆属本丛书的出版范围，均可向本丛书的编委会提出出版申请。

本丛书的编委会是由各有关专家组成，负责审定申请者的博士学位论文的入选工作。我们掌握的入选条件是：(1) 对有关学科带前沿性的重大问题做出创造性研究的；(2) 在前人研究的基础上有新的重大突破、得出新的科学结论从而推动了本学科向前发展的；(3) 开拓了新的研究领域、对学科建设具有较大贡献的。凡具备其中的任何一条，均可入选。但我们对入选论文还有一个最基本的共同要求，这就是文章观点的取得和论证，都须有科学的依据，应在充分占有第一手原始资料的基础上进行，并详细注明这些资料的来源和出处，做到持之有故、言之成理，避免夸夸其谈、华而不实。我们提出这个最基本的共同要求，其目的乃是期望通过本丛书的出版工作，在年轻学者中倡导一种实事求是地、一步一个脚印地进行学术研究的严谨学风。

由于编委会学识水平有限和经验与人力的不足，难免会有这样或那样的失误，恳切希望能够得到全国各有关博士点和博士导师以及博士研究生们的大力支持和帮助，对我们的工作提出批评和建议，加强联系和合作，给我们推荐和投寄好的书稿，让我们一道为搞好《儒道释博士论文丛书》的出版工作、为繁荣祖国的学术文化事业而共同努力。

2015 年 10 月 1 日于四川大学宗教、哲学
与社会研究创新基地，道教与宗教文化研究所

编委会按：2017 年，慈氏文教基金有限公司因自身原因中止资助，其资助金额由北京东岳庙管委会慷慨承担，谨此致谢。

目　录

序

与其他宗教相比，佛教有一个非常重要的特点，就是在讲信仰的同时，又强调“智慧”，注重“慧解脱”。《大智度论》中有句话：“般若是为诸佛母”，意为般若智慧是一切诸佛（佛陀、佛教、佛法）的“母亲”。悉达多王子因悟“缘起法”而成“佛”（佛陀的本义是“觉悟的人”）；佛教的基本教义（如“四谛”“十二因缘”等）是以缘起理论为基石建立起来的；而作为统包“佛教”与“佛理”的“佛法”，则是以“般若智慧”为“细胞”构建起来的一个兼具宗教义理和哲学思辨的博大精深的思想体系。

在佛教典籍乃至整个佛法思想体系中，“缘起理论”“般若智慧”“空性智慧”三者是一而三、三而一的，名异而实同，都是一种多元、立体、动态的思维方法。体现这种思维方法的佛教经典，主要有《般若经》和《大智度论》等。而《金刚经》《般若心经》则是这些经论的浓缩本，且影响至深至广。

佛教传入中国之后，由于能够在坚持佛陀本怀的同时，因应当时当地的社会历史条件和思想文化背景，大量吸收了中国本土思想，特别是儒家思想，逐步走上了一条既契理又契机的中国化道路。就表现形式上说，中国佛教相对于印度佛教有三个重大转向：一是从“真空”转向“妙有”，二是从“佛本”转向“人本”，三是从“出世”转向“入世”（或者更准确点讲“既出世，又入世”）。晋宋之后，佛性理论逐渐成为中国佛教的主流。但这并不意味着重点在讲“空”的般若智慧就此消失了。实际上，作为一种“思维方法”，般若智慧始终全面、深刻地影响着中国佛教，并在禅宗（特别是惠能南宗）那里进一步发展成为“心法智慧”。

当然，禅宗思想从强调“真空”到注重“妙有”是一个历史发展过程。陆杰峰的博士论文《早期禅宗般若思想研究》以早期禅宗般若思想为主题，以“理、行、果”为思想框架，较深入地探讨了般若思想如何作为一种思维方法深刻影响着早期禅宗的开展，并梳理了早期禅宗祖师（从初祖达摩至六祖惠能）对般若智慧的不同解读和实践，展示了毕竟无所得的般若学风格。

关于禅宗的般若思想，以往的研究已经注意到了达摩禅与“虚宗”、道信与《文殊般若经》、惠能与《金刚经》的相互关系等问题。但是，般若思想如何成为禅宗的理论渊源？禅宗祖师对于《般若经》的相关注疏如何影响了禅宗思想的历史发展？般若智慧在思维方式方面又在如何影响中国佛教的历史发展？正是带着这些问题，《早期禅宗般若思想研究》遵循从“文本”到“哲学”再到“智慧”的思想路径，通过细致的文献梳理，讨论了达摩禅“无相虚宗”的般若学内涵、道信禅与《文殊般若经》的“一行三昧”、东山法门的“无得守心”、《坛经》的“摩诃般若波罗蜜法”，考证了《金刚经》与禅宗南北宗之间的复杂关系与传说叙事，分析了据传是惠能所撰《金刚经解义》与早期禅宗《般若心经》注疏的诠释思想。本书分别从以上几个方面，把禅宗般若思想的研究向前推进了一步。

陆杰峰2013年至2020年在南京大学中国哲学专业攻读硕士、博士学位。我是他的硕士、博士指导老师。在读期间，陆杰峰研读了大量儒释道方面的原著，对于思辨性较强的经典论著用力尤勤。他的毕业论文以较具思辨色彩的般若学为研究对象。近日欣闻他在博士论文基础上进一步修润为《早期禅宗般若思想研究》一书，已列入“儒道释博士论文丛书”。付梓之际，我作为他的老师，随喜写上几句，希望本书的出版能够引发和推进人们对于般若智慧的关注和探讨，特别是从训练思维方法、提升人生智慧的角度，让优秀的传统文化更好地服务于当代社会和现实人生。

是为序。

赖永海

壬寅年春月于南京大学

绪　论

一　研究缘起

在佛陀依现等觉的自证所开示的中道正行中，般若（paññā，prajñā）是有情众生从生死流转中获得解脱的主要正因。有情众生身心所处的世界是由业力所牵引的相似相续的缘起之流，而佛陀现观缘起而觉悟成佛、依缘起而说法行化，故“缘起论”正是佛法的理论基石①。依据“此有故彼有，此生故彼生”② 的缘起基本法则，众生身心存在所遭遇的苦与烦恼皆是辗转依持种种因缘而生灭无常，而烦恼的根本在于“无明所盖，爱系其首”③；若深究之，“爱系”的原因亦在于“无明”

① 赖永海：《缘起论是佛法的理论基石》，《社会科学战线》2003 年第 5 期，第 50 – 52 页。后收录于赖永海：《中国佛教与哲学》，北京：宗教文化出版社，2004 年，第 1 – 8 页。

② （刘宋）求那跋陀罗译：《杂阿含经》卷 10 第 262 经，T2，n99，p. 67a5（表示《大正新修大藏经》册数、号数、页数、栏位、行数，下同。大正新修大藏经刊行会编：《大正新修大藏经》，东京：大藏出版株式会社，1988 年）。

③ （刘宋）求那跋陀罗译：《杂阿含经》卷 6 第 133 经，T2，n99，p. 41c16 – 17。

(avijjā, avidyā)，即不如实知空相应缘起的“无证知”“无明知”[①]。故在关于缘起的代表性的十二支说当中，“无明”是生死流转的根本原因，也是解脱还灭的关键症结。[②] 佛法的修学实践正是为了解除“无明”。在能令出生无漏圣道的“五无漏根”(信、精进、念、定、慧) 中，慧——般若为其首要；在通向解脱的圣道实践中，“正见”为其先导，由正见而持戒、修定、证慧。“无明”解除的清净状态即是“明”(vijjā)，即是“智”(ñāṇa)，即是“光明”(āloka)，即是“般若”[③]。所以，佛教可以说是“智慧之教”，也即是“般若之教”；般若规定了佛教自身的结构与边界，既是空相应缘起的真谛，也是修行实践的圣道，更是觉悟解脱的果德。

佛教的“般若”在时间绵延中展开为具体的历史形态。在古印度的思想传统中，《奥义书》中的哲人已将“智慧”视为解脱的所依，然而《奥义书》中的“智慧”是教导人通过苦修而得生天界、获得永生与欲乐[④]；佛教借鉴了《奥义书》依智慧得

---

① “无明”不是一般意义上的“无知”，参见服部弘瑞：《原始仏教に於ける無明（avijjā）の語義に就いて》，《パーリ学仏教文化学》第10卷（東京：パーリ学仏教文化学会），1997年，第105－111页。

② （刘宋）求那跋陀罗译《杂阿含经》卷10第262经：“所谓此有故彼有，此生故彼生，谓缘无明有行，乃至生、老、病、死、忧、悲、恼、苦集；所谓此无故彼无，此灭故彼灭，谓无明灭则行灭，乃至生、老、病、死、忧、悲、恼、苦灭。”T2，n99，p. 67a4－8。

③ 平川彰：《般若と識の相違》，《日本学士院纪要》第50卷第1号，1995年，第22页。

④ 渡边章悟：《プラジュニャー（prajñā）再考：ウパニシャッドから仏教へ》，《东洋学论丛》第21号，1996年，第76－90页。后收录于渡边章悟：《金剛般若経の研究》，东京：山喜房佛书林，2009年，第93－104页。

解脱的思想，但对“智慧”与“解脱”予以了重构①。于佛教而言，《奥义书》的“智慧”与“解脱”是有漏的世间之智、世间之解脱，而佛教所言说的“智慧”——般若是无漏的出世间的圣智，是缘起真谛的觉悟，“解脱”是通过中道正行断灭烦恼而获得清净涅槃。在早期佛教和部派时代，佛陀关于“般若”的教说得到进一步论究，慧所依的根、慧的分类、慧的种种相、慧的修习实践方法等的规定与辨析日渐组织成结构完整、逻辑严密的佛教般若智慧论。② 不同于阿毗达磨以语言概念所构筑的“法”的世界，《般若经》集中以佛陀“本生”中发展出来的菩萨行的“般若波罗蜜”（prajñāpāramitā）为主题，形成了“诸法无受三昧”③ 的菩萨般若法门，回归了佛陀的“智慧之教”，成为大乘佛教思想的开端。般若法门于一切法不舍不著中，一切善法行门成了般若所了达的成佛法门，因此，般若成为菩萨修学菩提道的主导，几乎所有大乘经典和大乘戒学、定学都受到了般若法门的影响。④ 其后，龙树本着对般若法门的深悟，抉择早期佛教以来关于缘起、空、中道的甚深法义，将“般若”建构为即空即假之缘起的中道思想体系。龙树之后的印度佛教始终沿着龙树的思想路径，从各自的时代和地域思想背景展开对般若思想的进一步理解与阐发，无论是侧重菩萨行位的瑜伽唯识学，还是侧重如来果德的如来藏说，乃至即身成佛的密教，皆可视为大乘般

① 姚卫群：《佛教般若思想发展源流》，北京：北京大学出版社，1996 年，第 45 -46 页。

② 水野弘元：《原始仏教および部派仏教における般若について》，《驹泽大学佛教学部研究纪要》第 23 号，1965 年，第 13 -42 页。

③ （后秦）鸠摩罗什译：《小品般若波罗蜜经》卷一，T8，n227，p. 537c12。

④ 印顺：《初期大乘佛教之起源与开展》，台北：正闻出版社，1994 年，第 1227 -1228 页。

若思想在“空亦复空”逻辑中的进一步展开。在此意义上，佛教的历史性开展可以理解为一部“般若思想史”[①]。

中国佛教是大乘佛教运动进一步发展的产物。东汉时期，小乘和大乘佛教同时传入中国，以安世高翻译的小乘禅数经典和支娄迦谶翻译的大乘般若经典为代表，同时影响了佛教在中国的早期传播。[②] 然而，安世高译经虽然对当时和后世有一定影响，但影响范围却十分有限[③]；而支娄迦谶译经特别是《道行般若经》迅速传播开来，使得中国佛教沿着大乘般若思想的路径发展起来。在魏晋时代玄学风气影响下，般若学开始兴盛流行而成为一代显学[④]；至鸠摩罗什入长安，般若学得以正本清源而祛除思想转译所造成的歧义，直接承续印度大乘佛教的经论义理，中国佛教也由此开始进入了具有划时代意义的创造性发展的历史阶段。在中国佛教发展出的各种义理系统之中，“般若”与“佛性”是最核心的两个纲领性观念[⑤]。佛性思想构成了中国佛教思想的实质性内容，而般若思想对中国佛教思想的塑造作用更主要体现在方法形式的层面。就思想议题内容而言，晋宋之后的中国佛教主流在如来藏系经典影响下转向倡导一切众生悉有佛性的涅槃佛性

① 山口益：《般若思想史》作者序，肖平、杨金萍译，上海：上海古籍出版社，2006年，第1页。

② 赖永海主编：《中国佛教通史》第1卷，南京：江苏人民出版社，2010年，第238页。

③ 吕澂：《中国佛学源流略讲》，《吕澂佛学论著选集》第5卷，济南：齐鲁书社，1991年，第2481页。

④ 汤用彤：《汉魏两晋南北朝佛教史》，上海：上海人民出版社，2015年，第107页。

⑤ 牟宗三：《佛性与般若》序，《牟宗三先生全集》第3册，台北：联经出版公司，2003年，第5页。

之说[①]；但就思想方法与形式而言，般若思想一直规定着南北朝至隋唐中国佛教思想的结构与边界。南北朝至隋唐的中国佛教向上回溯至作为大乘开端的般若思想，以般若的方法展开“佛性妙有”的学说，使“真空”与“妙有”得以在中道实相下巧妙圆融地统一起来，从而回避了如来藏说所产生的自性见、梵我论、实体化等嫌疑；同时基于“佛性妙有”的立场对般若思想予以创造性的重构，借般若思想回归佛陀本怀关于空相应缘起的真理观、无知而如实知的智慧观、不舍不著的中道修行观的基本理解。如果将“般若”理解为以佛教“智慧”为根本尺度的“理”“行”“果”的思想结构，那么中国佛教可以说是“般若思想史”的创造性发展。

禅宗作为中国佛教的代表[②]，其“以心传心”[③] 的法门区别于义学传统对经论义理的细致论究，以当下现实指点人心缘起之真谛，单刀直入于不舍不著、顿悟见性的修行实践方法，直探佛陀现等觉的自证的本怀，以即于世间的当下获得寂静、证智、正觉为究竟解脱。然而就禅宗的思想逻辑与历史发展而言，禅宗与经论义学实则有着十分复杂的关联，所谓“教外别传”[④] 只是为了凸显不重视言教说法而专重自性自悟，并非全无乃至背离佛教

---

① 赖永海：《中国佛性论》，南京：江苏人民出版社，2012 年，第 3 页。

② 赖永海：《禅宗何以能成为中国佛教的代表》，赖永海主编：《禅学研究》第 4 辑，南京：江苏古籍出版社，2000 年，第 1 – 4 页。后收录于赖永海：《中国佛教与哲学》，北京：宗教文化出版社，2004 年，第 119 – 125 页。

③ 杨曾文：《敦煌新本六祖坛经》（2 版），北京：宗教文化出版社，2011 年，第 12 页。

④ 《大梵天王问佛决疑经》，X1，n27，p. 442a11（表示《卍新纂续藏经》册数、号数、页数、栏位、行数，下同。河村孝照等编：《卍新纂续藏经》，东京：株式会社国书刊行会，1975 – 1989 年）。

之义理教相，故实则是“教内之教外别传”①。与隋唐时代天台、华严诸宗相似，就思想议题内容而言，禅宗的核心思想是即心即佛的佛性论②；但就方法与形式而言，禅宗更注重般若三昧的不舍不著、得无所得、当下即是的无限妙用。禅宗直指人心的法门避免了义学论究可能陷入的“识”的层面，“识”（viññāṇa，vijñāna）意味着“分别（vi－）”地进行“知的作用（ñāṇa，jñāna）”③；而禅宗在“无心（识）”的实践中超越了一切分别④，直观洞察当下之心的缘起实相，直接导向作为解脱正因的“悟的智慧”本身，又依智慧于生命存在的当下获得清净、洒然、自在。在此意义上，禅宗是佛教般若思想的真正实践者和体现者，使佛陀所教的般若理、般若行、般若果以圆顿的方式成为觉悟成佛的直截途径。

本书讨论从达摩—慧可到南北宗争论的“早期禅宗”，时间范围在5世纪末至8世纪中叶，以区别于马祖道一以后的分灯禅。⑤ 本书以早期禅宗般若思想为主题，探讨般若思想如何作为

---

① 牟宗三：《佛性与般若》，《牟宗三先生全集》第4册，台北：联经出版公司，2003年，第1052页。

② 赖永海：《中国佛性论》，南京：江苏人民出版社，2012年，第164页。

③ 胜吕信静：《唯识说的体系之成立：特以〈摄大乘论〉为中心》，高崎直道等著，李世杰译：《唯识思想》，贵州：贵州大学出版社，2016年，第92页。

④ 铃木大拙：《無心といふこと》，《铃木大拙全集》第7卷，东京：岩波书店，1968年，第288－290页。

⑤ “早期禅宗”又可称为“前期禅宗”或“初期禅宗”。关于早期禅宗与马祖后的分灯禅的差别，参见赖永海：《禅宗前后期思想比较研究》，《中国社会科学院研究生院学报》1987年第5期，第43－49页，后收录于赖永海：《中国佛教与哲学》，北京：宗教文化出版社，2004年，第69－82页。赖永海：《祖师禅与分灯禅：兼论中国禅与日本禅》，《禅学研究》第1辑，南京：江苏古籍出版社，1992年，第16－24页，后收录于赖永海：《中国佛教与哲学》，北京：宗教文化出版社，2004年，第83－100页。赖永海：《中国佛性论》，南京：江苏人民出版社，2012年，第21页。

一种方法参与早期禅宗呈现自心的修学形态的建筑过程，从而折射隋唐佛教开展过程中对般若思想的重构及其之于中国佛教哲学的重要意义。本书的致思问题主要集中在如下三个方面。

其一，《般若经》与禅宗思想的关联。禅宗虽然从第一义谛的立场强调自心自性毕竟空寂、绝诸戏论而自称“不立文字”，然而语言文字能诠表佛陀言教的深义而令人生起与佛不异的深悟，故经论的语言文字亦称为“文字般若”[①]。与禅宗关系最为密切的般若经典莫过于《金刚经》，六祖惠能因《金刚经》悟入早已是禅宗史上流传千年的一直为人津津乐道的公案。然而，关于惠能与《金刚经》关系的相关文献记载是如何成立的？署名惠能的《金刚经》注疏是否表达了惠能的思想？这些都是看似老生常谈却往往被忽略的问题。此外，道信至弘忍的东山法门与《文殊般若经》的关联、《般若心经》在禅宗内部的流传等问题也亟待仔细甄别与梳理。

其二，禅宗思想中“般若”与“佛性”的义理关系。对禅宗产生重要影响的经论，除了般若部的经典，还有如来藏系的经典《楞伽经》与《起信论》。禅宗史书一直有达摩西来以《楞伽经》传心的说法，然而同样有惠能门下《金刚经》传心的说法。这是否意味着，《楞伽经》与《金刚经》，或者如来藏说与般若思想，是两种完全对立、不可相容的思想系统？《金刚经》是否取代了《楞伽经》成为禅宗传法的象征？或者，如来藏说与般若思想是否存在着内在的义理关联？《楞伽经》与《金刚经》在禅宗史上是否同时发挥着重要作用？更进一步的问题是，二者的

① （后秦）鸠摩罗什译《大智度论》卷七十九“是般若波罗蜜因语言、文字、章句可得其义”，T25，n1509，p. 619b21－22。

思想结构在整体上的分野在何处得到界划？可能的义理关联对思想自身的建筑而言居于怎样的位置？禅宗思想与三论、唯识、天台、华严诸宗具有怎样的区分与承续？

其三，禅宗在思想和实践上对般若方法的巧妙运用。般若不著一切而了达一切，《金刚经》云“一切法皆是佛法”①，一切行门、法门经过般若的了达而成为觉悟解脱的门径。而禅宗在思想与实践上于无可表示中巧妙运用种种“方便”（upāya）表示悟的方法与境界，从早期的安心、念佛、看净到六祖惠能的“明心见性”再到后期的斗机锋、作手势、打踏棒喝、反诘暗示等，接引学众、表示见地、互相勘验的“方便”各有不同，禅者的风格也个性鲜明。这些迥异乃至奇诡的“方便”背后具有怎样的义理结构？这些“方便”与般若不舍不著的精神有怎样的关联？不同风格的禅者本着自证自悟所表述的思想如何对般若思想进行了创造性重构？

对以上三方面问题的细致梳理将有助于澄清作为直承佛陀本怀的禅宗思想自身的边界及其在作为整体的佛教思想中的位置，并且明辨般若思想的结构体系及其在以禅宗为代表的依智慧得解脱的佛教思想和实践上的意义。

① （后秦）鸠摩罗什译：《金刚般若波罗蜜经》，T8，n235，p. 751b2。同经异译，（元魏）菩提流支译：《金刚般若波罗蜜经》，T8，n236a，p. 755b24；（陈）真谛译：《金刚般若波罗蜜经》，T8，n237，p. 765a7；（隋）达摩笈多译：《金刚能断般若波罗蜜经》，T8，n238，p. 770a17；（唐）玄奘译：《大般若波罗蜜多经》卷五百七十七《第九能断金刚分》，T7，n220，p. 984a7－8；（唐）义净译：《佛说能断金刚般若波罗蜜多经》，T8，n239，p. 774b5。

二 研究综述

禅宗虽然不属于义学系统，然而与《般若经》、般若思想有着根本性的关联。赖永海师指出，禅宗的佛性思想受到了如来藏系经典的影响，然而在思维方法上却主要接受了般若学的不著空有、尽离二边、离相无念的中道思想。[①] 杨惠南也认为，“般若”和“佛性”是禅宗的两大思想传承，中国禅的般若精神表现在视世间事物为美善之道，尊重世间美德，遣荡任何对立概念，达到不落任何固定形式或价值的洒脱自在境界。[②]

达摩门下一向有《楞伽》传宗的说法，但与《般若经》、般若思想有密切的关联。忽滑谷快天认为，道信似为用《般若经》之发端，而弘忍始令其门弟持《金刚经》，为祖门谈空理之渐，六祖惠能亦于《金刚经》有悟入。[③] 汤用彤认为，《楞伽经》所明在于“无相之虚宗”，达摩依上承《般若》法性的“南天竺一乘宗”讲之，结合无相与心性，其宗义乃大乘空宗。[④] 陈寅恪认为，禅宗在法统史、《金刚经》传法、顿悟说等方面皆与三论宗有密切关系。[⑤] 吕澂最初将慧可、僧璨一系称为“《楞伽》禅”，道信、弘忍一系称为“《起信》禅”；后又指出道信的禅法吸收

---

① 赖永海：《中国佛性论》，南京：江苏人民出版社，2012 年，第 176 页。

② 杨惠南：《禅史与禅思》，台北：东大图书公司，1995 年，第 10 - 18 页。

③ 忽滑谷快天著，朱谦之译：《中国禅学思想史》，上海：上海古籍出版社，2002 年，第 114、120、132 页。

④ 汤用彤：《汉魏两晋南北朝佛教史》，上海：上海人民出版社，2015 年，第 551 - 557 页。

⑤ 陈寅恪：《论禅宗与三论宗之关系》，《陈寅恪集 · 讲义及杂稿》，北京：三联书店，2002 年，第 431 - 439 页。

了般若思想。[①] 印顺法师认为，达摩禅从南朝而到北方，原与般若法门有共同的风格；道信深受南方般若学的影响，将《楞伽经》与《文殊般若经》相融，悟解般若为即空的妙有。[②] 任继愈先生认为，弘忍传教的湖北黄梅是南北朝以来三论学流行的地区，《金刚经》为禅宗采用是受了当地三论学的影响。[③] 洪修平先生认为，达摩受南北朝佛教学风影响，将般若扫相与心性本净相结合，但立足点在“心”上；道信以《般若》实相说改造《楞伽》的心性论，立足点由《楞伽》逐渐移向《般若》。[④] 杜继文先生和魏道儒先生认为，达摩所传的四卷本《楞伽》以离二边的性空为涅槃，其倾向是“虚宗”；慧可将般若性空之理当作遍在一切的真如，将般若学和佛性论结合起来，调节了达摩禅中“虚宗”与“真性”的矛盾；道信不属于楞伽师传承，而是奉持《般若》。[⑤] 潘桂明先生认为，《楞伽经》本身包含般若性空的内容，道信开创的东山法门为了适应南方弘法，将《楞伽经》如来藏思想和《般若经》《维摩经》的般若性空结合，深远影响了后世禅宗。[⑥] 而伯兰特·佛尔（Bernard Faure）的观点更为激进，他质疑《楞伽师资记》关于道信的叙述，认为道信开

---

① 吕澂：《禅学述原》，《吕澂佛学论著选集》第1卷，济南：齐鲁书社，1991年，第396－409页；吕澂：《中国佛学源流略讲》，《吕澂佛学论著选集》第5卷，济南：齐鲁书社，1991年，第2760页。

② 印顺：《中国禅宗史》，台北：正闻出版社，1994年，第55页。

③ 任继愈：《汉唐佛教思想论集》，北京：人民出版社，1981年，第132－133页。

④ 洪修平：《禅宗思想的形成与发展》，南京：江苏人民出版社，2011年，第66、91页。

⑤ 杜继文、魏道儒：《中国禅宗通史》，南京：江苏人民出版社，2008年，第68、70、85页。

⑥ 潘桂明：《中国禅宗思想历程》，北京：今日中国出版社，1992年，第50－56页。

创的东山法门与楞伽传统的直接关系非常微弱；据《修心要论》，东山法门的思想本质上依赖于般若智慧而不是《楞伽经》。[①] 杨曾文先生认为，记述达摩禅法的《二入四行论》虽也有佛性相关语词，但引用经论多是鸠摩罗什所译般若中观系经典，可以说，达摩禅法的主要理论基础是般若中观思想；道信继承和发展了达摩禅法，特别重视以般若空观显现本有佛性。[②] 徐文明先生认为，达摩“二入四行”的“第四称法行”主要依据般若空理，以真空显示妙有，露出“虚宗”面目；这一思想进一步表现为慧可、僧璨思想中的“一体无二”，无二即般若空慧；道信由慧可、僧璨的暗用般若转而公开以《文殊般若经》开示己宗，使“虚宗”的特点更为突出。[③] 葛兆光先生则认为，兼奉大乘空宗的《思益梵天所问经》对达摩禅一系从《楞伽》到《般若》的发展有一定关系。[④] 伊吹敦分析了初期禅宗引用《般若经》的概况，指出东山法门运用《般若经》是为了说明“悟”的修行法的正当性的根据和所得之“悟”与经论的一致性；这种情况在荷泽神会批判北宗的“渐悟”之后而代之以“《金刚经》信仰”。[⑤]

惠能与《金刚经》、般若思想的复杂关系是学界重点讨论的

---

① 伯兰特·佛尔著，蒋海怒译：《正统性的意欲：北宗禅之批判系谱》，上海：上海古籍出版社，2010 年，第 175 页。

② 杨曾文：《唐五代禅宗史》，北京：中国社会科学出版社，1999 年，第 63、80 页。

③ 徐文明：《中土前期禅学史》，北京：北京师范大学出版社，2013 年，第 86、152、194 页。

④ 葛兆光：《增订本中国禅思想史：从六世纪到十世纪》，上海：上海古籍出版社，2008 年，第 104、252 页。

⑤ 伊吹敦：《初期禪宗と「般若経」》，《国际禅研究》第 1 卷（东京：东洋大学东洋学研究所国际禅研究プロジェクト），2018 年，第 75－93 页。

问题。汤用彤认为，惠能重视《金刚经》只是发展了达摩以《楞伽经》显示“无相之虚宗”，所谓“革命”其实也是上追达摩的“中兴”，发扬了“南天竺一乘宗”本来的般若精神。[①] 吕澂将惠能一系称为“般若禅”，认为惠能禅学之源在《金刚经七句义释论》（隋达摩笈多译《金刚般若论》），《坛经》之坐不为禅、《金刚》发心、自相本然、顿悟顿修皆见于《金刚经七句义释论》，其根本精神为无相、无住，以《金刚经》代替了《楞伽经》，但仍受道信、弘忍以来魏译《楞伽经》及《起信论》的自性本觉思想影响而偏离大乘瑜伽传统。[②] 针对达摩以《楞伽》印心、惠能代之以《金刚经》的说法，印顺法师认为，这一说法是错误的，《坛经》的“摩诃般若波罗蜜法”是道信以来所承用的《文殊所说摩诃般若波罗蜜经》而非《金刚经》，但神秀、惠能时代的共同趋势是《金刚经》取代《文殊般若经》成为最上乘无相法门的代称；作为核心思想，达摩至惠能是一贯的“如来藏禅”。[③] 平井俊荣认为，《坛经》思想是《涅槃经》之佛性和《般若经》之空的融合。[④] 杨惠南则认为，《坛经》的“摩诃般若波罗蜜法”与鸠摩罗什译“大品般若”即《摩诃般若波罗蜜经》有关。[⑤] 牟宗三认为，惠能禅之精神根本是《般若经》之

---

① 汤用彤：《汉魏两晋南北朝佛教史》，上海：上海人民出版社，2015 年，第 556 – 558 页。

② 吕澂：《禅学述原》，《吕澂佛学论著选集》第 1 卷，济南：齐鲁书社，1991 年，第 396 – 409 页；吕澂：《中国佛学源流略讲》，《吕澂佛学论著选集》第 5 卷，济南：齐鲁书社，1991 年，第 2760 页。

③ 印顺：《中国禅宗史》，台北：正闻出版社，1994 年，第 158 – 164、356 页。

④ 平井俊荣：《中國般若思想史研究：吉蔵と三論學派》，东京：春秋社，1976 年，第 670 页。

⑤ 杨惠南：《慧能》，台北：东大图书公司，1993 年，第 77 页。

精神，惠能将于一切法不舍不著的《般若经》与空宗之精神收于自心上，转成存在地实践地"直指人心、见性成佛"之顿悟的祖师禅。[①] 圣严法师认为，《坛经》是以般若为方法，以如来藏为目标，用般若三昧及一行三昧等般若的空观作为修证的观行方便，以破除烦恼的执着，以期达到"明心见性"的目的。[②] 洪修平先生认为，惠能以般若中道观为方法融摄传统的佛性论，以般若的无相之实相显示自心佛性，依当下现实之心的觉悟解脱以体现"以空融有，空有相摄"。[③] 潘桂明先生认为，惠能通过《维摩经》的"不二法门"，将《涅槃经》的"佛性"与《金刚经》的"心"相结合，形成了"直指人心，见性成佛"的禅法。[④] 杨曾文先生认为，惠能巧妙地将般若中观学说的相即不二的方法论与涅槃佛性理论的众生有性的心性论变通融合，构成了其简洁、直入的禅法。[⑤] 姚卫群先生通过分析《坛经》中关于大乘般若思想中空的观念、中道思想、二谛理论、无分别观念等的论述，认为《坛经》汲取印度佛教原有的思想材料予以创造性表述，为适应中国的国情认同强调"妙有"，发展了《般若经》

---

① 牟宗三：《佛性与般若》，《牟宗三先生全集》第 4 册，台北：联经出版公司，2003 年，第 1069 – 1070 页。

② 释圣严：《六祖坛经的思想》，《中华佛学学报》第 3 期，1990 年，第 149 – 164 页。

③ 洪修平：《禅宗思想的形成与发展》，南京：江苏人民出版社，2011 年，第 204 页。洪修平、孙亦平：《惠能评传》，南京：南京大学出版社，1998 年，第 239 页。

④ 潘桂明：《中国禅宗思想历程》，北京：今日中国出版社，1992 年，第125 – 128、147 页。

⑤ 杨曾文：《唐五代禅宗史》，北京：中国社会科学出版社，1999 年，第164 – 168 页。

中观派的理论，更加贴近于一般社会生活。[①] 杨惠南认为，《坛经》在理论部分依《楞伽经》说从自性生念与相，在实践部分依《金刚经》说念与相本性清净而主张无念、无相、无住，这使得惠能所理解的般若是《楞伽经》的如来藏思想与《金刚经》一切皆空思想的综合。[②] 吴汝钧认为，惠能禅集合了般若与佛性，使"自性"带有了不舍不著的无碍性格，借着背反的突破与超越消解一切对象化，建立绝对自由的"无住的主体性"。[③] 徐文明先生认为，惠能早期偏重般若思想之破相，经弘忍教授而解明《楞伽》之"一心"。[④] 张国一认为，惠能思想的主干是始终的一贯的"摩诃般若波罗蜜"，惠能将"般若"理解为心、物平等不二的法性，重视从心、物之"作用"悟入"般若自（空）性"。[⑤] 葛兆光先生认为，惠能和神会时代的南宗禅试图以般若思想解释烦恼与清净、人性与佛性、有与无的同一，但又不能贯彻这一思路，显示了禅宗思想从旧到新发展过程中《楞伽》与《般若》混杂而未厘清内在逻辑。[⑥] 陈平坤认为，惠能的"定慧等"的"无念行"，即工夫即本体，即是《般若经》的"般若

---

① 姚卫群：《〈坛经〉与般若思想》，《中华文化论坛》1994 年第 4 期，第 35 - 39 页。后收录于姚卫群：《佛教思想与文化》，北京：北京大学出版社，2009 年，第 93 - 102 页。

② 杨惠南：《禅史与禅思》，台北：东大图书公司，1995 年，第 228、304 - 308 页。

③ 吴汝钧：《游戏三昧：禅的实践与终极关怀》，台北：台湾学生书局，1993 年，第 32 - 40 页。吴汝钧：《禅的存在体验与对话诠释》，台北：台湾学生书局，2010 年，第 190 页。

④ 徐文明：《中土前期禅学史》，北京：北京师范大学出版社，2013 年，第 342 页。

⑤ 张国一：《唐代禅宗心性思想》，台北：法鼓文化事业股份有限公司，2004 年，第 48 - 64 页。

⑥ 葛兆光：《增订本中国禅思想史：从六世纪到十世纪》，上海：上海古籍出版社，2008 年，第 379 页。

波罗蜜行”，即是《阿含经》的“空三昧”，是一贯的禅修精神。[①] 何照清细致梳理了各版本《六祖坛经》《能禅师碑铭》与《金刚经》《维摩诘经》等般若系经典的密切关系，认为六祖提《金刚经》是有所师承的，六祖以“摩诃般若波罗蜜”表示所悟之境，而《金刚经》代表了通向悟境的方法。[②] 大寂法师通过对《坛经》“般若三昧”的详细论究，认为“般若三昧”是在《金刚经》“非之逻辑”、整体论、“无住”修行工夫基础上形成的“见性成佛”的法门。[③]

唐代即有署名惠能的《金刚经》注释书，《卍续藏》收录了《金刚经口诀》《金刚经解义》。关于一卷本《金刚经口诀》，忽滑谷快天认为《金刚经口诀》提及“天命”“五行”等，与《坛经》有云泥之别，行文不似唐代，非是惠能所作。[④] 关口真大指出，一卷本《金刚经口诀》即北宋罗适《六祖口诀后序》“是故六祖大师”以前部分，应为罗适所撰。[⑤] 李富华则认为，据《新唐书·艺文志》，历史上确有一卷本《金刚经口诀正义》，不能否认《金刚经口诀》与惠能的关系，且“《金刚经口诀》所阐述的思想完全是六祖大师的思想”，可作为研究惠能思想的补

---

① 陈平坤：《禅即般若：从空解脱门、般若波罗蜜到无念行》，载陈平坤：《佛门推敲：禅·三论·天台哲学论著集》，台北：文津出版社，2007年，第59－88页。

② 何照清：《从六祖坛经及有关惠能早期文献所引经典探其属性：以所引般若系经典为探讨对象》，中山大学人文学院佛学研究中心：《汉语佛学评论》第2辑，上海：上海古籍出版社，2011年，第151－177页。

③ 郭济源（释大寂）：《〈六祖坛经〉般若三昧与〈摩诃止观〉非行非坐三昧在修学思想上的比较研究》，新北：华梵大学东方人文思想研究所博士论文，2012年，第55、62页。

④ 忽滑谷快天著，朱谦之译：《中国禅学思想史》，上海：上海古籍出版社，2002年，第132页。

⑤ 关口真大：《禅宗思想史》，东京：山喜房佛书林，1964年，第115－117页。

充资料。①

而关于《金刚经解义》，历来学者对其真伪意见不一。关口真大最早对《金刚经解义》作了细致研究，指出万松行秀《从容录》所引《六祖口诀》与《金刚经解义》一致，《金刚经解义》与敦煌本《坛经》皆说自性清净心、顿悟见性、般若波罗蜜、大乘无相戒，不同点是《坛经》“无念为宗”，而《金刚经解义》以“无相为宗”，强调“不立文字”，所以研究惠能大体上应对照《坛经》与《金刚经解义》。② 中川孝比较了《金刚经解义》与《坛经》及《神会语录》的思想用语的类似点，认为《金刚经解义》是惠能真撰。③ 1978 年，日本驹泽大学禅宗史研究会编撰《慧能研究：慧能の傳記と資料に關する基礎的研究》，主要采纳了关口真大的观点，利用六个版本对《金刚经解义》进行了校注。④ 松本史朗比较了《金刚经解义》与敦煌本《坛经》的相似文段，分析了“佛性内在论”的基本立场以及“性用论”“传法论”的基本思想，认为《金刚经解义》是惠能的真撰，与敦煌本《坛经》同一时期成立。⑤ 而更多的研究倾向于认定《金刚经解义》为晚出。竹内弘道指出，《金刚经解义》“一切有情无情皆有佛性”，与《坛经》、神会的“无情无佛性”

---

① 李富华：《关于六祖大师研究中的一个被忽视的问题》，释妙峰主编：《曹溪：禅研究（二）》，北京：中国社会科学出版社，2003 年，第 301 – 312 页。

② 关口真大：《禅宗思想史》，东京：山喜房佛书林，1964 年，第 117 – 129 页。

③ 中川孝：《『金剛経口訣』と『六祖壇経』》，禅文化研究所编：《禅学论考：山田无文老师喜寿记念》，京都：思文阁出版，1977 年，第 195 – 219 页。

④ 驹泽大学禅宗史研究会编：《慧能研究：慧能の傳記と資料に關する基礎的研究》，东京：大修馆书店，1978 年，第 417 – 492 页。

⑤ 松本史朗：《禅思想の批判的研究》第 2 章第 1 节，东京：大藏出版，1994 年，第 89 – 144 页。

不同，可能与南阳慧忠有关。[①] 伊吹敦比较了《金刚经解义》与敦煌本《坛经》、惠昕本《坛经》、《神会语录》的共同用语和共同思想，尤其“觉照”的使用，认为《金刚经解义》是神会派在增广敦煌本《坛经》的时期成立的，可能比《神会语录》成立更迟，约在八世纪末至九世纪初。[②] 同时，伊吹敦又详细梳理了《金刚经解义》的中国、日本、朝鲜的刊本、写本，比较了诸本系统之间的关系，及其他文献引用情况，并尝试对《金刚经解义》的原初文本形态进行了复元。[③] 何照清认为，《金刚经解义》的前序可能即圆珍所得《能大师金刚般若经诀》一卷，《金刚经解义》的正文思想虽然近似《坛经》或神会，但从其中思想歧异、行文语气等看应是出自后人之手。[④]李富华认为，二卷本《金刚经解义》疑点甚多，应出自宋人之手，可能为北宋末惠洪所编《六祖释金刚经》，但其中确有惠能思想，只是难以辨识。[⑤] 徐文明认为，二卷本《金刚经解义》虽出自后人之手，但保留有惠能思想，可以作为理解惠能思想的补充资料。[⑥]

---

① 竹内弘道：《慧能撰『金剛経解義』について》，《印度学佛教学研究》第31卷第1号，1982年，第144－145页。竹内弘道：《慧能撰『金剛経解義』の思想的特質と成立をめぐって》，《宗学研究》第25号，1983年，第195－201页；收录于阿部慈园编：《金剛般若経の思想的研究》，东京：春秋社，1999年，第387－397页。

② 伊吹敦：《『金剛経解義』の成立をめぐって》，《印度学佛教学研究》第45卷第1号，1996年，第63－67页。

③ 伊吹敦：《『金剛経解義』の諸本の系統と古形の復元》，《論叢アジアの文化と思想》第6号，1997年，第63－218页。

④ 何照清：《惠能与〈金刚经解义〉》，《中国佛学》第2卷第2期（台北：中国佛学编委会），1999年，第103－130页。

⑤ 李富华：《关于六祖大师研究中的一个被忽视的问题》，释妙峰主编：《曹溪：禅研究（二）》，北京：中国社会科学出版社，2003年，第301－312页。

⑥ 徐文明：《中土前期禅学史》，北京：北京师范大学出版社，2013年，第350页。

除了《金刚经》，《般若心经》也是唐代广为流传的般若经典，后世禅宗有多本注疏传世。方广锠先生曾对《般若心经》的译本、注本作了系统整理与校注①；近来，渡边章悟、高桥尚夫也对印度、西藏、中国、日本的《般若心经》注释作了集成整理②。就《般若心经》与禅宗而言，马克瑞（John R. McRae）分析了唐宋禅宗的《心经》注疏，指出这些注疏逐渐增添禅宗术语、公案的倾向，尤其对“心”的特别关注和创造性诠释，以色心关系取代了原文的色空关系的论述。③ 吴言生认为，《心经》的五蕴皆空、色空相即、诸法空相、了不可得的般若思想深深影响了禅宗破除五蕴执著、圆融真空妙有、体证澄明自性、彻见本来面目的思维方式。④ 程正通过禅僧《心经》注疏的研究，指出禅僧撰述这些注疏动机或是应信众之请，或是推重《心经》深义，禅僧将《心经》的“心”解释为万法根本的本心，而这些禅僧《心经》注疏多受禅系伪经《法王经》《法句经》的影响。⑤ 伊吹敦分析了东山门下对唐慧净《般若心经疏》的传持与增改，指出东山法门以《般若心经》表示悟的境地与

① 方广锠：《般若心经译注集成》，上海：上海古籍出版社，2011 年。

② 渡边章悟、高桥尚夫编：《般若心経註釈集成：インド・チベット編》，浦安：起心书房，2016 年。渡边章悟、高桥尚夫编：《般若心経註釈集成：中国・日本编》，浦安：起心书房，2018 年。

③ John R. McRae, “Ch’an Commentaries on the Heart Sūtra: Preliminary Inferences on the Permutation of Chinese Buddhism”, *The Journal of the International Association of Buddhist Studies*, Vol. 11, No. 2 (1988), pp. 87 – 115.

④ 吴言生：《禅宗思想渊源》，北京：中华书局，2001 年，第 67 – 106 页。

⑤ 程正：《『般若心経』と初期禪宗：禪僧による注疏を中心にして》，《驹泽大学佛教学部论集》第 37 号，2006 年，第 255 – 272 页。

修行法的根据。[1] 在禅宗的《心经》注本中，《少室六门》第一门《心经颂》虽然托名达磨，但确系后世所出。椎名宏雄最先对日本所藏各版本《心经颂》作了校录研究[2]，后又在俄藏黑水城文献中发现了《心经颂》[3]；程正又依据日本所藏、俄藏黑水城文献以及椎名宏雄校录本作了重新校录和日译[4]。敦煌文献中保存了玄赜弟子、《楞伽师资记》作者净觉的《注般若波罗蜜多心经》，最早由向达于任子宜所藏敦煌文书中发现并作了抄录[5]；竺沙雅章在伦敦大英博物馆藏敦煌文献中发现了写本[6]。之后，吕澂先生据向达抄本作了校录[7]，柳田圣山对伦敦大英博物馆藏本和向达抄本作了校勘注释[8]。伯兰特·佛尔研究认为，净觉的《心经注》表明其调和《般若经》和《楞伽经》的努力，但其思想最终建立在般若学说之上。[9] 杨曾文先生以敦煌博物馆藏任

① 伊吹敦：《般若心経慧浄疏の改変にみる北宗思想の展開》，《佛教学》第32号，1992年，第41－67页。

② 椎名宏雄：《『少室六門』と『達磨大師三論』》，《驹泽大学佛教学部论集》第9号，1978年，第208－231页。

③ 椎名宏雄：《カラホト出土の達磨大師『夾頌心経』》，《宗学研究》第46号，2004年，第235－240页。

④ 程正：《傳達摩撰『般若波羅蜜多心経頌』の譯注研究》，《驹泽大学佛教学部论集》第38号，2007年，第259－278页。

⑤ 向达：《西征小记：瓜沙谈往之一》，载《唐代长安与西域文明》，北京：商务印书馆，2017年，第375－376页。荣新江编：《向达先生敦煌遗墨》，北京：中华书局，2010年，第264－275页。

⑥ 竺沙雅章：《浄覚夾注「般若波羅蜜多心経」について》，《佛教史学》第7卷第3号（京都：平乐寺书店），1958年，第64－67页。

⑦ 吕澂：《敦煌写本唐释净觉［注］般若波罗蜜多心经（附说明）》，《现代佛学》1961年10月第4期，第32－38页。后收录于杨曾文、杜斗城主编：《中国敦煌学百年文库·宗教卷（四）》，兰州：甘肃文化出版社，1999年，第81－87页。

⑧ 柳田圣山：《初期禅宗史書の研究》（柳田圣山集第6卷），京都：法藏馆，2000年，第594－624页。

⑨ 伯兰特·佛尔著，蒋海怒译：《正统性的意欲：北宗禅之批判系谱》，上海：上海古籍出版社，2010年，第149－151页。

子宜旧藏本为底本、参校伦敦大英博物馆藏本和柳田圣山校本重新作了校勘，并对净觉的家世、师事神秀、慧安、玄赜的经历等作了考证，指出了净觉对般若“空无所得”“不二法门”的接受与南宗禅法的相近之处。[①] 其后，邓文宽、荣新江又据敦煌博物馆藏本作了重新录校[②]；程正又作了进一步的日译和研究[③]。敦煌还发现了弘忍弟子资州智诜的《般若心经疏》，柳田圣山最早作了校订[④]；之后，程正作了日译，并比较了智诜《般若心经疏》与唐慧净《般若心经疏》、日本龙谷大学藏佚名《般若心经疏》的关联。[⑤] 关于惠能弟子南阳慧忠的《般若心经注》在宋代与道楷、怀深注合编为《三注般若波罗蜜多心经》，宇井伯寿最早研究了日本常德寺藏本并辑录了慧忠注[⑥]，之后古田绍钦介绍了韩国发现的隆熙二年版本[⑦]，程正比较研究了俄藏黑水城文献

① 杨曾文：《净觉及其〈注般若波罗蜜多心经〉与其校本》，《中华佛学学报》第6期，1993年，第237－261页。

② 邓文宽、荣新江：《敦博本禅籍录校》，南京：江苏古籍出版社，1998年，第435－488页。

③ 程正：《浄覚撰『注般若波羅蜜多心経』の訳注研究》，《驹泽大学禅研究所年报》第17号，2006年，第191－216页。

④ 柳田圣山：《『資州禪師撰·般若心経疏』考》，柳田圣山：《禪佛教の研究》，京都：法藏馆，1999年，第327－349页。

⑤ 程正：《智詵撰『般若波羅蜜多心経疏』の譯注研究（一）》，《驹泽大学大学院佛教学研究会年报》第39号，2006年，第85－96页。程正：《智詵撰『般若波羅蜜多心経疏』の譯注研究（二）》，《驹泽大学佛教学部研究纪要》第65号，2007年，第139－157页。程正：《智詵撰『般若波羅蜜多心経疏』の譯注研究（三）》，《驹泽大学佛教学部研究纪要》第66号，2008年，第269－297页。

⑥ 宇井伯寿：《南陽慧忠の心経註疏》，久松真一编：《禅の論攷：鈴木大拙博士喜寿記念文集》，东京：岩波书店，1949年，第69－81页。

⑦ 古田绍钦：《隆熙二年版南陽慧忠注『摩訶般若波羅蜜多心経』》，金知见、蔡印幻编：《新罗佛教研究》，东京：山喜房佛书林，1973，第361－369页。

版本并作了校注[①]，荒川慎太郎对俄藏黑水城西夏文版作了语言、词汇的研究[②]；赵振强比较了慧忠等与窥基、法藏对《般若心经》注疏的异同，认为慧忠更注重对“自心”的分析，对法相关注不多，其空观最为接近般若空义。[③] 敦煌还发现了江南智融禅师注《般若心经》，柳田圣山、田中良昭、程正作了校注整理，并对作者作了考辨。[④]

综上所述，现代学术界在禅学研究方面取得了非常重要的成就，其兴盛程度在整个佛教研究中首屈一指。在硕果累累的禅学研究著作中，虽然禅学研究者基本都认可禅宗与般若思想的密切关联，但是对这种关联的内在结构及其在禅宗思想整体中的位置却尚缺乏系统的梳理。其一，关于禅宗与《般若经》关系的研究明显不足。受禅宗“教外别传”思想的影响，禅学研究者对禅宗与经论的义理关联关注不多。特别是禅宗有关《金刚经》《般若心经》注疏，国内学界相关研究寥寥无几，而日本学界虽然作了不少文献校注的工作，但对其思想义理的分析也尚待开展。其二，关于般若思想对禅宗影响的研究零散而缺乏系统。禅

① 程正：《校注〈般若心经慧忠注〉》，《驹泽大学禅研究所年报》第16号，2004年，第163－187页。程正：《『般若心経慧忠注』の諸本：新出の黒水城本を中心として》，《東アジア仏教研究》第3号，2005年，第59－71页。

② 荒川慎太郎：《ロシア所藏西夏語訳『般若心経註』の研究》，白井聡子、庄垣内正弘编：《中央アジア古文献の言語学的・文献学的研究》，京都：京都大学文学部言语学研究室，2006年，第95－156页。

③ 赵振强：《〈心经〉四宗注疏研究》，北京：宗教文化出版社，2012年，第142页。

④ 柳田圣山：《江南智融禅師注『般若波羅蜜多心経』》，柳田圣山：《禅仏教の研究》，京都：法藏馆，1999年，第350－358页。田中良昭：《江南禅師智融註『般若波羅蜜多心経』の訳注》，《財団法人松ヶ岡文庫研究年報》第19号，2005年，第35－51页。程正：《『般若心経智融注』の著者について》，《宗学研究》第47号，2005年，第251－256页。

学研究著作或多或少提及般若思想作为禅宗渊源的重要意义，然而这些论述较为笼统，且多属于附带论及而非专题探讨。究其原因，以往研究对般若思想的理解多集中于空性之理的层面，而对般若思想原有的般若行道、般若果德层面的内涵缺乏关注。其三，关于般若思想对隋唐佛教展开的方法论意义尚缺乏整体上的认识。中国佛教史的书写者都将般若学作为魏晋佛教的思想主题，而将晋宋至隋唐的佛教思想主题定位为佛性论转向，这也确实是时代思想主题的总体潮流。然而，这种总体趋势的转换与其说是断裂式的变革，毋宁说是内在逻辑的展开。而且，般若并非只是既成的思想议题，其更多的义涵在于作为思想方法与实践方法。所以，般若思想并没有在隋唐佛教中“边缘化”，而是在方法和形式上规定着作为整体的隋唐佛教思想的基本走向。这些都是有待进一步系统讨论的重要议题。

三　方法结构

现代意义上的佛学研究并不是时间进程绵延的结果，而是在对古典时代的拒斥和将来世界的转折中将自身确立为“现代”。相比“以往的”佛学传统，现代佛学研究不再以宗教信仰作为致思尺度，不再以宗派传承作为基本立场，而是以语文学、历史学、哲学等现代学术方法对佛教相关各种语言、形式、载体的资料进行批判性研究。[①] 而在宣告“现代”已经结束而将自身标识

① 樱部建在解说“日本近代佛教学鼻祖”南条文雄的《怀旧录》时，从资料、方法、目的区分了近代和传统的佛教研究，参见樱部建：《解说》，南条文雄：《懐旧録：サンスクリット事始め》，东京：平凡社，1979 年，第 327 页。

为“后现代”的当今思潮之中，佛学研究虽然以更为多元开放的新视野试图区别于“现代”，但仍然可以说是从属于现代意义上的佛学研究。当摆脱无休止的重复和模仿，我们可以进一步追问：现代佛学研究的边界是否得到了明晰地呈现？这一反思质询出一条通往当下之思的可能的道路。

思想转向当下地运思首先需要遵循审慎的“悬置”(ἐποχή)。它要求中止有关作为所思的各类诠释的具体存在的判断，拒斥诠释方法所制造的“效果历史”（Wirkungsgeschichte）的连续性的假象。因为基于原初的生活体验（lebendiges Erlebnis）的“理解”（Verstehen）承诺了“前见”（Vorsicht）的先行赋予，而对“处境”（Situation）的强调阻碍了“理解”对自身进行反思的可能性，这样的“理解”为宗派目的、启蒙现代性观念、民族主义等“目的论谬误”（teleological fallacy）[①] 提供了蔽护而缺乏自觉与批判。思想的悬置并非为了还原生活体验的“明见性”(Evidenz)，因为生活体验取代古典时代作为原则能力的理性的同时，也将赠予哲学以所思与所言的智慧排斥在外，这样的生活体验能否成为知的新基础是十分可疑的。思想的悬置也并非预设一个“原初”（ἀρχή）而试图追寻“隐微教诲”（esoteric teaching）[②]，因为古典时代的结束使得自然的原则已经耗尽明辨自身的力量，对“原初”的坚执易于流为另一种形式的偏见。这样的悬置是为了承认与赞同已经得到言说的思想成为可能。

① Bernard Faure, *Chan Insights and Oversights: An Epistemological Critique of the Chan Tradition*, Princeton: Princeton University Press, 1993, p. 114.

② 列奥·施特劳斯著，刘锋译：《迫害与写作艺术》，北京：华夏出版社，2012 年，第 21 页。列奥·施特劳斯著，陈建洪译：《显白的教诲》，载《古典政治理性主义的重生》，北京：华夏出版社，2011 年，第 115 – 127 页。

然而，聆听思想的言说需要进一步界划语言与自身的区分。现代基本经验的没落使得后现代思想流行，拒斥形而上学的现代思想被拒斥逻各斯（λογοσ）的无序之思所替代。与诠释经验构筑的历史连续性相反，“谱系学”（généalogie）的方法拒斥了同一身份的“起源”，否定了总体历史的线性发展，而复归于历史细节中没有本质的事件中的断层、裂缝、异质层。“谱系学”将自身标识为“解放历史知识使其摆脱奴役的事业”[①]，这样的反抗和斗争毫不掩饰自身是无序的、片段的，反而以此作为自身的“客观性”。在能指无限延异（différance）的游戏中，“谱系学”一再延迟了思想的所思与所言的出场，而无限重复着无规定性的大他者（Autre）的无意义的言说。这样的无序之思已在符号的多样性中丧失自身，而成为冲破传统束缚的非理性的想象。当下思想的使命要求中止语言的无限开放的延异，不再向深渊追问“谁在言说”，而是聆听“所言为何”。但是，聆听所言也并不是走向纯粹的语言分析，因为语言分析舍弃了规定思想的尺度和思想相应的事，而仅仅是语言所表达的思想和表达思想的语言。即使是所谓“以言行事”（do things with words）[②]，也只是表明了言说意向与语言交往，并没有到达语言的边界。告别后现代，当下思想所聆听的不是“述行”（performativity）的多元话语，而是回忆起给予思想以规定性开端的纯粹的言说——智慧的言说。

---

① 福柯著，钱翰译：《必须保卫社会》，上海：上海人民出版社，2010 年，第 8 页。

② John. L. Austin, *How to Do Things with Words*, Oxford: Oxford University Press, 1962.

在当下回忆起智慧何以可能？这有待于哲学与智慧的区分。[①]“哲学”（φιλοσοφία）依其自身规定的语义是对“智慧”（σοφία）的热爱。这表明，哲学虽然不是智慧，却关涉智慧，将智慧作为自身开端性的所思与所言。智慧作为人与自身相区分所实现的规定，首先表现为开端性的寂灭的语言；呈现智慧之思的语言只是纯粹的语言，因为它只关涉智慧自身。当智慧本身难以被人如实了知，它就要求一种理性的逻辑的确定性，如此的理性之思即是以智慧为所思与所言的相应的哲学。虽然哲学早已在当今的解构思想中丧失了智慧所赠予的尺度，但这并不妨碍当下之思回忆起已经得到言说的哲学其所曾是的真理。当下之思在对所思与所言的同情中，回到思想自身的开端，明辨思想如何在自身中建筑起内在的理性关系，从而承认与赞同思想所造成的历史性的整体的区分。于佛教而言，佛陀在菩提树下证觉的空相应缘起的智慧（prajñā）正是佛陀之后的佛教思想的所思与所言。通过对承载佛陀所教正法的三藏文献的探究，佛教思想在解脱与慈悲的思想使命下对自身内在规定性的建筑得以清晰呈现，从而使得回忆起空相应寂灭之智的言说成为可能。所谓“言说文字，皆解脱相”[②]，这不是因为文字材料的铺陈罗列即能敞开了解脱智慧的言说，名相之学并不能直接触及所思与所言，其与智慧始终隔阂不透；而是因为给予所思与所言的智慧首先表现为语言，思想也正是在语言文字中得到具体化，我们可以以文献为工具，

① 贺伯特·博德撰，戴晖译：《通往当下思想的路》，《江海学刊》2007年第6期，第18－21页。

② （后秦）鸠摩罗什译：《维摩诘所说经》卷中，T14，n475，p. 548a11－12。

"依义不依语"[①]，通过语言文字把握、知道思想自身的在场，从而知道思想曾经所接受的尺度，回忆起智慧之思所实现的人与自身的区分。这一从"语文学"（philology）到"哲学"再到"智慧"的思想路径，同样也是在当今思想状况下去聆听与言说当下悟入菩提般若之智的禅宗的一种可能的方法。

本书将遵循上文所抉择的通往所思的可能的道路，以早期禅宗的历史性展开为线索，梳理《般若经》对禅宗的影响，分析般若思想之于禅宗思想建筑自身的方法与形式的意义，探讨禅宗对般若智慧的灵活运用所实现的对般若思想的创造性重构。本书的主要叙述结构如下：

第一章以大部《般若经》为文本，检视作为整体的般若思想以"智慧"为根本尺度的"理""行""果"的思想架构，包括般若波罗蜜多如实通达的甚深缘起之理境，缘起有所显示的一切缘生法的本性空寂以及如如平等之中的毕竟清净；"行深般若波罗蜜多"为首要的大乘菩萨道修学，以发菩提心为起点，遍学一切而于一切都无所行，特别修习毕竟无所得的无净三昧以及诸法无受三昧；般若波罗蜜多无所得而成就无限果德，亦即全面彻底的一切智智、不染生死的自由解脱、悲智圆满的无上正等觉。

第二章梳理作为早期禅宗开端的达摩—慧可禅法对于般若思想的运用，分析《续高僧传》评价达摩—慧可禅法的"虚宗"

---

① （唐）玄奘译：《大般若波罗蜜多经》卷五百七十一，T7，n220，p. 947c 25－26。（曹魏）康僧铠译：《大宝积经》卷八十二《郁伽长者会》，T11，n310，p. 478a10。（北凉）昙无谶译：《大般涅槃经》卷六 T12，n374，p. 401b28。（后秦）鸠摩罗什译：《自在王菩萨经》卷下，T13，n420，p. 931a14－15。

一词的语境、用例、含义以及情事无寄禅风与般若波罗蜜多法门的关联，再探讨与达摩—慧可禅法关系密切的《楞伽经》如来藏思想与般若思想之间的关系，厘清“虚宗”与“南天竺一乘宗”是否相违，最后围绕《二入四行论》文本说明达摩—慧可禅法以“自心现量”为理境、以“无得正观”为修行、以“无知无觉”为果德的修学形态，指出“行般若波罗蜜多”在达摩—慧可禅法中的实践意义。

第三章梳理道信禅法在南方的弘传，考述道信早年传记关于吉州城念般若退贼的不同记载，分析此一事件所反映的《般若经》信仰、“行般若波罗蜜多”的禅法象征意义以及与达摩—慧可以来的“虚宗”禅观方法的关联；再从文本和流传情况探讨道信所重视的《文殊般若经》，分析道信禅法以《楞伽经》的“心”与《文殊般若经》的“一行三昧”相结合的思想背景；最后以《入道安心要方便法门》为文本，阐明源自《文殊般若经》的“一行三昧”所显示的一相法界的心体对于真如空性与如来藏自性清净心的融合，以及念佛、守一等现入三昧的禅观方法的无所得的意趣。

第四章以代表弘忍禅法的《修心要论》为文本，梳理弘忍的东山法门一方面继承了从达摩—慧可经道信而来的以“自心现量”为理境、以般若无所得为方法的“虚宗”特质，另一方面着重凸显了达摩—慧可禅法以来“以心传心”的风格，以“心体”与“心用”展开众生本来具足的“真心”与现起差别境界的“妄念”不即不离的理境，以“守心”为修学的道路，以看心、日想、光想、看一字、胜方便等无所得的方便为具体修学，更加自由地发挥“行般若波罗蜜多”的方法意义。

第五章探究代表曹溪顿教禅法的《坛经》的“摩诃般若波罗蜜法”，梳理《坛经》以相即不二的“自性”与“自心”展开法住智知的理境，自性—自心含具一切法而毕竟空寂，既是众生本来具足的佛性，亦是当前活动的现实人心；再分析《坛经》重申的“唯求作佛法”的究竟修学目标，包括自性—自心所含具的菩提般若之智，无缚无解、一念迷悟、不离世间的解脱，悟入自性—自心、本自具足三身、净化世界的法身；最后阐明不借助方便、定慧平等、直指自心的作为最上乘禅法的“般若三昧”，具体包括于相离相的无相三昧，不住“无住本”的无住三昧，超越妄念之妄而朗现心念全部存在的无念三昧，由此展示《坛经》在甚深的悟入中充分发扬的“虚宗”特质。

第六章梳理早期禅宗与《金刚经》的关系，考证《坛经》有关惠能闻《金刚经》求法、弘忍夜授《金刚经》、以《金刚经》为般若三昧方便的文献叙述的建构、传播、接受的过程，分析署名惠能的《金刚经解义》以佛性思想诠释《金刚经》，以无相无著之般若三昧说明曹溪禅法特质，探究北宗禅通过《金刚经》的引用与诠释揭示《金刚经》的“无相”“无住”对于“看心”法门的关键意义。

第七章梳理唐代禅宗有关《般若心经》的注疏，考辨智诜、净觉、慧忠、江南禅师智融的注疏以及题达磨大师《心经颂》的版本与成立过程，分析唐代禅宗《般若心经》注疏不同于显密二教的诠释，以禅者的“自心”解说《般若心经》之心，强调“反照心源”“无心无境”的实践工夫，并以即心即空、不二中道、空无所得阐发“空”之观行。

第一章　般若思想概述

与诸佛如来全面而彻底的无上正等觉相应，般若波罗蜜多甚深广大、无量无边，超越一切名言分别而不可说、不可示、不可得。然而为教化众生修学，佛陀本着自觉自证的智慧依据世间名言作为方便工具而宣说般若波罗蜜多法门，尤其体现于以“行深般若波罗蜜多”为主题的《般若经》。言说则必须使用一定的语言架构。《大般若经 · 第二分》：“修般若时，不得慧者、慧境、慧果及慧自性，以无所得为方便故，能满般若波罗蜜多。”① 甚深般若波罗蜜多虽然是超越的、无所得，然而论究、传授、检视这一法门则需一定参考，“慧者、慧境、慧果、慧自性”可以说是修学般若波罗蜜多的入手架构，亦是言说般若波罗蜜多的基

① （唐）玄奘译：《大般若波罗蜜多经》卷四百三十一，T7，n220，p. 169a8 – 12。（后秦）鸠摩罗什译《摩诃般若波罗蜜经》卷十相应处译为“修般若波罗蜜时，不得智、不得所修智，是人得具足般若波罗蜜”，T8，n223，p. 295a29 – b1。梵本《二万五千颂般若》作“na prajñām upalabhate na prajñāvantaṃ na prajñeyam upalabhate yeṣām arthāya bhāvayati，iyam ucyate prajñāpāramitā”，Takayasu Kimura（木村高尉）（ed.），*Pañcaviṃśatisāhasrikā Prajñāpāramitā II – III*，Tokyo：Sankibo Busshorin，1986，p. 110.

本架构。[①] 这一基本架构并不是基础主义知识论（foundationalism）中作为知识奠基的基本信念（basic belief）[②]，而是以无所得为方便，在语言使用脉络中显示言说般若思想的语句所表示的最为主要的问题，亦即《大般若经·第十六分》善勇猛菩萨所问佛陀宣说般若波罗蜜多的意趣[③]：何谓般若波罗蜜多？如何修行般若波罗蜜多？什么是般若波罗蜜多圆满成就的果德？本章即从般若之理境、般若之修行、般若之果德概述作为整体的般若思想的主要内容。

第一节 般若之理境

关于佛教修学的先后契入层次，《杂阿含经》云："先知法住（dhammaṭṭhiti-ñāṇa），后知涅槃（nibbāṇe ñāṇa）。"[④] 所谓"法住"，即作为关联条件所建构的可经验事实的"法"之居住、安住、安立、存在。佛教的智慧修学应先从缘起大相续流之中如

① 参见蔡耀明：《般若波罗蜜多教学与严净佛土：内在建构之道的佛教进路论文集》，南投：正观出版社，2001 年，第 98－101 页。

② 参见 Tom Rockmore, *On Foundationalism: A Strategy for Metaphysical Realism*, Lanham: Rowman & Littlefield, 2004, pp. 46－47.

③ 原文为"何谓般若波罗蜜多？云何菩萨摩诃萨修行般若波罗蜜多？云何菩萨摩诃萨修行般若波罗蜜多令速圆满？云何菩萨摩诃萨修行般若波罗蜜多，一切恶魔不能得便，所有魔事皆能觉知？云何菩萨摩诃萨安住般若波罗蜜多，速能圆满一切智法？"（唐）玄奘译：《大般若波罗蜜多经》卷五百九十三，T7，n220，p. 1066a8－14。Ryusho Hikata（干潟龍祥）（ed.），*Suvikrāntavikrāmi－Paripṛcchā Prajñāpāramitā－Sūtra: Edited with An Introductory Essay*, Fukuoka: Kyushu University, 1958, pp. 3－4.

④（刘宋）求那跋陀罗译：《杂阿含经》卷十四第 347 经，T2，n99，p. 97b6。M. Léon Feer (ed.), *Saṃyutta－Nikāya* 12. 70, vol. 2, London: Pali Text Society, 1888, p. 124.

实抉择了知因果起灭的必然的理性法则，此理性法则同时亦是解脱智慧所现观的境界；如实知法住之后，再现证绝对超越的寂静涅槃。正是由于法住智知在先，故戒、定、慧三学以慧为根本、八正道以正见为先。同样地，般若波罗蜜多法门也是以如实通达法住、法性、法界为大乘菩提道修学的先行之本。在《大般若经·第十六分》中，佛陀回答善勇猛菩萨所问“何谓般若波罗蜜多”时，即依无所得方便而解说为“慧能远达诸法实性，故名般若波罗蜜多”“般若者，谓解诸法及知诸法，故名般若”①，亦即将“法住”作为般若思想的理境。于此问题上，《般若经》继承了以《阿含经》为代表的早期佛教关于缘起、空、法性的论述，去除分别诤论造成的法义旨趣的遮蔽，而往更为纵深、更为全面的方向进一步展开法住智知的理境。

一 缘起假名似有

“缘起”（paṭicca - samuppāda，pratītya - samutpāda）是佛教关于现象性存在的“法”最基本的解释说明，亦即一切法皆是通过具足的关联条件而生起、出现、成立，所谓“此有故彼有、此生故彼生”②，一切现象都在此缘起的动态过程之中互相关联、互为因缘而建构起相似相续的流动不住的世界，而通过关联条件所

① （唐）玄奘译：《大般若波罗蜜多经》卷五百九十三，T7，n220，p. 1067c27 - 28、p. 1068a1。“解诸法及知诸法”，梵本《善勇猛般若经》作“ajñaiṣā sarvadharmāṇām ajānanaiṣā sarvadharmāṇām”，“ajña”可能是“jñā”或“ājñā”，“ajānana”可能是“jñānā”或“ājñānā”，参见 Ryusho Hikata（ed.），*Suvikrāntavikrāmi - Paripṛcchā Prajñāpāramitā - Sūtra：Edited with An Introductory Essay*，Fukuoka：Kyushu University，1958，p. 7.

② （刘宋）求那跋陀罗译：《杂阿含经》卷十第262经，T2，n99，p. 67a5。

生起的事项即称为“缘生法”（paṭicca – samuppanna dhamma）[①]。缘起是若佛出世、若未出世而常住不易的“法住”。然而如实了知“法住”是十分深奥难行的。《阿含经》中常常赞叹佛陀所开示的教法有二种甚深，一是诸佛所自证的涅槃甚深难解，另一即诸佛所谛观的缘起甚深难解。而《般若经》不仅赞颂涅槃甚深[②]、“因缘法甚深”[③]，更是频频赞颂般若波罗蜜多甚深[④]，实则是因为般若波罗蜜多即是如实通达甚深缘起而获得与诸佛涅槃同样内容的深彻的觉悟。如《大般若经·第十六分》在解释“通达般若”（nirvedhikā prajñā）时，即说：“言通达者（prativedha），谓能遍知所有缘起。由诸缘故，诸法得起，故名缘起。”[⑤] 所谓“遍知所有缘起”即以般若直接、如实、全面地通达穿透缘起的理性法则及一切缘所生法。故知，缘起是般若思想通向全面而彻底的无上正等觉所观照的理境。

在说明具体现象的缘起时，佛教一般以有情生命现象作为焦点而形成三支、五支、八支、十支、十二支缘起等说。[⑥]《般若经》虽然以包括生命和非生命的一切法作为言说的话题，但也

---

① （刘宋）求那跋陀罗译：《杂阿含经》卷十二第 296 经，T2，n99，p. 84b16。*Saṃyutta – Nikāya* 12. 20, vol. 2, p. 25.

② （后秦）鸠摩罗什译：《小品般若波罗蜜经》卷七“甚深相者，即是空义，即是无相、无作、无起、无生、无灭、无所有、无染、寂灭、远离、涅槃义”，T8，n227，p. 566a11 – 13。

③ （后秦）鸠摩罗什译：《小品般若波罗蜜经》卷七，T8，n227，p. 567b4。

④ 如，（后秦）鸠摩罗什译：《小品般若波罗蜜经》卷三，T8，n227，p. 551b19；卷四，p. 554a1；卷六，p. 562a8 – 9；卷八，p. 572c17 – 18；卷九，p. 575c11 – 14。

⑤ （唐）玄奘译：《大般若波罗蜜多经》卷五百九十三，T7，n220，p. 1069a21 – 22。Ryusho Hikata (ed.), *Suvikrāntavikrāmi – Paripṛcchā Prajñāpāramitā-Sūtra: Edited with An Introductory Essay*, Fukuoka: Kyushu University, 1958, p. 11.

⑥ 参见唐井隆德：《初期経典における縁起説の展開》，佛教大学大学院文学研究科博士学位论文，2017 年，第 171 – 172 页。

依般若波罗蜜多法门对作为有情生死流转根本的无明与造业受苦的凡夫世界作了解明。《小品般若经·初品》云：

> 如无所有，如是有（na saṃvidyante，tathā saṃvidyante）。如是诸法无所有，故名无明。凡夫分别无明，贪著无明，堕于二边，不知不见，于无法中忆想分别，贪著名色（nāma-rūpa）。因贪著故，于无所有法，不知不见，不出不信不住，是故堕在凡夫贪著数中。①

依甚深般若波罗蜜多观察，世俗所谓“有”实际是“无所有”；然而凡夫对于一切现象性存在的“无所有”的真相不能如实了知通达，故被称为“无明”，亦即欠缺智慧的心态。“无明”是关联条件钩锁连环所构成的缘起之流的重要一环，进一步作为因缘而生起造作活动的“行”；在诸行之中，“心识”具有分别（kalpa）的作用，凭借语言的分割能力将实际上“无所有”的一切法分别为种种相互对立的二边范畴②，并因为贪爱或非爱而生起对于二边范畴的取执，然而这种取执实际只是颠倒，即《小品般若经·回向品》所言“想颠倒、见颠倒、心颠倒”③；凡夫不知颠倒，反而依颠倒进一步分别诸法，执著名色，不能如

---

① （后秦）鸠摩罗什译：《小品般若波罗蜜经》卷一，T8，n227，p. 538b15－20。另参见，（唐）玄奘译：《大般若波罗蜜多经》卷五百三十八，T7，n220，p. 765c14－25。P. L. Vaidya（ed.），*Aṣṭasāhasrikā Prajñāpāramitā：With Haribhadra's Commentary Called Ālokā*，Darbhanga：The Mithila Institute，1960，p. 8. Unrai Wogihara（ed.），*Abhisamayālaṃkār'ālokā Prajñāpāramitāvyākhyā：The Work of Haribhadra together with the Text Commented on*，Tokyo：The Toyo Bunko，1935，pp. 64－68.

② 关于“分别”的语义，参见 Paul M. Williams，“Some Aspects of Language and Construction in the Madhyamaka”，*Journal of Indian Philosophy*，vol. 8，vo. 1（Mar. 1980），pp. 26－27.

③ （后秦）鸠摩罗什译：《小品般若波罗蜜经》卷三，T8，n227，p. 548a2－3。

实知见，不出三界、不信真相、不住实际，故在凡夫世界生死流转。

无明对缘起的遮蔽，实则根源于将诠表存在的名言符号（nāma）错误地指认为存在的事项（vastu）本身。有情众生对于存在其中的世界的经验除了身体感官直接接触而获得感觉材料，还需要依凭自我意识的统觉（Apperzeption）能力①，通过“想”（saṃjñā）即概念中认定的综合作用将感觉材料统一成认识的对象，并且伴随着对认识对象与自我意识的取执，从而形成具有判断的信念或证成的知识，同时于具体生命存在产生有执受（upātta）的作用。在这一过程中，作为统觉工具的概念常常表现为名言的形式，故关于世界的信念或知识亦呈现为命题语句。然而，名言作为能指是否一一指称对应的事项？按一般世俗知识，由于一一事项是固定的、实在的、自身同一的存在，用于指称事项名言亦可以是固定的、实在的、自身同一的，故严格而完善的名言系统可以符合事项存在的真相而指涉事项本身。然而佛教关于甚深缘起的法门解构了能指与所指之间的这种实在关系。《杂阿含经》云：“如和合众材，世名（sadda）之为车；诸阴因缘合，假名（sammuti）为众生（satta）。”② 在缘起之流中，所

---

① 康德《纯粹理性批判》：“一切现象，就对象应当借此而被给予我们而言，都必须服从现象的综合统一的先天规则，只有按照这些规则，这些现象的关系在经验性直观中才是可能的；就是说，正如现象在单纯直观中必须服从空间和世间的形式条件一样，它们在经验中也必须服从统觉的必然统一的条件，甚至惟有通过那些条件，每种知识才是可能的。”参见［德］康德著，邓晓芒译，杨祖陶校：《纯粹理性批判》，北京：人民出版社，2004 年，第 121 页。

② （刘宋）求那跋陀罗译：《杂阿含经》卷四十五第 1202 经，T2，n99，p. 327b9 – 10。M. Léon Feer (ed.), *Saṃyutta – Nikāya* 5. 10, vol. 1, London: Pali Text Society, 1884, p. 135.

有现象性存在都是关联条件和合而生起的，例如有情众生，从存在的构成要素而言即是色、受、想、行、识五种积聚元素组成，而依据世间语言使用习惯而约定以“众生”这一名言表达五蕴和合所生成的存在，然而这只是出于语言使用的需要，并非预设“众生”这一名言的所指具有如其语义的实在性。《般若经》进一步强调了名言自身之中的非同一性、异质性、否定性。《小品般若经·释提桓因品》：

> 众生非法义，亦非非法义，但有假名。是名字（nāma-dheya）无本、无因，强为立名，名为众生。[①]

依甚深般若波罗蜜多观察，“众生”这一名言既不是表示某一“法（dharma 具有一定特性法则而能引发认识）”[②] 的增语，也不是表示某一“非法（adharma 非存在）”的增语；“众生”这一名言亦是通过关联条件所生起的缘所生法，其作为语词具有有限的语义规定，但它本身必然包含着差异而并不主宰自身，亦并不指涉绝对同一的实在的固定的事项或对象，只是依于语言使

① （后秦）鸠摩罗什译：《小品般若波罗蜜经》卷一，T8，n227，p. 541b14－15。此中“义”字，玄奘译为“增语”，梵本《八千颂般若》作“adhivacana”；“是名字无本、无因”，玄奘译为“客名所摄、无事名所摄、无主名所摄、无缘名所摄”，梵本《八千颂般若》作“āgantukam etan nāmadheyaṃ prakṣiptam ｜ avastukam etan nāmadheyaṃ prakṣiptam ｜ anātmīyam etan nāmadheyaṃ prakṣiptam ｜ anārambaṇam etan nāmadheyaṃ prakṣiptaṃ”，可能“无本”对应“客”（āgantuka）、“无主”（anātmīya），“无因”对应“无事”（avastuka）、“无缘”（anārambaṇa）。参见（唐）玄奘译：《大般若波罗蜜多经》卷五百三十九，T7，n220，p. 772b1－3。P. L. Vaidya（ed.），*Aṣṭasāhasrikā Prajñāpāramitā*：*With Haribhadra's Commentary Called Ālokā*，Darbhanga：The Mithila Institute，1960，p. 24.

② 参见藤近惠市：《『八千頌般若経』におけるdharmaの概念》，《般若波罗蜜多思想论集：真野龙海博士颂寿记念论文集》，东京：山喜房佛书林，1992 年，第 79－107 页。

用的方便而表示五蕴和合的身心存在。实际上，“是字无所有故，无所有亦无定、无处”①，不仅众生的存在、“众生”这一名言是无所有的，缘起之流中的一切存在、一切名字皆无所有，以无所有之名字方便表示无所有之存在，《般若经》称之为“一切法但假名字”②，又进一步提出三种“假施设”③：

① （后秦）鸠摩罗什译：《小品般若波罗蜜经》卷一，T8，n227，p. 537c1 - 2。另参见（唐）玄奘译：《大般若波罗蜜多经》卷五百三十八，T7，n220，p. 764a23 - 24。P. L. Vaidya (ed.), *Aṣṭasāhasrikā Prajñāpāramitā: With Haribhadra's Commentary Called Ālokā*, Darbhanga: The Mithila Institute, 1960, p. 4.

② （后秦）鸠摩罗什译：《小品般若波罗蜜经》卷九，T8，n227，p. 579b15。（后秦）鸠摩罗什译：《摩诃般若波罗蜜经》卷二十一，T8，n223，p. 375b7。

③ （西晋）无罗叉译：《放光般若波罗蜜经》卷二，T8，n221，p. 11c9；（西晋）竺法护译：《光赞般若波罗蜜经》卷二，T8，n222，p. 163a11；（后秦）鸠摩罗什译：《摩诃般若波罗蜜经》卷二，T8，n223，p. 231a20 - 21；（唐）玄奘译：《大般若波罗蜜多经》卷四百八十二，T7，n220，p. 448a5；（唐）玄奘译：《大般若波罗蜜多经》卷四百六“方便假”，T7，n220，p. 30a16；Takayasu Kimura (ed.), *Pañcaviṃśatisāhasrikā Prajñāpāramitā I - 1*, Tokyo: Sankibo Busshorin, 2007, p. 114.（唐）玄奘译《大般若波罗蜜多经》卷十一，T5，n220，p. 58b8。Pratāpacandra Ghoṣa (ed.), *Śatasāhasrikā Prajñāpāramitā: A Theological and Philosophical Discourse of Buddha with his Disciples (in a Hundred - Thousand Stanzas)*, *Part I*, *Fas.* 4, Calcutta: Asiatic Society of Bengal, 1902, p. 335, *l.* 4. 印顺法师认为鸠摩罗什译《摩诃般若经》的“受假”源自犊子部的“受施设”，参见印顺：《空之探究》，台北：正闻出版社，1992年，第233 - 241页。有学者以“受假”即“授假”，但论据不足，参见严玮泓：《论〈般若经〉的“假名”概念：以〈大般若波罗蜜多经·第四会〉《妙行品》与〈第二会〉《善现品》的对比作为考察的基础》，《中华佛学研究》第10期，2006年，第43 - 70页。

《放光》	字法	合法	/	权法	/
《光赞》	所号法	因缘合会而假虚号	/	所号善权	/
《摩诃》	名假施设	受假施设	法假施设	/	/
《三分》	名假	/	法假	/	/
《二分》	名假	/	法假	方便假	/
梵本《二万五千颂》	nāmasaṃketa-prajñapti	/	dharma-prajñapti	/	avavāda-prajñapti
《初分》	名假	/	法假	/	教授假
梵本《十万颂》	nāmasaṅketa-prajñapti	/	dharmma-prajñapti	/	/

"假施设"梵语为 prajñapti，巴利语为 paññatti，语义原是"指示所区分的事项"，就"确立、指定"的含义，表示实践论上依据名字对存在事项的把握；就"显示、说明"的含义，表示认识论上的连接能知与所知而形成认识的功能，并不预设相应的存在。[①] 而《般若经》是在无所得的方便下以"假施设"的工具去通达缘起及缘所生法。依《大智度论》的解说，"法假施设"指以名言表示从不同角度论述缘起理性法则的蕴、处、界等一一法；"受假施设"指以名言表示因缘和合而生起的缘所生

① 参见山本启量：《原始仏教における仮の意義について》，《印度学佛教学研究》第 26 卷第 1 号，1977 年，第 324－327 页。玉井威：《施設について》，《印度学佛教学研究》第 27 卷第 2 号，1979 年，第 714－716 页。韩尚希：《paññattiの意味と種類：Puggalapaññattiaṭṭhakathāを中心として》，《印度学佛教学研究》第 65 卷第 2 号，2017 年，第 797－794 页。

法；“名假施设”指以“共名”表示用于施设前二者的名言本身。[①]在三种“假施设”之中，凡夫认为全部是实有，如说一切有部等佛教部派以界等一一法为实有，而《般若经》本着甚深缘起的如实观察，强调一切法皆是假施设的名言，名言本身即是缘起的关联条件之一，而不再以语言的分割能力去破坏任何一法，但又借助自身差异的假施设名言去如实地把握缘起，使缘起成为智慧的理境，从而如实通达，亦即《小品般若经》所谓“不坏假名（nāma padaprajñapti）而说实义”[②]。

虽然缘起是共于声闻、缘觉的，但《般若经》强调，菩萨行般若波罗蜜多时观察十二因缘，不只是顺逆观察无明等十二支的“此生故彼生，此灭故彼灭”，而是一一观察五蕴、十二处、十八界、三十七道品、十力、四无畏、十八不共法等世间、出世间一切法，从而通达无量、无尽的一切法缘起的大相续流，这是“菩萨不共之法”。《小品般若经·见阿閦佛品》：

> 菩萨行般若波罗蜜，以如是无尽法，观十二因缘。若菩萨如是观时，不见诸法无因缘生，亦不见诸法常，不见诸法

① （后秦）鸠摩罗什译：《大智度论》卷四十一，T25，n1509，p. 358b22－c8。

② （后秦）鸠摩罗什译：《小品般若波罗蜜经》卷一，T8，n227，p. 541a4－5。另参见（唐）玄奘译：《大般若波罗蜜多经》卷五百三十九，T7，n220，p. 771b5－6。P. L. Vaidya（ed.），*Aṣṭasāhasrikā Prajñāpāramitā*：*With Haribhadra's Commentary Called Ālokā*，Darbhanga：The Mithila Institute，1960，p. 21.

作者、受者。须菩提！是名菩萨行般若波罗蜜时观十二因缘法。[①]

菩萨犹如观察虚空无尽（akṣaya），亦观察缘起无中、无边、无际，远离一切有限规定所设置的二元边际；于缘起之流中，不见任何一现象性存在是无因而生起，也不见任何一现象性存在是常住（nitya）、固定（dhruva）、恒常（śāśvata）、不变异（avipariṇāma），也不见任何一现象性存在有作者（kāraka）、受者（vedaka），从而直接、如实、全面地通达穿透缘起，圆满般若波罗蜜多。由此可见，般若所观察的缘起，不是封闭、同一、凝固、单子的个体存在的世界，而是开放、差异、动态、多元的关系存在的历程，这类似阿多诺（Theodor W. Adorno）所谓非同一性、无中心、非线性的“星丛（Konstellation）”[②]，或者德勒兹（Gilles Deleuze）和加塔利（Félix Guattari）由“连接和异质性原则”建立的“根茎”（rhizome）[③]。这种观察揭示出凡夫经验知识的虚妄性，也揭示出众生所处世界“如是有”的真相。

---

① （后秦）鸠摩罗什译：《小品般若波罗蜜经》卷九，T8，n227，p. 579a3-7。另参见（唐）玄奘译：《大般若波罗蜜多经》卷五百五十四，T7，n220，p. 858c10-15。P. L. Vaidya (ed.), *Aṣṭasāhasrikā Prajñāpāramitā: With Haribhadra's Commentary Called Ālokā*, Darbhanga: The Mithila Institute, 1960, p. 232. Unrai Wogihara (ed.), *Abhisamayālaṃkār'ālokā Prajñāpāramitāvyākhyā: The Work of Haribhadra together with the Text Commented on*, Tokyo: The Toyo Bunko, 1935, p. 882.（后秦）鸠摩罗什译：《摩诃般若波罗蜜经》卷二十，T8，n223，p. 364c6-14。

② 阿多诺《否定的辩证法》：“星丛只是从外部来表示被概念在内部切掉的东西：即概念非常严肃地想成为但又不能成为的‘更多’。”参见特奥多·阿多尔诺著，张峰译：《否定的辩证法》，重庆：重庆出版社，1993年，第160页。Theodor W. Adorno, *Negative Dialektik*, Gesammelte Schriften, Band 6, Frankfurt am Main: Suhrkamp Verlag, 2003, S. 164.

③ 德勒兹、加塔利著，姜宇辉译：《资本主义与精神分裂：第2卷 千高原》，上海：上海书店出版社，2010年，第7页。

而般若的法门是实践的，对缘起的通达并不是为了解释，而是指引大乘菩提道的修学通达绝对无待的真理与全面彻底的无上菩提。

二 一切空无所有

缘起说明了一切法的存有，亦即通过关联条件而不断生起、持住、灭无。佛陀将“生”“住”“灭”称为“三有为相”[①]。然而，凡夫众生将缘起之流中的生起固化为具有常住、唯一、自身规定的实有自性的“生”，将缘起之流中的灭无固化为具有常住、唯一、自身规定的实有自性的“灭”。即使以闻思论究佛陀所教法义的部派亦不能完全摒除世俗认知，认为三相别有实体。如在说一切有部的阿毗达磨中，作为不相应行法的“生”“住”“灭”，伴随色法或心法进入时间序列而和合现起，成为有为法的三相；又因为三相本身也是有为法，则三相本身亦有三相，说一切有部进一步提出“生生”“住住”“灭灭”与“生”“住”“灭”辗转互缘，此六法（或加“异”“异异”为八法）在一法现起时与之同时共起。[②] 然而，对缘起如此的理解并没有真正摆脱自性形上学，反而以非庸俗、更精致的形式强化了自性形上学的概念把握的思想体系。《般若经》依般若波罗蜜多观察缘起，在观察之中的一切缘生法不过只是假施设的名言，而名言并不指涉常住、唯一、自身规定的“生”或“灭”，也不指涉名言的语

① （东晋）瞿昙僧伽提婆译：《增壹阿含经》卷十二，T2，n125，p. 607c21 – 22。

② 印顺：《说一切有部为主的论书与论师之研究》，台北：正闻出版社，1992年，第240页。

义所表述的实在。《小品般若经·初品》：

> 菩萨但有名字，如我毕竟不生（anabhinirvṛtta），诸法性[①]亦如是。此中何等是色不著不生？何等是受、想、行、识不著不生？诸法性如是，是性亦不生，不生亦不生……菩萨随行般若波罗蜜时作是观诸法，即不受色。何以故？色无生（anutpāda）即非色，色无灭（avyaya）即非色。无生无灭，无二无别。若说是色，即是无二法……[②]

不同于说一切有部将生灭等法作为具有自性的“实生”“实灭”，《般若经》强调“无生”“无灭”。“无生”“无灭”并不是否定一切缘所生法通过关联条件的生起、灭无，而是否定这种缘起之流中的生起、灭无具有常住、唯一、自身规定的实在自性。从时间角度而言，若“生”有自性，则未生的法不具有“生”则不能生起；已生的法已具有“生”则无须生起，否则已生的法再生即陷入无穷的生起；正生的法不能说“生起”“不生起”，说“生起”即是已生，说“不生起”即是未生。故《大般若经·第四分》云：“不许未生法生，亦不许已生法生。”[③] 从

---

① “诸法性”之“性”，玄奘译为“无自性”，（唐）玄奘译：《大般若波罗蜜多经》卷五百三十八，T7，n220，p. 767c28。梵语作“asvabhāva”，同玄奘译本。

② （后秦）鸠摩罗什译：《小品般若波罗蜜经》卷一，T8，n227，p. 539b17–27。（唐）玄奘译：《大般若波罗蜜多经》卷五百三十八，T7，n220，p. 767c25–768a24。P. L. Vaidya (ed.), *Aṣṭasāhasrikā Prajñāpāramitā: With Haribhadra's Commentary Called Ālokā*, Darbhanga: The Mithila Institute, 1960, p. 13.

③ （唐）玄奘译：《大般若波罗蜜多经》卷五百三十九，T7，n220，p. 769a6–7。“下品般若”其他汉译本无相应语句，唯有三国吴支谦译《大明度无极经》卷一“是如何，当从未生法择已生法乎？生死法至，生法至乎？”T8，n225，p. 481c20–21。梵本《八千颂般若》作“kiṃ punar āyuṣman śāriputrānutpanno dharma utpannaḥ, utāho anutpanna eva dharmo 'nutpannaḥ?” P. L. Vaidya (ed.), *Aṣṭasāhasrikā Prajñāpāramitā: With Haribhadra's Commentary Called Ālokā*, Darbhanga: The Mithila Institute, 1960, p. 15.

空间角度而言，若“生”有自性，则诸法不能自生，因为能生、所生不能是同一；诸法不能他生，因为“自”“他”各有自性则“自”不能从“他”生；诸法不能自他共生，因为诸法不能自生、他生，共生亦不可能；诸法不能非自非他生，因为无因则不能有果法的生起。故《大般若经·第四分》云：“不许生生，亦不许不生生。”① 由此可知，缘起之流中不存在具有自性的“实生”；同理，也不存在具有自性的“实灭”。《般若经》就五蕴言之，色、受、想、行、识无实生、无实灭，由五蕴积聚和合而成的一切缘所生法也是无实生、无实灭，故一切法皆是无实生、无实灭，无实生、无实灭的法本身亦不实生、不实灭，无实生、无实灭的名言亦不实生、不实灭。故《小品般若经·初品》云：“诸法无生，所言无生，乐说亦无生，如是乐说。”② 缘起所揭示的一切法的生灭是没有固定、同一、常住的生灭，而“生”、“灭”的语词的有限语义所表述的固定、同一、常住的生灭并不存在，故《般若经》依方便称之为“无生”“无灭”。

缘起之有被视为实有之作用表现，这是对缘起的无明颠倒。众生由于形上学的冲动、对于意义的本能依赖、对于虚无的恐

① （唐）玄奘译：《大般若波罗蜜多经》卷五百三十九，T7，n220，p. 769a8－9。“下品般若”其他汉译本及梵本无相应语句，而有舍利弗语“为许生生，为许不生生耶”相应语句，（后汉）支娄迦谶译《道行般若经》卷一作“无所生，无无所生，是故无所生。”T8，n224，p. 428c18。（三国吴）支谦译《大明度无极经》卷一作“云何生法不生而不生法生耶”T8，n225，p. 481c22。题为（苻秦）昙摩蜱、竺佛念译：《摩诃般若钞经》卷一作“以生生者为从无所生生？”T8，n226，p. 511b22－23。（后秦）鸠摩罗什译《小品般若波罗蜜经》卷一作“生生，无生生。”T8，n227，p. 539c18。梵本《八千颂般若》作“kiṃ punar āyuṣman subhūte utpāda eva dharmo 'nutpādaḥ，utāho anutpādo dharma utpādaḥ？”，P. L. Vaidya（ed.），*Aṣṭasāhasrikā Prajñāpāramitā：With Haribhadra's Commentary Called Ālokā*，Darbhanga：The Mithila Institute，1960，p. 15.

② （后秦）鸠摩罗什译：《小品般若波罗蜜经》卷一，T8，n227，p. 539c19－20。

惧，试图在现象性存在之后、之前、之上寻找作为其存在根据、本质、体性的存在之存在；如此的存在之存在于空间上是最深的、时间上是先在的、逻辑上是更高的，为存在者提供了关于所处世界的知识、找到了意义的赋予之源、克服了虚无对现象的侵蚀。面对缘起的世界与个体的身心存在，凡夫众生将所经验、所感觉、所认知的一切缘所生法作为具有固定同一性本质的、如其名言所指涉实在性的存在，故而缘起被认知为自性的缘起、缘所生法被认知为自性的存在，一切在“自性”（svabhāva）形上学中得到把握。佛教的部派，如说一切有部，虽然将现象性存在视为施设有、虚妄不实，但认为现象只是法体起现的作用，而法体是一一各住自性、实在不虚，“诸法实体，恒无转变，非因果故”[①]。在此理解下，缘起只是一一别有自性的法体依一定分位差别而进入时间的序列，从未来到现在、从现在到过去，依凭因缘相互组合聚集产生作用而生起一一存在的缘所生法；而法体本身住于自性，没有自他作用，故非因果，亦即非缘起。然而，依甚深般若波罗蜜多的观察，作为存在之存在的自性并不存在。《小品般若经·初品》：

> 色离（virahita）色性，受、想、行、识离识性，般若波罗蜜离般若波罗蜜性，是法皆离自性，性相亦离。[②]

对于说一切有部所谓一一法体的自性，如色之色自性、识之

---

① （唐）玄奘译：《阿毗达磨大毗婆沙论》卷二十一，T27，n1545，p. 105c12 - 13。

② （后秦）鸠摩罗什译：《小品般若波罗蜜经》卷一，T8，n227，p. 538a6 - 8。（唐）玄奘译：《大般若波罗蜜多经》卷五百三十八，T7，n220，p. 764c25 - 765a4。P. L. Vaidya (ed.), *Aṣṭasāhasrikā Prajñāpāramitā: With Haribhadra's Commentary Called Ālokā*, Darbhanga: The Mithila Institute, 1960, p. 6.

识自性（受、想、行、识皆为心法）等，《般若经》认为并非实有、常住、固定、唯一，而色、识等法与所谓自性并不是作用与本体、相状与体性、现象与本质的对应关系，一切诸法反而远离于自性，一切诸法的相状（自相、共相，能相、所相）亦远离于自性，甚至“自性”这一语词亦离于自性。“离自性”之“离”（virahita）表示欠缺，揭示了一切的存在自身之中的非同一性、异质性、流动性，《小品般若经》又称为“无性”①，亦即德勒兹所谓“自在差异”（différence en elle - même）②。这种差异不是自性形上学的思想体系之中的不同概念之间的差异，而是用于表述一切缘起之流中的相似相续存在的此缘性（idappaccayatā）的差异的假名；这种差异的假名在思想内容与表现上并不再现同一性，并不以作为自性的他者来再现自己，而是不断地、自为地与自身相差异。依凭差异的假名所思考、所了知、所通达的正是无量无边的甚深缘起之大相续流。缘起说明了一切法的“有”，但《般若经》强调，缘起之“有”实则是“如无所有，如是有”③。“无所有”即是“离自性”“无性”，故《摩诃般若经》云：“若法自性无，是为无所有（abhāva）。”④不同于说一切有部的“一切有”（sarvâsti），“无所有”否定了自性形上学的概念把握的思想体系所构筑的世界知识、存在意义，但

---

① （后秦）鸠摩罗什译：《小品般若波罗蜜经》卷一，T8，n227，p. 540a3。

② Gilles Deleuze, *Différence et répétition*, Paris: Presses Universitaires de France, 1968, p. 43. Gilles Deleuze, *Difference and Repetition*, tr. by Paul Patton, New York: Columbia University Press, 1994, p. 28.

③ （后秦）鸠摩罗什译：《小品般若波罗蜜经》卷一，T8，n227，p. 538b15 - 16。

④ （后秦）鸠摩罗什译：《摩诃般若波罗蜜经》卷二十三，T8，n223，p. 385b21 - 22。Takayasu Kimura (ed.), *Pañcaviṃśatisāhasrikā Prajñāpāramitā VI - VIII*, Tokyo: Sankibo Busshorin, 2006, p. 6.

并不否定现象性的存在，反而在缘起中真正如实通达了存在本身。

对于缘起有而无所有，《般若经》又表述为“空”。在早期佛教中，“空”是修习“空三昧禅住”[①]，即随顺缘起，如实观察诸法生灭无常、纯大苦聚、无我我所，从而远离一切烦恼，《杂阿含经》称之为“出世空相应缘起随顺法”[②]。然而，不同于早期佛教从观察现实身心存在的无常、苦、无我入手[③]，《般若经》直接从空、无相、无作（愿）这三种三昧（解脱门）入手，尤以空三昧为首要，如实谛观甚深缘起的实相而获得与甚深涅槃同一内容的深彻的觉悟。[④] 如此空三昧的修习所观的甚深相，不是像《中阿含经·小空经》“若彼中无者，以此故，彼见是空；若彼有余者，彼见真实有”[⑤]，不是“于观行领域 X 中观察 A 空而所余 B 不空”[⑥] 而重重次第悟入空性，而是“一切法性自空”[⑦]，直接观察缘起之流中的诸法之存在本身无性、离自

---

① （刘宋）求那跋陀罗译：《杂阿含经》卷九第 236 经，T2，n99，p. 57b11。

② （刘宋）求那跋陀罗译：《杂阿含经》卷十二第 293 经，T2，n99，p. 83c5。（刘宋）求那跋陀罗译：《杂阿含经》卷四十七第 1258 经“闻如来所说修多罗、甚深、明照、空相应随顺缘起法”，T2，n99，p. 345b13 - 14。

③ 参见藤田宏达：《原始仏教における空》，佛教思想研究会编：《空（下）》（佛教思想 7），京都：平乐寺书店，1982 年，第 420 - 423 页。

④ 参见印顺：《空之探究》，台北：正闻出版社，1992 年，第 156 页。

⑤ （东晋）瞿昙僧伽提婆译：《中阿含经》卷四十九，T1，n26，p. 737a17 - 18。Robert Chalmers (ed.), *Majjhima - Nikāya* 121, vol. 3, London: Pali Text Society, 1899, p. 104 - 105.

⑥ 参见宗玉嫩：《关于 na śūnyatayā śūnya 的争论》，《正观》第 67 期，2013 年，第 61 - 104 页。

⑦ （后秦）鸠摩罗什译：《摩诃般若波罗蜜经》卷十八，T8，n223，p. 355a8。（唐）玄奘译：《大般若波罗蜜多经》卷四百五十四，T7，n220，p. 291a5。Takayasu Kimura (ed.), *Pañcaviṃśatisāhasrikā Prajñāpāramitā V*, Tokyo: Sankibo Busshorin, 1992, p. 15.

性、有而无所有，这是大乘不共的一切法空性①。故《小品般若经·深功德品》云：

> 甚深相者，即是空义，即是无相(ānimitta)、无作(apraṇihita)、无起(anabhisaṃskāra)、无生(anutpāda，ajāta)、无灭、无所有(abhāva)、无染(virāga)、寂灭(nirodha)、远离(vigama)、涅槃(nirvāṇa)义。②

虽然无相、无作、无起……等皆可以用于表示甚深缘起、甚深涅槃，但“空”的重要性更为突出而在《般若经》的发展中被广泛使用，故《摩诃般若经》云：“是空相应名为第一相应”③。由于一切法可从不同角度作种种分类，作为一切法空性的“空”亦可按类纂集，《般若经》在《阿含经》、阿毗达磨论书的基础上类集出十四空、十六空、十八空、二十空等种种空。④ 关于种种空的说明，《摩诃般若经》云：“非常非灭故。何以故？性自尔。”⑤ 缘起之流中的一切法不断作为现象而生起，并非常住的存在，故是“非常”；一切法是无常的，不断作为现象而灭无，“常”或“灭”并非有实在的本质，故是“非无常(非灭)”。一切法的“非常非灭”不是由于他者令其非常、令其

---

① 参见姚卫群：《佛教般若思想发展源流》，北京：北京大学出版社，1996年，第134-135页。

② (后秦) 鸠摩罗什译：《小品般若波罗蜜经》卷七，T8，n227，p. 566a11-13。(唐) 玄奘译：《大般若波罗蜜多经》卷五百四十九，T7，n220，p. 829a12-14。P. L. Vaidya (ed.)，*Aṣṭasāhasrikā Prajñāpāramitā*：*With Haribhadra's Commentary Called Ālokā*，Darbhanga：The Mithila Institute，1960，p. 170.

③ (后秦) 鸠摩罗什译：《摩诃般若波罗蜜经》卷一，T8，n223，p. 224c18。

④ 参见印顺：《空之探究》，台北：正闻出版社，1992年，第157-164页。

⑤ (后秦) 鸠摩罗什译：《摩诃般若波罗蜜经》卷五，T8，n223，p. 250b9。(唐) 玄奘译：《大般若波罗蜜多经》卷四百一十三，T7，n220，p. 73a21。

非灭，而是本性如此，是自身之中的自在差异的自为重复，故《大智度论》云："诸法实相非常非无常"①。一切法本性如此的"空"解除了存在本身的种种遮蔽，揭示了甚深缘起有而无所有的真相。

三　法性清净平等

虽然"空"作为般若波罗蜜多现观缘起的理境，既有诸行生灭不住及所起烦恼虚妄不实的意义，也有显示诸法的实相及所显寂静的意义，但由于"空"这一名言的语义更多具有否定意味而易被误解为虚无。为了方便地表示如来所自证自觉的甚深理境，佛陀在经中以"如""法性""真实"等具有肯定语义的名言教化众生悟入空相应缘起。"如"（bhūtatathatā、tathatā）语义即如其存在（bhūta）那样，是一一具体存在者的真实存在样态，其本身即包含着否定不如真实之义②。《杂阿含经》以"法如（tathatā）""法不离如（avitathatā），法不异如（anaññathatā）"说明缘所生法的审谛、真实、不颠倒的缘起相。③ 与早期佛教的"如"侧重表述缘起和四谛理不同，《般若经》更多以"如"发扬般若波罗蜜多体悟的一切法空性的甚深义。《小品般若经·小如品》：

---

① （后秦）鸠摩罗什译：《大智度论》卷十八，T25，n1509，p. 193b5。

② 吕澂：《中国佛学源流略讲》，《吕澂佛学论著选集》第5册，济南：齐鲁书社，1991年，第2439页。

③ （刘宋）求那跋陀罗译：《杂阿含经》卷十二第296经，T2，n99，p. 84b23。*Saṃyutta – Nikāya* 12. 20，vol. 2，p. 26.

> 如来因般若波罗蜜知色相。云何知色相？知如如……五阴如即是世间如，五阴如即是一切法如……是诸如，皆是一如，无二无别，无尽无量……般若波罗蜜示诸佛世间，能生诸佛。诸佛知世间如，如实得是如故，名为如来。①

“如来”（tathāgata）之为如来，已经证无上正等觉而能如实了知一切法“如是”（tathā），这是依凭行甚深般若波罗蜜而通达一切法缘起的如其所是的实相；以色蕴为例，如来所了知的色之实相，不是在色之外别有本质的他者，也不是通过在色之后、之前、之上的他者而回溯性地建构的自身表象，而是直接就色本身显现如其所是的相状，故称为“知如如”。作为有为法，有情众生的存在及其所居住的世间可以依五蕴说明其积聚而成立，五蕴如其所是，世间乃至一切法皆如其所是。五蕴、世间、一切法的如如实相，即是一切法空性、无所有、无生无灭，故五蕴如如实相、世间如如实相、一切法的如如实相“皆是一如”。这并不是指“如如实相”在思想内容与表现上再现为同一性的本质，而是指一切法无二无别、无尽无量、自为重复的空寂。“一切法如”，在早期汉译本即作“诸法本无”②。作为般若理境的“如”同时具有唯一、真实、本然、决定、安住、不变异、不虚妄、远离染著、究竟边际等语义，故《般若经》中又施设种种名字，《摩诃般若经》“如、不异、法相、法性、法住、法位、实际”③；《大般若经

① （后秦）鸠摩罗什译：《摩诃般若波罗蜜经》卷五，T8，n227，p. 558b9－19。

② （后汉）支娄迦谶译：《道行般若经》卷五，T8，n224，p. 450a5。（三国吴）支谦译：《大明度经》卷三，T8，n225，p. 491c26。

③ （后秦）鸠摩罗什译：《摩诃般若波罗蜜经》卷二十六，T8，n223，p. 412a20－21。

·初分》和《大般若经·第二分》相应处作“真如、法界、法性、不虚妄性、不变异性、平等性、离生性、法定、法住、实际、虚空界、不思议界”①。虽然名言有种种差别，各有所侧重的语义，但这些异名无非为了不同语言使用情境的需要而从不同视角施设假名，并非有如其语义的别别自性。《摩诃般若经》强调“如、法性、法相、法位、实际无有义”，“如、法性、实际无所有”②。所有“如”“法性”“实际”等名字皆是空、无所有、不可得、不可住，故“皆是一如，无二无别，无边无量”。这是行甚深般若波罗蜜多而信解的决定无疑的证量，故《大般若经·第四分》云：“以真法性为定量（pramāṇa）。”③

“如”“法性”“实际”等种种名言所表述的般若理境，若佛出世、若不出世而常住无二，对于一切时间、空间中的法皆是如此，故《般若经》云“诸法平等”（sarva - dharmāṇāṃ samatā）④。“平等”的语义是相对于“差别”而言的。一切现象

① （唐）玄奘译：《大般若波罗蜜多经》卷二百九十五（初分），T6，n220，p. 1045b21 - 23；卷四百七十七（二分），T7，n220，p. 419a26 - 28。

② （后秦）鸠摩罗什译：《摩诃般若波罗蜜经》卷四，T8，n223，p. 241c20；卷六，T8，n223，p. 263b21。

③ （唐）玄奘译：《大般若波罗蜜多经》卷五百三十八，T7，n220，p. 764c5 - 6。（后汉）支娄迦谶译《道行般若经》卷作“从法中以脱去”。T8，n224，p. 426b12。（三国吴）支谦译《大明度经》卷作“法意作量以为脱便”。T8，n225，p. 479b16。（后秦）鸠摩罗什译：《小品般若波罗蜜经》卷一作“得诸法实相，故得解脱。”T8，n227，p. 537c22 - 23。梵本《八千颂般若》作“so 'tra sarvatra śraddhānusārī sarvajñajñāne dharmatāṃ pramāṇīkṛtya evam adhimukta iti”，P. L. Vaidya（ed.），*Aṣṭasāhasrikā Prajñāpāramitā: With Haribhadra's Commentary Called Ālokā*, Darbhanga: The Mithila Institute, 1960, p. 5.

④ （后秦）鸠摩罗什译：《摩诃般若波罗蜜经》卷二十六，T8，n223，p. 413c17 - 19。（唐）玄奘译：《大般若波罗蜜多经》卷四百七十八，T7，n220，p. 422a17。Takayasu Kimura（ed.），*Pañcaviṃśatisāhasrikā Prajñāpāramitā VI - VIII*, Tokyo: Sankibo Busshorin, 2006, p. 163.

性的存在是在时间和空间上无限差别的，这种差别不是概念的差别，而是此缘性的存在本身的自在差异的自为重复；依般若波罗蜜多观之，无限差别的一切现象皆无固定、同一、实有的自性，皆是无所有而有、有而无所有，差别本身亦是如此；正因为差别本身本性空，一般经验认知的任何性质和相状的差别都只是概念的差别，而般若波罗蜜多所观察恰恰是超越一切差别、无二无别的如如平等。当然，“平等”是无所指涉的，也只是在语言情境中用于描述一体平铺的实相。《摩诃般若经·平等品》：

> 若无有有法（bhāva）、无有无法（abhāva），亦不说诸法平等相。除平等更无余法，离一切法平等相。平等相者，若凡夫、若圣人，不能行、不能到……今诸凡夫人平等，诸须陀洹、斯陀含、阿那含、阿罗汉、辟支佛、诸菩萨摩诃萨、诸佛及圣法皆平等，是一平等无二。所谓是凡夫人、是须陀洹乃至佛，是一切法等中皆不可得。①

一切法平等性不可说、不可知，超越一切概念差别，故依胜义，无论对于一切的“有法”还是“无法”皆不可说其为平等性。超越名言的平等性正是一切法如其所是的实相，故平等性是一切法的平等性，一切法是平等性的一切法，除却平等性外无任何一法可得，离一切法外无任何平等性。可见，平等性说明了如、法性、实际等恒时、周遍于一切法，除一切法外别无其他，无论作为理念、上帝或物自体；平等性的一切法是一体平铺的，

---

① （后秦）鸠摩罗什译：《摩诃般若波罗蜜经》卷二十六，T8，n223，p. 414c3－17。（唐）玄奘译：《大般若波罗蜜多经》卷四百七十八，T7，n220，p. 423b20－c17。Takayasu Kimura（ed.），*Pañcaviṃśatisāhasrikā Prajñāpāramitā VI－VIII*，Tokyo：Sankibo Busshorin，2006，p. 169.

无中心、无等级、更无奴役关系，故不存在更深、更先、更高。一切法包括一切凡夫、凡夫法和圣人、圣人法，既然平等性与一切法亦是无异，故凡夫、凡夫法、圣人、圣人法的平等性只是一平等而无二无别。既然是一平等，则不能说“能行”“能到”“能得”，因为“能”与“所”是对立差别的，有“能行”“能到”“能得”即有“所行”“所到”“所得”，而一切法之间是一平等，一切法与平等性是一平等，无分别“能行”与“所行”、“能到”与“所到”、“能得”与“所得”。故《大般若经·第二分》云：“一切法等平等之性皆本性空，此本性空于一切法非能、所作。”①

一切法平等性，《般若经》又依世俗描述为“清净法”（vyavadāna）②。“清净”这一名言的语义，是相对于“杂染”（saṃkleśa）而言的：“杂染”犹如白布为各种杂乱颜色所染而呈现出不如其本然所是的状态，同时引发躁动烦恼；而“清净”在消极意义上指杂染状态的净化、躁动烦恼的去除，而在积极意义上指如其如是、本然如此。《般若经》中的“清净”具有三个层面的意义③。其一是感官感受的清净，如《小品般若经·明咒品》：“所住之处，应令净洁。”④ 其二是远离烦恼的清净，如

① （唐）玄奘译：《大般若波罗蜜多经》卷四百七十八，T7，n220，p. 425b 19－20。（后秦）鸠摩罗什译《摩诃般若波罗蜜经》卷二十六作“是诸法平等，无所作”，T8，n223，p. 415c2－3。

② （后秦）鸠摩罗什译：《摩诃般若波罗蜜经》卷二十六“是诸法平等相，我说是净”，T8，n223，p. 413c16－17。（唐）玄奘译：《大般若波罗蜜多经》卷四百七十八，T7，n220，p. 422a18－21。Takayasu Kimura (ed.), *Pañcaviṃśatisāhasrikā Prajñāpāramitā VI－VIII*, Tokyo: Sankibo Busshorin, 2006, p. 163.

③ 蔡耀明：《〈大般若经·第二会〉的严净/清净》，《佛学研究中心学报》第4期，1999年，第1－41页。

④ （后秦）鸠摩罗什译：《小品般若波罗蜜经》卷二，T8，n227，p. 545a4。

《小品般若经·叹净品》："无垢波罗蜜是般若波罗蜜，诸烦恼清净故。"① 其三是智慧暨方便善巧层面不舍不著的清净，如《小品般若经·深心求菩提品》："若不受一切法，则无我、无我所，是名为净。"② 后二者层面的"清净"可视为"空"的同义语。③ 正如《般若经》所言"空"为一切法本性空，《般若经》所言"清净"更重视从缘起之流中的一切法如如不异而"本性清净"(prakṛti－pariśuddha)。《小品般若经·恭敬菩萨品》：

> 一切法本清净相，菩萨于是本净相法中，行般若波罗蜜，不惊不怖，不没不退，是名清净般若波罗蜜。须菩提！凡夫不知不见一切法本清净相，是故菩萨发勤精进，于是中学，得清净诸力、诸无畏。④

一切法从"本性"（prakṛti）而言，空、无生、无所有；根据于其本性而表现出来的相状亦是无相、无作、无起。性相皆空的一切法不可得、不可取、无我我所、无有杂染烦恼，故可说为"本性清净"。"本性清净"并不是如其语义而有实在自性的清净；若实有"清净"，则"清净"可取可得而能令人生起得到、得不到的烦恼，如此的"清净"与自身的语义相背反而亦可说

---

① （后秦）鸠摩罗什译：《小品般若波罗蜜经》卷四，T8，n227，p. 553b9－10。

② （后秦）鸠摩罗什译：《小品般若波罗蜜经》卷八，T8，n227，p. 572a1－2。

③ 真田康道：《『八千頌般若経』にあらわれる清浄の語》，《印度学佛教学研究》第40卷第1号，1991年，第423－418页。真田康道：《『八千頌般若経』における清浄の研究》，《般若波罗蜜多思想论集：真野龙海博士颂寿记念论文集》，东京：山喜房佛书林，1992年，第225－251页。

④ （后秦）鸠摩罗什译：《小品般若波罗蜜经》卷八，T8，n227，p. 574b5－9。（唐）玄奘译：《大般若波罗蜜多经》卷五百五十二，T7，n220，p. 847a19－b1。P. L. Vaidya (ed.), *Aṣṭasāhasrikā Prajñāpāramitā: With Haribhadra's Commentary Called Ālokā*, Darbhanga: The Mithila Institute, 1960, p. 211－212.

为“杂染”，可见“清净”本身包含着非同一性、异质性而没有实在自性。故作为一切法之本性的清净亦是空无所有，无垢无净，为指导菩提道修学而依语言使用方便施设为“清净”这一名言。凡夫众生不能如实了知一切的真实性相，不能见此本性清净，而实施种种造作陷于杂染烦恼；若菩萨道行者能对于此甚深理境不惊讶、不恐惧、不退转而践行甚深般若波罗蜜多，则能成就清净的十力、四无畏等佛法功德。为了与世俗意义的“清净”相区分，《般若经》又把“本性清净”称之为“毕竟净（atyanta－viśuddha）”①，即远离一切世俗二元分别而为绝对、无二、无差别的清净。故《大般若经·第四分》云：“即一切法不生、不灭、无染、无净、不出、不没、无得、无为，如是名为毕竟净。”②

第二节　般若之修行

般若波罗蜜多法门不像说一切有部等部派佛教注重法义的闻思分别，而重在对于一切法如其所是的甚深理境的彻底悟入，故《般若经》的真正核心主题是“行深般若波罗蜜多”而非说明般

① （后秦）鸠摩罗什译：《小品般若波罗蜜经》卷四，T8，n227，p. 551c16。P. L. Vaidya (ed.), *Aṣṭasāhasrikā Prajñāpāramitā: With Haribhadra's Commentary Called Ālokā*, Darbhanga: The Mithila Institute, 1960, p. 94.

② （唐）玄奘译：《大般若波罗蜜多经》卷四百一十，T7，n220，p. 52b7－8。（后秦）鸠摩罗什译《摩诃般若波罗蜜经》卷三作“不出、不生、无得、无作，是名毕竟净”，T8，n223，p. 238c18－19。

若波罗蜜多。[1] 这与其说是般若波罗蜜多法门突出的风格，不如说是对早期佛教重视实践的修学传统的回归。佛陀的证觉不是外在给予的，而是自身依缘起修学而自证自觉；同样，佛陀言教根本旨趣在于指导修学而获得觉悟。这虽是佛教共通的究竟目标，但由修学而引发的对理境的发展、对法义的诤辩使得知识的兴趣越过了或遮蔽了实践的要求；这并不是否定知识、否定法住智，而是强调佛教之知必然是实践之知而非止于意识思惟。在《般若经》中，实践之知意味着向着与诸佛如来全面而彻底的无上正等觉相同的目标不断修学。般若波罗蜜多法门是遍学一切的善法，但正因为遍学一切同时也是无所行、无所著、无所证，否则即陷入于有限的局域而不能获得全面的觉悟。在《大般若经·第十六分》中，佛陀回答善勇猛菩萨所问"云何菩萨摩诃萨修行般若波罗蜜多"时，即说"诸菩萨摩诃萨修行般若波罗蜜多，于一切法都无所行（na kvacid dharme carati）"。[2] 遍学一切而于一切都无所行，这是般若之修行。

一　菩提心与六度

佛教的修学以空相应缘起甚深理境的觉悟为目标。所悟理境虽然皆是一如，但修学是依缘起的，在缘起之流中通向觉悟的道路、方法、结果则有表现出的相状差别。关于修学觉悟的结果差

---

① 参见玉城康四郎：《空思想への反省》，佛教思想研究会编：《空（下）》（佛教思想 7），京都：平乐寺书店，1982 年，第 1004－1010 页。

② （唐）玄奘译：《大般若波罗蜜多经》卷五百九十七，T7，n220，p. 1091c 28－29。Ryusho Hikata（ed.），*Suvikrāntavikrāmi－Paripṛcchā Prajñāpāramitā－Sūtra：Edited with An Introductory Essay*，Fukuoka：Kyushu University，1958，p. 71.

别，《杂阿含经》云，如理修学的净众生度到生死的彼岸“得阿罗汉、得辟支佛、得阿耨多罗三藐三菩提”[①]，这在说一切有部的阿毗达磨论书中称之为“三种菩提”[②]：声闻菩提、独觉菩提、无上正等菩提；相应于三种觉悟结果的是作为原因的三种道路，《增壹阿含经》云“声闻乘、辟支佛乘、佛乘”[③]，所谓“乘”即通向目标所使用的工具及所行进的道路；而依此三乘通向三种菩提的修行的人依其性质亦可相应分为三类，说一切有部的阿毗达磨论书中称之为“三乘种性”[④]：声闻种性、独觉种性、佛种性。部派佛教关于三乘修学的讨论影响了《般若经》。[⑤] 但《般若经》所施设的修学道路的终极目标是诸佛的阿耨多罗三藐三菩提，相应的工具和道路是佛乘；若就佛果尚未全面而彻底觉悟，则称为菩萨乘。《般若经》注重成佛的因位修行，故菩萨乘的思想在《般若经》发展过程中日益重要而逐渐成为般若波罗蜜多法门的代名词。[⑥]

“菩萨”（bodhisatta，bodhisattva）在早期佛教中意为追求菩

① （刘宋）求那跋陀罗译：《杂阿含经》卷二十四第 635 经，T2，n99，p. 176a16 - 17。

② （唐）玄奘译：《阿毗达磨法蕴足论》卷十，T26，n1537，p. 502c11 - 14；（北宋）法护等译：《施设论》卷三，T26，n1538，p. 520a5。（唐）玄奘译：《阿毗达磨大毗婆沙论》卷四十八，T27，n1545，p. 251a25。

③ （东晋）瞿昙僧伽提婆译：《增壹阿含经》卷十二，T2，n125，p. 792b11 - 12。

④ （唐）玄奘译：《阿毗达磨大毗婆沙论》卷一百，T27，n1545，p. 520a11 - 14。

⑤ 藤田宏达：《一乗と三乗》，横超慧日编：《法华思想》，京都：平乐寺书店，1969 年，第 368 页。

⑥ 参见渡边章悟：《般若経の三乗思想》，《东洋学论丛》第 38 号，2013 年，第 146 - 137 页。渡边章悟：《般若経の三乗における菩薩乗の意味》，《印度学佛教学研究》第 62 卷第 2 号，2014 年，第 892 - 884 页。

提者，而初期大乘佛教更强调不执著菩提。① 菩萨的不执著菩提是超越声闻、独觉之处，这种超越不是与声闻、独觉相对立，而是在一切法本性空意义上的平等性。《小品般若经·大如品》：

> 舍利弗即问须菩提："汝欲令有一菩萨乘耶？"须菩提言："如中可有三乘人不？若声闻、辟支佛、佛乘？""须菩提！如中无有三相差别。""舍利弗！如有一相不？""不也，须菩提！""舍利弗！如中乃至见有一乘人不？""不也，须菩提！""舍利弗！如是实求是法不可得。汝云何作是念：'是声闻乘，是辟支佛乘，是佛乘者。'如是三乘，如中无差别。若菩萨闻是事，不惊不怖，不没不退，当知是菩萨，则能成就菩提。"②

一切法皆是一如、无二无别，故如如实相中并无三乘、三菩提、三人的分别；正因为这种分别并非实有，故菩萨能遍学一切（包括声闻法、独觉法、菩萨法、佛法）而没有局限、障碍、沾滞，《小品般若经·初品》言："为学一切法无障碍，亦如实知

---

① Har Dayal 认为 bodhisatta 的 satta 的词源是梵语√sañj（爱著）过去被动分词 sakta，早期佛教中意为"爱著菩提者"（bodhisakta），而初期大乘佛教解释为"不执著菩提者"（bodhi'sakta），Har Dayal，*The Bodhisattva Doctrine in Buddhist Sanskrit Literature*，New Delhi：Motilal Banarsidass，1970，p. 7. 阿理生认为，bodhisatta 的 satta 的词源是吠陀梵语√sap（追求）过去被动分词 sapta，随着时代推移而被 sakta 取代，参见阿理生：《bodhisatta；bodhisattva（菩薩）の 語源 と変遷》，《印度学佛教学研究》第 60 卷第 2 号，2012 年，第 937－932 页；阿理生：《bodhisatta；bodhisattva（菩薩）の語源と変遷：語義・用語法のさらなる考察》，《印度学佛教学研究》第 61 卷第 2 号，2013 年，第 834－829 页。

② （后秦）鸠摩罗什译：《小品般若波罗蜜经》卷六，T8，n227，p. 563c6－15。"菩萨乘""佛乘"，梵本《八千颂般若》均作"mahāyānika"，P. L. Vaidya（ed.），*Aṣṭasāhasrikā Prajñāpāramitā：With Haribhadra's Commentary Called Ālokā*，Darbhanga：The Mithila Institute，1960，p. 159.

一切法，是名菩萨义。”[①] 如果不能如实了知三乘无差别，则堕入二乘的局限之中而不能遍学一切。当然，实相意义上的三乘无差别并不否定实际修行中的超越二乘，故菩萨又称为“摩诃萨”(mahāsattva)，《小品般若经·初品》：“当为大众作上首(agratā)，名为摩诃萨义。”[②] 超越二乘的菩萨乘本身亦非实有，若执为实有即陷入二乘而非菩萨乘，故也不能说有一菩萨乘。这样的菩萨乘是甚深广大的，故又被赞誉为“大乘”(mahāyāna)[③]，《小品般若经·初品》：“大乘者，无有量、无分数故。”[④] 大乘之“大”不是与“小”对立的，而是包容一切而超越一切，犹如虚空一样无出处、无去处、无住处。如此不执著一切的菩萨大乘正是通向诸佛无上正等菩提的道路。

菩萨大乘的修学以发阿耨多罗三藐三菩提心为起点。《般若经》中的“心”承继了早期佛教以来的观念，认为世间一切现象性存在及其此缘性在心的作用中得到认识、理解，而众生之心在其造作染净业而受报的过程中起着主导作用，《杂阿含经》云：“心恼故众生恼，心净故众生净。”[⑤] 故佛教的修学着重在“心”上做工夫，三学之一的定学即称为“增上心学”

① （后秦）鸠摩罗什译：《小品般若波罗蜜经》卷一，T8，n227，p. 538c16－17。

② （后秦）鸠摩罗什译：《小品般若波罗蜜经》卷一，T8，n227，p. 538c19。

③ 辛嶋静志通过研究《法华经》中“yāna”与“jñāna”的交替现象，认为二者在口语中皆发音为“jāna”而产生混淆，“mahāyāna”可能本来为“mahājñāna”(大智)，而“bodhisattva－yāna”一词晚出，是在“yāna”作为“乘”义之后，参见辛嶋静志：《法华经中的乘（yāna）与智慧（jñāna）：论大乘佛教中yāna概念的起源与发展》，载《佛典语言及传承》，上海：中西书局，2018年，第219－263页。

④ （后秦）鸠摩罗什译：《小品般若波罗蜜经》卷一，T8，n227，p. 539a20。

⑤ （刘宋）求那跋陀罗译：《杂阿含经》卷十第267经，T2，n99，p. 69c12－13。M. Léon Feer (ed.), *Saṃyutta－Nikāya* 22. 100, vol. 3, London: Pali Text Society, 1890, p. 151.

(adhicitta - sikkhā)，亦即观照心身、克服情绪干扰、锻炼止与观的心态素养等。[①] 而重视修行悟入的《般若经》则以“发菩提心”作为菩萨修学道路的开端。“菩提心”的汉译又作“道意”[②] 等，而这一术语成立前也出现过“菩萨心”等语词，早期《般若经》汉译本即保留了“菩萨心”[③] 的译语。“菩萨心”指菩萨不共声闻、独觉的特有心态，其特质在于菩萨的修学是以无上正等菩提而非二乘菩提作为目标，故在后来逐渐以阿耨多罗三藐三菩提心（简称“菩提心”）作为“菩萨心”的同义词，并取代了“菩萨心”作为菩萨修学的特有术语。[④] 然而，“阿耨多罗三藐三菩提心”有二义：一是追求阿耨多罗三藐三菩提的心，这在菩萨修学之初，可称为“前心”；二是已经圆满成就阿耨多罗三藐三菩提的心，这是菩萨修学之目的，可称为“后心”。问题是：在时间序列中，前心和后心不能同时俱有，则前心之因如何成就后心之果？这正显示出心的此缘性。《小品般若经 · 深功德品》：

---

① 参见蔡耀明：《〈阿含经〉的禅修在解脱道的多重功能：附记“色界四禅”的述句与禅定支》，《正观杂志》第 20 期，2002 年，第 83 - 140 页。

② （东晋）瞿昙僧伽提婆译：《增壹阿含经》卷二十四，T2，n125，p. 677a17。（三国吴）支谦译：《大明度无极经》卷一，T8，n225，p. 478c20。题为（苻秦）昙摩蜱、竺佛念译：《摩诃般若钞经》卷四，T8，n226，p. 525c7。（后秦）鸠摩罗什译：《小品般若波罗蜜经》卷五，T8，n227，p. 557b21。（西晋）无罗叉译：《放光般若波罗蜜经》卷一，T8，n221，p. 001b15。（西晋）竺法护译：《光赞般若波罗蜜经》卷二，T8，n222，p. 157b25。

③ （东晋）瞿昙僧伽提婆译：《增壹阿含经》卷二十七，T2，n125，p. 699a7。（后汉）支娄迦谶译：《道行般若经》卷一，T8，n224，p. 426a11。题为（苻秦）昙摩蜱、竺佛念译：《摩诃般若钞经》卷一，T8，n226，p. 509a2 - 3。（后秦）鸠摩罗什译：《小品般若波罗蜜经》卷一，T8，n227，p. 537b14。（西晋）无罗叉译：《放光般若波罗蜜经》卷六，T8，n221，p. 38b8。

④ 参见宗玉媺：《“菩提心”用语成形前后的涵义探究：以〈般若波罗蜜经〉前二品为主》，《法鼓佛学学报》第 2 期，2008 年，第 1 - 39 页。

> 非初焰烧，亦不离初焰；非后焰烧，亦不离后焰……是炷实燃……是因缘法甚深。菩萨非初心（prathama - cittôtpāda）得阿耨多罗三藐三菩提，亦不离初心得；非后心（paścima - cittôtpāda）得阿耨多罗三藐三菩提，亦不离后心而得阿耨多罗三藐三菩提。①

心的缘起正如火焰燃烧灯柱，前心作为因行则未得阿耨多罗三藐三菩提，但离前心也不能得阿耨多罗三藐三菩提；后心作为结果无需再得阿耨多罗三藐三菩提，否则阿耨多罗三藐三菩提即有二，但离后心之外不能得阿耨多罗三藐三菩提。前心与后心不即不离，在时间序列中相续而为缘起之流中的心。这样的心即是空、非常非灭，故亦说为清净。《小品般若经·初品》：

> 菩萨行般若波罗蜜时，应如是学，不念是菩萨心。所以者何？是心非心，心相本净故（prakṛtiś cittasya prabhāsvarā）。尔时舍利弗语须菩提："有此非心心不？"须菩提语舍利弗："非心心可得若有若无不？"舍利弗言："不也！"须菩提语舍利弗："若非心心不可得有无者，应作是言有心无心耶？"舍利弗言："何法为非心？"须菩提言："不坏不分别……"②

① （后秦）鸠摩罗什译：《小品般若波罗蜜经》卷七，T8，n227，p. 567a28 - b7。（唐）玄奘译：《大般若波罗蜜多经》卷五百五十，T7，n220，p. 831a12 - 26。P. L. Vaidya（ed.），*Aṣṭasāhasrikā Prajñāpāramitā*：*With Haribhadra's Commentary Called Ālokā*，Darbhanga：The Mithila Institute，1960，p. 175.

② （后秦）鸠摩罗什译：《小品般若波罗蜜经》卷一，T8，n227，p. 537b13 - 19。（唐）玄奘译：《大般若波罗蜜多经》卷五百三十八，T7，n220，p. 763c16 - 25。P. L. Vaidya（ed.），*Aṣṭasāhasrikā Prajñāpāramitā*：*With Haribhadra's Commentary Called Ālokā*，Darbhanga：The Mithila Institute，1960，p. 3.

菩萨之菩提心是缘所生的心，故无所有、不可得，但心又在缘起之流中如是而有，不能说心是实有或实无，故说“是心非心”。这是心如其所是的存在状态，即是就心这一法而言的如、法性、实际，故就“本性”（prakṛti）而言称之为“清净”（prabhāsvara），亦即光明澄澈状态。早期佛教中的“心性本净”是指现象性生灭变化的心相去除烦恼后的无污浊状态，是从否定层面表述的消极意义的清净[①]，如《增壹阿含经》“心性极清净，断魔邪恶念”[②]。《般若经》则是就菩提心无自性、当体即空、不可得、不垢不净而说“心相本净”。依《大智度论》，清净亦是毕竟空的同义语，只是初学者闻毕竟空易生惊怖，“以人畏空，故言清净”[③]。本性清净的菩提心虽然可说为愿求阿耨多罗三藐三菩提，但阿耨多罗三藐三菩提是无漏智，菩提之义即是正遍知空、如、法性、实际[④]，故此愿求并非指渴爱执著，实则菩萨不执著一切法，故《小品般若经·初品》云：“无心故，于是中心无所著”[⑤]。可见，《般若经》施设菩提心之名的意趣在于引导菩萨开启趣向阿耨多罗三藐三菩提的修学道路。

菩萨大乘的修学以六波罗蜜多（ṣaṭ pāramitā）为主要实践

---

① 水野弘元：《心性本净の意味》，《印度学佛教学研究》第20卷第2号，1972年，第8－16页。水野弘元：《佛教教理研究》，东京：春秋社，1997年，第219－234页。

② （东晋）瞿昙僧伽提婆译：《增壹阿含经》卷二十二，T2，n125，p.663c24。

③ （后秦）鸠摩罗什译：《大智度论》卷六十三，T25，n1509，p.508c7。

④ （后秦）鸠摩罗什译：《摩诃般若波罗蜜经》卷二十二“须菩提！空义是菩提义，如义、法性义、实际义是菩提义。复次，须菩提！名相言说是菩提义，菩提实义不可坏。不可分别是菩提义。复次，须菩提！诸法实相不诳不异是菩提义，以是故名菩提。复次，须菩提！是菩提是诸佛所有故名菩提。复次，须菩提！诸佛正遍知故名菩提”，T8，n223，p.379a18－24。

⑤ （后秦）鸠摩罗什译：《小品般若波罗蜜经》卷一，T8，n227，p.538c25－26。

项目。六波罗蜜多是从“本生”和“譬喻”类经典中关于释迦牟尼过去生中作为菩萨时所修的自利利他的广大行分类集聚而成。[①]“波罗蜜多”（pāramitā）的语义主要有两种，《大智度论》云“于事成办，亦名到彼岸”[②]，前者就结果而言，后者就原因而言；词源学解释亦大致分为“最高的完成的状态”和“行往彼岸的状态”[③]。作为菩萨行的波罗蜜多，虽然有不同分类，但以六波罗蜜多（布施、持戒、忍辱、精进、禅定、般若）最为常见。《般若经》亦以六波罗蜜多作为菩萨皆应具足的修学项目，如《小品般若经·深心求菩提品》云：

> 六波罗蜜是菩萨善知识，六波罗蜜是菩萨大师，六波罗蜜是菩萨道，六波罗蜜是菩萨光明，六波罗蜜是菩萨炬。须菩提！过去诸佛，皆从六波罗蜜生；未来诸佛，皆从六波罗蜜生；现在十方无量阿僧祇世界诸佛，皆从六波罗蜜生。又三世诸佛萨婆若，皆从六波罗蜜生……是故当知六波罗蜜，

---

① 平川彰：《六波羅蜜の展開》，《印度学佛教学研究》第21卷第2号，1973年，第23－35页。印顺：《初期大乘佛教之起源与开展》，台北：正闻出版社，1994年，第559－562页。

② （后秦）鸠摩罗什译：《大智度论》卷十二，T25，n1509，p. 145b1－2。

③ “最高的完成的状态”分析为 pāramī（f. < parama） + tā 或 pārami（ < parama + in） + tā，“行到彼岸的状态”分析为 pāram + i（ < √i） + tā 或 pāram + ita（pp. < √i） + tā 或 pāram + ita（pp. < √i） > f. 或 pāram + mi（ < √mā） + tā，参见渡边章悟：《Prajñāpāramitāの四つの語源解釈》，《印度学佛教学研究》第46卷第2号，1998年，第130－137页。阿理生：《pāramitā（波羅蜜）の語源・語義について》，《印度学佛教学研究》第54卷第2号，2006年，第102－108页。

是大师、是父、是母、是舍、是归、是洲、是救、是究竟道。①

六波罗蜜多普遍摄受一切成就智慧与慈悲的广大修行，臻于究竟圆满即成就三世十方一切诸佛不异的萨婆若智、阿耨多罗三藐三菩提，故说“皆从六波罗蜜生”。六波罗蜜多又被譬喻为菩萨修学过程所依止的善知识、大师、道、光明、炬、父、母、舍、归、洲、救等等。六波罗蜜多虽然各自有具体的修学内容，但并非截然割裂，而是密切关联形成菩萨行的整体，《摩诃般若经·摄五品》② 即一一说明六波罗蜜多相互之间的摄取(parigṛhṇāti)关系，任一波罗蜜多平等摄取其余五波罗蜜多。虽然六波罗蜜多缺一不可，但《般若经》尤为重视般若波罗蜜多，以般若波罗蜜多作为六波罗蜜多乃至整个菩萨大乘修学的上首领队。《小品般若经·明咒品》云：

> 如是五波罗蜜，住般若波罗蜜中而得增长，为般若波罗蜜所护故，得向萨婆若。是故，阿难！般若波罗蜜为五波罗

---

① （后秦）鸠摩罗什译：《小品般若波罗蜜经》卷八，T8，n227，p. 571b28 – c5。（唐）玄奘译《大般若波罗蜜多经》卷五百五十一作 12 喻：真净善友、师、导、明、照、舍、护、归、趣、洲（渚）、父、母，T7，n220，p. 839c1 – 840a5。梵本《八千颂般若》作 13 喻：善知识（kalyāṇamitra）、师（śāstā）、道（mārga）、光明（āloka）、炬（ulkā）、照（avabhāsa）、救护（trāṇa）、归（śaraṇa）、舍宅（layana）、趣（parāyaṇa）、洲渚（dvīpa）、母（mātṛ）、父（pitṛ），P. L. Vaidya（ed.），*Aṣṭasāhasrikā Prajñāpāramitā: With Haribhadra's Commentary Called Ālokā*, Darbhanga: The Mithila Institute, 1960, pp. 197 – 198.

② （后秦）鸠摩罗什译：《摩诃般若波罗蜜经》卷二十，T8，n223，p. 365a28 – 368c1。（唐）玄奘译：《大般若波罗蜜多经》卷四百五十九，T7，n220，p. 316c25 – 322a29。Takayasu Kimura（ed.），*Pañcaviṃśatisāhasrikā Prajñāpāramitā V*, Tokyo: Sankibo Busshorin, 1992, pp. 83 – 102.

蜜作导（*pūrvaṃgamā nāyikā pariṇāyakā*）。[①]

菩萨行以萨婆若智、阿耨多罗三藐三菩提为究竟目标，若离开般若波罗蜜多则无法圆满成就全面彻底的智慧，若无智慧则亦无法成就其余自利利他的修行；其余五波罗蜜多皆安住于般若波罗蜜多中而能得以依止、建立、增长，为般若波罗蜜多所支持而得以名为“波罗蜜多”。故般若波罗蜜多作为其余五波罗蜜多的先导。由此可见，菩萨大乘是以般若波罗蜜多为主轴的智慧型修学道路。

发菩提心侧重于菩萨大乘修学的开端的发起，而在修学过程中，在不专门修习止观而随顺因缘随喜、恭敬、报恩、供养时，应运用心的作意（manasikāra）的警觉专注功能而相应（pratisaṃyukta）于般若波罗蜜多和作为终极目标的一切智智（sarvajña－jñāna）、无上正等菩提。这种相应作意不同于一般的以自我为中心而无限渴求的意志，而是菩萨的悲愿与智慧净化的意志；这虽然还是引发了别认识的辨析、推求、抉择、思惟而非无分别的一切智智本身，但为随顺、趋向、接近一切智智指明了修学方向，《小品般若经·深心求菩提品》称为“常应以应萨婆

① （后秦）鸠摩罗什译：《小品般若波罗蜜经》卷二，T8，n227，p. 544b6－9。“为般若波罗蜜所护故”，玄奘译本无相应句，梵本《八千颂般若》作“且为般若波罗蜜多所摄受，可得名为波罗蜜多”（prajñāpāramitā－parigṛhītatvāc ca pāramitā－nāmadheyaṃ labhante），参见（唐）玄奘译：《大般若波罗蜜多经》卷五百四十，T7，n220，p. 779b10－13。P. L. Vaidya（ed.），*Aṣṭasāhasrikā Prajñāpāramitā：With Haribhadra's Commentary Called Ālokā*，Darbhanga：The Mithila Institute，1960，p. 41.

若心，念般若波罗蜜。”① 这表明大乘菩萨的修学，无论于何时何处何种心身状态，皆始终以与诸佛不异的一切智智、无上正等菩提为究竟目标，以般若波罗蜜多为修学道路，从不暂时舍离、也从不生起其他作意。对于一切智智、无上正等菩提、般若波罗蜜多的相应作意使得菩萨能够常在生死而不同凡夫、不染生死而不同二乘，从而在菩提道上不断精进前行。

二 无取无舍三昧

发菩提心、走上大乘道、修学六波罗蜜多的菩萨虽然超越世间、超越二乘，但作为究竟目标的无上正等菩提是全面而彻底的觉悟，故又需要全面而彻底地遍学一切法、遍知一切法；无论是共于世间的四禅、四无量心、四无色定、五神通，还是共于二乘的三十七道品、三三昧等，都是菩萨依般若波罗蜜多修学的内容，故《摩诃般若经·劝持品》云：“是般若波罗蜜摄一切善法，若声闻法、若辟支佛法、若菩萨法、若佛法。”② 在种种修

① “念”是“作意”的异译，（后秦）鸠摩罗什译：《小品般若波罗蜜经》卷八，T8, n227, p. 572b10－11。（唐）玄奘译：《大般若波罗蜜多经》卷五百五十一作“诸菩萨摩诃萨亦复如是，应常安住甚深般若波罗蜜多相应作意，若不安住甚深般若波罗蜜多相应作意，则为丧失一切智智相应作意。是故，善现！诸菩萨摩诃萨于深般若波罗蜜多相应作意，应常安住无得暂舍”，T7，n220，p. 841b10－12。梵本《八千颂般若》作“evam eva subhūte bodhisattvena mahāsattvena prajñāpāramitā-mahā-maṇi-ratna-paribhraṣṭena mahā-maṇi-ratna-paribhraṣṭeneva mahā-maṇi-ratnena ratna-saṃjñinā prajñāpāramitā-manasikārâviprayuktena prajñāpāramitā-manasikārâvirahita-sarvajñatā-cittena tāvad anveṣṭavyā，yāvat sā vā anyā vā pratilabdhā bhavati ｜ tāvat tena prajñāpāramitā-mahā-maṇi-ratna-pratilambha-pratisaṃyuktair manasikāraiḥ sarvajñatā-mahā-maṇi-ratna-pratilambha-pratisaṃyuktair manasikārair avirahitena bhavitavyam ｜｜”，参见 P. L. Vaidya（ed.），*Aṣṭasāhasrikā Prajñāpāramitā：With Haribhadra's Commentary Called Ālokā*，Darbhanga：The Mithila Institute，1960，p. 201.

② （后秦）鸠摩罗什译：《摩诃般若波罗蜜经》卷九，T8，n223，p. 286b26－28。

学法门种，以《般若经》为代表的大乘经典是重视三昧的。“三昧”（samādhi）又译为“三摩地”“等持”，即平等地（sam－）持住（√dhā）所缘的对象之境，全部聚焦于所缘并且与之几乎合而为一而达到“心一境性”（cittaikâgratā）。依据所缘对象的不同而可成立种种三昧。《小品般若经·萨陀波仑品》列举了52种三昧①；《小品般若经·昙无竭品》提到“六百万三昧”，但仅列举了23种三昧②；《摩诃般若经·相行品》列举109种三昧③；《大般若经·第二分·行相品》列举115种三昧④；《大般若经·初分·行相品》列举157种三昧⑤。这些三昧虽与早期佛教有关，却因为菩萨依般若波罗蜜多修学而成为不共二乘的大乘菩萨行。

在众多三昧种，首先应关注的是无净三昧。这与宣说般若的

---

① （后秦）鸠摩罗什译：《小品般若波罗蜜经》卷十，T8，n227，p.581b24－c13。印顺法师认为，《萨陀波仑品第二十七》、《昙无竭品第二十八》、《嘱累品第二十九》是据“中品般若”增补的，参见印顺：《初期大乘佛教之起源与开展》，台北：正闻出版社，1994年，第670页。

② （后秦）鸠摩罗什译：《小品般若波罗蜜经》卷十，T8，n227，p.586a24－b5。

③ （后秦）鸠摩罗什译：《摩诃般若波罗蜜经》卷三，T8，n223，p.237c20－238a25。

④ （唐）玄奘译：《大般若波罗蜜多经》卷四百九，T7，n220，p.51a4－b18。

⑤ （唐）玄奘译：《大般若波罗蜜多经》卷四十一，T5，n220，p.229c23－230b26。

声闻弟子须菩提有关，《小品般若经·初品》[①]《金刚经》[②]皆称赞须菩提“无诤三昧（araṇā－vihārin）人中最为第一”。作为形容词的“无诤”（araṇa）是相对于“有诤”（saraṇa）而言的。在《中阿含经·拘楼瘦无诤经》中，有苦、有烦、有热、有忧戚的邪行称之为“有诤”；无苦、无烦、无热、无忧戚的正行称之为“无诤”。[③]可见，“诤”是指贪嗔痴所总摄的一切烦恼；若如实了知一切法而远离一切烦恼即是无诤。《中阿含经·拘楼瘦无诤经》在说明有诤、无诤之后，称赞须菩提“如是须菩提族姓子以无诤道（araṇa－paṭipada），于后知法如法”[④]。这种无诤三昧与阿兰若行者有关。“阿兰若”（araññа，araṇya），又作

---

① （后秦）鸠摩罗什译：《小品般若波罗蜜经》卷一，T8，n227，p.538b10。（唐）玄奘译：《大般若波罗蜜多经》卷五百三十八，T7，n220，p.765b27。梵本《八千颂般若》相应处无此句。但在“舍利弗言：何法为非心？须菩提言：不坏不分别”之后，支娄迦谶、支谦、玄奘译本及梵本有相应赞须菩提一段，鸠摩罗什译本无，参见（后汉）支娄迦谶译：《道行般若经》卷一，T8，n224，p.426a4；（三国吴）支谦译：《大明度无极经》卷一，T8，n225，p.479a4；（唐）玄奘译：《大般若波罗蜜多经》卷五百三十八，T7，n220，p.763c26；P. L. Vaidya（ed.），*Aṣṭasāhasrikā Prajñāpāramitā*：*With Haribhadra's Commentary Called Ālokā*，Darbhanga：The Mithila Institute，1960，p.3. 在“无心故于是中心无所著”之后，支谦、玄奘译本及梵本有相应赞须菩提一段，参见（三国吴）支谦译：《大明度无极经》卷一，T8，n225，p.480a16－17；（唐）玄奘译：《大般若波罗蜜多经》卷五百三十八，T7，n220，p.766c3－4；P. L. Vaidya（ed.），*Aṣṭasāhasrikā Prajñāpāramitā*：*With Haribhadra's Commentary Called Ālokā*，Darbhanga：The Mithila Institute，1960，p.10.

② （后秦）鸠摩罗什译：《金刚般若波罗蜜经》，T8，n235，p.749c11。Harrison Paul and Watanabe Shōgō（ed.），“Vajracchedikā Prajñāpāramitā”，in Jens Braarvig ed. *Buddhist Manuscripts in the Schøyen Collecion vol. III*，Oslo：Hermes Publishing，2006，p.119. 渡边章悟：《金剛般若経の梵語資料集成》，东京：山喜房佛书林，2009年，第51－52页。

③ （东晋）瞿昙僧伽提婆译：《中阿含经》卷四十三第169经，T1，n26，p.703a15－26。*Majjhima－Nikāya* 139，vol. 3，p.235.

④ （东晋）瞿昙僧伽提婆译：《中阿含经》卷四十三第169经，T1，n26，p.703c8－9。*Majjhima－Nikāya* 139，vol. 3，p.237.

“阿练若”，是指远离聚落的林野寂静之处；不同于聚落住或近聚落住比丘的律仪行，阿兰若行者专注除净烦恼的头陀行①，其所安住的禅慧境地也如所处林野一般寂静，故阿兰若行又被称为无诤三昧。支谦译《大明度无极经》即将“无诤三昧”译为“山泽行”②。《般若经》中菩萨的修学是不舍阿兰若行的，《摩诃般若经·发趣品》关于四地菩萨不舍十法，第一即为“不舍阿兰若住处”③。但菩萨的阿兰若行又是不共二乘的。《小品般若经·阿毗跋致觉魔品》：

> 若菩萨远离声闻、辟支佛心，如是远离，若近聚落，亦名远离；若在阿练若处（araṇya）、空闲处、山间树下、旷绝之处，亦名远离……若恶魔所称赞远离，阿练若处、空闲处、山间树下、旷绝之处，是菩萨虽有如是远离，而不远离声闻、辟支佛心，不修般若波罗蜜，不为具足一切智慧（sarvajña - jñāna），是则名为杂糅行（saṃkīrṇa - vihāra）者……④

---

① 古印度婆罗门教传统的祭祀主义与苦行主义表现为聚落住（grāma）与阿兰若住（araṇya），参见 Patrick Olivelle，“Village vs. Wilderness：Ascetic Ideals and the Hindu World”，in Austin B. Creeel and Vasudha Narayanan（eds.），*Monastic Life in the Christian and Hindu Traditions：A Comparative Study*，Lewiston：The Edwin Mellen Press，1990，pp. 125 – 160. 佛教僧团亦存在聚落住比丘和阿兰住比丘，参见 Seishi Karashima，“Who Composed the Lotus Sutra?：Antagonism between Widerness and Village Monks”，*Annual Report of the International Research Institute for Advanced Buddhology at Soka Univeysity*，vol. 4，2001，pp. 143 – 179.（中译本，辛嶋静志：《谁创作了法华经：阿兰若住比丘与村住比丘的对立》，载《佛典语言及传承》，上海：中西书局，2018 年，第 264 – 303 页。）

② （三国吴）支谦译：《大明度无极经》卷一，T8，n225，p. 479a4、p. 480a16。

③ （后秦）鸠摩罗什译：《摩诃般若波罗蜜经》卷六，T8，n223，p. 257a7。

④ （后秦）鸠摩罗什译：《小品般若波罗蜜经》卷七，T8，n227，p. 571a2 – 12。P. L. Vaidya（ed.），*Aṣṭasāhasrikā Prajñāpāramitā：With Haribhadra's Commentary Called Ālokā*，Darbhanga：The Mithila Institute，1960，p. 194.

依大乘菩萨道的修学，阿兰若行、无诤三昧不是空间意义上的住于林野、山间、空闲、旷绝的处所，而是修行者的心远离于声闻、辟支佛的心，不随二乘、不堕二乘，而始终以与诸佛不异的一切智智为究竟目标，与一切智智、般若波罗蜜多相应不离；否则，即使居于林野、山间、空闲、旷绝的处所，安住寂静的禅慧境地、除净烦恼，也因为缺少般若波罗蜜多的善巧方便而将堕入二乘、不能继续菩萨道的修学，故这只是杂糅的安住，而非真正一切本性空寂意义上的寂静安住。《般若经》将早期佛教的阿兰若行和无诤三昧对于寂静住处、远离烦恼的强调转移到不住二乘、具足一切智智，为菩萨在世间生死中的慈悲大行开辟了方便：菩萨在空旷山野寂静住处修学多有帮助，但同时可以常在世间喧嚣社会中修学；菩萨不染不著烦恼而心身清净，但同时不断尽烦恼而可以常在生死烦恼中庄严世界、教化众生。因此，《般若经》的无诤三昧并非形式化的居处林野，而是相应甚深般若波罗蜜多、通达一切法空、远离一切烦恼的大乘修学。

《般若经》有一特别的三昧，即“诸法无受三昧”。在鸠摩罗什译《小品般若经》中，“诸法无受三昧”前后出现过两次，含义略有差别。《小品般若经·初品》：

> 菩萨行般若波罗蜜时，不应色中住，不应受、想、行、识中住……色无受想，受、想、行、识无受想。若色无受则非色；受、想、行、识无受则非识。般若波罗蜜亦无受。菩萨应如是学行般若波罗蜜，是名菩萨诸法无受三昧，广大、无量、无定，一切声闻、辟支佛所不能坏。①

① （后秦）鸠摩罗什译：《小品般若波罗蜜经》卷一，T8，n227，p. 537c4 – 13。

此处“诸法无受三昧”，玄奘译为“一切法无摄受定”[①]，梵本《八千颂般若》作“sarva－dharmâparigṛhīto nāma samādhiḥ”[②]，可见此处鸠摩罗什所译“受”“受想”是指“摄受”（parigṛhīta）。《杂阿含经》说到五蕴非我我所，而“不生取著摄受心住”[③]，此“摄受住”（pariyādāya tiṭṭhanti）即安住于遍取。《般若经》沿袭了早期佛教的固有术语，但不是由非我我所而是直接由一切法本性空说“不摄受住”。依般若波罗蜜多观照一切法，由五蕴说明一切法的积聚，五蕴本性空、无自性、无所有，不具有可安住性，故五蕴不可安住，若安住于五蕴即是造作诸行而非行般若波罗蜜多；同样因为五蕴本性空、无自性、无所有，不具有可摄取纳受性，故五蕴不可摄取纳受、其本身之存在并非固定如此，般若波罗蜜多乃至一切智智也是不可摄取纳受、其本身之存在并非固定如此。这种于一切法不摄取纳受的三昧，由空相应甚深智慧观照而不受制乃至陷落于任何情境，故是广大、无量、无定，超越于二乘的“不摄受住”。另一“诸法无受三昧”则侧重在不取著。《小品般若经·初品》：

若菩萨不行色，不行色生、不行色灭、不行色坏、不行色空，不行受、想、行、识，不行识生、不行识灭、不行识坏、不行识空，是名行般若波罗蜜。不念行般若波罗蜜，不

---

① （唐）玄奘译：《大般若波罗蜜多经》卷五百三十八，T7，n220，p.764b17。

② P. L. Vaidya (ed.), *Aṣṭasāhasrikā Prajñāpāramitā: With Haribhadra's Commentary Called Ālokā*, Darbhanga: The Mithila Institute, 1960, p.5. Unrai Wogihara (ed.), *Abhisamayālaṃkār'ālokā Prajñāpāramitāvyākhyā: The Work of Haribhadra together with the Text Commented on*, Tokyo: The Toyo Bunko, 1932, p.49－50.

③ （刘宋）求那跋陀罗译：《杂阿含经》卷二第43经，T2，n99，p.11a2－6。*Saṃyutta－Nikāya* 22. 7. vol. 3, p.17.

> 念不行，不念行不行，亦不念非行非不行，是名行般若波罗蜜。所以者何？一切法无受故。是名菩萨诸法无受三昧，广大、无量、无定，一切声闻、辟支佛所不能坏。①

此处“诸法无受三昧”，玄奘译为“一切法无取执定”②，梵本《八千颂般若》作“sarva - dharmânupādāno nāma samādhiḥ”③，可见此处鸠摩罗什所译“受”指“取执”(upādāna)。《杂阿含经》云“取故生著，不取则不著”④。而《般若经》所言则是菩萨的不取执。由五蕴说明一切法的积聚，五蕴本性空、无自性、无所有，不可取执、不可践行，故菩萨践行般若波罗蜜多，不是践行五蕴或其相、无相，不是践行五蕴的产生、止灭、坏散、空无；般若波罗蜜多乃至一切智智亦不可取执、不可践行，故不取执“我践行般若波罗蜜多”“我不践行般若波罗蜜多”“我践行和不践行般若波罗蜜多”“我非践行或非不践行般若波罗蜜多”。这种于一切法不取执的三昧，直接悟入一切法本性空，故是广大、无量、无定，超越于二乘的“不取不著”。两种“诸法无受三昧”虽略有差别而含义相近，皆是般若波罗蜜多的菩萨道修学。

---

① （后秦）鸠摩罗什译：《小品般若波罗蜜经》卷一，T8，n227，p. 538a22 - 29。

② （唐）玄奘译：《大般若波罗蜜多经》卷五百三十八，T7，n220，p. 765b8。

③ P. L. Vaidya (ed.), *Aṣṭasāhasrikā Prajñāpāramitā: With Haribhadra's Commentary Called Ālokā*, Darbhanga: The Mithila Institute, 1960, p. 7. Unrai Wogihara (ed.), *Abhisamayālaṃkār'ālokā Prajñāpāramitāvyākhyā: The Work of Haribhadra together with the Text Commented on*, Tokyo: The Toyo Bunko, 1932, p. 60.

④ （刘宋）求那跋陀罗译：《杂阿含经》卷二第43经，T2，n99，p. 10c20 - 21。巴利《相应部》作“upādā - paritassanaṃ ca vo bhikkhave desissāmi, anupādā - aparitassanaṃ ca.”（诸比丘！我为汝等说取故恐惧，不取则不恐惧），*Saṃyutta - Nikāya* 22. 7. vol. 3, p. 15.

《般若经》中的三昧，包括无诤三昧、诸法无受三昧，其修学总意趣皆是“诸法无所有（na saṃvidyante），不可得故（nôpalabhyante）”①。一切本性空无所有，不存在固定实在的体性或相状，这是客观的理则；正因为一切法空无所有，所以不可住、不可行、不可取执、不可摄受任何一法及其性相，这是主观的心态。由无所有之理则而锻炼不可得的心态，这是般若波罗蜜多法门禅定之止修和智慧之观照所通达和悟入的甚深境界。然而，“无所有”和“不可得”本身亦是无固定实在的自性、自相，故不可住、不可行、不可取执、不可摄受，《小品般若经·初品》云“不可得亦不可得”②。这其实是一切法平等性的平等悟入。《摩诃般若经·三慧品》：

> 诸有二者，是有所得；无有二者，是无所得……不从有所得中无所得，不从无所得中无所得。须菩提！有所得、无所得平等，是名无所得。③

世间知识将一切法视为具有固定实在的自性和自相的存在，故将所有相对或相反的差别取执为实有而加以认识，如“是”与“非”、“能”与“所”皆是二分差别，有二分差别则可行、可住、可取执、可摄受，同时也可舍、可弃、可抛、可忽略；然而，依般若波罗蜜多通达诸法实相，一切法无固定自性或自相而

---

① （后秦）鸠摩罗什译：《小品般若波罗蜜经》卷四，T8，n227，p. 553a9。（唐）玄奘译：《大般若波罗蜜多经》卷五百四十五，T7，n220，p. 804b29 - c1。P. L. Vaidya（ed.），*Aṣṭasāhasrikā Prajñāpāramitā: With Haribhadra's Commentary Called Ālokā*, Darbhanga: The Mithila Institute, 1960, p. 101.

② （后秦）鸠摩罗什译：《小品般若波罗蜜经》卷一，T8，n227，p. 539b15。

③ （后秦）鸠摩罗什译：《摩诃般若波罗蜜经》卷二十一，T8，n223，p. 373c26 - a4。（唐）玄奘译：《大般若波罗蜜多经》卷四百六十二，T7，n220，p. 334b2 - 18。

无固定实在的二分差别，一切法皆是一如、无二无别，故菩萨行般若波罗蜜多不取一切法，不舍一切法，“于诸法中无取无舍”①，从而超越一切二分差别。如此的超越不是相对于有所得的无所得，也不是具有固定自性的无所得的无所得，而是有所得与无所得皆空无所有而平等平等，这是超越一切的无所得，也是《般若经》中的无量无边三昧的平等意趣。

三　菩萨行道阶位

菩萨修学以全面而彻底的一切智智、无上正等菩提为究竟目标而不断前行。而一切法虽然皆是一如，但无所有而缘起有无限差异，故若不能了知无限差异的一切法，则智慧不全面；若不能穷究一一法的无限差异，则智慧不彻底。因此菩萨修学道路上有所处的阶位层次的差别，称之为“地”（bhūmi）。当然，这种阶位本身亦无实在自性，只是因修学者的修学项目、入手角度、修学进度不同而方便假施设阶位之名言。《摩诃般若经·发趣品》说到“十地”，依《大智度论》可分为“（三乘）共十地”“但菩萨地”②。前者指《发趣品》所说“乾慧地”“性地”“八人地”“见地”“薄地”“离欲地”“已作地”“辟支佛地”“菩萨地”“佛地”。③ 又，《摩诃般若经·遍学品》：

① （后秦）鸠摩罗什译：《小品般若波罗蜜经》卷一，T8，n227，p. 537c23。

② （后秦）鸠摩罗什译：《摩诃般若波罗蜜经》卷六，T8，n223，p. 257c7。（后秦）鸠摩罗什译：《大智度论》卷四十九，T25，n1509，p. 411a26。

③ （后秦）鸠摩罗什译：《摩诃般若波罗蜜经》卷六，T8，n223，p. 259c12－14。（唐）玄奘译：《大般若波罗蜜多经》卷四百一十六，T7，n220，p. 88c20－23。

> 菩萨若生八道应作八人，生见道应作须陀洹，生思惟道应作斯陀含、作阿那含、作阿罗汉，若生辟支佛道作辟支佛。[①]

可知，“八人地”指声闻四向四果中位居第八位的须陀洹向（预流向），《杂阿含经》将须陀洹向分为“随信行”“随法行”[②]，《摩诃般若经·问住品》也说到“是八人是信行人、是法行人”[③]，故无罗叉、玄奘译为“第八地”[④]；“见地”指见道位的须陀洹果，这与说一切有部以八忍八智之前十五心断见惑得预流向为见道位不同[⑤]；“薄地”“离欲地”见于说一切有部妙音、迦旃延尼子之说[⑥]，“薄地”“离欲地”“已作地”可对应斯陀含（向、果）、阿那含（向、果）、阿罗汉（向、果），合称“思惟道”（修道）[⑦]。“三乘共十地”采用了说一切有部阿毗达磨论书的观点又有所修正[⑧]，这是因为菩萨是超越二乘而含摄二乘的，菩萨的无生法忍包括二乘的智、断[⑨]，故二乘修行阶位也纳入菩萨的修学。至于不共二乘的“但菩萨地”，《摩诃般若经》

---

① （后秦）鸠摩罗什译：《摩诃般若波罗蜜经》卷二十二，T8，n223，p. 381b6－8。（唐）玄奘译：《大般若波罗蜜多经》卷四百六十五，T7，n220，p. 349a25－28。

② （刘宋）求那跋陀罗译：《杂阿含经》卷三第61经，T2，n99，p. 16a5－11。

③ （后秦）鸠摩罗什译：《摩诃般若波罗蜜经》卷七，T8，n223，p. 275a2－3。

④ （西晋）无罗叉译：《放光般若波罗蜜经》卷四，T8，n221，p. 30b26。（唐）玄奘译：《大般若波罗蜜多经》卷四百一十六，T7，n220，p. 88c20。

⑤ （唐）玄奘译：《阿毗达磨大毗婆沙论》卷五十四，T27，n1545，p. 278b4－5。

⑥ （唐）玄奘译：《阿毗达磨大毗婆沙论》卷二十八，T27，n1545，p. 147b27－c3。

⑦ （唐）玄奘译：《大般若波罗蜜多经》卷四百六十五“若起进修道应成一来、不还，若起无学道应成阿罗汉”，则将阿罗汉列为无学道，T7，n220，p. 349a26－27。

⑧ 平川彰：《初期大乘仏教の研究》，东京：春秋社，1968年，第390－399页。

⑨ （后秦）鸠摩罗什译：《摩诃般若波罗蜜经》卷二十二，T8，n223，p. 381b23－27。

并未具体命名，仅称为“初地”“二地”……“十地”[①]。《小品般若经·无悭烦恼品》云：

> 若人于初发心菩萨随喜，若于行六波罗蜜、若于阿毗跋致、若于一生补处随喜，是人为得几所福德？[②]

此中的“初发心”“行六波罗蜜”“阿毗跋致”“一生补处”可对应《华严经·十住品》中的“初发心住”“修行住”“不退住”“灌顶住”[③]，而无罗叉译《放光般若经》把“十地”译为“十住地”[④]、支谦译《菩萨本业经》把“十住”译为“十地住”[⑤]。故研究者认为《摩诃般若经》的“十地”即是“十住”。[⑥] 而晚出的《大般若经·初分》除了说到“三乘共十地”，还说到《十地经》中的极喜地、离垢地、发光地、焰慧地、极难胜地、现前地、远行地、不动地、善慧地、法云地[⑦]；《大智度论》也是依《十地经》解释“但菩萨地”。可见，随着大乘佛教的展开，菩萨的行道阶位不断丰富了。

---

① （后秦）鸠摩罗什译：《摩诃般若波罗蜜经》卷六，T8，n223，p. 256c14－257c7。（唐）玄奘译：《大般若波罗蜜多经》卷四百一十五至四百一十六，T7，n220，p. 82c2－88c17。

② （后秦）鸠摩罗什译：《小品般若波罗蜜经》卷八，T8，n227，p. 575a19－21。

③ （东晋）佛驮跋陀罗译：《大方广佛华严经》卷八，T9，n278，p. 444c28－a1。（三国吴）支谦译：《菩萨本业经》，T10，n281，p. 449c15－17。（西晋）竺法护译：《菩萨十住行道品》，T10，n283，p. 454c2－11。

④ （西晋）无罗叉译：《放光般若波罗蜜经》卷四，T8，n221，p. 30b24。

⑤ （三国吴）支谦译：《菩萨本业经》，T10，n281，p. 449c13。

⑥ 参见梶芳光运：《十地に就いて：特に般若経を主として》，《智山学报》第11辑，1937年，第124－141页。水野弘元：《菩薩十地説の發展について》，《印度学佛教学研究》第1卷第2号，1953年，第321－326页。平川彰：《初期大乘仏教の研究》，东京：春秋社，1968年，第330－334页。印顺：《初期大乘佛教之起源与开展》，台北：正闻出版社，1994年，第704－712页。

⑦ （唐）玄奘译：《大般若波罗蜜多经》卷三，T5，n220，p. 14a22－24。

菩萨修学过程中的一个重要节点是“上菩萨位（bodhisattva－nyāma）”，玄奘译为“入菩萨正性离生”[①]。“位”或“离生”（nyāma = niyāma），意为决定、驾驭、限制等，《杂阿含经》以须陀洹向的果德为“超升、离生、越凡夫地”[②]，即依于缘起的圣道修学的加行累积至一定程度而超越生涩、臻于成熟，必定趋向相应结果。[③] 这是凡夫与圣人的分界点，也是不断在解脱道路上前行上升的重要开端。《般若经》继承了早期佛教的“正性离生”，就三乘言各自所乘道路的正性离生。菩萨的正性离生虽然与二乘的正性离生类似，但所乘道路是大乘菩萨道而非二乘道。《摩诃般若经·遍学品》：

> 不以声闻道、不以辟支佛道、不以佛道得入菩萨位，菩萨摩诃萨遍学诸道，得入菩萨位。须菩提！譬如八人先学诸道然后入正位，未得果而先生果道。菩萨亦如是，先遍学诸道然后入菩萨位，亦未得一切种智而先生金刚三昧，尔时以一念相应慧，得一切种智。[④]

声闻乘的八人地的须陀洹向，是修学声闻道的诸种项目超越生涩、臻于成熟而决定趋向声闻乘的果位，故名曰“入正位”或“入正性离生”。菩萨亦类似，普遍而全面地修学三乘道的诸

---

① （后秦）鸠摩罗什译：《摩诃般若波罗蜜经》卷一，T8，n223，p. 219a27。（唐）玄奘译：《大般若波罗蜜多经》卷四百二，T7，n220，p. 7c26。Takayasu Kimura（ed.），*Pañcaviṃśatisāhasrikā Prajñāpāramitā I－1*，Tokyo：Sankibo Busshorin，2007，p. 30.

② （刘宋）求那跋陀罗译：《杂阿含经》卷三第61经，T2，n99，p. 16a6－7。

③ 蔡耀明：《由三乘施设论菩萨正性离生：以〈大般若经·第二会〉为中心》，《“中央研究院”中国文哲研究通讯》第7卷第1期，1997年，第109－142页。

④ （后秦）鸠摩罗什译：《摩诃般若波罗蜜经》卷二十二，T8，n223，p. 381a23－29。

种项目超越生涩、臻于成熟而决定趋向菩萨道的果位，故名曰“入菩萨位”或“入菩萨正性离生”。所不同的是，菩萨是遍学诸道的，包括声闻道、辟支佛道、佛道，菩萨学二乘道是为了离于烦恼的染著、松开生死轮回的捆缚，若不能解除烦恼障覆，则二乘的正位也不能入，何况菩萨的正位？如《摩诃般若经·三次品》“以是烦恼故，不得过声闻、辟支佛地，入菩萨位”①；菩萨虽有能力取证二乘的果位，但不入二乘，也未能直接入佛道，而是由菩萨道进入菩萨的正位，故菩萨的入正位强调是“入菩萨位”，即决定是菩萨位而非入二乘位。②《摩诃般若经》数次出现“过（ati－√kram）声闻、辟支佛地，入（ava－√kram）菩萨位”这样的句式。③与“入菩萨位”相反的是“菩萨堕顶”。“顶”指在声闻入正性离生之前的四善根位中的“顶位”，若不能进一步于动摇不定的善根之中生起不动善根则将退堕；“菩萨堕顶”是菩萨在修学过程中“不以方便行六波罗蜜，入空、无相、无作三昧”，反而“法爱生”，对所学空、无相、无作、六波罗蜜产生爱著沾滞，从而不能继续前进。④而入菩萨位应是无生。《摩诃般若经·劝学品》：

菩萨摩诃萨行般若波罗蜜时，内空中不见外空、外空中

---

① （后秦）鸠摩罗什译：《摩诃般若波罗蜜经》卷二十三，T8，n223，p. 383c18－19.

② 参见小泽宪珠：《般若経における菩薩地と菩薩位》，《印度学佛教学研究》第34卷第1号，1985年，第154－159页。

③ （后秦）鸠摩罗什译：《摩诃般若波罗蜜经》卷十六，T8，n223，p. 340a8；卷二十，p. 362b13－14；卷二十二，p. 379b12－13；卷二十三，p. 383c18－19、p. 384c16－17、p. 384c29－a1、p. 385a29、p. 385b12－13。

④ （后秦）鸠摩罗什译：《摩诃般若波罗蜜经》卷三，T8，n223，p. 233a29－b22。

不见内空……有法空中不见无法有法空、无法有法空中不见有法空。舍利弗！菩萨摩诃萨行般若波罗蜜，得入菩萨位。①

菩萨是在修学中观诸空而入菩萨位。菩萨观空是以般若波罗蜜多善巧方便直接就内空本身而观内空，不从外空或其他观内空，同样直接观外空、内外空、空空、大空、第一义空、有为空、无为空、毕竟空、无始空、散空、性空、诸法空、自相空、不可得空、无法空、有法空、无法有法空等；如此观空即无所沾滞、不生法爱而不至于“菩萨堕顶”。而且，菩萨但观空而不证空，《小品般若经·恒伽提婆品》云“今是学时，非是证时，不深摄心系于缘中”②，若急于证入实际、解脱生死，则不能常在生死之中普遍而全面地学习一切，故不能心系于所缘的空、无相、无作、六波罗蜜等，否则即是“中道退堕”③，退堕在二乘之中而不能入菩萨位。

菩萨修学过程中第二个重要节点是“阿惟越致地”(avinivartanīya)，即不退转菩萨。在菩萨道“十住”中，不退住是第七住，《摩诃般若经·发趣品》说到住七地中不应著二十法，即不应著：我、众生、寿命、众数乃至知者见者、断见、常见、相、因见、名色、五阴、十八界、十二入、三界、著处、所期处、依处、依佛见、依法见、依僧见、依戒见；应具足圆满二

① （后秦）鸠摩罗什译：《摩诃般若波罗蜜经》卷三，T8，n223，p. 233b23 - c15。Takayasu Kimura (ed.), *Pañcaviṃśatisāhasrikā Prajñāpāramitā I - 1*, Tokyo: Sankibo Busshorin, 2007, pp. 152 - 153.

② （后秦）鸠摩罗什译：《小品般若波罗蜜经》卷七，T8，n227，p. 568c20 - 21。

③ （后秦）鸠摩罗什译：《小品般若波罗蜜经》卷五，T8，n227，p. 560b18 - 19。

十法，即应具足：空、无相证、知无作、三分清净、一切众生中慈悲智、不念一切众生、一切法等观及是中亦不著、知诸法实相及是事亦不念、无生法忍、无生智、说诸法一相、破分别相、转忆想、转见、转烦恼、等定慧地、调意、心寂灭、无阂智、不染爱。① 这其中值得注意的是“无生法忍”（anutpāda-kṣānti）。在声闻道中，不退是指在声闻入正性离生之前的四善根位中的“忍位”，善根不再动摇，不再堕入恶趣；而菩萨道的不退则应圆满无生法忍智。《摩诃般若经·一念品》说菩萨应修二种忍②，一是忍受众生施加的迫害而不起嗔心，二是一切法无生的无生法忍。《大智度论》将其分别称之为“众生忍”和“法忍”③。无生法忍是不退转菩萨对甚深一切法空的如实观而不证。《摩诃般若经·不退品》：

> 是阿惟越致菩萨摩诃萨以是自相空法，入菩萨位，得无生法忍。何以故名无生法忍？是中乃至少许法不可得，不可得故不作，不作故无生，是名无生法忍。④

无生法忍是如实观察诸法实相，了知一切法空、无生、无所有、不可得，从而了知心攀缘取执诸法而生起的烦恼妄想亦是空、无生、无所有，世俗对法的一切认识都是名言戏论，从而不

---

① （后秦）鸠摩罗什译：《摩诃般若波罗蜜经》卷六，T8，n223，p. 257a27 - b20。（唐）玄奘译：《大般若波罗蜜多经》卷四百一十五，T7，n220，p. 83a29 - b26。Takayasu Kimura（ed.），*Pañcaviṃśatisāhasrikā Prajñāpāramitā I - 2*，Tokyo：Sankibo Busshorin，2009，p. 90.

② （后秦）鸠摩罗什译：《摩诃般若波罗蜜经》卷二十三，T8，n223，p. 388a16 - 17。

③ （后秦）鸠摩罗什译：《大智度论》卷五，T25，n1509，p. 97a26。

④ （后秦）鸠摩罗什译：《摩诃般若波罗蜜经》卷十六，T8，n223，p. 341b1 - 5。

取任何一法、不行任何一法、不见任何一法，心中再无挂碍、不再动摇；同时观一切法空但忍而不证，不再中道退转二乘，而直接向着一切智智、无上正等菩提的究竟目标前进。《小品般若经·深心求菩提品》云：“是名诸佛无生法忍，菩萨能成就如是忍者，当得受阿耨多罗三藐三菩提记。”① 可见，无生法忍是预记成就诸佛如来阿耨多罗三藐三菩提的关键，亦是不退转菩萨的重要标志②。不退转菩萨既得无生法忍，故能不为生死所染著，而能常在生死中以悲愿的方便力而净化世界、成熟众生。《摩诃般若经·六喻品》：

> 菩萨摩诃萨成就是忍，胜一切声闻、辟支佛。住是报得无生忍中行菩萨道，能具足道种智。具足道种智故，常不离三十七助道法及空、无相、无作三昧，常不离五神通。不离五神通故，能成就众生、净佛国土。能成就众生、净佛国土已，当得一切种智。③

二乘的智、断都是菩萨无生法忍的一部分，故菩萨无生法忍超胜一切二乘。不退转菩萨因无生法忍而具足道种智，遍知世间、出世间一切道的差别，而能在菩萨道上精进前行，能善巧运用一切道去践行菩萨的悲心，教化众生使之修学圣道、施加功用、臻于成熟而入菩萨正性离生，但又不执著有众生可度、有圣者可成，而了知一切法平等，无增无减；净化世界使之解除染污、纷乱、

① （后秦）鸠摩罗什译：《小品般若波罗蜜经》卷八，T8，n227，p. 572c4－6。P. L. Vaidya (ed.), *Aṣṭasāhasrikā Prajñāpāramitā*: *With Haribhadra's Commentary Called Ālokā*, Darbhanga: The Mithila Institute, 1960, p. 202.

② 参见梶山雄一：《般若思想の生成》，平川彰等编：《般若思想》（讲座大乘佛教 2），东京：春秋社，1983 年，第 50 页。

③ （后秦）鸠摩罗什译：《摩诃般若波罗蜜经》卷二十三，T8，n223，p. 391a5－11。

斗争，但又不执著世界是实有、固定、永恒，而了知一切法清净，无垢无净。菩萨不断净化世界、成熟众生，直至全面而彻底地圆满悲心，即可获得一切种智而成就佛果。这是菩萨道修学的圆满。

第三节　般若之果德

般若波罗蜜多法门的修学虽然于一切法都无所行，但并不是不作为、不修行或者漫无目的、盲目即兴地修行，而是以与诸佛如来同一内容的一切智智、解脱、法身为究竟目标。如此目标的实现并不是宿命的必然或者外力的施加，而是依于相似相续的缘起，由遍学一切善法的因行的积累、促成、完善而实现遍知一切诸法的果德的生起、培育、壮大。正因为般若波罗蜜多的因行广大、无量、无边，相应成就的果德也是广大、无量、无边。《小品般若经·舍利品》云："是般若波罗蜜，有大功德，有无量无边功德，有无等等功德。"① 如此功德并不是外在于般若波罗蜜多的，否则般若波罗蜜多的修学即是以外在自身的功德为功利性目的而并非纯粹的出于般若波罗蜜多本身的行动，这已不是般若波罗蜜多，所现起的功德也是有限、有量、有边的；般若波罗蜜多于一切法无所取、无所执、无所行、无所得，甚至于般若波罗蜜多本身亦无所行，如此才是纯粹的行甚深般若波罗蜜多，而相应现起的功德才是无限、无量、无边的。无所得而得之功德，正是般若之果德。

① （后秦）鸠摩罗什译：《小品般若波罗蜜经》卷一，T8，n227，p. 546a1 －2。

一　全面彻底智慧

“般若波罗蜜多”依其语义即是以“般若”作为到达彼岸的所依凭的修学，同时也是修学所实现的最高完成的功德。“般若”或“慧”（pra-√jñā，paññā）原本作为“知之”（prajñāti）的知性作用，包括一切三界所属的世间有漏慧和不属于三界的出世间无漏慧，早期佛教修学中的观神足、慧根、慧力、择法觉支、正见、三无漏根等皆与慧相关；说一切有部阿毗达磨将“慧”作为十大地心所之一，“慧”意为简择（pravicaya）①，即一切分别判断的知性作用。与“慧”常常同义使用的是“智”（jñāna，ñāṇa），但特指佛教出世间无漏慧时多用“智”而少用“慧”，如四谛智、四无碍解智、如来十力智、四十四智性、七十七智性等②；慧相关语词还有了知（aññā）、遍知（abiññā）、正知（sampajañña）等。③《摩诃般若经·广乘品》说到观神足（思惟如意分）、慧根、慧力、择法觉支、正见、三无漏根、四无碍解智、如来十力智等与慧相关修学项目，还特别说“十一智”④：苦智、集智、灭智、道智、尽智、无生智、法智、比智、世智、

① （唐）玄奘译：《阿毗达磨品类足论》卷二，T26，n1542，p. 699c21。

② 例如（后秦）昙摩耶舍、昙摩崛多等译：《舍利弗阿毗昙论》卷九，T28，n1548，p. 590b13-15。

③ 参见水野弘元：《原始仏教および部派仏教における般若について》，《驹泽大学佛教学部研究纪要》第23号，1965年，第13-42页。水野弘元：《佛教教理研究》，东京：春秋社，1997年，第57-98页。

④ （后秦）鸠摩罗什译：《摩诃般若波罗蜜经》卷五，T8，n223，p. 254c20-21。（西晋）无罗叉译：《放光般若波罗蜜经》卷四译为十慧：“苦慧、习慧、尽慧、道慧、消慧、无所起慧、法慧、明慧、各各知他人所念慧、真慧”，无“世智”，T8，n221，p. 25b28-29。

他心智、如实智。前"十智"见《阿毗达磨品类足论》[①]，是共通于二乘之智；第十一智"如实智"[②]，虽然见于《阿含经》和阿毗达磨论书[③]，但在《摩诃般若经》中是不共二乘的佛智。《般若经》中作为"波罗蜜多"（pāramitā）的"般若"更多是指无漏慧、无漏智，是含摄二乘智而超越二乘智，是般若波罗蜜多修学所实现的无上甚深的智慧功德。

为了彰显菩萨与佛的智慧不共二乘的特质，《摩诃般若经》形成了"三智"之说。"三智"即一切智、道种（相）智、一切种（相）智。"三智"作为出世间无漏智，与一般意义的知性作用并不相同，而是依于空相应缘起而解除烦恼染著的纯粹净化的知性作用，不依赖意识的思惟作用而直接以感官相续稳定地现观契入一切法的本性和相状，同时包含着绝对自由的决断意志和无限慈悲的存在感受而为觉悟精神之全体作用。由于一切法本性空，故如实了知一切法的无漏智实则是无知无见，《小品般若经·无相品》云："云何一切法无知者？一切法空故。云何一切法无见者？一切法无所依故。"[④] 正因为无知无见，无漏智能知能觉无量无边的甚深缘起之理境。此所知所觉的理境同是如、法性、实际，然而所由的实践道路差别而可以施设不同的智。作为

---

① （唐）玄奘译：《阿毗达磨品类足论》卷一，T26，n1542，p. 693c22 – 23。

② 玄奘译为"如说智"，（唐）玄奘译：《大般若波罗蜜多经》卷四百一十五，T7，n220，p. 80b1 – 3。梵本《二万五千颂般若》亦作"如说智"（yathāruta – jñāna），Takayasu Kimura（ed.），*Pañcaviṃśatisāhasrikā Prajñāpāramitā I – 1*，Tokyo：Sankibo Busshorin，2007，p. 82. 鸠摩罗什译为"如实智"，所据原文可能为"yathārtha – jñāna"。

③ （后秦）佛陀耶舍、竺佛念译：《长阿含经》卷四，T1，n1，p. 25b24。（唐）玄奘译：《阿毗达磨集异门足论》卷三，T26，n1536，p. 377a16。

④ （后秦）鸠摩罗什译：《小品般若波罗蜜经》卷五，T8，n227，p. 558c28 – 29。

修行功德的“三智”是相应于修行所由的二乘道、菩萨道、佛道而成立的，《摩诃般若经·三慧品》：

萨婆若是一切声闻、辟支佛智；道种智是菩萨摩诃萨智；一切种智是诸佛智。[①]

“三智”中的“一切智”（sarva－jñatā），在早期佛教中是佛的异名之一，只有佛被赞为一切智者[②]；但《摩诃般若经》把能了知一切蕴、处、界等差别法门作为一切智的内容[③]，而这是可以共通于声闻、辟支佛的智慧。“道种智”，玄奘译为“道相智”，梵本《二万五千颂般若》作“mārga－jñatā”，原指“四谛智”中的“道智”，但《摩诃般若经》所说的“道”是特指菩萨所遍学遍知的一切道[④]，包括二乘道、菩萨道和佛道；菩萨遍知一切法空而不证实际，以六波罗蜜多为方便而净化世界、成熟有情[⑤]，《摩诃般若经·遍学品》云“菩萨学是道种智已，入众生深心相。入已，随众生心如应说法，所言不虚”[⑥]；道种智是菩萨含摄二乘而超越二乘的智慧，《摩诃般若经·遍学品》云

---

① （后秦）鸠摩罗什译：《摩诃般若波罗蜜经》卷二十一，T8，n223，p.375b25－27。（唐）玄奘译：《大般若波罗蜜多经》卷四百六十二，T7，n220，p.337b13－15。Takayasu Kimura（ed.），*Pañcaviṃśatisāhasrikā Prajñāpāramitā V*，Tokyo：Sankibo Busshorin，1992，p.124.

② 例如，（东晋）瞿昙僧伽提婆译：《中阿含经》卷十一，T1，n26，p.497c29。

③ （后秦）鸠摩罗什译：《摩诃般若波罗蜜经》卷二十一，T8，n223，p.375b28－29。

④ （后秦）鸠摩罗什译：《摩诃般若波罗蜜经》卷二十一，T8，n223，p.375c3－4－5。

⑤ 参见小峰弥彦：《道種智と六波羅蜜》，《智山学报》第31辑，1982年，第13－22页。

⑥ （后秦）鸠摩罗什译：《摩诃般若波罗蜜经》卷二十二，T8，n223，p.381c27－29。

“以道种智入菩萨位”[①]，可见“道种智”是菩萨修学臻于成熟、趣入正性离生而决定奔赴菩萨道果位的所依。“一切种智”，玄奘译为“一切相智”，梵本《二万五千颂般若》作“sarvākāra-jñatā”；《摩诃般若经》认为，无上甚深的佛智在认知一切法时现起的行相（ākāra）皆是同一相即寂灭相，同时能方便施设不同名言以诠表一切法的行类相貌的种种差别[②]；“一切种智”虽然如实知一切法之差别，但实则又是无所缘、无所相、无所知，《摩诃般若经·道树品》云“一切种智，无所有、无念、无生、无示”[③]；虽然无漏智皆能断烦恼，但佛的“一切种智”断尽一切烦恼习气，而二乘的一切智、菩萨的道种智并不能断尽[④]。《摩诃般若经》成立的“三智”并不像说一切有部一样认为智是实有心所法，而是认为三智的性相皆空、但有名字，《摩诃般若经·十无品》云“一切智、一切智相空，道智、道智相空，一切种智、一切种智相空”[⑤]。

般若波罗蜜多法门的修学虽然重在菩萨道的实践，但所追求的究竟功德并不是菩萨的智慧，而是与诸佛如来不异的全面而彻底的“萨婆若智”。在佛教语境中，佛是空相应缘起的寂灭的证觉者，而缘起之理境是缘起之流中的一切法具体存在所构成的全体（非概念把握的抽象意义上的总体性），故佛的证觉是对缘起理境之全体的自证自觉，没有分毫欠缺，是完全囊括一切法而穷究一切法渊底的甚深觉悟，如此的全知者即被赞誉为“一切智

① （后秦）鸠摩罗什译：《摩诃般若波罗蜜经》卷二十二，T8，n223，p. 381b21 －22。
② （后秦）鸠摩罗什译：《摩诃般若波罗蜜经》卷二十一，T8，n223，p. 375c22 －24。
③ （后秦）鸠摩罗什译：《摩诃般若波罗蜜经》卷二十二，T8，n223，p. 378a8 －9。
④ （后秦）鸠摩罗什译：《摩诃般若波罗蜜经》卷二十一，T8，n223，p. 375c27 －28。
⑤ （后秦）鸠摩罗什译：《摩诃般若波罗蜜经》卷七，T8，n223，p. 268b13 －14。

者”（sarvajña）。大乘佛教基于一切法性平等的体认，强调全知并非是一种人为的设定或迷信的幻象，三世、十方都有作为全知者的佛，而且全知的能力并非局限于超越其他生命存在的个别超级存在，而是每个生命都有可能通过修学实践不断与自身相区分而最终成就为全知者，菩萨道的修学正是实现全知的必由道路。对于全知之义，《小品般若经》中的“萨婆若智”或指一切智者性（sarvajñatā），或指一切智者之智（sarvajña－jñāna）等。[①]“萨婆若智”与般若波罗蜜多密切相关。《小品般若经·不可思议品》：

> 从般若波罗蜜生诸佛萨婆若智，从萨婆若智还生般若波罗蜜。[②]

般若波罗蜜多的修学能够成就诸佛的“萨婆若智”，而般若波罗蜜多的修学皆是信“萨婆若智”，学“萨婆若智”，以“萨婆若智”为目标，修学所得功德亦皆回向“萨婆若智”，《小品般若经·泥犁品》甚至说“般若波罗蜜即是萨婆若”[③]；但正如一切法空无所有，全面而彻底了知一切法的“萨婆若智”也是无所学、无所取、无所得，故《小品般若经·初品》云：“菩萨如是学，亦不学萨婆若。如是学，亦名学萨婆若、成就萨婆若”[④]。作为诸佛的自证自觉，“萨婆若智”与“阿耨多罗三藐三菩提”也是同义的，《小品般若经·塔品》云“得阿耨多罗三

---

① 参见渡边章悟：《『八千頌般若』の一切智：sarvajña，sarvajñatva，sarvajñatā》，《东洋学论丛》第28号，2003年，第165－136页。

② （后秦）鸠摩罗什译：《小品般若波罗蜜经》卷四，T8，n227，p.554a5－6。（唐）玄奘译：《大般若波罗蜜多经》卷五百四十五，T7，n220，p.806a7－9。

③ （后秦）鸠摩罗什译：《小品般若波罗蜜经》卷三，T8，n227，p.550a6－7。

④ （后秦）鸠摩罗什译：《小品般若波罗蜜经》卷一，T8，n227，p.538b21－23。

藐三菩提，得萨婆若智”[①]；只不过“萨婆若智”相对侧重知性作用，而“阿耨多罗三藐三菩提”侧重知性作用、自由意志、存在感受的精神全体[②]。然而，随着《摩诃般若经》成立“三智”，全知者之“萨婆若智”又与二乘的“一切智”用语原为同一词，需要作进一步相区分；据《大智度论》的解释，二乘的“一切智”虽然能从总相上了知一切法，但不能穷尽一切法的别相，只是有“一切智”之名而无全知之实[③]。而《摩诃般若经》中的“萨婆若智”往往与“三智”中的“一切种智”同义混用[④]，但又略有区别：“一切种智”是相对于二乘、菩萨道的修学项目，而“萨婆若智”是成佛的究竟果德[⑤]。为了区分，玄奘译本把作为成佛的究竟果德的“萨婆若智”统一为“一切智智”。总之，“萨婆若智”显示了般若波罗蜜多究竟实现的全面而彻底的智慧果德。

二　自由不染生死

佛教所直面的生命存在的基本经验是烦恼迷惑、造作诸业、感招苦果所带来的生死相续的系缚，而佛教修学是为了解开烦恼

---

① （后秦）鸠摩罗什译：《小品般若波罗蜜经》卷二，T8，n227，p. 542b7 –8。

② 在印度哲学中，“√budh”是知、情、意的全体，参见 James L．Fitzgerald，“A Semantic Profile of Early Sanskrit ‘buddhi’”，*Journal of Indian Philosophy*，vol. 45，2017，pp. 669-709.

③ （后秦）鸠摩罗什译：《大智度论》二十七，T25，n1509，p. 258c29 – b5。

④ 参见梶芳光运：《三智の成立過程について》，《智山学报》第 19 辑（芙蓉良顺博士古稀记念 密教文化论集），1971 年，第 171 –182 页。

⑤ （后秦）鸠摩罗什译：《摩诃般若波罗蜜经》卷十五“色即是萨婆若，萨婆若即是色。乃至一切种智即是萨婆若，萨婆若即是一切种智。”T8，n223，p. 334b29 – c2。

迷惑、停止造作染业、不再感招苦果而从生死相续中脱离出来，实现生命的绝对自由。佛教的解脱不是追求现在生命的长生不死，因为有生则有死，无死则无生，烦恼未解、造业未止则现在生命必定招致生死相续的苦果；佛教的解脱也不是承诺在未来世界获得永生，因为现在的生命有生有死，未来的生命尚未生则无所谓永生，对未来永生的承诺是虚幻不实的。佛教的解脱是直面现在生死相续的真相，如实通达空相应缘起而依之修学，解开生死相续的连环钩锁，从一切系缚中脱离而“脱离”本身亦不成为系缚，从而不再受生也不再有死，真正于现在生命获得彻底的自在。早期佛教是以解脱作为所有修学的核心目标。为了指导修学，早期佛教对生死相续的种种系缚作了细致分析，如《杂阿含经》成立“九结”“七使”[①]，《长阿含经》《中阿含经》成立“五下分结”“五上分结”[②]，《中阿含经》成立“二十一心秽”[③]，《增壹阿含经》成立“二十一心结”[④]等。针对这些系缚，早期佛教又成立三十七道品（四念处、四正断、四神足、五根、五力、七觉支、八正道）作为解脱修学的主要项目，此外还有八解脱，空、无相、无作三解脱门，慈、悲、喜、舍四无量心解脱等等直接以解脱命名的修学项目。而早期佛教的解脱方

① （刘宋）求那跋陀罗译：《杂阿含经》卷十八第490经，T2，n99，p. 127a22－23、p. 127a28－29。

② （后秦）佛陀耶舍、竺佛念译：《长阿含经》卷八第9经，T1，n1，p. 51b10－12。（东晋）瞿昙僧伽提婆译：《中阿含经》卷一，T1，n26，p. 424c20－21。

③ （东晋）瞿昙僧伽提婆译：《中阿含经》卷二十三，T1，n26，p. 575a26－b2。

④ 参见（东晋）瞿昙僧伽提婆译：《增壹阿含经》卷六，T2，n125，p. 573c11－17。

式主要分为三种[1]："慧解脱"（paññā - vimutti），即以听闻阅读、思惟正理、修习禅定等开显智慧，洞察空相应缘起的真相，从而如实了知生死相续的连环钩锁，并不再为导致生死的原因所系缚而舍断烦恼；"心解脱"（ceto - vimutti），即以修习深禅定澄澈其心，使之能够镇伏贪瞋痴等根本烦恼和众多随烦恼，不为烦恼所染，并进一步舍断烦恼而脱离生死系缚；"俱解脱"（ubhatobhāga - vimutti）即共同具备"慧解脱"和"心解脱"，前者侧重离无明、后者侧重离贪欲[2]。解脱生死臻于究竟，一切诸恼断尽，如此的圆满状态就是"涅槃"（nibbāna），《杂阿含经》云"涅槃者，贪欲永尽，瞋恚永尽，愚痴永尽，一切诸烦恼永尽，是名涅槃"[3]。

《般若经》同样重视不染烦恼、不系生死，但并不像早期佛教把解脱生死相续作为修学的全部目标，而是在一切法空的甚深体悟下，把远离烦恼系缚作为成就无上正等觉的一项重要果德。在《般若经》中，菩萨的修学是不能为烦恼所染的，否则只是"似像菩萨"（bodhisattva - pratirūpaka，bodhisattva - prativarṇika）[4]，即

① 参见玉城康四郎：《心解脱・慧解脱に関する考察》，《仏教の歴史と思想：壬生台舜博士頌寿記念》，东京：大藏出版，1985 年，第 295 - 371 页。藤田正浩：《心解脱と慧解脱》，《印度学佛教学研究》第 42 卷第 2 号，1994 年，第 574 - 578 页。金宰晟：《慧解脱について》，《印度学佛教学研究》第 51 卷第 2 号，2003 年，第 831 - 827 页。Kongkarattanaruk Phrapongsak：《慧解脱者は四禅を必要としないのか》，《パーリ学仏教文化学》第 26 号，2012 年，第 1 - 13 页。

② （刘宋）求那跋陀罗译：《杂阿含经》卷二十六第 710 经，T2，n99，p. 190b17 - 18。

③ （刘宋）求那跋陀罗译：《杂阿含经》卷十八第 490 经，T2，n99，p. 126b3 - 4。

④ （后秦）鸠摩罗什译：《小品般若波罗蜜经》卷七，T8，n227，p. 571b5。（唐）玄奘译：《大般若波罗蜜多经》卷五百五十一，T7，n220，p. 839a28。P. L. Vaidya (ed.)，*Aṣṭasāhasrikā Prajñāpāramitā: With Haribhadra's Commentary Called Ālokā*，Darbhanga：The Mithila Institute，1960，p. 195.

使看似是践行布施等菩萨道修学项目也是染著的行为，与粗重凡夫并无差别；若不能远离烦恼障覆，解开生死系缚，连二乘正位也不能入，更何况入菩萨正位[①]。故菩萨行般若波罗蜜时必须清楚了知一切烦恼系缚，同时修学各项解脱法门远离烦恼。关于种种系缚，《小品般若经·恒伽提婆品》只是泛说“诸结使，及助结使法”[②]，《小品般若经·无悭烦恼品》则列举悭、破戒、嗔恼、懈怠、散乱、愚痴等烦恼[③]，相应的《摩诃般若经·三善品》[④] 又在其上增加了七慢（“慢、大慢、慢慢、我慢、增上慢、不如慢、邪慢”）[⑤]；而《摩诃般若经·劝学品》[⑥] 则列举将众生系于欲界的五下结（“身见、戒取、疑、淫欲、嗔恚”）、将众生系于色界和无色界的五上结（“色爱、无色爱、调、慢、无明”）、“四缚”[⑦] “四结”[⑧] “四颠倒”[⑨]。关于解脱修学，《般若经》泛说三十七道品等一切助于远离烦恼的项目，而特别重视

① （后秦）鸠摩罗什译:《摩诃般若波罗蜜经》卷二十三，T8，n223，p. 383c18 – 19

② （后秦）鸠摩罗什译:《小品般若波罗蜜经》卷七，T8，n227，p. 569a9 – 10。

③ （后秦）鸠摩罗什译:《小品般若波罗蜜经》卷八，T8，n227，p. 574b23 – 25。

④ （后秦）鸠摩罗什译:《摩诃般若波罗蜜经》卷二十二，T8，n223，p. 380a16 – 17。

⑤ 七慢见于（刘宋）求那跋陀罗译：《杂阿含经》卷七第 187 经，T2，n99，p. 49a10 – 11。说一切有部阿毗达磨论书归纳为“七慢”，参见（后秦）昙摩耶舍、昙摩崛多等译:《舍利弗阿毗昙论》卷十九，T28，n1548，p. 654a5 – 6；（唐）玄奘译:《阿毗达磨集异门足论》卷十九 T26，n1536，p. 446b4 – 6；（唐）玄奘译:《阿毗达磨品类足论》卷第一，T26，n1542，p. 693b1。

⑥ （后秦）鸠摩罗什译:《摩诃般若波罗蜜经》卷三，T8，n223，p. 233a3 – 5。

⑦ “四缚”指贪欲、嗔恚、戒取、我见，（刘宋）求那跋陀罗译:《杂阿含经》卷十八第 490 经，T2，n99，p. 127a16 – 17；（后秦）佛陀耶舍、竺佛念译:《长阿含经》卷八，T1，n1，p. 50c6 – 7。

⑧ “四结”，《长阿含经》作杀生、盗窃、淫逸、妄语，（后秦）佛陀耶舍、竺佛念译:《长阿含经》卷十一，T1，n1，p. 70b14 – 16。《增壹阿含经》作欲、嗔恚、愚痴、利养，（东晋）瞿昙僧伽提婆译:《增壹阿含经》卷二十，T2，n125，p. 650a13 – 16。

⑨ “四颠倒”指常相、乐相、净相、我相，（后秦）鸠摩罗什译:《摩诃般若波罗蜜经》卷十八，T8，n223，p. 351a11。

空、无相、无作三解脱门；关于解脱方式，《摩诃般若经·累教品》列举了俱解脱、心解脱、慧解脱①。可见《般若经》含摄了早期佛教的解脱思想。然而，《般若经》的解脱是基于一切法本性空的。《小品般若经·初品》：

> 幻人色是无缚无解（abaddham amuktam），幻人受、想、行、识是无缚无解。无所有故，无缚无解；离故，无缚无解；无生故，无缚无解。是名菩萨摩诃萨发大庄严而自庄严。②

依般若波罗蜜多观察一切法，无论是有情众生，还是系缚众生于生死中相续流转的一切烦恼以及早期佛教为了解脱而施设的修学项目，皆在缘起的大相续之流中，皆可视为色等五蕴积聚形成的现象性存在；色等五蕴本是空、无生、无所有，由之积聚形成的众生、烦恼、道品亦皆是空、无生、无所有。因此，系缚生死相续的烦恼如幻如化，实则并无能缚；被烦恼系缚的众生亦如幻人，实则并无所缚；解脱生死相续的道品如幻如化，实则并无能解，依道品获得解脱的圣人亦如幻人，实则并无所解。一切法本性空，故一切法皆是无缚无解。菩萨发阿耨多罗三藐三菩提心，犹如披上功德铠甲，因为一切法无缚而不为生死相续的烦恼所染著，因为一切法无解而不证入实际，不迅速解脱生死。同

---

① （后秦）鸠摩罗什译：《摩诃般若波罗蜜经》卷二十，T8，n223，p. 363c3 –4。

② （后秦）鸠摩罗什译：《小品般若波罗蜜经》卷一，T8，n227，p. 539a14 –18。（唐）玄奘译：《大般若波罗蜜多经》卷五百三十八，T7，n220，p. 767a7 –22。“发大庄严而自庄严”，梵本《八千颂般若》作“mahā – saṃnāha – saṃnaddhasya mahāyāna – saṃprasthitasya mahāyāna – samārūḍhasya mahā – saṃnāho ’saṃnāhaḥ”，P. L. Vaidya（ed.），*Aṣṭasāhasrikā Prajñāpāramitā: With Haribhadra’s Commentary Called Ālokā*，Darbhanga: The Mithila Institute，1960，p. 11.

样，作为圆满解脱的涅槃亦是本性空寂。《小品般若经·释提桓因品》：

> 我说佛法亦如幻如梦，我说涅槃亦如幻如梦……设复有法过于涅槃，我亦说如幻如梦。诸天子！幻梦、涅槃，无二无别。①

一切法如幻如梦而无缚无解，故佛陀所教授的清净道品和甚深涅槃亦如幻如梦。这并不是否定解脱生死的涅槃的可能性和重要意义，而是强调一切法本性如是空。《般若经》将“空”和“无染”“寂灭”“远离”“涅槃”视为同义语②，而“无染”“寂灭”“远离”等原本就是形容涅槃的语词；“空”是一切法的甚深相，故“涅槃”亦是一切法的甚深相，亦即，“涅槃”即是一切法如其所是的本性。《小品般若经·随知品》云：“一切法如涅槃，当知般若波罗蜜亦如是。”③ 当然，这并不意味着涅槃具有固定常住的自性本质，涅槃若有自性，则与其他法即具有不同自性而不能作为一切法如其所是的本性，故涅槃本身即是空，不可取、不可著、不可得。菩萨的修学不把空无所有的解脱或涅槃作为目标加以取执，否则即陷入系缚而为烦恼所染著；菩萨不求迅速解脱生死、不证入涅槃而远离一切烦恼系缚，洞察缘起的真相而获得涅槃一样的深彻觉悟，真正自由自在。

菩萨不取解脱、不入涅槃，是为了在不为烦恼系缚之外，进一步实践悲愿、圆满一切智智、成就无上正等觉，这是菩萨超越

---

① （后秦）鸠摩罗什译：《小品般若波罗蜜经》卷一，T8，n227，p. 540c14 – 18。

② （后秦）鸠摩罗什译：《小品般若波罗蜜经》卷七，T8，n227，p. 566a11 – 12。（后秦）鸠摩罗什译：《小品般若波罗蜜经》卷六，T8，n227，p. 561c15 – 17。

③ （后秦）鸠摩罗什译：《小品般若波罗蜜经》卷九，T8，n227，p. 579b26 – 27。

二乘的地方。二乘入正位后，在经历有限的生死往返之后必将出离生死相续而获得解脱；既然如此，则二乘在其有限的生死中不能像菩萨一样在无量无边的时间和空间中去实践净化世界、成熟众生的悲心和去圆满一切智智、无上正等觉，《摩诃般若经·问住品》称之为“与生死作障隔故”[①]。而菩萨的发心，必然是在无量生死之中净化世界、成熟众生。《摩诃般若经·金刚品》：

> 菩萨摩诃萨应生如是心：我当于无量生死中大誓庄严，我应当舍一切所有，我应当等心于一切众生，我应当以三乘度脱一切众生，令入无余涅槃。我度一切众生已，无有乃至一人入涅槃者……[②]

菩萨遍学一切善法，故能不为烦恼所染，不为生死所系，但菩萨为了践行其广大无边的悲愿，救度无量无边的众生，必须常在无量生死之中，不断在不同的时间、不同的地点受生而去修学菩萨道；菩萨因为以般若波罗蜜多为方便，如实了知一切法空无所有，故虽然在无量生死之中，却非如凡夫一般被烦恼强制系缚着在生死中流转，而是自由自在地出入于生死，无所取执。当然如此殊胜难得的菩萨大行需要无比的心愿与能力，故菩萨虽然鼓励一切众生修学般若波罗蜜多，但出于慈悲而并不强求，只是根据众生的不同根器和机缘，以三乘道中的某一道教化众生，使之能够依凭此道解脱生死，甚至进入无余涅槃。但一切法本性无缚无解，菩萨虽然度脱无量众生，却不取执于所度众生、能度菩萨及救度的行动，如此无所取执方能度脱无量众生。菩萨不染烦恼

① （后秦）鸠摩罗什译：《摩诃般若波罗蜜经》卷七，T8，n223，p. 273c2。
② （后秦）鸠摩罗什译：《摩诃般若波罗蜜经》卷四，T8，n223，p. 243b22 – 26。

而不脱生死，自由在生死中救度无量众生使之解脱，这是般若波罗蜜多甚深的解脱果德。

三　无上正觉成佛

菩萨依般若波罗蜜多修学，不染生死而自由地践行悲愿、圆满一切智智，最终成就无上正等觉（anuttara sammā - sambodhi，anuttara samyak - saṃbodhi，阿耨多罗三藐三菩提），这是般若波罗蜜多的究竟果德。佛陀曾自记说“成阿耨多罗三藐三菩提”①，诸佛十号中有“等正觉”（sammā - sambuddha，samyak - saṃbuddha），故成就阿耨多罗三藐三菩提即意味着究竟成佛。在早期佛教中，“佛”意味着无上的智慧、彻底的解脱。《杂阿含经》云“佛见过去世，如是见未来，亦见现在世，一切行起灭。明智所了知，所应修已修，应断悉已断，是故名为佛。”② 除了如来十号，佛还必定具足的功德还有十力、四无畏、三十二相、八十种好、八声、四辩等等③。而《般若经》含摄了早期佛教的佛陀观，以佛必然具足十力、四无所畏、十八不共法等④。但《般若经》着重突出了佛在智慧上的无限圆满。《摩诃般若经·道行品》：

---

① （刘宋）求那跋陀罗译：《杂阿含经》卷四十六第1226经，T2，n99，p. 334c17 - 18。*Saṃyutta - Nikāya* 3. 1，vol. 1，p. 68.

② （刘宋）求那跋陀罗译：《杂阿含经》卷四第100经，T2，n99，p. 28a11 - 14。

③ （刘宋）求那跋陀罗译：《杂阿含经》卷十四第348经，T2，n99，p. 98a 14 - 15；（后秦）佛陀耶舍、竺佛念译：《长阿含经》卷二，T1，n1，p. 12b2 - 3；（东晋）瞿昙僧伽提婆译：《中阿含经》卷四十一第161经，T1，n26，p. 687b 28 - c1；（东晋）瞿昙僧伽提婆译：《增壹阿含经》卷二十一，T2，n125，p. 657a15。

④ （后秦）鸠摩罗什译：《小品般若波罗蜜经》卷一，T8，n227，p. 537c26。（后秦）鸠摩罗什译：《摩诃般若波罗蜜经》卷五，T8，n223，p. 255a28 - 256a5。

知诸法实义，故名为佛。复次，得诸法实相，故名为佛。复次，通达实义，故名为佛。复次，如实知一切法，故名为佛。①

早期佛教的诸佛十号中的“如来”“世间解”就意味着“如实知之”②“知一切世间”③。但《摩诃般若经》更强调佛的智慧是全面而彻底的，能够如实了知诸法的真实义、如实获得诸法的真实相状、如实通达缘起的真实、如实了知一切法的如其所是的无限差异。所谓“实义”即是缘起之流中的一切法本性空无所有、同是一如、平等清净。如此圆满的智慧，是无上广大甚深的，不共二乘、超越菩萨，也就是前文所说的“萨婆若智”“一切种智”。《摩诃般若经·三次品》云：“菩萨摩诃萨得一切种智，是名为佛。”④ 菩萨与佛的区别在于，菩萨向着一切种智、“无碍道中行”，而佛已经获得一切种智、“解脱道中无一切暗蔽”⑤；虽然有此差别，但菩萨心与佛心并无有异，菩萨所向一切种智即是诸佛所得一切种智，菩萨修学圆满即获得一切种智。《般若经》“知诸法实义”的佛陀观为菩萨开辟了通向究竟佛果的道路。

成佛是菩萨修学的究竟目标，但这个目标并不是遥不可及的。此中关键问题是：既然菩萨必须在无量生死中遍学一切道、遍知一切法，由菩萨位到佛果位又是如何实现的？部派佛教根据

① （后秦）鸠摩罗什译：《摩诃般若波罗蜜经》卷二十二，T8，n223，p. 379a15 – 17。
② （后秦）佛陀耶舍、竺佛念译：《长阿含经》卷十一，T1，n1，p. 69b23。
③ （东晋）瞿昙僧伽提婆译：《中阿含经》卷三十四第137经，T1，n26，p. 645b27。
④ （后秦）鸠摩罗什译：《摩诃般若波罗蜜经》卷二十三，T8，n223，p. 394b26 – 27。
⑤ （后秦）鸠摩罗什译：《摩诃般若波罗蜜经》卷二十六，T8，n223，p. 411b23 – 27。

释迦牟尼佛在过去生中修学所经历的时劫、所逢见的如来数量而说明菩萨成佛的过程[①]，如说一切有部认为释迦牟尼佛在过去生中为菩萨时经历三大阿僧祇劫、复经九十一劫而成佛[②]，《修行本起经》说释迦牟尼佛得燃灯佛授记后经历三大阿僧祇劫又九十一劫而成佛[③]，巴利“小部”的《佛种姓经》（*Buddhavaṃsa*）说释迦牟尼佛获得燃灯佛授记在四阿僧祇劫又十万劫之前[④]，法藏部《佛本行集经》说到为释迦牟尼佛授记的燃灯佛在“无量阿僧祇劫”之前[⑤]。可见，菩萨修学到究竟成佛经历了非常漫长的历程。然而，《般若经》强调，以无上正等觉为究竟目标的菩萨不应对成佛需经历的久远时间感到惊怖退没。《小品般若经·深功德品》：

> 菩萨若念阿耨多罗三藐三菩提，久乃可得，不应惊怖。何以故？世界前际已来，如一念顷（citta－kṣaṇa），不应生久远想，不应念前际是久远。前际虽为久远，而与一念相应（eka－citta－kṣaṇa－samāyuktā）。[⑥]

---

① 参见印顺：《初期大乘佛教之起源与开展》，台北：正闻出版社，1994年，第134－136页。

② （唐）玄奘译：《阿毗达磨大毗婆沙论》卷一百七十八，T27，n1545，p. 892c5－10。

③ （后汉）竺大力、康孟详译：《修行本起经》卷上，T3，n184，p. 463a19－21。

④ *Buddhavaṃsa* 2. 1，N. A. Jayawickrama（ed.），*Buddhavaṃsa and Cariyāpiṭaka*，London：Pali Text Society，1974，p. 9. 另见巴利《本生经·序论》，Viggo Fausbøll（ed.），*Jātaka with Commentary*，vol. I，London：Pali Text Society，1877，p. 15.

⑤ （隋）阇那崛多译：《佛本行集经》卷五十九，T3，n190，p. 927b21－22。

⑥ （后秦）鸠摩罗什译：《小品般若波罗蜜经》卷七，T8，n227，p. 568b1－5。（唐）玄奘译：《大般若波罗蜜多经》卷五百五十，T7，n220，p. 833b4－12。P. L. Vaidya（ed.），*Aṣṭasāhasrikā Prajñāpāramitā*：*With Haribhadra's Commentary Called Ālokā*，Darbhanga：The Mithila Institute，1960，p. 180.

菩萨从最初发菩提心至成佛，经历了无量生死、无量时间。这无量的时间并非是独立存在的具有自性的实体，而是作为一切法的存在活动形式，依“诸行”的前后相续而施设为绵延的时间；一切法无自性而空无所有，并非如说一切有部所说三世实有，故作为法之活动的时间本身亦是无自性而空无所有。而回顾前际（过去），菩萨修学需要经历的无量时间虽然久远，但只是如幻如化的相续表象，与作为时间最小单位的“刹那”（kṣaṇa）并无实在的固定的自性差别。时间的一刹那亦可说为心、心所法的一念生灭，不具有空间性质的心、心所法的活动即表现为时间，故说“前际虽为久远，而与一念相应”。这种“一念相应”说可能与大众部系、分别说系的“一念见谛”有关①。部派佛教以见四谛为见道，说一切有部等主张次第见谛，以八忍八智之前十五心刹那断见惑得预流向，第十六心刹那入修道、得预流果；而大众部系等主张“以一刹那现观边智，遍知四谛诸相差别”②。而《般若经》所说“一念相应”还与金刚无间道有关。《摩诃般若经·道树品》：

> 能具足是佛道因缘已，以一念相应慧得一切种智(ekalakṣaṇa-samāyuktayā prajñayā sarv'ākāra-jñatām anuprāpsyati)，尔时一切烦恼习永尽，以不生故。③

---

① 参见印顺：《初期大乘佛教之起源与开展》，台北：正闻出版社，1994年，第637页。

② （唐）玄奘译：《异部宗轮论》，T49，n2031，p. 15c11－12。

③ （后秦）鸠摩罗什译：《摩诃般若波罗蜜经》卷二十二，T8，n223，p. 378b20－22。（唐）玄奘译：《大般若波罗蜜多经》卷四百六十三，T7，n220，p. 342c13－17。Takayasu Kimura（ed.），*Pañcaviṃśatisāhasrikā Prajñāpāramitā V*，Tokyo：Sankibo Busshorin，1992，p. 137.

又《摩诃般若经·净土品》：

> 是菩萨摩诃萨具足六波罗蜜，具足三十七助道法，具足佛十力、四无所畏、四无碍智、十八不共法，具足住如金刚三昧，用一念相应慧得阿耨多罗三藐三菩提（vajrôpame samādhau sthitvaika-citta-ksaṇa-samāyuktayā prajñayā 'nuttarāṃ samyaksaṃbodhim abhisaṃbudhyate），是时名为佛，一切法中得自在。[①]

由有学道进入无学道的最后无间道所行三昧，犹如金刚石能穿破一切，能顿时断除三界一切烦恼，故称为"金刚喻定"（vajrôpamaḥ samādhiḥ）[②]。依说一切有部，阿罗汉向的行者，在修道的最后心刹那的无间道，以金刚喻定顿时断除有顶地（非想非非想处地）第九品修所断惑，无间隔地进入无学道，得阿罗汉果。[③] 与之类似，《般若经》中的菩萨在具足修学一切佛道之后，在菩萨道的最后心刹那的无间道，以金刚喻定顿时断除所知障和一切烦恼习气，以"一念相应慧"（ekalakṣaṇa-samāyuktā prajñā，eka-citta-ksaṇa-samāyuktā prajñā）获得一切种智、阿耨多罗三藐三菩提，无间隔地进入无学道，成就佛果。"一念相应慧"类似大众部系所说"（佛）一刹那心了一切法，一刹那心相应般若知一切法"[④]。可见，《般若经》的"一念相应慧"应是结合了说

---

① （后秦）鸠摩罗什译：《摩诃般若波罗蜜经》卷二十六，T8，n223，p. 408b16－20。（唐）玄奘译：《大般若波罗蜜多经》卷四百七十六，T7，n220，p. 411b27－c13。Takayasu Kimura（ed.），*Pañcaviṃś atisāhasrikā Prajñāpāramitā VI－VIII*，Tokyo：Sankibo Busshorin，2006，p. 124.

② （唐）玄奘译：《阿毗达磨大毗婆沙论》卷二十八，T27n1545，p. 142b27－c3。

③ （唐）玄奘译：《阿毗达磨大毗婆沙论》卷六十二，T27n1545，p. 323b10－16。

④ （唐）玄奘译：《异部宗轮论》，T49，n2031，p. 15c4－5。

一切有部的第十六心刹那得声闻初果和金刚喻定得声闻究竟果[①]，以及大众部系的“一念见谛”“一念慧知一切”。《般若经》的菩萨成佛既是历经无量时间，又在一念之间实现究竟的觉悟、圆满的智慧；这无疑打消了对于久劫修学的恐惧，提高了对大乘菩萨道的信心。

佛教所理解的生命存在是身心和合的，故依般若波罗蜜多成佛同时意味着成就圆满佛身。由于释迦牟尼佛的父母所生色身已经入灭，早期佛教提出了多种“法身”作为所依怙的佛身[②]，一是佛所说的法（经）与律[③]；二是佛所成就的无漏功德[④]，如戒身、定身、慧身、解脱身、解脱知见身[⑤]，又称“五分法身”[⑥]；

① 参见渡边章悟：《悟りへの一瞬の智慧》，《仏教の修行法：阿部慈園博士追悼論集》，东京：春秋社，2003 年，第 153 – 175 页。渡边章悟：《金剛般若経の研究》，东京：山喜房佛书林，2009 年，第 122 – 135 页。

② 参见 Frank E. Reynolds, “The Several Bodies of Buddha: Reflections on a Neglected Aspect of Theravada Tradition”, *History of Religions*, vol. 16, no. 4, The Mythic Imagination (May, 1977), pp. 374 – 389.

③ 参见（刘宋）求那跋陀罗译《杂阿含经》卷二十三第 604 经“如来之体身，法身性清净，彼悉能奉持，是故供养胜。” T2, n99, p. 168b16 – 17。（东晋）瞿昙僧伽提婆译《增壹阿含经》卷一：“释师出世寿极短，肉体虽逝法身在；当令法本不断绝，阿难勿辞时说法!” T2, n125, p. 549c14 – 15。巴利《弥兰王问经》“依法身而得示世尊”（dhammakāyena pana kho mahārāja sakkā Bhagavā nidassetuṃ), Vilhelm Trenckner, *The Milindapañho: Being Dialogues between King Milinda and the Buddhist Sage Nāgasena*, London: Pali Text Society, 1890, p. 73.

④ （后秦）佛陀耶舍、竺佛念译《长阿含经》卷二：“道果成就，上下和顺，法身具足”, T1, n1, p. 13b10。

⑤ （东晋）瞿昙僧伽提婆译：《中阿含经》卷十第 49 经，T1, n026, p. 486c 28 – a4。（刘宋）求那跋陀罗译：《杂阿含经》卷二十四第 638 经，T2, n99, p. 176c 12 – 13；卷四十二第 1145 经，T2, n99, p. 304b1 – 2。相应巴利诸经称之为“蕴”（khandha）而非“身”，参见 Richard Morris (ed.), *Aṅguttara – Nikāya* 4. 21, vol. 2, London: Pali Text Society, 1888, p. 20. M. Léon Feer (ed.), *Saṃyutta – Nikāya* 47. 13, vol. 5, London: Pali Text Society, 1898, p. 162. *Saṃyutta – Nikāya* 3. 24, vol. 1, pp. 99 – 100.

⑥ （东晋）瞿昙僧伽提婆译：《增壹阿含经》卷二十九，T2, n125, p. 712c2。

三是空相应缘起的真理[①]。《般若经》继承了早期佛教的法身思想又有所不同[②]，如《小品般若经·嘱累品》所说“诸佛法藏”[③]，《小品般若经·回向品》等说到“戒品、定品、慧品、解脱品、解脱知见品”[④]，《摩诃般若经·三次品》“不应以十二因缘法念佛”[⑤]。《般若经》中的“法身”更强调是圆满智慧所成就的功德。《小品般若经·塔品》：

> 佛不以身（ātma – bhāva –śarīra – pratilambha）故，名为如来；以得萨婆若故，名为如来。憍尸迦！诸佛萨婆若，从般若波罗蜜生，是身萨婆若智所依止故。如来因是身得萨婆若智，成阿耨多罗三藐三菩提。[⑥]

---

① （东晋）瞿昙僧伽提婆译《增壹阿含经》卷二十八：“当观空无法，此名礼佛义”，T2，n125，p. 708a20。

② 有学者以为，原始《小品般若经》的早期汉译本尚无“法身”术语，《摩诃般若经》才使用“法身”术语，而出现“法身”一语的《小品般若经·昙无竭品》是根据《摩诃般若经》增补的，参见 Lewis R. Lancaster，“The Oldest Mahāyāna Sūtra：Its Significance for the Study of Buddhist Development”，*The Eastern Buddhist*，vol. 8，no. 1（May，1975），pp. 30 – 41．梶山雄一：《般若思想の生成》，《般若思想》（讲座·大乘佛教 2），东京：春秋社，1983 年，第 55 – 58 页。但不可否认，《小品般若经》已有“法身”相关思想。

③ （后秦）鸠摩罗什译：《小品般若波罗蜜经》卷九，T8，n227，p. 577c25。（后汉）支娄迦谶译《道行般若经》卷九作“佛经身”，T8，n224，p. 468c18；（三国吴）支谦译《大明度无极经》卷五作“佛经”T8，n225，p. 502c20；（唐）玄奘译《大般若波罗蜜多经》卷五百五十四作：“无尽法藏”，T7，n220，p. 856a19。梵本《八千颂般若》作“法身”（dharmakāya），P. L. Vaidya（ed.），*Aṣṭasāhasrikā Prajñāpāramitā：With Haribhadra's Commentary Called Ālokā*，Darbhanga：The Mithila Institute，1960，p. 228.

④ （后秦）鸠摩罗什译：《小品般若波罗蜜经》卷三，T8，n227，p. 547c21 – 22。另见卷六，T8，n227，p. 563a18 – 19。

⑤ （后秦）鸠摩罗什译：《摩诃般若波罗蜜经》卷二十三，T8，n223，p. 385c6 – 7。

⑥ （后秦）鸠摩罗什译：《小品般若波罗蜜经》卷 T8，n227，p. 542b25 – 29。（唐）玄奘译《大般若波罗蜜多经》卷五百四十，T7，n220，p. 775a3 – 12。P. L. Vaidya（ed.），*Aṣṭasāhasrikā Prajñāpāramitā：With Haribhadra's Commentary Called Ālokā*，Darbhanga：The Mithila Institute，1960，p. 29.

佛之人间父母所生的三十二相、八十种好的金色根身，是成佛前已经具足的、共于世间的；般若波罗蜜多所生的萨婆若智，是成佛之后所成就的、不共世间的。如来之所以称为如来，不是因为相好色身，而是因为萨婆若智等功德；但身心是一如的，功德并非别有，而是依止色身，如来依此色身而获得萨婆若智、阿耨多罗三藐三菩提。相比于佛的相好色身，《般若经》更侧重凸显佛的法身的意义。《小品般若经·昙无竭品》：

> 诸佛如来不应以色身（rūpa－kāya）见，诸佛如来皆是法身（dharma－kāya）故。①

类似的语句见于《摩诃般若经·法尚品》② 和《金刚经》③。依般若波罗蜜多如实观察，一切法缘起而有、缘散而无，“诸如来身亦复如是，属众因缘，无量福德之所成就”④。缘起的相好色身不应是菩萨修学所念所见的佛，因为“是佛身自性无故”⑤，并无常住实在的本质而实则空无所有。而佛的法身，就主观方面而言即是般若波罗蜜多所生的萨婆若智，就客观方面而言即是一切法之如、法性、实际；萨婆若智与法性皆是一如，故称为法

---

① （后秦）鸠摩罗什译：《小品般若波罗蜜经》卷十，T8，n227，p. 584b10－11。P. L. Vaidya（ed.），*Aṣṭasāhasrikā Prajñāpāramitā: With Haribhadra's Commentary Called Ālokā*，Darbhanga：The Mithila Institute，1960，p. 253.

② （后秦）鸠摩罗什译：《摩诃般若波罗蜜经》卷二十七“诸佛不可以色身见，诸佛法身无来无去，诸佛来处去处亦如是”，T8，n223，p. 421c16－18。

③ （后秦）鸠摩罗什译：《金刚般若波罗蜜经》“如来不应以具足色身见。何以故？如来说具足色身，即非具足色身，是名具足色身”，T8，n235，p. 751c6－8。参见渡边章悟：《金剛般若経の梵語資料集成》，东京：山喜房佛书林，2009 年，第 104－105 页。

④ （后秦）鸠摩罗什译：《小品般若波罗蜜经》卷十，T8，n227，p. 584c12－13。

⑤ （后秦）鸠摩罗什译：《摩诃般若波罗蜜经》卷二十三，T8，n223，p. 385b25。

身。菩萨修学所念所见应是诸佛法身而非色身，菩萨修学般若波罗蜜多所要成就的也是诸佛平等平等的法身；当然，这是无所念而念、无所成而成。法身的成就是菩萨道修学的究竟果德，也意味着般若波罗蜜多法门的究竟圆满。

综上所论，般若波罗蜜多无说无示，本身并非特定的修学形态，但检视般若波罗蜜多则可理解为以“智慧”为根本尺度的“理”“行”“果”的思想架构。关于般若之理境，般若波罗蜜多通达遍知所有缘起的理性法则及一切缘所生法，如实了知一切法皆是通过具足的关联条件而不断现起、刹那消散，从而展示开放、差异、流动、无尽的关系性存在的“如是有”的历程；般若波罗蜜多打破凡夫的自性形上学概念把握的经验知识的虚妄性，如实观照一切缘生法并不具有常住、固定、同一的自性本质，虽然缘起有而实则本性空、无生、无所有，关于一切法的命题判断只是名言的假施设而并不具有名言所诠表的实在性；一切法的空寂本性即是真如、法性、实际，亦即如其所是的存在真相，超越一切二边分别而毕竟平等、本性清净。关于般若之修行，般若波罗蜜多重在彻底悟入空相应缘起的“行”，开辟了不共二乘的大乘菩萨道，以发阿耨多罗三藐三菩提心为起点，此心依于缘起而本性空寂清净，主要修学以般若波罗蜜多为先导的六波罗蜜多，始终相应作意于一切智智；般若波罗蜜多普遍修学一切法，广泛实践无量的三昧，特别是安住寂静禅慧境地、远离一切烦恼的“无诤三昧”和对于一切法无摄受、无取执、无舍离的“诸法无受三昧”，而实则于一切都无所行、无所住、无所修，超越一切二边分别而毕竟无所得；现实的菩萨修学道路亦可方便假施设阶位层次的差别，在《般若经》的“十地”中，第一个重要节点是观照诸空而超越生涩、决定趋向菩萨道的“上菩萨位”，第二个重要节点是获得无生法忍而不再退转的“阿惟越致地”。关于般若之果德，般若波罗蜜多无所得而现起无限的功德，首先是般若，亦即依于空相应缘起而解除烦恼染著的纯粹净化的知性作用，大乘菩萨道行者由于遍学二乘道、菩萨道、佛道而相应具有出世无漏的“三智”，无上甚深的智慧臻于全面而彻底即是与诸佛如来不异的“萨婆若智”；其次是解脱，亦即清除烦恼迷惑、停止造作染业、解开生死相续的绝对自由，大乘菩萨道行者通达一切法本性空，能系缚之烦恼、被系缚之众生、解脱之道品皆如幻如化而实则无缚无解，故不染烦恼又不脱生死，自由地出入无量生死而救度无边众生；最后是佛果，亦即包含全面而彻底的智慧、绝对自由的决断意志和无限慈悲的存在感受的无上正等觉，大乘菩萨道行者的成佛虽然经历了无量时间，但又在“一念”之间实现究竟的觉悟，同时成就圆满的佛身，特别是法性一如的法身。因此，般若波罗蜜多总摄大乘菩萨道修学的法要。

第二章　达摩禅的“无相虚宗”

般若波罗蜜多虽然集中宣说于《般若经》，但并不局限于《般若经》，而几乎遍在所有大乘经典。可以说，般若波罗蜜多法门所开辟的“无所有，不可得”的智慧架构，为整个大乘佛教提供了基本的修学形式。此“形式”并非意味着般若波罗蜜多是大乘佛教的同一性的自性本质，而是说，般若波罗蜜多为大乘佛教的修学提供了建筑自身的实行过程和显示自身的理解方法[①]。因为，般若波罗蜜多本身并无特定内容或相状，般若波罗蜜多法门重视深彻悟入而不重教相说明，而大乘佛教在历史开展

① 参见海德格尔《形式化与形式显示》：“作为方法环节（methodisches Moment），形式显示属于现象学的阐明本身。为什么把它叫做‘形式的（formal）’呢？形式的东西就是某种合乎关联的东西（etwas Bezugsmäßiges）。显示（die Anzeige）是要先行显示出现象的关联——却是在一种否定意义上，可以说是为了警告！一个现象必须这样被预先给出，以至于它的关联意义（Bezugssinn）被保持在悬而不定中。”海德格尔著，孙周兴编译：《形式显示的现象学：海德格尔早期弗莱堡文选》，上海：同济大学出版社，2004 年，第 73 页。海德格尔，欧东明、张振华译：《海德格尔文集 宗教生活现象学》，北京：商务印书馆，2018 年，第 64 页。Martin Heidegger, *Phänomenologie des Religiösen Lebens*, *Gesamtausgabe*, Band 60, Frankfurt am Main: Vittorio Klostermann, 1995, S. 63 – 64.

中依般若波罗蜜多而建筑出不同的修学形态，共同通向诸佛如来平等平等的无上正等觉。中国佛教依于早期般若经论的翻译和般若思想的弘扬而契入作为整体的大乘佛教，并在隋唐时代以般若波罗蜜多为方法而建筑出适应中国语境和行者根机的中国佛教诸种修学形态，成为大乘佛教历史开展中的一个重要组成部分。禅宗作为中国佛教中以禅悟为核心的风格鲜明的修学形态，虽然并不从经论的疏解诠释切入自身修学形态的建构，但依然以般若波罗蜜多作为形式显示的方法，将中国佛教在当时主要论究的思想议题作为自身修学的内容，建筑起自身直接悟入诸佛甚深智慧境界的法门。相比于三论、华严、天台等对修学思想内容的创造性重构与深入阐发，禅宗的实践为务的修学更能彰显“行深般若波罗蜜多”之于中国佛教开展的形式意义。

第一节　“虚宗”的含义

广义的“禅修”（bhāvanā）作为心身观察和心态锻炼[①]，是一切形态的修学都必定具备的项目。佛教是佛陀依自证自觉而演说教化，佛教的修学即依佛所教而各自展开不同的禅修方法。即使是重于闻思的部派佛教对于法义的分别抉择亦以指导禅修、获得解脱作为归趣，大乘佛教更是基于行者的禅修经验而发展佛教的教义。于中国佛教而言，禅修法门是伴随着西域僧人来华传播佛教而同时传入的，从安世高传授的“安般禅”到鸠摩罗什的

① Stuart Ray Sarbacker, *Samādhi*: *The Numinous and Cessative in Indo - Tibetan Yoga*, Albany: State University of New York Press, 2005, pp. 19 - 20.

“实相禅”；同时，禅修法门也随着中国佛教修学形态的建构而得到进一步创造发展，如天台的圆顿止观、华严的法界观等。然而，真正以“禅”为名、将“禅”作为自身修学形态标志而独树一帜的是达摩—慧可一系的禅宗。禅修因其实践属性而特别注重师资传授，故后世禅宗在其历史发展中不断回溯法门渊源，不断传颂着作为中国禅宗传法初祖的菩提达摩的传法心要[①]。然而，正是这种“述行性”（performantive）的言说，使得作为历史事件的禅宗传法因为历代层出不穷的叙事而变得模糊不清，甚至被现代研究者判定为想象性虚构和目的性书写[②]。然而，现代禅宗研究所揭开的多元话语的喧嚣同时遮蔽了思想的开端处已经得到言说的纯粹的智慧言说。通过语言与自身的区分，当下之思得以聆听喧嚣之下“所言为何”，从而回忆起给予思想以规定性开端的智慧。

一　《续高僧传》的达摩禅

目前所知关于达摩—慧可一系禅法的最早的可靠历史记载见

① 参见关口真大：《達磨の研究》，东京：岩波书店，1967 年，第 43－51 页。白照杰：《圣僧的多元创造：菩提达摩传说及其他》，上海：上海社会科学出版社，2019 年，第 1 页。

② 参见胡适：《菩提达摩考（中国中古哲学史的一章）》，欧阳哲生编：《胡适文集》第 4 册，北京：北京大学出版社，1998 年，第 250－257 页。Bernard Faure，“Bodhidharma as Textual and Religious Paradigm”，*History of Religions*，vol. 25，no. 3，1986，pp. 187－198. John R. McRae，*The Northern School and the Formation of Early Ch'an Buddhism*，Honolulu：University of Hawaii Press，1986，p. 16.（马克瑞著，韩传强译：《北宗禅与早期禅宗的形成》，上海：上海古籍出版社，2015 年，第 4 页。）John R. McRae，*Seeing Through Zen*：*Encounter*，*Transformation*，*and Genealogy in Chinese Chan Buddhism*，Berkeley：University of California Press，2003，pp. 24－28.

于初唐道宣（596－667）所撰《续高僧传》。该书的初稿是道宣在唐太宗贞观十九年（645）左右完成的[①]。道宣自撰《续高僧传序》："始岠梁之初运（天监元年［502］），终唐贞观十有九年，一百四十四载。包括岳渎，历访华夷。正传三百四十人，附见一百六十人。"又，目前存世各版本《续高僧传》收录了贞观十九年之后的记载，如《续高僧传·智颉传》记载智颉于贞观二十年（646）七月二十八日入灭[②]，《续高僧传·智聪传》记载智聪于贞观二十三年（649）四月八日入灭[③]，研究者推测道宣在贞观二十三年左右对原书进行过补充修订[④]。然而，北宋崇宁藏、南宋毗卢藏、南宋思溪藏、元刻碛砂藏、元普宁藏、明永乐南藏、明永乐北藏等三十一卷本另外收录了贞观二十三年之后的相关传记，但这些传记并不见于开宝藏系统的高丽藏本、赵城金藏本和更早的日本大阪金刚寺、京都兴圣寺、名古屋七寺藏写本等早期三十卷版本，研究者推测这是根据道宣晚年所撰而已散

① 池丽梅：《道宣の前半生と『続高僧伝』初稿本の成立》，《日本古写经研究所研究纪要》创刊号，2016年，第65－95页。

② （唐）道宣：《续高僧传》卷十四，T50，n2060，p. 538a29。

③ （唐）道宣：《续高僧传》卷二十，T50，n2060，p. 595b14－15。《大正藏》本原作"贞观二十二年四月八日"，校注：宋（思溪藏）本、元（普宁藏）本、明（嘉兴藏）本、宫（日本宫内省图书寮藏崇宁藏、毗卢藏）本作"二十三"。又据《弘赞法华传》、《法苑珠林》，可知应为贞观二十三年，（唐）慧详：《弘赞法华传》卷八，T51，n2067，p. 37c15；（唐）道世：《法苑珠林》卷六十五，T53，n2122，p. 787a12。

④ 藤善真澄：《道宣伝の研究》第七章《『続高僧伝』管見：興聖寺本を中心に》，京都：京都大学学术出版会，2002年，第248页。

佚的《后集续高僧传》十卷增补的[①]。而达摩—慧可一系禅法传承的相关记载，见于《续高僧传》卷十六《菩提达摩传》和《僧可传》、卷七《慧布传》、卷二十《习禅篇论》、三十一卷本《续高僧传》卷二十七《法冲传》。这些记载也是在不同时期形成的[②]：《菩提达摩传》《僧可传》主体部分（“时有林法师”之前）、《慧布传》《习禅篇论》大体是道宣初稿本中写成的，而后可能有修订；《僧可传》附录的慧可与昙林事、那禅师、慧满等记载与《僧可传》主体部分前后不连贯，应是道宣贞观二十三年左右补充的；《法冲传》说到法冲“至今麟德（664－665），年七十九矣”[③]，应是根据《后集续高僧传》增补的。

在《习禅篇论》中，道宣对《续高僧传》卷十六至二十所录习禅篇诸师及其禅法进行了总结评论。在论述南梁时代禅法时，道宣首先批评了梁武帝“广辟定门”之后习禅者所出现的

① 参见前川隆司：《道宣の後集続高僧伝に就いて》，《龙谷史坛》第46号，1960年，第20－37页。伊吹敦：《『続高僧伝』の増広に関する研究》，《東洋の思想と宗教》第7号，1990年，第58－74页。藤善真澄：《道宣伝の研究》第八章《道宣の入蜀と『後集続高僧伝』》，京都：京都大学学术出版会，2002年，第271－297页。池丽梅：《『続高僧伝』研究序説：刊本大藏経本を中心として》，《鹤见大学佛教文化研究所纪要》第18号，2013年，第203－258页。

② 参见伊吹敦：《『續高僧傳』達摩＝慧可傳の形成過程について》，《印度学佛教学研究》第53卷第1号，2004年，第124－130页。伊吹敦：《『續高僧傳』に見る達摩系習禪者の諸相：道宣の認識の變化が意味するもの》，《东洋学论丛》第30号，2005年，第136－106页。此外，伊吹敦认为《续高僧传》卷二十四附编《弘智传》中的弘智即《法冲传》中那老师法嗣“弘智师”，但《法冲传》“弘智师”后有小注：“名住京师西明”，但《弘智传》中的弘智（595－655）住于终南山至相寺，而长安西明寺建成于显庆三年（658），见《续高僧传》卷四，T50，n2060，p.457c26－27；弘智所讲为《华严》、《摄论》等，与《法冲传》所说《楞伽》诸师不同；弘智师从的长安静法寺“惠法师”，与《法冲传》中那老师法嗣“惠禅师”，一为法师、一为禅师，应该并非同一人。故不取《弘智传》，待考。

③ （唐）道宣：《续高僧传》卷二十五附编，T50，n2060，p.666c23－24。

不合律仪、不重经法的乱象，又列举了其所认可的清风华望的禅法，包括北齐河北一带盛行的佛陀禅师再传弟子僧稠（480－560）所传禅法、北周关中一带尊崇的勒那摩提弟子僧实（476－563）所传禅法和江洛一带传播的达摩—慧可禅法。道宣认为，达摩—慧可和僧稠、僧实分别代表了两种风格不同的禅法。《续高僧传》卷二十《习禅篇论》：

> 然而观彼两宗，即乘之二轨也。稠怀念处，清范可崇；摩法虚宗，玄旨幽赜。可崇，则情事易显；幽赜，则理性难通。[①]

据《续高僧传·僧稠传》[②]，僧稠起初师从天竺僧佛陀（跋陀）禅师弟子道房学习止观，后经一泰山僧苦劝而依《涅槃经·圣行品》修习“四念处法”[③]，又获得赵州障供山道明禅师传授“十六特胜法”，后在嵩山少林寺获得佛陀（跋陀）禅师“更授深要”。关于僧稠所传习的禅法，“四念处”是早期佛教以来最基本的禅修方法，即以清楚觉察身、受、心、法而使现前的心念安住清明的状态[④]；“十六特胜”见于僧伽罗叉《修行道地经》[⑤]，是北印度罽宾一带说一切有部瑜伽师所修习的“二甘露门”之一的数息观（安那般那念）禅法[⑥]。此外，《续高僧传·

① （唐）道宣：《续高僧传》卷二十，T50，n2060，p. 596c13－16。

② （唐）道宣：《续高僧传》卷十六，T50，n2060，p. 553c4－23。

③ （北凉）昙无谶译：《大般涅槃经》卷十二，T12，n374，p. 434a18－b18。

④ 参见 Sarah Shaw，*Buddhist Meditation：An Anthology of Texts from the Pāli Canon*，London：Routledge，2006，p. 77. 哈磊：《四念处研究》，成都：巴蜀书社，2006 年，第 23－26 页。

⑤ （西晋）竺法护译：《修行道地经》卷五，T15，n606，p. 216a15－20。

⑥ 参见印顺：《说一切有部为主的论书与论师之研究》，台北：正闻出版社，1992 年，第 403 页。

僧邕传》：“稠抚邕谓诸门人曰：五停、四念将尽此生矣。”法国国家图书馆藏敦煌写卷 Pel. chin. 3559（3664）所抄 11 份文献第 6 份《稠禅师意》提及“五亭（停）、十八境”①。可见僧稠亦修习“五停心观”，而“五停心观”亦由北印度罽宾一带瑜伽师由“二甘露门”发展而来。据《续高僧传·僧实传》②，僧实在洛阳获得翻译世亲著作的中天竺僧勒那摩提传授禅法、禅秘，虽然博通戒、定、慧三学，但“偏以九次调心”，即早期佛教的“九次第定”：四禅、四无色定、灭尽定。可见，僧实和僧稠所习都是北印度的说一切有部和瑜伽行派的瑜伽师所传来的禅法，都具有印度早期佛教禅法的次第分明、易于入手、效果显著的特征。故道宣称之为“清范可崇”、“可崇，则情事易显”。然而相比之下，达摩—慧可所传禅法却是另外一种风格的修学形态，“玄旨幽赜”“幽赜，则理性难通”，正与僧稠、僧实禅法形成“两宗”“二轨”。显然，道宣对此略有微词，如此隐幽深奥的旨趣、难以通达的理致同时表明难于入手、次第不明、事倍功半，但大体上还是认可达摩—慧可禅法的深彻。与“念处”作为僧稠禅法标志相比，道宣将达摩—慧可禅法的基本特质概括为“虚宗”，此“虚宗”的含义却并不清晰。

“虚宗”一词，在《续高僧传》中另见于三处。

卷二《彦琮传》

琮不坠其门，凡所游习，澹然独静。虽经物忤，曾无言

① 上海古籍出版社、法国国家图书馆编：《法藏敦煌西域文献》第 25 册，上海：上海古籍出版社，2002 年，第 285 页。参见冉云华：《中国禅学研究论集》，台北：东初出版社，1990 年，第 71 页。

② （唐）道宣：《续高僧传》卷十六，T50，n2060，p. 557c19－23。

及。抑道从俗，敕附文馆。屡逢光价，能无会情。立操虚宗，游情靡测。讲诵相沿，初未休舍。①

卷十一《志念传》：

时刺史任城王彦，帝之介弟，情附虚宗，既属（志）念还，为张法会。②

卷十三《道岳传》：

（道）岳顾诸意，正乃首登焉，遂以三藏本疏判通《俱舍》。先学后进，潜心异论……（道）岳自顾请主虚宗，初无怯惮，举纲顿网，大义斯通。③

彦琮是译经名僧，《彦琮传》中之“虚宗”是指其不陷世俗、澹然独静的心态；《志念传》中之“虚宗”是泛指王彦的佛教信仰；《道岳传》中，道岳（568－636）所“自顾请主”之事是指疏解和论辩《俱舍论》的学理，此中之“虚宗”具有清谈、谈玄、说理之含义。若作为达摩—慧可禅法标志的“虚宗”恰如以上诸义，则达摩—慧可禅法只是空洞无物、泛泛而谈的一般佛教修学，难以称之为“玄旨幽赜”。故，“摩法虚宗”应该别有含义。

二　“虚”的语境与用例

在上古汉语中，“虚”主要有四种含义。一是指大丘，如

① （唐）道宣：《续高僧传》卷二，T50，n2060，p. 438a4－8。
② （唐）道宣：《续高僧传》卷十一，T50，n2060，p. 508c11－13。
③ （唐）道宣：《续高僧传》卷十三，T50，n2060，p. 527c23－28。

《诗·鄘风·定之方中》:“升彼虚矣，以望楚矣。”《说文解字》卷八丘部“虚，大丘也。昆仑丘谓之昆仑虚。”作为大丘的“虚”又异写作“虗”，后世则多作“墟”，以示分别。二是指谷壑、孔穴、间隙，如《庄子·秋水》“井蛙不可以语于海者，拘于虚也。”《尔雅·释诂》“壑、阬阬、滕、征、隍、漮，虚也……孔、魄、哉、延、虚、无、之、言，间也。”三是指抽象意义上的空间位置，如《周易·系辞下》“变动不居，周流六虚。”四是指存在的欠缺，与“无”“空”等同义，与“实”“盈”等相反，如《论语·述而》“亡而为有，虚而为盈”，《论语·泰伯》“有若无，实若虚”，《孟子·尽心下》“不信仁贤，则国空虚”。在上古汉语中，作为单字使用的“虚”最为常见，双音节词汇如“虚无”（如《庄子·刻意》）、“虚空”（如《庄子·徐无鬼》、《汉书》卷九四下）、“玄虚”（如《韩非子·解老》）、“虚寂”（如《淮南子·俶真训》）等也已经出现，但这更多是出于句式整齐的考量。

以上皆是一般使用情境中的语义，而先秦道家则把“虚”发展为一种描述形上学境界和修养方法的特别术语。

> 《老子》第三章：虚其心，实其腹，弱其志，强其骨。
>
> 《老子》第十六章：致虚极，守静笃。万物并作，吾以观其复。
>
> 《庄子·人间世》：气也者，虚而待物者也。唯道集虚。虚者，心斋也。
>
> 《庄子·刻意》：夫恬惔寂漠，虚无无为，此天地之平而道德之质也。

在道家语境中，“虚”与作为天地万有的本根、本源、本体的“道”“无”等是同义字，“虚”等表示存在欠缺的字说明了“道”的绝对性、无限性、普遍性，超越一切规定而具有“用之不勤”（《老子》第六章）、“周行而不殆”（《老子》第二十五章）的无限创造力，给予万有以存在的各自规定。同时，“虚”既是本体也是工夫，是体悟、玄同、回归大道的修养方法，即专一在心上作“为道日损”（《老子》第四十八章）的工夫，涤除心中的经验认知、感性欲望、价值认定，使内心保持清虚、宁静、恬淡、寂寞、澄明的状态，从而物我两忘，直观洞悉万有的古朴之根，实现与道为一。① 佛教在中国的初传是被视为道家者流的另一种形态，而魏晋时代以般若学为代表的佛教更是以道家玄学的概念、命题、思想作为言说佛教的可理解的方式。② 因此，先秦道家以来关于作为本体和工夫的“虚”的术语，也被佛教接受而日渐发展成为一个中国佛教的术语。

“虚”得以成为佛教用语与早期的佛典汉译有关。随着佛教传入中国，单字组合而成的双音节词汇开始在汉译佛典中广泛使用，这极大丰富了汉语词汇数量。与“虚”有关的词汇也在早期汉译佛典中频繁出现。以“虚空”一词为例，在支娄迦谶于东汉灵帝光和二年（179）③ 所译的《道行般若经》中，“虚空”一词共出现了 38 次，可以分成三种含义。

一是作为中间、空中等义的“antara”，如《道行般若经·

① 参见徐小跃：《禅与老庄》，南京：江苏人民出版社，2009 年，第 155－157 页。

② 参见汤用彤：《汉魏两晋南北朝佛教史》，上海：上海人民出版社，2015 年，第 190 页。

③ 参见（梁）僧祐：《出三藏记集》卷二，T55，n2145，p. 6b10；卷七，T55，n2145，p. 47c5。

远离品》：

> 菩萨摩诃萨梦中在极高虚空中坐，为比丘僧说经，还自见七尺光，自在所变化。[①]

其后的同经异译本，《大明度经·远离品》[②]《小品般若经·阿毗跋致觉魔品》[③]《大般若经·第四分》[④]《大般若经·第五分》[⑤]皆译作"虚空"，而《摩诃般若钞经·远离品》却未译出该词[⑥]，梵本《八千颂般若》作"antara"[⑦]。将"antara"译为"虚空"可能与"虚"表示间隙有关。

二是作为无为法的空间、场所、无碍、容受等义的"ākāśa"，如《道行般若经·累教品》：

> 是故般若波罗蜜不可尽，虚空亦不可尽。[⑧]

《大明度经·累教品》[⑨]《小品般若经·见阿閦佛品》[⑩]《大般若经·第五分》[⑪]皆译作"虚空"，《大般若经·第四分》译作

① （后汉）支娄迦谶译：《道行般若经》卷七，T8，n224，p. 459b15－17。

② （三国吴）支谦译：《大明度经》卷五，T8，n225，p. 498a26－27

③ （后秦）鸠摩罗什译：《小品般若波罗蜜经》卷七，T8，n227，p. 569c25－26。

④ （唐）玄奘译：《大般若波罗蜜多经》卷五百五十一"若诸菩萨梦见如来、应、正等觉，三十二相、八十随好圆满庄严，常光一寻，周匝照曜，与无量众踊在虚空现大神通说正法要，化作化士令往他方无边佛土施作佛事，或见自身有如是事，当知是为不退转地诸菩萨相"，T7，n220，p. 836a28－b3。

⑤ （唐）玄奘译：《大般若波罗蜜多经》卷五百六十三，T7，n220，p. 908b27－c2。

⑥ 题为（苻秦）昙摩蜱、竺佛念译：《摩诃般若钞经》卷五，T8，n226，p. 532c3－5。

⑦ P. L. Vaidya (ed.), *Aṣṭasāhasrikā Prajñāpāramitā: With Haribhadra's Commentary Called Ālokā*, Darbhanga: The Mithila Institute, 1960, p. 188.

⑧ （后汉）支娄迦谶译：《道行般若经》卷九，T8，n224，p. 469b17－18。

⑨ （三国吴）支谦译：《大明度经》卷五，T8，n225，p. 503a15－16。

⑩ （后秦）鸠摩罗什译：《小品般若波罗蜜经》卷九，T8，n227，p. 578c21。

⑪ （唐）玄奘译：《大般若波罗蜜多经》卷五百六十五，T7，n220，p. 919c2－3。

“太虚空”[①]，梵本《八千颂般若》作“ākāśa”[②]。将“ākāśa”译为“虚空”应是源自《周易·系辞下》“周流六虚”。

三是指一切法本性无所有的“śūnya”或“śūnyatā”，如《道行般若经·善知识品》：

> 是所相各各虚空，是为般若波罗蜜相，诸法各各虚空。[③]

此中的两个“虚空”，《大明度经·善友品》译作“空”[④]，《摩诃般若钞经·善知识品》译作“恍忽”和“空”[⑤]，《小品般若经·深心求菩提品》译作“离相、空相”[⑥]，《大般若经·第四分》译作“空、远离”[⑦]，《大般若经·第五分》亦作“空、远离”[⑧]，梵本《八千颂般若》作“viviktāḥ śūnyāḥ”[⑨]。作为“śūnya”或“śūnyatā”的“虚空”一词，可能是受到了老庄思想中作为本体的“虚”的影响；但佛教的“śūnya”或“śūnyatā”是指一切有为法在缘起之流中无所有而如是有，与老庄作为“道”的同义字的“虚”并不相同。在后世的翻译中，为了简别三种“虚空”的含义，一般将“śūnya”或“śūnyatā”直接译为

---

① （唐）玄奘译：《大般若波罗蜜多经》卷五百五十四，T7，n220，p. 857c19－20。

② P. L. Vaidya (ed.), *Aṣṭasāhasrikā Prajñāpāramitā: With Haribhadra's Commentary Called Ālokā*, Darbhanga: The Mithila Institute, 1960, p. 231.

③ （后汉）支娄迦谶译：《道行般若经》卷七，T8，n224，p. 462a20－22。

④ （三国吴）支谦译：《大明度经》卷五，T8，n225，p. 499b20－21。

⑤ 题为（苻秦）昙摩蜱、竺佛念译：《摩诃般若钞经》卷五，T8，n226，p. 535a18。

⑥ （后秦）鸠摩罗什译：《小品般若波罗蜜经》卷八，T8，n227，p. 571c16。

⑦ （唐）玄奘译：《大般若波罗蜜多经》卷五百五十一，T7，n220，p. 840b1－2。

⑧ （唐）玄奘译：《大般若波罗蜜多经》卷五百六十四，T7，n220，p. 910c6－7。

⑨ P. L. Vaidya (ed.), *Aṣṭasāhasrikā Prajñāpāramitā: With Haribhadra's Commentary Called Ālokā*, Darbhanga: The Mithila Institute, 1960, p. 198.

“空”；当然也有将“antara”或“ākāśa”译为“空”，在语义明确情况下未尝不可。但在中国佛教僧人著作中，仍然保留了“虚”作为“śūnya”或“śūnyatā”意义上的“空”的用法。

尤其在鸠摩罗什门下，“虚”常被用以指称般若思想、中观学。如：

> 昙影《中论序》：夫万化非无宗，而宗之者无相；虚宗非无契，而契之者无心。故至人以无心之妙慧，而契彼无相之虚宗。内外并冥，缘智俱寂，岂容名数于其间哉？①
>
> 僧肇《不真空论》：至于虚宗，每有不同。夫以不同而适同，有何物而可同哉？故众论竞作，而性莫同焉。何则？心无者……②
>
> 僧叡《十二门论序》：事尽于有无，则忘功于造化；理极于虚位，则丧我于二际。然则丧我在乎落筌，筌忘存乎遗寄。筌我兼忘，始可以几乎实矣。几乎实矣，则虚实两冥、得失无际。冥而无际，则能忘造次于两玄、泯颠沛于一致。③

在鸠摩罗什所传般若思想、中观学影响下，昙影、僧肇、僧叡等把“虚”作为《般若经》《中论》《十二门论》等经论中的“空”的同义语。在昙影《中论序》中，就客观的一切法之本性和相状而言，此缘性的一切法空无所有、无自性、无相，此为一切法之“宗”，即一切法之本性，故称为“虚宗”；就主观了知

① （梁）僧祐：《出三藏记集》卷十一，T55，n2145，p. 77a16－19。
② （后秦）僧肇：《肇论》，T45，n1858，p. 152a13－15。
③ （梁）僧祐：《出三藏记集》卷十一，T55，n2145，p. 77c18－23。

一切法的智心而言，所知的一切法空、能知的智心也是空，以“无心”的奥妙智慧如实契入、了知作为所缘的“无相”的一切法之“虚宗”。这是大乘般若思想、中观学的甚深智慧理境，与世间知识以名数等概念认定去认知对象截然不同。僧肇《不真空论》中的“虚宗”也是指一切法本性空，但更强调一切缘所生法的无限差别、并无同一性的抽象本质，下文即接着叙述心无、即色、本无之义；僧叡《十二门论序》的“虚”则偏重一切法的如、法性、实际而凸显一切法的清净平等性，但在表述时大量借用道家的术语。正是由于鸠摩罗什门下的弘扬，“虚宗”一词成了般若思想、中观学的代名词，成了表述一切法本性空的甚深理境的术语，对后世产生了深刻影响。如吉藏（549－623）著作多次引用昙影《中论序》这段话和使用“虚宗”一词[①]，年长于道宣的法琳（571－639）《辩正论》也说到“妙色无形，理融真际；大音无说，体寂虚宗”[②]。

三　情事无寄的禅风

道宣所说作为达摩—慧可禅法标志的“虚宗”应与一切法本性空的般若思想有关。在《习禅篇论》中，道宣说到时人对达摩—慧可禅法“归仰如市”，但大多只是颂念其语句要诀，而

---

① 引用昙影《中论序》，参见（隋）吉藏：《金刚般若经义疏》卷二，T33，n1699，p. 99c4－7；（隋）吉藏：《法华玄论》卷三，T34，n1720，p. 384c22－25；（隋）吉藏：《净名玄论》卷三，T38，n1780，p. 871c17－21；《净名玄论》卷四，T38，n1780，p. 877b22－25；（隋）吉藏：《大乘玄论》卷四，T45，n1853，p. 50a1－4。其他使用“虚宗”，参见（隋）吉藏：《仁王般若经疏》卷一，T33，n1707，p. 318a27；（隋）吉藏：《法华玄论》卷二，T34，n1720，p. 381c4。

② （唐）法琳：《辩正论》卷五，T52，n2110，p. 523a2－3。

真正精进勉励践行者很少，这是因为达摩—慧可禅法于一切分别皆无所住，虽然境界甚深，但让初学者难于入手。《习禅篇论》云：

审其慕则，遣荡之志存焉；观其立言，则罪福之宗两舍。详夫真俗双翼、空有二轮，帝网之所不拘，爱见莫之能引，静虑筹此，故绝言乎。①

据道宣所见，达摩—慧可禅法的原则是“遣荡”，即扫除对于一切相状的执著，此“遣荡”本身亦不能取执；达摩—慧可禅法的立言教说则是不取世间有漏染恶之法、亦不取出世间无漏净善之法，罪业和福业皆舍而不作。达摩—慧可禅法透彻地通达真俗二谛，无所偏颇，犹如双翼并飞；了知诸法空无所有，同时又如幻而有，不可说一或异。正是因为达摩—慧可禅法不住一切，故对事态的爱著和对理则的妄见皆不能引生，即使如帝释天之宝网重重无尽也不能拘执，而在沉稳的静虑（dhyāna，禅那）之中以清明的智心观察觉照诸法实相，超越一切名言和见闻的分别。又《续高僧传·僧可传》：

理事兼融，苦乐无滞。而解非方便，慧出神心。可乃就境陶研，净秽埏埴，方知力用坚固，不为缘陵。②

慧可的修学，不分别法性之理与诸法事态，而就事明理、就理显事，无所安住，亦无所取执，不因爱或非爱而引生或苦或乐的情绪感受；同时不借助于见闻觉知的方便，而直接锻炼明明朗

① （唐）道宣：《续高僧传》卷十六，T50，n2060，p. 596c10 – 13。
② （唐）道宣：《续高僧传》卷十六，T50，n2060，p. 552a5 – 7。

朗的智慧。正因为智慧的能力和作用坚固不坏，凡所遭遇的现实情境，无论净善或秽恶，皆能坦然面对和处理，以智慧化解一切境界而不舍不著，不为烦恼所侵凌。在《僧可传》关于慧可与道恒之事中，慧可所说禅法要点为“情事无寄”①，即主观心态和客观事实上皆无所寄托、无所安住；无所安住并非陷落于虚无，而是通达一切法本性空寂。《续高僧传·僧可传》附录慧可答向居士书：

> 说此真法皆如实，与真幽理竟不殊。本迷摩尼谓瓦砾，豁然自觉是真珠。无明智慧等无异，当知万法即皆如。②

一切法随缘起现而有无限自在差异，然而差异并非概念的差异，亦非具有常住的同一的自性，而是如幻如化、空无所有，就本性之理而言皆是清净平等的如、法性、实际。故一切烦恼秽恶之法与一切无漏净善之法，不是瓦砾和摩尼宝珠的差别，在本性上平等平等、并无差异；若不为差别表象所迷惑，不分别取执，则能悟入一切法如其所是的真相，明明朗朗，无纤毫阻滞。法性无有别异而迷惑与觉悟不同，这是“情事无寄”的理则。

达摩—慧可禅法兼奉头陀行，这可能与修习无诤三昧有关。早期佛教的阿兰若行者，处于林野、山泽、树下，专注除净烦恼的头陀行；阿兰若行者所安住的禅慧境地，如林野一般宁静空寂，远离贪嗔痴所总摄的一切烦恼，故又称之为无诤三昧。众多

① （唐）道宣：《续高僧传》卷十六，T50，n2060，p. 552a14。
② （唐）道宣：《续高僧传》卷十六，T50，n2060，p. 552b8－11。

大乘经典赞颂阿兰若行①，甚至将其作为证得无上正等觉的必要条件②。《般若经》虽然不注重形式化的居处林野，但强调相应于般若波罗蜜多的无诤三昧，不住二乘、悟入一切本性空、趣向一切智智。后期大乘的《楞伽经》也赞许阿兰若行，魏译《入楞伽经·总品》云：“空处与冢间，窟中林树下；尸陀林草中，乃至于露地；如实修行人，应住如是处。”③《续高僧传·菩提达摩传》引《二入四行论》说到“修道苦至”④，应是指头陀行。《僧可传》说到与慧可通信的向居士“幽遁林野木食”⑤，而所附那禅师部分则说：

那自出俗，手不执笔及俗书，惟服一衣一钵，一坐一

① 部分学者据此认为大乘佛教起源与阿兰若行者有关，参见 Reginald A. Ray, *Buddhist Saints in India: A Study in Buddhist Values and Orientations*, New York: Oxford University Press, 1994, pp. 407 – 410. 下田正弘：《涅槃経の研究：大乘経典の研究方法試論》，东京：春秋社，1997 年，第 430 – 431 页。然而大乘起源问题较为复杂，部分大乘经典反而与聚落住比丘有关，不能一概论之，参见 Seishi Karashima, “Who Composed the Lotus Sutra?: Antagonism between Widerness and Village Monks”, *Annual Report of the International Research Institute for Advanced Buddhology at Soka Univeysity*, vol. 4, 2001, pp. 143 – 179.（中译本，辛嶋静志：《谁创作了法华经：阿兰若住比丘与村住比丘的对立》，载《佛典语言及传承》，上海：中西书局，2018 年，第 264 – 303 页。）

② 例如，（后汉）安玄译《法镜经》“未曾有开士在家为得道者，皆去家，入山泽，以往山泽为得道”，T12, n322, p. 19a21 – 22；同经异译，（西晋）竺法护译：《郁迦罗越问菩萨行经礼塔品》“无有菩萨在居家得最正觉者，皆出家入山、闲居岩处，得佛道”，T12, n323, p. 27a10 – 11。题为（曹魏）康僧铠译：《大宝积经》卷八十二《郁伽长者会第十九》“无有在家修集无上正觉之道，皆悉出家、趣空闲林，修集得成无上正道”，T11, n310, p. 476a23 – 24。

③（元魏）菩提留支译：《入楞伽经》卷九，T16, n671, p. 573b3 – 5。（唐）实叉难陀译：《大乘入楞伽经》卷六，T16, n672, p. 630c11 – 12。P. L. Vaidya, *Saddharmalaṅkāvatārasūtram*（*Buddhist Sanskrit Texts No.* 3），10. 336, Darbhanga: The Mithila Institute, 1963, p. 129.

④（唐）道宣：《续高僧传》卷十六，T50, n2060, p. 551c12 – 13。

⑤（唐）道宣：《续高僧传》卷十六，T50, n2060, p. 552a27 – 28。

食，以可常行，兼奉头陀。故其所往，不参邑落。①

慧可弟子那禅师秉承慧可“兼奉头陀”的修行，于衣食住皆勤身苦行，不参访邑落，应该也是住于山间林野，这是早期佛教以来的阿兰若行者的修学。“兼奉头陀”的修学是为了舍离一切苦乐而净除一切烦恼，达到“无诤”。《僧可传》所附那禅师弟子慧满部分说：

> 一衣一食，但畜二针。冬则乞补，夏便通舍，覆赤而已。自述一生无有怯怖，身无蚤虱，睡而不梦，住无再宿。到寺则破柴造履，常行乞食。贞观十六年，于洛州南会善寺侧，宿柏墓中，遇雪深三尺……满便持衣钵周行聚落，无可滞碍。随施随散，索尔虚闲。②

慧满亦是“兼奉头陀”，常常居于树下、墓地、山林，以最低限度的物质需求维持生命，同时“住无再宿”“随施随散”，内心不住一切法，摒除纤毫眷恋执著，没有任何滞碍羁绊，远离贪嗔痴所总摄的一切烦恼之诤，锻炼出非常深沉、静谧、平和、虚闲的心态，这正是早期佛教以来的无诤三昧。无诤三昧是大乘修学般若波罗蜜多重要的禅观方法，其理则亦是一切法本性空而不舍不著。因此，达摩—慧可禅法“兼奉头陀”、修习无诤三昧亦是其“虚宗”特质的体现。

---

① （唐）道宣：《续高僧传》卷十六，T50，n2060，p. 552c5－7。
② （唐）道宣：《续高僧传》卷十六，T50，n2060，p. 552c9－18。

第二节　《楞伽经》与般若思想

若“虚宗”与般若思想有关，则达摩—慧可禅法与《楞伽经》的关系需要作进一步澄清。三十一卷本《续高僧传》卷二十七《法冲传》记载[①]，法冲曾随慧可本人和慧可弟子学习《楞伽经》。据法冲所述，“达磨禅师”[②] 将求那跋陀罗（394－468）于刘宋元嘉二十年（443）在道场寺[③]翻译的四卷《楞伽经》传之南北，后由慧可“创得纲纽”而传播于中原，达摩弟子还有“受道心行，口未曾说”的道育；慧可门下传习四卷《楞伽经》分成两类，有“口说玄理，不出文记”的粲禅师、惠禅师、盛禅师、那老师、端禅师、长藏师、真法师、玉法师，有出文记的善老师、丰禅师、明禅师、胡明师；慧可再传中，有注疏《楞伽经》的大聪师、道荫师、（法）冲法师、岸法师、宠法师、大明师，那老师弟子有实禅师、惠禅师、（昙）旷法师、弘智师，明禅师弟子有伽法师、宝瑜师、宝迎师、道莹师。另外，《续高僧传·僧可传》的补订部分也说到“初达摩禅师以四卷《楞伽》

① 见于南宋毗卢藏、南宋思溪藏、元刻碛砂藏、元普宁藏、明永乐南藏、明永乐北藏等三十一卷本，开宝藏系统的高丽藏本、赵城金藏本和日本大阪金刚寺、京都兴圣寺、名古屋七寺藏写本等三十卷本无《法冲传》。《大正藏》本附录于卷二十五，（唐）道宣：《续高僧传》卷二十五附编，T50，n2060，p. 666b1－24。

② 关于“达摩”与“达磨”，唐代资料和敦煌文献多用“达摩”，宋代对禅宗初祖的神化多用“达磨”，参见关口真大：《禅宗思想史》，东京：山喜房佛书林，1964年，第17－28页。关口真大：《達磨の研究》，东京：岩波书店，1967年，第53页。柳田圣山：《ダルマ》，东京：讲谈社，1998年，第19－20页。

③ （隋）费长房：《历代三宝纪》卷十，T49，n2034，p. 91a26。

授可曰：‘我观汉地，惟有此经。仁者依行，自得度世。’”“每可说法竟，曰：‘此经四世之后，变成名相，一何可悲。’”“故使那、满等师常赍四卷《楞伽》以为心要，随说随行，不爽遗委。”[①] 然而，由于《法冲传》是据道宣晚年所撰《后集续高僧传》增补的，所以有研究者认为《僧可传》与《楞伽经》相关内容也是道宣晚年根据法冲资料附加[②]；有研究者进一步认为，早期达摩—慧可禅法与《楞伽经》并无紧密关联，只是存在某些并非决定性的相似之处而已[③]；也有研究者认为，“虚宗”只是道宣早年对达摩—慧可禅法的表面认识，《楞伽经》的如来藏思想才反映了达摩—慧可禅法的真正特质[④]。这些研究的共同预设是：包含如来藏思想、唯识学的《楞伽经》与作为般若思想、中观学的“虚宗”之间的对立。[⑤] 然而，中观学与般若思想有

---

① （唐）道宣：《续高僧传》卷十六，T50，n2060，p. 552b20－22、p. 552b29－c1、p. 552c21－22。

② 参见伊吹敦：《『續高僧傳』達摩＝慧可傳の形成過程について》，《印度学佛教学研究》第53卷第1号，2004年，第124－130页。

③ 参见柳田圣山：《菩提達摩二入四行論の資料価値》，《印度学佛教学研究》第15卷第1号，1966年，第320－323页。柳田圣山：《語録の歴史：禪文獻の成立史的研究》，《东方学报》第57号，1985年，第285－288页。John R. McRae, *The Northern School and the Formation of Early Ch'an Buddhism*, Honolulu: University of Hawaii Press, 1986, pp. 28－29.（马克瑞著，韩传强译：《北宗禅与早期禅宗的形成》，上海：上海古籍出版社，2015，第20－21页。）Bernard Faure, *The Will to Orthodoxy: A Critical Genealogy of Northern Chan Buddhism*, California: Stanford University Press, 1997, pp. 147－148.（伯兰特·佛尔著，蒋海怒译：《正统性的意欲：北宗禅之批判系谱》，上海：上海古籍出版社，2010年，第164－166页。）

④ 参见印顺：《中国禅宗史》，台北：正闻出版社，1994年，第34页。石井公成：《初期禅宗と『楞伽経』》，《驹泽短期大学研究纪要》第29号，2001年，第171－189页。

⑤ 关于早期禅宗中《楞伽经》与般若思想的对抗之说源于胡适，参见胡适：《楞伽宗考》，欧阳哲生编：《胡适文集》第5册，北京：北京大学出版社，1998年，第191页。铃木大拙亦有此说，参见铃木大拙：《禅思想史研究第二》，《铃木大拙全集》第2卷，东京：岩波书店，1968年，第26页。

关，但般若思想并不等于中观学；如来藏思想与唯识学的结合并非必然，前期如来藏思想与般若思想、中观学联系紧密[①]。至于《楞伽经》，该经集出较晚[②]，综合了大乘佛教各种法义，广泛提及或引述众多大乘经典，如《胜鬘经》《象腋经》《大云经》《涅槃经》《央掘魔罗经》[③]《金刚经》[④]等。因此有必要就思想形态的建筑过程梳理《楞伽经》与般若思想的关系。

一　唯心与无境

《楞伽经》结合如来藏思想和唯识学，将空相应缘起建立在“唯心无境”之上。在早期佛教的缘起说中，虽然作为苦果的现实有情及其所处的器世间的存在可分为色法、心法、非色非心的不相应行，但心在有情造业受报过程中起着主导作用。而禅修的体验使行者进一步认识到，世界因为心的分别认知作用而得以作为认知对象显现，若离开心的作用则世界的存在是混沌晦暗的、不可知的。部派佛教对业果历时相续问题的追究发展出说明生命

① 参见杨维中：《如来藏经典与中国佛教》，南京：江苏人民出版社，2012年，第604页。

② 参见印顺：《楞伽经编集时地考》，载《佛教史地考论》，新竹：正闻出版社，2000年，第223－231页。

③ 参见（刘宋）求那跋陀罗译：《楞伽阿跋多罗宝经》卷四，T16，n670，p. 510c7、p. 514b6－7。

④ 见于《楞伽经》第一品“如来常说：‘法尚应舍，何况非法。’”求那跋陀罗译本无该品，元魏菩提留支译本、唐实叉难陀译本、梵本皆有该品，（元魏）菩提留支译：《入楞伽经》卷一，T16，n671，p. 518a28－29。（唐）实叉难陀译：《大乘入楞伽经》卷一，T16，n672，p. 589c26－27。P. L. Vaidya, *Saddharmalaṅkāvatārasūtram*, Darbhanga: The Mithila Institute, 1963, p. 7. “法尚应舍，何况非法”出自《金刚经》，（后秦）鸠摩罗什译：《金刚般若波罗蜜经》，T8，n235，p. 749b11。

现象的相续的微细心识和说明一切法生起的种子习气，最终综合形成了以摄藏一切种子的阿赖耶识说缘起的唯识学；部派佛教由禅修体验的反思发展出的心性本净而为客性烦恼所缠的心性本净说，又结合以《般若经》为代表的初期大乘的一切法性清净平等的甚深理境，最终综合形成了以如来藏自性清净心为生死和涅槃所依的如来藏思想。

《楞伽经》将阿赖耶识与如来藏统一为"如来藏—藏识"而说明一切法甚深缘起。《楞伽经》云：

> 如来之藏，是善不善因，能遍兴造一切趣生……为无始虚伪恶习所熏，名为识藏（ālaya – vijñāna），生无明住地（avidyā – vāsana – bhūmi – jaiḥ），与七识俱。如海浪身，常生不断。离无常过，离于我论，自性无垢，毕竟清净。[①]

《楞伽经》依《胜鬘经》所说"如来藏是依、是持、是建立"[②]，认为本性清净的如来藏被无始以来的虚妄执著和戏论习气所熏，生起作为杂染根本的无明住地，而名为染污蔽覆的藏识（阿赖耶识）；作为第八识的如来藏—藏识与第七识"意"、前六识不断遍计执著熏习而积集增长藏识所摄种子，因缘和合而生起种种自性分别的诸法，诸法又不断自为重复其分别而熏习种子，由此建立刹那生灭诸法的流转相续，即《摄大乘论》所谓"分

---

① （刘宋）求那跋陀罗译：《楞伽阿跋多罗宝经》卷四，T16，n670，p. 510b4 – 10。（元魏）菩提留支译：《入楞伽经》卷七，T16，n671，p. 556b22 – c3。（唐）实叉难陀译：《大乘入楞伽经》卷五，T16，n672，p. 619c1 – 6。P. L. Vaidya，*Saddharmalaṅkāvatārasūtram*，Darbhanga：The Mithila Institute，1963，p. 90.

② （刘宋）求那跋陀罗译：《胜鬘师子吼一乘大方便方广经》，T12，n353，p. 222b12。

别自性缘起”①，只是《楞伽经》把缘起依止在本身非常非无常、不生不灭、无垢清净的如来藏之上。

自在差异的诸法自为重复所显现的相续并不具有同一性的常住本质，《楞伽经》云“所谓一切法如幻、如梦、光影、水月”②，依止如来藏—藏识的无限分别是无所有而如是有的缘起的大相续之流。然而，凡夫不能如实了知缘起而执著所生起的诸法为实有，为此，佛陀开示一切法本性空的甚深理境。《楞伽经》云：

> 空、无生、无二、离自性相（śūnyatânutpādâdvaya-niḥ-svabhāva-lakṣaṇa），普入诸佛一切修多罗。凡所有经，悉说此义。③

依无尽缘起而显示一切法本性空、无生、无二、离自性自相，这是《般若经》以来所有大乘经典一致的思想路径。《楞伽经》也是遵循此“缘起即空”的理路而反复说明凡夫所见、所知、所执一切法的如幻如化、虚妄不实。只是，《楞伽经》将“缘起即空”的体悟观照解说为“唯心无境”：一切有情和所处的器世间的存在皆在心识上作为所摄取的对象而显现，而心识相应地成为能摄取的主体而显现；所摄取的对象是通过名言参与的概念认定而显现为种种相状，由此而生起种种分别了知并加以遍

---

① （唐）玄奘译：《摄大乘论本》卷上，T31，n1594，p. 134c29。

② （刘宋）求那跋陀罗译：《楞伽阿跋多罗宝经》卷一，T16，n670，p. 488b17 - 18。（元魏）菩提留支译：《入楞伽经》卷三，T16，n671，p. 528c3 - 4。（唐）实叉难陀译：《大乘入楞伽经》卷二，T16，n672，p. 598c8 - 9。P. L. Vaidya，*Saddharmalaṅkāvatārasūtram*，Darbhanga：The Mithila Institute，1963，p. 31.

③ （刘宋）求那跋陀罗译：《楞伽阿跋多罗宝经》卷一，T16，n670，p. 489a10 - 12。（元魏）菩提留支译：《入楞伽经》卷三，T16，n671，p. 529b9 - 11。（唐）实叉难陀译：《大乘入楞伽经》卷二，T16，n672，p. 599b1 - 3。P. L. Vaidya，*Saddharmalaṅkāvatārasūtram*，Darbhanga：The Mithila Institute，1963，p. 33.

计执著；若能如实了知所摄取的对象是心识所现、并非别有实体，无所取亦无能取，分别执著亦不再生起，故《楞伽经》云“离摄、所摄，妄想（vikalpa）不生”①。远离于客性的虚妄执著和戏论习气而如实了知“唯心无境”，则显示出如来藏作为一切法无差别真如的清净平等性，《楞伽经》称之为“（圆）成自性如来藏心（pariniṣpanna-svabhāvas-tathāgata-garbha-hṛdaya）”②，即唯识学所说三性中的圆成实性。

二　自证与佛乘

《楞伽经》虽然广说种种法义，但意趣不在于名相分别，而在于“离言自证”③。《楞伽经》将菩萨修学的法门分为“宗通”

---

① （刘宋）求那跋陀罗译：《楞伽阿跋多罗宝经》卷二，T16，n670，p. 494b24。（元魏）菩提留支译：《入楞伽经》卷四，T16，n671，p. 536b21－22。（唐）实叉难陀译：《大乘入楞伽经》卷三，T16，n672，p. 604b20。P. L. Vaidya，*Saddharmalaṅkāva-tārasūtram*，Darbhanga：The Mithila Institute，1963，p. 47.

② （刘宋）求那跋陀罗译：《楞伽阿跋多罗宝经》卷一，T16，n670，p. 487c14－15。（唐）实叉难陀译：《大乘入楞伽经》卷二，T16，n672，p. 598a4－5。P. L. Vaidya，*Saddharmalaṅkāvatārasūtram*，Darbhanga：The Mithila Institute，1963，p. 29.（元魏）菩提留支译：《入楞伽经》卷三作“第一义谛相诸佛如来藏心”，T16，n671，p. 527c14－15。

③ （唐）实叉难陀译：《大乘入楞伽经》卷一，T16，n672，p. 588a4。求那跋陀罗译本无该品。（元魏）菩提留支译《入楞伽经》卷一作“内身智境界，离所说名字”，T16，n671，p. 515b18。梵本作“deśanā-naya-nirmuktaṃ pratyātma-gati-gocaram”（内自证得境界，离于言教法门），P. L. Vaidya，*Saddharmalaṅkāvatārasūtram*，Darbhanga：The Mithila Institute，1963，p. 2.

(siddhānta-naya-lakṣaṇa) 和“说通”(deśanā-naya-lakṣaṇa)[①]，前者指超越语言分别、不正思惟而自证真实理境、入无漏界，后者是以善巧方便随顺众生心而言说种种教法令其远离取执分别。佛陀为教化众生而以般若波罗蜜多为方便施设种种假名，然而一切法无自性、假名本身亦无自性，不可以假名了知一切法之实相，对一切法本性空的悟入必然离于语言文字，《摩诃般若经》称之为“语言道断”[②]，《楞伽经》也说“第一义者，圣智自觉所得，非言说妄想觉境界”[③]。故而“说通”只是教化众生的方便，其作用在于引导众生进入“宗通”，远离一切分别、虚妄执著和戏论习气，悟入语言不能显示、圣智自觉的“唯心无境”之第一义。“宗通”的自证，即是唯识学的“转依”，转舍语言分别、生死流转所依止的阿赖耶识而为无分别圣智、大涅槃所依止的如来藏，《楞伽经》云“自觉圣智趣藏识转”[④]。而此一离言自证的实现需要如理如实的修学。

---

① (刘宋) 求那跋陀罗译:《楞伽阿跋多罗宝经》卷三，T16，n670，p.499b28。P. L. Vaidya, *Saddharmalaṅkāvatārasūtram*, Darbhanga: The Mithila Institute, 1963, p.60.(元魏) 菩提留支译:《入楞伽经》卷五“一者建立正法相、二者说建立正法相”，T16，n671，p.542c2。(唐) 实叉难陀译:《大乘入楞伽经》卷四“宗趣法相、言说法相”，T16，n672，p.609a21－22。

② (后秦) 鸠摩罗什译:《摩诃般若波罗蜜经》卷五，T8，n223，p.256a16。

③ (刘宋) 求那跋陀罗译:《楞伽阿跋多罗宝经》卷二，T16，n670，p.490c9－10。

④ (刘宋) 求那跋陀罗译:《楞伽阿跋多罗宝经》卷一，T16，n670，p.486c24－25。(元魏) 菩提留支译:《入楞伽经》卷一作“不知内身证修行法故，不知阿梨耶识转故”，T16，n671，p.526b19－20。唐译本作“不知证自智境界转所依藏识为大涅槃”，(唐) 实叉难陀译:《大乘入楞伽经》卷二，T16，n672，p.597a18－19。梵本作“pratyātma－gati－vijñānâlayaṃ parāvṛtti－pūrvakaṃ”，P. L. Vaidya, *Saddharmalaṅkāvatāra-sūtram*, Darbhanga: The Mithila Institute, 1963, p.27.

关于修学道路，《楞伽经》依唯识学立五种性[①]：声闻乘、缘觉乘、如来乘、不定、无种性。不定、无种性只是针对尚未开始修学的凡夫；对于“无种性”，《楞伽经》倾向于解释为“舍一切善根一阐提者，以如来神力，或时善根生”[②] 和为度众生而不入涅槃的“菩萨一阐提”（bodhisattvêcchantika）[③]。可见，佛教修学道路实则只是三乘。与《般若经》《法华经》等相同，《楞伽经》的离言自证实则只是说一乘，三乘只是方便说，引导凡夫与二乘同入如来乘，但这一乘也只是无所有而假名施设，《楞伽经》云“无有乘建立，我说为一乘，引导众生故，分别说诸乘”[④]。

就修行过程而言，《楞伽经》的如来乘与《般若经》的菩萨乘是一致的，皆是菩萨向着成就无上正等觉的究竟目标前行。《楞伽经》云：

> 如是菩萨摩诃萨，于第八菩萨地，见妄想生，从初地转进至第七地，见一切法如幻等方便，度摄、所摄，心妄想行已，作佛法方便，未得者令得。大慧！此是菩萨涅槃，方便不坏，离心、意、意识，得无生法忍。大慧！于第一义无次

---

① （唐）实叉难陀译：《大乘入楞伽经》卷二，T16，n672，p. 597a29 – b2。（元魏）菩提留支译：《入楞伽经》卷二，T16，n671，p. 526c8 – 11。P. L. Vaidya，*Saddharmalaṅkāvatārasūtram*，Darbhanga：The Mithila Institute，1963，p. 27. “无种性”，（刘宋）求那跋陀罗译《楞伽阿跋多罗宝经》卷一作“各别种性”，T16，n670，p. 487a10。

② （刘宋）求那跋陀罗译：《楞伽阿跋多罗宝经》卷一，T16，n670，p. 487b29 – c2。

③ （刘宋）求那跋陀罗译：《楞伽阿跋多罗宝经》卷一，T16，n670，p. 487b27。P. L. Vaidya，*Saddharmalaṅkāvatārasūtram*，Darbhanga：The Mithila Institute，1963，p. 28.

④ （刘宋）求那跋陀罗译：《楞伽阿跋多罗宝经》卷二，T16，n670，p. 497b27 – 28。

第相续，说无所有妄想寂灭法。①

《楞伽经》依《十地经》立欢喜地乃至法云地为十地，但与早期《摩诃般若经·发趣品》立十住为十地意趣相同。十地也只是方便之说，就第一义而言并无次第相续，只是本无所有的妄想的寂灭。但具体修学实践则有现实的差别。菩萨入初地后不断修学，至第七地获得无生法忍而不再退转，这同于《摩诃般若经》②。只是《楞伽经》的“无生法忍”特指如实通达依止阿赖耶识而缘起的一切法如幻如化、无生无起、空无所有，超越摄（能取）、所摄（所取），了知“唯心无境”而心、心所能显现一切法。至第八地，菩萨远离心（阿赖耶识）、意、意识的分别而悟入无分别、无所有，正因为无分别而能不坏方便，成办严土熟生的一切事。受《摩诃般若经》所说八地菩萨“净佛国土，入如幻三昧”③ 影响，《楞伽经》多次提及“如幻三昧”（māyôpama - samādhi）。《楞伽经》云：

> 第八地观察觉了如幻等法悉无所有，身心转变，得如幻三昧及余三昧门，无量相力自在明。如妙华庄严，迅疾如意。犹如幻梦、水月、镜像，非造非所造，如造所造。一切色种种支分具足庄严，随入一切佛刹大众，通达自性法故。④

八地菩萨已悟入无分别，但这并不是取消任何现象的差别，

① （刘宋）求那跋陀罗译：《楞伽阿跋多罗宝经》卷三，T16，n670，p. 497c27 - a4。
② （后秦）鸠摩罗什译：《摩诃般若波罗蜜经》卷六，T8，n223，p. 257b14。
③ （后秦）鸠摩罗什译：《摩诃般若波罗蜜经》卷六，T8，n223，p. 257b25 - 26。
④ （刘宋）求那跋陀罗译：《楞伽阿跋多罗宝经》卷三，T16，n670，p. 497c27 - a4。

而是无所执取地自由起现一切如幻如梦的现象，用于庄严世界、成熟众生。八地菩萨入一一佛国世界所成身体不同三界的分段身，而是意所成的不为烦恼所缠的“意生身”（mano - maya - kāya）。《胜鬘经》《无上依经》等说到“三种意生身”[①]，《楞伽经》则立为三昧乐正受意生身、觉法自性性意生身、种类俱生无行作意生身，分别对应第三至五地、八地至十地、佛地。[②]“如幻三昧”即是八地菩萨的觉法自性性意生身。关于具体修行方法，《楞伽经》立四种禅[③]：愚夫所行禅、观察义禅、攀缘如禅、如来禅。就所观境分别对应：人无我、人法二无我、攀缘真如、究竟实相。就行位分别对应：共二乘外道、菩萨资粮位和加行位、菩萨初地至七地、菩萨八地至佛地。《楞伽经》又立菩萨成就四法[④]：善分别自心现、观外性非性、离生住灭见、得自觉圣智善乐。即悟入：唯心、无境、无生、圣智。总之，《楞伽经》的修学是以“无所得”为宗趣的大乘菩萨道。

---

① （刘宋）求那跋陀罗译：《胜鬘师子吼一乘大方便方广经》，T12，n353，p. 220a18。（梁）真谛译：《无上依经》卷上，T16，n669，p. 472b2。

② （刘宋）求那跋陀罗译：《楞伽阿跋多罗宝经》卷三，T16，n670，p. 497c 20 - 22。

③ （刘宋）求那跋陀罗译：《楞伽阿跋多罗宝经》卷二，T16，n670，p. 492a 13 - 14。（元魏）菩提留支译：《入楞伽经》卷三，T16，n671，p. 533a2 - 4。（唐）实叉难陀译：《大乘入楞伽经》卷三，T16，n672，p. 602a11 - 12。P. L. Vaidya, *Saddharmalaṅkāvatārasūtram*, Darbhanga: The Mithila Institute, 1963, p. 40.

④ （刘宋）求那跋陀罗译：《楞伽阿跋多罗宝经》卷二，T16，n670，p. 489b 27 - 29。（元魏）菩提留支译：《入楞伽经》卷三，T16，n671，p. 529c26 - 28。（唐）实叉难陀译：《大乘入楞伽经》卷二，T16，n672，p. 599c6 - 8。P. L. Vaidya, *Saddharmalaṅkāvatārasūtram*, Darbhanga: The Mithila Institute, 1963, p. 34.

三　圣智与法身

《楞伽经》的修学以“如来自觉圣智”① 为究竟果德。不同于二乘速求解脱生死，大乘菩萨道不以解脱为全部目标，而是不染生死又常在生死，不断精进修学而圆满萨婆若智、实现无尽悲愿，这是《般若经》所开辟的甚深智慧修学道路。受唯识学“转识成智”的影响，《楞伽经》区分了“识”（vijñāna）与“智”（jñāna），“识”是生灭的有为法、堕于遍计执著有相无相及以有无种种相因、由种子与现行熏习而长养积集、著境界种种碍相而缚于烦恼、根境识三事和合生、有得有取，而“智”是不生灭的无为法、远离有相无相及有无因等执著、非长养积集、无著碍相而解脱、无三事而自性清净、无得无取。②《楞伽经》又进一步区分了三种智③：世间智，一切外道遍计执著实有、实无，即以了知实生实灭为“智”，实则是取著有为法的刹那生灭颠倒为实生实灭，是“识”而非“智”；出世间智，遍计执著于

① （刘宋）求那跋陀罗译：《楞伽阿跋多罗宝经》卷一，T16，n670，p. 486c7。（元魏）菩提留支译：《入楞伽经》卷二，T16，n671，p. 526a25－26。（唐）实叉难陀译：《大乘入楞伽经》卷二，T16，n672，p. 597a3。P. L. Vaidya, *Saddharmalaṅkāvatārasūtram*, Darbhanga: The Mithila Institute, 1963, p. 26.

② （刘宋）求那跋陀罗译：《楞伽阿跋多罗宝经》卷三，T16，n670，p. 500c25－501a3。（元魏）菩提留支译：《入楞伽经》卷五，T16，n671，p. 544a20－b9。（唐）实叉难陀译：《大乘入楞伽经》卷四，T16，n672，p. 610b15－20。P. L. Vaidya, *Saddharmalaṅkāvatārasūtram*, Darbhanga: The Mithila Institute, 1963, p. 64.

③ （刘宋）求那跋陀罗译：《楞伽阿跋多罗宝经》卷三，T16，n670，p. 500c20－25。（元魏）菩提留支译：《入楞伽经》卷五，T16，n671，p. 544a27－b4。（唐）实叉难陀译：《大乘入楞伽经》卷四，T16，n672，p. 610b8－13。P. L. Vaidya, *Saddharmalaṅkāvatārasūtram*, Darbhanga: The Mithila Institute, 1963, p. 64.

实有自性的实无，以了知无我、无为、涅槃的自相和共相为“智”，实则是有得有取的遍计执著，是“识”而非“智”；出世间上上智，诸佛菩萨观一切法唯心无境，远离有无，于一切法无取无得，以了知不生不灭为“智”，这是契于如如的圣者甚深之智。

如此的圣智即是般若波罗蜜多。《楞伽经》云：

> 自心妄想非性，智慧观察不堕二边，先身转（āśraya - parāvṛtti）胜而不可坏，得自觉圣趣（sva - pratyātmârya - gati - pratilambhāya），是般若波罗蜜。[①]

《楞伽经》的圣智和般若波罗蜜多皆是依如来藏而说的。如来藏为客性的虚妄执著和戏论习气覆蔽而名为阿赖耶识，依因缘条件而起现种种分别，但这并非心的清净本性；菩萨如理修学而脱离种种盖障，依出世间上上智慧如实观察一切法唯心所现而空无所有，不堕任何有无、生灭、垢净等二边，契于如如中道，从而实现净化转舍如来藏中阿赖耶识之名的“转依”，求那跋陀罗译为“身转”；转舍阿赖耶识之名的如来藏无碍朗现其清净本性，即获得与诸佛如来相同的自证自觉的无上圣智，此即般若波罗蜜多。《楞伽经》以“智”为非刹那生灭的无为法，如说“正智、如如者，不可坏，故名（圆）成自性”[②]，同时又说“意俱生识习气刹那，无漏习气非刹那”[③]，即与真如不离不异的无漏

① （刘宋）求那跋陀罗译：《楞伽阿跋多罗宝经》卷四，T16，n670，p. 512c11 - 13。P. L. Vaidya, *Saddharmalaṅkāvatārasūtram*, Darbhanga: The Mithila Institute, 1963, p. 96.

② （刘宋）求那跋陀罗译：《楞伽阿跋多罗宝经》卷四，T16，n670，p. 511b6 - 7。

③ （刘宋）求那跋陀罗译：《楞伽阿跋多罗宝经》卷四，T16，n670，p. 512b12 - 13。

习气所成的正智如实显现作为真如异名的如来藏，这同于《胜鬘经》所说“如来藏智是如来空智”①。但依据唯识学，作为习气异名的种子有六义，其一即为刹那生灭、无有常住②，能生菩提的无漏种子也是刹那生灭，故无漏种子依因缘生起现行的佛果四智菩提也是刹那生灭的有为法，这与《楞伽经》显然不同。

作为无为法的般若波罗蜜多所成就的是如来的法身。《楞伽经》云：

> 如来所得智，是般若所熏。大慧！如来非心、意、意识、彼诸阴、界、入处所熏。③

“如来”具有无量功德而有种种异名，如《楞伽经》罗列了一切智者、佛者、救世者、自觉者、导师者、广导者、一切导者……无生者、无灭者、空者、如如者、谛者、实际者、法性者、涅槃者、常者、平等者、不二者、无相者、解脱者、道者、意生者等④，但如来之为如来是因为萨婆若智已圆满成就，如来的法身即是般若波罗蜜多所熏习而成就的全面彻底的无上圣智，而非五蕴等积集而成的有为之身，故唐译《大乘入楞伽经·罗婆那王劝请品》云：“如来以智为体，智为身。”⑤ 这同于《小

① （刘宋）求那跋陀罗译：《胜鬘师子吼一乘大方便方广经》，T12，n353，p. 221c13。

② （唐）玄奘译：《摄大乘论本》卷上，T31，n1594，p. 135a25。（唐）玄奘译：《摄大乘论释》卷二，T31，n1598，p. 389a27－28。（唐）玄奘译：《成唯识论》卷二，T31，n1585，p. 9b8

③ （刘宋）求那跋陀罗译：《楞伽阿跋多罗宝经》卷四，T16，n670，p. 510a15－17。

④ （刘宋）求那跋陀罗译：《楞伽阿跋多罗宝经》卷四，T16，n670，p. 506b7－17。

⑤ （唐）实叉难陀译：《大乘入楞伽经》卷一，T16，n672，p. 590b8。（元魏）菩提留支译《入楞伽经》卷一作“如来为智身智体”，T16，n671，p. 518c16。求那跋陀罗译本无该品。

品般若经》所说“佛不以身故，名为如来；以得萨婆若故，名为如来”[1]。

《楞伽经》虽然结合了“唯识无境”说缘起即空，并广说唯识学的八识、三性、二无我、五法等，但其思想核心议题更偏重作为清净平等真如的如来藏，而作为整体的修学形态建构的形式则是依据“无所有，不可得”的般若波罗蜜多[2]。三十一卷本《续高僧传》卷二十七《法冲传》云：“达磨禅师传之南北，忘言忘念、无得正观为宗。”[3] 这显然是将般若的“无所得”作为《楞伽经》的宗趣。达摩—慧可禅法对于《楞伽经》的会通，是依经典所教的修学方法宗趣获得趣入圣道的门径，以经典所建筑之理境印证自证自觉之境界，与重于经教闻思而以思想议题判摄经论的注疏之学并不相同。在此意义上，作为达摩—慧可禅法标志的“虚宗”与《楞伽经》的如来藏思想并非对立，而是分别在形式方法与内容议题层面共同建筑了达摩—慧可禅法的修学形态。

第三节　《二入四行论》的虚宗特质

《二入四行论》是目前所见记录达摩—慧可禅法的最为详细的早期文献。该书保存于敦煌、吐鲁番文献之中，相关写本有：

---

① （后秦）鸠摩罗什译：《小品般若波罗蜜经》卷二，T8，n227，p. 542b25 –26。

② 参见汤用彤：《汉魏两晋南北朝佛教史》，上海：上海人民出版社，2015 年，第 551 –557 页。杜继文、魏道儒：《中国禅宗通史》，南京：江苏人民出版社，2008 年，第 68、70 页。

③ （唐）道宣：《续高僧传》卷二十五附编，T50，n2060，p. 666b8 –9。

中国国家图书馆藏敦煌写卷 BD01199－1（宿 99）[①]、BD09829（朝 50）[②]、英国国家图书馆藏敦煌写卷 S. 2715[③]、S. 3375v[④]、S7159[⑤]、S1880v[⑥]、S11446[⑦]、S11939[⑧]、法国国家图书馆藏敦煌写卷 Pel. chin. 2923[⑨]、Pel. chin. 3018、Pel. chin. 4634V^0、

---

① 铃木大拙于 1934 年 9 月在当时的北京图书馆发现宿 99 号写本，并于 1935 年 6 月在日本京都出版的《敦煌出土少室逸书》中以珂罗版（コロタイプ，collotype）印刷；又于 1936 年在日本大阪由安宅佛教文库刊行《校刊少室逸书及解说》，收录《二入四行论》活字本，对校梵鱼寺版《禅门撮要》上卷《菩提达摩四行论》，并附解说。

② 中国国家图书馆编、任继愈主编：《国家图书馆藏敦煌遗书》第 106 册，北京：北京图书馆出版社，2008 年，第 321 页。

③ 参见铃木大拙：《禅思想史研究第二》，《铃木大拙全集》第 2 卷，东京：岩波书店，1968 年，第 109 页。

④ 关于 S. 3375v、Pel. chin. 3018、Pel. chin. 4634V^0，参见田中良昭：《四行論長卷子と菩提達摩論》，《印度学佛教学研究》第 14 卷第 1 号，1965 年，第 217－220 页。柳田圣山于 1969 年在铃木校本基础上，参考 S. 3375v、Pel. chin. 3018、Pel. chin. 4634V^0 以及《少室六门》、面山瑞方（1683－1769）《达磨大师四行观闻解》等进行校勘，参见柳田圣山：《達摩の語錄：二入四行論》，东京：筑摩书房，1969 年，第 15－19 页。

⑤ 关于 S7159 和 Pel. chin. 4795，参见田中良昭：《菩提達摩に関する敦煌写本三種について》，《驹泽大学佛教学部研究纪要》第 31 号，1973 年，第 161－179 页。田中良昭：《『二入四行論長卷子』（擬）研究覚え書》，《驹泽大学佛教学部研究纪要》第 38 号，1980 年，第 51－69 页。

⑥ 池田温、冈野诚：《敦煌・吐鲁番发见唐代法制文献》，《法制史研究》第 27 号，1978 年，第 213－214 页。

⑦ 土肥义和：《永徽二年東宮諸府職員令の復元：大英図書館蔵同職員令断片（S 一一四四六）の発見に際して》，《国学院杂志》第 83 卷第 2 号，1982 年，第 1－29 页。

⑧ 参见程正：《英藏敦煌文獻から發見された禪籍について：S6980 以降を中心に（2）》，《驹泽大学佛教学部研究纪要》第 76 号，2018 年，第 152－154 页。此外，程正也曾介绍除 S11939 以外的 12 种敦煌写本，参见程正：《敦煌禅宗文献分类目录》，东京：大东出版社，2014 年，第 174－185 页。

⑨ 参见柳田圣山：《北宗禅の一資料》，《印度学佛教学研究》第 19 卷第 2 号，1971 年，第 127－135 页。

Pel. chin. 4795、日本杏雨书屋藏敦煌写卷羽 25 – 1[①]、德国国家图书馆藏吐鲁番汉文文书残片 Ch2569[②]。相关刻本，则有李氏朝鲜天顺八年甲申（1464）刊经都监于全罗道南原府重修刊行《菩提达摩四行论》一卷[③]，以及休静（1520 – 1604）编《禅门撮要》[④] 上卷所载《菩提达摩四行论》。天顺刻本虽然缺敦煌写本的“昙林序”和杂录部分，但正文部分比敦煌写本和《禅门撮要》本更为完整。

《二入四行论》在初唐已经流行，《续高僧传》卷十六《菩提达摩传》取材于《二入四行论》，并说：“摩以此法开化魏土，识真之士，从奉归悟，录其言诰卷流于世。”[⑤] 唐净觉撰《楞伽师资记》所录题为《略辨大乘入道四行》，含“昙林序”和二入四行纲领部分，并说“此四行是达摩禅师亲说，余则弟子昙林记师言行，集成一卷，名曰《达磨论》也。”[⑥] 北宋道原《景德传灯录》卷三十所录题为《菩提达磨略辨大乘入道四行》，有

---

① 椎名宏雄撰，程正译：《天顺本〈菩提达摩四行论〉》附注，吴言生主编：《中国禅学》第 2 卷，北京：中华书局，2003 年，第 37 页。武田科学振兴财团杏雨书屋编：《敦煌秘笈 影片册》第 1 册，大阪：武田科学振兴财团杏雨书屋，2009 年，第 192 – 193 页。

② 参见程正：《敦煌本〈二入四行论〉文献研究史》，方广锠主编：《佛教文献研究》第 3 辑，桂林：广西师范大学出版社，2019 年，第 58 页。

③ 椎名宏雄：《天順本『菩提達摩四行論』の資料価値》，《宗学研究》第 38 号，1996 年，第 222 – 227 页。天顺刻本的校勘整理，参见椎名宏雄：《天順本『菩提達摩四行論』》，《驹泽大学佛教学部研究纪要》第 54 号，1996 年，第 189 – 214 页。

④ 日本花园大学藏《禅门撮要》上卷刊记：“隆熙元年（1907）七月日庆尚北道郡虎踞山云门寺开刊”“移镇于南道东莱府金井山梵鱼寺移板戒明启文”，下卷刊记：“隆熙二年（1908）七月日庆尚南道东莱府金井山梵鱼寺开刊”。

⑤（唐）道宣：《续高僧传》卷十六，T50，n2060，p. 551c23 – 25。

⑥（唐）净觉：《楞伽师资记》，T85，n2837，p. 1285b15 – 17。

“昙琳序”和二入四行纲领部分①。

此外，法国国家图书馆藏敦煌藏文写卷 Pel. tib116V—3、Pel. tib821 以及《禅定目炬》《五部遗教》，也有《二入四行论》部分的藏文译本。②

作为达摩—慧可禅法的重要文献，道宣所说达摩—慧可禅法的“虚宗”特质可以在《二入四行论》中得到印证。

一　自心现量

达摩—慧可禅法着重于自证自觉的实践而非义理诠解的说明，但在禅法教授过程中并非全无义理之说明，更非背离佛陀依其自证自觉所教之理，而是直接就所证所觉之境界而指点空相应缘起之甚深理境。此理境并非依蕴、处、界分别地说色法、心法、非色非心不相应行法，而是悬置一切先行的普遍化的概念判断，根据禅修经验直接就一切法在行者心中从一切法本身来显现一切法自身，而体悟到“三界虚妄，但是心作”③。《二入四行论》云：

---

① （北宋）道原：《景德传灯录》卷三十，T51，n2076，p. 458b7－c24。《景德传灯录》所载《菩提达磨略辨大乘入道四行》为后世多种著作引用，参见《少室六门》，T48，n2009，p. 369c19－370a28；（金）志明撰，（元）德谏注：《禅苑蒙求》卷中，X87，n1614，p. 71b4－c9；（明）智旭：《法海观澜》卷三，蓝吉富编：《大藏经补编》第 24 册，台北：华宇出版社，1984 年，第 44b－45a 页；（清）道霈：《旅泊庵稿》卷四《禅海十珍》，X72，n1442，p. 724a20－b24；（清）道霈：《圣箭堂述古》，X73，n1455，p. 457c7－458a21；［日］面山瑞方：《达磨大师四行观闻解》，《曹洞宗全书》注解四，东京：曹洞宗全书刊行会，1936 年，第 305－315 页。

② 参见冲本克己：《チベット訳『二入四行論』について》，《印度学佛教学研究》第 24 卷第 2 号，1976 年，第 39—46 页。

③ （东晋）佛驮跋陀罗译：《大方广佛华严经》卷二十五，T9，n278，p. 558c10。（唐）实叉难陀译：《大方广佛华严经》卷三十七，T10，n279，p. 194a14。

> 不因色生识，是名不见色……心有所须，名为欲界；心不自心，由色生心，名为色界；色不自色，由心故色，心色无色，名无色界。①

一切色法是在心上显现自身而成为所摄取的对象，能生起摄取作用的心也因为色法作为对象显现而成为所知所觉的主体之心，《小品般若经》云“若不缘色生色，是名不见色”②；作为对象的色法并非具有外在于心的实在的自体，只是心的分别了知作用而变化造作成的对象，就其本性而言并非“色”这一名言所表述的那种有质碍的存在，故说“心色无色”。这可能与三昧修持的“心一境性”有关，也类似《起信论》所谓“色心不二”③。

心的这种变造诸法的作用犹如“画”一般。《二入四行论》云：

> 心如木石。譬如有人以手自画作龙虎，自见之还自恐怕。惑人亦如是。心识笔子画作刀山剑树，还以心识畏之。若能无心畏，妄想悉除。意识笔子分别画作色、声、香、味、触，还自见之，起贪、嗔、痴，或见或舍，还以心、意、识分别，起种种业……但知心所分别者，皆是色。④

绘画是分别各种颜色、各种形状，而在木、石、布、墙壁等之上组合成五彩缤纷、千姿百态的图案；而心的作用也是分别，分别种种差异而通过概念认定将之建构为所知所觉的具有种种规

① 柳田圣山：《達摩の語錄：二入四行論》，东京：筑摩书房，1969 年，第 68 页。
② （后秦）鸠摩罗什译：《小品般若波罗蜜经》卷五，T8，n227，p. 559a6 – 7。
③ （梁）真谛译：《大乘起信论》，T32，n1666，p. 579c14。
④ 柳田圣山：《達摩の語錄：二入四行論》，东京：筑摩书房，1969 年，第 98 页。

定的对象。这一对象就其呈现在心中而被赋予质碍的规定，称之为“色”；但这种规定并非实有，实则一切法皆是心之变造。将“心”类比作“画”是早期佛教以来共通的譬喻。

> 《杂阿含经》卷十第 267 经：心恼故众生恼，心净故众生净。譬如画师（citta - kāraka）、画师弟子（rajaka），善治素地，具众彩色，随意图画种种像类。①
>
> 《华严经·夜摩天宫菩萨说偈品》：心如工画师，画种种五阴，一切世界中，无法而不造。②
>
> 《楞伽经》：识者识所识，意者意谓然，五则以显现，无有定次第。譬如工画师（citrācārya），及与画弟子（citrânte - vāsika），布彩图众形，我说亦如是。③

“画”（citra）与“心”（citta）皆与表示积集的词根√ci 有关，“citra”表示画、杂色、诸种差别，而“citta”意味着分别了知；由于语义相关，巴利语、梵语中存在“citra”与“citta”混用的情况，例如上引《杂阿含经》中的“画”，巴利《相应部》即作“citta”；唐译《大乘入楞伽经·偈颂品》“种种由心起，种种由心脱”，此之“种种”，梵本即作“citta”④。“心”譬喻为“画”也与所谓“壁观”有关。《二入四行论》云：

---

① （刘宋）求那跋陀罗译：《杂阿含经》卷十第 267 经，T2，n99，p. 69c23 - 25。*Saṃyutta - Nikāya* 22. 100，vol. 3，p. 152.

② （东晋）佛驮跋陀罗译：《大方广佛华严经》卷十，T9，n278，p. 465c26 - 27。（唐）实叉难陀译：《大方广佛华严经》卷十九，T10，n279，p. 102a21 - 22。

③ （刘宋）求那跋陀罗译：《楞伽阿跋多罗宝经》卷一，T16，n670，p. 484c22 - 25。P. L. Vaidya，*Saddharmalaṅkāvatārasūtram*，Darbhanga：The Mithila Institute，1963，p. 22.

④ （唐）实叉难陀译：《大乘入楞伽经》卷六，T16，n672，p. 627b12。P. L. Vaidya，*Saddharmalaṅkāvatārasūtram*，Darbhanga：The Mithila Institute，1963，p. 117.

> 若也舍妄归真，凝住壁观，自他凡圣等一，坚住不移，更不随于文教，此即与理冥符，无有分别，寂然无为，名之理入。①

关于“壁观”，历来解释多据宗密《禅源诸诠集都序》“外止诸缘，内心无喘，心如墙壁”②，而《景德传灯录》则释为“面壁而坐，终日默然，人莫之测，谓之壁观婆罗门”③。现代研究者亦有不同见解：吕澂先生认为“壁观”与早期佛教禅观“十遍处（十一切处）”之地遍处有关④；铃木格禅认为“壁观”源于印度石窟寺的独坐禅思，与壁画雕刻有关，指超越一切分别而坚住不移的特殊禅法⑤；石井公成认为“壁观”与早期佛教中通过山石墙壁的禅定神通以及壁上绘画有关⑥；马克瑞（John R. McRae）⑦ 认为“壁观”同于《摩诃止观》“止是壁定，八风恶觉所不能入”⑧、《止观辅行传弘决》“壁定者，室有四壁，

---

① 柳田圣山：《達摩の語錄：二入四行論》，东京：筑摩书房，1969 年，第 32 页。

② （唐）宗密：《禅源诸诠集都序》卷一，T48，n2015，p. 403c28。

③ （北宋）道原：《景德传灯录》卷三，T51，n2076，p. 219b4 –5。

④ 吕澂：《中国佛学源流略讲》，载《吕澂佛学论著选集》，济南：齐鲁书社，1991 年，第 2660 –2661 页。

⑤ 铃木格禅：《「壁観」と「覚観」について》，《印度学佛教学研究》第 24 卷第 1 号，1975 年，第 124 –129 页。铃木格禅：《「壁観」試論（I）》，《驹泽大学佛教学部研究纪要》第 33 号，1975 年，第 23 –39 页。铃木格禅：《「壁観」試論（Ⅱ）》，《驹泽大学佛教学部研究纪要》第 34 号，1976 年，第 26 –47 页。

⑥ 石井公成：《石壁を通りぬける習禅者と壁に描かれた絵：壁観の原義について》，《佛教学》第 37 号（东京：山喜房佛书林），1995 年，第 61 –77 页。

⑦ John R. McRae, *Seeing Through Zen: Encounter, Transformation, and Genealogy in Chinese Chan Buddhism*, Berkeley: University of California Press, 2003, p. 31.

⑧ （隋）智顗：《摩诃止观》卷五上，T46，n1911，p. 58a18 –19。

则八风不入”[①]；史万森（Paul L. Swanson）推测“壁观”是“梵汉合成语”，“壁”是vipaśyanā的音译的首字，“观”是vipaśyanā的意译，但论据尚不足[②]。相比之下，石井公成所说壁上绘画更为适切。所谓“壁观”，应与“心如木石”类似，指深沉观察心能造作种种分别，譬如木石墙壁之上能画种种颜色图案；心之本性譬喻为木石墙壁，心所起之作用譬喻为绘画。魏译《入楞伽经·总品》：“世种子是识（vijñāna），依止彼因生。如依壁（kuḍya）画像（citra），知实即是灭。”[③] 画像虽然异色纷呈，但亦可涂改抹去，并不能改变木石墙壁的空白本性；同样，虽然心造作种种分别，但分别实则是空无所有，心亦本性空寂，从而由“壁观”的方便悟入空寂如如的法性，实现“安心”。

《二入四行论》将空相应缘起之理境依禅观体验建立为“由心所造”，并依《楞伽经》称之为“自心现量”（sva-citta-dṛśya-mātra）[④]。这说明一切法是心之作用所现起的分别，但此

① （唐）湛然：《止观辅行传弘决》卷五之四，T46，n1912，p. 305c21-22。“壁定”一词，另见（后秦）竺佛念译：《十住断结经》卷六“入七宝山定，从百草、树木、山川、石壁定起；入百草、树木、山川、石壁定，从净洁香花、一切宝器定起”，T10，n309，p. 1007b13-15。（隋）慧思：《随自意三昧·住威仪品》“若入金刚壁定三昧，天魔外道毗舍阇鬼所不能近”，X55，n903，p. 503a5-6。

② ポール·スワンソン（Paul L. Swanson）：《ダルマと「壁観」と梵漢合成語》，《驹泽大学佛教学部论集》第35号，2004年，第53-68页。

③ （元魏）菩提留支译：《入楞伽经》卷九，T16，n671，p. 570c23-24。（唐）实叉难陀译：《大乘入楞伽经》卷六，T16，n672，p. 628c27-28。P. L. Vaidya, *Saddharmalaṅkāvatārasūtram*, Darbhanga: The Mithila Institute, 1963, p. 122.

④ 柳田圣山：《達摩の語録：二入四行論》，东京：筑摩书房，1969年，第80页。（刘宋）求那跋陀罗译：《楞伽阿跋多罗宝经》卷二，T16，n670，p. 493a19。P. L. Vaidya, *Saddharmalaṅkāvatārasūtram*, Darbhanga: The Mithila Institute, 1963, p. 43. “mātra”或译作“唯”，（元魏）菩提留支译《入楞伽经》卷四作“惟自心见”，T16，n671，p. 534b16。（唐）实叉难陀译《大乘入楞伽经》卷三作“唯心所现”，T16，n672，p. 603a11。

“心”并非抽象的心之概念，而是每个有情存在现实具有的不断因为无始以来的遍计执著与戏论习气而产生妄想的心。《二入四行论》云：

> 若人作如是计较者，皆是迷惑，自心现量，不知境界从自心起。若知一切法不有，亦如是。自心现量，皆是惑心，作是作非。若人谓佛智惠胜，亦如是。自心化作有、化作无，还被惑。经云：“若依法佛修道，不作化众生，亦不作实众生。”①

此中，“自心现量”之“量”被理解为“计较”。每个有情的自心之所以现起种种境界作为所取对象，是因为自心的妄想迷惑而生起分别，并将自心所分别的一切法及能分别的自心执著为实有自性，予以计较爱非爱等，生起无明住地，不断产生烦恼，不断造作种种染业；烦恼、染业又不断增加妄想迷惑，如此循环无穷，流转生死。《二入四行论》的“妄想”“惑心”同于《小品般若经》所说“于无法中忆想分别，贪著名色”②；但就“妄想”“惑心”化作一切境界，更接近《楞伽经》所说为“无始虚伪恶习所熏”③ 的阿赖耶识。④ 所现一切境界既然是自心的变造，则并无凡夫所执著的自性本质，实则如幻如化、空无所有。《二入四行论》所谓“经云”，可能指《摩诃般若经》“佛亦如

① 柳田圣山：《達摩の語錄：二入四行論》，东京：筑摩书房，1969 年，第 103 – 104 页。

② （后秦）鸠摩罗什译：《小品般若波罗蜜经》卷一，T8，n227，p. 538b18。

③ （刘宋）求那跋陀罗译：《楞伽阿跋多罗宝经》卷四，T16，n670，p. 510b7。

④ 参见柳幹康：《『楞伽経』と『二入四行論』：「楞伽宗」の思想とそこに占める『楞伽経』の位置》，《インド哲学仏教学研究》第 18 号，2011 年，第 71 – 85 页。

是，知诸法如化，如化人度化众生，无有实众生可度”①。不仅凡夫境界虚妄不实，佛教圣者所行修学圣道、所得无漏果德亦并非实有自性。《二入四行论》云：

> 但有心分别计较，自心现量者，皆是梦。觉时无梦，梦时无觉。此心意识妄想，梦里智惠，无能觉、所觉。若如法觉、真实觉时，都不自觉，毕竟无有觉。三世诸佛正觉者，并是众生忆想分别。以是故名为梦。②

在相似相续的缘起之流中，一切法无所有而有，有而无所有，故说“诸行如化”③，这是早期佛教以来共通之譬喻；《般若经》进一步指明此缘性的一切有漏无漏法本性空寂，说“佛法亦如幻如梦”“涅槃亦如幻如梦”④。“梦”与“觉”相对，譬喻与觉悟相对的妄想心态；然而若将圣者的觉悟予以分别计较，则亦是自心所现境界，亦只是如梦如幻的妄想。自心现量而如梦如幻，这正是《楞伽经》依“唯心无境”所说的空相应缘起。

一切法自心所现，这是一切法如其所是的存在真相，故一切法同时不出于如、法性、实际；《二入四行论》云“一切皆是法界处”⑤，法界即是如、法性、实性的异名，即是一切法的清净平等之本性。但《二入四行论》并非泛泛地就一切法言此清净平等之本性，而是就禅观实践中所呈现的一切有情自心而言一切法之本性。《二入四行论》云：

---

① （后秦）鸠摩罗什译：《摩诃般若波罗蜜经》卷二十一，T8，n223，p. 374c17－18。

② 柳田圣山：《達摩の語錄：二入四行論》，东京：筑摩书房，1969年，第80页。

③ （刘宋）求那跋陀罗译：《杂阿含经》卷十一第273经，T2，n99，p. 72c12。

④ （后秦）鸠摩罗什译：《小品般若波罗蜜经》卷一，T8，n227，p. 540c14－15。

⑤ 柳田圣山：《達摩の語錄：二入四行論》，东京：筑摩书房，1969年，第160页。

理入者，谓藉教悟宗，深信含生凡圣同一真性，但为客尘妄覆，不能显了。[①]

“理”原指“治玉”（《说文解字》卷一玉部），引申为纹理、条理，而《周易·系辞上》“易简而天下之理得矣”则有普遍本体之理的意味；在魏晋玄学中，“理”作为万物形上之本源而成为“道”的同义语。中国佛教借“理”以表示如、法性、法界、实际等，一般与“行”相对而言，如竺道生（355－434）云“理不可亡，行之则存也”[②]，僧宗（438－496）云“行满照周，始会此理”[③] 等。而《二入四行论》所谓“理入”指顿入的见道，“行入”则是修道。[④]“理”同时与“言说”相关，通过名言而诠表其理则。所谓“藉教悟宗”，即融会了《楞伽经》所言“宗通”和“说通”，凭藉言说之教而悟入圣者自证自觉的理境。这一理境，即一切有情众生同一“真性”。“真性”一词见于《小品般若经》[⑤]，玄奘译为“以无性为自性”[⑥]，梵本作“asvabhāvatvāt”[⑦]，即一切法空无自性的如其所是的存在真相，亦即一切法清净平等的如、法性、法界、实性；而在如来藏经典中，平等遍在的真如又称为佛性、如来藏，如《大般涅槃经》

---

① 柳田圣山：《達摩の語録：二入四行論》，东京：筑摩书房，1969 年，第31－32 页。

② （刘宋）竺道生：《妙法莲华经疏》卷下，X27，n577，p. 15a1。

③ （梁）宝亮等：《大般涅槃经集解》卷五十四，T37，n1763，p. 543b6。

④ 参见印顺：《中国禅宗史》，台北：正闻出版社，1994 年，第 11 页。

⑤ （后秦）鸠摩罗什译：《小品般若波罗蜜经》卷三，T8，n227，p. 551b11。

⑥ （唐）玄奘译：《大般若波罗蜜多经》卷五百四十五，T7，n220，p. 801c21。

⑦ P. L. Vaidya (ed.), *Aṣṭasāhasrikā Prajñāpāramitā: With Haribhadra's Commentary Called Ālokā*, Darbhanga: The Mithila Institute, 1960, p. 93.

“一切众生同一佛性”[①]。《二入四行论》又说此一真性“为客尘妄想所覆”，这同于《华严经·离世间品》“知一切法自性清净，空无所有，客尘所染”[②]；但若是真如等无为法，则无所谓“所覆”“所染”，能为客尘妄想所覆的是众生之心。故知《二入四行论》所说“真性”是就众生之自心而言的心之真性。《二入四行论》云：

> 心无异相，名作真如。心不可改，名为法性。[③]

就心这一法而言如、法性、实际，《小品般若经》说“是心非心，心相本净”[④]；如来藏经典进一步依作为真如的如来藏说“自性清净心”[⑤]；《二入四行论》的心之真性即与此相同。但受到《楞伽经》依如来藏—藏识立一切法的影响，《二入四行论》又说“心是法界”[⑥]，称之为“法界心”[⑦]。一切法不出法界，是心之作用现起，此心之真性即是如、法性、实际。故圣者所证所觉并非外在的理境，而即是如如的自心。当然，《二入四行论》同时强调，若将实际心、真如心、法界心、法性心、涅槃心等取

---

① （北凉）昙无谶译：《大般涅槃经》卷十，T12，n374，p. 423a8。

② （东晋）佛驮跋陀罗译：《大方广佛华严经》卷四十一，T9，n278，p. 661a12－13。（唐）实叉难陀译：《大方广佛华严经》卷五十八，T10，n279，p. 305c27－28。

③ 柳田圣山：《達摩の語録：二入四行論》，东京：筑摩书房，1969年，第71页。

④ （后秦）鸠摩罗什译：《小品般若波罗蜜经》卷一，T8，n227，p. 537b14－15。

⑤ （刘宋）求那跋陀罗译：《央掘魔罗经》卷四，T2，n120，p. 539c22。（刘宋）求那跋陀罗译：《胜鬘师子吼一乘大方便方广经》，T12，n353，p. 222b28。（元魏）菩提流支译：《不增不减经》，T16，n668，p. 467b29。

⑥ 柳田圣山：《達摩の語録：二入四行論》，东京：筑摩书房，1969年，第104页。

⑦ 柳田圣山：《達摩の語録：二入四行論》，东京：筑摩书房，1969年，第119页。

执为实有，不能如实了知“自心现境界”，则亦只是“波浪心”[①]，即《楞伽经》所譬喻的“转识浪（pravṛtti－vijñāna－taraṃga）”[②]。

二　无得正观

相应于“自心现量”，《二入四行论》的禅观行法是心不住一切、不起一切、不知一切。凡夫不能如实了知“自心现量”，而将自心所现起的一切法予以分别执著，或住有或住无、或住常或住断、或住苦或住乐，堕落于二分边际。然而，自心所现起的一切法本性空无所有，实则并无二边分别。《二入四行论》云：

> 心不住色，不住非色。不住住，亦不住不住。心若有住，即不免绳索。心若有所作处，即是系缚。[③]

远离一切二边分别而契入中道，这是早期佛教以来共通之义。在《杂阿含经》中，佛陀教授迦旃延“离于二边，说于中道”[④]；《小品般若经》云“无二边波罗蜜是般若波罗蜜”[⑤]；《维摩诘经》广说“入不二法门”[⑥]；《楞伽经》详列“不生句、生

① 柳田圣山：《達摩の語錄：二入四行論》，东京：筑摩书房，1969 年，第 188－189 页。

② （刘宋）求那跋陀罗译：《楞伽阿跋多罗宝经》卷一，T16，n670，p. 484a14。（元魏）菩提留支译：《入楞伽经》卷二，T16，n671，p. 523a20－21。（唐）实叉难陀译：《大乘入楞伽经》卷二，T16，n672，p. 594b17。P. L. Vaidya, *Saddharmalaṅkāvatārasūtram*, Darbhanga: The Mithila Institute, 1963, p. 20.

③ 柳田圣山：《達摩の語錄：二入四行論》，东京：筑摩书房，1969 年，第 95 页。

④ （刘宋）求那跋陀罗译：《杂阿含经》卷十二第 301 经，T2，n99，p. 85c28。

⑤ （后秦）鸠摩罗什译：《小品般若波罗蜜经》卷四，T8，n227，p. 553b25。

⑥ （后秦）鸠摩罗什译：《维摩诘所说经》卷中，T14，n475，p. 550b28。

句”等百八句二边分别句[1]。一切二边分别问题的症结在于心的分别作用、执著于能所二分的认知，而这种分别作用是借助于名言的区分作用以及建立其上的二分论断和句法结构。正因为众生之心有二边分别而有所住，有所住而有系缚，有系缚而流转生死；解脱之道则于一切法皆无所住，不住“色”亦不住“非色”，乃至不住“住”亦不住“不住”，《小品般若经》云“如如来住，于一切法非住非不住”[2]，《金刚经》云“诸菩萨摩诃萨应如是生清净心，不应住色生心，不应住声、香、味、触、法生心，应无所住而生其心”[3]。而无所住则应超越二边分别的名言。《二入四行论》云：

> 从文字中解者，逢事即眼暗。经论谈事，与法疏。虽口谈事、耳闻事，不如身心自经事。[4]

名言在对话情境的使用能发挥指示的作用，如佛说的经教即是教化引导修学的方便，但若不能如实了知名言之外并无所指，执名言为真理，则无法依经教的指示而进入修学道路的门槛。《小品般若经》云：“若著文字，菩萨当知是为魔事。”[5]若能如实了知名言的虚妄与经教的方便指示，则能超脱名言的二分论断，不再以普遍的概念去认定对象，所知所觉的对象由于不再为种种抽象的规定所建构而显现其如幻如化的存在真相；所取不再

---

① （刘宋）求那跋陀罗译：《楞伽阿跋多罗宝经》卷一，T16，n670，p. 482b28－483a8。

② （后秦）鸠摩罗什译：《小品般若波罗蜜经》卷一，T8，n227，p. 540b25－26。

③ （后秦）鸠摩罗什译：《金刚般若波罗蜜经》，T8，n235，p. 749c20－23。

④ 柳田圣山：《達摩の語錄：二入四行論》，东京：筑摩书房，1969年，第108页。

⑤ （后秦）鸠摩罗什译：《小品般若波罗蜜经》卷四，T8，n227，p. 556b29－c1。

作为对象呈现在心之中，则能取之心亦不再作为主体而去觉知；心无觉无知，则一切法不再为种种概念和妄想遮蔽而如其所是地显现其缘起之过程，此即通达一切法之实相。《二入四行论》云：

> 法名无觉无知，心若无觉无知，此人知法；法名不识不见，心若不识不见，名为见法。不知一切法，名为知法；不得一切法，名为得法；不见一切法，名为见法；不分别一切法，名为分别法。①

缘起之流中的一切法的存在真相，不能为妄想之心攀缘认知；只有远离妄想，呈现其如如的清净本性，才能如明镜朗现众像而如实了知一切法。《维摩诘经》云："法不可见、闻、觉知，若行见、闻、觉知，是则见、闻、觉知，非求法也。"② 所谓"心若无觉无知"，并非"心如死灰"（《庄子·齐物论》）、破坏或丧失觉知的能力、成为痴人，而是净化心的有分别的觉知，转化为无分别的智慧，不再现起分别执著，以明明朗朗的智慧洞察一切法的存在真相。如此无分别智慧心态，《二入四行论》又称之为"无心""淳朴心"③。

《二入四行论》的禅观是究竟无所得，但究竟无所得并非意味着恶取空，将"空"执著为"实无"，堕落于虚无。《二入四行论》引《中论》偈："诸佛说空法，为破诸见故。而复著于

---

① 柳田圣山：《達摩の語錄：二入四行論》，东京：筑摩书房，1969 年，第 176 页。

② （后秦）鸠摩罗什译：《维摩诘所说经》卷中，T14，n475，p. 546a23－24。

③ 柳田圣山：《達摩の語錄：二入四行論》，东京：筑摩书房，1969 年，第 91、116 页。

空，诸佛所不化。”① 究竟无所得之无分别智慧是对治自心的遍计执著和戏论习气所熏的妄想，若所对治妄想不起，则能对治的无分别智慧亦不可得，因为一切法毕竟空寂、非能非所、无二无别。《二入四行论》云“虽知空，空亦不可得；虽知不可得，不可得亦不可得”②，这同于《摩诃般若经》“有所得、无所得平等，是名无所得”③，即就一切法平等如如而说不可得，并非有所对治的不可得，如此方是究竟不可得。之所以需要强调究竟不可得、不堕虚无，是因为大乘菩萨道的修学，除了获得无分别的智慧，还需通过净化世界、教化有情而圆满诸佛如来的一切种智、一切智智，即无分别、不执著一切，同时了知一切、通达一切、遍学一切、成就一切。《二入四行论》云：

> 所谓一切事处、一切色处、一切恶业处，菩萨用之，皆作佛事，皆作涅槃，皆是大道。即一切处无处，即是法处，即是道处。菩萨观一切处，即是法处。菩萨不舍一切处、不取一切处、不简择一切处，皆作佛事。即生死作佛事，即惑作佛事。④

若有所舍、有所断、有所灭，则菩萨对于法有所破坏，破坏不善法、杂染法、烦恼法；菩萨心亦有所住，住于善法、清净法、涅槃法。有坏有住，则不能真正超越二边分别、不能成就无

---

① 柳田圣山：《達摩の語錄：二入四行論》，东京：筑摩书房，1969 年，第 58 页。（后秦）鸠摩罗什译《中论》卷二原作“大圣说空法，为离诸见故。若复见有空，诸佛所不化”，T30，n1564，p. 18c16 – 17。

② 柳田圣山：《達摩の語錄：二入四行論》，东京：筑摩书房，1969 年，第 91 页。

③ （后秦）鸠摩罗什译：《摩诃般若波罗蜜经》卷二十一，T8，n223，p. 374a4。

④ 柳田圣山：《達摩の語錄：二入四行論》，东京：筑摩书房，1969 年，第 156 页。

分别智慧、更不能圆满菩萨悲愿。故菩萨必然不取一切，同时不舍一切。《维摩诘经》云："若菩萨行于非道，是为通达佛道。"① 之所以不舍一切烦恼杂染，是因为烦恼杂染并无实有自性，故无需舍除；烦恼杂染法之本性亦是如、法性、实际，故不应在诸法之外别求诸法之本性。菩萨如实了达一切增加烦恼杂染的业行的本性，不似凡夫取执烦恼杂染，也不舍除烦恼之法，而是不断生死又不为烦恼所缠，常在生死中践行严土熟生的佛事。依《摩诃般若经》和《楞伽经》，若次第分别地说，七地菩萨得无生法忍而不染生死、自由出入生死；八地菩萨以如幻三昧作佛事，一切事处、色处、诸恶业处皆可作佛事。若依第一义说，则一切法本性无生、本性清净、本性涅槃。禅者所行乃是大乘菩萨道，即世间日用生活而为修学道场。《二入四行论》云：

> 行处是菩提处，卧处是菩提处，坐处是菩提处，立处是菩提处。举足下足，一切皆是菩提处。②

若内心无染著，则一切身语意皆清净，世间日常生活中皆不造恶业，得自在无碍。《杂阿含经》说，入空三昧禅住的行者"无有爱念染著"，"于行、住、坐、卧、净除乞食"③。《小品般若经》云："菩萨因般若波罗蜜，世间诸事，皆同实相。"④《维摩诘经》云："菩萨若应诸波罗蜜教化众生，诸有所作，举足下足，当知皆从道场来，住于佛法矣！"⑤ 禅者因为如实通达诸法

---

① （后秦）鸠摩罗什译：《维摩诘所说经》卷中，T14，n475，p. 549a1 – 2。

② 柳田圣山：《達摩の語錄：二入四行論》，东京：筑摩书房，1969 年，第 161 页。

③ （刘宋）求那跋陀罗译：《杂阿含经》卷九第 236 经，T2，n99，p. 57b23 – 25。

④ （后秦）鸠摩罗什译：《小品般若波罗蜜经》卷六，T8，n227，p. 564b13 – 14。

⑤ （后秦）鸠摩罗什译：《维摩诘所说经》卷上，T14，n475，p. 543a5 – 7。

无所有，所以能践行究竟无所得，而于生死之中、世间生活之中自由无缚，无所行而遍学一切道，不染不著地作严土熟生的佛事，不断圆满悲愿与智慧。

关于具体的修学方法，《二入四行论》以“四行”为纲总摄一切万行，即报怨行、随缘行、无所求行、称法行。前三行即对应早期佛教八苦之怨憎会苦、爱别离苦、求不得苦。[①] 但不同于早期佛教以生灭无常说纯大苦聚，《二入四行论》则将对诸苦的进修说为缘所生法空无所有、自心之智慧与真如之理相应而无所造作，最终达到非苦非乐的心态，这相应于早期佛教中四禅成就的境界[②]。“四行”之中最为重要的是称法行[③]。《二入四行论》云：

> 性净之理，目之为法。此理众相斯空，无染无著，无此无彼。经云：“法无众生，离众生垢故；法无有我，离我垢故。”智者若能信解此理，应当称法而行。法体无悭，于身命财，行檀舍施，心无吝惜。达解三空，不倚不著，但为去垢，摄化众生，而不取相。此为自利，复能利他，亦能庄严菩提之道。檀施既尔，余五亦然。为除妄想，修行六度，而无所行，是为称法行。[④]

所谓“称法行”之“法”，是一切法本性清净之理，即如、

---

① 参见印顺：《中国禅宗史》，台北：正闻出版社，1994 年，第 12 页。

② （后秦）佛陀耶舍、竺佛念译：《长阿含经》卷四，T1，n1，p. 23c23。（东晋）瞿昙僧伽提婆译：《中阿含经》卷一第 2 经，T1，n26，p. 422b21。（刘宋）求那跋陀罗译：《杂阿含经》卷十四第 347 经，T2，n99，p. 97a15。

③ 参见伊吹敦：《『二入四行論』の成立について》，《印度学佛教学研究》第 55 卷第 1 号，2006 年，第 127－134 页。

④ 柳田圣山：《達摩の語錄：二入四行論》，东京：筑摩书房，1969 年，第 32 页。

法性、实际；而《维摩诘经》所说“法无众生……”[1]，亦指真如之理超越一切差别规定，空寂无生，并无由分别所引发的烦恼执著。与真如之理相应相称而发起修学行动，故名为“称法行”，即作为大乘菩萨道修学主要项目的六波罗蜜多。六波罗蜜多皆以毕竟无所得为方便。以檀那（dāna，布施）波罗蜜多为例，布施这一行为实践过程，可分析出构成这一行动过程的三个构成要素：作为主体的布施者、作为所布施对象的受者和施物、布施这一行为本身。世间布施者虽然践行布施而执著我相、他相、施相，而菩萨通达一切法之本性，了知施者、布施、受者及施物皆是空，不贪著自我，不吝惜身、命、财等所布施之物，不希求布施行为带来果报，从而能毫无执著地自利利他，庄严菩提道修学的果德。《摩诃般若经》称之为“三分清净檀那波罗蜜”[2]、《华严经》称之为“三种圆满清净施”[3]。其余五波罗蜜多的修学也是如此“达解三空，不倚不著”。《二入四行论》又分别解说六波罗蜜多，大致与《思益经》相当（见下表）[4]，其关键在于无分别、无所起、无染著、不住相、无住处、无戏论，亦即究竟无所得。

---

① （后秦）鸠摩罗什译：《维摩诘所说经》卷上，T14，n475，p. 540a4 –5。

② （后秦）鸠摩罗什译：《摩诃般若波罗蜜经》卷七，T8，n223，p. 272b23。（唐）玄奘译：《大般若波罗蜜多经》卷四百二十四（第二分）作“三轮清净”，T7，n220，p. 131a4。

③ （东晋）佛驮跋陀罗译：《大方广佛华严经》卷四十一，T9，n278，p. 660a3。（唐）实叉难陀译：《大方广佛华严经》卷五十八作“三轮清净施”，T10，n279，p. 304c27 –28。

④ 柳田圣山：《達摩の語錄：二入四行論》，东京：筑摩书房，1969 年，第 180 页。（后秦）鸠摩罗什译：《思益梵天所问经》卷二，T15，n586，p. 45c2 –3。

六波罗蜜	《二入四行论》	《思益经》
檀波罗蜜	众生之类，共业果报，无有分别福之与相	舍一切烦恼
尸罗波罗蜜	无事无因，无有乐厌，体性如如，究竟无非，其谁求是。是非不起，即戒体清净	于诸法无所起
羼提波罗蜜	心无内外，彼此焉寄。音声之性，无所染著，平等如虚空	于诸法无所伤
毗梨耶波罗蜜	离诸根量，究竟开发，不住诸相	于诸法离相
禅波罗蜜	三世无相，刹那无住处，事法不居，静乱性如	于诸法无所住
般若波罗蜜	涅槃真如，体不可见，不起戏论，离心意识，不住方便，名为如如。无可用，用而非用	于诸法无戏论

在实际修学过程中，行者由于根器和机缘不同而有修行方法、入手方便、见道迟疾的差异。早期佛教认为，修学是依于缘起的，需要具备降伏烦恼、引入圣道的能力，即五无漏根：信根、精进根、念根、定根、慧根；有情众生由于宿世因缘，而有能力差别，或为贪嗔痴炽盛、五无漏根有缺、愚暗不捷疾的钝根，或为贪嗔痴较少、五无漏根具足、捷疾无放逸的利根。[①] 说一切有部阿毗达磨认为，钝根和利根的修学道路并不相同：钝根的见道是随信行，修道是信胜解道，无学道是时解脱；利根的见道是随法行，修道是见至道，无学道是不时解脱。[②] 大乘佛教普

① （东晋）瞿昙僧伽提婆译：《增壹阿含经》卷二十三，T2，n125，p.668a13－b7。
② （唐）玄奘译：《阿毗达磨大毗婆沙论》卷九十三，T27n1545，p.483a13－16。

摄诸根，而重慧的大乘侧重利根、重信的大乘广摄钝根。《二入四行论》的禅法为重慧的大乘，更加重视利根的修学；但《二入四行论》所谓利根、钝根的区分更强调其修学方法的差异①。

利　　根	钝　　根
不由师教，从事见法	从师言教解
闻师言，不著有，即不取不有。不著相，即不取无相。不著生，即不取无生。	贪解取义，是非等见，此钝根人解义。
不发凡夫心，乃至贤圣心亦不发，凡圣双绝，此是利根人闻道。不爱财色，乃至佛菩提亦不爱。 与没即去，越过一切凡圣境界。闻道不发贪欲心，乃至正念正思惟亦不发；闻道不发声闻心，乃至菩萨心亦不发。	若爱佛菩提，即舍乱取静，舍愚痴取智惠，舍有为取无为，不能双绝无碍。

《二入四行论》认为，利根与钝根的区别首先在于是否偏重依赖于师教，这类似阿毗达磨论书所说“若亲近善士、听闻正法多者名随信行，若如理作意、法随法行多者名随法行”②。但修学并非全无师教，禅法的传授更是注重师徒之间言传身授，而关键在于如何看待师教。在从师言教闻法之中，亦有利根与钝根的区别。钝根之人依言取义、以名责实，将名言的二边分别执著为实有或实无，从而有取有舍，厌离凡夫、追求贤圣，爱著于不有、无相、无生、菩提、寂静、智慧、无为法等，舍离有、相、生、烦恼、扰乱、愚痴、有为法等；利根之人如实了知名言虚妄

① 柳田圣山：《達摩の語錄：二入四行論》，东京：筑摩书房，1969 年，第 119 页。

② （唐）玄奘译：《阿毗达磨大毗婆沙论》卷五十四，T27n1545，p. 280a6－8。

非实、并非实有指称，而依师教之指示悟入圣道，不发凡夫心、不住凡夫境界，不发贤圣心、不住贤圣境界，于有或不有、相或无相、生或无生、烦恼或菩提、扰乱或寂静、愚痴或智慧、有为法或无为法，皆不取不舍、究竟无所得。《二入四行论》进一步认为，利根与钝根的根本区别在于是否了知“自心现量”而有见道的迟疾。《二入四行论》云：

> 问：“修道得道，有迟疾不？”答：“较百千万劫，即心是者疾，发心行行者迟。利根人知即心是道，钝根人处处求道，不知道处。又不知即心自是阿耨菩提。”问：“云何疾得道？”答：“心是道体，故疾得道。行者自知惑起时，即依法看使尽。”①

此中所谓“得道”应是指见道。利根之人，如实了知一切法自心所现、自心即是一切法平等法性，故即此心即见法性，见法性即是见道；由于不需向外觅求法性，了知此心即是入道，当妄想之惑生起时即能自知自觉，如理观察而了知烦恼本来无生无起，故能迅疾远离见惑而得道。这同于大众部系的“以一刹那现观边智，遍知四谛诸相差别”② 的“一念见谛”说，也同于《楞伽经》所说“顿现无相、无有所有清净境界”③。而钝根之人，虽然发菩提心修学大道，但不能如实了知即心是道，向外处处寻求，需经历百千万劫漫长修学，这类似说一切有部以八忍八智之前十五心刹那断见惑的次第见道。关于“修道”的迟疾，

① 柳田圣山：《達摩の語録：二入四行論》，东京：筑摩书房，1969 年，第 98 页。
② （唐）玄奘译：《异部宗轮论》，T49，n2031，p. 15c11 – 12。
③ （刘宋）求那跋陀罗译：《楞伽阿跋多罗宝经》卷一，T16，n670，p. 486a9 – 10。

《二入四行论》并未言明。依《楞伽经》“如来净除一切众生自心现流，亦复如是，渐净非顿”[①]，修道所断的修惑需要渐渐净化而并非一时顿净。但《二入四行论》所谓“即心自是阿耨菩提”，类似《摩诃般若经》所说“以一念相应慧得一切种智”[②]，即有修道乃至无学道亦可疾得的意味。可见，《二入四行论》的禅法侧重于利根的顿入。

三　无知无觉

《二入四行论》意在传授入道的途径，对于修学果德着墨不多。然而，《二入四行论》的禅法是大乘菩萨道的修学，不仅重视对治烦恼染著，还以与诸佛如来不异的全面而彻底的智慧为究竟目标。智慧不同于世间知识：世间知识以妄想之心分别所取能取而了知对象，而智慧以无分别之智心如实显了空无所有的此缘性的一切法；世间知识是有限的，有所知亦有所不知，而诸佛如来的萨婆若智是全面而彻底的；世间知识助长执著妄想，而通达法性实际的智慧解开能执所执，净化消极情绪、锻炼清明心态。但若把诸佛智慧与世间知识的差别执著为实有，将诸佛智慧作为一个对象予以愿求，则智慧亦成为分别心的妄想。《二入四行论》强调诸佛智慧应是“以无知为知”。《二入四行论》云：

> 法身无形，故不见以见之。法无音声，故不闻以闻之。波若无知，故不知以知之。若以见为见，有所不见；若以无

① （刘宋）求那跋陀罗译：《楞伽阿跋多罗宝经》卷一，T16，n670，p. 485c29 - a1。
② （后秦）鸠摩罗什译：《摩诃般若波罗蜜经》卷二十二，T8，n223，p. 378b20 - 21。

见为见，即无所不见。若以知为知，有所不知；若以无知为知，无所不知。不能自知非有知，对物而知非无知。[①]

一切法空无所有，不可作为对象予以见闻觉知，因为对象之为对象总是经过普遍的概念加以认定而并非一切法存在之本身；般若波罗蜜多如实通达缘起之流中的一切法，无所见、无所闻、无所觉、无所知，而般若波罗蜜多本身亦空无所有，无能见、无能闻、无能觉、无能知。《小品般若经》云：“如是亦不见不闻，不觉不知，即行般若波罗蜜。”[②] 但不见不闻、不觉不知并非意味着丧失般若之智的了知觉照的能力，而是并非如妄想之心一般的对象化的认知，是明明朗朗、无所执著、如其所是的了知，《思益经》称之为“以不知为知”[③]。对于般若的不知为知，《二入四行论》的解说明显采用了僧肇《般若无知论》的论证：

夫有所知，则有所不知。以圣心无知，故无所不知。不知之知，乃曰一切知。[④]

凡有所知，则以有限的规定取执其相状；超出此有限规定则并非所知，是不属于知的隐匿的领域。能知亦然，是相应于所知而以有限的规定取执其相状，超出此有限规定则不具有所知而不能规定自身为能知。如此具有有限规定的所知与能知只能产生特定视角、特定论域、特定形式的知识，而不能全面而彻底地穷究一切法无所有、如是有的存在真相。圣者的无限智心必然超越一

① 柳田圣山：《達摩の語錄：二入四行論》，东京：筑摩书房，1969 年，第 61 页。
② （后秦）鸠摩罗什译：《小品般若波罗蜜经》卷八，T8，n227，p. 575a2 –3。
③ （后秦）鸠摩罗什译：《思益梵天所问经》卷四，T15，n586，p. 59b18 –19。
④ （后秦）僧肇：《肇论》，T45，n1858，p. 153a27 –28。

切有限规定，不取执任何相状，直接就一切法如实所是的显现而使之无碍显现，“以无知之般若，照彼无相之真谛”[①]，从而如实了知一切法，同时又无能知、所知的相状，只是一切如如。般若的“不知之知”不同于《庄子·在宥》“目无所见，耳无所闻，心无所知”或郭象的“遗知而知”的“自知”[②]，因为能知、所知皆非自然而生的自在的存在，而皆是无所有而有、有而无所有，《般若无知论》云：“夫圣心者，微妙无相，不可为有；用之弥勤，不可为无。”[③] 不知而无不知，是诸佛如来的一切智智。

《二入四行论》的禅观修学既然强调究竟无所得，则践行大乘菩萨道的禅者即使在世间生死之中，也不为烦恼染著，无能缚之烦恼、无所缚之有情，亦无能解之菩提、无所解之系缚，无缚无解，其心自由自在、无碍解脱。如此的解脱并非造作而成，而是就一切法如其所是的本性空寂而直下悟入，无有任何挂碍。《小品般若经》云：“无所有故，无缚无解；离故，无缚无解；无生故，无缚无解。”[④]《楞伽经》云：“佛、声闻、缘觉自性解脱故，缚与缚因非性故。”[⑤] 这并非意味着“解脱”具有常住的固定的同一性的本质，而是指缘起之流中的一切法如幻如化，无实有自性的系缚和实有自性的解脱，如此无解而解，名曰解脱。《二入四行论》的解脱是依“自心现量”而言的。《二入四行论》云：

---

① （后秦）僧肇：《肇论》，T45，n1858，p. 153c11－12。

② （清）郭庆藩撰，王孝鱼点校：《庄子集释》，北京：中华书局，2012年，第229－230页。

③ （后秦）僧肇：《肇论》，T45，n1858，p. 153c27－28。

④ （后秦）鸠摩罗什译：《小品般若波罗蜜经》卷一，T8，n227，p. 539a16－17。

⑤ （刘宋）求那跋陀罗译：《楞伽阿跋多罗宝经》卷三，T16，n670，p. 499b1－2。

心非色故，不属色。心非非色，故不属非色。心无所属，即是解脱。若犯禁戒时忙怕，但知怕心不可得，亦得解脱。①

三界是自心因遍计执著和戏论习气而分别现起的境界，而自心本身不属于色法或非色法，只是因为取执于色或非色而进一步取执自心；若如实了知三界虚妄、自心所现，自心本身亦如幻如梦，则无所取和能取、无所属和能属、无所缚和能缚，如此明明朗朗的心态即是解脱，并非在此之外别有解脱。即使在犯了禁戒时，现起悔罪恐惧之心，若能如实了知此恐惧之心并不可得，并无实有自性的罪责系缚，则能坦然面对和处理所犯之事，心中无累，此亦是自在的解脱心态。《般若经》中反复强调菩萨对于一切“不惊不怖”，即因为菩萨通达一切法无缚无解，本性解脱，故能在菩萨道修学过程中始终保持无有挂碍。之所以强调本性解脱，是因为菩萨“即生死作佛事”，必须常在生死而不为烦恼缠缚。《二入四行论》云：

若能存心立志，不愿贤圣，不求解脱，复不畏生死，亦不畏地狱，无心直作任，始成一个规钝心。②

菩萨发大乘菩提心，其心本性清净，并不将圣者的解脱等果德加以取执，如此心无所属，即能不畏惧生死流转、不畏惧地狱极苦，而如实了知此畏惧之心不可得，不惊不怖地在一切时一切处自由自在地践行净化世界、成熟有情的佛事，始终以平和的心态在菩提道上前行。《二入四行论》的禅法并非如二乘唯求迅速

① 柳田圣山：《達摩の語錄：二入四行論》，东京：筑摩书房，1969年，第91页。
② 柳田圣山：《達摩の語錄：二入四行論》，东京：筑摩书房，1969年，第111页。

脱离生死，而是大乘菩萨不离生死的解脱。

正如大乘菩萨道以圆满佛果为究竟果德，《二入四行论》亦以诸佛的无上正等觉为修学终极目标。大乘的佛虽然也有十力、四无畏、十八不共法的无量功德，但佛之为佛不在于其功德，佛之一切功德皆依于其无上正等觉而成就。此无上正等觉即如实了知一切法的一切智智，只是相比于一切智智，无上正等觉更加强调其为包括明朗无碍的知性作用、自由意志、存在感受的精神全体。《二入四行论》云：

> 问曰："何名如来？"答："解如应物，故名如来。"问："何名佛？"答曰："如法觉，觉无所觉，故名为佛。"①

一切法之本性即是清净平等的如、法性、实际，如来之为如来，即在于能如实了知一切法之本性而自在无碍地应对一切法、运用一切法、处理一切法。《金刚经》云："如来者，即诸法如义。"② 作为如来的异名，"佛"则侧重觉悟之功德，佛之觉悟亦是对于一切法之如如的觉悟，非一切法之外别有觉悟。《摩诃般若经》云："知诸法实义，故名为佛。"③ 法本身无所谓觉或不觉，因为觉悟必然是知、情、意的精神全体，但"觉悟"本身不可取执为实有自性，而是无所觉而觉、无所不觉。《二入四行论》云：

> 法名无觉，佛名觉者，无觉为觉，与法同觉，是佛觉。④

---

① 柳田圣山：《達摩の語錄：二入四行論》，东京：筑摩书房，1969 年，第 73 页。
② （后秦）鸠摩罗什译：《金刚般若波罗蜜经》，T8，n235，p. 751a26 – 27。
③ （后秦）鸠摩罗什译：《摩诃般若波罗蜜经》卷二十二，T8，n223，p. 379a15。
④ 柳田圣山：《達摩の語錄：二入四行論》，东京：筑摩书房，1969 年，第 178 页。

诸法无相、空无所有，不可见、不可闻、不可觉、不可知，故说“法名无觉”，此“觉”指作为觉知对象的所觉。但正如般若无知而知，觉悟超越觉知、亦超越对觉悟自身的取执，而是无觉而觉，就一切法如其所是之空寂本性而觉悟，《金刚经》云“所谓佛法者，即非佛法”[①]。在实际修学过程中，无觉之觉亦有浅深程度差别，究竟至于圆满而无差别，即是诸佛之无上正等觉。“与法同觉”之诸佛境界不可以凡夫心去度量臆测。《二入四行论》云：

> 法非有非无，不取非有非无解者，名佛境界。若心如木石，不可以有智知，不可以无智知。佛心不可以有知，法身不可以像见……诸佛智惠，不可说示人，亦不可藏隐，亦不可以禅定测量。绝解绝知，名为诸佛境界。不可度量，是名佛心。[②]

佛之无限智心相应的境界，不同于凡夫虚妄自心所现的实有实无的境界，而是缘起之流中的一切法非实有、非实无、如幻有、如幻无，《维摩诘经》云：“说法不有亦不无，以因缘故诸法生。”[③] 于此之上，佛之无限智心不产生有、无、亦有亦无、非有非无等戏论见解，而是无所见、无所闻、无所觉、无所知。所谓“心如木石”并非指成为无情物而丧失了知觉照功能，而是指佛之无限智心无纤毫相状蔽覆，全然光明无碍。如此光辉之智慧不可说、不可示，亦不可掩藏、不可隐匿，不是世间之智所

---

① （后秦）鸠摩罗什译：《金刚般若波罗蜜经》，T8，n235，p. 749b25。

② 柳田圣山：《達摩の語錄：二入四行論》，东京：筑摩书房，1969 年，第 162－163 页。

③ （后秦）鸠摩罗什译：《维摩诘所说经》卷上，T14，n475，p. 537c15。

能测量、亦非禅定之心所能测量，更非无智愚者所能知。佛之无限智心显了一切而不碍一切，佛之境界涵盖一切而超越一切。无限智心所照的佛之境界，即是诸佛如来的实相法身。除了法身，大乘经典又说到佛因不同功德而有不同佛身。《二入四行论》的杂录部分引用了《楞伽经》的四种佛：

> 《楞伽经》有四种佛说：所谓法佛说是体虚通法、报佛说妄想不实法、智惠佛说离觉法、应化佛说六波罗蜜法。①

三身佛是后期大乘佛教的通说，但宋译《楞伽经》特别地说到四佛：化佛、报生佛、如如佛、智慧佛②，而魏译、唐译、梵本皆将如如佛与智慧佛合称“真如智慧佛”③；宋译本可能受到《楞伽经》所说五法（名、相、妄想、如如、正智）④ 的影响。《二入四行论》杂录部分将《楞伽经》的四佛分别作为禅观修学的四个项目的果德：体悟真如、通达法性即是佛之法身，依如幻三昧现起庄严色身和净土即是佛之正报和依报，远离见闻觉知而如实了知即是佛之智慧，以六波罗蜜救度无量众生即是佛之

---

① 柳田圣山：《達摩の語録：二入四行論》，东京：筑摩书房，1969 年，第 228 页。

② （刘宋）求那跋陀罗译：《楞伽阿跋多罗宝经》卷一，T16，n670，p. 481b8 – 9。

③ （元魏）菩提留支译《入楞伽经》卷一“何等为化佛？何等为报佛？何等如智佛？” T16，n671，p. 520a19 – 20。（唐）实叉难陀译《大乘入楞伽经》卷一“云何变化佛？云何为报佛？真如智慧佛？”，T16，n672，p. 591c11 – 12。梵本作“kena nirmāṇikā buddhāḥ kena buddhā vipākajāḥ| tathatā jñānabuddhā vai kathaṃ kena vadāhi me”，P. L. Vaidya，*Saddharmalaṅkāvatārasūtram*，Darbhanga：The Mithila Institute，1963，p. 13. 此外，（刘宋）求那跋陀罗译《楞伽阿跋多罗宝经》卷一后文提及“是名依佛说法。大慧！法佛者，离心自性相，自觉圣所缘境界，建立施作。大慧！化佛者，说施、戒、忍、精进、禅定，及心智慧……”，T16，n670，p. 486a26 – 29。故《楞伽经》可能原本是三身佛说而非四身佛说，即化佛、报佛（依佛）、法佛（真如智慧佛）。

④ （刘宋）求那跋陀罗译：《楞伽阿跋多罗宝经》卷四，T16，n670，p. 510c27。

方便应化。由此可见，《二入四行论》是以佛之果德的圆满成就作为禅法的究竟目标。

综上所论，道宣在《习禅篇论》将达摩—慧可禅法的基本特质概括为“虚宗”，对比于僧稠和僧实所习北印度的说一切有部和瑜伽行派的瑜伽师所传来的次第分明的禅法。“虚宗”的含义虽然与道家的形上学境界和修养方法有关，但其直接来源应是鸠摩罗什门下所弘传的一切法无所有、不可得的般若思想和中观学。达摩—慧可禅法的无所住处、无相绝言、情事无寄及兼奉头陀行、无诤三昧，都体现了“虚宗”的特质。道宣晚年所补充的达摩—慧可禅法与《楞伽经》传承的资料，并非与“虚宗”的禅法相对立，因为后期大乘的《楞伽经》广博综合了大乘佛教各种法义，以如来藏思想结合“唯识无境”建立“缘起即空”，以“无所得”为宗趣建立离言自证、一如来乘、如幻无得的菩萨道修学，以“如来自觉圣智”建立究竟果德，其议题内容是如来藏思想，而修学形态的建筑形式则是般若波罗蜜多。在如来藏思想的内容和般若波罗蜜多的形式显示方法融汇下，作为达摩—慧可禅法最重要文献的《二入四行论》，依《楞伽经》所说的“自心现量”建立自心如壁上作画的缘起理境，而妄想所现皆是性空如幻、法性平等；以究竟无所得为方便建立不住一切、无觉无知、即生死作佛事、即心顿入得道的禅观方法；以不知而无不知的般若、无缚无解的解脱、契证如如的诸佛法身为修学果德。《二入四行论》所述的达摩—慧可禅法与道宣所论的“虚宗”特质相同，都体现了实践“无所有、不可得”的般若波罗蜜多的修学形态。

第三章 道信禅的“一行三昧”

达摩—慧可禅法主要流传于河南洛阳、河北邺城一带，但相比于僧稠曾受北魏孝明帝、北魏孝武帝、北齐文宣帝征召[①]以及僧实曾受宇文泰征召[②]，达摩—慧可禅法在当时并不显豁。北周建德三年（574）五月，北周武帝下诏废佛、毁经像、罢沙门；建德六年（577），北周武帝灭北齐，毁北齐境内寺塔经像，罢僧尼三百余万。[③] 晚年的慧可也经历了北周毁佛，《续高僧传·僧可传》记载“及周灭法，（林法师）与可同学，共护经像”[④]。经此一劫，北方僧众或归隐山林、或纷纷南下，达摩—慧可禅法也因此传到了南方。而此时的南方，三论学和天台宗正在兴起，僧诠弟子法朗（507－581）在扬都兴皇寺宣讲《大品般若》和

① （唐）道宣：《续高僧传》卷十六，T50，n2060，p. 554a8、p. 554a11、p. 554a18－19。

② （唐）道宣：《续高僧传》卷十六，T50，n2060，p. 558a1。

③ 参见（唐）令狐德棻等：《周书》卷五，北京：中华书局，1971年，第85页。（南宋）志磐：《佛祖统纪》卷三十八，T49，n2035，p. 358c26－27。赖永海主编：《中国佛教通史》第4卷，南京：江苏人民出版社，2010年，第342－344页。

④ （唐）道宣：《续高僧传》卷十六，T50，n2060，p. 552b19－20。

"四论"（《中论》《百论》《十二门论》《大智度论》）、慧勇（515－585）在扬都大禅众寺弘法、曾造访慧可的慧布（518－587）也回到了扬都[1]；慧思（515－577）弟子智顗（538－597）在天台山修止观、惠成在荆州枝江建禅慧寺、慧耀（525－603）在江陵导因寺禅修[2]。在南方佛教学风浸润下，以"虚宗"为特质的达摩—慧可禅法获得了新的发展；尤其在道信（580－651）住于蕲州双峰山之后，"诸州学道，无远不至"[3]。道信禅法在方法上更加突显了"行般若波罗蜜多"的重要意义。

第一节　"般若退贼"的含义

关于道信早年修学情况，历来文献记载不一。尤其是道信师

① （唐）道宣：《续高僧传》卷七，T50，n2060，p.477b24－25、p.478b22、p.481a4－12。

② （隋）灌顶：《隋天台智者大师别传》T50，n2050，p.193a11－12；（唐）道宣：《续高僧传》卷十六，T50，n2060，p.557b7；（唐）道宣：《续高僧传》卷二十五，T50，n2060，p.662a27－28。

③ （唐）道宣：《续高僧传》卷二十附编，T50，n2060，p.606b19。

承的问题，虽然道信师承僧璨之事疑点甚多①，但无可否认，禅法授受重视师徒相承、并非无师自通，即使禅者多隐居山林修习而不为外人所知，而传承者则应知其禅法授受之来源，道信所修习的禅法也应有其明确的传授②。有关文献共同记载了道信早年居山修禅，这是早期佛教以来共通的阿兰若行，也是达摩—慧可禅法的基本方法，但并不能显示出道信禅法的特质。有关文献也共同记载了道信早年“念般若退吉州贼”之事，而这反映出道信对于以“虚宗”为特质的达摩—慧可禅法的继承与发扬。

① 关于道信师承的问题，《续高僧传·道信传》仅提及“又有二僧，莫知何来，入舒州皖公山，静修禅业。（道信）闻而往赴，便蒙授法”（道宣《续高僧传》卷二十附编，T50，n2060，p. 606b4 - 6）；但《续高僧传·法冲传》云“可禅师后，粲禅师……”（道宣：《续高僧传》卷二十五附编，T50，n2060，p. 666b15）。八世纪的禅宗文献才记载了道信在舒州皖公山师事粲禅师（僧璨）之事，如《楞伽师资记》“唯僧道信，奉事粲十二年，写器传灯”（T85，n2837，p. 1 286b9 - 10），《传法宝纪》“开皇中，往皖山归璨禅师”（柳田圣山：《初期の禅史 I：楞伽師資記·伝法宝纪》，东京：筑摩书房，1971 年，第 376 页；韩传强：《禅宗北宗敦煌文献录校与研究》，南京：江苏人民出版社，2016 年，第 46 页），《南阳和尚问答杂征义》记载“信禅师年十三，奉事（璨禅师）经九年”（杨曾文：《神会和尚禅话录》，北京：中华书局，2011 年，第 106 页），《历代法宝记》“唐朝第四祖信禅师，俗姓司马，河内人，少小出家，承事璨大师”（T51，n2075，p. 181c9 - 10；柳田圣山：《初期の禅史 Ⅱ：歷代法宝記》，东京：筑摩书房，1976 年，第 86 页）。《宝林传》《祖堂集》《景德传灯录》明确记载隋开皇十二年壬子（592）十四岁的道信遇僧璨而随之修学，（唐）智炬：《双峰山曹侯溪宝林传》卷八，《中华大藏经》第 73 册，北京：中华书局，1994 年，第 672 页下至 673 页上；（南唐）静、筠二禅师撰，孙昌武、衣川贤次、西口芳男点校：《祖堂集》卷二，北京：中华书局，2007 年，第 110 页；（北宋）道原：《景德传灯录》卷三，T51，n2076，p. 221c18 - 19。参见陈金华：《事实与虚构：禅宗“三祖”及其传说的创生》，洪修平主编：《佛教文化研究》第 4 辑，南京：江苏人民出版社，2016 年，第 37 - 77 页。

② 参见印顺：《中国禅宗史》，台北：正闻出版社，1994 年，第 46 - 47 页。

一　“吉州退贼”的文献记载

吉州（今江西吉安），原为庐陵郡，隋文帝开皇九年（589）平陈之后，废庐陵郡置吉州；隋炀帝大业初年又废吉州置庐陵郡。[①] 道信“念般若退吉州贼”之事，是道信有关文献共同的记载，但不同文献略有出入。

有关道信的最早的传记为道宣《续高僧传》中的《道信传》。但《道信传》见于北宋崇宁藏、南宋思溪藏、元刻碛砂藏、元普宁藏、明永乐南藏、明永乐北藏等三十一卷本《续高僧传》卷二十一“习禅六”，而不见于开宝藏系统的高丽藏本、赵城金藏本和更早的日本大阪金刚寺、京都兴圣寺、名古屋七寺藏写本等三十卷版本，应是根据道宣晚年所撰而已散佚的《后集续高僧传》增补的[②]。《大正藏》本以高丽再雕藏本为底本，将宋、元、明诸藏所增补的内容附于相应卷数之后，《道信传》即附录于卷二十。《续高僧传》的《道信传》详细记载了“念般若退吉州贼”之事：

国访贤良，许度出家。因此附名，住吉州寺。被贼围城

① （唐）魏徵等：《隋书》卷三十一，北京：中华书局，1973年，第880页。（唐）杜佑撰，王文锦等点校：《通典》卷一百八十二，北京：中华书局，1988年，第4843页。

② 参见前川隆司：《道宣の後集続高僧伝に就いて》，《龙谷史坛》第46号，1960年，第20－37页。伊吹敦：《『続高僧伝』の増広に関する研究》，《東洋の思想と宗教》第7号，1990年。藤善真澄：《道宣伝の研究》第八章《道宣の入蜀と『後集続高僧伝』》，京都：京都大学学术出版会，2002年，第271－297页。池丽梅：《『続高僧伝』研究序説：刊本大蔵経本を中心として》，《鹤见大学佛教文化研究所纪要》第18号，2013年，第203－258页。

> 七十余日，城中乏水，人皆困弊。信从外入，井水还复。刺史叩头："贼何时散?"信曰："但念般若。"乃令合城同时合声。须臾，外贼见城四角大人力士威猛绝伦，思欲得见，刺史告曰："欲见大人，可自入城。"群贼即散。①

至8世纪，禅宗经过弘忍弟子的传扬获得了重要发展，众多禅宗著作也逐渐编辑成书。这些著作关于道信的记载，补充了《续高僧传》的内容。

一是唐杜朏所撰《传法宝纪》。该书成立时间在开元四年（716）至开元二十年（732）之间。②《传法宝纪》的"道信传"较《续高僧传》补充了"开皇中往皖山归璨禅师""武德七年（624）至蕲州双峰山""努力勤坐""刊石勒碑，中书令杜正伦撰文颂德"等信息。③《传法宝纪》的"道信传"相关部分如下：

> 至大业度人，配住吉州寺。属隋季丧乱，群贼围城七十余日，井泉皆竭。信从外来，水复充溢。刺史叩头，问贼退时。曰："但念般若，不须为忧。"时贼徒见地四隅皆有大力士，因即奔骇，城遂获全。④

---

① （唐）道宣：《续高僧传》卷二十附编，T50，n2060，p. 606b7 – 13。

② 参见杨曾文：《唐五代禅宗史》，北京：中国社会科学出版社，1999年，第141 – 142页。

③ 柳田圣山：《初期の禅史 I：楞伽師資記 · 伝法宝纪》，东京：筑摩书房，1971年，第376、380页。韩传强：《禅宗北宗敦煌文献录校与研究》，南京：江苏人民出版社，2016年，第46 – 47页。

④ 柳田圣山：《初期の禅史 I：楞伽師資記 · 伝法宝纪》，东京：筑摩书房，1971年，第376页。韩传强：《禅宗北宗敦煌文献录校与研究》，南京：江苏人民出版社，2016年，第46 – 47页。

《传法宝纪》的记载与《续高僧传》大致相同，但补充了“吉州退贼”时间在隋炀帝大业末年。

二是唐刘澄所集《南阳和尚问答杂征义》。道信传记出现于日本石井光雄藏敦煌写本尾部菩提达摩至惠能的六代传记部分。该本有题记“唐贞元八年岁在未，沙门宝珍共判官赵秀琳于北庭奉张大夫处分，令勘讫。其年冬十月廿二日记。”① 然而，唐贞元七年岁在辛未（791）、贞元八年岁在壬申（792），该本集出时间应在神会（684－758）卒后至贞元七或八年之间，而六代传记可能出自《菩提达摩南宗定是非论》所提及的《师资血脉传》。②《南阳和尚问答杂征义》六代传记的“道信传”记载：

> 得嘱已，遂往吉州，遇狂贼围城，经百余日，井泉皆枯。信禅师从外入城，劝诱道俗，念摩诃般若波罗蜜。其时遂得狂寇退散，井泉泛溢，其城获全。便逢度人，吉州得度。③

相比于《续高僧传》，《南阳和尚问答杂征义》中的吉州被乱贼围困时间由“七十余日”变为“百余日”，“井泉泛溢”也由道信刚入吉州城之时变为乱贼退散之后，有关刺史之事也略而未记，结尾补记的道信在吉州得度也在贼乱之后。

三是《历代法宝记》。该书末尾附录孙寰《大历保唐寺和上传顿悟大乘禅门门人写真赞文并序》，记载保唐无住（714－

---

① 杨曾文：《神会和尚禅话录》，北京：中华书局，2011年，第114页。

② 参见胡适：《神会和尚语录的第三个敦煌写本：〈南阳和尚问答杂征义〉（刘澄集）》，欧阳哲生编：《胡适文集》第10册，北京：北京大学出版社，1998年，第540－543页。

③ 杨曾文：《神会和尚禅话录》，北京：中华书局，2011年，第107页。

774）卒于大历九年（774）六月三日[①]。《曹溪大师别传》根据《历代法宝记》编撰，而《曹溪大师别传》成书于唐德宗建中二年（781）[②]，故《历代法宝记》成立于此之前。[③]《历代法宝记》记载：

> 信大师于是大业年，遥见吉州狂贼围城，百日已上，泉井枯涸。大师入城，劝诱道俗，令行般若波罗蜜。狂贼自退，城中泉井再泛。[④]

《历代法宝记》与《传法宝纪》皆记录了时间为隋大业年间，但贼围百日已上、贼退后泉井再泛、省略刺史之事则与《南阳和尚问答杂征义》相同。

而在9至11世纪的文献中，道信"吉州退贼"之事不但没有因为时代远逝而模糊，反而增加了更多细节信息。

一是唐贞元十七年（801）[⑤] 成书的《宝林传》卷八"僧璨

① 《历代法宝记》，T51，n2075，p. 196a27。柳田圣山：《初期の禅史Ⅱ：歴代法宝記》，东京：筑摩书房，1976年，第317页。

② 《曹溪大师别传》提及"先天二年壬子岁灭度，至唐建中二年，计当七十一年"，X86，n1598，p. 52c16－17。一般认为"唐建中二年"即《曹溪大师别传》成书时间，参见忽滑谷快天著，宋立道译：《禅学思想史》，北京：中国社会科学出版社，2019年，第315页；胡适：《〈坛经〉考之一（跋〈曹溪大师别传〉）》，欧阳哲生编：《胡适文集》第5册，北京：北京大学出版社，1998年，第238－240页；宇井伯寿：《第二禅宗史研究》，东京：岩波书店，1935年，第178页；柳田圣山：《初期禅宗史書の研究》（柳田圣山第6卷），京都：法藏馆，2000年，第222－223页。但先天元年为壬子岁，先天二年为癸丑岁，而先天二年（713）至唐建中二年为六十九年，《曹溪大师别传》有误。

③ 参见柳田圣山：《初期禅宗史書の研究》，京都：法藏馆，2000年，第279页。

④ 《历代法宝记》，T51，n2075，p. 181c12－15。柳田圣山：《初期の禅史Ⅱ：歴代法宝記》，东京：筑摩书房，1976年，第86页。

⑤ （南宋）本觉编：《历代编年释氏通鉴》卷十，X76，n1516，p. 105c22。贾晋华认为《宝林传》真正作者为章敬怀晖（757－816），参见贾晋华：《〈宝林传〉著者及编撰目的考述》，《文献》2011年第2期，第131－139页。

传”记载：

> 信于言下豁然大悟，侍奉左右，经八九年，于吉州受戒，却来侍奉璨大师，大师乃告信曰：“汝既尸罗具矣，其道明矣，吾何住乎？”①

关于道信前往吉州的原因，《续高僧传》、《传法宝纪》、《南阳和尚问答杂征义》所述为许度出家、隶属僧籍、配住吉州寺。据《隋炀帝行道度人天下敕》“大业三年（607）正月二十八日……州别请僧七日行道，仍总度一千人出家”②，《佛祖统纪》“（大业）三年正月，诏天下州郡七日行道，总度千僧”③，道信得度可能即在此年。但《历代法宝记》并未提及得度之事，而《宝林传》记载道信于吉州受具足戒（也可能吉州受戒与配住吉州寺并非同一事），时年为二十三岁左右。《续高僧传》和《传法宝纪》的配住吉州寺可能更为可靠。《宝林传》的“道信传”已经亡佚，但日本驹泽大学图书馆藏室町期写本《景德传灯抄录》卷三留存了相关逸文：

> 之至吉州，遇贼曹武卫等，围城经七十余日。大师乃诱导曰：“须念摩诃般若波罗蜜。”武卫等遥见城头，有数千神人，各长一丈，自穿金甲。④

---

① （唐）智炬：《双峰山曹侯溪宝林传》卷八，《中华大藏经》第73册，第673页a4－8。

② （唐）道宣：《广弘明集》卷二十八，T52，n2103，p. 328b25－c8。

③ （南宋）志磐：《佛祖统纪》卷三十九，T49，n2035，p. 361c28－29。

④ 日本驹泽大学图书馆藏室町期写本《景德传灯抄录》卷三、第2册，第29页a。转引自椎名宏雄《『宝林伝』逸文の研究》，《驹泽大学佛教学部论集》第11号，1980年，第245页。

《宝林传》逸文的“贼曹武卫”可作两解：一是以“贼曹”和“武卫”泛指起兵人员，二是指乱贼之首名为“曹武卫”。“贼曹”是汉魏以来州郡所置主盗贼事的佐官，《隋书·百官志》记载北齐置“贼曹”[①]，但隋代官制并无此名；“武卫”应是指“左右武卫”，据《隋书·百官志》，隋文帝置“左右武卫”掌宫禁宿卫，下设大将军、将军、长史、司马、录事、参军、行参军等员，隋炀帝所置“十二卫”也保留了左右武卫[②]。然而，“贼曹武卫”后有“等”字，后文又称“武卫等”，则“武卫”似乎是一个人，而非泛指。“曹武卫”可能指任职于左右武卫的曹姓人员，但此人未见他书，未详出处。又据《隋书·恭帝纪》“(义宁元年［617］十二月）丁亥，桂阳人曹武彻举兵反，建元通圣”[③]，《宝林传》也可能将“曹武彻”当作吉州贼首，“彻”与“卫”繁体字形相近，又误写作“曹武卫”，但曹武彻举兵在郴州，并未涉足吉州境。《宝林传》记载似不足信。

二是北宋法眼宗僧道原于景德元年（1004）奏进和大中祥符二年（1009）刊定刻板[④]的《景德传灯录》。该书卷三记载：

> 隋大业十三载，领徒众抵吉州。值群盗围城，七旬不解，万众惶怖。师愍之，教令念摩诃般若。时贼众望雉堞间，若有神兵，乃相谓曰：“城内必有异人，不可攻矣。”

① （唐）魏徵等：《隋书》卷二十七，北京：中华书局，1973年，第761页。

② （唐）魏徵等：《隋书》卷二十八，北京：中华书局，1973年，第773、780、793页。

③ （唐）魏徵等：《隋书》卷五，北京：中华书局，1973年，第100页。

④ （南宋）志磐：《佛祖统纪》卷四十四，T49，n2035，p. 402c23。（南宋）李焘：《续资治通鉴长编》卷七十一（第6册），北京：中华书局，2004年，第1590页。

稍稍引去。[①]

与之类似的还有李遵勖（988－1038）于景祐三年（1036）进呈[②]的《天圣广灯录》卷七：

> 隋大业十三年，游吉州。值群盗围城，七旬不解，万众忧迫。师悯之，教令念摩诃衍。时贼众望雉堞间若有神兵，乃相谓曰：“城内必有大异人，不可攻也。”稍稍引去。[③]

关于吉州被贼围城七十余日，《续高僧传》未明时间，《传法宝纪》为“属隋季丧乱”，而《景德传灯录》和《天圣广灯录》明确记为“隋大业十三年（617）”。据《隋书·炀帝纪》：“（大业十二年十二月）壬辰，鄱阳人林士弘自称皇帝，国号楚，建元太平，攻陷九江、庐陵郡。”[④] 又，《旧唐书·林士弘传》：“大业十三年，（林士弘）徙据虔州，自称皇帝，国号楚，建元太平，以其党王戎为司空。攻陷临川、庐陵、南康、宜春等诸郡，北至九江，南洎番禺，悉有其地。”[⑤] 道信所遇吉州贼围可能即发生在林士弘（？－622）举兵期间[⑥]，《景德传灯录》和

---

① （北宋）道原：《景德传灯录》卷三，T51，n2076，p. 222b5－9。

② （南宋）志磐：《佛祖统纪》卷四十五，T49，n2035，p. 410a4－5。

③ （北宋）李遵勖：《天圣广灯录》卷七，X78，n1553，p. 444c6－9。

④ （唐）魏徵等：《隋书》卷四，北京：中华书局，1973年，第91页。

⑤ （后晋）刘昫等：《旧唐书》卷五十六，北京：中华书局，1975年，第2276页。

⑥ 参见柳田圣山：《初期の禅史Ⅰ：楞伽師資記·伝法宝纪》，东京：筑摩书房，1971年，第379－380页。

《天圣广灯录》所记“大业十三年”并非无据。[①]

三是北宋云门宗僧契嵩（1007－1072）于嘉祐六年（1061）十二月奏进[②]的《传法正宗记》卷六：

> 隋大业间，尊者尝南游至庐陵。会贼党曹武卫以兵围其城，七旬不解。尊者因劝城中人，皆念摩诃般若波罗蜜。贼党俄见城堞之上，有人不翅千数，皆长丈许。其介胄金色，赫赫曜日。贼辈大骇，相谓曰：“是城必有大福德人，不可攻也。”即日引去。[③]

关于道信前往吉州的原因，《景德传灯录》《天圣广灯录》《传法正宗记》叙述为游化至吉州，相比之下，《续高僧传》和《传法宝纪》所记载的配住吉州寺可能更为可靠。《传法正宗记》与《宝林传》逸文皆提及“曹武卫”，也与《景德传灯录》和《天圣广灯录》一样提及乱贼“不可攻”之语，应是综合这些文献而写成。

---

① 据《续高僧传》卷二十附编“虽经贼盗，又经十年，蕲州道俗请度江北黄梅县众造寺。依然山行，遂见双峰有好泉石，即住终志……自入山来三十余载”（T50，n2060，p. 606b15－19），则吉州贼围距道信卒年永徽二年（651）四十余年，时间应在仁寿二年（602）至大业六年（610）之间，徐文明先生即据此认为吉州贼围与道信配住吉州为同一年，即大业三年（607），参见徐文明：《中土前期禅学史》，北京：北京师范大学出版社，2013年，第189页。但《传法宝纪》记载“至大业度人，配住吉州寺。属隋季丧乱……”则吉州贼围与道信配住吉州并非同一年；又《传法宝纪》“武德七年（624）至蕲州双峰山”，距道信卒年为二十七年，则《续高僧传》所谓“入山来三十余载”可能为“二十余载”或“近三十载”之讹。且《续高僧传》有关时间用语较为模糊，所记时间可能仅为约略。较之《传法宝纪》、《景德传灯录》和《天圣广灯录》明确的纪年，将吉州贼围发生时间推断为大业末年可能更为可靠。

② （北宋）契嵩：《传法正宗记》卷前《中书札子不许辞让师号》，T51，n2078，p. 716a14－15。

③ （北宋）契嵩：《传法正宗记》卷六，T51，n2078，p. 745c28－746a4。

此外，康熙二十八年（1689）成书的《庐陵县志》卷十三记载：

> 雪山寺，在东门外。隋大业中，四祖至吉安城东祥符寺。时，吉安被寇围七十日。官民告祖，祖令城中人禁屠三日，各念摩诃般若波罗蜜。城上四门天王出现，贼惧而退。城中复患疫，再告祖，祖令金（念）摩诃般若波罗蜜多如初。时当六月，炎热异常，降大雪，病遂愈，乃改为雪山寺。①

此中以为道信在吉州最初住于“城东祥符寺”。同书记载：“东山祥符寺，东山在郡东南，吴建兴二年置东山禅寺，宋治平二年改额慈恩寺，黄庭坚撰《仁寿塔记》亦云‘东山慈恩寺’。”② 又，黄庭坚《吉州慈恩寺仁寿塔记》：“吉州东山慈恩寺，治平皇帝赐名也。寺有江南李氏保大中刻石，曰龙兴寺。而《高僧传》言，仁寿舍利塔在发蒙寺。寺三易名，其岁月皆失款识。”③ 而《续高僧传·慧最传》云：“（慧最）后又送舍利于吉州发蒙寺。”④ 由此可知，“城东祥符寺”为隋文帝仁寿年间慧最奉诏送舍利的吉州发蒙寺，道信似有可能住于此。然而，降雪除疫之事恐是由吉州退贼传衍而来，不足征信。另，《吉安府志》记载：“四祖禅师，唐武德中尝驻锡潮山，日坐禅宝峰之下石室

① （清）濮应台、陆在新等修：《（康熙）庐陵县志》卷十三，国家图书馆藏清乾隆年间据清康熙二十八年（1689）刻本增刻，第7a－b页。

② （清）濮应台、陆在新等修：《（康熙）庐陵县志》卷十三，国家图书馆藏清乾隆年间据清康熙二十八年（1689）刻本增刻，第1a页。

③ （北宋）黄庭坚撰，刘琳等校点：《黄庭坚全集》，成都：四川大学出版社，2001年，第454页。

④ （唐）道宣：《续高僧传》卷十，T50，n2060，p. 507b28。

中，结庵山巅”[①]，这也是根据道信住吉州传衍的当地传说。

二　道信的念般若退贼

关于退贼，僧人山居或游方，易遇贼乱，尤其兵事纷乱之世更是如此。《高僧传》和《续高僧传》皆记载部分僧人因为修学精进而有感应或神通，能够退贼避乱，或以咒术、祈祝三宝、念佛菩萨名号退散贼人，或有护法神守卫协助，或以深湛定力使贼信服（详见下表）。相比之下，道信的退贼方法较为特殊，除了《天圣广灯录》记为“念摩诃衍”，其余文献皆记为“念般若”或“念摩诃般若”或“念摩诃般若波罗蜜”；《历代法宝记》所谓“行般若波罗蜜”应与“念般若”含义相同。此中所谓“念”可作三解，一是指读诵《般若经》，二是指对“般若波罗蜜”这一名号的思惟、忆念、观照，三是对甚深般若波罗蜜多相应理境的思惟、忆念、观照。前二者是接引初学、获得福德、明咒加持的方便道，而后者是甚深般若波罗蜜多的修学。道信“念般若退吉州贼”之事，不仅是其精进修学引发感通神异的表现，也是其所传习的达摩—慧可以来的“虚宗”禅观方法及其果德的隐喻。

① （明）余之祯修、王时槐纂：《（万历）吉安府志》卷三十一，北京：书目文献出版社，1991年，第420页。

僧人	年代	分类	退贼方法	出 处①
释道汪	? -466	义解	誓心共念观世音	《高僧传》卷 7，T50. 371c10-13
法禅等	北魏末	感通	惟念观音	《续高僧传》卷 25，T50. 645c22-24
释智显	隋唐间	感通	念观音不值贼	《续高僧传》卷 25，T50. 664b25-27
那连提黎耶舍	490-589	译经	口诵观音神咒	《续高僧传》卷 2，T50. 432b25-29
释明达	463-517	兴福	教具千灯，祈诚三宝	《续高僧传》卷 29，T50. 691b27-c4
释玄奘	602-664	译经	注想慈尊弥勒如来及东夏住持三宝	《续高僧传》卷 4，T50. 449c10-21
释慧瑱	北周	感通	山神守护	《续高僧传》卷 25，T50. 649c8-20
释慧瑜	562-640	义解	黑蛇守护	《续高僧传》卷 14，T50. 537c6-12
释僧审	416-490	习禅	端坐不动，劫贼惭愧	《高僧传》卷 11，T50. 399c24-26
释志超	571-641	习禅	合坐端然，相同仪象，贼拜伏归依	《续高僧传》卷 20，T50. 592a28-b1
释慧璇	571-649	义解	深惟法力	《续高僧传》卷 15，T50. 539a14
释智勤	586-659	护法	独守此寺，贼不敢凌	《续高僧传》卷 24 附，T50. 643a14-19

① T 表示《大正藏》，后面数字和字母依次表示册数、页码、栏号、行数。

道信的“念般若”来源于《般若经》智证与方便并重的“行般若波罗蜜多”法门。《般若经》赞叹缘起甚深、涅槃甚深、般若波罗蜜多亦甚深，着重开辟大乘菩萨修学的道路，即以无上正等觉为目标、以般若波罗蜜多为方法、以空相应缘起为理境而获得与涅槃同样内容的深彻觉悟。然而，为了摄化诱导一般“善男子、善女人”，接引初学得以趋向一般大众难以信受的甚深般若波罗蜜多法门，《般若经》又广开闻思修的方便，以经卷的供养、明咒的护卫、陀罗尼的摄持等让修学者培养对于大乘般若波罗蜜多的坚固不坏的清净信念。《般若经》中反复校量，对于般若波罗蜜多经卷的书写、读诵、受持、供养、赞叹是超胜于一切供养三宝的福德。《小品般若经·塔品》云：

> 是善男子、善女人，以是供养般若波罗蜜经卷因缘故，其福（puṇya）甚多，无量无边，不可得数，不可思议。何以故？憍尸迦！一切诸佛萨婆若智（sarvajñatā）皆从般若波罗蜜生。憍尸迦！以是因缘故，若善男子、善女人，供养般若波罗蜜经卷，恭敬、尊重、赞叹，华香乃至伎乐供养，于前功德，百分不及一分，千分、万分、百千万亿分不及一，乃至算数譬喻所不能及。①

此中所谓“前功德”指遍满十方恒河沙等世界一一众生建造七宝塔、于一劫中以华香伎乐等供养舍利等所形成的功德。《小品般若经》以夸张的修辞表示供养《般若经》的功德超胜于

---

① （后秦）鸠摩罗什译：《小品般若波罗蜜经》卷二，T8，n227，p. 543b11－18。（唐）玄奘译：《大般若波罗蜜多经》卷五百四十，T7，n220，p. 777b5－18。P. L. Vaidya (ed.), *Aṣṭasāhasrikā Prajñāpāramitā: With Haribhadra's Commentary Called Ālokā*, Darbhanga: The Mithila Institute, 1960, pp. 35－36.

“前功德”无数倍，乃至无法以数字加以描述，而只能赞叹其“无量无边、不可得数、不可思议”。之所以供养《般若经》具有如此殊胜功德，是因为《般若经》所教授的般若波罗蜜多法门能出生一切诸佛的萨婆若智，供养《般若经》即供养一切诸佛的萨婆若智。

同时，《般若经》强调，在遇到危急情况下，诵念般若波罗蜜多能够解除灾厄、远离恐怖、获得内心的平静。《般若经》中赞叹“般若波罗蜜是大明咒，般若波罗蜜是无上咒，般若波罗蜜是无等等咒”[①]。此中所谓“咒”（vidyā），又译作“明”或“明咒”，原意为学问，如古印度的“五明”（pañca - vidyā）；但《般若经》将其作为“真言”（mantra）的同义语，意为能够趋吉避凶的秘密语言。[②]《般若经》认为，“般若波罗蜜多”这一名言本身就是“明咒”，而且是威力无比的“明咒”，故称为“大明咒”“无上咒”“无等等咒”。作为“明咒”的“般若波罗蜜多”能够帮助化解一切困厄。《小品般若经·塔品》云：

> 善男子、善女人，受持读诵般若波罗蜜，若入军阵，诵般若波罗蜜，若住若出，若失寿命，若被恼害，无有是处；若刀箭向者，终不能伤。何以故？般若波罗蜜是大咒术（mahā-vidyā）、无上咒术（anuttara……vidyā）。善男子、善女人，学此咒术，不自念恶，不念他恶，不两念恶；学是咒

① （后秦）鸠摩罗什译：《小品般若波罗蜜经》卷二，T8，n227，p. 543b25 - 27。（后秦）鸠摩罗什译：《摩诃般若波罗蜜经》卷九，T8，n223，p. 286b28 - 29。（唐）玄奘译：《大般若波罗蜜多经》卷一百二“初分”，T5，n220，p. 568b19 - 21。（唐）玄奘译：《般若波罗蜜多心经》，T8，n251，p. 848c19。

② 参见平川彰：《初期大乗仏教の研究》，东京：春秋社，1968 年，第 232 - 233 页。

> 术，得阿耨多罗三藐三菩提，得萨婆若智，能观一切众生心。①

如果陷落于军阵战事之中，诵“般若波罗蜜多”即能够不为刀剑加害、保护性命。虽然外道也有此类效果的咒术，但相比之下，“般若波罗蜜多”是超胜于一切外道咒术的，故称为“大咒术、无上咒术”。对于此，《大智度论》解释说：“（般若波罗蜜咒）能常与众生道德乐故；余咒术，乐因缘，能起烦恼，又不善业故，堕三恶道。”② 外道咒术虽然也有效用，但因为有所爱乐取执而引生贪嗔痴等烦恼、造作不善染业、最终流转堕落于恶趣，于智慧和解脱并无帮助；而般若波罗蜜多如实通达空相应缘起，于空无所有的一切法无所取无所舍，虽然究竟无所得，但也因此能普遍修学一切无漏善法而解开生死烦恼的系缚、开发明明朗朗的无碍智慧、究竟获得与诸佛如来不异的无上正等觉。显然，将般若波罗蜜多称为“明咒”是为了凸显其降伏一切染法、兴起一切善法的效果，修持作为“明咒”的般若波罗蜜多与菩萨以无所得为方便修学六波罗蜜多的意趣相同，只是修持明咒更为易于入手而接引初学、摄化一般大众。

因此，道信在吉州城教人“念般若”，一方面是因为信仰读诵《般若经》具有无量功德，念诵作为“无上咒术”的“般若波罗蜜多”能够解除战乱斗争的危难，另一方面是因为念般若

---

① （后秦）鸠摩罗什译：《小品般若波罗蜜经》卷二，T8，n227，p. 542b2 – 9。（唐）玄奘译：《大般若波罗蜜多经》卷五百四十，T7，n220，p. 774a19 – b16。P. L. Vaidya（ed.），*Aṣṭasāhasrikā Prajñāpāramitā: With Haribhadra's Commentary Called Ālokā*，Darbhanga：The Mithila Institute，1960，pp. 27 – 28.

② （后秦）鸠摩罗什译：《大智度论》卷五十八，T25，n1509，p. 469b16 – 18。

波罗蜜多能够诱导大众生起对于大乘菩萨道的信念，踏上修学般若波罗蜜多的道路，向无上正等觉的目标迈进。

三　退贼的禅法象征

道信的“念般若退吉州贼”之事虽然是历史事件，但也同时具有禅法修学的象征意义。禅法所要降伏的烦恼、妄想、执著常常被比喻为劫夺清净善法的“魔”或“贼”，而“降魔”或“退贼”则意味着解除烦恼系缚而获得身心自在，从而能够进一步圆满智慧、成就悲愿。

在证觉过程中遭遇魔事留难是早期佛教以来对修学道路所逢关隘的描述。在《杂阿含经》中，释迦牟尼佛在尼连禅（Nerañjarā）河畔菩提树下初成正觉时，即遭遇欲界第六天的魔王波旬（Māro Pāpimā）及其三个女儿爱欲（Taṇhā）、爱念（Arati）、爱乐（Rāga）前来扰乱，然而佛陀已“离诸爱欲，心善解脱”，故能摧伏魔军而令其退却。[①] 在《小品般若经》中，佛陀为释提桓因为首的诸天说般若波罗蜜多，而恶魔即化作四种魔军前来阻碍菩萨受阿耨多罗三藐三菩提记。《小品般若经·明咒品》云：

> 尔时释提桓因作是念：“魔严四兵来至佛所……今是兵相，必是恶魔所作。是魔长夜欲求佛短，恼乱众生，我当诵念般若波罗蜜。”释提桓因即默诵般若波罗蜜，随其所诵，

① （刘宋）求那跋陀罗译：《杂阿含经》卷三十九第1092经，T2，n99，p. 286b22－287c6。*Saṃyutta－Nikāya* 4. 24－25，vol. 1，pp. 122－127.

恶魔稍稍复道而去。[①]

所谓“四兵”，即《阿含经》所谓“象军、马军、车军、步军”四种军兵[②]。但恶魔所化的四兵不同于人间国王的四兵，专以渴爱为主的烦恼作为其武力，试图破坏佛陀的教化、扰乱佛弟子的修学、阻碍圣者的证觉。但《般若经》强调，作为“无上咒术”的般若波罗蜜多能够降伏一切魔军。此处的恶魔和魔军具有双重含义，既可以指如释迦牟尼佛所遇到的魔王波旬那般的天魔，也可以指一切阻碍证觉的力量。早期佛教以来，“魔”又进一步分为四种：“身魔”（五蕴魔）、“欲魔”（烦恼魔）、“死魔”、“天魔”[③]。显然，除了“天魔”指外在的一类众生，其余三者分别指作为一切有情众生流转生死之因果的苦、惑、业。以般若波罗蜜多降伏魔军，不只是指降伏天魔，更重要的是降伏苦、惑、业而获得无所染著的自由，从而得以践行悲愿、圆满萨婆若智。

苦、惑、业三魔侧重于历时因果的分析，而从阻碍证觉的魔事发生作用的共时结构而言，魔事产生主要来自于外境的牵引和内在的取执。《杂阿含经》云：

> 六内贼者（chaṭṭho antaracaro vadhako ukkhittāsiko），譬六爱喜。空村者（suñño gāmo），譬六内入……空村群贼者（corā gāmaghātakā），譬外六入处。眼为可意、不可意色所

---

① （后秦）鸠摩罗什译：《小品般若波罗蜜经》卷二，T8，n227，p. 544a7－13。

② （东晋）瞿昙僧伽提婆译：《中阿含经》卷一，T1，n26，p. 422c20－21。（刘宋）求那跋陀罗译：《杂阿含经》卷十六第407经，T2，n99，p. 109a10－11。

③ （东晋）瞿昙僧伽提婆译：《增壹阿含经》卷五十一，T2，n125，p. 827a21。（唐）玄奘译：《阿毗达磨发智论》卷二十，T26n1544，p. 1031b14。

害；耳声、鼻香、舌味、身触，意为可意、不可意法所害。①

作为“六内贼”的“六爱喜”指眼触、耳触、鼻触、舌触、身触、意触此六触所生爱悦和喜乐，而“空村”即眼、耳、鼻、舌、身、意此六内根，“空村群贼”即色、声、香、味、触、法此六外境。所谓魔贼扰害之事即是作为外贼的六境和作为内贼的六爱喜组成的军兵共同借助于作为“空村”的六内根而劫夺一切善法。《大智度论》也说“饥渴、寒热，是外魔军；结使、烦恼，是内魔贼。”② 因此，所谓修学即是破内外贼的作用而退散魔事，从而为悲智成就开辟道路。

道信的“念般若退吉州贼”之事也可以象征禅法修学中的降魔退贼，而其中六个关键象征符号即是吉州城、刺史、百姓、群贼、道信、神兵，分别对应禅法修学过程中禅者的身体、心王、六内根、六外境和六喜爱、法流水、般若波罗蜜。其对应关系如下：

吉州城——身

刺史——心王

百姓——六内根

群贼——六外境、六喜爱

道信——法流水

神兵——般若波罗蜜

① （刘宋）求那跋陀罗译：《杂阿含经》卷四十三第1172经，T2，n99，p. 313c14－20。M. Léon Feer (ed.), *Saṃyutta－Nikāya* 35. 197, vol. 4, London: Pali Text Society, 1894, pp. 174－175.

② （后秦）鸠摩罗什译：《大智度论》卷十五，T25，n1509，p. 169a9－10。

吉州城即象征着禅者的身体，《大般涅槃经》云："是身如城，血肉筋骨皮裹其上，手足以为却敌楼橹，目为窍孔，头为殿堂，心王处中。"① 群贼将吉州城团团围住，挟持百姓和刺史迫其就范，使百姓和刺史陷入困厄之中，这象征着禅者身体中的心王驱使六内根攀缘六外境和合为六触，进一步引生爱悦和喜乐，由于爱悦和喜乐的取执，心王和六内根反而被六外境和六喜爱所牵引、拘执、限制，不得自由。刺史昏昧无能，不能抵御贼乱、保护百姓，这象征着心王被虚妄执著和戏论习气遮蔽而不能驱使六内根如实了知六外境和六喜爱的真相。群贼围城致使城中乏水，道信出现时井水还复，而《杂阿含经》正把佛陀正法的传承相续譬喻为"法流水"（dhamma - sota）②，故道信的出现正象征着法流水断而复流。道信指点刺史御敌方略，召感神兵降伏震退群贼，守护吉州城得以恢复安宁，这象征着心王经过法流水的教化熏习，依般若波罗蜜多如实观察外境空无所有、爱喜虚妄不实，从而降伏戏论妄见和贪嗔痴所总摄的烦恼，于一切法皆无所住、不可得，不造作染业而得以生起善法，向悲智圆满的菩提道迈进。可见，道信的"念般若退吉州贼"之事对于修学般若波罗蜜多相应禅法具有指导意义。

---

① （北凉）昙无谶译：《大般涅槃经》第一，T12，n374，p. 367b1 - 3。

② （刘宋）求那跋陀罗译：《杂阿含经》卷三十三第 931 经，T2，n99，p. 237c29。Edmund Hardy（ed.），*Aṅguttara - Nikāya* 6. 10，vol. 3，London：Pali Text Society，1897，p. 286.

第二节　道信与《文殊般若经》

目前所见道信唯一留存的著作《入道安心要方便法门》[①]为唐净觉（683－?）[②]所集《楞伽师资记》“道信传”所引用。《楞伽师资记》保存于敦煌写卷之中，《大正藏》收录了校订本。[③]该书“神秀传”提及“则天大圣皇后、应天神龙皇帝、太上皇”[④]，此中“太上皇”指唐睿宗李旦（662－716）于延和元年（712）八月传位于李隆基，自称“太上皇”[⑤]，改元为先天；开元四年（716）六月，李旦崩于百福殿，七月谥曰“大圣贞皇帝”，庙曰“睿宗”[⑥]。故《楞伽师资记》成书应在先天元年

① 又名《大乘入道坐禅次第要论》，参见（北宋）王尧臣撰，（清）钱东垣辑释《崇文总目辑释》卷四“《大乘入道坐禅次第要论》一卷，释道信撰”，清粤雅堂丛书本，第84b页。（南宋）郑樵撰，王树民点校《通志二十略》艺文略第五“《大乘入道坐禅次第要论》一卷［三十一相，道信撰］”，北京：中华书局，1995年，第1643页。（元）脱脱等《宋史》卷二百五“道信《大乘入道坐禅次第要论》一卷”，北京：中华书局，1985年，第5181页。

② 净觉生平，参见杨曾文：《净觉及其〈注般若波罗蜜多心经〉与其校本》，《中华佛学学报》第6期，1993年，第237－261页。杨曾文：《唐五代禅宗史》，北京：中国社会科学出版社，1999年，第132－137页。

③ 相关校勘整理，参见金九经：《楞伽师资记（校刊）》，北平待曙堂铅印本，1931年；柳田圣山：《初期の禅史Ⅰ：楞伽師資記·伝法宝纪》，东京：筑摩书房，1971年，第49－326页；韩传强：《禅宗北宗敦煌文献录校与研究》，南京：江苏人民出版社，2016年，第279－337页。

④ （唐）净觉：《楞伽师资记》，T85，n2837，p.1290a21－22。

⑤ （后晋）刘昫等：《旧唐书》卷七，北京：中华书局，1975年，第160页。（北宋）欧阳修、宋祁等：《新唐书》卷五，北京：中华书局，1975年，第119页

⑥ （后晋）刘昫等：《旧唐书》卷七，北京：中华书局，1975年，第162页。（北宋）欧阳修、宋祁等：《新唐书》卷五，北京：中华书局，1975年，第120页

（712）至开元四年（716）之间。[①]《楞伽师资记》“粲禅师传”部分记载了粲禅师传灯于道信事，“道信传”部分未载道信生平，而收录了《入道安心要方便法门》。[②]

《入道安心要方便法门》开篇即点明道信禅法的纲领：“我此法要，依《楞伽经》‘诸佛心第一’，又依《文殊说般若经》‘一行三昧’。即念佛心是佛，妄念是凡夫。”[③] 这正对应作为达摩—慧可禅法文献的《二入四行论》开篇所谓“夫入道多途，要而言之，不出二种：一是理入，二是行入”[④]。达摩—慧可禅法将《楞伽经》依如来藏思想所说的“自心现量”作为修学形态的议题内容和禅观境界，将“无所有，不可得”的般若波罗蜜多作为修学形态的建筑形式和实践方法。而道信明确将所传习的禅法纲领奠基在两本经典之上，即以《楞伽经》的“诸佛心第一”[⑤] 作为安心的理境、以《文殊般若经》的“一行三昧”作为入道的行法。可见，道信禅法的“入道安心”继承了达摩—慧可禅法“二入”的修学形态，只不过道信将达摩—慧可禅法中的“行般若波罗蜜多”具体落实于《文殊般若经》。唐湛然

① 参见柳田圣山：《初期の禅史 I：楞伽師資記 · 伝法宝纪》，东京：筑摩书房，1971 年，第 30 页。Timothy H. Barrett，“The Date of the Leng – chia shih – tzu chih”，*Journal of the Royal Asiatic Society*，series 3，vol. 1，no. 2，1991，pp. 255 – 259. 杨曾文：《净觉及其〈注般若波罗蜜多心经〉与其校本》，《中华佛学学报》第 6 期，1993 年，第 237 – 261 页。杨曾文：《唐五代禅宗史》，北京：中国社会科学出版社，1999 年，第 136 页。

② （唐）净觉：《楞伽师资记》，T85，n2837，p. 1286b9 – 11、p. 1286c19 – 1289b10。《入道安心要方便法门》单独的校勘整理，参见杨维中：《四祖道信大师〈入道安心要方便法门〉校释》，吴言生主编：《中国禅学》第 3 卷，北京：中华书局，2004 年，第 1 – 30 页。

③ （唐）净觉：《楞伽师资记》，T85，n2837，p. 1286c22 – 24。

④ 柳田圣山：《達摩の語録：二入四行論》，东京：筑摩书房，1969 年，第 31 页。

⑤ （刘宋）求那跋陀罗译：《楞伽阿跋多罗宝经》卷一，T16，n670，p. 481c2。

(711－782)《止观辅行传弘决》也说“信禅师元用此经以为心要”[①]，亦指《文殊般若经》。

一　《文殊般若经》的文本

《文殊般若经》尚存相应梵本《七百颂般若》(*Saptaśatikā Prajñāpāramitā*)。[②] 藏译本题为《圣般若波罗蜜多七百（颂）大乘经》(*'phags pa shes rab kyi pha rol tu phyin pa bdun brgya pa zhes bya ba theg pa chen po'i mdo*)，收录于《西藏大藏经·甘珠尔》

① （唐）湛然：《止观辅行传弘决》卷二，T46，n1912，p. 184c12。

② 梵本最早由意大利学者图齐（Giuseppe Tucci）根据英国剑桥大学图书馆藏泥泊尔梵文写本（MS Add. 868）进行整理，参见 Giuseppe Tucci (ed.)，“Saptaśatikāprajñāpāramitā，” *Memorie della Reale Accademia Nazionale dei Lincei*，*Classe di Scienze morali*，*storiche e filologiche*，serie V，vol. 17，1923，pp. 116－139. 其后，日本学者增田慈良在图齐整理本基础上，根据河口慧海藏尼泊尔梵文写本、京都大学藏梵文写本、玄奘译《大般若经》卷574、藏译本对梵本《七百颂般若》前半部分重新作了细致校订，并与玄奘译本逐段进行了对勘，参见 Jiryo Masuda，“Saptaśatikā Prajñāpāramitā：Text and the Hsüan－chwang Chinese Version with Notes，” *Journal of the Taisho University*，*vols.* 6－7：*In Commemoration of the Sixtieth Birthday of Professor Unrai Wogihara*，*part II*，1930，pp. 185－241. 收录于大正大学出版部编：《荻原博士还历记念祝贺论文集》(part II)，东京：山喜房佛书林，1972年，第185－241页。印度学者维迪耶（P. L. Vaidya）编《大乘经集》也重刊了增田慈良整理本，参见 P. L. Vaidya (ed.)，“No. 21：Mañjuśrīparivartāparaparyāyā Saptaśatikā Prajñāpāramitā，” in *Mahāyāna－sūtra－saṃgrahaḥ*，*part I*（Buddhist Sanskrit Texts，17），Darbhanga：The Mithila Institute，1961，pp. 340－351. 日本学者佐藤坚正重新校订了梵本《七百颂般若》前半部分，参见 Kenshō Satō，“A Critical Edition of Saptaśatikā prajñāpāramitā (1)”，*Journal of the Graduate School*，*Taishō University*，no. 31，2007，pp. 1－20. 李学竹和法兰西斯柯·比安齐尼（Francesco Bianchini）转写了中国藏学中心所藏梵文写本，参见 Li Xuezhu and Francesco Bianchini，“A Diplomatic Edition of the Sanskrit Saptaśatikā Prajñāpāramitā：Part 1”，*China Tibetology*，no. 2，September 2021，pp. 105－120. 匈牙利学者盖尔盖伊·希道什（Gergely Hidas）整理了英国剑桥大学图书馆藏尼泊尔梵文写本《陀罗尼集》（MS Add. 1326），其中收录了梵本《七百颂般若》，参见 Gergely Hidas，*Powers of Protection*：*The Buddhist Tradition of Spells in the Dhāraṇīsaṃgraha Collections*，Beyond Boundaries vol. 9，Berlin；Boston：De Gruyter，2021，pp. 247－273.

“般若部”，失译；又见于“宝积部”，印度亲教师天主觉（Surendrabodhi）和西藏译师智军（Ye shes sde）译。

《文殊般若经》共有三个汉译本。

一是萧梁曼陀罗仙译《文殊师利所说摩诃般若波罗蜜经》。梁武帝天监二年癸未（503）[①]，扶南国沙门曼陀罗仙赍梵本经来到扬都（金陵），献于梁武帝；据《梁书·诸夷传》“天监二年，跋摩复遣使送珊瑚佛像，并献方物”[②]，曼陀罗仙可能随扶南王㤭陈如阇邪跋摩所派遣的使臣前来。同年[③]，梁武帝命之译经，但由于曼陀罗仙“虽事翻译，未善梁言”，由萧齐时来扬都的扶南国沙门僧伽婆罗（460－524）共同翻译，译出《大乘宝云经》《法界体性无分别经》《文殊师利说摩诃般若波罗蜜经》。[④] 唐神龙二年（706）至先天二年（713）[⑤]，菩提流志编撰《大宝积经》，将《法界体性无分别经》《文殊师利说摩诃般若波罗蜜经》收入为“法界体性无分别会第八”和“文殊说般若会第四十六”。

二是萧梁僧伽婆罗译《文殊师利所说般若波罗蜜经》。据《南齐书·东南夷》“永明二年（484），阇耶跋摩遣天竺道人释

① （唐）靖迈：《古今译经图纪》卷四，T55，n2151，p. 364b17。（唐）智升：《开元释教录》卷六，T55，n2154，p. 537b12。

② （唐）姚思廉：《梁书》卷五十四，北京：中华书局，1973，第789页。

③ （隋）费长房：《历代三宝纪》卷三，T49，n2034，p. 44a18。（唐）靖迈：《古今译经图纪》卷四，T55，n2151，p. 364b17。

④ （隋）费长房：《历代三宝纪》卷十一，T49，n2034，p. 98b5－8。（唐）道宣：《续高僧传》卷一，T50，n2060，p. 426a22－26。（唐）道宣：《大唐内典录》卷四，T55，n2149，p. 265c12－15。

⑤ （唐）李旦：《大宝积经序》，T11，n310，p. 1b7－14。（唐）智升：《开元释教录》卷九，T55，n2154，p. 569b5。

那伽仙上表称……”[①] 此“阇耶跋摩”即扶南王，僧伽婆罗可能随释那伽仙同来萧齐[②]。《历代三宝纪》《续高僧传》等记载僧伽婆罗“住正观寺，为求那跋陀弟子”[③]；又据《高僧传·求那毗地传》，正观寺在建邺淮侧，是南海商人为中天竺沙门求那毗地（？－502）所造[④]，而《高僧传》将僧伽婆罗传记附于《求那毗地传》之后[⑤]，僧伽婆罗于扬都所师事者可能为求那毗地，只是《历代三宝纪》等将“求那毗地”误作为“求那跋陀”。可能因为“毗”为并母、脂韵，“跋”为并母、末韵，较为相近；“地”为定母、至韵，“陀”为定母、歌韵，字形也相近。萧梁建立后，僧伽婆罗协助曼陀罗仙翻译《文殊师利说摩诃般若波罗蜜经》；曼陀罗仙终没后，僧伽婆罗专事翻译。天监五年（506）[⑥]，僧伽婆罗被敕征召，于扬都寿光殿、正观寺、占云馆等处翻译曼陀罗仙从扶南国赍来献上的梵本佛经，沙门宝唱、慧超、僧智、法云、袁昙允等笔受。[⑦] 关于僧伽婆罗译经时间，《历代三宝纪》注明译出时间的僧伽婆罗译经中最迟为普通元年（520）译《十法经》[⑧]，《大周刊定众经目录》据“宝唱录”记

① （梁）萧子显：《南齐书》卷五十八，北京：中华书局，2017，第1123页。

② 参见可潜：《〈文殊般若经〉译者小考》，《佛学研究》第25期，2016年，第81－96页。

③ （隋）费长房：《历代三宝纪》卷十一，T49，n2034，p. 98c1－2。（唐）道宣：《续高僧传》卷一，T50，n2060，p. 426a7－8。

④ （梁）慧皎：《高僧传》卷三，T50，n2059，p. 345b6－8。

⑤ （梁）慧皎：《高僧传》卷三，T50，n2059，p. 345b9－13。

⑥ 《历代三宝纪》卷三记载《宝云经》等三部为天监二年僧伽婆罗协助曼陀罗仙译出（T49，n2034，p. 44a18），卷十一记载天监五年僧伽婆罗被召，后者可能指主持译场，待考。

⑦ （隋）费长房：《历代三宝纪》卷十一，T49，n2034，p. 98c5－9。（唐）道宣：《大唐内典录》卷四，T55，n2149，p. 266a8－12。

⑧ （隋）费长房：《历代三宝纪》卷十一，T49，n2034，p. 98b21。

载《宝云菩萨经》《善眉经》亦为普通元年译[1]，但这两部经未见其余经录；《古今译经图纪》记载“以梁天鉴元年岁次丙戌，至普通元年岁次庚子”[2]，天监五年为丙戌，此中“天鉴元年”应为“天监五年”之讹，《开元释教录》亦记载“以天监五年景（避讳‘丙’字）戌至普通元年庚子”[3]；而《续高僧传》记载“讫十七年”[4]，则是指天监五年至普通三年（522），与诸书记载不一，或有讹误。故僧伽婆罗译出《文殊师利所说般若波罗蜜经》当在天监五年至普通元年（或三年）之间。僧伽婆罗译本与曼陀罗仙译本字数相近，但广略互有出入，应是出自不同底本。《开元释教录》指出曼陀罗仙译本“初文无十重光，后文有一行三昧，文言‘文殊师利童真’者是”，僧伽婆罗译本“初文有十重光，后文无一行三昧，文言‘文殊师利法王子’者是；初叹菩萨德及列菩萨名，此本稍广”。[5]

三是唐玄奘译《大般若经》卷五百七十四至五百七十五“第七会曼殊室利分”。《大般若经》的翻译始于显庆五年（660）正月元日，终于龙朔三年（663）冬十月二十三日；同年十一月二十日玄奘弟子窥基奉表奏闻，请御制经序；十二月七日，通事舍人冯茂宣敕垂许。[6] 玄奘译本与曼陀罗仙译本相当。

---

① （唐）明佺等：《大周刊定众经目录》卷一，T55，n2153，p. 378a18 - 19；卷七，p. 413c12 - 13。

② （唐）靖迈：《古今译经图纪》卷四，T55，n2151，p. 364b24 - 25。

③ （唐）智升：《开元释教录》卷六，T55，n2154，p. 537c17 - 18。

④ （唐）道宣：《续高僧传》卷一，T50，n2060，p. 426a13 - 14。

⑤ （唐）智升：《开元释教录》卷十一，T55，n2154，p. 583b24 - 26、p583c1 - 3。

⑥ （唐）慧立、彦悰：《大唐大慈恩寺三藏法师传》卷十，T50，n2053，p. 275c23 - 276b23。

二　《文殊般若经》的流传

《文殊般若经》译出后，不仅流传于南朝境内，也影响了北朝佛教。目前所知的北齐时期（550－577）的石刻佛经中，《文殊般若经》节文是频繁出现的内容，尤其以山东境内保存最多。[①] 山东东平洪顶山北麓、洪顶山南麓、山东邹城峄山妖精洞旁（董珎陁刻）、邹城峄山五华峰、邹城阳山东麓、邹城尖山、山东新泰徂徕山南麓映佛岩、山东兖州金口坝刻经残碑、河北邯郸南响堂山第2窟内前壁左侧等刻有《文殊般若经》九十八字：

> 文殊师利白佛言：世尊！何故名般若波罗蜜？佛言：般若波罗蜜，无边无际，无名无相，非思量，无归依，无洲渚，无犯无福，无晦无明，如法界无有分齐，亦无限数，是名般若波罗蜜，亦名菩萨摩诃萨行处。非行非不行处，悉入一乘，名非行处。何以故？无念无作故。[②]

山东汶上水牛山《文殊般若碑》（现藏汶上县博物馆）刻有《文殊般若经》二百九十七字“尔时文殊师利白佛言：世尊，我观正法无为、无相、无得无利、无生无灭、无来无去，无知者无

① 参见赖非：《山东北朝佛教刻经研究》，载《赖非美术考古文集》，济南：齐鲁书社，2014年，第209－230页。斋藤智宽：《〈文殊说般若经〉的传播与禅思想》，洪修平主编：《佛教文化研究》第4辑，南京：江苏人民出版社，2016年，第19－36页。

② 王永波、雷德侯主编：《中国佛教石经·山东省》第1卷，杭州：中国美术学院出版社，2014年，第257、295页。王永波、温狄娅主编：《中国佛教石经·山东省》第2卷，杭州：中国美术学院出版社，2014年，第65页。张林堂主编：《响堂山石窟碑刻题记总录》，北京：外文出版社，2005年，第15页。

见者，无作者……是名般若波罗蜜，亦名菩萨摩诃萨行处，非行非不行处，悉入一乘，名非行处。何以故？无念无作故。”[①] 该碑文字包含了上述九十八字段。山东东平洪顶山、山东汶山水牛山摩崖、河北邯郸南响堂山第4至6窟窟檐[②]等刻有《文殊般若经》五十四字：

> 佛言：舍利弗，汝问云何名佛、云何观佛者，不生不灭、不来不去、非名非相，是名为佛；如自观身实相，观佛亦然，唯有智者乃能知耳，是名观佛。[③]

对比藏经刊本，九十八字段和二百九十七字段为曼陀罗仙译本与僧伽婆罗译本共有[④]，个别文字略异；五十四字段则仅见于曼陀罗仙译本[⑤]。北朝刻经中出现最多的《文殊般若经》九十八字段，以“何故名般若波罗蜜”为核心，是对“无所有，不可得”的般若波罗蜜多法门最为凝练的概括。这反映出，北齐时期可能将《文殊般若经》该段文字作为卷帙众多的《般若经》的代表。而《文殊般若经》五十四字段所说的观佛三昧则是具体的践行般若波罗蜜多的禅修方法。因此，北齐的《文殊般若

① 山东石刻艺术博物馆，汶上县博物馆编：《文殊般若经碑》，济南：齐鲁书社，1994年。

② 参见张总：《北朝至隋山东佛教艺术查研新得》，巫鸿编：《汉唐之间的宗教艺术与考古》，北京：文物出版社，2000年，第61-88页。张林堂主编：《响堂山石窟碑刻题记总录》，北京：外文出版社，2005年，第31页。

③ 王永波、雷德侯主编：《中国佛教石经·山东省》第1卷，杭州：中国美术学院出版社，2014年，第99页。

④（梁）曼陀罗仙译：《文殊师利所说摩诃般若波罗蜜经》卷下，T8，n232，p. 731a15-21。（梁）僧伽婆罗译：《文殊师利所说般若波罗蜜经》，T8，n233，p. 738a19-24。

⑤（梁）曼陀罗仙译：《文殊师利所说摩诃般若波罗蜜经》卷上，T8，n232，p. 728a26-29。

经》刻经可能与禅者的禅观修学有关。[①]

此外，房山石经中的隋唐刻经存有曼陀罗仙译本的刻经。[②]在敦煌写卷中，英国国家图书馆藏 S. 1908、S. 2186、S. 2653、S. 4019、中国国家图书馆藏 BD02068（冬 68）、BD02859（调 59）[③]、俄罗斯科学院东方研究所圣彼得堡分所藏 Дх02340 + Дх02341、Дх02691[④]、日本杏雨书屋藏羽 221[⑤]均为曼陀罗仙译本；法国国家图书馆藏 Pel. chin. 4646、英国国家图书馆藏 S. 3155、S. 576、中国国家图书馆藏 BD05474（果 74）、BD01316（张 16）、BD00219（宇 19）、BD04329（出 29）、BD07915（文 15）、BD02610（律 10）是将僧伽婆罗译本分成四十二分、每分末尾加偈颂的《文殊师利所说般若波罗蜜经序偈释》[⑥]。

隋唐时期，宣讲《文殊般若经》者不乏其人。例如，玄景（？－606）弟子玄觉在长安"纯讲大乘，于《文殊般若》偏为意得。荣观帝壤，誉显当锋"[⑦]。但当时更为重视的是《文殊般

---

① 山东汶山水牛山、邹城峄山等多处刻经旁有山洞，可能即是禅窟。参见张总：《北朝至隋山东佛教艺术查研新得》，巫鸿编：《汉唐之间的宗教艺术与考古》，北京：文物出版社，2000 年，第 61－88 页。

② 中国佛教协会、中国佛教图书文物馆编：《房山石经》第 1 册，北京：华夏出版社，2000 年，第 119－128 页。

③ 以上参见斋藤智宽：《〈文殊说般若经〉的传播与禅思想》，洪修平主编：《佛教文化研究》第 4 辑，南京：江苏人民出版社，2016 年，第 19－36 页。

④ 俄罗斯科学院东方研究所圣彼得堡分所、俄罗斯科学出版社东方文学部，上海古籍出版社编：《俄罗斯科学院东方研究所圣彼得堡分所藏敦煌文献》第 9 册，上海：上海古籍出版社、莫斯科：俄罗斯科学出版社东方文学部，1998 年，第 158、336 页。

⑤ 武田科学振兴财团杏雨书屋编：《敦煌秘笈 影片册》第 3 册，大阪：武田科学振兴财团杏雨书屋，2010 年，第 400－402 页。

⑥ 曹凌：《文殊师利所说般若波罗蜜经序偈释》，方广锠主编：《藏外佛教文献》第 10 辑，北京：中国人民大学出版社，2008 年，第 108－173 页。

⑦ （唐）道宣：《续高僧传》卷十七，T50，n2060，p. 569c18－19。

若经》的“一行三昧”。隋开皇十四年（594），智𫖮（539－598）在荆州玉泉寺结夏安居时讲授《摩诃止观》[1]，论及“劝进四种三昧入菩萨位”，立常坐、常行、半行半坐、非行非坐四种三昧，其中“常坐三昧”即是《文殊般若经》的“一行三昧”。[2] 道绰（562－645）于《安乐集》第四门第二部分“明此彼诸经，多明念佛三昧为宗”，列举《华首经》《文殊般若经》《涅槃经》《观无量寿佛经》《般舟三昧经》《大智度论》《华严经》《海龙王经》八部经典，其中所引《文殊般若经》即是“一行三昧”。[3] 在三阶教文献中，英国国家图书馆藏 S. 212《惟心观》：“《文殊波若经》云：舍一切攀缘相，唯念一佛，行一智般若波罗蜜，念念相续，即是念佛三昧。”[4] 此中的“念佛三昧”亦是指“一行三昧”。从《文殊般若经》的传播而言，道信将达摩—慧可禅法的“行入”落实为《文殊般若经》的“一行三昧”，可能受到了南北朝至隋唐时期所流行的《文殊般若经》的“般若波罗蜜”和“观（念）佛”的影响。

三　《文殊般若经》与南天竺一乘宗

道信对《文殊般若经》的重视，似乎改变了道宣《续高僧传》所说慧可门下“常赍四卷《楞伽》以为心要”[5] 的“南天

① （隋）智𫖮：《摩诃止观》卷一，T46，n1911，p. 1a7－9。
② （隋）智𫖮：《摩诃止观》卷二，T46，n1911，p. 11a21－29。
③ （唐）道绰：《安乐集》卷下，T47，n1958，p. 14c21－29。
④ 矢吹庆辉：《三阶教残卷》，蓝吉富主编《现代佛学大系》第 1 册，台北：弥勒出版社，1982 年，第 196 页。
⑤ （唐）道宣：《续高僧传》卷十六，T50，n2060，p. 552c21－22。

竺一乘宗”[1] 传统。其实这种观点隐含的预设是《楞伽经》的如来藏思想与般若波罗蜜多法门相对立。但是，般若波罗蜜多并非有其特定的内容和相状，而是作为形式显示的方法参与和指导大乘佛教修学形态的建筑过程，与作为内容议题的如来藏思想并非属于同一层次，故并不存在对立或者并列。

事实上，《文殊般若经》虽然较早编入了《大般若经》，但同时也显示出文殊师利有关大乘经典独特的“文殊师利法门”的风格和倾向。“文殊师利法门”与“般若法门”关系密切，可能共同源于“原始《般若经》”，但“文殊师利法门”以出格的语句（如说烦恼染业是菩提[2]）和出格的行动（如执剑向佛、和悦诸女等[3]）表现出一切平等之中的“偏到精神”。[4] 这种“偏到精神”正适应于禅者重视深彻悟入而不重经教闻思的修学特点的自由发挥。而《二入四行论》多次引用的《维摩诘经》和《诸法无行经》也都与“文殊师利法门”有关。

诚然，此处还涉及初期大乘和后期大乘关于“空”的不同理解，这是不同修学形态的思想内容的差异；部分后期大乘的如来藏经典将“文殊师利法门”作为“见空第一”加以呵斥，但

---

① （唐）道宣：《续高僧传》卷二十五附编，T50，n2060，p. 666b5。

② （后秦）鸠摩罗什译《诸法无行经》卷下“贪欲即是菩提”，T15，n650，p. 757a9；（梁）曼陀罗仙译《文殊师利所说摩诃般若波罗蜜经》卷上“五逆即菩提”，T8，n232，p. 728c13。

③ （西晋）竺法护译《如幻三昧经》卷下“右手捉剑，走到佛所”，T12，n342，p. 150c13；（西晋）竺法护译《文殊师利现宝藏经》卷下“于和悦王宫采女中，及诸淫女、小儿之中三月”，T14，n461，p. 460a20－21。

④ 印顺：《初期大乘佛教之起源与开展》，台北：正闻出版社，1994 年，第 935－938 页。

呵斥的理由却是“不知真空义”[①]。可见，虽然思想内容确实有所不同，但形式方法却是大乘共通的般若波罗蜜多。禅者的修学重心本来不在某部经典和某个思想议题，而在于自觉的体悟和方法的传授。故《文殊般若经》的“文殊师利法门”能与《楞伽经》的如来藏思想在道信禅法的“行般若波罗蜜多”之中实现融合。

第三节　一行三昧的法界与念佛

道信的《入道安心要方便法门》主要分为四个部分：一是“入道”（从“我此法要”至“无差别相”），二是“安心”（从“夫身心方寸”至“出自方寸”），三是“秘要”（从“又古时智憨禅师”至“是为得佛意”），四是“方便”（从“若初学坐禅时”至“即用神明推策”），在“安心”和“秘要”之间插入了四个问答，末尾又附录“大师云”一段。[②] 这基本可以对应于《二入四行论》的“如是安心，如是发行，如是顺物，如是方便”[③]。关于正观的“秘要”和初学的“方便”的区分，可能受到了智𫖮《摩诃止观》的影响。[④] 在“入道”部分，道信引用了

---

① （刘宋）求那跋陀罗译：《央掘魔罗经》卷二，T2，n120，p. 527c14。失译：《长者女庵提遮师子吼了义经》，T14，n580，p. 964a20。

② 杨维中：《四祖道信大师〈入道安心要方便法门〉校释》，吴言生主编：《中国禅学》第3卷，北京：中华书局，2004年，第4页。

③ 柳田圣山：《達摩の語錄：二入四行論》，东京：筑摩书房，1969年，第25页。

④ （隋）智𫖮：《摩诃止观》卷一上“今当开章为十……六方便、七正观……”，T46，n1911，p. 3b10－12。参见中岛志郎：《禅宗四祖道信の一行三昧》，《印度学佛教学研究》第66卷第2号，2018年，第493－503页。

《文殊般若经》关于“一行三昧”的长段文字，并将该段文字的要点概括为“即念佛心是佛，妄念是凡夫”。所谓“妄念是凡夫”，同于《二入四行论》“深信含生凡圣同一真性，但为客尘妄覆”①；但说“念佛心是佛”，则是道信禅法对“一行三昧”的创造性诠释。

一 法界与心体

“一行三昧”是初期大乘经典共说的三昧。在众多修学法门中，大乘经典重视“心一境性”的三昧；为了如实通达缘起之流中一切法存在的真相而在禅修过程中观察不同的所缘对象，大乘经典广泛建立种种三昧法门，其中包括“一行三昧”。“一行三昧”见于“中品般若”和“上品般若”（《大智度论》称《般若经》分为上中下，“中品般若”即举《放光般若经》）②；但在“中品般若”和“上品般若”不同文本中，“一行三昧”之名实则分别对应两种三昧。详见下表③：

① 柳田圣山：《達摩の語錄：二入四行論》，东京：筑摩书房，1969年，第31－32页。

② （后秦）鸠摩罗什译：《大智度论》卷六十七，T25，n1509，p. 529b22－23。

③ （西晋）无罗叉译：《放光般若经》卷四，T8，n221，p. 24b16－19。（西晋）竺法护译：《光赞经》卷六，T8，n222，p. 190b23－24。（后秦）鸠摩罗什译：《摩诃般若波罗蜜经》卷五，T8，n223，p. 251b3。（唐）玄奘译：《大般若波罗蜜多经》卷四百一十四，T7，n220，p. 74b13－14。（唐）玄奘译：《大般若波罗蜜多经》卷四百八十八，T7，n220，p. 481b15－16。Takayasu Kimura, *Pañcaviṃśatisāhasrikā Prajñāpāramitā I－2*, Tokyo: Sankibo Busshorin, 2009, p. 65.（唐）玄奘译：《大般若波罗蜜多经》卷五十二，T7，n220，p. 292b15－16。Pratāpacandra Ghoṣa (ed.), *Śatasāhasrikā Prajñāpāramitā: A Theological and Philosophical Discourse of Buddha with his Disciples (in a Hundred－Thousand Stanzas), Part I, Fas.* 15, Calcutta: Asiatic Society of Bengal, 1911, p. 1414, *ll.* 3－4.

《放光般若经·问摩诃衍品》	一行三昧	一事三昧
《光赞经·三昧品》	有三昧名一严净	有三昧名一事故
《摩诃般若经·问乘品》	一庄严三昧	一行三昧
《大般若经·第二分》	一相庄严三摩地	一行相三摩地
《大般若经·第三分》	一相庄严三摩地	一行相三摩地
梵本《二万五千颂般若》	ekavyūho nāma samādhiḥ	ekâkāravyūho nāma samādhiḥ
《大般若经·初分》	一相庄严三摩地	一行相三摩地
梵本《十万颂般若》	ekavyūho nāma samādhiḥ	ekâkāro nāma samādhiḥ

《放光般若经》所译“一行三昧”，意为“住是三昧者，不见诸法有二”①，与《光赞经》的“一严净三昧”、《摩诃般若经》的“一庄严三昧”、《大般若经》的“一相庄严三摩地”、梵本《二万五千颂般若》和《十万颂般若》“ekavyūho nāma samādhiḥ”（名为一庄严的三昧）含义相对应；但其他译本的译语语义基本一致，与梵本也更为相近。此“一行三昧”意即在践行此三昧时，观察所缘对象所现起的相状并非实有常住固定的

① （西晋）无罗叉译：《放光般若经》卷四，T8，n221，p. 24b16－17。

自性，而只是概念认定所赋予的二分差别，实则如幻如化、空无一相；一切法无相所表明的作为一切法本性的如、法性、实际的清净平等性；此不二的法性亦可方便地称之为“一相”，但这并非意为一切法有其总体性的抽象本质，而只是无相之相，是描述此缘性的一切法如其所是的存在真相。《摩诃般若经·句义品》云：“一切法皆不合、不散、无色、无形、无对、一相，所谓无相。”[①] 关于“庄严”（vyūha），《大智度论》解释为：因为修习此三昧可以具足“观诸法皆一”的“一相智慧”，此智慧之殊胜功德能够庄严行者之身，故称为“一庄严”。[②] 另一种“一行三昧”为《摩诃般若经》所译，相应的《放光般若经》译作“一事三昧”，《光赞经》译作“一事故三昧”，《大般若经》译作“一行相三摩地”，梵本《二万五千颂般若》为“ekâkāravyūho nāma samādhiḥ”（名为一行相庄严的三昧），梵本《十万颂般若》为“ekâkāro nāma samādhiḥ”（名为一行相的三昧）。此中所谓“行”“事”“事故”“行相”“ākāra”指心和心所依其所具有的认知能力而行于所缘境的相状之上。《摩诃般若经》的“一行三昧”意为“住是三昧，不见诸三昧此岸、彼岸，是名一行三昧”[③]，即在践行此三昧时，观察一切三昧的行相皆无实有自性的二分差别，而只是空无所有的行相，故方便地称之为“一行相”（ekâkāra）；此“一行相”是一切三昧的行相如其所是的清净平等性，而能够如实观察此清净平等性的智慧殊胜庄严，故又称为“一行相庄严”（ekâkāra - vyūha）。两种“一行三昧”皆

---

① （后秦）鸠摩罗什译：《摩诃般若波罗蜜经》卷四，T8，n223，p. 242c2 - 4。
② （后秦）鸠摩罗什译：《大智度论》卷四十七，T25，n1509，p. 401b14 - 18。
③ （后秦）鸠摩罗什译：《摩诃般若波罗蜜经》卷五，T8，n223，p. 252c24 - 26。

强调“无二”，但所缘对象不同，《放光般若经》所译“一行三昧”所缘对象是一切法的相状，这是对认知客体的观察；而《摩诃般若经》所译“一行三昧”所缘对象是一切三昧的行相，这是对认知之心的反思。在初期大乘经典中，还有《华手经·法门品》“一相三昧”①、《华严经·入法界品》“一切法界入一庄严三昧”（sarva – dharma – dhātv – ekavyūhânugama – praveśena bodhisattva – samādhinā）②，皆是《放光般若经》所译的“一行三昧”。

《文殊般若经》的“一行三昧”不见于僧伽婆罗译本，而见于曼陀罗仙译本③，玄奘译《大般若经·第七分》作“一相庄严三摩地”④，梵本《七百颂般若》作“eka – vyūha – samādhiḥ”⑤，同于《放光般若经》所译“一行三昧”。《放光般若经》所译“一行三昧”虽然以一切法无二相分别而说为“一相”，但在论述时侧重于“无二”而非“一相”；而《文殊般若经》的“一行三昧”则以“法界”说明不见一切法有二相，更为突出作为无差别第一义谛的“法界一相”。“界”（dhātu）含义较多，有

---

① （后秦）鸠摩罗什译：《华手经》卷十，T16，n657，p. 203c14。

② （东晋）佛驮跋陀罗译：《大方广佛华严经》卷四十五，T9，n278，p. 684c25。（唐）实叉难陀译：《大方广佛华严经》卷六十一作“以一庄严入一切法界三昧”，T10，n279，p. 328b23。P. L. Vaidya. *Gaṇḍavyūhasūtram*（*Buddhist Sanskrit Texts No.* 5），Darbhanga：The Mithila Institute，1960，p. 30.

③ （梁）曼陀罗仙译：《文殊师利所说摩诃般若波罗蜜经》卷下，T8，n232，p. 731a24。

④ （唐）玄奘译：《大般若波罗蜜多经》卷五百七十五，T7，n220，p. 972a8 –9。

⑤ Giuseppe Tucci（ed.），“Saptaśatikāprajñāpāramitā，” *Memorie della Reale Accademia Nazionale dei Lincei*，*Classe di Scienze morali*，*storiche e filologiche*，serie V，vol. 17，1923，p. 134. 尼泊尔梵本《陀罗尼集》引梵本《七百颂般若》作“ekavyūho nāma samādhiḥ”，参见 Gergely Hidas，*Powers of Protection*：*The Buddhist Tradition of Spells in the Dhāraṇīsaṃgraha Collections*，Berlin；Boston：De Gruyter，2021，p. 267.

种族义、段义、分义、片义、异相义、不相似义、分齐义、种种因义等[①]。在早期佛教中，狭义的“法界”指十八界之一，相应于十二处之“法处”；但十八界乃至一切具有规定、可被认知的现象皆可称为“法”，一切法依其种族类集即称为“界”，如《中阿含经·多界经》说“六十二界”[②]，这是广义的“法界”；一切法缘起之理性法则，也称为“法界”，如《杂阿含经》“若佛出世，若未出世，此法常住（dhamma-niyāmatā），法住（dhamma-ṭṭhitatā），法界（ṭhitā va sā dhātu）”[③]。而初期大乘经典将一切法本性空称为“法界”，作为“真如”的异名之一，如《大般若经·第二分》“一切法若佛出世、若不出世，法住、法定、法性、法界、法平等性、法离生性、真如、不虚妄性、不变异性、实际”[④]。作为一切法本性的“法界”与《放光般若经》所译“一行三昧”的“无二”之“一相”，皆是缘起之流中的一切法存在的真相。因此，《华严经·入法界品》以“一庄严三昧”与“入一切法界”结合为“一切法界入一庄严三昧”。而《文殊般若经》也是将“一行三昧”与“法界”相结合。《文殊般若经》云：

> 文殊师利言：“世尊！云何名一行三昧？”佛言：“法界一相，系缘法界，是名一行三昧。若善男子、善女人，欲入

---

① （唐）玄奘译：《阿毗达磨大毗婆沙论》卷七十一，T27，n1545，p. 367c22－23。

② （东晋）瞿昙僧伽提婆译：《中阿含经》卷四十七第181经，T1，n26，p. 723c13。

③ （刘宋）求那跋陀罗译：《杂阿含经》卷十二第296经，T2，n99，p. 84b16－17。*Saṃyutta－Nikāya* 12. 20，vol. 2，p. 25.

④ （唐）玄奘译：《大般若波罗蜜多经》卷四百一十三，T7，n220，p. 73c28－a1。（后秦）鸠摩罗什译：《摩诃般若波罗蜜经》卷五作“若佛出、若佛未出，法住、法相、法位、法性、如、实际”，T8，n223，p. 251a6－7。

一行三昧，当先闻般若波罗蜜，如说修学，然后能入一行三昧。如法界缘，不退不坏，不思议，无碍无相……"①

一切法的无限自在差异皆是无所有而如是有，实则皆是一相，所谓无相，此即是一切法之本性，故说"法界一相"。重视"法界"是初期大乘的"文殊师利法门"共通的风格。② 文殊师利有关的大乘经典皆说文殊师利菩萨来自宝相（宝英）佛土③，而《清净毗尼方广经》说宝相佛土众生"重第一义谛，非重世谛"④；"文殊师利法门"体现了宝相佛土重视第一义谛的学风，《濡首菩萨无上清净分卫经》说"如仁濡首（文殊师利 Mañjuśrī），诸所可说，彼之要言，但说法界也"⑤。虽然，"文殊师利法门"与"般若法门"皆说一切法本性空，如《文殊般若

---

① （梁）曼陀罗仙译：《文殊师利所说摩诃般若波罗蜜经》卷下，T8，n232，p. 731a25 – b1。（唐）玄奘译：《大般若波罗蜜多经》卷五百七十五，T7，n220，p. 972a9 – 17。梵本《七百颂般若》相应于"法界"处作"anutpāda"（无生），参见 Giuseppe Tucci（ed.），"Saptaśatikāprajñāpāramitā"，*Memorie della Reale Accademia Nazionale dei Lincei*，*Classe di Scienze morali*，*storiche e filologiche*，serie V，vol. 17，1923，p. 134. Gergely Hidas，*Powers of Protection*：*The Buddhist Tradition of Spells in the Dhāraṇīsaṃgraha Collections*，Berlin；Boston：De Gruyter，2021，p. 267.

② 参见印顺：《初期大乘佛教之起源与开展》，台北：正闻出版社，1994 年，第 962 页。

③ （后汉）支娄迦谶译：《阿阇世王经》卷下，T15，n626，p. 404b7 – 8。（西晋）竺法护译：《文殊师利普超三昧经》卷下，T15，n627，p. 425c21 – 22。（西晋）竺法护译：《文殊师利净律经》，T14，n460，p. 448b8。（西晋）竺法护译：《文殊师利现宝藏经》卷下，T14，n461，p. 460a12 – 13。（西晋）竺法护译：《弘道广显三昧经》卷三，T15，n635，p. 501c15 – 16。

④ （后秦）鸠摩罗什译：《清净毗尼方广经》，T24，n1489，p. 1076b11 – 12。

⑤ （刘宋）翔公译：《濡首菩萨无上清净分卫经》卷下，T8，n234，p. 746a25 – 26。（唐）玄奘译：《大般若波罗蜜多经》卷五百七十六译作"如如尊者说诸法要，如是如是法界出现"，T7，n220，p. 977c25 – 26。

经》云“是法界中无众生相，一切法空故”[①]，“法界即无相，无相即不思议，不思议即般若波罗蜜”[②]；但相比于“般若法门”由一一法悟入空性，“文殊师利法门”则直接从第一义谛的甚深空性之中如实见一切法悉入唯一法界、无有差别，文殊师利有关的大乘经典譬之为万川四流入于大海、合为一味[③]。“文殊师利法门”也承续了早期佛教以来关于广义“法界”的论述，在共入法界的一切法中，特别着重说明如来界、众生界和我界。如来界、众生界和我界虽然依其各自规定的种族义而类集为“界”，但依第一依谛而言，三者皆是本性空寂、不生不灭、不垢不净、不增不减，实则是无差别的法界。如《文殊般若经》云：“众生界相，如诸佛界”[④]，“如来界及我界，即不二相”[⑤]，“法界、众生，无差别相”[⑥]。此“法界一相”，即是《文殊般若经》的“一行三昧”的所缘境；若能如实了知法界本来不动、不坏、无碍、无相、不可思议、不可戏论，则能进入“一行三昧”而整全平等地持住所缘境、达到与之合为一的“心一境性”。

道信在《入道安心要方便法门》中引用了《文殊般若经》

① （梁）曼陀罗仙译：《文殊师利所说摩诃般若波罗蜜经》卷上，T8，n232，p. 728b13。

② （梁）曼陀罗仙译：《文殊师利所说摩诃般若波罗蜜经》卷下，T8，n232，p. 729c23－25。（梁）僧伽婆罗译：《文殊师利所说般若波罗蜜经》，T8，n233，p. 737a13－14。

③ （西晋）竺法护译：《须真天子经》卷四，T15，n588，p. 111a7。（隋）阇那崛多译：《入法界体性经》，T12，n355，p. 234c24－25。

④ （梁）曼陀罗仙译：《文殊师利所说摩诃般若波罗蜜经》卷上，T8，n232，p. 726c16－17。

⑤ （梁）曼陀罗仙译：《文殊师利所说摩诃般若波罗蜜经》卷下，T8，n232，p. 729c29。（梁）僧伽婆罗译：《文殊师利所说般若波罗蜜经》，T8，n233，p. 737a18。

⑥ （梁）曼陀罗仙译：《文殊师利所说摩诃般若波罗蜜经》卷上，T8，n232，p. 729a27－28。

"一行三昧"段落的原文，将"系缘法界"的"一行三昧"作为"入道"的禅修方法。但禅者重于体悟而不重说明，其引经用经意在"藉教悟宗"而非疏解经典。道信并非直接依用《文殊般若经》的"一行三昧"，而是将其与达摩—慧可禅法的"安心"相结合，亦即将《楞伽经》的"诸佛心第一"与《文殊般若经》"一行三昧"所缘的法界相结合。达摩—慧可禅法所依《楞伽经》的"自心现量"，实则是如来藏思想将"三界唯心"与一切法清净平等性的真如、法性、法界结合为如来与众生不异的自性清净心，如《不增不减经》"我依此清净真如法界，为众生故，说为不可思议法自性清净心"[①]。而《文殊般若经》所说的"如来界"，正是如来藏经典中"如来藏"的异名。正因此，道信能将《文殊般若经》的"一行三昧"与《楞伽经》的"诸佛心第一"进一步融合。事实上，作为达摩—慧可禅法文献的《二入四行论》已经说到"心是法界"[②]，"心体是法界体"[③]，"凡有施为，终不出法界心，何以故？体是法界故"[④]。道信禅法所缘之理境，即是此"法界心"。《入道安心要方便法门》云：

> 即看此等心，即是如来真实法性之身，亦名正法，亦名佛性，亦名诸法实性、实际，亦名净土，亦名菩提、金刚三

---

① （元魏）菩提留支译：《不增不减经》，T16，n668，p. 467b28－29。

② 柳田圣山：《達摩の語錄：二入四行論》，东京：筑摩书房，1969 年，第 104 页。

③ 柳田圣山：《達摩の語錄：二入四行論》，东京：筑摩书房，1969 年，第 175 页。

④ 柳田圣山：《達摩の語錄：二入四行論》，东京：筑摩书房，1969 年，第 119 页。

昧、本觉等，亦名涅槃界、般若等。名虽无量，皆同一体。[①]

将一切法本性空寂之清净平等性，称为真如、法性、实际、般若、菩提、涅槃，这是《般若经》以来大乘经典的通论。将真如称为“佛性”，则是后期大乘的如来藏思想。[②] 而“金刚三昧”之名，虽然早见于《增壹阿含经》和《小品般若经》[③]，但仅是指由有学道进入无学道的最后无间道所行的顿时断除三界一切烦恼的“金刚喻定”（vajrôpamaḥ samādhiḥ），并未作为真如或菩提的异名；如来藏思想将成佛前一刹那的“金刚三昧”视为佛性，如《大般涅槃经》云“或说五阴即是佛性、金刚三昧及以中道、首楞严三昧、十二因缘、第一义空、慈悲平等”[④]；有学者认为[⑤]，道信所说“金刚三昧”可能与引用《二入四行论》

① （唐）净觉：《楞伽师资记》，T85，n2837，p. 1287a17－20。韩传强：《禅宗北宗敦煌文献录校与研究》，南京：江苏人民出版社，2016年，第312－313页。

② 参见赖永海：《中国佛性论》，南京：江苏人民出版社，2012年，第8页。

③ （东晋）瞿昙僧伽提婆译：《增壹阿含经》卷三，T2，n125，p. 558b29。T8，n227，p. 581c4－5。（后秦）鸠摩罗什译：《小品般若波罗蜜经》卷十，T8，n227，p. 581c4－5。

④ （北凉）昙无谶译：《大般涅槃经》卷三十二，T12，n374，p. 559a17－19。

⑤ 印顺：《中国禅宗史》，台北：正闻出版社，1994年，第64页。

的《金刚三昧经》有关，但《金刚三昧经》可能晚出[①]。所谓“本觉”，是《大乘起信论》特出的术语[②]；但这一术语可能源自梁曼陀罗仙译《大宝积经·法界体性无分别会》“是心如实解，本始平等”[③]。而《大乘起信论》也以如来藏思想的“一心”解说《文殊般若经》的“一行三昧”，《大乘起信论》云：“依如是三昧故，则知法界一相，谓一切诸佛法身与众生身平等

① 大部分研究者认定《金刚三昧经》是伪经，但编纂时间、作者和意图仍有争论。水野弘元认为《金刚三昧经》成立时间大约在650－665年，参见水野弘元：《菩提達摩の二入四行説と金剛三昧経》，《驹泽大学研究纪要》第13号，1955年，第33－57页。Walter Liebenthal认为《金刚三昧经》主体框架是在五世纪的北方（可能为凉州）译出，偈颂和部分长行于565－590年左右在邺城或彭城编集，作者可能是靖嵩（537－614），参见Walter Liebenthal，“Notes on the ‘Vajrasūmadhi’”，*T' oung Pao*，Series 2，vol. 44，livr. 4/5，1956，pp. 347－386. Robert E. Buswell，Jr. 推测《金刚三昧经》成书时间在668－685年，可能由师事道信的新罗法朗于新罗编撰成书，但论据尚不充分，参见Robert E. Buswell，Jr.，*The Formation of Ch'an Ideology in China and Korea*：*The Vajrasamādhi－Sūtra，a Buddhist Apocryphon*，Princeton：Princeton University Press，1989，p. 71，pp. 174－177. 石井公成指出《金刚三昧经》对非僧非俗居士的推崇与三阶教有关，参见石井公成：《『金剛三昧経』の成立事情》，《印度学佛教学研究》第46卷第2号，1998年，第551－556页。石吉岩进一步认为《金刚三昧经》是7世纪中叶后期三阶教教团的撰述，参见석길암：《『金剛三昧経』의 성립과 유통에 대한 재고》，《보조사상》제31호，서울：보조사상연구원，2009，제77－125쪽；石吉岩：《『金剛三昧経』と三階教》，《印度学佛教学研究》第58卷第2号，2010年，第1063－1060页。洪在成（法空）认为，《金刚三昧经》与地藏系经典有关联，推测与协助玄奘翻译《地藏十轮经》的神昉有关，参见洪在成（法空）：《『金剛三昧経』と三階教》，《印度学佛教学研究》第58卷第2号，2010年，第1070－1064页。

② （梁）真谛译：《大乘起信论》，T32，n1666，p. 576b14。

③ （唐）菩提流志编：《大宝积经》卷二十六，T11，n310，p. 145a19。参见印顺：《〈起信论〉与扶南大乘》，载《永光集》，新竹：印顺文教基金会，2004年，第127－130页。

无二，即名一行三昧”①。这可能影响了道信的思想②。道信以心即是佛性、金刚三昧、本觉，说明“一行三昧”所系缘的法界，其更为直接的来源应是达摩—慧可禅法依《楞伽经》如来藏思想所建立的“自心现量”的理境。

从理则体性而言，众生的心性本净，即是法界；但现实中的众生心却是“攀缘、觉观、妄识、思想、杂念、乱心”③。对于此现实心境，《楞伽经》以如来藏自性清净心为无始以来虚妄执著和戏论习气所熏而为阿赖耶识④，于无分别中现起自性分别的诸法；达摩—慧可禅法依《楞伽经》建立“壁观”，即禅者自心虽然本性清净，却因为分别计较而如在墙壁上绘画种种图案一般现起诸法差别。道信继承了达摩—慧可禅法的理路，但以“心体”与“心用”说明一切法的差别的现起。道信将其禅法秘要概括为“五事”，《入道安心要方便法门》云：

> 略而言之，凡有五种。一者，知心体，体性清净，体与佛同。二者，知心用，用生法宝，起作恒寂，万惑皆如。三者，常觉不停，觉心在前，觉法无相。四者，常观身空寂，内外通同，入身于法界之中，未曾有碍。五者，守一不移，

---

① （梁）真谛译：《大乘起信论》，T32，n1666，p. 582b1－3。

② 参见吕澂：《禅学述原》，载《吕澂佛学论著选集》，济南：齐鲁书社，1991年，第403页。印顺：《中国禅宗史》，台北：正闻出版社，1994年，第64页。龚隽：《禅史钩沉：以问题为中心的思想史论述》，北京：生活·读书·新知三联书店，2006年，第236－237页。

③ （唐）净觉：《楞伽师资记》，T85，n2837，p. 1289a4。韩传强：《禅宗北宗敦煌文献录校与研究》，南京：江苏人民出版社，2016年，第326页。

④ （刘宋）求那跋陀罗译：《楞伽阿跋多罗宝经》卷四，T16，n670，p. 510b4－10。

动静常住，能令学者，明见佛性，早入定门。①

“体用”是魏晋玄学关于“本末有无”之论所成立的哲学术语，“体”是“道”内在于其中的存在者本身，而“用”是存在者内在的“道”向外显露的施为作用。② 中国佛教借“体用”以表达体性与作用之间的关系，如僧肇《般若无知论》“用即寂、寂即用，用寂体一，同出而异名”③，净影慧远《大乘义章》“无色界中入灭定时，虽息心用，心体犹存”④，智𫖮《妙法莲华经玄义》“苦心即法身，是心体；烦恼心即般若，是心宗；业心即解脱，是心用”⑤。道信所谓“心体”和“心用”直接源自“古时智愍禅师训曰：学道之法，必须解行相扶。先知心之根源，及诸体用”⑥。所谓“心体”即是一切法同入一相法界，即是真如、般若、佛性；所谓“心用”指心之作用依于因缘关联条件而现起无限自在差别的一切法。然而，道信的“心体”和“心用”并非意在说明一切法存在的根源，并非以“心”建立一套自性形上学之系统，而是用于描述禅观悟入之理境，指导修学

① （唐）净觉：《楞伽师资记》，T85，n2837，p. 1288a15－21。韩传强：《禅宗北宗敦煌文献录校与研究》，南京：江苏人民出版社，2016 年，第 320 页。

② 参见汤用彤：《魏晋玄学论稿》，上海：上海古籍出版社，2001 年，第 60－61 页。张岱年：《中国哲学大纲》（《张岱年全集》增订版），北京：中华书局，2017 年，第 48－49 页。王晓毅：《王弼评传：附何晏评传》，南京：南京大学出版社，1996 年，第 232－239 页。

③ 僧肇：《肇论》，T45，n1858，p. 154c16－17。

④ （隋）慧远：《大乘义章》卷九，T44，n1851，p. 647a24－25。

⑤ （隋）智𫖮：《妙法莲华经玄义》卷一上，T33，n1716，p. 686a1－2。

⑥ （唐）净觉：《楞伽师资记》，T85，n2837，p. 1288a10－11。韩传强：《禅宗北宗敦煌文献录校与研究》，南京：江苏人民出版社，2016 年，第 319 页。“智愍”，英藏敦煌写卷 S. 2054 作“智敏”，法藏敦煌写卷 P. 3436 作“智愍”。印顺法师认为“智敏”可能即“智𫖮”，参见印顺：《中国禅宗史》，台北：正闻出版社，1994 年，第 66－67 页。

者依之实践般若波罗蜜多，故更多了现实人心的意味[①]。现实中的妄想乱心，是因为凡夫不能如实了知“心体”之空性和“心用”之缘起，而将自心所现起的诸法差别取执为实有，因为爱非爱等烦恼而进一步造作种种染业，流转于无尽生死之中。修学者依般若波罗蜜多如实通达缘起，了知自心所现的诸法差别皆是空无所有，由此而入三解脱门。“心用”之后的“起作恒寂，万惑皆如”“觉心在前，觉法无相”“观身空寂，内外通同”即分别对应无作解脱门、无相解脱门、空解脱门。[②] 道信以“心体”和“心用”描述空相应缘起甚深理境，以身心活动现象为禅观所缘的境界，最终由一一境界归入于一相无相的清净法界。这是将《楞伽经》的“心”与《文殊般若经》的“法界”结合为“法界心”，使“行般若波罗蜜多”落实在“法界心”的观察、体认和悟入。

二　念佛与念心

“一行三昧”虽然系缘“法界一相”，但久远修习成熟才能任运出入，在初学时并非毫无系心作意而能直接现入，否则“一行三昧”便缺乏可操作性或者需要借助其他三昧力。在《文殊般若经》中，初学“一行三昧”时帮助现入定境的方便是“念佛”，即将全部心念集中于佛的名字及其相应如来功德。在

---

① 参见洪修平：《“一行三昧”与东山法门》，《河北学刊》2015 年第 4 期，第 1 - 6 页。

② 杨维中：《四祖道信大师〈入道安心要方便法门〉校释》，吴言生主编：《中国禅学》第 3 卷，北京：中华书局，2004 年，第 3 页。

早期佛教中，“念佛”（tathāgataṃ anussarati）作为“六随念”之一，能够使行者之心远离烦恼缠缚，从而得以现入三昧、入法流水，如《杂阿含经》云：“圣弟子如是念时，不起贪欲缠，不起瞋恚、愚痴心，其心正直……其心定（cittaṃ samādhiyati）；心定已……入法流水，乃至涅槃。”① 在初期大乘经典中，忆念诸佛之三十二相、八十随形好的三昧较为流行，如《小品般若经·萨陀波仑品》“见诸佛三昧”（tathāgata - darśano nāma samādhiḥ, sarva - tathāgata - darśī nāma samādhiḥ）②，《摩诃般若波罗蜜经·法称品》“行般若波罗蜜，亦应以法相修念佛三昧（buddhânusmṛti）”③，《般舟三昧经·问事品》“现在佛悉在前立三昧”④ 等等。《华手经》的“一相三昧”应是“一行三昧”的异译，也是以“念佛”作为现入三昧的方便。《华手经·法门品》云：

> 一相三昧者，有菩萨闻某世界有某如来，现在说法。菩萨取某佛相，以现在前……取如是相，以不乱念守摄诸根，心不驰散，专念一佛，不舍是缘，亦念是佛世界之相。而是菩萨于如来相及世界相，了达无相。⑤

---

① （刘宋）求那跋陀罗译：《杂阿含经》卷三十三第931经，T2，n99，p. 237c23-29。*Aṅguttara - Nikāya* 6. 10，vol. 3，p. 285.

② （后秦）鸠摩罗什译：《小品般若波罗蜜经》卷十，T8，n227，p. 581c13。P. L. Vaidya (ed.), *Aṣṭasāhasrikā Prajñāpāramitā: With Haribhadra's Commentary Called Ālokā*, Darbhanga: The Mithila Institute, 1960, p. 243.

③ （后秦）鸠摩罗什译：《摩诃般若波罗蜜经》卷十，T8，n223，p. 292b14-15。Takayasu Kimura, *Pañcaviṃśatisāhasrikā Prajñāpāramitā II - III*, Tokyo: Sankibo Busshorin, 1986, p. 96.

④ （后汉）支娄迦谶译：《般舟三昧经》卷上，T13，n418，p. 904b16。

⑤ （后秦）鸠摩罗什译：《华手经》卷十，T16，n657，p. 203c15-20。

现入“一相三昧”的方便，即是专心系念一佛及其世界的庄严相状，以之为三昧所缘境，始终不舍不离，从而使行者之心不再奔驰涣散、诸根不再攀援抓取纷乱外境，以明明朗朗之心如实观察如来相和世界相的如幻如化、性空无相，进而通达一切法无相的清净大平等性。与之类似，《文殊般若经》也是以“念佛”净除贪嗔痴所总摄的烦恼系缚，使行者之心保持清明状态，从而现入一行三昧所缘境界。《文殊般若经》云：

> 善男子、善女人，欲入一行三昧，应处空闲（vivikta），舍诸乱意，不取相貌，系心（manasi - kartavya）一佛，专称名字（nāma - dheya）。随佛方所，端身正向，能于一佛念念相续，即是念中，能见过去、未来、现在诸佛。何以故？念一佛功德无量无边，亦与无量诸佛功德无二，不思议佛法等无分别，皆乘一如，成最正觉，悉具无量功德、无量辩才。如是入一行三昧者，尽知恒沙诸佛法界无差别相。①

居处空闲安静之地、舍离扰乱心态的喧杂愦闹、结跏趺坐、不思虑取执任何相状，这是三昧修习共通的前方便，但也有阿兰若行的特征。一行三昧的要处在于专心系念（manasi - √kṛ）一佛，审取佛的名字、观想佛的相好之身、佛的无量无边功德，并且随着所见的佛的方位，端正身体姿态而始终面向佛；随着不断修习此一念佛过程，行者之心能够排除烦恼和消极情绪的干扰，

---

① （梁）曼陀罗仙译：《文殊师利所说摩诃般若波罗蜜经》卷下，T8，n232，p. 731b1 - 9。（唐）玄奘译：《大般若波罗蜜多经》卷五百七十五，T7，n220，p. 972a18 - 25。Giuseppe Tucci (ed.)，“Saptaśatikāprajñāpāramitā,” *Memorie della Reale Accademia Nazionale dei Lincei*, *Classe di Scienze morali*, *storiche e filologiche*, serie V, vol. 17, 1923, pp. 134 - 135. Gergely Hidas, *Powers of Protection*: *The Buddhist Tradition of Spells in the Dhāraṇīsaṃgraha Collections*, Berlin; Boston: De Gruyter, 2021, p. 267.

锻炼出清明的心态，在时间的一刹那一刹那相续的过程中始终系念此一佛，从未暂时舍离，前一刹那即过去、当下一刹那即现在、后一刹那即未来，如此则能够遍观三世诸佛的名字、容仪和功德。这是因为，一切诸佛圆满成就无上正等觉皆是全面而彻底地觉悟唯一真如、法性、法界、实际，而一佛所证的无量无边功德、不思议佛法、无量辩才与一切诸佛所证所觉平等无异。行者通过专心系念一佛而得定，得定而观三世一切诸佛法界无差别相，由此而悟入一切法无相而一相、具足一相智慧，此即“一相庄严”。

道信在论述以念佛为方便现入一行三昧时，强调“念佛即是念心”。这一问题虽然不见于《文殊般若经》，但实则是大乘经典的念佛三昧经常涉及的内容。当行者系心一佛而与佛正向时，即引发佛何所来、何所去的问题。《小品般若经·昙无竭品》云：“诸佛无所从来，去无所至。何以故？诸法如，不动故。”① 从第一义谛而言，一切本性空，不来不去；但从现实而言，行者在念佛时即见佛立在前。部分大乘经典将念佛的过程解释为行者之心的造作，如《般舟三昧经·行品》“我所念即见，心作佛，心自见，心是佛，心是怛萨阿竭，心是我身，心见佛”②，《华严经·入法界品》“如是等一切诸佛，随意即见”③。念佛三昧中“心与佛”问题的探究使得对佛之庄严相状的观察转向了对于行者之心本身的观察。道信正是据此将一行三昧的念

① （后秦）鸠摩罗什译：《小品般若波罗蜜经》卷十，T8，n227，p. 584a22 – 23。

② （后汉）支娄迦谶译：《般舟三昧经》卷上，T13，n418，p. 906a1 – 3。

③ （东晋）佛驮跋陀罗译：《大方广佛华严经》卷四十六，T9，n278，p. 694c29 – 695a1。（唐）实叉难陀译：《大方广佛华严经》卷六十三，T10，n279，p. 339c26 – 27。

佛与来自达摩—慧可禅法的“安心”相融合。《入道安心要方便法门》云：

> 《普贤观经》云：“一切业障海，皆从妄相生。若欲忏悔者，端坐念实相。”① 是名第一忏。并除三毒心、攀缘心、觉观心。念佛心心相续，忽然澄寂，更无所缘念。《大品经》云：“无所念者，是名念佛。”② 何等名无所念？即念佛心，名无所念。离心无别有佛，离佛无别有心。念佛即是念心，求心即是求佛。所以者何？识无形，佛无形，佛无相貌。若也知此道理，即是安心。常忆念佛，攀缘不起，则泯然无相，平等不二。入此位中，忆佛心谢，更不须征。③

在正修念佛之前，道信以《观普贤菩萨行法经》的“第一忏悔”作为前方便，这类似智𫖮《释禅波罗蜜次第法门》前方便之一“持戒清净”的“观无生忏悔”④、《摩诃止观》“持戒清净”的“忏净”⑤。道信可能受到了天台止观的影响。⑥ 除忏悔外，道信还指出需要摒除贪嗔痴三毒心、妄执对象的攀取缘虑心、粗细思惟作用的觉（寻求）观（伺察）心，这即是《文殊

① （刘宋）昙无蜜多译：《观普贤菩萨行法经》T9，n277，p. 393b10 – 11。

② （后秦）鸠摩罗什译：《摩诃般若波罗蜜经》卷二十三“若法自性无，是为非法。无所念，是为念佛”，T8，n223，p. 385c5 – 6。

③ （唐）净觉：《楞伽师资记》，T85，n2837，p. 1287a7 – 17。韩传强：《禅宗北宗敦煌文献录校与研究》，南京：江苏人民出版社，2016 年，第 312 页。

④ （隋）智𫖮：《释禅波罗蜜次第法门》卷二，T46，n1916，p. 486a15 – 20。

⑤ （隋）智𫖮：《摩诃止观》卷四上，T46，n1911，p. 039c14 – 15。

⑥ 参见李四龙：《三法无差与自性自度：以“一行三昧”为中心的台禅两宗观心论比较》，湛如主编：《华林》第 1 卷，北京：中华书局，2001 年，第 107 – 120 页。

般若经》所说的“应处空闲，舍诸乱意，不取相貌”①。在相续系念一佛过程中，禅者如实观察佛之名号、相状、功德乃至一切法皆如幻如化、空无所有、无相一相，相应的缘取境相的心亦不再系念作意而呈现其澄澈空寂之本性。道信引用《摩诃般若经》“无所念，是为念佛”说明由作意的念佛现入无作意的一行三昧；但《摩诃般若经》的“法自性无”、《文殊般若经》的“无差别相”更侧重所缘之境的无相一相，而道信则以此说明能缘之心的本性清净、即是觉悟。《入道安心要方便法门》云：

> 《无量寿经》云：“诸佛法身，入一切众生心想，是佛是心，是心作佛。”当知佛即是心，心外更无别佛也。②

道信所引经文实则出自《观无量寿佛经》十六观之第八像想观“诸佛如来是法界身，遍入一切众生心想中。是故汝等心想佛时，是心即是三十二相、八十随形好。是心作佛，是心是佛”③。在道信理解中，《观无量寿佛经》所念所观的佛是如来法身，亦即一切法清净平等的真如、法界、实际；所谓“是心作佛，是心是佛”即说明念佛的方便所悟入的心与法界的平等。与诸佛法界相即的心在如来藏经典中即是如来藏自性清净心，《楞伽经》云：“世尊修多罗说：如来藏自性清净（prakṛti－prabhāsvara－viśuddhy－ādiviśuddha），转三十二相，入于一切众

① （梁）曼陀罗仙译：《文殊师利所说摩诃般若波罗蜜经》卷下，T8，n232，p. 731b2。

② （唐）净觉：《楞伽师资记》，T85，n2837，p. 1288a13－15。韩传强：《禅宗北宗敦煌文献录校与研究》，南京：江苏人民出版社，2016年，第320页。

③ （刘宋）畺良耶舍译：《观无量寿佛经》，T12，n365，p. 343a19－21。

生身中”[①]。然而，称为“如来藏”或者“自性清净”并非意味着心具有某种固定的实在本质，而仅表示修学实践中所呈现的心之本性状态。念佛的修习使禅者得以如实观察心中所现起的佛之庄严相状皆是平等一相，所谓无相；而相应的心亦是如此，《小品般若经·初品》云“是心非心，心相本净（prabhāsvarā）”[②]。

以念佛的方便悟入法界一相是一行三昧初学者的次第渐入，若经过长久修习、由生涩而趋于成熟，则能不再借助任何作意而直接现入一行三昧。恰如《文殊般若经》所举譬喻：“如人学射，久习则巧，后虽无心，以久习故，箭发皆中。”[③] 若禅者之心能无所念、常在定中，则心的清净本性的朗然呈现而具足智慧光明，依此无漏智慧而得以见空性，即是《摩诃般若经》所说的“入菩萨位”[④]。这是达摩—慧可禅法传承下的安心法门。

三　方便与次第

道信禅法的关键在于念念相续而悟入法界，但方便却是多种多样的，念佛仅是其中之一；所有的观修方法都是以无所得为究竟的方便，从而平等悟入法界、显现自心本性清净。在《入道

---

① （刘宋）求那跋陀罗译：《楞伽阿跋多罗宝经》卷二，T16，n670，p. 489a25 - 27。（元魏）菩提留支译：《入楞伽经》卷三，T16，n671，p. 529b19 - 20。（唐）实叉难陀译：《大乘入楞伽经》卷二，T16，n672，p. 599b9 - 10。P. L. Vaidya, *Saddharma-laṅkāvatārasūtram*, Darbhanga: The Mithila Institute, 1963, p. 33.

② （后秦）鸠摩罗什译：《小品般若波罗蜜经》卷一，T8，n227，p. 537b14 - 15。P. L. Vaidya (ed.), *Aṣṭasāhasrikā Prajñāpāramitā: With Haribhadra's Commentary Called Ālokā*, Darbhanga: The Mithila Institute, 1960, p. 3.

③ （梁）曼陀罗仙译：《文殊师利所说摩诃般若波罗蜜经》卷下，T8，n232，p. 729c2 - 3。

④ （后秦）鸠摩罗什译：《摩诃般若波罗蜜经》卷二，T8，n223，p. 231c3。

安心要方便法门》的“方便”部分，道信列举了多种初学坐禅的前方便，具体操作方法有所不同，但都意在排除身心的扰乱、焦躁、不安，调适身心而达到内外空寂的状态，从而为现入定境作准备。《入道安心要方便法门》云：

> 若初学坐禅时，于一静处，直观身心，四大、五阴，眼、耳、鼻、舌、身、意，及贪、嗔、痴，若善若恶，若怨若亲，若凡若圣，及至一切诸状，应当观察，从本以来空寂、不生不灭、平等无二，从本以来无所有、究竟寂灭，从本以来清净解脱。①
>
> 初学坐禅看心，独坐一处，先端身正坐，宽衣解带，放身纵体。自按摩七八翻，令心腹中嗌气出尽，即滔然得性，清虚恬净，身心调适。然安心神，则窈窈冥冥，气息清冷，徐徐敛心，神道清利，心地明净，照察分明，内外空净，即心性寂灭。②
>
> 凡舍身之法，先定空空心，使心境寂净，铸想玄寂，令心不移。心性寂定，即断攀缘，窈窈冥冥，凝净心虚，则夷泊恬乎，泯然气尽，住清净法身，不受后有。③

使身心空净可以有不同的方法，或直观身体的四大和合、五蕴积聚、六根攀缘对境、心王和善不善心所不间断的活动，或先调适放松身体再内敛稳住心神，或观想不再受纳后有之身而直接

① （唐）净觉：《楞伽师资记》，T85，n2837，p. 1288c12 – 17。韩传强：《禅宗北宗敦煌文献录校与研究》，南京：江苏人民出版社，2016 年，第 325 页。

② （唐）净觉：《楞伽师资记》，T85，n2837，p. 1289a9 – 14。韩传强：《禅宗北宗敦煌文献录校与研究》，南京：江苏人民出版社，2016 年，第 326 – 327 页。

③ （唐）净觉：《楞伽师资记》，T85，n2837，p. 1289a22 – 25。韩传强：《禅宗北宗敦煌文献录校与研究》，南京：江苏人民出版社，2016 年，第 327 – 328 页。

进入寂静空空之心境。此中关节，皆是观察身心乃至一切法在缘起之流中幻生幻灭，无所有而如是有，不具有常住固定的实在自性，其本性即是空寂、清净、平等、无缚无解。经过这些前方便的锻炼，禅者之心不再为外在对象牵引而放逸驰逐，收敛在深入、沉稳、清明的心态止息上，从而显现出心及其所现境界的真相，这为入定正观提供了方便。

在道信禅法秘要的“五事”中，具体的正式观修方法即“守一不移”。“守一”本是道家用以表示复归大道的术语，如《老子》第十、二十二章“抱一”；第三十九章“得一”，《庄子·齐物论》“道通为一”，《庄子·在宥》“我守其一”，《庄子·刻意》“守而勿失，与神为一”等；东晋和南北朝时期的道教以“存神养性，守一不失”作为获得长生久视的修炼方法[①]。早期汉译佛典借用了道家的“守一”翻译“禅那”（dhyāna）或“三昧”（samādhi），用以说明行者之心所达到的定不动摇、收摄止息、心一境性。[②] 道信所说的“守一不移”要点在于观空净而成就持久专注的止息，心不散乱而现入三昧。《入道安心要方便法门》云：

常观自身，空净如影，可见不可得……空中生六根，六根亦空寂。所对六尘境，了知是梦幻……如此观察知，是为观空寂。见色知是不受，不受色，色即是空。空即无相，无相即无作。此见解脱门，学者得解脱。诸根例如此，不复须

① 吉冈义丰：《仏教の禅法と道教の守一》，《智山学报》第 27－28 辑，1964 年，第 105－128 页。

② 参见汤用彤：《汉魏两晋南北朝佛教史》，上海：上海人民出版社，2015 年，第 75－76 页。

> 重言。常念六根空寂，尔无闻见……守一不移者，以此空净眼，注意看一物，无问昼夜时，专精常不动。其心欲驰散，急手还摄来，以绳系鸟足，欲飞还掣取。终日看不已，泯然心自定。①

在正修“守一不移”时，也需要类似初学的前方便作为引导。道信所述方法先由观察自己的身体着手，身体为四大和合、五蕴积聚，缘起而幻生、缘散而幻灭，如梦幻泡影，毕竟是空、无生、无所有、不可得、清净平等；接着观察虚妄不实的身体所具有的六根和六根所缘的六境。如眼根见色境，并非色境来到眼根前、并非色境真实有其自性本质，并非眼根去往色境处、并非眼根真实有所取（受），因为色境毕竟空、眼根亦毕竟空，于毕竟空中而依因缘关联条件现起作为看的能力的眼根缘取作为看的对象的色境。耳、鼻、舌、身、意诸根缘取声、香、味、触、法诸境亦是如此。由此而如实了知六境如幻如化、无所有而如是有，六根亦无所沾滞、本性空寂。如此，则能止息散乱纷扰，可以正式观修“守一不移”。所谓“守一”，即是以沉稳明朗的心态驱动空净的六根，专注地缘取某一对象；为了方便实践，道信采用空净眼根，系心注意于“看一物”。这与念佛三昧系心于观察佛身及其世界的相好庄严是一致的。在“看”的过程中，禅者之心必须无论昼夜都从不舍离此一物；如果心被其他事物所牵引而即将奔驰涣散，则需要迅速调整，将心念专注于所看的一物。对于这一“捉心”的过程，道信形象地比喻为将欲飞走的

① （唐）净觉：《楞伽师资记》，T85，n2837，p. 1288a25 – b20。韩传强：《禅宗北宗敦煌文献录校与研究》，南京：江苏人民出版社，2016 年，第 320 – 322 页。

鸟捉来、以绳系足、掣取不放。若经过长久的修习，禅者之心能够在时间刹那的相续中始终没有中断对于此一物的系念、也没有其他心念的参杂，犹如"后箭射前箭筈、筈筈相柱、不令箭落"①，则能"泯然心自定"，即现入于三昧之中。行者进而观察念物即是念心，物与心皆空无所有、本性清净、无差别相，从而具足法界一相的智慧。道信的"守一不移"与据《文殊般若经》而来的"一行三昧"并无实质差异，只是着手的方便、所"看"的对象有所不同，大致过程皆是：修前方便达到身心空寂，然后专心系念地"看"佛或者一物，念念相续而现入三昧，了知无相一相而具足智慧，依智慧得见空性。这种修学是适应大部分根机修学者的禅法。道信认为，若对于上上利根人，则无需借助任何念佛、看心、捉心的方便，"直任运，亦不令去，亦不令住，独一清净，究竟处，心自明净"②，但依究竟无所得而悟入法界是共通的。

道信的"一行三昧"和"守一不移"虽然得以触证真如，但尚且未能于时时处处一切法中契于如如，亦未能圆满全面而彻底的智慧，故在此之后还要继续在菩提道上修学。道信认为，在究竟成佛之前，所证所觉的空性并非究竟真实，或取空而不能如实了知不空，或取不空而不能了知空，而只有经过在无量生死中庄严世界、成熟众生的菩萨修学，才能真正无所见而证觉究竟法

① （唐）净觉：《楞伽师资记》，T85，n2837，p. 1288b29 - c1。韩传强：《禅宗北宗敦煌文献录校与研究》，南京：江苏人民出版社，2016 年，第 323 页。这一譬喻，见于（后秦）鸠摩罗什译《小品般若波罗蜜经》卷七"箭箭相拄，随意久近，能令不堕"，T8，n227，p. 569a16 - 17；（后秦）鸠摩罗什译《摩诃般若波罗蜜经》卷十八"后箭射于前箭，箭箭相拄，不令前堕，随意自在"，T8，n223，p. 350c4 - 5。

② （唐）净觉：《楞伽师资记》，T85，n2837，p. 1287b20 - 21。韩传强：《禅宗北宗敦煌文献录校与研究》，南京：江苏人民出版社，2016 年，第 315 页。

界真空。《入道安心要方便法门》云：

> 所初地菩萨，初证一切空，后证得一切不空，即是无分别智，亦是色。色即是空，非色灭空，色性是空，所菩萨修学空为证。新学之人，直见空者，此是见空，非真空也。修道得真空者，不见空与不空，无有诸见也。①

菩萨十地阶位是大乘佛教的通说。初地菩萨即见一切法本性空而断除见所断惑、入菩萨位（菩萨正性离生）。但为了区别于二乘的见道，尤其是简择《成实论》等说空的二乘经典，中国佛教强调菩萨所触证的真如实相不仅见空、还见不空（假名幻有），如智顗《法华玄义》将二乘但见于空而不见不空称为“共（二乘）实相”、菩萨所见中道实相称为“不共实相”②。道信也认为，初地菩萨所触证为空与不空不二的中道实相，只是就修学实际过程而言有次第的差别。以五蕴中的色蕴为例，初地菩萨如实见色无自性而即是空，但这并非因为色已经坏灭、正在坏灭或将要坏灭；若已坏灭则不存在色、若将坏灭则当下并未灭、若正在坏灭也只是已灭和未灭二者的混合，故并非色灭而说为空。实则色本性即是空，虽然空无所有而依因缘关联条件现起如是有之色。初地菩萨先观一切法空（并非实有），再观一切法幻有而不空（并非实无），从而如实观一切法毕竟空，具足无分别智。对于新学菩萨道而未入菩萨位的修学者，也能通过三昧而见空，但此空仅是所见之空，并非一切法本性空。而进入修道的菩萨，既

① （唐）净觉：《楞伽师资记》，T85，n2837，p. 1287c17 – 21。韩传强：《禅宗北宗敦煌文献录校与研究》，南京：江苏人民出版社，2016 年，第 317 页。

② （隋）智顗：《妙法莲华经玄义》卷八上，T33，n1716，p. 781a9 – 10。

不见空、也不见不空，究竟无所见而空与不空平等平等，真正契入清净的真如、法界、实际，获得无生法忍，从而能不为生死所染而实践悲愿、圆满智慧。《入道安心要方便法门》云：

> 夫身心方寸，举足下足，常在道场。施为举动，皆是菩提。[①]

在《摩诃般若经·发趣品》中，七地菩萨得无生法忍，八地菩萨常在生死而以如幻三昧作佛事。[②] 若不论究次第而直接就圆融悟入真空而言，菩萨能于一切身心活动、日用生活、严土熟生等事业中皆与空性、般若波罗蜜多、萨婆若智相应，心性明净而不为一切生死烦恼所系缚。因为菩萨通达一切烦恼杂染法并无实有自性，本性亦是真如、法界、实际，故本来无缚亦无解。《文殊般若经》云：“菩提即五逆，五逆即菩提。”[③] 《金刚经》云：“一切法皆是佛法。”[④] 菩萨通达法界一相而能于五逆重罪而不染著，更何况于其他善法或非善非恶法。故一切时一切处皆为菩萨道场；菩萨的一切行动皆是解心无染、究竟无所得，依般若波罗蜜多为方便而自由自在地现起一切佛事，向着无上正等觉迈进。《维摩诘经》云：“举足下足，当知皆从道场来。”[⑤] 《二入

① （唐）净觉：《楞伽师资记》，T85，n2837，p. 1287a6 – 7。韩传强：《禅宗北宗敦煌文献录校与研究》，南京：江苏人民出版社，2016 年，第 311 页。

② （后秦）鸠摩罗什译：《摩诃般若波罗蜜经》卷六，T8，n223，p. 257b14、p. 257b26。

③ （梁）曼陀罗仙译：《文殊师利所说摩诃般若波罗蜜经》卷上，T8，n232，p. 728c13。

④ （后秦）鸠摩罗什译：《金刚般若波罗蜜经》，T8，n235，p. 751b2。

⑤ （后秦）鸠摩罗什译：《维摩诘所说经》卷上，T14，n475，p. 543a6 – 7。

四行论》云："举足下足，一切皆是菩提处。"① 与达摩—慧可禅法一样，道信禅法是博大甚深的大乘菩萨道。

综上所论，道信继承与发扬了达摩—慧可禅法的"虚宗"为特质。在道信早年"念般若退吉州贼"之事中，吉州贼围可能发生在隋大业末年林士弘举兵期间，而道信较为特殊的"念摩诃般若波罗蜜"退贼方法，既体现了奉持读诵《般若经》具有无量功德、"般若波罗蜜多"作为"无上咒术"能够化解危难，也引导教化大众走上修学般若波罗蜜多的道路；破贼退魔同时象征着在禅法修学过程中降伏烦恼、排除扰乱、获得身心平和。在《楞伽师资记》所收录的道信著作《入道安心要方便法门》中，道信开篇即引用了《文殊般若经》"一行三昧"一段文字。《文殊般若经》自萧梁时期由曼陀罗仙和僧伽婆罗译出后，其般若思想和观佛法门流行于南北方，讲授"一行三昧"亦不乏其人。道信依般若波罗蜜多而将《文殊般若经》的"文殊师利法门"与《楞伽经》的如来藏思想融合为"念佛心是佛，妄念是凡夫"的禅法。一行三昧本是初期大乘经典共说的三昧，而《文殊般若经》着重以一相的法界作为一行三昧的所缘。道信认为，一行三昧所缘的法界即是禅者本性清净的心体，而依于心体所现起的作用即是作为禅观所悟理境的空相应缘起。现入一行三昧的方便是念佛，禅者通过专心系念一佛而得定，得定而观心与法界平等无差别，进而具足智慧、得见空性。道信禅法秘要中的"守一不移"亦是类似一行三昧的悟入法界的方法。在见道之后，禅者尚需经历修道而得见真空，从而于一切举足下足活

① 柳田圣山：《達摩の語錄：二入四行論》，东京：筑摩书房，1969 年，第 161 页。

动中自在无缚地从事严土熟生的大乘菩萨道修学。道信禅法在理境上更加凝练了心性本净的意义，在行法上开展出多种的善巧方便，充分发挥了“行般若波罗蜜多”的形式显示方法意义。

第四章　东山法门的“无得守心”

道信在蕲州双峰山传禅为达摩—慧可禅法在南方的兴盛奠定了基础，而真正开启禅宗蓬勃兴盛的光辉时代序幕的是弘忍

(601－674)[①] 的东山法门。弘忍自获得道信付法之后，在蕲州

① 关于弘忍卒年，文献记载不一。1.《唐中岳沙门释法如禅师行状》作“至咸亨五年（674），祖师（弘忍）灭度”［（清）陆心源辑：《唐文拾遗》卷六十七，（清）董诰等编：《全唐文》第11册，北京：中华书局，1983年，第11123页）］。2.《楞伽师资记》引玄赜《楞伽人法志》“咸亨五年二月……十六中，面南宴坐，闭目便终，春秋七十四”（T85，n2837，p.1289c6－20；韩传强：《禅宗北宗敦煌文献录校与研究》，南京：江苏人民出版社，2016年，第330页）。3.《传法宝纪》“上元二年（675）八月，数见衰相。十八日……遂泯然坐化，春秋七十四也”（柳田圣山：《初期の禅史Ⅰ：楞伽師資記·伝法宝纪》，东京：筑摩书房，1971年，第386页；《禅宗北宗敦煌文献录校与研究》，第47页）。4.《南阳和尚问答杂征义》“至上元年，大师春秋七十有四。其年二月十一日，奄然坐化”（“元”下恐有脱字，杨曾文：《神会和尚禅话录》，北京：中华书局，2011年，第108页）。5.《历代法宝记》“后至上元二年二月十一日，奄然坐化，忍大师时年七十四”（T51，n2075，p.182b3－4；柳田圣山：《初期の禅史Ⅱ：歴代法宝記》，东京：筑摩书房，1976年，第93页）。前文提及“二月十四日”事，故“二月十一日”恐为“二月十六日”之讹。6.日本驹泽大学图书馆藏延宝三年（1675）刊《义楚六帖》卷二引《宝林传》逸文“《宝林伝》云：……弘忍，高宗二十四年二月二十六日壬申，至代宗谥号大满禅师法雨之塔”（椎名宏雄《『宝林伝』逸文の研究》，《驹泽大学佛教学部论集》第11号，1980年，第246页）。据《旧唐书》卷四“（贞观二十三年［649］）六月甲戌朔，皇太子（李治）即皇帝位，时年二十二”［（后晋）刘昫等：《旧唐书》，北京：中华书局，1975年，第66页］，故《宝林传》所谓“高宗二十四年”应是指咸亨三年壬申（672）。7.《曹溪大师别传》作“咸亨五年”（X86，n1598，p.49c18－50b14）。8.《祖堂集》卷二“大师付法后，高宗在位二十四年壬申之岁二月十六日灭度，春秋七十四，代宗谥号大满禅师法雨之塔。自上元壬申岁迁化，迄今唐保大十年壬子岁，得二百八十年矣”［（南唐）静、筠二禅师撰，孙昌武、衣川贤次、西口芳男点校：《祖堂集》，北京：中华书局，2007年，第121页］，这应是源自《宝林传》，“上元壬申”应为“咸亨壬申”之讹。9.《旧唐书》卷一百九十一“弘忍以咸亨五年卒。”（第5110页）10.《宋高僧传》卷八“以高宗上元二年十月二十三日告灭，报龄七十有四”（T50，n2061，p.754b9－10）。据《旧唐书》卷五“（咸亨五年）八月壬辰……改咸亨五年为上元元年，大赦”（第99页），弘忍卒年可能为咸亨五年二月十六日，只是有关记载将“咸亨五年”误作“上元元年”、又误作“上元二年”，或误作“咸亨三年”；“二月”又误作“八月”或“十月”；“十六日”又误作“十一日”“十八日”“二十六日”或“二十三日”。参见柳田圣山：《初期の禅史Ⅰ：楞伽師資記·伝法宝纪》，东京：筑摩书房，1971年，第389页。

黄梅冯茂山[①]弘传禅法，在当时形成了重要影响。《坛经》云："门人有千余众。"[②]《楞伽师资记》引玄赜《楞伽人法志》云："四方请教，九众师横。虚往实归，月逾千计。"[③]《传法宝纪》云："道俗受学者，天下十八九。自东夏禅匠传化，乃莫之过。"[④]《南阳和尚问答杂征义》云："四方归仰，奔凑如云。"[⑤]《历代法宝记》云："四方龙像，归依奔凑。"[⑥]虽然这些八世纪的禅宗文献的用语修辞略有夸张，但东山法门的盛况可见一斑。而弘忍之后，东山门下弟子弘化于各地：老安（582－709）和法如（638－689）在嵩山，神秀（605－706）在荆州当阳、长安和洛阳，玄赜也在长安和洛阳，智诜（609－702）在资州，惠能（638－713）在韶州，慧藏在华州，玄约在随州，高丽僧

---

① 参见（唐）净觉：《楞伽师资记》，T85，n2837，p. 1289c20；（北宋）赞宁等：《宋高僧传》卷八，T50，n2061，p. 754c9；（北宋）乐史撰，王文楚点校：《太平寰宇记》卷一百二十七，北京：中华书局，2007 年，第 2509 页。《历代法宝记》作"凴茂山"，T51，n2075，p. 182a16（柳田圣山校本作"冯茂山"，参见柳田圣山：《初期の禅史Ⅱ：歴代法宝記》，东京：筑摩书房，1976 年，第 92 页）。敦煌本《坛经》作"冯墓山"，杨曾文：《敦煌新本六祖坛经》（2 版），北京：宗教文化出版社，2011 年，第 6 页；《南阳和尚问答杂征义》作"冯墓山"，杨曾文：《神会和尚禅话录》，北京：中华书局，2011 年，第 108 页；（唐）宗密《圆觉经大疏释义钞》卷三也作"冯墓山"，X9，n245，p. 532b3。

② （唐）法海集：《南宗顿教最上大乘摩诃般若波罗蜜经六祖惠能大师于韶州大梵寺施法坛经》，T48，n2007，p. 337a24。杨曾文：《敦煌新本六祖坛经》（2 版），北京：宗教文化出版社，2011 年，第 6 页。元宗宝编：《六祖大师法宝坛经》，T48，n2008，p. 348a9。

③ （唐）净觉：《楞伽师资记》，T85，n2837，p. 1289b29－c1。韩传强：《禅宗北宗敦煌文献录校与研究》，南京：江苏人民出版社，2016 年，第 329 页。

④ （唐）杜胐：《传法宝纪》，柳田圣山：《初期の禅史 I：楞伽師資記・伝法宝纪》，东京：筑摩书房，1971 年，第 386 页；韩传强：《禅宗北宗敦煌文献录校与研究》，南京：江苏人民出版社，2016 年，第 47 页。

⑤ 杨曾文：《神会和尚禅话录》，北京：中华书局，2011 年，第 108 页。

⑥ 《历代法宝记》，T51，n2075，p. 182a25；柳田圣山：《初期の禅史Ⅱ：歴代法宝記》，东京：筑摩书房，1976 年，第 92 页。

智德在扬州，义方在越州等。[①] 唐王朝境内东西南北各地皆有弘忍弟子弘传禅法，这表明禅宗已从偏于一隅的禅法支流逐渐发展为唐代佛教禅法的核心。弘忍禅法一方面继承了从达摩—慧可经道信而来的以“自心现量”为理境、以般若无所得为方法的“虚宗”特质，另一方面着重凸显了达摩—慧可禅法以来“以心传心”的风格，更加自由地运用经论之意趣而建立禅宗自身的独特修学形态。

第一节　真心与妄念之理境

关于弘忍禅法的具体内容，《楞伽师资记》《传法宝纪》《南阳和尚问答杂征义》《历代法宝记》《宋高僧传·弘忍传》等弘忍各种传记中只是简略提及。而敦煌写卷中的《蕲州忍和上导凡趣圣悟解真宗修心要论》（简称《修心要论》）是目前所知唯一署名弘忍的著作。《修心要论》相关敦煌写卷有英国藏S. 2669v、S. 3558、S. 4064、S. 6159，法国藏Pel. chin. 3434、Pel. chin. 3559 + Pel. chin. 3664、Pel. chin. 3777，中国国家图书馆藏BD00204（宇4）、BD08475（裳75），俄国藏Дx649v、Дx1996B + Дx2006B、Дx3117、Дx5955，日本龙谷大学附属图书馆藏122号、杏雨书屋藏羽395 – 4等[②]。刻本则题为《最上乘

① （唐）净觉：《楞伽师资记》，T85，n2837，p. 1289c11 – 15。参见印顺：《中国禅宗史》，台北：正闻出版社，1994年，第81 – 84页。

② 程正：《俄藏敦煌文獻中に發見された禪籍について（3）– 1》，《驹泽大学禅研究所年报》第32号，2020年，第148页。

论》，有隆庆四年（1570）朝鲜全罗道同福地安心寺刊本、日本正德六年（1716）丹波国南桑田郡稗田村瑞岩寺刊本、日本驹泽大学和东北福祉大学藏宝历十三年（1763）京都伊势屋额田正三郎刊本；李氏朝鲜禅僧休静（1520－1604）编《禅门撮要》上卷亦收录《最上乘论》。[①]《卍续藏》和《大正藏》本《最上乘论》即以安心寺刊本为底本。一般认为，《修心要论》的成书与潞州法如系有关[②]，但《修心要论》大体能够代表弘忍禅法。

一　真心之体

大乘菩萨道的修学皆以诸佛不异的无上正等觉为目标，而觉悟之理境虽然可通说为空相应缘起，但对此理境的建立在各种修学形态中有所不同。作为“增上心学”的禅法重视修学过程中的心之状态的变化，故不从广大的一切法去通达缘起之真相，而从如实观察禅者自己的心及其所觉知观照的境界契入缘起之大相续流。达摩—慧可禅法依《楞伽经》的“自心现量”说明空相应缘起，道信亦以一相法界的本性清净的“心体”和依于因缘关联条件而现起无限自在差别的“心用”建立禅法观修的理境。《修心要论》继承了道信关于心之体用的思想架构，而将心之体用进一步凝练为“真心”与“妄念”。

“真心”是《修心要论》中频繁出现的语词。在先秦时期，

① 参见中川孝：《楞伽宗と東山法門》，篠原寿雄、田中良昭编：《敦煌仏典と禅》（讲座敦煌 8），东京：大东出版社，1980 年，第 155 页。

② 柳田圣山：《初期禅宗史書の研究》，京都：法藏馆，2000 年，第 80 页。伊吹敦：《法如派について》，《印度学佛教学研究》第 40 卷第 1 号，1991 年，第 110－113 页。

"真"字多见于道家文献，如《老子》第二十一章"其精甚真"、第四十一章"质真若渝"、第五十四章"修之身，其德乃真"，《庄子·大宗师》"而已反其真，而我犹为人猗"，《庄子·秋水》"谨守而勿失，是谓反其真"，《庄子·渔父》"真者，精诚之至也……真在内者，神动于外，是所以贵真也"等；道家语境中的"真"与道、本性、诚实无伪有关。汉译佛教经典借鉴了道家的术语，用"真心"描述佛教圣者明朗清净的智慧之心，如《文殊悔过经》"究竟得至于一切智、诸通之慧，兴正真心"①，《华严经·十地品》"欲得第二地者，当生十种直心（daśa cittāśayāḥ）……六、真心（kalyāṇâśayatā）……"②，《大智度论》"梦中心为睡所覆故，非真心所作"③。僧肇著作中的"真心"沿用了初期大乘经典的用法，如《不真空论》"是以圣人乘真心而理顺"④，《般若无知论》"圣人真心独朗"⑤，《注维摩诘经》"禅定之海深广无际，自非如来清净真心无能度者"⑥，"大乘自法身以上，得无碍真心，心智寂然"⑦，"未能以平等真心，有无俱涉"⑧。后期大乘的如来藏经典则以"真心"表示如来藏自性清净心，如《大般涅槃经》"众生意识虽复无常，而识

---

① （西晋）竺法护译：《文殊悔过经》，T14，n459，p. 443c14－15。

② （东晋）佛驮跋陀罗译：《大方广佛华严经》卷二十四，T9，n278，p. 548c17－19。（唐）实叉难陀译《大方广佛华严经》卷三十五译为"纯善心"，T10，n279，p. 185a17－19。P. L. Vaidya, *Daśabhūmikasūtram*, Darbhanga: The Mithila Institute, 1967, p. 15.

③ （后秦）鸠摩罗什译：《大智度论》卷六十六，T25，n1509，p. 526a23－24。

④ （后秦）僧肇：《肇论》，T45，n1858，p. 152a7。

⑤ （后秦）僧肇：《肇论》，T45，n1858，p. 153b19。

⑥ （后秦）僧肇：《注维摩诘经》卷一，T38，n1775，p. 332c2－3。

⑦ （后秦）僧肇：《注维摩诘经》卷二，T38，n1775，p. 352c26－27。

⑧ （后秦）僧肇：《注维摩诘经》卷五，T38，n1775，p. 379a5－6。

次第相续不断，故得如来真实常心……众生佛性亦复如是，以是故说识为佛性"①，《大乘起信论》"真心常恒不变，净法满足，故名不空"，"唯一真心无所不遍"②。随着晋宋之后涅槃佛性说成为中国佛教思想的主流议题③，"真心"也更多指如来藏、佛性，如智顗《维摩经玄疏》"众生无始以来佛性真心，常为无明之所隐覆"④，净影慧远《大乘义章》"佛性真心与无明地，合为本识，名阿梨耶"⑤ 等等。

《修心要论》的"真心"也用以描述佛性、如来藏自性清净心，但此"真心"并不是心的某种抽象的、普遍的自性本质，而是禅者当前呈露的活动之心的本性状态。《修心要论》云：

> 夫言修道之体，自识当身，本来清净，不生不灭，无有分别。自性圆满清净之心，此是本师，乃胜念十方诸佛。⑥
>
> 《维摩经》云："如无有生，如无有灭。"如者，为真如佛性，自性清净心源。真如本有，不从缘生。又云："一切众生皆如也，众贤圣亦如也。"一切众生者，即我等是也；众贤圣者，即诸佛是也。言名相虽别，身中真如法性并同。不生不灭，故言皆如也。故知自心本来不生不灭。⑦

弘忍禅法的修道即修心，这是达摩—慧可禅法以来的"安

---

① （北凉）昙无谶译：《大般涅槃经》卷三十二，T12，n374，p. 556b18 – 20。

② （梁）真谛译：《大乘起信论》，T32，n1666，p. 576b6、p. 580a7。

③ 赖永海：《中国佛性论》，南京：江苏人民出版社，2012 年，第 3 页。

④ （隋）智顗：《维摩经玄疏》卷四，T38，n1777，p. 541a18 – 19。

⑤ （隋）慧远：《大乘义章》卷三，T44，n1851，p. 534c14 – 15。

⑥ （唐）弘忍：《最上乘论》，T48，n2011，p. 377a21 – 23。韩传强：《禅宗北宗敦煌文献录校与研究》，南京：江苏人民出版社，2016 年，第 24 – 25 页。

⑦ （唐）弘忍：《最上乘论》，T48，n2011，p. 377b4 – 10。韩传强：《禅宗北宗敦煌文献录校与研究》，南京：江苏人民出版社，2016 年，第 25 – 26 页。

心”传统。修心之过程本身即是如实了知禅者于一切身心活动中所发挥觉知观照作用的心，本来清净、不生不灭、无有分别，《修心要论》称之为“自性圆满清净之心”。此中所谓“自性”并非意味着某种常住、唯一、自我主宰的存在者或者固定不变的实在本质，而是作为禅修过程中所观缘起大相续流之总相的心，其本性空无所有，即是清净平等的真如、法性、实际。《修心要论》引用《维摩诘经·菩萨品》：“若以如生得受记者，如无有生；若以如灭得受记者，如无有灭。一切众生皆如也，一切法亦如也，众圣贤亦如也，至于弥勒亦如也。”[①] 一切法虽然在缘起之流中幻生幻灭、显现无限自在差异，但皆是无所有而如是有，其本性皆不出真如法性，故本来清净、不生不灭、无有分别。就“心”而言一切法，此心亦即真如、亦即法性。达摩—慧可禅法文献《二入四行论》中，已经说到“心无异相，名作真如。心不可改，名为法性”[②]。《修心要论》将“真如心”“法性心”更简洁地称为“真心”，如“此真心者，自然而有，不从外来，不索束修”[③]。禅者重视深彻体悟而轻忽名言闻思分别，其用语更为接近日用生活，意在用以描述指点禅修过程中所观所知而非指涉某种实在本质。所谓“自然而有”即无生无灭、“不从外来”即不来不出、“不索束修”即无求无得。

《修心要论》有时也将“真心”称为“本心”“本真心”[④]。

---

① （后秦）鸠摩罗什译：《维摩诘所说经》卷上，T14，n475，p.542b10－13。

② 柳田圣山：《達摩の語錄：二入四行論》，东京：筑摩书房，1969年，第71页。

③ （唐）弘忍：《最上乘论》，T48，n2011，p.377b11－12。韩传强：《禅宗北宗敦煌文献录校与研究》，南京：江苏人民出版社，2016年，第26页。

④ （唐）弘忍：《最上乘论》，T48，n2011，p.377b18－20。韩传强：《禅宗北宗敦煌文献录校与研究》，南京：江苏人民出版社，2016年，第26－27页。

"本心"一语出自于《孟子·告子上》，其内在意义即为人定善之本性，其超越意义即为天道、诚体。《修心要论》所谓"本心"借鉴了孟子的思想，但《修心要论》的"本心"之"本"不是孟子所立的形上价值本体，而是真如、法性、实际的异名，亦即空相应缘起的真相。

二 妄念之用

心之体是本性清净的"真心"，但心同时具有依因缘关联条件现起种种差别境界的现实作用，这是《般若经》所说"无所有，如是有"①；只是因为凡夫众生不能如实了知心体与心用，而将自心所现境界执著为实有存在，并进一步贪爱取舍而有生死烦恼系缚，由此心之作用亦称为"妄念"，即虚妄不实的心之作用。

对于妄念的现起过程，《楞伽经》解说为如来藏自性清净心被无始虚伪执著和烦恼习气熏覆，成为摄藏一切法种子的阿赖耶识，种子随因缘成熟而现起一切法，这一过程称为"自心现量"②；《大乘起信论》则解说为一心开二门，作为法界大总相的心，其体性即是真如门，依于心体而现起作用即是生灭门③。禅宗虽然依如来藏思想的清净心为无明遮蔽的理路说明一切境界的

---

① （后秦）鸠摩罗什译：《小品般若波罗蜜经》卷一，T8，n227，p. 538b16。（后秦）鸠摩罗什译：《摩诃般若波罗蜜经》卷三，T8，n223，p. 238c24。

② （刘宋）求那跋陀罗译：《楞伽阿跋多罗宝经》卷一，T16，n670，p. 485a10。（元魏）菩提留支译《入楞伽经》卷二作"自心"，恐未确，T16，n671，p. 524a16。（唐）实叉难陀译《大乘入楞伽经》卷二作"自心之所现"，T16，n672，p. 595b12。P. L. Vaidya, *Saddharmalaṅkāvatārasūtram*, Darbhanga: The Mithila Institute, 1963, p. 22.

③ （梁）真谛译：《大乘起信论》，T32，n1666，p. 576a5 –6。

无限差别，但用更为通俗易明的譬喻用于指导实际修学。《二入四行论》将其譬喻为墙壁上绘画各种图案的“壁观”①，道信《入道安心要方便法门》则说“如颇梨镜悬在高堂，一切像悉于中现；镜亦无心，能现种种”②，而《修心要论》所用譬喻为“重云覆日”。喻体虽然各不相同，但所喻并无二致，皆指于真心之上生起妄念。《修心要论》云：

> 《十地论》云：众生身中有金刚佛性，犹如日轮，体明圆满，广大无边。只为五阴重云所覆。如瓶内灯光，不能照。又以即日为喻，譬如世间云雾，八方俱起，天下阴暗。日岂烂也，何故无光？答曰：日光不坏，只为云雾所覆。一切众生清净之心，亦复如是。只为攀缘、妄念、烦恼、诸见重云所覆。但能凝然守心，妄念不生，涅槃法自然显现。故知自心本来清净。③

此中所引《十地经论》只是间接引用，并无相同文句。《十地经论》云：“此真如观内智圆满普照法界，犹如日轮光遍世界故。”④ 这是将如实观察真如法界、通达一切法缘起真相的深彻智慧譬喻为日轮之光遍照世界各地。而《修心要论》则将《十地经论》的“真如观内智”直接理解为一切众生本来普遍具足的佛性，犹如日轮之光清净圆满又平等遍在一切。所谓“金刚佛性”则是指佛性如金刚石一般坚固不可破坏，《大般涅槃经》

① 柳田圣山：《達摩の語録：二入四行論》，东京：筑摩书房，1969 年，第 32 页。

② （唐）净觉：《楞伽师资记》，T85，n2837，p. 1287b2－3。韩传强：《禅宗北宗敦煌文献录校与研究》，南京：江苏人民出版社，2016 年，第 313－314 页。

③ （唐）弘忍：《最上乘论》，T48，n2011，p. 377a24－b3。韩传强：《禅宗北宗敦煌文献录校与研究》，南京：江苏人民出版社，2016 年，第 26 页。

④ （后魏）菩提流支等译：《十地经论》卷一，T26，n1522，p. 126a22－23。

云："佛性者喻如金刚，不可沮坏。"①

关于"重云覆日"的譬喻，早期佛教即用重翳遮蔽日月表示贪嗔痴所总摄的烦恼对于智慧光明的阻碍，如《增壹阿含经》说日月被四重翳遮蔽则不能放光明，"一者云（abbha）也，二者风尘（mahiyā），三者烟（dhūmaraja），四者阿须伦（rāhu asurinda）"，同时"有四结覆蔽人心，不得开解"，即贪欲、嗔恚、愚痴、利养②；而佛教圣者解开烦恼系缚、获得清净智慧即犹如日月突破重翳而大放光明，如《长阿含经》"今睹佛光明，如日之初出，如月游虚空，无有诸云翳"③，《杂阿含经》"如日停虚空，清净无云翳"④，《大智度论》"若如秋日无云曀，亦如大海水清净，所作已办无漏心，罗汉如是得清净"⑤；如来藏经典则用此譬喻说明如来藏出离烦恼的遮蔽障覆而明朗显现其清净本性，如《央掘魔罗经》"譬如日月，密云所覆，光明不现；云翳既除，光明显照。如来之藏亦复如是，烦恼所覆，性不明显；出离烦恼，大明普照，佛性明净犹如日月"⑥。

《修心要论》"重云覆日"的譬喻受到了如来藏思想的影响，以日光比喻一切众生的清净真心，以重云比喻依于真心而随缘现起的攀缘、妄念、烦恼、诸见；虽然重云蔽覆日光，但日光本身并不因为改变或坏灭，这象征着虽然种种妄念蔽覆真心，但妄念

① （北凉）昙无谶译：《大般涅槃经》卷七，T12，n374，p. 408c20－21。

② （东晋）瞿昙僧伽提婆译：《增壹阿含经》卷二十，T2，n125，p. 650a10－16。*Aṅguttara－Nikāya* 4. 50，vol. 2，p. 53.

③ （后秦）佛陀耶舍、竺佛念译：《长阿含经》卷二第2经，T1，n1，p. 14a17－18。

④ （刘宋）求那跋陀罗译：《杂阿含经》卷四十四第1183经，T2，n99，p. 320b14。

⑤ （后秦）鸠摩罗什译：《大智度论》卷六，T25，n1509，p. 102c11－12。

⑥ （刘宋）求那跋陀罗译：《央掘魔罗经》卷二，T2，n120，p. 526b29－c3。

本身及其所现境界皆是虚妄不实、空无所有、无生无得，并不能破坏作为真如法性的真心的清净平等性及其相应的光明智慧觉悟。

三　真妄不离

《修心要论》建立“真心”与“妄念”是为了从体与用、本性与现实、胜义与世俗说明凡夫众生与佛菩萨贤圣之间的关系，从而指明“导凡趣圣”的修道路径。

若众生与诸佛之间具有常住固定本质性的差异，众生之为众生始终流转生死而不能趋向解脱和觉悟，则修道是不可能的；若众生与诸佛之间实无任何差异，或者众生并非流转生死而已经获得解脱和觉悟，或者佛并非获得解脱和觉悟而实则流转生死之中，则修道是不必要的。故众生与诸佛之间的差异并非实有或实无，而是在空相应缘起中建立的无所有而如是有。就一切法本性即是清净平等而言，众生与诸佛乃至一切法在真如法性之中无二无别，《小品般若经·释提桓因品》云“众生从本已来，常清净故（ādi –śuddhatvād ādi – pariśuddhatvāt）”[①]，《小品般若经·阿惟越致相品》云“所有凡夫地、声闻地、辟支佛地、如来地，是诸地于如中不坏、不二、不别”[②]。后期大乘的如来藏经典依

① （后秦）鸠摩罗什译：《小品般若波罗蜜经》卷一，T8，n227，p. 541b21。（唐）玄奘译：《大般若波罗蜜多经》卷五百三十九，T7，n220，p. 772b11 – 12。P. L. Vaidya（ed.），*Aṣṭasāhasrikā Prajñāpāramitā: With Haribhadra's Commentary Called Ālokā*，Darbhanga: The Mithila Institute，1960，p. 24.

② （后秦）鸠摩罗什译：《小品般若波罗蜜经》卷六，T8，n227，p. 564a2 – 3。（唐）玄奘译：《大般若波罗蜜多经》卷五百四十九，T7，n220，p. 825c20 – 23。P. L. Vaidya（ed.），*Aṣṭasāhasrikā Prajñāpāramitā: With Haribhadra's Commentary Called Ālokā*，Darbhanga: The Mithila Institute，1960，p. 161.

一切众生皆有佛性而说众生与佛在胜义中平等平等，《不增不减经》云“众生界即法身，法身即众生界”①。但在现实中，众生与诸佛依于因缘关联条件而现起愚昧与智慧、系缚与解脱、迷惘与觉悟的差异，原因即在于众生不能如实悟入真如法性，而诸佛能全面而彻底地通达缘起之真相；这些差异虽然如幻似有，但并非实无，故众生需要依于缘起而走上修学之道。

《修心要论》认为，真心与妄念不离不即，并非离真心之外别有妄念之体，因此，众生与佛亦不离不即，就同一真心说为不离、就妄念现起说为不即。《修心要论》云：

> 十方诸佛，悟达法性，皆自照燎心源，妄想不生，不失正念，我所心灭，故得不受生死；以不生死故，即毕竟寂灭；以寂灭故，万乐自归。一切众生，迷于真圣，不识本心，种种妄缘，不修正念；不正念故，即憎爱心起；以憎爱故，即心器破漏；心器破漏故，即有生死；有生死故，即诸苦自现。《心王经》云：“真如佛性，没在知见六识海中，沉沦生死，不得解脱。”努力会是，守真心，妄念不生，我所心灭，自然与佛平等。②

从本性而言，作为真如法性的真心是众生与诸佛平等无二的心体。但从现实而言，诸佛了悟通达一切法之本性，能够充分显发真心本具的智慧觉悟，一切攀缘、妄念、烦恼、诸见不再生起，由概念认定所综合而成的我所和相应的我执不再发挥作用，

① （元魏）菩提流支译：《不增不减经》，T16，n668，p. 467b17 – 18。

② （唐）弘忍：《最上乘论》，T48，n2011，p. 377b24 – c4。韩传强：《禅宗北宗敦煌文献录校与研究》，南京：江苏人民出版社，2016年，第27 – 28页。

从而以现量智慧穿透空相应缘起的毕竟寂灭，不受生死系缚而能自在地庄严世界、教化众生；凡夫众生迷惑于自心的本性，不能如实了知自心本性清净，而引虚妄执著和戏论习气将现起的种种境界加以攀缘、取执、妄想，由爱憎之心而造作有漏杂染诸业，诸业与诸惑召感流转无尽生死的苦果。这同于《二入四行论》“离众生而求佛者，喻默声而寻响，故知迷悟一途，愚智非别”[①]，以及道信《入道安心要方便法门》“诸见烦恼所污、贪嗔颠倒所染，众生不悟心性本来常清净”[②]。《修心要论》所引《心王经》即《佛为心王菩萨说头陀经》“真如实相，没在知见六识海中，沉沦生死，不能得出”[③]。该经是大约六世纪末至七世纪初所形成的伪经，禅宗相关敦煌写卷《达摩禅师论》《导凡趣圣心决》《禅策问答》以及《曹溪大师别传》皆有引述。[④]“识海”的譬喻本出自《楞伽经》“藏识海（ālayaugha）常住”[⑤]，所谓“真如佛性，没在知见六识海中”即《楞伽经》“（如来藏）为无始虚伪恶习所熏，名为识藏，生无明住地，与

---

① 柳田圣山：《達摩の語錄：二入四行論》，东京：筑摩书房，1969 年，第 53 页。（唐）道宣：《续高僧传》卷十六，T50，n2060，p. 552b2 – 4。

② （唐）净觉：《楞伽师资记》，T85，n2837，p. 1287b26 – 27。韩传强：《禅宗北宗敦煌文献录校与研究》，南京：江苏人民出版社，2016 年，第 315 页。

③ 方广锠：《〈佛为心王菩萨说头陀经〉（附注疏）》，方广锠主编：《藏外佛教文献》第 1 辑，北京：宗教文化出版社，1995 年，第 315 页。

④ 参见伊吹敦：《再び『心王経』の成立を論ず》，《东洋学论丛》第 22 号，1997 年，第 82 – 106 页。伊吹敦：《『心王経』の諸本について》，《印度学佛教学研究》第 52 卷第 1 号，2003 年，第 180 – 187 页。

⑤ （刘宋）求那跋陀罗译：《楞伽阿跋多罗宝经》卷一，T16，n670，p. 484b11。（元魏）菩提留支译：《入楞伽经》卷二，T16，n671，p. 523b21。（唐）实叉难陀译：《大乘入楞伽经》卷二，T16，n672，p. 594c13。P. L. Vaidya，*Saddharmala ṅ kāvatārasūtram*，Darbhanga：The Mithila Institute，1963，p. 21.

七识俱，如海浪身，常生不断”①。众生与诸佛同一真心之体，故“导凡趣圣”的修道是可能的；众生迷惑于妄念而诸佛不生妄念，故“导凡趣圣”的修道是必要的。

第二节　守本真心之道路

佛教的修学是依于缘起之流中关联条件的，不同的道路、方法、入手处则表现出各异的相状差别。禅宗的修学无疑是大乘菩萨道，但因为菩萨在无量生死之中遍学一切道，所学法门是无量无边的，而现实中的众生尚为流转生死的具缚凡夫，故需要拣择一条更为切近、迅捷、简要的“导凡趣圣”的修学道路。

一　自心是道

《修心要论》所建立的修学道路，一言以蔽之，即是“自心是道”②。

禅宗既然将空相应缘起大相续流建立在禅者的自心之上，以当下活动所呈露的心作为法界大总相，故修道亦不需要在一一具体的法中去个别地践行，而是在自心上作工夫，了悟自心即直接

① （刘宋）求那跋陀罗译：《楞伽阿跋多罗宝经》卷四，T16，n670，p. 510b7－9。（元魏）菩提留支译：《入楞伽经》卷七，T16，n671，p. 556b28－c2。（唐）实叉难陀译：《大乘入楞伽经》卷五，T16，n672，p. 619c4－6。P. L. Vaidya，*Saddharmalaṅkāvatārasūtram*，Darbhanga：The Mithila Institute，1963，p. 90.

② （唐）弘忍：《最上乘论》，T48，n2011，p. 379b4。韩传强：《禅宗北宗敦煌文献录校与研究》，南京：江苏人民出版社，2016 年，第 39 页。

顿时契入法界。《二入四行论》云：“即心是者疾，发心行行者迟。利根人知即心是道，钝根人处处求道，不知道处。”① 若发菩提心、行菩萨道而向外作工夫、处处求修学道路，则只是漫长无期的兜兜转转，并未寻得入道之处，而真正的入道之处不在别处，即在禅者的自心之中。《修心要论》云：

> 一切万法不出自心。所以诸佛广说若许譬喻者，只为众生行行不同，遂使教门差别。其实，八万四千法门、三乘位体、七（五）十二贤行宗，莫过自心是本。若能自识本心，念念磨炼者，于念念中常供养十方恒沙诸佛、十二部经，念念常转法轮。若了此心源者，一切心义无穷，一切具足，一切行满，一切皆办，不受后有。会是，妄念不生，我所心灭，舍此身已，定得无生，不可思议。②

佛陀以无碍辩才广说浩如烟海的契经、应颂、记别、讽颂、自说、因缘、譬喻、本事、本生、方广、希法、论议此十二部类经典，依众生根器和机缘个个差别而成立相适应的不同教法门类，如对治众生八万四千烦恼的八万四千法门，声闻、缘觉、佛（菩萨）三乘修学道路，菩萨自初发菩提心至究竟佛果之间层层递进的五十二菩萨阶位等等。对于禅者而言，这样的修学虽然庞大细密却又过于繁琐冗长，容易让人兜兜转转而不得入道门径。

《修心要论》继承了《二入四行论》自心是本、即心是道的安心法门。既然一切法为自心所现，则修道无须随逐一一差别诸

① 柳田圣山：《達摩の語錄：二入四行論》，东京：筑摩书房，1969 年，第 98 页。

② （唐）弘忍：《最上乘论》，T48，n2011，p. 378b9 – 18。韩传强：《禅宗北宗敦煌文献录校与研究》，南京：江苏人民出版社，2016 年，第 33 页。

法，只要如实观察了知禅者自己本性清净的本心，见本心即入正性离生；并于心中所起一刹那一刹那相续的心念中，不断地做工夫加以磨练，则能不再生起妄念和我所心，使本真之心无障碍朗然呈现，以其本具智慧觉悟通达一切法缘起之真相，得无生法忍而不再退转，进而具足一切无漏庄严功德、圆满一切净善之行、办成一切严土熟生事业。所谓“了此心源”，类似《大乘起信论》“以觉心源故名究竟觉，不觉心源故非究竟觉”[①]，亦即究竟实现圆满智慧、解脱生死、无上觉悟。

二　守心为要

关于“自识本心”的具体禅观方法，《修心要论》云：“欲知法要，守心第一。”[②]

所谓“守心”依其语义即是对“心”的守护，凡是锻炼善净心态的修学皆可称为“守心”或“护心”。在身、口、意三业中，“守心”即不造作意恶业、护持意善业，如《七处三观经》“不守身行，亦不得守口声行，亦不得守心行（citte arakkhite）”[③]；在八正道中，“守（护）心”即正念，如《杂阿含经》“正其身行，护口四过，正命清净，习贤圣戒，守诸根门，

---

① （梁）真谛译：《大乘起信论》，T32，n1666，p. 576b16 – 18。（唐）实叉难陀译：《大乘起信论》卷上，T32，n1667，p. 585a13 – 14。

② （唐）弘忍：《最上乘论》，T48，n2011，p. 377c11。韩传强：《禅宗北宗敦煌文献录校与研究》，南京：江苏人民出版社，2016 年，第 28 页。

③ （后汉）安世高译：《七处三观经》第 2 经，T2，n150A，p. 875c22 – 23 。Richard Morris（ed.），A. K. Warder（revised），*Aṅguttara – Nikāya* 3. 105，vol. 1，London：Pali Text Society，1961，p. 261.

护心正念”[①]；乐行正道而不放逸亦是“守（护）心”，如《法句经》“乐道不放逸，能常自护心（sa－cittam anurakkhatha）”[②]，《增壹阿含经》“云何为无放逸行？所谓护心也。云何护心？于是，比丘！常守护心有漏、有漏法，当彼守护心有漏、有漏法，于有漏法便得悦豫，亦有信乐，住不移易，恒专其意，自力劝勉”[③]；远离贪嗔痴所总摄的烦恼而不生起染污执著亦是“守心”，如《杂阿含经》“自护心，恐生染著”[④]；西晋竺法护（239－316）也将戒、定、慧三学中的定学（增上心学）译为“守心”，如《当来变经》“不护禁戒，不能守心，不修智慧”[⑤]，《大哀经》“其土众生唯学三度：一曰、禁戒，二曰、守心，三曰、学智……何谓守心？住于定意，逮得神通”[⑥]。

《修心要论》的“守心”兼有上述诸义，更强调所守之心是一切众生本来具足的真心。《修心要论》云：

> 既体知众生佛性本来清净，如云底日，但了然守真心，妄念云尽，惠日即现。何须更多学知见、归生死苦？一切义理及三世之事，譬如磨镜，尘尽自然见性。则今无明心中学得者，终是无用。若能了然不失正念，无为心中学得者，此是真学。虽言真学，竟无所学。何以故？我及涅槃二皆空故，无二无一，故无所学。法体非空，要须了然守真心，妄

① （刘宋）求那跋陀罗译：《杂阿含经》卷二十四第636经，T2，n99，p.176b3－4。

② （三国吴）维祇难等译：《法句经》卷下，T4，n210，p.570b23。（西晋）法炬、法立译：《法句譬喻经》卷三，T4，n211，p.600c14。Oskar von Hinüber and K. R. Norman（ed.），*Dhammapada* 327，London：Pali Text Society，1995，p.91.

③ （东晋）瞿昙僧伽提婆译：《增壹阿含经》卷四，T2，n125，p.563c15－19。

④ （刘宋）求那跋陀罗译：《杂阿含经》卷三十第860经，T2，n99，p.219a15－16。

⑤ （西晋）竺法护译：《当来变经》，T12，n395，p.1118a13。

⑥ （西晋）竺法护译：《大哀经》卷八，T13，n398，p.446a16－18。

念不生，我所心灭。①

道信《入道安心要方便法门》的正式观修方法是“守一不移”②，但所守之“一”是泛指某一所缘境，可以是某一物或某一佛名，而《修心要论》将所守之“一”确定为真心。“守心”之“守”，一方面是防守，使禅者于修学过程中所呈露的自心不受消极纷乱情绪和攀缘杂念的牵引干扰；自心譬如日光为重云所覆、又如明镜为尘埃蒙蔽，防守自心即通过消散重云、打磨镜面的修学实践工夫，使重云尘埃皆消尽、妄念不再生起。“守”另一方面是守护，使正确的心念保持不失、真心的清净本性得以无碍无著地显现，犹如日光普遍照耀世界一切角落、又如明镜清晰呈现一切相状。“守心”不是以无明烦恼心或知见分别心将真心当作一个对象去守护，这样的守护即使勤苦修习亦只是有漏的造作。“守心”是让真心本来状态显现出来，这一过程虽是通过修学而实现的，但实则是无所作、无所修、无所学；因为修学是依于缘起的，能修之“我”、所修之道、修学所得之涅槃果德就其本性而言皆是如幻如化、空无所有、无生无得，即是无二无别的作为真如、法性、实际的真心，并非以真心修学真心或以真心之外的其他心修学真心，而只是真心远离妄念而无所取、无所执、无所著地呈现自身。

这其实是般若波罗蜜多究竟无所得的修学方法意趣，《小品般若经·初品》云：“菩萨如是学，于法无所学。何以故？……

① （唐）弘忍：《最上乘论》，T48，n2011，p. 378a2 – 11。韩传强：《禅宗北宗敦煌文献录校与研究》，南京：江苏人民出版社，2016 年，第 30 页。

② （唐）净觉：《楞伽师资记》，T85，n2837，p. 1288a20。韩传强：《禅宗北宗敦煌文献录校与研究》，南京：江苏人民出版社，2016 年，第 320 页。

是诸法不尔，如凡夫所著。”[①]《摩诃般若经·方便品》云：“菩萨多有所学，实无所学。何以故？是菩萨所学诸法，皆不可得。”[②]《修心要论》认为，究竟无所得的守心是佛陀说法之真意，能够使禅者走上菩萨道修学而通达法性、究竟涅槃、成就佛果，故说“此守心者，乃是涅槃之根本、入道之要门、十二部经之宗、三世诸佛之祖”[③]。

三　精诚正心

《修心要论》认为，虽然“守本真心”是真实不妄的佛陀教法根本宗趣，但凡夫众生由于无始以来虚妄执著和戏论习气，贪求世间名闻利养，造作种种染业，领受无尽生死流转苦果；而且，众生难可得闻“守本真心”之甚深教授，即使得以听闻也未必精诚发心修学，“闻而能行者，恒沙众中莫过有一；行而能到者，亿亿劫中希有一人”[④]。这并非因为“守本真心”不契合众生根机或者难于践行，而是因为众生或沉迷五欲而取执颠倒诸见，或信根不坚而不肯精进努力，或舍近求远而徒劳无功。

---

① （后秦）鸠摩罗什译：《小品般若波罗蜜经》卷一，T8，n227，p. 538b13－15。（唐）玄奘译：《大般若波罗蜜多经》卷五百三十八作“诸菩萨摩诃萨如是学时，非于法学。何以故？舍利子！如诸愚夫异生所执，非一切法如是有故”，T7，n220，p. 765c10－13。P. L. Vaidya (ed.), *Aṣṭasāhasrikā Prajñāpāramitā: With Haribhadra's Commentary Called Ālokā*, Darbhanga: The Mithila Institute, 1960, p. 8.

② （后秦）鸠摩罗什译：《摩诃般若波罗蜜经》卷二十一，T8，n223，p. 371b29－c2。（唐）玄奘译：《大般若波罗蜜多经》卷四百六十一，T7，n220，p. 328c7－9。

③ （唐）弘忍：《最上乘论》，T48，n2011，p. 377c11－13。韩传强：《禅宗北宗敦煌文献录校与研究》，南京：江苏人民出版社，2016年，第28－29页。

④ （唐）弘忍：《最上乘论》，T48，n2011，p. 378b19－21。韩传强：《禅宗北宗敦煌文献录校与研究》，南京：江苏人民出版社，2016年，第33页。

《修心要论》借提问者之语对当时佛教修行者存在的问题提出了批评。《修心要论》云：

> 诸至行人求真常寂灭者，但乐世间无常粗善，不乐于第一义谛，真常妙善未现；只欲发心缘义，遂思觉心起，即是漏心；只欲正心无所，即无明昏住，又不当理；只欲不正心、不缘义，即妄取空，虽受人身，行畜生行。尔时无有定慧方便，而不能解了明见佛性，只是行人沉没之处。①

禅者修学是为了证觉真实、常住、寂灭的真如法性，亦即一切众生本具的真心，但由于所抉择的修学道路不当，“行而能到者”甚为稀有。或有修学者乐于践行五戒、十善等世间粗浅的善行，这虽然能获得人天果报，但仍然在生死流转之中；而真正修学应契入第一义谛，亦即真实、常住、胜妙的善法，这样的善法虽然需要通过有所得的出世间修学趋于成熟而获得，但论其究竟则是无所得、无所修、无所学的无为善法，皆是真如法性。或有修学者虽然得以闻思正法而发心修学，但攀缘种种境界，通过概念认定将攀缘过程所抓取的感觉材料建构为认知对象，这种发心只是思虑觉知之识心的分别作用，仍是有漏的见闻觉知。或有修学者虽然并不攀缘外境，但此时现起的心只是处于无有智能、昏昧无知的状态，无助于出离生死系缚、开发明明朗朗的智慧。或有修学者即不发起精诚正心、亦不攀缘外境，堕落于虚无主义的恶取空之中；由于不明缘起正理，又以一切为虚无，容易沉湎于醉生梦死的五欲享乐，不能超越缘起而实现人与自身相区分的

① （唐）弘忍：《最上乘论》，T48，n2011，p. 378c27 – 379a4。韩传强：《禅宗北宗敦煌文献录校与研究》，南京：江苏人民出版社，2016 年，第 36 页。

智慧意义。《修心要论》称之为“虽受人身，行畜生行”，这可能来自于《孟子·离娄下》“人之异于禽兽者几希”。这些修学皆无助于证觉真如法性。

但最需要特别留意的是“正心无所”的问题，因为这种修学容易与妄念不生、无所住、无所得的禅法混淆。《修心要论》云：

> 好好自安静，善调诸根，熟视心源，恒令照了清净，勿令无记。问曰：云何是无记心？答曰：诸摄心人，为缘外境，粗心小息，内缚真心，心未净时，于行住坐卧中，恒惩（征）意看心，由未能得了了清净，独照心源，是名无记，亦是漏心，犹不免生死大病，况复总不守心者。①

一切法按其顺益或违损可分为“三性”：善、不善、非善非不善的无记。无记性的法虽然不能引生异熟果，但仍然有可能覆障圣道、染污其心，故又进一步分为“有覆无记”和“无覆无记”。《大毗婆沙论》：“大有覆无记地法有三种：一无明，二昏沈，三掉举。”② 《修心要论》所谓“无记心”即指“有覆无记”，亦即前文所引“正心无所，即无明昏住”；而禅修过程中常见需要对治的有覆无记之心应是昏沉，如智𫖮《六妙法门》“昏即无记心”③，《修心要论》所警惕的也主要是昏沉的问题。禅者修学是为了锻炼清明沉稳的心态以观察所缘境界，如实了知一切法本性空寂而悟入真如法性。若身心粗重、气息细小而陷入

① （唐）弘忍：《最上乘论》，T48，n2011，p. 378b21－27。韩传强：《禅宗北宗敦煌文献录校与研究》，南京：江苏人民出版社，2016年，第33－34页。

② （唐）玄奘译：《阿毗达磨大毗婆沙论》卷四十二，T27，n1545，p. 220b6－7。

③ （隋）智𫖮：《六妙法门》，T46，n1917，p. 551b2－3。

于昏沉状态，则本性清净的真心也有染污系缚，不能朗然呈现其清净状态，这样的心态无法明晰地观察所缘境界，即使勉强能将心收摄征召并予以观察，也不能了了分明地如实觉照其清净本性。因此，以有覆无记之心践行禅法亦只是有漏之心的造作，仍然不能解开生死烦恼的系缚。

这些修学问题主要是因为不明佛性、不知真心、无有定慧方便，而切近有效的胜妙方便莫过于“守本真心”，《修心要论》云“了然守心，佯痴，最省气力，而能有功”①。在践行禅修观行时，居于安静之处，放松身体，调整呼吸，心念随着出入息而集中不分散，通过反复锻炼而能熟练地观察禅者自心的状态，若能够持久、沉稳、清晰地了知观照自心的清净本性，则可谓真正修学“守本真心”。

第三节　无所得之方便

《修心要论》禅法关键是守护清净真心而悟入真如法性，但在具体修学过程中根据禅者根器机缘而有不同的定慧方便。多元方便、对机择法、应病与药一直是禅法师资授受的特点。《二入四行论》重于阿兰若行和“壁观”；道信《入道安心要方便法门》重于一行三昧的念佛，但又兼有“直观身心”、“看心”、

① （唐）弘忍：《最上乘论》，T48，n2011，p. 378c10－11。韩传强：《禅宗北宗敦煌文献录校与研究》，南京：江苏人民出版社，2016 年，第 34 页。

“舍身之法”等方便。弘忍“生不瞩文，而义符玄旨”①，更加自由地发挥各种经论中的禅法意趣；东山法门得以广泛影响，也与多样而易于入手的方便有关。

一 看心的方便

“看心”是《修心要论》最重要的方便之一。《修心要论》云：

> 好自闲静身心，一切无所攀缘。端坐正身，令气息调。惩（征）其心，不在内、不在外、不在中间，好好如如，稳熟看，即及见此心识流动，犹如水流、阳焰，晔晔不住。既见此识时，唯是不内、不外，缓缓如如，稳看熟视，即返覆销融，虚凝湛住。其此，流动之识，飒然自灭。灭此识者，乃是灭十地菩萨众中障惑。此识身等灭已，其心即虚凝、淡泊、皎洁、泰然，吾更不能说其形状。②

这同于道信所说的“看心”③ 的方便。观修此法，应居处安静之处，放松身心，端身正坐，调整气息，集中心念不分散，进而如实观察其自心的状态。这应源自“四念处”的“心念处”。自心在何处？心不同于占据空间的色法，不可说内外，《维摩诘

① （唐）净觉：《楞伽师资记》，T85，n2837，p.1289c1－2。韩传强：《禅宗北宗敦煌文献录校与研究》，南京：江苏人民出版社，2016年，第329页。

② （唐）弘忍：《最上乘论》，T48，n2011，p.379a6－13。韩传强：《禅宗北宗敦煌文献录校与研究》，南京：江苏人民出版社，2016年，第36－37页。

③ （唐）净觉：《楞伽师资记》，T85，n2837，p.1289a9。韩传强：《禅宗北宗敦煌文献录校与研究》，南京：江苏人民出版社，2016年，第326页。

经》云“心亦不在内、不在外、不在中间”①。自心如何活动？心在时间的一刹那一刹那相续中念念不住，如同不停奔流的水流或阳焰一般，《楞伽经》称之为“意流”（mano - vispandita）②。通过反复锻炼，禅者即能沉稳熟练地观看此心，从而现入于三昧，如实观察流动之心依于因缘关联条件而现起，虚妄不实、空无所有、本性清净、了不可得，亦即《修心要论》所谓真心之“虚凝、淡泊、皎洁、泰然”状态，进而妄念不生、远离烦恼、获得智慧光明、契入真如法性。

二　日想与光想

除了“看心”，念佛也是大乘佛教修学常用的方便。《二入四行论》云“若能存心，念佛智惠如是者，此人道心，日日壮大”③，道信《入道安心要方便法门》更是以念佛为现入一行三昧的主要方便，而《传法宝纪》也说“及（弘）忍、（法）如、大通（神秀）之世，则法门大启，根机不择，齐速念佛名，令

---

① （后秦）鸠摩罗什译：《维摩诘所说经》卷上，T14，n457，p. 541b19 - 20。另见，（后秦）鸠摩罗什译：《自在王菩萨经》卷上，T13，n420，p. 925b26 - 27。（后秦）鸠摩罗什译：《持世经》卷三，T14，n482，p. 658b27。（后秦）鸠摩罗什译：《大智度论》卷十九，T25，n1509，p. 203c25 - 26。

② （刘宋）求那跋陀罗译：《楞伽阿跋多罗宝经》卷三，T16，n670，p. 504a6。（元魏）菩提留支译：《入楞伽经》卷六作“心意意识”，T16，n671，p. 548b1。（唐）实叉难陀译《大乘入楞伽经》卷四作“心识流动”，T16，n672，p. 613b4。P. L. Vaidya, *Saddharmalaṅkāvatārasūtram*, Darbhanga: The Mithila Institute, 1963, p. 72.

③ 柳田圣山：《達摩の語錄：二入四行論》，东京：筑摩书房，1969 年，第 163 页。

净心”[1]。可见念佛亦是禅宗最一般的方便。《修心要论》亦有念佛的禅法，如：

> 若初心学坐禅者，依《无量寿观经》，端坐正身，闭目合口，心前平视，随意近远，作一日想守之，念念不住。即善调气息声，莫使乍粗乍细，则令人成病。[2]

所谓“日想”即《观无量寿佛经》“十六观”中的“初观”。《观无量寿佛经》云：“汝及众生应当专心，系念一处，想于西方。云何作想？凡作想者，一切众生自非生盲，有目之徒，皆见日没。当起想念，正坐西向，谛观于日，令心坚住，专想不移。见日欲没，状如悬鼓。既见日已，闭目开目皆令明了。是为日想，名曰初观。”[3] 这是观想忆念阿弥陀佛及其所居的西方极乐世界而追求往生的法门。“阿弥陀佛”（Amitābha）意味着无量光，而《阿弥陀三耶三佛萨楼佛檀过度人道经》也说到“西向拜，当日

---

① （唐）杜朏：《传法宝纪》，柳田圣山：《初期の禅史Ⅰ：楞伽師資記·伝法宝纪》，东京：筑摩书房，1971 年，第 420 页；韩传强：《禅宗北宗敦煌文献录校与研究》，南京：江苏人民出版社，2016 年，第 50 页。

② （唐）弘忍：《最上乘论》，T48，n2011，p. 378a28 – b2。韩传强：《禅宗北宗敦煌文献录校与研究》，南京：江苏人民出版社，2016 年，第 32 页。

③ （刘宋）畺良耶舍译：《观无量寿佛经》，T12，n365，p. 341c28 – 342a4。

所没处，为阿弥陀佛作礼"①。但《修心要论》只是借用了"日想"的方便，即端身正坐，闭目合口，善调身体诸根，调整气息均匀，避免或粗或细，集中心念不分散，随心意之活动而观想有一日轮平直地在禅者正前方，于一刹那一刹那相续的心念中不断地观想此日轮，从而现入于心一境性的三昧。《修心要论》的"日想"并非为了观佛而往生净土，而是为了在三昧中如实显现真心的清净本性，亦即"守本真心"的方便。

"日想"更适合白昼坐禅，而夜间坐禅则需选择其他方便。《修心要论》云：

> 若夜坐禅时，或见一切善恶境界，或入青、黄、赤、白等诸三昧，或见身出入光明，或见如来身相有种种变化，知时摄心莫著，皆并是空，妄想而现。《经》云："十方国土，

① 题为（三国吴）支谦译：《阿弥陀三耶三佛萨楼佛檀过度人道经》卷下，T12，n362，p. 316b26－27。关于该经译者，（梁）僧祐《出三藏记集》卷二（T55，n2145，p. 6c25）、（隋）费长房《历代三宝纪》卷五（T49，n2034，p. 57b4）等记载为支谦译，但现代研究者从译语风格推测可能为支娄迦谶所译，参见境野黄洋：《支那佛教精史》，东京：境野黄洋博士遗稿刊行会，1935年，第146－147页。印顺：《初期大乘佛教之起源与开展》，台北：正闻出版社，1994年，第762页。香川孝雄：《無量壽経の諸本對照研究》，京都：永田文昌堂，1984年，第11－17页。Paul Harrison，"Women in the Pure Land：Some Reflections on the Textual Sources，" *Journal of Indian Philosophy*，vol. 26，no. 6（Dec. 1998），pp. 553－572. 又见题为（后汉）支娄迦谶译：《无量清净平等觉经》卷四，T12，n361，p. 298c3－4。关于该经译者，《出三藏记集》卷二记载为竺法护（T55，n2145，p. 7c6），《历代三宝纪》卷四记载为支娄迦谶（T49，n2034，p. 52c25），（隋）法经等《众经目录》（T55，n2146，p. 119b21）、（唐）静泰《众经目录》（T55，n2148，p. 191b18）记为"魏世白延译"，（隋）彦琮《众经目录》记为"魏世帛延译"（T55，n2147，p. 158c2），《大唐内典录》卷一记为支娄迦谶（T55，n2149，p. 223c11）、卷二记为白延（T55，n2149，p. 227a13）。香川孝雄认为是竺法护译，参见《無量壽経の諸本對照研究》，第17－24页。印顺和Paul Harrison认为是支谦译（同上）。

皆如虚空。”“三界虚幻，唯是一心作。”①

精进修学的禅者应是昼夜坐禅。《禅秘要法经》叙述“白骨流光”的观法云：“昼日坐时以日光持，若夜坐时以月光持，观诸节间皆令白光出。得此观时，当自然于日光中见一丈六佛，圆光一寻，左右上下亦各一寻。躯体金色，举身光明炎赤端严，三十二相、八十种好皆悉炳然。一一相好分明得见，如佛在世等无有异。”②《修心要论》所述禅法与此类似，只不过方便更为广泛，所观境界既可以为善净的如来身相，也可以为染恶的相状；既可以观白光，也可以观青、黄、赤光，这可能与“十遍处”（十一切处，dasa kasiṇāyatana，daśa kṛtsnāyatana）中的“青、黄、赤、白”遍处③有关。观修种种所缘境界是为了防止自心为外在对象牵引而放逸驰逐，收摄止息自心而锻炼出深入、沉稳、清明的心态，从而现入于三昧之中，如实了知真心本净而顿时契入真如法性。这些境界不可取执为实有，因为一切法皆是自心的妄想所现、如幻如化，无所有而如是有，本性空寂不可得；为了印证所观境界的真相，《修心要论》引用了《维摩诘经·香积佛品》“十方国土，皆如虚空”④和《华严经·十地品》“三界虚妄，但是心作”⑤。

① （唐）弘忍：《最上乘论》，T48，n2011，p. 378b3－7。韩传强：《禅宗北宗敦煌文献录校与研究》，南京：江苏人民出版社，2016年，第32页。

② （后秦）鸠摩罗什等译：《禅秘要法经》卷上，T15，n613，p. 248a10－15。

③ 如（东晋）瞿昙僧伽提婆译：《中阿含经》卷五十九，T1，n26，p. 800b6；Edmund Hardy（ed.），*Aṅguttara－Nikāya* 10.29，vol. 5，London：Pali Text Society，1958，p. 60.（北凉）昙无谶译：《大般涅槃经》卷三十，T12，n374，p. 547b24－25。（唐）玄奘译：《阿毗达磨集异门足论》卷十九，T26，n1536，p. 447b2－8。（唐）玄奘译：《阿毗达磨品类足论》卷六，T26，n1542，p. 713b27－c3。

④ （后秦）鸠摩罗什译：《维摩诘所说经》卷下，T14，n475，p. 552b25。

⑤ （东晋）佛驮跋陀罗译：《大方广佛华严经》卷二十五，T9，n278，p. 558c10。（唐）实叉难陀译：《大方广佛华严经》卷三十七，T10，n279，p. 194a14。

三　看一字与胜方便

《楞伽师资记·弘忍传》结尾附录了“大师云”一大段，应是后世流传的弘忍之说，虽然分成若干句，但大体可视为一个完整的禅法方便。具体如下：

> 大师云：有一□屋，满中总是粪秽草土，是何物？又云：扫除却粪秽，草土并当尽，一物亦无，是何物？你坐时，平面端身正坐，宽放身心，尽空际远看一字，自有次第。若初心人攀缘多，且向心中看一字。证后坐时，状若旷野泽中，迥处独一高山，山上露地坐，四顾远看，无有边畔。坐时满世界，宽放身心，住佛境界清净法身，无有边畔，其状亦如是……了生即是无生法，非离生法有无生……虚空无中边，诸佛身亦然。我印可汝了了见佛性处，是也……《楞伽经》云“境界法身”是也。①

所谓“屋”即譬喻禅者之身心，“粪秽草土”即身心所缠缚的虚妄执著和戏论习气。在初学坐禅时，禅者应确立正知正见，调整身心，端身正坐，调节出入呼吸，善于调适身体诸根，摒挡外境纷乱的干扰，排除消极情绪，锻炼沉稳清明的心态。这是前方便。正式修禅的方便则是集中心念“看”远处的某一字，此“看”并非眼根缘取色境、生起眼识的作用，而是以不散乱之心观想某一字，避免攀缘于其他对象，如此念念相续则能现入于三

① （唐）净觉：《楞伽师资记》，T85，n2837，p. 1289a9。韩传强：《禅宗北宗敦煌文献录校与研究》，南京：江苏人民出版社，2016 年，第 330 - 332 页。

昧；等到“看一字”的方便锻炼成熟，则观想处于空旷安静的山上露地，端身正坐，向远处看世界如虚空无边无际，而清净佛身亦如虚空遍满世界、无边无际，然后观察世界与佛身乃至一切法皆于缘起之流中依因缘关联条件而现起，如幻如化，实则无生、无自性、无所有、本性空寂、了不可得，即是无相一相、平等清净的真如法性，亦即众生本来具足的真心、佛性。《楞伽经》所谓“境界法身”（gocaraṃ dharma - kāyaṃ）[①]，即指一切境界皆依如来藏而得以现起，就胜义论其本性，不出作为诸佛法身的真如法性。可见，“看一字”仍然是《修心要论》所说“守本真心”的另一种方便。

上述各种方便皆是先建立所缘境，再观所缘境，并与之毫无间隙地合一而现入三昧，最后如实观察妄念不实且真心本净，从而守护真心、契入真如法性。除此之外，另有无所依凭的超胜方便。《修心要论》云：

> 若不得定、不见一切境界者，亦不须怪，但于行住坐卧中，恒常了然守本真心。会是，妄念不生，我所心即灭。[②]

既不入三昧定境、也不观任何一种境界，而只是在行住坐卧之中，持久明晰地守护本真心而使其清净本性无碍朗现。这是上上利根人不借助任何方便而直入法界的甚深禅法，同于《二入

---

① （刘宋）求那跋陀罗译：《楞伽阿跋多罗宝经》卷一，T16，n670，p. 484a10。（元魏）菩提留支译：《入楞伽经》卷二，T16，n671，p. 523a14。（唐）实叉难陀译《大乘入楞伽经》卷二，T16，n672，p. 594b11 - 12。P. L. Vaidya, *Saddharmalaṅkāvatārasūtram*, Darbhanga: The Mithila Institute, 1963, p. 20.

② （唐）弘忍：《最上乘论》，T48，n2011，p. 378b7 - 9。韩传强：《禅宗北宗敦煌文献录校与研究》，南京：江苏人民出版社，2016 年，第 32 页。

四行论》“色非色等，行住坐卧，施为举动，皆是淳朴”[①] 以及道信《入道安心要方便法门》“亦不念佛，亦不捉心，亦不看心，亦不计心，亦不思惟，亦不观行，亦不散乱。直任运，亦不令去，亦不令住。独一清净究竟处，心自明净”[②]，亦即智顗《摩诃止观》所说于一切时、一切事上修三昧的“非行非坐三昧”[③]。依菩萨修行阶位而言，行住坐卧其心常定是七地菩萨得无生法忍后自由修学严土熟生事业的境界。可见，禅宗所行禅法虽有次第，但其所证境界不落于次第，实则是甚深的大乘菩萨道。

综上所论，依《修心要论》所见的弘忍禅法，继承了达摩—慧可以来的“安心”传统，以一切法平等清净的真如法性作为一切众生本来具足、呈露当前活动之中的真心，而心依于因缘关联条件现起种种差别境界并由此产生执著系缚即是“妄念”之作用，犹如“重云覆日”。“真心”与“妄念”从体与用、本性与现实、胜义与世俗建立了空相应缘起之理境，而众生与诸佛虽然在本性上平等平等，但在现实缘起之流中则有愚昧与智慧、系缚与解脱、迷惘与觉悟的差异，故“导凡趣圣”的修学道路既是可能的、也是必要的。《修心要论》所建立的修学道路即是“自心是道”，因为一切法为自心所现，修道无需随逐一一差别诸法，只要如实观察了知禅者自己本性清净的真心。自识本心的最重要方法即是“守心”，即防守蔽覆真心的重云妄念，守护真

① 柳田圣山：《達摩の語錄：二入四行論》，东京：筑摩书房，1969 年，第 116 页。

② （唐）净觉：《楞伽师资记》，T85，n2837，p. 1287b18 – 21。韩传强：《禅宗北宗敦煌文献录校与研究》，南京：江苏人民出版社，2016 年，第 315 页。

③ （隋）智顗：《摩诃止观》卷二上，T46，n1911，p. 14b26 – 28。

心的清净本性。“守心”虽然是最为切近简要的修道方法，但众生因为五欲颠倒、信根不坚、舍近求远而不得入道门径，或只修世善、或发心取境、或无明昏沉、或恶取顽空，尤其以昏沉无记心最需要警惕。修学“守本真心”因不同根机而有适宜的多元方便，或“看心”，或“日想”，或夜观光明，或“看一字”，或不借助任何方便而于一切事上恒常守本真心。这些方便虽然操作方法不同，但皆是如实观察一切妄念所起境界虚妄不实、一切法本性空寂，从而于一切法无所取、无所住、无所学，平等契入真如法性，亦即真心无碍朗现。这是以“无所得”为究竟方便的甚深修学。可见，弘忍禅法以更为凝练的形式呈现了达摩—慧可以来“虚宗”特质的禅法，在内容议题上聚焦于“自心”，而在形式显现的方法上更加自由地发挥“无所有，不可得”的般若波罗蜜多。也正因此，禅宗所建立的修学形态更为多元丰富，伴随着隋唐佛教的创造性发展而迎来了自身兴盛的光辉时代。

第五章 《坛经》的“般若三昧”

东山门下的分头弘化显示了自达摩—慧可以来的禅宗终于迸发出照耀时代的光辉。然而这种“划时代”的意义并非出于作为历史事实的显赫名声、盛大事业或者诠释方法先行赋予的效果历史连续性观念，而是在思想形态所建筑的整体上造成重要的区分。居于此一思想位置的正是曹溪惠能大师，尽管偏居韶州的惠能在当时的东山门下并非最有重大影响，也非如后世谱系建构的总体历史线性叙事尊其为“六祖”的传续意义。

惠能的思想主要体现在《坛经》。[①] 目前所知《坛经》版本众多，大体可分为三系：一是敦煌本系统的敦煌市博物馆藏敦煌遗书77号、英国国家图书馆藏敦煌写本S.5475、日本龙谷大学

---

① 有学者质疑《坛经》不能代表惠能的思想，如胡适认为《坛经》作者是荷泽神会，参见胡适：《荷泽大师神会传》，欧阳哲生编：《胡适文集》第5册，北京：北京大学出版社，1998年，第228–234页；柳田圣山认为，《坛经》是牛头宗和神会南宗交互影响形成，《坛经》的“即心即佛”“见性”“无相戒”是牛头六祖慧忠的思想，参见柳田圣山：《初期禅宗史書の研究》，京都：法藏馆，2000年，第191页。但大部分学者认为，《坛经》虽然在形成过程中有所增改，但大体还是源自惠能的思想。

图书馆藏原旅顺博物馆藏本照片、中国国家图书馆藏 BD04548v（冈 48）、BD08958（有 79）[①]，二是北宋惠昕所述本系统的日本名古屋市真福寺本、日本东北大学图书馆狩野文库藏京都府福知山市金山天宁寺本和石川县金泽市大乘寺本、日本京都市堀川兴圣寺本和驹泽大学图书馆藏宽永八年中野市右卫门刊本[②]，三是北宋契嵩校勘本系统的闾山双泉寺等刊“洪武六年”刊本覆刻本[③]、元德异重刊本、元宗宝重编本、明永乐南藏净戒校本、明德清校本、明径山藏本等[④]。《坛经》文本的形成过程较为复杂，成立较早的敦煌本也经历过数次增补[⑤]，而后世不同版本的形成也折射出曹溪禅法在历史进程中的不断发展。

“如何言说”固然显示了一种思想对自身的建筑过程，而问题重点不在于还原这一过程，因为思想所给予的已经得到言说。

① 参见方广锠：《敦煌本〈坛经〉首章校释疏义》，吴言生主编：《中国禅学》第1卷，北京：中华书局，2002年，第100页。方广锠：《敦煌本〈坛经〉录校三题》，方广锠主编：《藏外佛教文献》第10辑，北京：中国人民大学出版社，2008年，第420－421页。

② 参见石井修道：《伊藤隆壽氏發見の真福寺文庫所藏の『六祖壇経』の紹介：惠昕本『六祖壇経』の祖本との關連》，《驹泽大学佛教学部论集》第10号，1979年，第74－111页。石井修道：《惠昕本『六祖壇経』の研究：定本の試作と敦煌本との對照》，《驹泽大学佛教学部论集》第11号，1980年，第96－138页。石井修道：《惠昕本『六祖壇経』の研究（續）：定本の試作と敦煌本との對照》，《驹泽大学佛教学部论集》第12号，1981年，第68－132页。田中良昭：《『壇経』研究考：特に最近のテキスト研究を中心として》，镰田茂雄博士还历记念论集刊行会编：《镰田茂雄博士还历记念论集：中国の仏教と文化》，东京：大藏出版株式会社，1988年，第291－313页。

③ 参见侯冲：《契嵩本〈坛经〉新发现》，《世界宗教研究》2018年第4期，第54－66页。白光：《洪武六年本〈坛经〉的学术价值：兼述“契嵩本”〈坛经〉的版本谱系》，《文献》2018年第5期，第88－99页。

④ 参见白光：《〈坛经〉版本谱系及其思想流变研究》，北京：宗教文化出版社，2013年，第140页。

⑤ 参见伊吹敦：《敦煌本『壇経』の形成：惠能の原思想と神會派の展開》，《論叢アジアの文化と思想》第4号，1995年，第1－221页。

当下之思不再于多元话语喧嚣下追问“谁在言说”，而是聆听已经得到言说的曹溪禅法之智慧“所言为何”。《坛经》开篇即将自身所建立的修学形态标识为“摩诃般若波罗蜜法”[①]，而《坛经》亦可视为惠能大师所说的《般若经》[②]，这直接点明了“行般若波罗蜜多”在曹溪禅法中的形式显示方法意义。

第一节　自心之空寂本性

禅宗的修学着重于当下悟入通达法住、法性、法界，而不重于法义的闻思明辨与教理的分析疏解，以直指、顿入、见性为风格的曹溪禅法更弘扬了此种超越的无所得意趣。虽然觉悟本身超越一切名言分别而不可说、不可示、不可得，但禅法的论究、传授、检视则并不能完全脱离一定参考架构，而所给予的参考架构可以出自多元的方便，其中切近的方便即是经论所提供的圣言。虽然《坛经》不同于依教立言的义学传统，但其所用术语大多出自经论，只是予以自由的创造性解说。正如一切名言本身空无常住本质，并非一一指涉对应的所指，《坛经》的所言只有在相应的使用情境中才能呈现其所表达的意图，这需要首先悬置对于来自经论术语的先行意见与判断，而在思想的整体上审视《坛

① 杨曾文：《敦煌新本六祖坛经》（2 版），北京：宗教文化出版社，2011 年，第 5 页。驹泽大学禅宗史研究会编：《慧能研究：慧能の傳記と資料に關する基礎的研究》，东京：大修馆书店，1978 年，第 274 页。

② 敦煌本《坛经》题为“南宗顿教最上大乘摩诃般若波罗蜜经六祖惠能大师于韶州大梵寺施法坛经一卷”，杨曾文：《敦煌新本六祖坛经》，北京：宗教文化出版社，2011 年，第 5 页。

经》修学形态对自身的建筑。就佛教的智慧修学所需抉择的缘起大相续流之理性法则而言，《坛经》以“自性”与“自心”展开法住智知的理境。这两个术语原是早期佛教以来通用的语词，甚至也通于印度的其他哲学流派和中国的儒道思想，但不能因此简单地判定《坛经》所言即是某种思想形态的再现。禅者的言说始终本着自身修学的觉悟境界，但这并非是无序的、随意的、独断的喧嚣，其所契入的是空相应缘起之如如不异的法性。

一　自性与法性

“性”本是中国古代思想的固有术语。先秦至秦汉的思想传统对于“性”的讨论并非普遍地指向世间一切存在，而是就以人为主的生命存在探究其状态、根据、价值、意义。“性”字未见于甲骨文或金文，应是从“生”字孳乳而来。[①]《说文解字》卷六“生，进也，象艹木生出土上”，“生”字本义为出生、生存、生育等赋予存在者之存在的过程。后出的“性”字既保留了“生”字的语义，同时具有生之所以然的本能欲望和存在者自身规定之本性等含义。[②] 而春秋时代人文精神的发展促使“性”字的意义逐渐集中于人之本性，亦即人之为人的根本规定。先秦儒家一方面以经验事实上的自然才质之“性”作为人之本性，如《论语·阳货》“性相近也，习相远也”，《荀子·正

① 章太炎：《文始》四“支清类”，《章太炎全集》第7册，上海：上海人民出版社，1999年，第276页。傅斯年：《性命古训辨证》，上海：上海三联书店，2018年，第87页。

② 徐复观：《中国人性论史·先秦篇》，北京：九州出版社，2013年，第52页。

名》“生之所以然者谓之性”；另一方面肯定超越价值上的道德理性作为人之异于禽兽的本性，此“性”既通达于作为生命价值和道德法则之本源的天道本体，又内在于自发自觉仁义之理的本心，如《论语 · 公冶长》“夫子之言性与天道，不可得而闻也”，《中庸》“天命之谓性”，《孟子 · 尽心上》“尽其心者，知其性也；知其性，则知天矣”，《周易 · 乾 · 彖》“乾道变化，各正性命”。对于先秦道家而言，“性”是作为万物本源的“道”内在于个体生命而作为其本真、无为、淳朴的存在状态，如《庄子 · 天地》“形体保神，各有仪则，谓之性”，《庄子 · 达生》“壹其性，养其气，合其德，以通乎物之所造”，《庄子 · 庚桑楚》“性者，生之质也”；而人世的经验认知、情感欲望和价值判断则戕害个体生命之“性”而迫其丧失，如《庄子 · 骈拇》“且夫待钩绳规矩而正者，是削其性也”，《庄子 · 胠箧》“惴耎之虫，肖翘之物，莫不失其性”，《庄子 · 天地》“比牺尊于沟中之断，则美恶有间矣，其于失性一也”。先秦儒道思想关于“人性”的学说既指明了向上通达超越的本体，又关涉现实生命存在的自我圆成工夫，而这成为中国佛教有关“法性”“佛性”“心性”探讨的最重要思想语境。

关于“自性”的另一个思想语境则与古印度的思想传统和哲学流派有关。在《白骡奥义书》中，世界一切源自大梵（brahman），而具体创造则由创造之神大自在天（maheśvara）的幻力（māyā），这种创造力即是“自性”（prakṛti，或译为“原初物质”），《白骡奥义书》4.10“自性即摩耶（māyā），当知摩耶主，即是大自在。其分为万有，遍漫此世界”[①]；就现象层面而言，具体存在的事物各自具有其本然如此的规定性，亦即“自性”（svabhāva，《白骡奥义书》1.2、5.4、5.5、6.1、6.10）[②]。在后期的《弥勒奥义书》中，“自性”（prakṛti）作为所知、所享受者、具有“三德（guṇa 属性）”，与作为能知、享受者、无属性的“神我”（puruṣa）相对；作为具体存在事物的本源，“自性”由于“三德”的分化转变而产生“大”“心”和“五大”，进而形成各种特殊的事物。《弥勒奥义书》6.10“知觉之神我，居于原始之物质（pradhāna）中。彼为享受者，享受由自性所办之食……由此神我是能享受者，自性是所享受者，盖居其内中而享受。始于‘大’，终于‘分别’（五大），此支由三德分殊之变转，乃由自性而生之粮食也”[③]。而更为系统地将“自性”建立为世间万有的根源与存在之大全的是数论（sāṃkhya）。数论通过将作为有限者、杂多、所生、结果、无常的具体现象还原为作为无限、同一、能生、本因、遍在的“自性”（prakṛti），成立五因证明“自性”为先天的实在。《数论颂》第15颂“（未显这一因是存在的，）因为（不同的事物）是

---

① 徐梵澄：《五十奥义书》，北京：中国社会科学出版社，1995年，第403页。黄宝生：《奥义书》，北京：商务印书馆，2010年，第325页。Patrick Olivelle, *The Early Upaniṣads: Annotated Text and Translation*, New York: Oxford University Press, 1998, p. 424.

② 徐梵澄：《五十奥义书》，北京：中国社会科学出版社，1995年，第372、410、410、415、419页。黄宝生：《奥义书》，北京：商务印书馆，2010年，第311、328、328、330、332页。Patrick Olivelle, *The Early Upaniṣads: Annotated Text and Translation*, New York: Oxford University Press, 1998, pp. 414, 426, 428, 428, 430.

③ 徐梵澄：《五十奥义书》，北京：中国社会科学出版社，1995年，第453页。黄宝生：《奥义书》，北京：商务印书馆，2010年，第373页。Sarvepalli Radhakrishnan, *The Principal Upaniṣads*, Lodon: George Allen and Unwin Ltd, 1968, p. 823–824.

有限的；因为（事物都有）共同性；因为（事物通过能力被）产生；因为因与果不同；因为多样的（事物要）回归（到产生它们的因中去）"①。如此之"自性"本身虽然因为其所具有的萨埵（sattva）、罗阇（rajas）、多磨（tamas）"三德"的平衡状态而未显、非变异、不动，但能够自发地通过"三德"相互的促进和抑制作用而转变为"大"（统觉），由"大"生"我慢"（自我意识），由"我慢"生"五唯"（色、声、香、味、触）和十一根（五知根［眼、耳、鼻、舌、皮］、五作根［口、手、足、男女、大遗］、心根），由"五唯"生"五大"（火、空、地、水、风）。"自性"及其转变所生的二十三谛，加之了知"自性"的转变而本身非变异、独立存在、无属性、作为目的和主宰的纯粹意识之"神我"（puruṣa），即为数论所建立的世界图式"二十五谛"。《数论颂》第 3 颂"自性（mūla - prakṛti）不是变异，大等七（谛）既是本又是变异（prakṛti - vikṛtayaḥ）。十六（谛）仅是变异，神我既非本又非变异。"② 可见，在部分《奥义书》和数论思想中，"自性"是婆罗门教传统的大梵在"转变说"（pariṇāma - vāda）的形上学中的另一种形态。

佛教并不承认数论的"自性"（prakṛti）或者婆罗门教传统的大梵，而认为世间一切身心现象皆在相似相续的缘起之流中依关联条件的具足而得以生起、出现、成立。然而，世间现象性的

① 姚卫群：《古印度六派哲学经典》，北京：商务印书馆，2003 年，第 152 页。（陈）真谛译《金七十论》卷上："别类有量故，同性能生故，因果差别故，遍相无别故"，T54，n2137，p. 1248c4 - 5。

② 姚卫群：《古印度六派哲学经典》，北京：商务印书馆，2003 年，第 146 页。（陈）真谛译《金七十论》卷上："本性无变异，大等亦本变。十六但变异，知者非本变"，T54，n2137，p. 1245c9 - 10。

存在作为复杂综合的“有”（bhāva），若依闻思分析其种种存在之规定而直至剩余不可再分析的单一的性质；这种单一性质不由他者所规定而自身同一、与名言相对应，说一切有部称之为“自性（svabhāva）、（自）我、（自）物、自体、（自）相分、（自）本性”①。说一切有部进一步依“自性”简择一切存在的假实：一切法各住自性的“有”是胜义的“实有”，一一别有自性的法体依凭因缘相互组合聚集产生作用而现起的“有”是世俗的“施设有”。② 但如此理解的缘起并未脱离概念把握的“自性”形上学，只是不同于数论以“自性”为二十三谛的共同本源，而以各住自性的法体为多元的恒有的实在。《般若经》依般若波罗蜜多观察缘起，认为说一切有部所说的作为存在之存在的“自性”（svabhāva）依然只是假施设的名言，而一切此缘性的法实则离于世俗所谓自性而空无所有，《小品般若经·初品》云“色离色性（rūpa-svabhāva），受、想、行、识离识性，般若波罗蜜离般若波罗蜜性，是法皆离自性，性相亦离”③，《摩诃般若经·十无品》云“诸法和合生，故无自性”④；一切法空无所有的真如、法性、实际，则是胜义的自性，《摩诃般若经·法称

① （唐）玄奘译：《阿毗达磨大毗婆沙论》卷一，T27，n1545，p. 4a10-11；（唐）玄奘译：《阿毗达磨大毗婆沙论》卷六，T27，n1545，p. 029c23；（唐）玄奘译：《阿毗达磨大毗婆沙论》卷五十二，T27，n1545，p. 272a21-22。

② 参见（唐）玄奘译：《阿毗达磨大毗婆沙论》卷九，T27，n1545，p. 42a25-b4。

③ （后秦）鸠摩罗什译：《小品般若波罗蜜经》卷一，T8，n227，p. 538a6-8。（唐）玄奘译：《大般若波罗蜜多经》卷五百三十八，T7，n220，p. 764c25-765a4。P. L. Vaidya (ed.), *Aṣṭasāhasrikā Prajñāpāramitā: With Haribhadra's Commentary Called Ālokā*, Darbhanga: The Mithila Institute, 1960, p. 6.

④ （后秦）鸠摩罗什译：《摩诃般若波罗蜜经》卷七，T8，n223，p. 269a24。（唐）玄奘译：《大般若波罗蜜多经》卷四百二十二，T7，n220，p. 121c4-5。

品》云“诸法无所有性是诸法自性，是名无为诸法相”[①]。关于《般若经》所说的世俗自性和胜义自性，《大智度论》总结为“自性有二种：一者，如世间法，地坚性等；二者，圣人知如、法性、实际”[②]。在后期大乘经中，《解深密经》说“三种自性”（遍计所执自性、依他起自性、圆成实自性）和“三种无自性性”（相无自性性、生无自性性、胜义无自性性）[③]，《楞伽经》成立“七种性自性”（sapta - vidho bhāva - svabhāvaḥ）（集性自性、性自性、相性自性、大种性自性、因性自性、缘性自性、成性自性）和“七种第一义（sapta - vidhaḥ paramârthaḥ）”（心境界、慧境界、智境界、见境界、超二见境界、超子地境界、如来自到境界）[④]，这是对《般若经》的两种自性的进一步开展。

“自性”亦是《坛经》的重要术语，《坛经》所述曹溪顿教禅法的关键即是“见性”“见自性”[⑤]。只是，《坛经》重于指点禅法修学的门径而轻忽名言术语的语义和使用方法的界定，并没有明确成立“自性”的理由；甚至一部分禅者强调，名言本身并无常住实在的本质和一一对应的所指，故语义的界定和使用的

---

① （后秦）鸠摩罗什译：《摩诃般若波罗蜜经》卷十，T8，n223，p. 292b26 - 27。（唐）玄奘译：《大般若波罗蜜多经》卷四百三十“一切法无性自性，如是说名无为法性”，T7，n220，p. 164c6。梵本《二万五千颂般若》作“sarvadharmāṇām abhāvasvabhāvatā”，Takayasu Kimura, *Pañcaviṃśatisāhasrikā Prajñāpāramitā II - III*, Tokyo：Sankibo Busshorin，1986，p. 97.

② （后秦）鸠摩罗什译：《大智度论》卷四十六，T25，n1509，p. 396b7 - 9。

③ （唐）玄奘译：《解深密经》卷二，T16，n676，p. 694b26 - 27、p694a13 - 15。

④ （刘宋）求那跋陀罗译：《楞伽阿跋多罗宝经》卷一，T16，n670，p. 483b11 - 15。（元魏）菩提留支译：《入楞伽经》卷二，T16，n671，p. 522a28 - b6。（唐）实叉难陀译：《大乘入楞伽经》卷一，T16，n672，p. 593c9 - 14。P. L. Vaidya, *Saddharmalaṅkāvatārasūtram*, Darbhanga：The Mithila Institute，1963，p. 18.

⑤ 例如，杨曾文：《敦煌新本六祖坛经》，北京：宗教文化出版社，2011年，第6、11页。

说明在胜义上是不可能的。虽然究竟的胜义超越一切名言分别，但正如一切现象性的存在并非虚无，善巧的方便言说亦并非完全不能施设，否则《坛经》本身无法言说而并不存在。《坛经》已经言说的“自性”义旨为何？

首先，《坛经》的“自性”不是先秦儒道的至善价值之“性”或自然本真之“性”，不是数论的作为一切存在之本源与大全的“自性”（prakṛti），也不是说一切有部的法体的单一规定之“自性”（svabhāva），因为这些所谓“自性”只是世俗所认定的真理、形上学所安立的实体或本体、闻思所把握的概念，而《坛经》开篇的“摩诃般若波罗蜜法”即表明曹溪的顿教禅法是大乘的菩萨道修学，超越于世俗知识、超越于形上学、超越于闻思境界。

其次，除了“性”和“自性”，《坛经》还使用“本性”[①]“自本性”[②]“真如本性”[③]“真如性”[④]“法性”[⑤]“自法性”[⑥]等，从文字脉络而言，这些语词皆是“自性”的同义语。自早期佛教以来，“真如”和“法性”等皆表示甚深缘起的真实境界，如《杂阿含经》云“此等诸法，法住、法空、法如、法尔，

① 杨曾文：《敦煌新本六祖坛经》，北京：宗教文化出版社，2011年，第8、15、17、18、28、52页。

② 杨曾文：《敦煌新本六祖坛经》，北京：宗教文化出版社，2011年，第10、17、28、30、46页。

③ 杨曾文：《敦煌新本六祖坛经》，北京：宗教文化出版社，2011年，第16、29、30页。

④ 杨曾文：《敦煌新本六祖坛经》，北京：宗教文化出版社，2011年，第26页。

⑤ 杨曾文：《敦煌新本六祖坛经》，北京：宗教文化出版社，2011年，第19、50页。

⑥ 杨曾文：《敦煌新本六祖坛经》，北京：宗教文化出版社，2011年，第20、35页。

法不离如，法不异如，审谛真实、不颠倒”[1]；大乘经典也延续了早期佛教的用法，如《摩诃般若经》多处并列使用“如、法性、实际”[2]。此外，《坛经》也使用“佛性”[3]“佛种性”[4]“觉性”[5]“本觉性”[6]等，而这些术语在如来藏思想中是一切法清净平等的无差别真如，如《宝性论》“依真如无差别、不离佛法身故，说诸众生皆有如来藏”[7]。可见，《坛经》的“自性”是指《般若经》两种自性中的胜义自性，与作为一切法本性的真如法性平等无二。

再者，《坛经》也说到“人性”，如“人性本净”“世人性本自净，万法在自性”“世人性净”“世人性空”“三世诸佛，十二部经，在人性中本自具有”[8]。“人性”一词见于早期汉译佛典，如西晋竺法护译《慧上菩萨问大善权经》“或无智者变改人性”、《修行道地经》“人性败如此，身变不一种”，《弘道广显三昧经》“当愿贤圣道，人性不可识”等[9]。但佛陀的教化对象

---

① （刘宋）求那跋陀罗译：《杂阿含经》卷十二第296经，T2，n99，p. 84b22－24。*Saṃyutta－Nikāya* 12.20，vol. 2，pp. 25－26.

② 例如，（后秦）鸠摩罗什译：《摩诃般若波罗蜜经》卷一，T8，n223，p. 219c14－15；卷三，T8，n223，p. 234b28；卷四，T8，n223，p. 241c20；卷六，T8，n223，p. 263b21等等。

③ 杨曾文：《敦煌新本六祖坛经》，北京：宗教文化出版社，2011年，第7、11、14、35、41页。

④ 杨曾文：《敦煌新本六祖坛经》，北京：宗教文化出版社，2011年，第32页。

⑤ 杨曾文：《敦煌新本六祖坛经》，北京：宗教文化出版社，2011年，第38页。

⑥ 杨曾文：《敦煌新本六祖坛经》，北京：宗教文化出版社，2011年，第21页。

⑦ （后魏）勒那摩提译：《究竟一乘宝性论》卷四，T31，n1611，p. 838c17－18。

⑧ 杨曾文：《敦煌新本六祖坛经》，北京：宗教文化出版社，2011年，第17、20、20、25、30页。

⑨ （西晋）竺法护译：《慧上菩萨问大善权经》卷上，T12，n345，p. 158a7。（西晋）竺法护译：《修行道地经》卷一，T15，n606，p. 184c15。（西晋）竺法护译：《弘道广显三昧经》卷一，T15，n635，p. 493b26。

并不局限于人类，包括一切有情众生，故较之“人性”一词，经论中更多地使用“众生性”表示有情之本性[①]。而《坛经》更为重视现实的人间社会，其云“法元在世间，于世出世间，勿离世间上，外求出世间”[②]；《坛经》所教化的“众生”是现实娑婆世界中的人，故更着力探究人之存在本性，而非泛泛地说包括畜生等其余有情的“众生性”。虽然《坛经》所谓“性”是一切法平等的真如法性而不是人世道德理性或自然道体之“性”，但《坛经》将“性”直接称为“人性”，此一思想倾向显然受到了中国儒道思想传统的“人性”学说的影响[③]，表现出以禅宗为代表的中国化佛教强烈的人文精神。

最后，虽然《坛经》“自性”之“性”即本性、法性，但《坛经》于其上增益一“自”字而称为“自本性”“自法性”。所谓“自”是与“他”相对而言的。在相似相续的缘起之流中，现象性存在的“法”具有无限自在的差异，从某一种规定、位置、立场出发而将现象之自身标识为“自法”，而其他的一切现象则相对地称为“他法”；“自法”之“自”指法之“自身”，但这并非意味着某种常住、唯一、主宰的“自我”，而仅仅是在语言使用情境中表示某一“法”而已。某一“法”自身之本性，则可以称之为“自本性”或“自法性”或“自性”。在如来藏思想中，“法性”之“法”不再泛泛指一切现象，而特别指向作

① 例如，（刘宋）求那跋陀罗译：《过去现在因果经》卷三，T3，n189，p. 642a20。（后秦）鸠摩罗什译：《小品般若波罗蜜经》卷五，T8，n227，p. 557c17。（后秦）鸠摩罗什译：《妙法莲华经》卷三，T9，n262，p. 20b3。（东晋）佛驮跋陀罗译：《大方广佛华严经》卷四，T9，n278，p. 418b2。

② 杨曾文：《敦煌新本六祖坛经》，北京：宗教文化出版社，2011年，第40页。

③ 参见赖永海：《佛学与儒学》（修订本），北京：中国人民大学出版社，2017年，第44－45页。

为佛教修学实践者的众生自身，而“自法性”和“自本性”也特别地意指众生自身之中本来具足的如来藏。如《宝性论》：“如我身中法性、法体、法界、如来藏等（dharma - dhātum iti sva - dharmatā - prakṛti - nirviśiṣṭa - tathāgata - garbham）。”[①]《坛经》的“自性”“自本性”“自法性”亦是现实的禅者自身具足的作为真如法性的如来藏。之所以强调“自”，是因为禅宗的修学不是向外观察诸法，而是如实了知修行者自身存在之本性，从而通达缘起大相续流之真相、契入一切法如如平等的法性，故《坛经》云“闻其顿教，不假外修”，“若自悟者，不假外求善知识”[②]。

二　自心与空寂

除“自性”外，《坛经》又多处说“心”“自心”[③]“心地”[④]“自心地”[⑤]等，这是达摩—慧可禅法以来“安心”法门的传统。世间的一切现象性存在过于纷繁、广大、无量，虽然一切法本性无差别，但若穷究一一法之本性则无穷无尽。早期佛教行者在禅观修学过程中了知心的分别认知作用使得世界得以作为认知

① （后魏）勒那摩提译：《究竟一乘宝性论》卷二，T31，n1611，p. 823b6 - 7。中村瑞隆：《梵汉对照究竟一乘宝性论研究》，东京：山喜房佛书林，1961 年，第 17 页。

② 杨曾文：《敦煌新本六祖坛经》，北京：宗教文化出版社，2011 年，第 28、30 页。

③ 杨曾文：《敦煌新本六祖坛经》，北京：宗教文化出版社，2011 年，第 22、24、28、29、30、35、49、54、61 页。

④ 杨曾文：《敦煌新本六祖坛经》，北京：宗教文化出版社，2011 年，第 36、44、46、57、58 页。

⑤ 杨曾文：《敦煌新本六祖坛经》，北京：宗教文化出版社，2011 年，第 38 页。

对象而显现，《杂阿含经》云：“心持世间去，心拘引世间，其心为一法，能制御世间。”① 故对于空相应缘起真相的通达首先需要锻炼和培养深沉、稳健、清醒、明朗的心念，但这种修学不能由他者所直接给予，而只能由修学者自身去实践行动，亦即在修学者自身的心上做工夫。《杂阿含经》云：“当取自心相，莫令外散。所以者何？若彼比丘愚痴、不辨、不善，不取自心相（sakassa cittassa nimittaṃ na uggaṇhāti）而取外相，然后退减，自生障阂。”② 此中所谓“取自心相”并非取执自心所现起的相状，而是指把握（uggaṇhāti）自心之相状，不随逐其他相状，摄持而保持自心专注不散乱。这其实是三学中的定学，其所用功处即在行者自己的心，故又称为增上心学。大乘菩萨道的修学以发菩提心为开端，即以追求趋向阿耨多罗三藐三菩提直至圆满成就阿耨多罗三藐三菩提的心作为行者当前修学之所依。《大般若经·第四分》：“若无菩萨摩诃萨发菩提心（bodhicittaṃ nôtpādayeran），则无菩萨摩诃萨能学布施乃至般若波罗蜜多；若无菩萨摩诃萨能学布施乃至般若波罗蜜多，则无菩萨摩诃萨能证无上正等菩提。”③《华严经·入法界品》：“菩萨摩诃萨亦复如是，无菩提心（sarvajñatā－cittôtpādādhyāśaya－viyuktaḥ），行即分散，不能成

---

① （刘宋）求那跋陀罗译：《杂阿含经》卷三十六第1009经，T2，n99，p. 264a26－27。*Saṃyutta－Nikāya* 1. 62，vol. 1，p. 39.

② （刘宋）求那跋陀罗译：《杂阿含经》卷二十四第616经，T2，n99，p. 172b24－27。M. Léon Feer（ed.），*Saṃyutta－Nikāya* 47. 8，vol. 5，London：Pali Text Society，1898，p. 151.

③ （唐）玄奘译：《大般若波罗蜜多经》卷五百四十二，T7，n220，p. 790c3－7。（后秦）鸠摩罗什译《小品般若波罗蜜经》卷三作“若佛初发阿耨多罗三藐三菩提心时，过去诸佛及诸弟子，若不以六波罗蜜安慰佐助者，不能阿耨多罗三藐三菩提。”T8，n227，p. 547c6－9。P. L. Vaidya（ed.），*Aṣṭasāhasrikā Prajñāpāramitā：With Haribhadra's Commentary Called Ālokā*，Darbhanga：The Mithila Institute，1960，p. 68.

就一切佛法。"[①] 大乘的菩提心亦是行者自身所发的心，而非被给予的心或他者的心。后期大乘的如来藏经典以"自性清净心"即是如来藏，并与"三界唯心"说相结合，如《楞伽经》所说"自心现量"（sva－citta－dṛśya）[②]，即以"自心"为"名如来藏－识藏（tathāgata－garbhaḥ ālaya－vijñāna－saṃśabditaḥ）"[③]，既为世间生死法之所依，亦为出世间涅槃法之所依，而相应的修学即是如实了知"自心现量"。达摩—慧可禅法依《楞伽经》的"自心现量"成立"安心"法门，此后，道信以"心体"和"心用"进一步凝练了禅观所悟的理境，弘忍则更直接地点明修学道路即"自心是道"[④]。《坛经》对于"自心"的强调，不仅继承了早期佛教以来以行者自身之心为修学工夫落实处的基本理路，更是对禅宗师资授受的"以心传心"[⑤] 风格的发扬。

《坛经》的"自心"与"自性"是怎样的关系？此一问题的关键在于如何理解《坛经》所谓"心"。早期佛教所理解的生命存在是身心一如、相关、俱存的，皆在相似相续的缘起之流中。《杂阿含经》区分了"因缘法（缘起）"（paṭicca－samuppāda）与

---

① （唐）实叉难陀译:《大方广佛华严经》卷七十八，T10，n279，p. 434a10－12。（东晋）佛驮跋陀罗译《大方广佛华严经》卷五十九作"菩提之心亦复如是,离正直心,于如来法,无有实义。"T9，n278，p. 779c10－11。P. L. Vaidya, *Gaṇḍavyūhasūtram*, Darbhanga: The Mithila Institute, 1960, p. 405.

② （刘宋）求那跋陀罗译:《楞伽阿跋多罗宝经》卷一，T16，n670，p. 485a10。P. L. Vaidya, *Saddharmalaṅkāvatārasūtram*, Darbhanga: The Mithila Institute, 1963, p. 22.

③ （刘宋）求那跋陀罗译:《楞伽阿跋多罗宝经》卷四，T16，n670，p. 510b16－17。P. L. Vaidya, *Saddharmalaṅkāvatārasūtram*, Darbhanga: The Mithila Institute, 1963, p. 90.

④ （唐）弘忍:《最上乘论》，T48，n2011 年，p. 379b4。韩传强:《禅宗北宗敦煌文献录校与研究》，南京：江苏人民出版社，2016 年，第 39 页。

⑤ 杨曾文:《敦煌新本六祖坛经》，北京：宗教文化出版社，2011 年，第 12 页。

“缘生法”（paṭicca－samuppanna dhamma）[①]，前者是“此有故彼有，此无故彼无”的缘起之理性法则，亦即法住、法界、法定、法如、法尔、法性；后者是由作为关联条件的因缘所生起的事项。缘起不是抽象的普遍理性法则，而是具体表现为缘生法之缘起；缘生法不是在缘起之外别有存在，而是此缘性的存在。一切心的现象作为缘生法，与作为缘起之具体普遍理则的法性亦是不即不离。在说一切有部阿毗达磨论书中，有关心的现象是心法与心所法复杂而融合的作用。就心法与心所法自身之法体而言，“诸法实体，恒无转变，非因果故”[②]；就心法与心所法之作用而言，作用是自法与他法在因缘条件下生起的，“体实恒有，无增无减；但依作用，说有说无”[③]。身心现象的作用从属于法体，但并不即是法体。《般若经》否定了说一切有部的法体，而以一切法本性空；心法和心所法亦是如此，《小品般若经·相无相品》“诸法实相（dharmatā）中，无心、无心数法（caitasikā

① （刘宋）求那跋陀罗译：《杂阿含经》卷十二第296经，T2，n99，p.84b13－14。*Saṃyutta－Nikāya* 12.20，vol.2，p.25.

② （唐）玄奘译：《阿毗达磨大毗婆沙论》卷二十一，T27，n1545，p.105c12－13。

③ （唐）玄奘译：《阿毗达磨大毗婆沙论》卷七十六，T27，n1545，p.395c29－396a1。

dharmā)"[①]，《金刚经》"如来说诸心，皆为非心，是名为心"[②]。这并非否认一切心的现象的存在，而是指包括心的一切法皆是无所有而如是有，假施设名言而称为"有"；而心与真如法性之间是不即不离的关系，《小品般若经·深功德品》"'须菩提！于意云何？是如即是心不？''不也，世尊！''须菩提！离如是心不？''不也，世尊！'"[③]。后期大乘的如来藏经典以如来藏、法身、佛性为平等真如，但并非即是心，如《大般涅槃经》"心非佛性。何以故？心是无常，佛性常故"[④]；而《央掘魔罗经》《胜鬘经》《不增不减经》所说的"自性清净心"[⑤]，即是如来藏之异名，亦即与真如相即之心。禅宗受如来藏思想影响而以心性相即说"心"[⑥]，如《二入四行论》"心无异相，名作真如。心

---

① （后秦）鸠摩罗什译《小品般若波罗蜜经》卷五，T8，n227，p. 559b6。（唐）玄奘译：《大般若波罗蜜多经》卷五百四十七，T7，n220，p. 818a27。P. L. Vaidya (ed.), *Aṣṭasāhasrikā Prajñāpāramitā: With Haribhadra's Commentary Called Ālokā*, Darbhanga: The Mithila Institute, 1960, p. 138.

② （后秦）鸠摩罗什译：《金刚般若波罗蜜经》，T8，n235，p. 751b26。此中之"心"，（元魏）菩提流支译《金刚般若波罗蜜经》作"心住"，T8，n236a，p. 755c24－25；（陈）真谛译《金刚般若波罗蜜经》作"心相续住"，T8，n237，p. 765b6－7；（隋）笈多译《金刚能断般若波罗蜜经》作"心流注"，T8，n238，p. 770b20－22；（唐）玄奘译《大般若波罗蜜多经》卷五百七十七作"心流注"，T7，n220，p. 984b15－16；（唐）义净译《能断金刚般若波罗蜜多经》作"心陀罗尼"，T8，n239，p. 774b27－28；梵本作"citta－dhārā"（心流注），渡边章悟：《金剛般若経の梵語資料集成》，东京：山喜房佛书林，2009年，第101－103页。

③ （后秦）鸠摩罗什译：《小品般若波罗蜜经》卷七，T8，n227，p. 567b14－16。（唐）玄奘译：《大般若波罗蜜多经》卷五百五十，T7，n220，p. 831b21－23。

④ （北凉）昙无谶译：《大般涅槃经》卷二十八，T12，n374，p. 533a16－17。

⑤ （刘宋）求那跋陀罗译：《央掘魔罗经》卷四，T2，n120，p. 539c26。（刘宋）求那跋陀罗译：《胜鬘师子吼一乘大方便方广经》，T12，n353，p. 222b28。（元魏）菩提留支译：《不增不减经》，T16，n668，p. 467b29。

⑥ 参见杨维中：《中国佛教心性论研究》，北京：宗教文化出版社，2007年，第117页。

不可改，名为法性"[①]，《修心要论》"此真心者，自然而有，不从外来，不索束修"[②]。《坛经》的"自心"与"自性"亦是相即的，如说"但于自心，令自本性常起正见"，"何不从于自心，顿见真如本性"，"自心地上觉性如来"，"即见自心自性真佛"[③]。在《坛经》的文字脉络中，心与性大多可以互相置换。全心是性，性是侧重客观形式方面说的心之性，是心之普遍必然的理性法则；全性是心，心是侧重主观实践方面说的性之心，是性之具体落实处。当然，如此地说心说性仍有分解的嫌疑，如《坛经》"心即是地，性即是王。性在王在，性去王无"[④]。以心为地是佛教共通的譬喻，如说一切有部将与心王相应的心所称之为"地法"[⑤]，《十地经论》"心地者，随心所受三界中报，又随心所行一切境界亦名心地"[⑥]，《大乘本生心地观经》"众生之心犹如大地，五谷五果从大地生，如是心法，生世、出世……"[⑦]虽然王者因为据有其领地而成为该领地之王者、无领地则无王者，但王并非即是地、地并非即是王，《坛经》以性为王、心为地，仍然有将性与心分解为二的嫌疑。而从《坛经》其他处而言，《坛经》并非有意分解心与性。自性与自心是从不同视角成

① 柳田圣山：《達摩の語錄：二入四行論》，东京：筑摩书房，1969年，第71页。
② （唐）弘忍：《最上乘论》，T48，n2011，p. 377b11－12。韩传强：《禅宗北宗敦煌文献录校与研究》，南京：江苏人民出版社，2016年，第26页。
③ 杨曾文：《敦煌新本六祖坛经》，北京：宗教文化出版社，2011年，第28、29、38、61页。
④ 杨曾文：《敦煌新本六祖坛经》，北京：宗教文化出版社，2011年，第37页。
⑤ 说一切有部成立"大地法""大善地法""大不善地法""大有覆无记地法""大无覆无记地法""大烦恼地法""小烦恼地法"等心所分类，参见（唐）玄奘译：《阿毗达磨大毗婆沙论》卷四十，T27，n1545，p. 220a3－b7。
⑥ （后魏）菩提留支等译：《十地经论》卷一，T26，n1522，p. 129a6－8。
⑦ （唐）般若译：《大乘本生心地观经》卷八，T3，n159，p. 327a23－24。

立的名言，自性是一切法之本性，故譬喻为纲统主宰；自心则是具体现起生灭诸法的作用之依处，故譬喻为土地。实则只是即心即性、即性即心。正因此，《坛经》又将与自性亦是相即的自心称为“本心”①，亦即本性如是之心。

关于自性—自心的状态，《坛经》描述为“佛性常清净”“性体清净”“人性本净”“本性净”“自性本净”“本性自净自定”“自性自净”“世人性本自净”②。自性作为一切法之本性，超越一切二元分别，无所谓世俗相对而言的清净或杂染，只是就空、无生、无所有而方便地称之为“清净”，实则只是《小品般若经》所说的“毕竟净（atyanta - viśuddha）”③。自心就其与自性相即而言，其本性亦是绝对、无二、无差别的毕竟清净；但自心能现起相对的清净或杂染的诸法，杂染是否源自于自心？大众部系和分别说系提出“心性本净，客随烦恼之所杂染”④，以杂染的随烦恼为外来之客，染污原本清净的心而现起不净之相。初期大乘以一切清净法与杂染法皆本性空无所有，故只是平等的毕竟清净。而后期大乘的如来藏思想既以真如平等说自性清净心，同时以与自性清净心不相应的烦恼为客尘，客尘烦恼蔽覆自性清净心而显现为在缠缚状态的众生法。⑤ 达摩—慧可禅法继承了

① 杨曾文：《敦煌新本六祖坛经》，北京：宗教文化出版社，2011年，第11、15、29、30、43页。

② 杨曾文：《敦煌新本六祖坛经》，北京：宗教文化出版社，2011年，第11、16、17、17、17、18、18、20页。

③ （后秦）鸠摩罗什译：《小品般若波罗蜜经》卷四，T8，n227，p. 551c16。P. L. Vaidya (ed.), *Aṣṭasāhasrikā Prajñāpāramitā: With Haribhadra's Commentary Called Ālokā*, Darbhanga: The Mithila Institute, 1960, p. 94.

④ 世友造，（唐）玄奘译：《异部宗轮论》，T49，n2031，p. 15c27 - 28。（唐）玄奘译：《阿毗达磨大毗婆沙论》卷二十七，T27，n1545，p. 140b25 - 26。

⑤ 参见印顺：《如来藏之研究》，台北：正闻出版社，1992年，第67 - 87页。

《楞伽经》的理路，以客尘烦恼为不如实知自心现量而生起的妄想，《二入四行论》“深信含生凡圣同一真性，但为客尘妄覆”①；而后，道信以清净为心体、妄想为心用②，弘忍则以本性清净的心体为“真心”、蔽覆真心的是“妄念”③。但这样的言说架构存在着染与净、真与妄对立的嫌疑，而相对的真净实则并非大乘佛教作为一切法本性的清净。虽然《坛经》延续了杂染妄念蔽覆真实清净的言说框架，但清净不再与妄念相对。《坛经》云：

> 自性常清净，日月常明，中为云覆盖，上明下暗，不能了见日月星辰，忽遇惠风吹散卷尽云雾，万像森罗，一时皆现。世人性净，犹如清天，慧如日，智如月，智慧常明，于外著境，妄念浮云盖覆，自性不能明。故遇善知识，开真正法，吹却迷妄，内外明彻，于自性中万法皆现。一切法在自性，名为清净法身。④

《坛经》并未出现心性本净之言，其所言清净为自性，亦即一切法平等无差别的真如法性。但《坛经》的自性即自心，自心从本性而言亦可说为“毕竟净”。《坛经》云：“何不从于自心，顿见真如本性。《菩萨戒经》云：‘戒，本源自性清净。’”⑤

---

① 柳田圣山：《達摩の語錄：二入四行論》，东京：筑摩书房，1969 年，第31－32 页。

② 参见（唐）净觉：《楞伽师资记》，T85，n2837，p. 1288a16－18。韩传强：《禅宗北宗敦煌文献录校与研究》，南京：江苏人民出版社，2016 年，第 320 页。

③ 参见（唐）弘忍：《最上乘论》，T48，n2011，p. 377a29－b1。韩传强：《禅宗北宗敦煌文献录校与研究》，南京：江苏人民出版社，2016 年，第 26 页。

④ 杨曾文：《敦煌新本六祖坛经》，北京：宗教文化出版社，2011 年，第 20 页。

⑤ 杨曾文：《敦煌新本六祖坛经》，北京：宗教文化出版社，2011 年，第 29 页。

此中《菩萨戒经》实则是《梵网经》“光明金刚宝戒，是一切佛本源、一切菩萨本源、佛性种子……是一切众生戒，本源自性清净”[①]。可见，《坛经》的清净是就真如本性而言的绝对清净，亦即以《般若经》为代表的初期大乘的“毕竟净”。自性—自心的毕竟清净状态之所以不能显现，是因为被妄念所蔽覆。《坛经》将之譬喻为“浮云盖覆”，这其实是早期佛教以来通用的譬喻，也见于《修心要论》[②]。所谓“妄念”，并非自性—自心之外独立的客性的存在，而只是迷惑于自性—自心，于自性—自心不能如实了知；与“妄念”相对的是智慧，亦即悟入自性—自心，如实通达缘起之流中的一切法之本性，犹如惠风吹散浮云、使日明本身之光明朗然显现。值得注意的是，《坛经》之清净不是与妄念相对的清净，而是超越于一切相对的染净真妄的毕竟清净。为了避免落于相对层次，《坛经》并未使用《修心要论》的“真心”，并严厉批评执著真心、清净、息妄的禅法。《坛经》云：

> 若言看心，心元是妄，妄如幻故，无所看也。若言看净，人性本净；为妄念故，盖覆真如，离妄念，本性净。不见自性本净，起心看净，却生净妄。妄无处所，故知看者却是妄也。净无形相，却立净相。言是功夫，作此见者，不仅仅自本性，却被净缚。[③]

看心和看净本是《入道安心要方便法门》《修心要论》等所

① 题为（后秦）鸠摩罗什译：《梵网经》卷下，T24，n1484，p. 1003c22－28。

② （唐）弘忍：《最上乘论》，T48，n2011，p. 377a25－29。韩传强：《禅宗北宗敦煌文献录校与研究》，南京：江苏人民出版社，2016年，第26页。

③ 杨曾文：《敦煌新本六祖坛经》，北京：宗教文化出版社，2011年，第17页。

安立的禅观方便，亦是北宗禅法所传习的重要法门[①]。但于《坛经》而言，作为所看对象的心与净只是生灭之现象性，若将心与净加以取执为实有相状的真心和本净，则因为实有的真心和本净可取可得而能令人生起得到、得不到的烦恼，并不能如实通达一切法无所有的本性，反而被虚妄执著所缠缚。特别针对真心之说，《坛经》强调心若是在迷惑状态，只是虚妄之心而非真实之心，但此妄心亦不出真如法性，故此心仍即是自性；心若悟入自性，则超越一切二元分别，无所谓相对的真与妄、染与净，而只是一切法如如平等，故无需别立一个真心，真心了不可得。[②] 既然毕竟清净超越真与妄、染与净，则毕竟清净的朗然显现不是舍妄归真、断染成净，而只是从妄染本身之如如本性而悟入。如《坛经》“即烦恼是菩提”[③]“烦恼即是菩提”[④]，《坛经》之《无相颂》“菩提本清净，起心即是妄，净性于妄中，但正除三障”[⑤]，《坛经》之《自性见真佛解脱颂》“淫性本是净性因，除淫即无净性身”[⑥]。虽然，《二入四行论》已说“除烦恼而求涅槃者，喻去形而觅影”[⑦]，《入道安心要方便法门》亦云“夫身

① 韩传强：《禅宗北宗研究》，北京：宗教文化出版社，2013 年，第 325 - 329 页。

② 参见楼宇烈：《禅宗“自性清净”说之意趣》，载楼宇烈：《中国佛教与人文精神》，北京：宗教文化出版社，2003 年，第 243 - 278 页。

③ 杨曾文：《敦煌新本六祖坛经》，北京：宗教文化出版社，2011 年，第 26 页。

④ 杨曾文：《敦煌新本六祖坛经》，北京：宗教文化出版社，2011 年，第 43 页。

⑤ 杨曾文：《敦煌新本六祖坛经》，北京：宗教文化出版社，2011 年，第 39 页。

⑥ 杨曾文：《敦煌新本六祖坛经》，北京：宗教文化出版社，2011 年，第 62 页。

⑦ 柳田圣山：《達摩の語録：二入四行論》，东京：筑摩书房，1969 年，第 53 页。另见（唐）道宣《续高僧传》卷十六向居士致慧可书“除烦恼而求涅槃者，喻去形而觅影”，T50，n2060，p. 552b1 - 2。

心方寸，举足下足，常在道场，施为举动，皆是菩提”[①]，但充分发挥这一即妄即真、即染即净、即烦恼即菩提的意趣的是《坛经》的曹溪顿教禅法。

自性—自心为空？为不空？《坛经》云“不思量，性即空寂”，“世人性空，亦复如是”[②]，这是就一切法的空寂而言自性—自心。然而，佛教史上对于“空”的理解则有两种路径。[③] 其一是一切法之存在当体自身即是空，空即是有、有即是空；“空”不是与“不空”相对的状态，而是超越相对的“空”与“不空”的毕竟空，如《般若经》和中观学所主张。另一是此法是空，而所剩余之法不空，由不空说空、由空说不空，空者不有、有者不空。如《中阿含经·小空经》“若彼中无者，以此故，彼见是空；若彼有余者，彼见真实有”[④]；说一切有部以为假必依实，法体为恒有，而法体之间的自他作用生起的具体现象则是空无我的，《大毗婆沙论》“体实恒有，无增无减；但依作用，说有说无”[⑤]；唯识学以假必依实、缘有故知，所取和能取为空无我，但二取空所显真如为真实有，《辩中边论》“虚妄分别有，于此二都无，此中唯有空，于彼亦有此”[⑥]；如来藏经典则说生死杂染法为空，涅槃清净功德为不空，《央掘魔罗经》

① （唐）净觉：《楞伽师资记》，T85，n2837，p. 1287a6 –7。韩传强：《禅宗北宗敦煌文献录校与研究》，南京：江苏人民出版社，2016 年，第 311 页。

② 杨曾文：《敦煌新本六祖坛经》，北京：宗教文化出版社，2011 年，第 20、25 页。

③ 参见印顺：《性空学探源》，新竹：正闻出版社，2000 年，第 5 –6 页。

④ （东晋）瞿昙僧伽提婆译：《中阿含经》卷四十九，T1，n26，p. 737a17 –18。*Majjhima – Nikāya* 121，vol. 3，London：Pali Text Society，1899，pp. 104 –105.

⑤ （唐）玄奘译：《阿毗达磨大毗婆沙论》卷七十六，T27，n1545，p. 395c29。

⑥ 世亲造，（唐）玄奘译：《辩中边论》卷上，T31，n1600，p. 464b16 –17。

“有异法是空，有异法不空”[①]，《大般涅槃经》“空者，谓二十五有及诸烦恼……不空者，谓真实善色，常乐我净，不动不变”[②]，《胜鬘经》“空如来藏，若离、若脱、若异一切烦恼藏。世尊！不空如来藏，过于恒沙不离、不脱、不异、不思议佛法”[③]。《坛经》不仅说到“性即空寂”，也说到“于空离空”，如：

> 人心不思，本源空寂，离却邪见，即一大事因缘。内外不迷，即离两边。外迷著相，内迷著空，于相离相，于空离空，即是内外不迷。[④]
>
> 出外于相离相，入内于空离空。著空则惟长无明，著相即惟长邪见。[⑤]

《坛经》将内与外、相与空相对立言，容易误解成此法是空、余法不空的理路；所谓“入内于空离空”，也可能理解为本性清净之自性—自心真实不空。然而，《坛经》并未明确说于空法之外剩余真实之有，对于自性—自心只说是“本源空寂”，亦即从其本性而言当体自身即是空、无生、无所有、寂静。至于“于相离相，于空离空”，则是从主观实践工夫而说于一切法不舍不著、究竟无所得，而并非从认识论或因缘存有论探究自性—自心的有无。凡夫执著外境之种种相状，而实则这些相状只是空无所有，不应取执，故于修学实践上言“于相离相”；关于此点，不同的佛教修学形态皆是共同承认的。凡夫执著内在自心为

① （刘宋）求那跋陀罗译：《央掘魔罗经》卷二，T2，n120，p. 527b28。
② （北凉）昙无谶译：《大般涅槃经》卷五，T12，n374，p. 395b25－28。
③ （刘宋）求那跋陀罗译：《胜鬘师子吼一乘大方便方广经》，T12，n353，p. 221c16－18。
④ 杨曾文：《敦煌新本六祖坛经》，北京：宗教文化出版社，2011年，第46页。
⑤ 杨曾文：《敦煌新本六祖坛经》，北京：宗教文化出版社，2011年，第52页。

虚无，以为“空”即是虚无，不能如实了知自性—自心的空寂本性，而实则自心虽然现起为有、并非虚无，但其本性只是无所有而有、有而无所有，超越相对的实有与虚无，是一切法平等无差别的真如、法性、实际，不可恶取空，故于修学实践上言“于空离空”。可见，《坛经》所谓“空”更接近《般若经》和中观学所说一切法当体即空①。

《坛经》虽然接受了如来藏思想的自性清净心之说，但并未依如来藏经典成立空与不空，不辨别自心之真与妄、染与净，而以一切法本性空寂说自性—自心的如其所是的状态，类似《大般涅槃经》续译部分所言“佛性者名第一义空，第一义空名为智慧”②，《曹溪大师别传》亦云“法是如来甚深般若；知般若空寂无住，即而了法身；见佛性空寂无住，是真解脱”③。《坛经》的自性不仅是“佛性”，又多处说“人性”“人心”。可见，《坛经》的自性—自心是从实践的立场指点禅者当前所呈现的自性—自心，这不是抽象的理则或真心，而是具体生命存在活动中的现实之人心④。

① 参见洪修平：《禅宗思想的形成与发展》，南京：江苏人民出版社，2011 年，第 210 页。

② （北凉）昙无谶译：《大般涅槃经》卷二十七，T12，n374，p. 523b12 – 13。有学者认为，《坛经》思想是《涅槃经》之佛性和《般若经》之空的融合，参见平井俊荣：《中國般若思想史研究：吉藏と三論學派》，东京：春秋社，1976 年，第 670 页。

③ 《曹溪大师别传》，X86，n1598，p. 50b2 – 3。驹泽大学禅宗史研究会编：《慧能研究：慧能の傳記と資料に關する基礎的研究》，东京：大修馆书店，1978 年，第 35 页。

④ 参见赖用海：《中国佛性论》，南京：江苏人民出版社，2012 年，第 171 页。

三 思量与万法

《坛经》成立“自心”与“自性”是为了建立禅观所悟入的空相应缘起之理境。自达摩—慧可禅法依《楞伽经》“自心现量”建立“壁观”法门，禅宗大致依此理路以心为法界大总相说明一切境界无限差别的现起过程。这种说明并非如世俗的形上学将一切现象还原为某一奠基性的本质，亦非将心或性视为一切存在者存在之本源和大全，而是通过对于修学者而言最为切近的自心自性而契入无量无边的缘起大相续流。然而，禅者不重文字义理的疏解而多用譬喻指点，以通俗生动的语言自由发挥经论的旨趣。在解说“摩诃般若波罗蜜”的“摩诃”之义时，《坛经》云：

> 何名摩诃？摩诃者是大，心量广大，犹如虚空。若空心禅，即落无记空。① 世界虚空，能含日月星辰、大地山河、一切草木，恶人善人、恶法善法、天堂地狱，尽在空中。世人性空，亦复如是。性含万法是大，万法尽是自性。见一切人及非人、恶之与善、恶法善法，尽皆不舍，不可染著，犹如虚空，名之为大。此是摩诃。②

《坛经》将“摩诃”之“大”义解说为缘起之流中无限差异的一切诸法的无量广大，而作为现象性存在的一切诸法即具于

① 伊吹敦认为，“若空心禅，即落无记空”与上下文无法衔接，应是后来增补，参见伊吹敦：《敦煌本『壇経』の形成：惠能の原思想と神會派の展開》，《論叢アジアの文化と思想》第4号，1995年，第27页。

② 杨曾文：《敦煌新本六祖坛经》，北京：宗教文化出版社，2011年，第25页。

自心之中。所谓“心量”，出自《楞伽经》“观诸有为法，离攀缘所缘。无心之心量（niścitaṃ citta－mātraṃ），我说为心量”①，即有为法是自心依据关联条件而现起的流动不住的现象，具有自心所度量、给予、认定的无限差别的规定；凡夫不能如实了知“自心现量”，以虚妄执著将所现起的一切诸法分别为所缘与能缘，并于其上产生爱或非爱的染著，而圣者如实通达缘起之真相，远离一切所缘与能缘，契入一切法本性空寂的如如法性。“心量”现起一切有为法，故说为“广大”；自心及一切有为法虽然现起为有而本性即空，故说为“如虚空”。经论常以作为无为法的“虚空”譬喻空性，如《摩诃般若经·坚固品》“诸法虽如虚空，无所有、自相空”②。虚空是绝对的空间、场所、无碍、容受，是一切现象得以呈现的先验形式；就虚空无碍地容受“日月星辰”等一切诸法，《坛经》称之为“含”。空性亦远离一切障碍，不破坏舍弃任何一法而为一切法之本性，犹如虚空能含一切法，空性能成就因缘有的一切法。《中论·观四谛品》云：“以有空义故，一切法得成；若无空义者，一切则不成。”③在《坛经》中，空性作为一切法的如如法性不是抽象的普遍理则，而是具体落实于禅者自身之身心存在，空性即《坛经》的“自性”。所谓“性含万法是大，万法尽是自性”，即自心现起万

---

① （刘宋）求那跋陀罗译：《楞伽阿跋多罗宝经》卷三，T16，n670，p. 500a29－b1。（元魏）菩提留支译：《入楞伽经》卷五“念及所念，观诸有为法。见诸唯心法，故我说唯心”，T16，n671，p. 543b21－22。（唐）实叉难陀译：《大乘入楞伽经》卷四“观诸有为法，离能缘所缘。决定唯是心，故我说心量”，T16，n672，p. 609c18－19。P. L. Vaidya，*Saddharmala ṅ kāvatārasūtram*，Darbhanga：The Mithila Institute，1963，p. 62.

② （后秦）鸠摩罗什译：《摩诃般若波罗蜜经》卷十七，T8，n223，p. 341b24。

③ 龙树造，（后秦）鸠摩罗什译：《中论》卷四，T30，n1564，p. 33a22－23。

法，万法无所有而以空寂为本性，而空寂本性自身平等无差别，无所谓“含”或“大”，只是《坛经》的自心与自性如如不异，并非先验地分解为心与性，故说自性含具万法、万法是自性，实则只是“以有空义故，一切法得成”的更为生动形象的解说。

具体言之，自心如何依因缘条件而现起万法？《楞伽经》结合了唯识说与如来藏思想，以如来藏被无始以来的虚妄执著和戏论习气所熏，而名为藏识，作为第八识的如来藏－藏识所摄种子在因缘和合条件下而现起种种差别的诸法。[①]《楞伽经》的“自心现量”说为达摩—慧可禅法所接受，但禅者不重法义辨析而仅依禅观实践以譬喻言之，以心如壁上绘画种种相状譬喻自心现起万法无限差别的过程[②]；道信以“心用”说诸法缘起，并譬喻为“如颇梨镜悬在高堂，一切像悉于中现”[③]；弘忍则只说“以即日为喻，譬如世间云雾，八方俱起，天下阴暗”[④]。而《坛经》既言“性含万法”，又进一步约自心之作用说明自性所含具的万法如何具体现起。《坛经》云：

> 世人性本自净，万法在自性。思惟一切恶事，即行于恶行；思量一切善事，便修于善行。知如是一切法尽在自性……不思量，性即空寂；思量，即是自化。思量恶法化为

---

① （刘宋）求那跋陀罗译：《楞伽阿跋多罗宝经》卷四，T16，n670，p.510b4－10。（元魏）菩提留支译：《入楞伽经》卷七，T16，n671，p.556b22－c3。（唐）实叉难陀译：《大乘入楞伽经》卷五，T16，n672，p.619c1－6。P. L. Vaidya, *Saddharmalaṅkāvatārasūtram*, Darbhanga: The Mithila Institute, 1963, p.90.

② 柳田圣山：《達摩の語錄：二入四行論》，东京：筑摩书房，1969年，第98页。

③ （唐）净觉：《楞伽师资记》，T85，n2837，p.1287b2－3。韩传强：《禅宗北宗敦煌文献录校与研究》，南京：江苏人民出版社，2016年，第313页。

④ （唐）弘忍：《最上乘论》，T48，n2011，p.377a27－28。韩传强：《禅宗北宗敦煌文献录校与研究》，南京：江苏人民出版社，2016年，第26页。

> 地狱，思量善法化为天堂，毒害化为畜生，慈悲化为菩萨，智慧化为上界，愚痴化身下方。自性变化甚多，迷人自不知见。[①]

一切法本性空寂，不出真如法性，但真如法性并非抽象的无差别性，而是含具着一切法无限差别的具体的无差别性；如此的真如法性对于一一法而言不是孤悬的形上本体，而即是一一法自身的本性，故称之为“自性”。自性所含具一切法并非虚无，在具足关联条件下无所有而如是有地现起为现象性的存在。这种现起的作用，《坛经》称之为“思惟”“思量”，亦即自心之思虑度量的行为活动；思量赋予一切法以存在的形式而作为具有种种规定性的现象得以呈现自身，而并非作为第七识的“末那识”之恒时审察作用。所现起的一切法依其或杂染或清净的性质而可以分为善、恶、无记三性，如相应于无上正等觉的菩萨、智慧等即是善法，不相应的凡夫众生、愚痴等即是恶法。思量作用本身无所谓染净善恶性质，只是一切法相似相续的缘起过程而已，但对此思量作用是否具有自知自觉则有凡圣迷悟之差别。自心思量作用现起万法的过程，《坛经》又称之为“自性变化”。这显然不是数论的“自性”转变为二十三谛的形上学，因为《坛经》中作为真如法性的自性如如平等，实则无所谓变化或现起，变化现起是自心之作用，只是《坛经》并非分别地说客观的性与主观的心，自心即自性、自性即自心，故自心之变化方便地说为“自性变化”。

自心之思量作用何以能现起万法？《坛经》在论及如何“说

① 杨曾文：《敦煌新本六祖坛经》，北京：宗教文化出版社，2011 年，第 20 页。

法”时，简要列举阴、界、入三科法门。在解说十八界时，即以心识说详化了“自性变化”的过程。《坛经》云：

> 法性起六识：眼识、耳识、鼻识、舌识、身识、意识；六门、六尘。自性含万法，名为含藏识，思量即转识，生六识、出六门、见六尘。是三六十八。由自性邪，起十八邪；若自性正，起十八正。若恶用即众生，善用即佛。用由何等？由自性。①

《坛经》的“六门”指六根，部分经论将十二缘起支之六处称为“六处（入）门”②。“六识”“六门”“六尘”即十八界，是早期佛教以来用以说明相似相续的具体存在的十八种类的构成元素。依大乘佛教而言，十八界并非如说一切有部所说的与名言相应的恒有的法体，而只是言说现象性存在的假施设的名言，其本性亦是空无所有。十八界可以周延地摄尽一切法，而一切法又不出真如法性，故所谓“自性含万法”亦即自性含具十八界，十八界又在因缘关联条件下结合而形成一一具体的法。作为真如法性的自性本身无所谓“起”或“不起”，而只是一切法无差别的平等本性；但自性不是抽象的普遍性，而是即于现起的具体的一切法而为一切法之本性。具有现起作用的是自心，自心能现起“六识”“六门”“六尘”，而《坛经》的自心与自性相即不二，故方便地说为法性现起“六识”“六门”“六尘”。《坛经》将含

① 杨曾文：《敦煌新本六祖坛经》，北京：宗教文化出版社，2011年，第50页。

② 失译：《大乘稻芉经》，T16，n712，p. 825a20。（北凉）浮陀跋摩、道泰译：《阿毗昙毗婆沙论》卷二十六，T28，n1546，p. 189c13。（苻秦）僧伽跋澄译：《鞞婆沙论》卷二，T28，n1547，p. 425b14。（刘宋）僧伽跋摩等译：《杂阿毗昙心论》卷十，T28，n1552，p. 958c28。（唐）玄奘译：《阿毗达磨大毗婆沙论》卷四十七，T27，n1545，p. 244b6。

具万法的自性—自心称为“含藏识”，即将自性—自心对于万法的含具作用类同于阿赖耶识的能藏之义，但此“含藏识”既是心也是性，而更接近《楞伽经》“如来藏名识藏”①。“含藏识”之为“含藏识”，其中的万法仍处于含藏的状态而尚未现起为现象性的存在；能够使“含藏识”中所含藏的万法得以现起的是心之思量作用，亦即“思量即转识”。所谓“转”亦即“起”“变化”“自化”；“转识”并非仅指依止阿赖耶识、取诸根、缘诸境而转起的其余诸识，如《楞伽经》“水流处藏识，转识（pravṛtti - vijñāna）浪生”②，而是指作为自性—自心的“含藏识”在思量作用下现起一切差别诸法，包括“六识”“六门”“六尘”。自性本身无所谓邪或正、恶或善而超越一切二元分别，但自性所含具而现起的十八界、十八界结合而成的具体的法则有种种性质的分别，可说为或邪或正、或恶或善、或杂染或清净、或有漏或无漏。若迷于自性，则十八界皆是邪用，皆是众生生死流转之法；若悟入自性，则十八界皆是正用，皆是诸佛解脱还灭之法。法的现起虽然有无限的差别，但不出如如法性，故说“由自性”。

《坛经》通俗生动的语言表达易于引导禅者悟入，但同时也

---

① （刘宋）求那跋陀罗译：《楞伽阿跋多罗宝经》卷四，T16，n670，p. 512b7。（元魏）菩提留支译：《入楞伽经》卷八仅作“阿梨耶识”，T16，n671，p. 559b23。（唐）实叉难陀译：《大乘入楞伽经》卷五“如来藏名藏识”，T16，n672，p. 621c2。P. L. Vaidya, *Saddharmalaṅkāvatārasūtram*, Darbhanga: The Mithila Institute, 1963, p. 91.

② （刘宋）求那跋陀罗译：《楞伽阿跋多罗宝经》卷一，T16，n670，p. 484a14。（元魏）菩提留支译：《入楞伽经》卷二“于阿梨耶识海起大勇波，能生转识”，T16，n671，p. 523a20。（唐）实叉难陀译：《大乘入楞伽经》卷二“阿赖耶识如瀑流水，生转识浪”，T16，n672，p. 594b16－17。P. L. Vaidya, *Saddharmalaṅkāvatārasūtram*, Darbhanga: The Mithila Institute, 1963, p. 20.

存在用语歧义、术语不统一、用法不严谨的问题。在论述自性与个体生命的身心关系时，《坛经》使用了如下譬喻：

> 世人自色身是城，眼耳鼻舌身即是城门。外有五门，内有意门。心即是地，性即是王。性在王在，性去王无。性在身心存，性去身心坏。①

佛教经论将众生的身体譬喻为城、六根譬喻为门、心识譬喻为城主，如《大般涅槃经》“是身如城，血肉筋骨皮裹其上，手足以为却敌楼橹，目为窍孔，头为殿堂，心王处中”②，《无明罗刹集》“识言：‘我以身为城，六入为门，如我今者实是城主……’”③ 与此不同的是，《坛经》将自性譬喻为身城之王者主宰，而将心譬喻为王者所居的土地，但只是从不同视角说性说心，实则性与心并非有二，全性是心、全心是性。《坛经》又说“性在身心存，性去身心坏”，似乎自性能脱离身心而为独立之存有。《坛经》在论述法身与色身关系时，说到“若一念断绝，法身即离色身”④，法身即是法性所成身，故此亦同于“性去身心坏”。自性若能与身心分离，并为身心之外的存有，则同于印度传统的“神我”、早期中国佛教中不灭的“识神”，亦即独存的灵魂。《景德传灯录》记载惠能弟子广州志道以为“色身无常，有生有灭；法身有常，无知无觉”⑤，惠能批评他“汝是释子，何习外道断常邪见”⑥；又记载惠能弟子南阳慧忠（675 – 755）批评南方禅客“若然者，与

---

① 杨曾文：《敦煌新本六祖坛经》，北京：宗教文化出版社，2011 年，第 37 页。
② （北凉）昙无谶译：《大般涅槃经》第一，T12，n374，p. 367b1 – 3。
③ 失译：《无明罗刹集》卷下，T16，n720，p. 855c9 – 10。
④ 杨曾文：《敦煌新本六祖坛经》，北京：宗教文化出版社，2011 年，第 15 页。
⑤ （北宋）道原：《景德传灯录》卷五，T51，n2076，p. 239b28 – 29。
⑥ （北宋）道原：《景德传灯录》卷五，T51，n2076，p. 239c8 – 9。

彼先尼外道无有差别。彼云：我此身中有一神性，此性能知痛痒，身坏之时神则出去。如舍被烧，舍主出去；舍即无常，舍主常矣……云是南方宗旨，把他《坛经》改换，添糅鄙谭，削除圣意，惑乱后徒，岂成言教?"[①] 慧忠认为，《坛经》有关"性去身心坏"之论是"南方宗旨"的篡改。[②] 造成如此误解可能与《坛经》通俗譬喻带来的歧义有关。实际上，所谓"性在身心存，性去身心坏"，应当即是《中论·观四谛品》"以有空义故，一切法得成；若无空义者，一切则不成"[③]，只是不如《中论》说得严谨善巧。"性在"即一切法本性空寂，由此之故，一切法能具足关联条件而现起无限差别，身心现象亦得以成就；"性去"即一切法本性非空而别有本性，由此之故，一切法只是实有或实无而并无生灭变化的现起，身心现象亦不得成就。这无非是心不离空、法不出如，一切法在空相应缘起之大相续流中平等平等。只是于禅者而言，从现实身心契入法界全体更为切近而捷要。

在《坛经》所建构的禅观理境中，自性不是形上的实体，而是一切法平等无差别的真如法性，既是佛性、亦是现实人性。自心是自性的具体落实处，自性因为自心的主观实践活动而成为具体普遍的客观理性法则，而自性与自心相即不二，全心是性、全性是心。自性—自心本性清净，这不是相对于杂染虚妄的真实清净，超越于一切、不舍于一切的毕竟清净，亦即当体自身即是

① （北宋）道原：《景德传灯录》卷二十八，T51，n2076，p. 437c26－438a3。

② 印顺法师认为，"南方宗旨"为惠能在曹溪的弟子所传，参见印顺：《中国禅宗史》，台北：正闻出版社，1994年，第266页。

③ 龙树造，（后秦）鸠摩罗什译：《中论》卷四，T30，n1564，p. 33a22－23。

空寂。空寂的自性含具万法，自性即自心，自心在思量作用下依因缘现起万法；万法无所有，以空为本性，不出如如自性，而以般若空慧如实了知自性。这不是侧重法义体系的建构，而是就禅者的当前现实之心而指点空相应缘起之甚深理境，并指导禅者悟入通达一切法本性空寂而具体践履“行般若波罗蜜多”的修学实践。

第二节 自性般若和解脱佛身

《坛经》以自性—自心建立如如不异的空相应缘起之理境，这是禅法修学所观所悟境界。然而在具体开展修学之前，必须明确修学所要实现的究竟目标，否则便缺乏实践的主观动力。目标的实现即是依于相似相续的缘起而生起、培育、壮大的修学果德，于大乘佛教而言，亦即初发菩提心所追求的诸佛如来同一内容的一切智智、自在解脱、无上正等觉。自达摩—慧可以来的禅宗对此并未予以较多关注，可能因为禅者的重要问题在如何修学实践，而目标与果德应是不言自明的。但《坛经》显然并非如此。在有关惠能参学弘忍叙事中，《坛经》说到弘忍门下部分修学者“只求福田，不求出离生死苦海”①，而福田只是人天善报，并不能从根本上解决现实生命存在无明炽盛、流转生死、无尽苦恼的问题。因此，禅法的传授不仅需要为禅者建立理境、给予方法，还需要重申大乘菩萨道修学的究竟目标、坚定修学者的信

① 杨曾文：《敦煌新本六祖坛经》，北京：宗教文化出版社，2011年，第7页。

念、增强圆满悲智的担当与动力。惠能初见弘忍即明确说“不求余物，唯求作佛法”①，此振聋发聩的宣言一扫六朝以来的末法思想的阴霾，检视了世俗凡夫生命世界的平庸与过患，彰显了佛教洞察世界真相和实现生命自身区分的旨趣，强调了禅宗修学之目标与果德即在“佛法”而非余法。既然《坛经》以为“万法在自性”，则一切修学果德亦不在自性—自心之外。

一　般若与本觉

佛教是佛陀依自证自觉之智慧而传出的言教，佛教的修学是依智慧而实践相应的法门，而佛教修学的目标与果德不仅是从生死相续中获得自在解脱，也包括明明朗朗的全面而彻底的智慧，依智慧所起之善巧方便实现庄严世界与成熟众生的悲愿。与早期佛教重视解脱相比，大乘佛教更加凸显了圆满智慧的重要性，作为大乘菩萨道修学主干的六波罗蜜多更以般若波罗蜜多为首要。般若波罗蜜多依其语义规定是修行，是实践，是方法，但般若波罗蜜多如实通达一切法本性而生起无量无边功德，故“般若”本身亦可作为菩萨道修学的果德，即清净无漏的甚深智慧。既然《坛经》的曹溪顿教禅法是“摩诃般若波罗蜜法”，则其修学并非追求人天福报，而是趋向一切智智的大乘菩萨道，是以般若的成就为主导的成佛之法。关于“般若”之含义，《坛经》云：

> 何名般若？般若是智慧。一切时中，念念不愚，常行智慧，即名般若行。一念愚即般若绝；一念智即般若生。世人

① 杨曾文：《敦煌新本六祖坛经》，北京：宗教文化出版社，2011 年，第 7 页。

心中常愚，自言我修般若。般若无形相，智慧性即是。[①]

将“般若”释为智慧，本是佛教的通说。只是“慧”作为心所法可通于世间与出世间、有漏与无漏、三界系与非三界系，而佛教之般若是不同于世俗有取有执的知性作用的无漏智慧。般若之智不是抽象的、静态的、凝固的，而是身心活动中依因缘条件而现起的如实观照作用。《坛经》认为，般若之智不是某一次成就的，而是在从过去至现在、现在至未来的一切时间的刹那刹那相续之中，自心所现起的相续之念皆是保持清明、澄澈、深沉的状态，排斥消极心态的干扰，以清净无漏的智慧在观照、觉察、明辨。对于每一具体的心念而言，心念的愚昧无知状态即堕落于无明而隔绝于般若，心念的清醒明智即不为无明所染而生起般若。当然，这并非意味着某一念生起智慧就已完成全部修学之事，因为若下一念不能了了分明，则又陷落于无明状态。故《坛经》所谓“一念”，无非是强调于一切时间中始终保持当前现起的心念处于明智状态；经过反复锻炼，念念不愚昧而一直清明才是般若。般若之智必然是活动的、实践的、履行的，故《坛经》并不以“智慧”的概念去定义“般若”，而是描述“常行智慧”的“般若行”。作为实践行动的般若是在缘起之流中依于因缘条件而生起的，故可说“绝”或“生”。但世俗凡夫又容易因此而执著作为所修对象的“般若”、作为能修主体的“我”以及“我修般若”之修学，如此又堕落于无明愚痴而非般若行；依一切法本性空寂，所修对象、能修主体、修学本身皆空无所有，无形无相，不可取、不可执、不可得，故《小品般若经·

① 杨曾文：《敦煌新本六祖坛经》，北京：宗教文化出版社，2011年，第25页。

初品》云："不见菩萨、不得菩萨，亦不见、不得般若波罗蜜，当教何等菩萨般若波罗蜜？"① 正因为般若本身亦空寂，故能依因缘生起明明朗朗的智慧观照。

清净无漏的般若之智不是空洞的、无内容的、名言性的，而是以空相应缘起中的一切法及其理性法则作为其所观所照的内容，直接悟入一切法如如不异的法性。然而，如此分解地说般若及其内容只是依名言之本性而作方便解说，似乎仍有能观与所观的分别。法性本身无分别，般若本身亦无分别，以主观无分别之般若如实通达客观无分别之法性，其中并无能所分别，只是绝对无分别的平等平等之真相如其所是地呈现而已。与一切法及法性相即的般若，《坛经》称之为"本性般若之智"②。正如《坛经》的性与心全体相即，虽然般若属于心所法，但就其无分别地显现法性而言，般若亦与法性相即不二，法性是从客观理则说的般若、般若是从主观实践说的法性，法性之全体即般若、般若之全体即法性，《大智度论》亦云"若法不生不灭，即是法性相，法性即是般若波罗蜜"③。《坛经》"本性般若之智"可能与南北朝以来诸师所成立的"三种般若"有关，但又明显有所不同。《坛经》云：

> 故知本性自有般若之智，自用智慧观照，不假文字。④

《坛经》所提及的"本性自有般若之智""自用智慧观照"

① （后秦）鸠摩罗什译：《小品般若波罗蜜经》卷一，T8，n227，p. 537b9－10。（唐）玄奘译：《大般若波罗蜜多经》卷五百三十八，T7，n220，p. 763c5－8。

② 杨曾文：《敦煌新本六祖坛经》，北京：宗教文化出版社，2011年，第8、28页。

③ （后秦）鸠摩罗什译：《大智度论》卷三十七，T25，n1509，p. 335c24－25。

④ 杨曾文：《敦煌新本六祖坛经》，北京：宗教文化出版社，2011年，第28页。

“文字”，正可对应南北朝以来诸师根据《摩诃般若经》和《大智度论》所成立的“三种般若”：实相般若、观照般若、文字般若，完整的“三种般若”之名已出现于净影慧远、智觊、吉藏等人的著作中[①]。所谓“实相般若”，即《大智度论》“诸法实相是般若波罗蜜”[②]；“观照般若”，即《大智度论》“如是等诸观，不著不得……诸圣人行处，是名般若波罗蜜”[③]；“文字般若”，即《大智度论》“是般若波罗蜜因语言、文字、章句可得其义”[④]。关于三种般若之关系，成实师认为“其相、性实异也”[⑤]；净影慧远以“观照”为“般若体”，“实相”“文字”为“般若法”[⑥]；智觊认为“三智在一心中，不纵不横”[⑦]；吉藏以为“此三眼目异名，更无别体也”[⑧]；智俨则说“此之三相，无二无别，自性离故”[⑨]。《坛经》虽论及“三种般若”，但非如诸师条分缕析，只是就自性—自心而说般若。《坛经》并不认可文字般若，这是重视实践而不重经教的禅者共通的倾向；但这并非意味着极端地完全否定任何文字言说，否则《坛经》亦不须说、禅法亦不须教授，仅如维摩诘“默然”而已；《坛经》的“不假文字”是为了警示修学者不可妄执与名言对应的实在本质，而应以具体实践工夫悟入一切法空寂本性，至于“不假文字”本

① 平井俊荣：《三種般若説の成立と展開》，《驹泽大学佛教学部研究纪要》第41号，1983年，第178－198页。

② （后秦）鸠摩罗什译：《大智度论》卷十八，T25，n1509，p. 195c16。

③ （后秦）鸠摩罗什译：《大智度论》卷十八，T25，n1509，p. 196a8－10。

④ （后秦）鸠摩罗什译：《大智度论》卷七十九，T25，n1509，p. 619b21－22。

⑤ （隋）吉藏：《大品经游意》，T33，n1696，p. 64b6。

⑥ （隋）慧远：《大乘义章》卷十，T44，n1851，p. 669a21－22。

⑦ （隋）智觊：《妙法莲华经玄义》卷五下，T33，n1716，p. 745a8－9。

⑧ （隋）吉藏：《净名玄论》卷一，T38，n1780，p. 862a25－26。

⑨ （唐）智俨：《金刚般若波罗蜜经略疏》卷上，T33，n1704，p. 241b22－23。

身亦不可取执。《坛经》亦并非分别地说实相般若、观照般若。若严格分别能与所，则实相非般若、般若非实相；若严格分别体与用，则观照非般若、般若非观照。于《坛经》而言，体用不二，观照为般若之观照作用、般若为观照之般若自体，故观照即般若、般若即观照；能所一如，实相为般若所如实通达之实相，般若为能如实通达实相之般若，故实相即般若、般若即实相。与智𫖮相似，《坛经》亦是就“心”而说般若，只是智𫖮的“心”是介尔一念中刹那生灭的“一念心”①，《坛经》的“心”是禅者的“自心”。般若既是作为客观理则的实相、法性、自性，亦是作为主观实践的观照、智慧、自心，即客观即主观、即理则即实践、即自性即自心，故称为“本性般若之智”。

般若之智所通达的法性不是抽象的理则，而是具体普遍地含具一切法而为一切法之本性，故般若之智同时亦如实通达一切依关联条件而现起的缘生法。般若之智不凭借名言概念的认定作用、不依赖意识的思惟作用，而直接以感官相续稳定的现观作用契入一切法的无限差异的相状，故能如其所是地了知一切法。若一切法本身有其常住不变的实在本质，般若本身亦有常住不变的实在本质，则一切法是一切法、般若是般若，般若不能通达一切法、一切法不能为般若所了知；正因为一切法本身空无所有，般若本身亦空无所有，以空无所有的般若如实通达空无所有的一切法，只是于一切法无所舍弃、无所取著而已。这是“行般若波罗蜜多”的究竟无所得的意趣。《坛经》以为，自性—自心含具万法、万法尽是自性—自心，故般若亦在主观实践上含具着万

① （隋）智𫖮：《妙法莲华经玄义》卷二上，T33，n1716，p. 696a23。

法、不舍不著、究竟无所得，万法亦在般若之智慧观照中呈现如其所是的缘起状态。《坛经》：

> 善知识，我此法门从一般若生八万四千智慧。何以故？为世人有八万四千尘劳。若无尘劳，般若常在，不离自性。悟此法者，即是无念、无忆、无著。莫起杂妄，即是真如性。用智慧观照，于一切法不取不舍，即见性成佛道。[①]

所谓“尘劳”即烦恼，烦恼如尘垢，染污凡夫之心而使身心劳累。“八万四千”原是形容数量极多，世俗的凡夫众生具有无量无边烦恼妄念，总说为“八万四千尘劳”；相应的对治此“八万四千尘劳”的法门亦可说为“八万四千法门”，如实通达“八万四千尘劳”的真相而解开其系缚则可说有“八万四千智慧”，故《贤劫经》云“由是修立八万四千空行法义，以是化导百千种人，消除八万四千众垢尘劳，逮八万四千诸三昧门，是谓佛道，深入无极致一切智”[②]。“八万四千智慧”是相应于“八万四千尘劳”而言的具体的智慧，是由般若之智依因缘条件所生起，但般若之智本身并非有众多，而只是“一般若”。般若与自性—自心相即，是自性—自心所现起的智慧观照作用，不是自性—自心之外别有般若，故说“般若常在，不离自性”；所谓“常”是指相即不离，而并非指常住不变的本质。般若之智慧解开烦恼妄念的系缚，并非消灭那些生起烦恼的染法、保留那些生起智慧的净法，而只是以一切法空的智慧观照一切法，于一切法不取执、不舍弃，从烦恼妄念之中如实悟入一切法在缘起之流中

① 杨曾文：《敦煌新本六祖坛经》，北京：宗教文化出版社，2011年，第26页。

② （西晋）竺法护译：《贤劫经》卷六，T14，n425，p. 44c27－45a1。

存在的全部真相，如此，烦恼即转而为般若，亦即“若无尘劳，般若常在”；于此中，并非一切法本身有所取舍，烦恼中的一切法与般若中的一切法同是一切法，而只是烦恼中的一切法在缠缚无明状态、般若中的一切法在无缚明智状态，故非舍烦恼而取般若，而是不取不舍的即烦恼即般若。

从主观实践而言，般若依因缘条件而生起，凡夫不修学、不实践、不具因缘而无般若之智，菩萨修学实践大乘菩萨道而具足般若之智，诸佛之智慧已臻于绝对圆满故称为一切智智。从诸佛之智慧境界而言，诸佛已经证觉胜义的真如法性，故所观世俗施设的一切法的无限差异亦不出法性、于法性中如如平等；法性非在一切法之外别有其性，而是即于一切法为其本性，故胜义的法法平等亦可直接说为一切法差异事项之间的平等，如来与众生、智慧与愚痴、菩提与烦恼亦可说为相即无碍。《华严经·宝王如来性起品》：“如来智慧、无相智慧、无碍智慧，具足在于众生身中，但愚痴众生颠倒想覆，不知不见，不生信心。”① 所谓“众生身”实际应是指众生心，智慧是心所法，只是身心一如，故方便说为“身”；所谓如来智慧具足于众生心中，这是从胜义的一切法本性空寂说到法法平等、事事无碍。后期大乘的如来藏经典也发展了此一理路，由佛智观一切众生具足如来智慧成立一切众生皆有如来藏，如《大方等如来藏经》“我以佛眼观一切众生，贪欲恚痴诸烦恼中，有如来智、如来眼、如来身，结加趺

① （东晋）天竺三藏佛驮跋陀罗译：《大方广佛华严经》卷三十五，T9，n278，p. 624a13－15。（唐）实叉难陀译：《大方广佛华严经》卷五十一，T10，n279，p. 272c23－25。

坐，俨然不动”[①]。与之类似，《坛经》依自心即自性、般若即本性，而一切法不出自性、一切众生即具自心，故亦说般若之智应是一切众生自心所含具。《坛经》云：

> 菩提般若之智，世人本自有之，即缘心迷，不能自悟，须求大善知识示道见性。[②]

与《大方等如来藏经》的可视化禅观境界描绘相比，《坛经》的思想更接近《华严经》从胜义平等所说众生具足如来智慧。“菩提”是指作为诸佛如来全面而彻底觉悟的阿耨多罗三藐三菩提；从智知的作用而言，菩提与般若本无差别，只是菩提大多是就诸佛而言的佛菩提，《大智度论》云“阿耨多罗三藐三菩提即是般若波罗蜜，但名字异，在菩萨心中为般若，在佛心中名阿耨多罗三藐三菩提”[③]；《坛经》并不分辨菩提与般若，故说“菩提般若之智”。从胜义而言，一切法皆空无所有而如如平等，凡夫众生心、佛心对自身而言皆是自心、亦是自性，凡夫众生之自心—自性与佛之自心—自性平等无二，故佛心所具之菩提般若之智亦可说为凡夫众生心原本自身具有；从现实的世俗施设而言，凡夫众生心与佛心仍然有区别，佛心之“具”是现实的显现的已然的具足，凡夫众生心之“具”是理则的潜隐的未然的含具。正如《华严经》将凡夫众生心之愚痴归结为颠倒妄想的遮蔽障覆，《坛经》亦认为凡夫众生心不能如实了知自心所含具的菩提般若之智是因为处于妄念迷惑之中、不能悟入自心的全部

---

① （东晋）佛陀跋陀罗译：《大方等如来藏经》，T16，n666，p.457b28－c1。（唐）不空译：《大方广如来藏经》，T16，n667，p.461c7－8。

② 杨曾文：《敦煌新本六祖坛经》，北京：宗教文化出版社，2011年，第14页。

③ （后秦）鸠摩罗什译：《大智度论》卷七十二，T25，n1509，p.563c9－11。

存在真相，需要经过已经悟入自心—自性的善知识指点才能如实触证自心—自性，故凡夫众生心与佛心的差异是现实的或迷或悟的存在状态的差异而非本性的不同。而且，《坛经》中的胜义与世俗又相即不二，并不分解地辨析，故只是说“菩提般若之智，世人本自有之”。

《坛经》的“菩提般若之智”类似《起信论》的“本觉”说，但又有所不同。《起信论》以为，不生不灭的真如—如来藏与生灭的虚妄心念和合为阿梨耶识，阿梨耶识有“觉”和“不觉”两种状态。“觉”是从胜义的真如而言众生心之本性，“所言觉义者，谓心体离念。离念相者，等虚空界无所不遍，法界一相，即是如来平等法身，依此法身说名本觉”①；“不觉”则是从世俗的施设而言众生心之现实，“所言不觉义者，谓不如实知真如法一故，不觉心起而有其念，念无自相不离本觉，犹如迷人依方故迷，若离于方则无有迷”②。实际上，其他经典也含蓄地说到“本觉”，如《诸法无行经》“虽赞发菩提心，而知心性即是菩提”③，这是由菩萨修学之初的菩提心与圆满成就阿耨多罗三藐三菩提之后的心在一切法本性空寂中如如平等而说心之本性即是菩提；《文殊般若经》“一切法皆菩提相故……菩提即法界，法界即实际”④，这也是从一切法本性空寂而说能觉悟的菩提与所觉悟的一切法及法界如如平等，故一切法皆觉悟之相；《大宝

---

① （梁）真谛译：《大乘起信论》，T32，n1666，p. 576b11 - 14。

② （梁）真谛译：《大乘起信论》，T32n1666，p. 576c29 - 577a2。

③ （后秦）鸠摩罗什译：《诸法无行经》卷上，T15，n650，p. 750c26 - 27。（隋）阇那崛多译：《诸法本无经》卷上，T15，n651，p. 762b18。

④ （梁）曼陀罗仙译：《文殊师利所说摩诃般若波罗蜜经》卷下，T8，n232，p. 732b5 - 7。（唐）玄奘译：《大般若波罗蜜多经》卷五百七十五，T7，n220，p. 973c6 - 10。

积经·法界体性无分别会》“为余众生、为他人说一切智心，是心如实解本始平等”①，此中的“一切智心”即菩提心，所谓“如实解本始平等”即在菩萨道修学的始终，修学者之心之觉悟解知本性是如如平等的②。《起信论》的“本觉”可以说是对上述经典义理的进一步发展。而《坛经》既说众生本自有菩提般若之智，又说迷与悟，正类似《起信论》的“本觉”与“不觉”。《坛经》也提到了“本觉”：

> 自色身中邪见烦恼、愚痴迷妄，自有本觉性。只本觉性，将正见度。既悟正见般若之智，除却愚痴迷妄，众生各各自度。③

所谓“本觉”之“本”是否意味着本来现成如此？吕澂先生认为，中印佛教关于心性本净的理解可分为可能的、当然的“性寂”之说与现实的、已然的“性觉”之说，并以《起信论》作为“性觉”之说的代表④。若“本觉”之“本”意味着众生本来现成的具足与诸佛如来不异的觉悟，则一切修行不再必要，亦不必说“不觉”“迷妄”等，这恐怕并不合乎“本觉”说的意趣。“本觉”之“本”应是指从胜义而言的觉悟所依之根本，而并非从现实而言的本来现成。但《坛经》的“本觉”之“本”与《起信论》的“本觉”之“本”并不相同：《起信论》

① （梁）曼陀罗译：《法界体性无分别会》，（唐）菩提流志编：《大宝积经》卷二十六，T11，n310，p. 145a18 – 19。

② 参见印顺：《〈起信论〉与扶南大乘》，载《永光集》，新竹：印顺文教基金会，2004 年，第 128 – 130 页。

③ 杨曾文：《敦煌新本六祖坛经》，北京：宗教文化出版社，2011 年，第 21 – 22 页。

④ 参见吕澂：《试论中国佛学有关心性的基本思想》，载《吕澂佛学论著选集》卷 3，济南：齐鲁书社，1991 年，第 1417 – 1418 页。

之“本”是与妄念不相应的唯一真心，而《坛经》之“本”是禅者当前呈现的自性—自心，自性—自心即在邪见烦恼、愚痴迷妄之中，并非于此之外别有真实的自性—自心，只是自性—自心及其含具的一切法有或迷或悟的存在状态差别，就自性—自心的悟的状态而说为“本觉”。所谓“除却愚痴迷妄”，亦是除病不除法，以般若之智如通达一切法及其空寂本性而于一切法不取不舍。另一个重要问题是，“本觉”是否是数论的“因中有果论”？在近代关于《起信论》真伪争辩中，王恩洋曾批评《起信论》的“真如”同于数论的“自性”[①]。数论主张“因中有果论”[②]，而最根本的因即是“自性”，“自性”转变为一切存在者，故作为果的一切皆存在于作为因的“自性”之中。但佛教的“本觉”之说并非如此。首先，“本觉”之说以心为相似相续缘起的大总相，并非形上的实体，更非以心能脱离因缘条件而转变为一切法；真如法性与心相即不二，是一切法的空寂本性，但亦非形上的实体。其次，一切法以心为因，但并非现成地存在于心之中，必须具足因缘条件才能现起；《坛经》以自性—自心含具万法，是指因果不相离，并非表示自性—自心之中具有现成的万法。再者，“本觉”并非以作为佛果的阿耨多罗三藐三菩提现成地存在一切众生心中，而表示阿耨多罗三藐三菩提与众生心在本性空寂

① 参见王恩洋：《大乘起信论料简》，载《王恩洋先生论著集》第2卷，成都：四川人民出版社，2000年，第215页。

② 《数论颂》第9颂“果存在（于因中），因为无不可被造作；因为（果需）选取质料（因）；因为一切物产生于（任何事物的情形）是不存在的；因为能作（之因造作）所作（之物）；因为（果有）因的特性”，姚卫群：《古印度六派哲学经典》，北京：商务印书馆，2003年，第149页。（陈）真谛译《金七十论》卷上：“无不可作故，必须取因故，一切不生故，能作所作故，随因有果故，故说因有果”，T54，n2137，p. 1246c25－27。

意义上平等不二；《坛经》以“本觉”即在烦恼迷妄之中，更非以“本觉”为因中之果。故“本觉”之说并非数论的“因中有果论”，亦非胜论的“因中无果论”[①]，而以因果不即不离，否则即破坏因果、破坏世间、破坏因缘生法而陷落于虚无，《中论·观因果品》“若因空无果，因何能生果；若因不空果，因何能生果”[②]。至于不论“非觉非不觉”或“非迷非不迷”而仅说“本觉”，则有指导、鼓励、提振修学实践的教化意义。

二　解脱与世间

《坛经》从胜义与世俗相即而说众生本具本性般若之智，但这并未否认现实中的众生在生死相续的连环钩锁之中被种种结使所系缚，无法解开烦恼迷惑，停止造作染业，不再感招苦果。从系著捆缚之中获得解脱首先需要如实通达一切烦恼的存在真相。早期佛教从苦、无常、无我的存在经验出发，将现实中生命存在的不自由状态理解为烦恼的系缚和业力的牵引的苦果，而且这种苦的经验因为生死相续而无穷无尽。然而，凡夫众生安住于苦的现状，生起种种颠倒知见，以苦为乐、以无常为常、以无我为我、以染为净，既无法彻底透视生死相续的真相，也不努力解开系缚而追求绝对的自在。佛教通过修学实践而通达空相应缘起，一切系缚是具足关联条件而生起、形成、发展，即“此有故彼有”，并非系缚本身具有常住的固定的实在的本质，否则解开系

① 《胜论经》1.2.1－2：“没有因就没有果。但却不是没有果就没有因。”姚卫群：《古印度六派哲学经典》，北京：商务印书馆，2003年，第4页。

② 龙树造，（后秦）鸠摩罗什译：《中论》卷三，T30，n1564，p.27b10－11。

缚是不可能的；正因为一切现象性存在皆在相似相续的缘起之流中、一切系缚亦在其中，故解开系缚是可能的，即“此无故彼无”，依于缘起而获得解脱。在说一切有部的闻思分别中，一一法体恒有、能所各别，有能缚与所缚、能解与所解，故解脱是断除烦恼、使烦恼自体不再现起作用而才能证得。而以《般若经》为代表的大乘佛教则依般若波罗蜜多观察一切法本性空寂，于胜义中并无能缚之烦恼、所缚之众生、能解之道品、所解之圣者，而只是“无缚无解”。《坛经》亦不分别系缚之结使与解脱之道品，而就自性—自心的如实了知说解脱的自在状态。《坛经》云：

> 三世诸佛、十二部经，在人性中本自具有，不能自悟，须得善知识示道见性。若自悟者，不假外求善知识。若取外求善知识，望得解脱，无有是处。识自心内善知识，即得解脱。若自心邪迷，妄念颠倒，外善知识即有教授，救不可得。汝若不得自悟，当起般若观照，内外明彻，识自本心；若识本心，即是解脱。①

此中的“三世诸佛、十二部经”指代诸佛如来所证、所觉、所教的法义理则、实践方法、修学果德等一切佛法。大部分修学者以三世诸佛为师、以十二部经为证而修学佛法时，容易陷落于执著诸佛相状、拘泥众经文字、向外寻求解脱的歧途。《坛经》以为，本性空寂的自性—自心含具万法，故可说一切佛法为人之自性—自心所本自含具。若向自性—自心之外寻求实现解脱的佛法，则只是缘木求鱼，不得门径，无法从烦恼系缚与染业牵引中

① 杨曾文：《敦煌新本六祖坛经》，北京：宗教文化出版社，2011年，第30页。

获得脱离；真正能指点解脱之道的善知识不在禅者自身之外，即是禅者当前活动中所呈现的自性—自心。所谓“识自本心”并非以意识的思惟作用将自性—自心作为一个对象加以分别认知，而是以般若之智如实观照、洞察、通达自性—自心的全部真相；般若之智的观照并不通过名言概念的认定或逻辑的推理，直接以感官的现量穿透缘起之流中的一切法从而悟入清净的自性—自心。观照自性—自心的般若之智亦非他者所给予或者神我之作用，而是自性—自心在胜义与世俗相即的意义上所本自含具的无漏智慧。“识自本心”即不为妄念所染、颠倒所迷、烦恼所系而获得解脱。《坛经》的解脱亦非意味着有所断、有所证，因为一切烦恼法与菩提法并非真实别有两类各具自体的法，实则皆是如幻如化、空无所有、究竟清净，皆为自性—自心所含具，故只是无所得、不取不舍、无缚无解的解脱。

《坛经》以“识自本心”为解脱，但解脱之果德并非现成地具足，现实中仍然有识与不识、解脱与系缚的区分，而这种区分表现为自性—自心的状态的相对差别。若不能如实了知自性—自心，则自性—自心处于无明障蔽的状态，为烦恼所缠、染业所缚、招感苦果，即是不解脱，从主观实践的系缚方面而言可方便地施设为众生；若能如实了知自性—自心，则自性—自心处于明朗无蔽的状态，通达一切烦恼、染业、苦果皆本性空寂、不出自性—自心，而自性—自心于如如平等中究竟清净，即是彻底的解脱，从主观实践的自在方面而言可方便地施设为佛。当然，众生与佛在解脱上的差别并非具有常住固定的本质，否则众生之为众生永无解脱之可能、佛之为佛已然解脱而无所谓成与不成。《坛经》众生与佛的差别施设为自性—自心所开“知见”的差别。

《坛经》云：

> 吾常愿一切世人心地常自开佛知见，莫开众生知见。世人心邪，愚迷造恶，自开众生知见；世人心正，起智慧观照，自开佛知见。莫开众生知见，开佛知见，即出世。①

这段文字出现于诵《法华经》七年的法达参问惠能的故事中。所谓“开佛知见”即《法华经·方便品》“诸佛世尊，欲令众生开佛知见（tathāgata - jñāna - darśana - samādāpana），使得清净故，出现于世；欲示（saṃdarśana）众生佛之知见故，出现于世；欲令众生悟（pratibodhana）佛知见故，出现于世；欲令众生入佛知见道（mārgâvatāraṇa）故，出现于世”②。此中的“佛知见”（tathāgata - jñāna - darśana）是诸佛如来所证所觉的如实通达一切法真相的甚深智慧③；诸佛出现于世间的大事因缘即以“佛知见”开化众生、令众生观示“佛知见”、觉悟“佛知见”、入于“佛知见”实践道路。《坛经》的“开佛知见”是对开、示、悟、入的略称。《坛经》又相对于“佛知见”而成立“众生知见”，亦即凡夫众生在无明烦恼蔽覆的状态所生起的有

① 杨曾文：《敦煌新本六祖坛经》，北京：宗教文化出版社，2011 年，第 46 页。

② （后秦）鸠摩罗什译：《妙法莲华经》卷一，T9，n262，p. 7a23 - 27。同经异译，（隋）阇那崛多、笈多译：《添品妙法莲华经》卷一，T9，n264，p. 140a16 - 19。（西晋）竺法护译《正法华经》卷一为五项，“以用众生望想果应劝助此类出现于世，黎元望想希求佛慧出现于世，蒸庶望想如来宝决出现于世，以如来慧觉群生想出现于世，示寤民庶八正由路使除望想出现于世”，文义略异，T9，n263，p. 69c1 - 5。梵本亦为五项，于四项中间多一“入佛知见（tathāgata - jñāna - darśanâvatāraṇa）”，参见 Hendrik Kern and Bunyiu Nanjio（南条文雄）（ed.），*Saddharmapuṇḍarīka*，St. Pétersbourg，1912，p. 41，*l.* 6. Shoko Watanabe（渡边照宏）（ed.），*Saddharmapuṇḍarīka Manuscripts Found in Gilgit*，Part Two，Romanized Text，Tokyo：The Reiyukai，1975，p. 187，*l.* 11.

③ 藤井教公：《仏知見の解釈をめぐって》，《印度学佛教学研究》第 31 卷第 2 号，1983 年，第 333 - 336 页。

漏的思虑分别的认知见解。“佛知见”与“众生知见”虽然有清净与染污、无漏与有漏、圣位与凡位等区别，但其作为“知见”皆是自性—自心所现起的认知作用。这并非自性—自心具有实在差异本质，而是自性—自心在现实活动中所呈现的状态不同。自性—自心若处于无明状态，不知一切法缘起之真相而于一切法之上生起爱非爱等取执，行于邪道，现起染恶之法，则“开众生知见”，即为流转生死的众生之自性—自心；自性—自心若处于明智状态，以般若之智通达一切法空而于一切法不取不舍，行于正道，现起净善之法，则“开佛知见”，即为解脱还灭的佛之自性—自心。故“开佛知见”即识自本心的解脱，“开众生知见”即不识本心的系缚。

《坛经》更多使用“迷”与“悟”表示自性—自心的系缚与解脱。“迷”即惑也，即是“众生知见”；“悟”即觉也，即是“佛知见”。相比于“众生知见”与“佛知见”，“迷”与“悟”更直接点明了众生与佛在解脱果德上的差别即在于自性—自心之迷惑与觉悟之不同状态。而且，“知见”的字面语义侧重于自性—自心的认知作用，这易于混淆为有漏意识之思惟作用，而误将解脱当作一种理论性的知识，这实则只是出于众生知见；但“迷”与“悟”的语义则不仅包含认知作用，还涵盖行动意志与存在感受，是知、情、意的全体精神作用，能更好地表达曹溪顿教的修学所要成就的身心自在的果德。《坛经》云：

> 佛是自性作，莫向身外求。自性迷，佛即是众生；自性悟，众生即是佛。①

① 杨曾文：《敦煌新本六祖坛经》，北京：宗教文化出版社，2011年，第37页。

自性—自心具体而普遍地含具一切法，即为一切法之自性—自心。佛与众生作为法亦在自性—自心，故于自性—自心而言，佛与众生如如平等而无二无别。但一切法无所有而如是有，依于如如平等的自性—自心现起无限差别的种种境界。众生之所以名为众生，并非实有众生的本质，而是因为自性—自心处于迷惑状态，不能如实了知一切法缘起的真相、不能自在地实践身心活动、一切感受以我执为中心；佛之所以名为佛，并非实有佛的本质，而是因为自性—自心处于觉悟状态，如实了知一切法本性空寂、以自由决断的意志开展身心活动、具有无限慈悲的存在感受。故众生与佛差别即在迷悟，迷即是众生、悟即是佛。但这并非割裂隔绝众生与佛、舍众生之迷而取佛之悟，因为众生之自性—自心与佛之自性—自心平等无二。《坛经》云："后代迷人但识众生，即能见佛；若不识众生，觅佛万劫不可得也。"① 若如实通达众生处于迷惑的自性—自心，即转迷成悟，众生即是佛；若不能如实通达佛处于觉悟的自性—自心，即陷悟于迷，佛即是众生。《坛经》进一步认为，迷与悟并非自性—自心的抽象的、总体的、概括的状态，而是在每一具体现起的心念中。《坛经》云：

故知不悟，即佛是众生；一念若悟，即众生是佛。②

心念在时间的刹那刹那相续之中现起，迷与悟即是每一刹那心念的状态。若一刹那心念处于迷惑不悟的状态，这便是烦恼蔽覆的众生心念，即是被系缚、不自在、流转生死的存在状态；若

---

① 杨曾文：《敦煌新本六祖坛经》，北京：宗教文化出版社，2011年，第60页。

② 杨曾文：《敦煌新本六祖坛经》，北京：宗教文化出版社，2011年，第29页。

一刹那心念处于觉悟状态，这便是智慧观照的佛之心念，即是无系缚、自由自在、解脱还灭的存在状态。这并非指某一刹那现起觉悟的心念，便已一劳永逸地彻底圆满成就佛果，而是指时间中的一一刹那心念皆要保持念念觉悟的状态；若某一刹那心念陷落于迷惑，即系缚于生死相续的连环钩锁之中而不能成佛。当然，这并非计较于过去的心念状态，昔不至今，过去不再现起，重要的是保持当前心念的觉悟不迷，并于之后现起的每一心念亦皆觉悟不迷。《坛经》云：“前念迷即凡，后念悟即佛。”[①] 故解脱只在自性—自心的迷悟一念。

自性—自心转迷成悟的解脱与世间现实一切现象是怎样的关系？在早期佛教中，佛陀被称为“知世间者”[②]，即如实了知世间的真相。所谓“世间”，即是相似相续的缘起之流中的纯大苦聚，《杂阿含经》云“有因有缘集世间，有因有缘世间集；有因有缘灭世间，有因有缘世间灭”[③]；纯大苦聚的灭尽和灭尽之道又称为“出世间”，亦即对世间的出离和超越。在法义分别中，“世俗者，是名有漏法……出世间者，是名无漏法”[④]，然而如此分别易于将世间与出世间对立，舍弃世间的系缚而获得出世间的解脱，进而落于取消现实人生。大乘佛教从一切法本性空寂的立场，以世间、出世间不出如如法性、平等无二，《小品般若经》云“菩萨因般若波罗蜜，世间诸事，皆同实相”[⑤]，《中论·观涅

① 杨曾文：《敦煌新本六祖坛经》，北京：宗教文化出版社，2011年，第26页。

② 参见（刘宋）求那跋陀罗译：《杂阿含经》卷九第234经，T2，n99，p. 57a9。（东晋）瞿昙僧伽提婆译：《中阿含经》卷三十四第137经，T1，n26，p. 645b13。

③ （刘宋）求那跋陀罗译：《杂阿含经》卷二第53经，T2，n99，p. 12c23－25。

④ （刘宋）求那跋陀罗译：《杂阿含经》卷八第229经，T2，n99，p. 56a13－16。

⑤ （后秦）鸠摩罗什译：《小品般若波罗蜜经》卷六，T8，n227，p. 564b13－14。

槃品》云“涅槃之实际，及与世间际，如是二际者，无毫厘差别”[①]；众生所遭受的苦果的存在经验不仅是个体之业，还是存在于世间的所有众生的共业增上，因而对于苦果的厌离亦转化为对于生死流转中的一切众生的无限悲心。[②] 因而，大乘菩萨道即世间而出世间，依般若波罗蜜多如实通达世间本性空寂的真相，而于一切法不取不舍，不得世间、亦不著出世间，于生死之中、世间生活之中自由无缚地践行，《大智度论》云“世间相不可得，是出世间；是世间相常空，世间法定相不可得故。如是行者不得世间，亦不著出世间”[③]。《坛经》中自性—自心的迷悟亦不脱离于世间别求解脱。《坛经》云：

> 法元在世间，于世出世间，勿离世间上，外求出世间。邪见在世间，正见出世间，邪正悉打却，菩提性宛然。[④]

《坛经》中世间与出世间的差异即是迷与悟、邪见与正见的区分，这种区分只是相对于自性—自心的不同状态而言的，并非有常住实在的本质。一切法不出如如法性，即含具于自性—自心之中。自性—自心若处于迷惑状态，则所现起的一切法即是有漏世间法；自性—自心若处于觉悟状态，则所现起的一切法即是无漏出世间法。自性—自心并非有别体、一切法并非有两类，心不离空、法不出如，故世间法与出世间法平等平等。以自性—自心本具的菩提般若之智如实通达世间法之实际真相，从而如实悟入

---

① 龙树造，（后秦）鸠摩罗什译：《中论》卷四，T30，n1564，p. 36a10 - 11。

② 参见吕澂：《正觉与出离：佛学基本问题之一》，载《吕澂佛学论著选集》卷3，济南：齐鲁书社，1991 年，第 1333 - 1334 页。

③ （后秦）鸠摩罗什译：《大智度论》卷二十七，T25，n1509，p. 258c9 - 11。

④ 杨曾文：《敦煌新本六祖坛经》，北京：宗教文化出版社，2011 年，第 40 页。

自性—自心的清净本性，除病不除法，去除分别戏论和烦恼染污的遮蔽即是出世间的自在解脱；若离开世间法，即于一切法之外的虚无之中别觅法性，不能了知一切法在自性—自心，则终究不能除去凡夫之病、不能获得出世间。故解脱是即于世间而出世间。正因为解脱不离世间，于世间的在在处处之中所发起的一切身心活动若能如实了达自性—自心，即是趋向圆满佛果的菩萨大行。《维摩经》云：“菩萨若应诸波罗蜜教化众生，诸有所作，举足下足，当知皆从道场来，住于佛法矣！”[①]《二入四行论》云：“行处是菩提处，卧处是菩提处，坐处是菩提处，立处是菩提处，举足下足，一切皆是菩提处。”[②]《入道安心要方便法门》云：“夫身心方寸，举足下足，常在道场；施为举动，皆是菩提。”[③] 大乘菩萨道之所以强调即于世间而出世间，是为了于世间之中不染不著地作严土熟生的佛事，不断圆满无限的悲心与无上的智慧。《坛经》亦继承了此一理路，强调禅者的修学不再只关注于个体的独立于人间社会的解脱，而将自身生命存在置于一切众生共业增上的现实人间之中，从人间生活的身心活动中去悟入空相应缘起的理境，如实通达一切法空寂本性即是自性—自心，从而不受烦恼、染业、苦果的系缚，在菩提道上自在地向无上正等觉迈进。这是通过肯定世间而实现世间的净化，肯定现实人生而实现人与自身相区分的智慧追求。

---

① （后秦）鸠摩罗什译：《维摩诘所说经》卷上，T14，n475，p. 543a5 - 7。

② 柳田圣山：《達摩の語録：二入四行論》，东京：筑摩书房，1969 年，第 161 页。

③ （唐）净觉：《楞伽师资记》，T85，n2837，p. 1287a6 - 7。韩传强：《禅宗北宗敦煌文献录校与研究》，南京：江苏人民出版社，2016 年，第 311 页。

三　佛身与佛土

生命存在是身心一如的，虽然从现实的作用上可以分别说身体活动之现象与内心活动之现象，但身体与内心并非脱离作为整体的生命存在而可以单独存在，只有在身体与内心的和合之中，身体才能作为身体而现起，内心才能作为内心而现起。若认为身体与内心可以绝然分离为两个独立的部分，则身体与内心各自安住于自身的规定性而无法越出自身以实现身心的和合，此时必须由第三者的外在力量将身心和合为一个整体，这个身心之外的第三者即是灵魂，亦即印度传统中的神我。然而，佛教否定了作为灵魂的神我，亦不于身心之外施设一个第三者，而是强调身心是在相似相续的缘起之流中具足关联条件而和合为作为整体的生命存在；生命存在之所以是一个整体，不是因为具有实存的自我，而是因为身体与内心的现象之间不即不离的关联。因此，佛教通过修学实现生命存在的转化、超越、升华，不只是成就自由无缚的解脱意志和究竟无得的般若之智，也是身体及其所居世界的净化、改善、庄严。

佛教关于佛身的探讨在历史中不断发展。在早期佛教中，释迦牟尼在人间成佛，其在人间的身体活动可以直接为佛弟子加以感知经验；然而随着释迦牟尼灭度，佛弟子所依怙的佛身不再是人间父母所生的色身，故二种佛身说开始出现。《增壹阿含经》"释师出世寿极短，肉体虽逝法身在"①，"肉身虽取灭度，法身

① （东晋）瞿昙僧伽提婆译：《增壹阿含经》卷一，T2，n125，p. 549c14。

存在”[①]；《十诵律》“欲见我肉身为？不如持戒者先见我法身”[②]，《有部毗奈耶》“我已得见如来法身，未暗色身”[③]，《大毗婆沙论》“谓诸佛身略有二种，一者生身，二者法身”[④]。初期大乘佛教也继承了二种佛身说，如《小品般若经·昙无竭品》“诸佛如来不应以色身见，诸佛如来皆是法身故”[⑤]，《大智度论》亦云“佛有二种身：一者、法身，二者、色身。法身是真佛，色身为世谛故有”[⑥]，这是分别从胜义谛与世俗谛解说二种佛身，但一切法本性空寂，这种分别亦是相对的；《大智度论》又云“而佛身有二种：一者、真身，二者、化身”[⑦]，这是从一切法如幻将佛之色身理解为变化示现之身。《华严经·离世间品》则成立“十种佛”：正觉佛、愿佛、业报佛、住持佛、化佛（涅槃佛）、法界佛、心佛、三昧佛、性佛（本性佛）、如意佛（随乐佛）。[⑧] 这是从二种佛身展开而来，前五者对应于佛之生身、后五者对应于佛之法身。后期大乘的唯识学对应于三性说发展出三身说，如《解深密经·如来成所作事品》的法身、解脱

---

① （东晋）瞿昙僧伽提婆译：《增壹阿含经》卷四十四，T2，n125，p. 787b28。

② （后秦）弗若多罗译：《十诵律》卷三十八，T23，n1435，p. 273a17。

③ （唐）义净译：《根本说一切有部毗奈耶》卷十三，T23，n1442，p. 695b5。

④ （唐）玄奘译：《阿毗达磨大毗婆沙论》卷六十六，T27，n1545，p. 342c21。

⑤ （后秦）鸠摩罗什译：《小品般若波罗蜜经》卷十，T8，n227，p. 584b10－11。P. L. Vaidya（ed.），*Aṣṭasāhasrikā Prajñāpāramitā：With Haribhadra's Commentary Called Ālokā*，Darbhanga：The Mithila Institute，1960，p. 253.

⑥ （后秦）鸠摩罗什译：《大智度论》卷九十九，T25，n1509，p. 747a18－19。另参见卷九，T25，n1509，p. 121c26－27；卷三十三，T25，n1509，p. 303b21－22；卷八十八，T25，n1509，p. 683a16。

⑦ （后秦）鸠摩罗什译：《大智度论》卷三十，T25n1509，p. 278a18－19

⑧ （东晋）佛驮跋陀罗译：《大方广佛华严经》卷三十七，T9，n278，p. 634c17－18。（唐）实叉难陀译：《大方广佛华严经》卷五十三，T10，n279，p. 282a3－5。

身、化身是二身说向三身说过渡的形态[1]，前两者对应早期佛教与初期大乘的法身，后者将生身理解为示现变化之身；《摄大乘论》“三种佛身：一、自性身，二、受用身，三、变化身”[2]，《十地经论》“一切佛者有三种佛：一、应身佛，二、报身佛，三、法身佛”[3]，《金刚经论》“佛有三种：一者法身佛，二者报佛，三者化佛”[4]，此中的“自性身”“法身佛”对应早期佛教与初期大乘的法身，“变化身”“应身佛”“化佛”对应生身，而“受用身”“报身佛”则兼有早期佛教与初期大乘的法身中的十力等无量功德与三十二相等庄严色相。《佛性论》“法身微细故，甚深是其德；应身威神具足故，广大是其德；化身能济度凡夫等诸众生故，和善是其德”[5]，《金光明经·三身分别品》所说的三身为“一者、化身，二者、应身，三者、法身”[6]，此中的“应身”不同于《十地经论》的“应身”，而对应于《十地经论》的“报身”。《宝性论》既说到“实佛、受法乐佛及化身佛”，又说“依法、报、化身，三种佛而有”[7]，《大乘入楞伽

---

① （唐）玄奘译：《解深密经》卷五，T16，n676，p. 708b14－c2。

② 无著造，（唐）玄奘译：《摄大乘论本》卷上，T31，n1594，p. 133a14－15。

③ 天亲造，（元魏）菩提留支译：《十地经论》卷三，T26，n1522，p. 138b12－13。

④ 天亲造，（元魏）菩提留支译：《金刚般若波罗蜜经论》卷上，T25，n1511，p. 784b21－22。无著造颂、世亲释、（唐）义净：《能断金刚般若波罗蜜多经论释》卷上，T25，n1513，p. 876c23。

⑤ 天亲造，（陈）真谛译：《佛性论》卷四，T31，n1610，p. 811a8－10。

⑥ （梁）真谛译：《金光明经·三身分别品》，（隋）宝贵编：《合部金光明经》卷一，T16，n664，p. 362c20。（唐）义净译：《金光明最胜王经》卷二，T16，n665，p. 408b13。

⑦ （后魏）勒那摩提译：《究竟一乘宝性论》卷四，T31，n1611，p. 842c5－6、p0845b24。

经》：“云何变化佛？云何为报佛？真如智慧佛？”[①] 这亦是三身说，只是名称略异。《佛地经论》又进一步将“受用身”细分为“自受用身”与“他受用身”[②]。可见，三种佛身说基本为后世佛教所接受。

<table>
<tr><td>《增壹阿含经》</td><td colspan="2">法身</td><td>肉身</td></tr>
<tr><td>《十诵律》</td><td colspan="2">法身</td><td>肉身</td></tr>
<tr><td>《有部毗奈耶》</td><td colspan="2">法身</td><td>色身</td></tr>
<tr><td>《大毗婆沙论》</td><td colspan="2">法身</td><td>生身</td></tr>
<tr><td>《小品般若经》</td><td colspan="2">法身</td><td>色身</td></tr>
<tr><td>《大智度论》</td><td colspan="2">法身（法性身、法性生身、真身）</td><td>色身（生身、父母生身、随世间身、化身）</td></tr>
<tr><td>《华严经》</td><td colspan="2">法界佛、心佛、三昧佛、性佛（本性佛）、如意佛（随乐佛）</td><td>正觉佛、愿佛、业报佛、住持佛、化佛（涅槃佛）</td></tr>
<tr><td>《解深密经》</td><td>法身</td><td>解脱身</td><td>化身</td></tr>
<tr><td>《摄大乘论》</td><td>自性身</td><td>受用身</td><td>变化身</td></tr>
<tr><td>《十地经论》</td><td>法身佛</td><td>报身佛</td><td>应身佛</td></tr>
<tr><td>《金刚经论》</td><td>法身佛</td><td>报佛</td><td>化佛</td></tr>
</table>

① （唐）实叉难陀译：《大乘入楞伽经》卷一“云何变化佛？云何为报佛？真如智慧佛？”，T16，n672，p. 591c11－12。（刘宋）求那跋陀罗译：《楞伽阿跋多罗宝经》卷一作“云何为化佛？云何报生佛？云何如如佛？云何智慧佛？”，T16，n670，p. 481b8－9。但魏译与梵本皆为三佛，（元魏）菩提留支译《入楞伽经》卷一，T16，n671，p. 520a19－20。P. L. Vaidya，*Saddharmalaṅkāvatārasūtram*，Darbhanga：The Mithila Institute，1963，p. 13.

② 亲光等造，（唐）玄奘译：《佛地经论》卷七，T26，n1530，p. 326a22－24。

续表

《佛性论》	法身	应身	化身	
《金光明经》	法身	应身	化身	
《宝性论》	实佛（法身）	受法乐佛 （报身）	化身佛 （化身）	
《大乘入楞伽经》	真如智慧佛	报佛	变化佛	
《佛地经论》	自性身	自受用身	他受用身	变化身

作为大乘佛教运动的进一步开展，中国佛教的佛身论亦随着不同修学形态的建构而不断丰富。在魏晋南北朝时期，初期大乘的二种佛身说较为流行。鸠摩罗什（344－413）认为“大乘法中，无决定分别是生身、是法身。所以者何？法相毕竟清净故，而随俗分别”①，并对法身作了进一步区分“法身有三种：一、法化生身，金刚身是也；二、五分法身；三、诸法实相，和合为佛，故实相亦名法身也”②；竺道生（355－434）认为“夫佛身者，丈六体也；丈六体者，从法身出也……法身真实，丈六应假”③，又云“生身粗近，故言犹未得法身”④，这是将佛的丈六金身、生身、色身理解为相应众生而显现的佛身；光宅法云（467－529）认为法身与应身彼此相望，“应身本有形有像，法身本无形像。佛既未来此间，于此间即无形无像，即是法身；若

① （东晋）慧远、鸠摩罗什：《鸠摩罗什法师大义》卷上，T45，n1856，p. 123c12－14。

② （后秦）僧肇：《注维摩诘经》卷三，T38，n1775，p. 359c19－22。

③ （后秦）僧肇：《注维摩诘经》卷二，T38，n1775，p. 343a13－17。

④ （刘宋）竺道生：《妙法莲华经疏》卷下，X27，n577，p. 15c24。

来应此间，即于应此间是应身，他方望此间，即持此间作法身也”[①]。昙鸾（476－542）则说“诸佛菩萨有二种法身，一者法性法身，二者方便法身”[②]，这亦是二身说。至隋唐时期，由于唯识学典籍的传译，三身说取代了二身说，而诸师亦在三身说基础之上创造性地会通经论的种种异说。净影慧远（532－592）依《十地经论》成立法身佛、报身佛、应身佛，并认为三佛皆以如来藏真识为体，只是随其名义侧重而有体、相、用之区分，“法佛是体，显本法成，证法义显，故偏名法；报佛是相，本无今有，方便修生，酬因义显，故偏名报。应佛是用，化用随物，应成义显，故偏名应”[③]。智𫖮（539－598）以三轨释三身“真性轨即法身，观照即报身，资成即应身”[④]，又以具体三佛名对应三身“法身如来名毗卢遮那，此翻遍一切处；报身如来名卢舍那，此翻净满；应身如来名释迦文，此翻度沃焦”[⑤]，三身之间是互具互即、一体三身的关系，“若此三身，不纵不横妙；决了三身，入法身妙”[⑥]。吉藏（549－623）以“本迹四句”融会各种佛身说[⑦]：一、合本合迹，如《金光明》以真法身为本、应物现形为迹；二、开本开迹，如《五凡夫论》以法身、报身为本，教化菩萨的舍那身、教化二乘的释迦身为迹；三、开本合

① （梁）法云：《妙法莲华经义记》卷五，T33，n1715，p.629a10－13。

② （北魏）昙鸾：《无量寿经优婆提舍愿生偈婆薮槃头菩萨造并注》卷下，T40，n1819，p.841b13。

③ （隋）慧远：《大乘义章》卷十九，T44，n1851，p.838c20－23。

④ （隋）智𫖮：《妙法莲华经玄义》卷五下，T33，n1716，p.745b6－7。

⑤ （隋）智𫖮：《妙法莲华经文句》卷九下，T34，n1718，p.128a16－19。

⑥ （隋）智𫖮：《妙法莲华经玄义》卷五下，T33，n1716，p.745b23－24。

⑦ （隋）吉藏：《法华玄论》卷九，T34，n1720，p.437b4－14。参见末光爱正：《吉藏の仏身論》，《驹泽大学佛教学部研究纪要》第44号，1986年，第360－375页。

迹，如《十地经论》《法华论》以法身、报身为本，以应身为迹；四、开迹合本，如《摄大乘论》以法身为本，舍那身、释迦身为迹；而本与迹之间非一非异，“由本有迹，由迹有本；非本无以垂迹，非迹无以显本”①。智俨（602－668）以法、报、化三身会通《华严经·离世间品》的十佛：“次第三辨说十佛，化被于他。初三报佛，次三化，次四法佛。此但一相解耳，若依此经即并通摄也。”② 但又将各种佛身论以判教分别：小乘教为生身、化身二佛说，三乘教为法身、报身、化身三佛说，一乘圆教为十佛说③。窥基（632－682）则受《金刚经论颂》“应化非真佛”④ 的影响，将经论异说概括为胜义的真身与世俗的化身，“虽说佛身增减不同，今以类论，莫过二种：一真、二化。地前菩萨及二乘见，名为化身；报、法二身名为真身”⑤。总之，中国佛教的佛身论在会通印度大乘佛教异说的同时，又在创造性诠释中为自身的修学实践提供了指引。

《坛经》的曹溪顿教修学，以“唯求作佛法”⑥ 为究竟目标，这不是以旁观者的姿态赞叹其他诸佛的圆满果德，而是要求

---

① （隋）吉藏：《法华玄论》卷九，T34，n1720，p. 439c21－22。

② （唐）智俨：《大方广佛华严经搜玄分齐通智方轨》卷四，T35，n1732，p. 83c1－4。

③ （唐）智俨：《华严五十要问答》卷一，T45，n1869，p. 519b15－19。

④ 天亲造，（元魏）菩提留支译：《金刚般若波罗蜜经论》卷上，T25，n1511，p. 784b19。无著造颂，（唐）义净译：《能断金刚般若波罗蜜多经论颂》，T25，n1514，p. 885b7。无著造颂，世亲释，（唐）义净译：《能断金刚般若波罗蜜多经论释》卷上，T25，n1513，p. 876c22。梵本《三百颂般若七十论颂》（Triśatikāyāḥ prajñāpāramitāyāḥ kārikāsaptatiḥ）第15颂“nairmāṇikena no buddho dharmo nāpi ca deśitaḥ”，Giuseppe Tucci，*Minor Buddhist Texts*，*Part I*，Roma：Instituto Italiano per il Medio ed Estremo Oriente，1956，p. 61.

⑤ （唐）窥基：《妙法莲华经玄赞》卷九末，T34，n1723，p. 829c28－30。

⑥ 杨曾文：《敦煌新本六祖坛经》，北京：宗教文化出版社，2011年，第7页。

禅者以诸佛为师，自身修学、自身践行、自身成就与诸佛不异的般若、解脱与法身。《坛经》强调，“佛”不是一个外在的、对象化的、异于自身的他者，“佛”的语义原本为“觉”，此“觉”与其说是静态的、名词性的、已然的觉者，不如说是实践的、动词性的、当前的觉悟的活动。佛之觉悟不由他者所给予、不依赖境界被动引发，而是自性—自心所含具的即理则即实践的自证自觉的全体精神作用，故《坛经》云：“佛是自性作，莫向身外求”①。作为诸佛之殊胜果德的佛身亦不在禅者自身之外，而即含具于自性—自心之中。《坛经》云：

> 善知识，总须自体，与授无相戒。一时逐惠能口道，令善知识见自三身佛。于自色身归依清净法身佛，于自色身归依千百亿化身佛，于自色身归依当身圆满报身佛。已上三唱。色身是舍宅，不可言归。向者三身，自在法性。世人尽有，为迷不见，外觅三身如来，不见自色身中三身佛。善知识，听与善知识说，令善知识于自色身见自法性有三身佛。此三身佛，从自性上生。②

自道信以来，禅宗的开法传禅同时传授菩萨戒。③《坛经》由自性—自心开示菩萨戒，而自性—自心毕竟清净、空寂无相，故称“无相戒”。传授“无相戒”首先需要自归依三身佛。法身、化身、报身的三身说原是隋唐以来中国佛教在唯识学影响下的通说。《坛经》的三身说的创造性在于以三身佛为自性—自心

① 杨曾文：《敦煌新本六祖坛经》，北京：宗教文化出版社，2011年，第37页。
② 杨曾文：《敦煌新本六祖坛经》，北京：宗教文化出版社，2011年，第19-20页。
③ 参见印顺：《中国禅宗史》，台北：正闻出版社，1994年，第53-54页。

本自具足，故称为“自三身佛”。在相似相续的缘起之流中，一切法无所有而如是有，不出自性—自心，而自性—自心即一切法空寂本性；诸佛证觉一切法空寂本性，亦即彻底朗现自性—自心而成就圆满佛身，而佛身亦不出法界，即含具于自性—自心。诸佛之自性—自心与众生之自性—自心如如平等，而自性—自心所含具的一切法未曾有两般，故众生之自性—自心亦含具诸佛之三身。但是因为众生之自性—自心被无明烦恼遮蔽而处于迷惑状态，众生不能如实了知自性—自心及其所含具的诸佛之三身，反而将诸佛之三身作为外在的对象之物予以寻觅，终究缘木求鱼、不能成就圆满佛果。然而，若由向外求索转向自身，现实中禅者自己之身体即是四大所成的色身，则此色身岂同于佛身？《小品般若经·昙无竭品》云“诸佛如来不应以色身见，诸佛如来皆是法身故”①，《金刚经》云“若以色见我，以音声求我，是人行邪道，不能见如来”②。色身固然并非是诸佛真实之身，但如此区分色身与佛身并非绝对，于一切法空中平等无二。色身不出法界，色身之当体即是如如空寂本性，亦即为自性—自心所含具，若如实了达色身则悟入自性—自心，觉悟至于究竟彻底则无碍显现诸佛之三身，故说“于自色身见自法性有三身佛”。

关于三身的具体含义，《坛经》亦以自性—自心予以说明，

---

① （后秦）鸠摩罗什译：《小品般若波罗蜜经》卷十，T8，n227，p. 584b10－11。P. L. Vaidya（ed.），*Aṣṭasāhasrikā Prajñāpāramitā: With Haribhadra's Commentary Called Ālokā*，Darbhanga：The Mithila Institute，1960，p. 253.

② （后秦）鸠摩罗什译：《金刚般若波罗蜜经》，T8，n235，p. 752a17－18。另见，（唐）义净译：《根本说一切有部毗奈耶杂事》卷四，T24，n1451，p. 222b19－20；（元魏）佛陀扇多译：《无畏德菩萨会》，（唐）菩提流志编：《大宝积经》卷九十九，T11，n310，p. 553b3－4；（元魏）瞿昙般若流支译：《得无垢女经》，T12，n339，p. 101c1－2。

显示出曹溪顿教不重名言疏解而重视实践工夫的修学特色。

其一，关于法身的含义，早期佛教以佛所说的法（经）与律[①]、佛所成就的无漏功德[②]、空相应缘起的真理[③]为佛之法身；初期大乘佛教虽然亦肯定早期佛教所说法身，但更加凸显一切法如如不异的实相为佛之法身，《大智度论》云“法身者，不可得法空；不可得法空者，诸因缘边生法，无有自性”[④]，吉藏所谓“法身即是中道”[⑤]亦承继中观学之说。在后期大乘中，唯识古今学对于法身的理解有所分歧，《庄严经论》[⑥]、真谛译《摄大乘论释》[⑦]、《金光明经》[⑧]、《大乘起信论》[⑨]等以真如之理与契于真如之智皆为法身，天台、华严诸师亦主张此说；但玄奘所译

① （刘宋）求那跋陀罗译《杂阿含经》卷二十三第604经“如来之体身，法身性清净，彼悉能奉持，是故供养胜”，T2，n99，p.168b16－17。

② （后秦）佛陀耶舍、竺佛念译《长阿含经》卷二：“道果成就，上下和顺，法身具足”，T1，n1，p.13b10。

③ （东晋）瞿昙僧伽提婆译《增壹阿含经》卷二十八：“当观空无法，此名礼佛义”，T2，n125，p.708a20。

④ （后秦）鸠摩罗什译：《大智度论》卷五十，T25，n1509，p.418b10－12。

⑤ （隋）吉藏：《中观论疏》卷三本，T42，n1824，p.34b14。（隋）吉藏：《法华玄论》卷九，T34，n1720，p.434b22－24。

⑥ 无著造，（唐）波罗颇蜜多罗译：《大乘庄严经论》卷三“此前二智（镜智、平等智）即是法身”，T31，n1604，p.607b4。

⑦ （陈）真谛译：《摄大乘论释》卷十三“唯有真如及真智独存，说名法身，身以依止为义”，T31，n1595，p.249c21－22。（唐）玄奘译《摄大乘论释》卷九相应处无此句，T31，n1597，p.370b2－3。

⑧ （梁）真谛译：《金光明经·三身分别品》“惟有如如、如如智，是名法身”，（隋）宝贵编：《合部金光明经》卷一，T16，n664，p.363a6。（唐）义净译：《金光明最胜王经》卷二，T16，n665，p.408b28－29。

⑨ （梁）真谛译：《大乘起信论》“诸佛如来唯是法身智相之身”，T32，n1666，p.579b17－18。

《佛地经论》[①]《成唯识论》[②] 及窥基[③]则主张唯清净法界之真如为法身，即使是大圆镜智亦非法身。而《坛经》则同于唯识古学以如智不二论法身，《坛经》云：

> 何名清净〔法〕身佛？善知识，世人性本自净，万法在自性……世人性净，犹如清天，慧如日，智如月，智慧常明，于外著境，妄念浮云盖覆，自性不能明。故遇善知识，开真正法，吹却迷妄，内外明彻，于自性中万法皆现。一切法在自性，名为清净法身。[④]

《坛经》之自性即是从客观理则而言的一切法本性空寂的真如、法性、实际，但自性非抽象的普遍性，而具体落实于从主观实践而言的自心；自性—自心含具一切法而毕竟清净，但因无明烦恼所遮蔽而不能明了，必须由自性—自心本自具足的菩提般若之智如实通达一切烦恼之空寂而转迷妄为觉悟，如其所是朗然呈现的自性—自心即是清净法身。《坛经》并不分解地说性与心，故亦不分解真如之理与契于真如之智，而以如智不二为法身。如此之法身方能既不成为凝然的、孤悬的、抽象的理则，又不落于

---

① 亲光等造，（唐）玄奘译：《佛地经论》卷七，T26，n1530，p. 325c12。又卷六“如是如来妙观察智，助平等智为增上缘，击发镜智相应净识，现受用身种种众会，威德炽盛雨大法雨，为令地上诸大菩萨受大法乐，亦助如来成所作智为增上缘。击发镜智相应净识，现变化身种种众会，威德炽盛雨正法雨，为令地前所化有情受用法乐”，T26，n1530，p. 317a3 –9。

② 护法等造，（唐）玄奘译：《成唯识论》卷十“自性身，谓诸如来真净法界”，T31，n1585，p. 57c21； “镜智所起常遍色身，摄自受用”，T31，n1585，p. 58a23。

③ （唐）窥基：《大乘法苑义林章》卷七“智殊胜中，说法身者是彼依止、彼实性故，实非智摄”，T45，n1861，p. 359c29 –360a1。

④ 杨曾文：《敦煌新本六祖坛经》，北京：宗教文化出版社，2011 年，第 20 页。

经验的、对象化的、有形有相的表象，而为即普遍即具体、即客观即主观、即理则即实践的诸佛无上正觉之当体。

其二，关于化身的含义，早期佛教以化身为相对于真身的幻化之身，是在禅定中从四大色身起心、以神通力变化作成[①]；《大智度论》亦将化身作为与生身相对的神通变化之身[②]，但也将生身理解为如幻如化的方便示现[③]；后期大乘佛教则明确将佛在人间的父母生身及神通变化之身皆理解为依止法身、相应众生心、方便示现的化身或应身[④]。《坛经》则从如幻如化的一切法无所有而如是有说明化身之化。《坛经》云：

> 何名为千百亿化身佛？不思量，性即空寂；思量，即是自化。思量恶法化为地狱，思量善法化为天堂；毒害化为畜生，慈悲化为菩萨；智慧化为上界，愚痴化身下方。自性变化甚多，迷人自不知见。[⑤]

一切法为自性—自心所含具，自性—自心之思虑度量的行为活动赋予一切法以存在的形式，而在具足关联条件之时即现起为具有种种差别规定性的现象，如丑恶的地狱、善美的天界、毒害

---

① 参见（后秦）佛陀耶舍、竺佛念译：《长阿含经》卷十三，T1，n1，p. 85c26－27；（后秦）佛陀耶舍、竺佛念等译：《四分律》卷五十三，T22，n1428，p. 965a8－9。

② 参见（后秦）鸠摩罗什译：《大智度论》卷十“佛身二种：一、神通变化身，二、父母生身”，T25，n1509，p. 131c6－7。

③ （后秦）鸠摩罗什译：《大智度论》卷三十“而佛身有二种：一者、真身，二者、化身”，T25，n1509，p. 278a18－19。

④ 例如（唐）玄奘译：《解深密经》卷五，T16，n676，p. 708c4－8；无著造、（唐）玄奘译：《摄大乘论本》卷下，T31，n1594，p. 149a23－26；（梁）真谛译：《金光明经·三身分别品》，（隋）宝贵编：《合部金光明经》卷一，T16，n664，p. 362c22－27。

⑤ 杨曾文：《敦煌新本六祖坛经》，北京：宗教文化出版社，2011年，第20页。

的畜生、慈悲的菩萨、智慧的圣者、愚痴的凡夫等皆依于自性—自心不同的思量作用而得以呈现自身。一切法虽然如是现起，却并无实在的本质，而是如幻如化、本性空寂、毕竟清净。只是因为众生为无明烦恼遮蔽而不能悟入自性—自心、不能朗现法身，从迷惑之心产生杂染之思量作用，所现起之一切法亦为有漏的一切法，故不能如是了知诸佛之化身；若如实了知自性—自心而朗现诸佛之法身，从觉悟之心产生清净之思量作用，亦即般若之智的观照作用，则所现起之一切法即为无漏的一切法，即是诸佛之化身。故《坛经》云“从法身思量，即是化身”[①]。

其三，关于报身的含义，早期佛教的法身即包括十力、四无畏、十八不共法等无漏功德，又将戒、定、慧、解脱、解脱知见称为“五分法身”[②]；受大众部与分别说系“佛身无漏”思想的影响，《大智度论》亦将三十二相、八十种好等庄严色相作为诸佛之法身[③]；《摄大乘论》将诸佛之功德从法身之中别立为“受用身”[④]，亦即依止法身、受用大乘法乐；《金光明经·三身分别品》则将诸佛相应于如如与如如智的愿力所成之相好庄严之身称为“应身”[⑤]；诸佛功德为无量修行积集所得无漏果报，故部

---

① 杨曾文：《敦煌新本六祖坛经》，北京：宗教文化出版社，2011 年，第 20 页。

② （东晋）瞿昙僧伽提婆译：《增壹阿含经》卷二十九，T2，n125，p. 712c2。

③ （后秦）鸠摩罗什译：《大智度论》卷九，T25，n1509，p. 121c27 – 29。

④ 无著造，（唐）玄奘译：《摄大乘论本》卷下，T31，n1594，p. 149a22 – 23。

⑤ （梁）真谛译：《金光明经·三身分别品》，（隋）宝贵编：《合部金光明经》卷一，T16，n664，p. 362c28 – 363a3。（唐）义净译：《金光明最胜王经》卷二，T16，n665，p. 408b21 – 26。

分经论又称之为“报身”[1]。但《坛经》的报身却并非从结果而论，而是从修行之因上去说明。《坛经》云：

> 一念善，智慧即生。一灯能除千年暗，一智能灭万年愚。莫思向前，常思于后。常后念善，名为报身。一念恶，报却千年善亡；一念善，报却千年恶灭。无为常已来后念善，名为报身。[2]

心念是在时间的刹那刹那相续之中现起，而修行之实践工夫即于每一心念之中，以智慧观照解除无明烦恼的遮蔽，始终保持前后相续的心念明明朗朗而毕竟清净。若一念陷于迷惑，则堕落系缚之中而丧尽积集的净善无漏功德；然而前念已经过去，不应取执，应于后续而起之心念上以专注、深沉、稳健的智慧观照悟入其空寂本性，从而生起净善功德，功德持续不断地累积至于究竟圆满即是诸佛之报身。故《坛经》云“念念善，即是报身”[3]。

生命存在必然居于其世界之中，而诸佛所居之世界即是佛土。关于佛土之简别，或据佛身而成立相应的佛土，如净影慧远依法身、报身、应身相应成立法性土、实报土、圆应土[4]，吉藏称为法身净土、报佛净土、化身净土[5]，玄奘译《成唯识论》则

---

① 天亲造，（元魏）菩提留支译：《十地经论》卷三，T26，n1522，p. 138b12。天亲造，（元魏）菩提留支译：《金刚般若波罗蜜经论》卷上，T25，n1511，p. 784b21。（后魏）勒那摩提译：《究竟一乘宝性论》卷四，T31，n1611，p. 845b24。（刘宋）求那跋陀罗译：《楞伽阿跋多罗宝经》卷一，T16，n670，p. 481b8。

② 杨曾文：《敦煌新本六祖坛经》，北京：宗教文化出版社，2011年，第20页。

③ 杨曾文：《敦煌新本六祖坛经》，北京：宗教文化出版社，2011年，第20页。

④ （隋）慧远：《大乘义章》卷十九，T44，n1851，p. 835b15－16。

⑤ （隋）吉藏：《大乘玄论》卷五，T45，n1853，p. 67a29－b1。

依自性身、自身受用、他受用身、变化身成立法性土、自受用土、他受用土、变化土[①]。或根据居住者不同区分佛土，净影慧远成立“三土”[②]：凡夫所居的事净土、二乘自利与菩萨化他的相净土、诸佛所居的真净土。智𫖮成立“四土”[③]：凡夫与“通惑虽断、报身犹在”的贤圣所居的凡圣同居土，断通惑而未断别惑、舍分段身而受变易身的二乘与三种菩萨所居的方便有余土，破无明、显法性的法身菩萨所居的果报（实报）土，诸佛所居的常寂光土。与智𫖮相同，吉藏的“四土”[④] 则名为：凡圣同居土、大小同住土、独菩萨所住土、诸佛独居土。这些简别都预设了他方佛土的存在，但《坛经》并不成立种种分别，而更强调自身当前所居世界的净化。《坛经》云：

> 人有两种，法无两般。迷悟有殊，见有迟疾。迷人念佛生彼，悟者自净其心。所以佛言：“随其心净，则佛土净。”使君，东方人但净心即无罪；西方人心不净亦有愆，迷人愿生东方。两者所在处，并皆一种心地，但无不净。西方去此不远，心起不净之心，念佛往生难到。除十恶行即行十万，无八邪即过八千，但行直心，到如弹指。使君，但行十善，何须更愿往生？不断十恶之心，何佛即来迎请？若悟无生顿法，见西方只在刹那；不悟顿教大乘，念佛往生路远，如何得达？[⑤]

---

① 护法等造、（唐）玄奘译：《成唯识论》卷十，T31，n1585，p. 58b26 - c16。

② （隋）慧远：《大乘义章》卷十九，T44，n1851，p. 834a26。

③ （隋）智𫖮：《维摩经略疏》卷一，T38，n1778，p. 564b1 - 3。（隋）智𫖮：《维摩罗诘经文疏》卷一，X18，n338，p. 465c23 - 466a2。

④ （隋）吉藏：《大乘玄论》卷五，T45，n1853，p. 67a14 - 20。

⑤ 杨曾文：《敦煌新本六祖坛经》，北京：宗教文化出版社，2011 年，第 36 页。

阿弥陀佛的西方极乐世界是最重要的他方佛土，念佛往生西方极乐世界亦是较为流行的易行法门。但《坛经》以为，存在者是居住于世界中的存在者，世界是存在者居住的世界。佛土之所以清净，是因为居住于其中的佛之自性—自心本性清净而无碍朗现，而与空间意义上的西方或东方并无关系。《坛经》引用《维摩诘经·佛国品》“随其心净，则佛土净”①，说明行者自净其心，则其所居世界亦相应得到净化。若居于东方世界的行者通过修学实践如实了知自性—自心，解除无明烦恼遮蔽而朗现清净佛身，则其所居世界亦净化为佛土，不异于西方极乐世界，不必祈求往生西方极乐世界；若西方世界的居住者不修净善之佛道、不解无明烦恼之实相、不悟自性—自心即清净佛身，则其所居世界亦为五浊秽土，反而欣羡东方世界等他方佛土，但因为其心处于迷惑状态而不能真正到达佛土。无论居于何处世界，一切众生之自性—自心及其所含具的一切法如如平等、本无两般、毕竟清净，差别只在自性—自心的或迷或悟的状态不同。自性—自心在迷，即是众生，其所居世界即是凡夫秽土；自性—自心在悟，即是佛，其所居世界即是清净佛土。

综上所论，《坛经》以般若、解脱、佛身等果德的成就为修学的究竟目标。关于般若，《坛经》以为，菩提般若之智即是自心所现起的相续之念始终以清净无漏的智慧予以观照、觉察、明辨。般若与法性相即不二，法性是从客观理则说的般若、般若是从主观实践说的法性，故称之为“本性般若之智”；般若亦在主观实践上不舍不著地含具着万法，万法亦在般若之智慧观照中呈

① （后秦）鸠摩罗什译：《维摩诘所说经》卷上，T14，n475，p. 538c5。

现自身。因为般若即本性，而一切法不出自性、一切众生即具自心，故般若之智应是一切众生自心所含具。众生之心本具般若亦可说为“本觉”，但这并非是本来现成的因中有果论，而是就自性—自心的觉悟状态而说为“本觉”。关于解脱，《坛经》以为，“识自本心”即无缚无解的解脱，亦即以般若之智如实通达一切法空寂本性从而悟入清净的自性—自心。现实中众生与佛在解脱上的差别即在于众生之自性—自心若处于迷惑状态而开“众生知见”，佛之自性—自心若处于觉悟状态而开“佛知见”。而迷与悟在每一具体现起的心念中：若某一刹那心念陷落于迷惑，即系缚于生死之中；若之后现起的每一心念亦皆觉悟不迷，即是自在解脱。自性—自心的迷悟亦不脱离于世间，而于现实人间生活的身心活动中转烦恼为菩提。关于佛身，《坛经》继承了隋唐以来中国佛教在唯识学影响下形成的三身说，认为三身佛为自性—自心本自具足，如实了达色身之实相即悟入自性—自心而朗现三身。《坛经》以本具的菩提般若之智悟入一切法空寂本性为如智不二的诸佛之法身，以自性—自心在清净之思量作用下现起无漏的一切法为诸佛之化身，以相续而起的心念始终保持清净而积集功德为诸佛之报身。而诸佛所居的佛土亦在于自性—自心本性清净，若自性—自心处于觉悟状态则其世界亦庄严为清净佛土。《坛经》中的修学果德是曹溪顿教修学所要实现的究竟目标，而目标的确立是为了指点修学者坚定不移地踏上大乘菩萨道，这终究将落实于具体的实践工夫。

第三节 般若三昧之究竟无得

《坛经》关于禅法修学所观所悟的理境与所要实现的果德的论述，虽然沿用了经论的相关术语、借鉴了六朝以来中国佛教诸师的义理诠释，但在自由的创造之中建立了自身修学形态的框架。这种创造不是出于知识的兴趣、不是意识思惟的随意造作、不是知性的逻辑推演，而是依于自身所证所觉之智慧而指明修学实践的道路方向与具体方法。面对从印度到中国各种不同的佛教修学形态所建立的不同的实践策略，如何从这些纷繁的体系中简择适应当前修学者根器与机缘的门径，如何开展切实可行且有效的禅法，如何提振修学者对于大乘菩萨道的信念与担当，这是《坛经》所需要回答的关键问题。但《坛经》并未流于不同体系的汇聚与各家意趣的诤辩，而是在禅者“以心传心”的风格传统下，以般若波罗蜜多为方法，明见自性、直指自心、顿入法界，普遍地修学现实生命存在及其所居世界的一切，究竟无所得、无所行、无所著而超越一切有限的局域，成就彻底的智慧、自在的解脱、无碍的法身。《坛经》将自身的修学方法称为“般若三昧”，亦即“行般若波罗蜜多”。

一 般若三昧的含义

何谓“般若三昧”？佛教的修学是智慧的修学，而对于空相应缘起真相的如实通达需要锻炼出明明朗朗而深沉稳定的智慧心态，故自早期佛教以来，共与不共的各种锻炼心态的修学方法被广泛地予以采用。大乘菩萨道遍学一切行，而尤其重视以种种不同的三昧开展针对不同所缘对象的实践方法。“三昧”（samādhi）之语义指“等持”，亦即心平等地持住所缘之境，从而排除消极因素的干扰，而锻炼出智慧观照作用主要依托的明澈心态。在一定意义上，“三昧”可以作为大乘佛教修学的通称。种种三昧的命名则与所缘对象的内容、所用方法的特点、所实现的果德、所依据的出处等有关。《坛经》的“般若三昧”显然与般若波罗蜜多法门有关。《坛经》云：

> 善知识，若欲入甚深心法界，入般若三昧者，直须修般若波罗蜜行，但持《金刚般若波罗蜜经》一卷，即得见性入般若三昧，当知此人功德无量。①

般若波罗蜜多虽然几乎遍在一切大乘经典而为大乘佛教之形式显示方法，但以般若波罗蜜多为主题而集中论究般若波罗蜜多则为《般若经》。《般若经》中反复赞叹奉持《般若经》的无量功德，如《小品般若经·佐助品》“以般若波罗蜜经卷与他人，令得书写读诵，其福甚多”②；而奉持《般若经》只是修学践行般若波罗蜜多的方便，亦即如实通达一切法空无所有而于一切法不舍弃、不取著。般若波罗蜜多之行虽然遍行一切道，却并非以散乱、混沌、蒙昧的心态去实践，而需要始终保持清楚明白的心态，故《坛经》又直接将般若波罗蜜多之行称为“般若三昧”，即以般若波罗蜜多为内容、为实践、为果德、为出处的三昧，而

① 杨曾文：《敦煌新本六祖坛经》，北京：宗教文化出版社，2011 年，第 27 页。
② （后秦）鸠摩罗什译：《小品般若波罗蜜经》卷三，T8，n227，p. 546a27－28。

奉持《般若经》则成为现入此般若三昧的方便。《坛经》认为，“般若”是自性—自心本自含具的本性般若之智，而“波罗蜜多”即“悟般若法、修般若行”[①]，亦即悟入自性—自心的空寂本性而不舍不著地解开迷惑的遮蔽，故现入般若三昧即是平等地契入“甚深心法界”。而般若与三昧在如如法界之中亦是平等不二的。《摩诃般若经·相行品》

> 般若波罗蜜不异诸三昧，诸三昧不异般若波罗蜜。菩萨不异般若波罗蜜及三昧，般若波罗蜜及三昧不异菩萨。般若波罗蜜即是三昧，三昧即是般若波罗蜜。菩萨即是般若波罗蜜及三昧，般若波罗蜜及三昧即是菩萨。[②]

一切法空无所有而如如平等，般若波罗蜜多、三昧、菩萨于法界、法性、实际之中亦皆是平等不二，般若波罗蜜多即是三昧所平等持住的般若波罗蜜多，三昧即是平等持住般若波罗蜜多的三昧，故般若波罗蜜多不异三昧、即是三昧，三昧不异般若波罗蜜多、即是般若波罗蜜多；三昧与般若波罗蜜多是菩萨所学、菩萨是无所学而遍学三昧与般若波罗蜜多，故三昧与般若波罗蜜多不异菩萨、即是菩萨，菩萨不异三昧与般若波罗蜜多、即是三昧与般若波罗蜜多。于《坛经》而言，如如平等法性即是本性空寂之自性—自心，自性—自心含具般若与三昧，故般若不异三昧、即是三昧，三昧不异般若、即是般若，而方便地称之为“般若三昧”，即是从实践工夫而言的“摩诃般若波罗蜜法”。

---

① 杨曾文：《敦煌新本六祖坛经》，北京：宗教文化出版社，2011年，第26页。

② （后秦）鸠摩罗什译：《摩诃般若波罗蜜经》卷三，T8，n223，p. 238b8－13。（唐）玄奘译：《大般若波罗蜜多经》卷四百九，T7，n220，p. 51c5－12。

若分别地言之，般若即慧、三昧即定，则“般若三昧”应是慧与定的结合。慧与定是早期佛教以来的重要术语，具有丰富的含义。其一，慧、定与戒构成三无漏学，指一切有助于获得解脱的主要修学项目的概括，其中“定学”又译为“心学”或“意学”，如《杂阿含经》称之为“增上戒学（adhi - sīla - sikkhā）、增上意学（adhi - citta - sikkhā）、增上慧学（adhi - paññā - sikkā）”[①]。戒、定、慧三学修行之果德，加之解脱、解脱知见即称为“五分法身”，如《中阿含经》“谓如来众成就尸赖、成就三昧、成就般若、成就解脱、成就解脱知见”[②]。其二，在三十七道品中，定与慧也是作为引生善法能力的五无漏根之一，定根（samādhindriya）表示寂止一心的能力，慧根（paññindriya）表示观察了知的机能[③]；在五无漏根相应的五力之中，定力（samādhi - bala）表示定根增长而形成的破除散乱的作用，慧力（paññā - bala）表示慧根增长形成的智慧简择的作用[④]。根据说一切有部关于三七道品的分类，四念住、慧根、慧力、择法觉支、正见为一类，皆以慧为体；四神足、定根、定力、定觉支、正定

① （刘宋）求那跋陀罗译：《杂阿含经》卷二十九第816经，T2，n99，p. 210a8 - 9；第817经，T2，n99，p. 210a25；第819经，T2，n99，p. 210b17；第821经，T2，n99，p. 210c18；第822经，T2，n99，p. 211a18；第827经，T2，n99，p. 212b8 - 9；第828经，T2，n99，p. 212b24 - 25；第829经，T2，n99，p. 212c15 - 17。Richard Morris（ed.），A. K. Warder（revised），*Aṅguttara - Nikāya* 3. 81 - 89，vol. 1，London：Pali Text Society，1961，pp. 229 - 236.

② （东晋）瞿昙僧伽提婆译：《中阿含经》卷三十第128经，T1，n26，p. 616c26 - 28。

③ （刘宋）求那跋陀罗译：《杂阿含经》卷二十六第647经，T2，n99，p. 182c7 - 12。*Saṃyutta - Nikāya* 48. 9，vol. 5，p. 197.

④ （刘宋）求那跋陀罗译：《杂阿含经》卷二十六第673经，T2，n99，p. 185c2。*Saṃyutta - Nikāya* 50. 1，vol. 5，p. 249.

为一类，皆以定为体[①]。而《俱舍论》认为，五根五力为次第生起：“谓于因果，先起信心；为果修因，次起精进；由精进故，念住所缘；由念力持，心便得定；心得定故，能如实知。是故信等，如是次第。”[②] 故先定后慧，定根定力先于慧根慧力而生起。其三，定、慧由修习止、观而获得。止与观是早期佛教以来基本的禅修工夫，如《杂阿含经》“有二法，修习、多修习，所谓止、观（samatho ca vipassanā ca）”[③]。所谓“止”（奢摩他）即止息心态的散乱、纷扰、不安，保持心态的平静、缓和、专注；所谓“观”（毗婆舍那）即不依赖信念、概念、推理而对现前知觉进行纯粹的观察。就定、慧与止、观的关系而言，若分别言之，止名为定，观名为慧[④]；但止与观不可分离，或先修止后成观、或先修观后成止，《杂阿含经》云“修习于止，终成于观；修习观已，亦成于止”[⑤]，而三昧（三摩地）作为“等持”即是“令奢摩他、毗钵舍那住一所缘平等转”[⑥]。《坛经》的定与慧皆有上述诸义，而“般若三昧”亦含具了止与观、增上心学与增

① （唐）玄奘译：《阿毗达磨大毗婆沙论》卷九十六，T27，n1545，p. 496a29－b2。（后秦）鸠摩罗什译：《大智度论》卷十九，T25，n1509，p. 198b12－13。世亲造、（唐）玄奘译：《阿毗达磨俱舍论》卷二十五，T29，n1558，p. 132b13－16。

② 世亲造，（唐）玄奘译：《阿毗达磨俱舍论》卷二十五，T29，n1558，p. 132c14－16。

③ （刘宋）求那跋陀罗译：《杂阿含经》卷三十四第964经，T2，n99，p. 247b16。Vilhelm Trenckner (ed.), *Majjhima－Nikāya* 73, vol. 1, London: Pali Text Society, 1979, p. 494.

④ （唐）玄奘译：《阿毗达磨大毗婆沙论》卷一百二十三“不修心者，谓奢摩他未能为毗钵舍那所依；不修慧者，谓毗钵舍那未能害诸烦恼”，T27，n1545，p. 642b19－21。诃梨跋摩造，（后秦）鸠摩罗什译：《成实论》卷十五“止名定，观名慧。一切善法从修生者，此二皆摄；及在散心闻思等慧，亦此中摄。以此二事能办道法。”T32，n1646，p. 358a17－19。

⑤ （刘宋）求那跋陀罗译：《杂阿含经》卷十七第464经，T2，n99，p. 118b23－24。

⑥ （唐）玄奘译：《阿毗达磨大毗婆沙论》卷一百四，T27，n1545，p. 539a18－19。

上慧学、定根定力等与慧根慧力等。

《坛经》的“般若三昧”并未分别地说定与慧，而是强调定与慧的平等修学。然而，在实际修学过程中，定与慧虽然相辅相成，但既然具有各自的规定性、出于修学者不同的能力与作用、包含不同的修学项目，则难免互有参差、分齐、偏重，或定多慧少、或慧多定少、或定慧均等。如说一切有部认为，不同的禅定之中止观之力并非相同，色界天四禅之根本定是止观力等，近分定是观强止劣，四无色定是止强观劣。[①]《摩诃般若经·发趣品》则认为七地菩萨具足二十法，其中第十六为“等定慧地”[②]；对此，《大智度论》解释为：

> “等定慧地”者，菩萨于初三地慧多定少，未能摄心故；后三地定多慧少，以是故，不得入菩萨位。今众生空、法空，定慧等故，能安隐行菩萨道；从阿鞞跋致地，渐渐得一切种智慧地。[③]

这是以大乘菩萨道修学不同的阶位具有不同的定（止）、慧（观）之力，相比于第一至三地菩萨的慧多定少、第四至六地菩萨的定多慧少，七地菩萨如实了知我法二空而获得无生法忍，具足均等的定、慧之力，能够不偏不倚地安稳迈进于菩萨道，故得

---

① （唐）玄奘译：《阿毗达磨大毗婆沙论》卷八十一“四静虑中，止观力等，故名乐住；近分定中观强止劣，无色定中止强观劣，俱非乐住”，T27，n1545，p. 420a14－16。

② （后秦）鸠摩罗什译：《摩诃般若波罗蜜经》卷六，T8，n223，p. 257b17。（唐）玄奘译：《大般若波罗蜜多经》卷四百一十五“十五者、应圆满止观地”，T7，n220，p. 83b22－23。梵本《二万五千颂般若》前文作“śamatha－nidhyaptir vipaśyanā－kauśalyaṃ”，后文作“śamatha－vipaśyanā－bhūmiḥ”，参见 Takayasu Kimura，*Pañcaviṃśatisāhasrikā Prajñāpāramitā I－2*，Tokyo：Sankibo Busshorin，2009，pp. 90，99.

③ （后秦）鸠摩罗什译：《大智度论》卷五十，T25，n1509，p. 417c22－26。

以入不退转位，决定趋向于与诸佛不异的一切种智位。而《大般涅槃经》则说：

> 十住菩萨，智慧力多、三昧力少，是故不得明见佛性；声闻、缘觉，三昧力多、智慧力少，以是因缘不见佛性；诸佛世尊，定慧等故，明见佛性，了了无碍，如观掌中庵摩勒果。①

从不同的修学道路而言，声闻、缘觉二乘厌离世间的苦果而速求解脱生死，故在修学中偏重定力而其慧力相对不足；十住（十地）菩萨不入二乘道，不仅追求解除烦恼系缚，还注重智慧的完满、悲心的实现，但在修学中偏重慧力而定力相对不足；唯有诸佛圆满一切无漏功德，如实证觉平等法性，故定力与慧力均等。《坛经》的“般若三昧”亦是定与慧无所偏倚的修学。《坛经》云：

> 善知识，我此法门，以定慧为本。第一勿为言定慧别。定慧体不一不二，即定是慧体，即慧是定用；即慧之时定在慧，即定之时慧在定。善知识，此义即是定慧等。学道之人作意，莫言先定发慧、先慧发定、定慧各别。作此见者，法有二相：口说善，心不善，定慧不等；心口俱善，内外一种，定慧即等。自悟修行，不在口诤。若诤先后，即是迷人，不断胜负，却生法我，不离四相。②

定与慧是修学的基本工夫，故《坛经》亦以“定慧为本”。

---

① （北凉）昙无谶译：《大般涅槃经》卷三十，T12，n374，p. 547a12 - 16。
② 杨曾文：《敦煌新本六祖坛经》，北京：宗教文化出版社，2011 年，第 14 页。

但《坛经》反对割裂定与慧的法义分别，如说一切有部将定与慧归类为不同的心所法[①]，而强调定与慧是不一不异的关系：定与慧具有各自的规定性与作用，故定与慧不一；定与慧并非别有各自之体，定即是慧之体、慧即是定之用，此中之体用即是一体之用，慧为定之慧、定为慧之定，故定与慧不异。《坛经》以灯光为譬喻“有灯即有光，无灯即无光；灯是光之体，光是灯之用。名即有二，体无两般；此定慧法，亦复如是”[②]。论其究竟，定与慧皆是自性—自心所含具而现起，其本性亦是空寂，故未曾有二。而且，《坛经》亦不赞成定与慧有先后，如《俱舍论》以为先定后慧、次第生起[③]。定慧先后之说实则立足于定慧别体，即执著作为名言概念的定与慧的分别，由分别而进一步论究其逻辑顺序的先后。但这只是“口说善”，而在具体实践之中并非如此；若能踏踏实实地修学定与慧而如实通达其本性，了知定与慧并非别体、并无次第、不一不异，则“心口俱善，内外一种，定慧即等”。《坛经》认为，争论定慧先后只是因为迷惑于自性—自心而生起法我之执著，并陷落于四相（我相、人相、众生

① 定（三摩地）与慧别体，但皆属于“十大地法”，参见世友造，（唐）玄奘译：《阿毗达磨界身足论》卷上，T26，n1540，p. 614b16；世友造，（唐）玄奘译：《阿毗达磨品类足论》卷二，T26，n1542，p. 698c11；（唐）玄奘译：《阿毗达磨大毗婆沙论》卷四十二，T27，n1545，p. 220a4。

② 杨曾文：《敦煌新本六祖坛经》，北京：宗教文化出版社，2011 年，第 14 页。

③ 世亲造，（唐）玄奘译《阿毗达磨俱舍论》卷二十一：“以必依定方有慧生，定障亦应先慧障故”，T29，n1558，p. 111a1 –2。

相、寿者相[①]）的人我之执著；而曹溪顿教的“摩诃般若波罗蜜法”作为最上乘法，则是“无去、无住、无来往，是定慧等，不染一切法，三世诸佛从中出，变三毒为戒定慧”[②]，即是《摩诃般若经》的七地菩萨的不退转之法，亦是《大般涅槃经》的定慧平等的诸佛之法。而此定慧平等的修学，即方便地称之为“般若三昧”。

二 无相为体

《坛经》的“般若三昧”以行般若波罗蜜多为其修学内容，以定慧平等为其修学工夫，显示了曹溪顿教禅法修学的道路方向。然而这并不能取执名言之语义作为其固定常住的本质，否则即将依于缘起的实践的无限可能性封固为有限的、部分的、片面

① （后秦）鸠摩罗什译：《金刚般若波罗蜜经》，T8，n235，p. 749a11。（元魏）菩提流支译：《金刚般若波罗蜜经》，T8，n236a，p. 753b13 – 14。其他译本译语不一，或作“四想”，（陈）真谛译《金刚般若波罗蜜经》作“我想、众生想、寿者想、受者想”，T8，n237，p. 762b9；（唐）义净译《能断金刚般若波罗蜜多经》作“我想、众生想、寿者想、更求趣想”，T8，n239，p. 772a19；Edward Conze 整理的梵本作“yasya – ātma – saṃjñā pravarteta sattva – saṃjñā vā jīva – saṃjñā vā pudgala – saṃjñā vā pravarteta”，Edward Conze（ed.），*Vajracchedikā Prajñāpāramitā*，*Edited and Translation with Introduction and Glossary*（Serie Orientale Roma XIII），2nd edition，Roma：IsMEO，1974，p. 29. 或作“三想”，（隋）达摩笈多译《金刚能断般若波罗蜜经》作“若众生想转，寿想若、人想若转”，T8，n238，p. 767a17 – 18；Paul Harrison 与渡边章悟整理的 Schøyen 藏梵本作“yasya satva – saṃjñā pravarteta jīva – saṃjñā vā pudgala – saṃjñā vā pravarteta”，Paul Harrison，Shogo Watanabe（ed.），“Vajracchedikā Prajñāpāramitā”，in Jens Braarvig（ed.），*Buddhist Manuscripts vol. III*（Manuscripts in the Schøyen Collection），Oslo：Hermes Publishing，2006，p. 104.（唐）玄奘译《大般若波罗蜜多经》卷五百七十七作“有情想转，如是命者想、士夫想、补特伽罗想、意生想、摩纳婆想、作者想、受者想转”，T7，n220，p. 980b10 – 12。

② 杨曾文：《敦煌新本六祖坛经》，北京：宗教文化出版社，2011 年，第 26 页。

的领域，而背离了“般若三昧”所要如实通达的自性—自心之全部真相与所要究竟实现的无上正等觉的果德。“般若三昧”的具体修习方法为何？如此的提问方式已将自身之论域预设为理论的、言说的、认知的层面，而具体修习则是超越一切名言分别的实践工夫，任何对此所作的对象化尝试都是建立于概念的切割的剩余之上。实践工夫只能是修学者依于关联条件而发起的自修、自行、自作、自成的行动，而不能为他者或他者的行动所替代。然而，禅法的修学必须有所授受，故无可表示仍需有所表示。《坛经》并未详细说明禅法的操作步骤、前行方便、关键节点、境界要领等，而是从自性—自心当前现起的作用着手，通过究竟无所得的纯粹否定之工夫解除无明烦恼遮蔽的迷惑平庸的心态，彻底开发、洞察、显现本性空寂的非凡觉悟。作为方便表示，《坛经》将“般若三昧”之修学具体落实于“无念为宗，无相为体，无住为本”①，即从体、相、用上开展相应于法身、解脱、般若的整条修学道路。

禅法的修学并非空洞无内容的，而是将某修学项目设定的所缘转化为修学者之心的意象，从而建立心之知觉活动与转化为意象的所缘之间的相应联结，并且通过反复锻炼而熟练地驾驭这种相应联结的能力。所缘之整体即是生命存在所居的现象性世界，是具足关联条件而缘起之大相续流，具有自在差异的无限自为重复，犹如帝释天的因陀罗网，显现为重重无尽、层出不穷、复杂综合的幻有的世界。而现象性世界成为知觉之所缘即是在心识活动中将一切法对象化为感性直观的表象、知性活动的概念、理性

① 杨曾文：《敦煌新本六祖坛经》，北京：宗教文化出版社，2011 年，第 15 页。

实践的法则，原本复杂的一切法之种种差异规定在分析过程中不断区分而最终剩余单一的规定性，这种单一的规定性即是法之“自体”“本性”“相分”[①]。所谓“相”即是指将所缘作为对象呈现于知觉之中，就此“呈现”称之为“相”。在说一切有部的法义分别中，单一的规定性称之为“自相”，而不同规定性的同类性则称之为“共相”[②]。一切法作为“有”即具有规定性的存在，故从缘起之“有”而言，一切法皆有其相状，如“五蕴”各有其自相：色是变碍相、受是领纳相、想是取像相、行是造作相、识是了别相；“四大”各有其自相：地以坚为其相、水以湿为其相、火以热为其相、风以动为其相；而四谛十六行相则为共相[③]。然而，凡夫众生的知觉活动所呈现的相状是表层的、残破的、片面的，而相状作为行动的动机、动力、理由则进一步引起虚妄执著，《大智度论》云：“众生颠倒故，以一相、异相、总相、别相等而著诸法。”[④] 对于相状的执著限制、阻塞、障碍了心之知觉活动对于所缘的了知，造成心态的倾斜、搅动、不安、散乱、染污，为戏论谬见和烦恼习气交织的洪流所裹挟，在生死相续的平庸生命世界之中无止境沉沦。故禅法修学对于心态的调整必须解除对于相状的执著而回归于“无相”的正道。

① （唐）玄奘译：《阿毗达磨大毗婆沙论》卷一，T27，n1545，p. 4a11；卷六，p. 29c23；卷七十一，p. 367c20。

② （唐）玄奘译：《阿毗达磨大毗婆沙论》卷三十四“自体、自相即此自性，如说诸法自性即是诸法自相，同类性是共相”，T27，n1545，p. 179b4 –5。

③ （唐）玄奘译：《阿毗达磨大毗婆沙论》卷十一，T27，n1545，p. 53a14 –17。

④ （后秦）鸠摩罗什译：《大智度论》卷三十一，T25，n1509，p. 293c17 –18。

自早期佛教以来，对于“无相”的禅法修习称为“无相三昧”[①]“无相心三昧”[②]“无相住”[③]等。《杂阿含经》将“无相心三昧”与“无量心三昧”“无所有心三昧”“空心三昧”类集为四种心三昧，其中，对于“无相心三昧”的说明则是“圣弟子于一切相不念（amanasikārā），无相心三昧（animittaṃ ceto－samādhim），身作证，是名无相心三昧（animittā ceto－vimutti）”[④]，即于一切法的一切相状不生起作意、思惟、注意而现入、摄持、安住于无相心三昧之中。不作意一切相状的无相心三昧具有灭除贪嗔痴所总摄的烦恼的胜用，因为对于相状的执著是烦恼的表现，“贪者是有相（nimitta－karaṇo），恚、痴者是有相”[⑤]，不取有相则不生起贪想、恚想、痴想及相应的寻思，从而不引起种种不善法，《杂阿含经》云“修习于无相（animitta），灭除憍慢使，得慢无间等，究竟于苦边”[⑥]。无相心三昧有浅深的差别，将无相心三昧解说为不作意一切相是从超越世间的浅层而言，从出世间的深层而言，无相心三昧是以涅槃为其所平等持住之所缘，故《中阿含经》云“有二因二缘生无想（相）定（animittāya ceto－vimuttiyā

---

① （后秦）佛陀耶舍、竺佛念译：《长阿含经》卷八，T1，n1，p. 50b2；（刘宋）求那跋陀罗译：《杂阿含经》卷十第272经，T2，n99，p. 72a26－27；（东晋）瞿昙僧伽提婆译：《增壹阿含经》卷三十九，T2，n125，p. 761a6。

② （刘宋）求那跋陀罗译：《杂阿含经》卷二十第556经，T2，n99，p. 145c22。

③ （唐）玄奘译：《阿毗达磨发智论》卷二，T26，n1544，p. 926c8。

④ （刘宋）求那跋陀罗译：《杂阿含经》卷二十一第567经，T2，n99，p. 149c28－29。M. Léon Feer（ed.），*Saṃyutta－Nikāya* 41. 7，vol. 4，London：Pali Text Society，1894，p. 297.

⑤ （刘宋）求那跋陀罗译：《杂阿含经》卷二十一第567经，T2，n99，p. 150a7－8。*Saṃyutta－Nikāya* 41. 7，vol. 4，p. 297.

⑥ （刘宋）求那跋陀罗译：《杂阿含经》卷四十五第1214经，T2，n99，p. 331b6－7。*Saṃyutta－Nikāya* 8. 4，vol. 1，p. 188.

samāpattiyā)。云何为二？一者不念一切想（相），二者念无想（相）界（animittāya ca dhātuyā）。是谓二因二缘生无想（相）定”①，此中的“无相界”即是离欲、寂静、灭尽的涅槃。正因为无相三昧至于究竟灭尽一切烦恼，故又与空三昧、无愿（作）三昧类集为“三三昧”②，又名“三解脱门”③。

大乘佛教经典广说三解脱门，亦重视无相三昧的修习。受早期佛教影响，大乘佛教亦认为凡夫众生的知觉活动所呈现的种种相状为烦恼所染污而引起种种不善法，同时认为即使取执出世间无漏善法的相状亦是菩萨道趋向全面而彻底的一切智智的障碍，《摩诃般若经·集散品》云：“是萨婆若不可以相行（nimitta）得，相行有垢（kleśa）故。何等是垢相？色相乃至陀罗尼、三昧门相，是名垢相。”④。故一切世间与出世间、有漏与无漏、不善与善法皆不应取执其相状，一切相状毕竟不可得。这种修学亦是“诸法无受三昧”的要义，《小品般若经·初品》云：“是（诸法无受）三昧，不可以相（nimitta）得。”⑤ 除了从主观实践上说明不取相状、远离烦恼、正观有为法的无相三昧修习，大乘

---

① （东晋）瞿昙僧伽提婆译：《中阿含经》卷五十八第211经，T1，n26，p. 792b12 - 15。*Majjhima - Nikāya* 43，vol. 1，p. 296.

② （后秦）佛陀耶舍、竺佛念译：《长阿含经》卷八，T1，n1，p. 50b1 - 2；（东晋）瞿昙僧伽提婆译：《增壹阿含经》卷十六，T2，n125，p. 630b4。

③ （东晋）瞿昙僧伽提婆译：《增壹阿含经》卷三，T2，n125，p. 561a19 - 20。

④ （后秦）鸠摩罗什译：《摩诃般若波罗蜜经》卷三，T8，n223，p. 236a8 - 10。（唐）玄奘译：《大般若波罗蜜多经》卷四百九，T7，n220，p. 48b2 - 6。Takayasu Kimura，*Pañcaviṃśatisāhasrikā Prajñāpāramitā I - 1*，Tokyo：Sankibo Busshorin，2007，p. 172.

⑤ （后秦）鸠摩罗什译：《小品般若波罗蜜经》卷一，T8，n227，p. 537c14。（唐）玄奘译：《大般若波罗蜜多经》卷五百四十五，T7，n220，p. 764b19 - 20。P. L. Vaidya（ed.），*Aṣṭasāhasrikā Prajñāpāramitā：With Haribhadra's Commentary Called Ālokā*，Darbhanga：The Mithila Institute，1960，p. 5.

佛教亦立足胜义的一切法本性空寂，认为一切法的无限差异的相状皆是在缘起之流中依于关联条件而呈现，种种相状如幻如化而并无常住实在的本质，亦如一切法之当体空无自性，故毕竟无相是一切法存在的真相，而此“无相”即是《中阿含经》的“无相界”，亦即空、无生、涅槃的同义语，《小品般若经·相无相品》云：“诸法以空为相（lakṣaṇa），以无相（ānimitta）、无作、无起、无生、无灭、无依为相。”① 为了凸显一切法种种相状的虚妄不实，“无相”被描述为一切法之存在的唯一真实之相，故称之为“一相”，《摩诃般若经·六喻品》云：“若法无自性，是法无相（nâsti lakṣaṇaṃ）；若法无相，是法一相（eka - lakṣaṇa），所谓无相（alakṣaṇa）。”② 然而这并非将“无相”当作某一常住实在的本质，若如此取执仍然具有其相状而并非无相，“无相”之为无相不仅不可得“有相”，亦不可得“无相”。一切都应是毕竟空寂，才是无相三昧。

作为般若三昧的具体修学项目，《坛经》的“无相”亦是一切相无所得的无相三昧。从不取执相状而言，无相是一切禅法修学的基本品质；若如凡夫众生的知觉活动一般将呈现的表层残破的相状取执为真实，则心态处于迷惑、散乱、不安的状态，相应发起的行动亦为戏论与烦恼的洪流所裹挟，并不能如实通达所

① （后秦）鸠摩罗什译：《小品般若波罗蜜经》卷五，T8，n227，p. 558b29 - c1。（唐）玄奘译：《大般若波罗蜜多经》卷五百四十七，T7，n220，p. 817a8 - 9。P. L. Vaidya（ed.），*Aṣṭasāhasrikā Prajñāpāramitā: With Haribhadra's Commentary Called Ālokā*，Darbhanga：The Mithila Institute，1960，p. 135.

② （后秦）鸠摩罗什译：《摩诃般若波罗蜜经》卷二十三，T8，n223，p. 390a12 - 13。（唐）玄奘译：《大般若波罗蜜多经》卷四百六十七，T7，n220，p. 364b2 - 3。Takayasu Kimura，*Pañcaviṃśatisāhasrikā Prajñāpāramitā VI - VIII*，Tokyo：Sankibo Busshorin，2006，p. 30.

缘、了知所缘、明见所缘，纵使依此心态强行修习禅法亦是世俗之禅，而非佛教正道之禅。若要熟练地建立所缘与知觉的相应联结、排除戏论与烦恼充斥的平庸心态，则必须不取执凡夫之心所呈现的相状，并且如实通达这些相状的本性。《坛经》云：

> 何名为禅定？外离相曰禅，内不乱曰定。外若著相，内心即乱；外若离相，内性不乱。本性自净自定，只缘境触，触即乱，离相不乱即定。外离相即禅，内不乱即定。

“禅”原是静虑（dhyāna）的音译，而“定”既可以指等持(samādhi)，也可以指广义的禅修(bhāvanā)，包括静虑、等至(samāpatti)、止(śamatha)观(vipaśyanā)、念住（smṛty－upasthāna）等。《坛经》并不作此分别，而以“禅定”统称一切禅法修学。禅定修习之关键在于远离一切相状，亦即无相。当凡夫众生之自心的知觉活动联结于所缘之时，六根缘取六境而生起六识，根、境、识三者和合即为六触，然而如此生起的六触已为戏论与烦恼所遮蔽，染污的六触作用将所缘呈现为所取执的相状；由于对相状的取执，心态发生扰动、不安、散乱，进一步导致偏颇、狭隘、不纯的行为动机而造作杂染恶业。而修学禅定则对一切法的一切相状皆不作意、无所取、无所得，从而使心态熟练地保持沉着、稳定、清晰，并相应联结于所缘，彻底开发观照、洞察、持住所缘的能力。作为大乘菩萨道的修学，《坛经》的离相之禅定亦与《般若经》一般，以“无相”的真实意义为一切法空寂本性，亦即毕竟清净的自性—自心。《坛经》云：

> 何名为相无相？于相而离相……善知识，外离一切相，

是无相。但能离相，性体清净，是以无相为体。①

自性—自心作为一切法所依止之体，如如平等清净而超越一切分别。只是凡夫众生不能如实了知自性—自心而为无明烦恼染污，执著一切相状而自烦、自恼、自乱其心态，但所执的相状与散乱的心态皆空无所有，自性—自心的寂静本性亦未曾增减改易，故自性—自心及其所现起的一切法只是一相，所谓无相。无相并未否定现实中一切法具有无限差异相状，否则即破坏缘起、破坏世间、破坏一切法之具体存在。无相三昧之修习则是“于相离相”，亦即从一切法的无限差异的相状之中，了知一切相状本性空寂、一切法本性空寂、自性—自心亦本性空寂，从而远离有相之取执，亦远离无相之取执，究竟远离一切而如其所是地朗然显现毕竟清净的自性—自心及其所含具的一切法。《坛经》云：“一切不离，但离法相，作无所得，是最上乘。”② 不取一切相、毕竟无所得的无相三昧直捷显示“性体清净”，故可说为最上乘的禅定方法。而一切禅定皆应以远离相状为要义，故称之为“无相为体”。

三　无住为本

禅法的修学要求禅者通过反复练习锻炼使自心的知觉专注而持久地相应联结于所缘，并且整全地平等持住所缘而臻于“心一境性”。然而这种专注的心态品质与凡夫众生奔流驰逐又不断

① 杨曾文：《敦煌新本六祖坛经》，北京：宗教文化出版社，2011 年，第 15 – 16 页。
② 杨曾文：《敦煌新本六祖坛经》，北京：宗教文化出版社，2011 年，第 48 页。

取执的平庸心态并非相同。作为世界中的存在者，存在者之“在”即意味着安住、栖居、立足、依止、持续。凡夫众生将名言概念所表达的存在者之“在”认定为固定静止的范围、领域、限定，而将自身之生命存在及其所居的世界亦系缚于这些范围、领域、限定而成为对象化之事物，并且试图通过这些对象化之事物获得自身生命存在之安住、栖居、立足、依止、持续。然而，如此之努力仅仅是空中楼阁，因为概念认定的存在者之“在”只是出于戏论谬见与烦恼习气的遮蔽、误导、扭曲。[①] 实际上，凡夫众生之身心存在及其所居的世界即在缘起之流中相似相续、刹那生灭、漂泊动荡、迁流不住。生灭中间的存在状态可以称为“住”，如有为法的“生相”“灭相”之间又可建立“住相”，但这种“住”只是相待于生灭的暂时的褊狭的安住，并非具有常住固定的本质。若某一存在者尚未安住则不是安住，若在过去已安住则现在不需再安住，若正在安住则或未住或已住而只是不住[②]，故有为法的“住相”仅是如幻如化的安住，而不可以通过概念认定为实有本质的安住。凡夫众生的染污之心所理解的安住是虚妄不实的安住，固然不能如实通达生命存在及其所居的世界的真相，只是系缚于生死相续的钩锁连环之中。而佛教的修学即是解开关于存在者之安住的迷思、洞察凡夫众生平庸心态的真相、挣脱谬见与烦恼的系缚。

---

① 参见蔡耀明：《佛教住地学说在心身安顿的学理基础》，《正观》第54期，2010年，第5－48页。蔡耀明：《“确实安住”如何可能置基于“无住”?：以〈说无垢称经〉为主要依据的“安住”之哲学探究》，《正观》第57期，2011年，第119－168页。

② 参见《中论·观三相品》“不住法不住，住法亦不住，住时亦不住，无生云何住。”龙树造，青目释，（后秦）鸠摩罗什译：《中论》卷二，T30，n1564，p. 11a28－29。

进一步的问题是，若所缘刹那不住、知觉刹那不住，则不同于凡夫心态的禅法修学如何使知觉平等持住并如实了知所缘？换言之，以“无住”为内容的的修学项目何以可能？自早期佛教以来，关于安住与无住的修学则有生死虚妄的有为与诸法实相的无为两条切入路径。从作为有为法的构成要素集聚的五蕴而言，识蕴攀缘于色、受、想、行蕴，在喜贪的润泽作用下不断生长、增广，而色、受、想、行蕴即为识蕴之依住，故称为“四识住”（catasso viññāṇa－ṭṭhitiyo）；若断除对于色、受、想、行蕴的贪爱，解开识蕴对于色、受、想、行蕴的攀缘，则识蕴失去其依住（patiṭṭhā）而趋向解脱的道路，《杂阿含经》云：“彼识无所住，不复生长增广；不生长故，不作行；不作行已住，住已知足，知足已解脱；解脱已，于诸世间都无所取、无所著；无所取、无所著已，自觉涅槃。”[①] 从缘起之流转还灭历程而言，“有所依者”（nissitassa），则为动摇、有所趣向、不休息、随趣往来、有未来生死、纯一苦聚集；“无所依者”（anissitassa），则不动摇、无趣向、有止息、不随趣往来、无未来出没、纯大苦聚灭[②]。可见，无住是从谬见与烦恼的系缚中出离的关键，无住至于究竟即是涅槃，《中阿含经》云“涅槃者无所依住”[③]。从诸法实相而言，一切法生灭不住即是如其所是地安住于缘起之流中的因缘生、因缘灭，此即作为一切法存在之真相的“法住”（dhamma－ṭṭhitatā）[④]；

---

① （刘宋）求那跋陀罗译：《杂阿含经》卷二第39经，T2，n99，p. 9a18－22。*Saṃyutta－Nikāya* 22. 54，vol. 3，p. 55.

② （刘宋）求那跋陀罗译：《杂阿含经》卷四十七第1266经，T2，n99，p. 347c25－348a5。*Saṃyutta－Nikāya* 35. 87，vol. 4，p. 59.

③ （东晋）瞿昙僧伽提婆译：《中阿含经》卷四十第159经，T1，n26，p. 682b2。

④ （刘宋）求那跋陀罗译：《杂阿含经》卷十二第296经，T2，n99，p. 84b17。*Saṃyutta－Nikāya* 12. 20，vol. 2，p. 25.

“法住”之安住并非凡夫众生以概念所认定的静态的取执对象的安住，而是一切法缘生缘灭之动态开放的安住，对于法住的如实了知即是熄灭关联条件的无尽推动而究竟至于寂静的涅槃，故《杂阿含经》云“先知法住，后知涅槃”①。

大乘佛教则立足于一切法本性空寂，而以毕竟无住超越有为之不住与无为之法住。从主观实践而言，无住即是不住一切，亦即《摩诃般若经·问乘品》的“无住三昧”（aniketa - sthito nāma samādhiḥ）②。一切法无所依住、不能成为他者之依住，不应居住于原本不住的一切法；然而，若此实践的无住在意识思惟中认定为“无住”之概念，则“无住”亦成为有所取、有所执、有所得的安住，而又陷落于谬见与烦恼所裹挟的平庸心态之中，故无住亦不应有所住。法住作为决定不异的缘起之理则，其本身并非关联条件构成的事项，而烦恼熄灭的涅槃亦是无为；然而，若截然割裂法住与缘生法、涅槃与烦恼，将法住与涅槃当作可以依止、安住、栖居的对象之物，则对于法住之了知并非通彻渊底、对于涅槃法身之证得并非臻于究竟圆满，只是二乘之果德而非大乘菩萨道之成就无上正等觉，故法住与涅槃亦不应有所住。既不住有为、亦不住无为，不住本身亦不住而确实安住，这是诸佛如来毕竟无住的甚深三昧，《小品般若经·释提桓因品》云：“如来无所住，无住心（apratiṣṭhita - mānasaḥ）名为如来。如来

---

① （刘宋）求那跋陀罗译：《杂阿含经》卷十四第347经，T2，n99，p. 97b6。*Saṃyutta - Nikāya* 12. 70，vol. 2，p. 124.

② （后秦）鸠摩罗什译：《摩诃般若波罗蜜经》卷五，T8，n223，p. 251c25 - 26。（唐）玄奘译：《大般若波罗蜜多经》卷四百一十四，T7，n220，p. 76c6 - 8。Takayasu Kimura，*Pañcaviṃśatisāhasrikā Prajñāpāramitā I - 2*，Tokyo：Sankibo Busshorin，2009，p. 68.

不住有为性（saṃskṛte dhātau），亦不住无为性……菩萨摩诃萨亦应如是住，如如来住，于一切法非住非不住（na kvacit sthito nâsthito na viṣṭhito nâviṣṭhitaḥ）。”① 若从客观理则而言，无住并非流于片面的消极的否定，其深彻之意义即是一切法存在之全部真相，即是法住、实相、实际之异名，并非无住之外别有法住、实相、实际。在此意义上的无住是一切法之本性，一切法之无限差异即依于无住而随着关联条件得以现起。《维摩诘经·观众生品》云：“无住则无本。文殊师利！从无住本（apratiṣṭhāna-mūla）立一切法。”② 此中所谓“本”并非自体存在的某种固定常住的抽象本质，而是动态关联的无所有而如是有的缘起之真相。正因为无住是一切法的根本，一切颠倒想、虚妄分别、欲贪、身、善不善法皆建立于无住之上，故一切法本来无缚亦无解，即是自在解脱。

作为般若三昧的具体修学项目，《坛经》的“无住”既是主观实践上于一切法无所依住的“无住三昧”，也是客观理则上作为一切法之法住的“无住本”。只是，《坛经》并未分别主观与客观、实践与理则、有为与无为，亦不是泛泛地就某一法或者一切法作为所缘，而直接以禅者当前活动中所呈露的自性—自心及其所含具的一切法为所缘，解除在当前活动中呈现的种种戏论谬

① （后秦）鸠摩罗什译：《小品般若波罗蜜经》卷一，T8，n227，p. 540b23-26。（唐）玄奘译：《大般若波罗蜜多经》卷五百三十九，T7，n220，p. 770b21-26。P. L. Vaidya (ed.), *Aṣṭasāhasrikā Prajñāpāramitā: With Haribhadra's Commentary Called Ālokā*, Darbhanga: The Mithila Institute, 1960, p. 19.

② （后秦）鸠摩罗什译：《维摩诘所说经》卷中，T14，n475，p. 547c21-22。（唐）玄奘译：《说无垢称经》，T14，n476，p. 573b20-22。大正大学综合佛教研究所梵语佛典研究会编：《梵文維摩經：ポタラ宮所藏写本に基づく校訂》，东京：大正大学出版会，2006年，第68页。

见与烦恼习气对于自性—自心的清净本性的遮蔽、迷惑、系缚以及对于一切法的沾滞、阻留、执著，从而以明明朗朗的菩提般若之智如实观察身心存在及其所居世界的安住、栖居、依止之真相。《坛经》云：

> 无住者，为人本性，念念不住。前念、今念、后念，念念相续，无有断绝；若一念断绝，法身即离色身。念念时中，于一切法上无住；一念若住，名系缚，于一切法上念念不住，即无缚也。此是以无住为本。①

一切法在相似相续的缘起之流中皆刹那生灭而无所依住，而一切法即为自性—自心所含具，故作为自性—自心之活动的“念”亦是如此。时间分析至不可再分之剩余即施设为“刹那”，刹那刹那相续过程即为时间之流，在前一刹那为过去、现前一刹那为现在、在后一刹那为未来。心念之存在即表现为时间中的相续，时间之一刹那即为一念，过去为前念、现在为今念、未来为后念，念念相续如水流。《坛经》以为，自性—自心之存在即是活动的，若自性—自心不再于时间中活动，即心念不再相续而断绝，则包括身心在内的一切法即脱离缘起之流而不能现起；所谓“法身即离色身”是指自性—自心所含具的一切法被破坏而成为抽象的普遍理则，如此之理则只是一种幻象，故自性—自心之存在即是念念相续。但是，如此相续并非意味着同一之心念贯穿时间之流，从现在去往过去、从未来来至现在，而是实际上，心念即在一刹那间生灭：前念之现起即在过去，不能从过去来至现在；今念之现起即在现在，并非从现在去往过去，亦并非从现在

① 杨曾文：《敦煌新本六祖坛经》，北京：宗教文化出版社，2011 年，第 15 - 16 页。

去往未来；后念之现起即在未来，不能未来来至现在。心念虽然念念相续，但又本性空寂、不来不去、无所依住，即是作为一切法之法住的"无住本"。《小品般若经·大如品》云"一切法空，不来不去"[①]，《大智度论》云"一切有为法，念念生灭不住"[②]，《物不迁论》云"于今未尝有，以明物不来；于向未尝无，故知物不去"[③]。而《坛经》则将念念相续的无住称为"人本性"，实则即是禅者当前之自性—自心的空寂本性；念念无住亦是不来不去之中道，故《坛经》又称为"念念时中"，即取《中庸》"君子之中庸也，君子而时中"之意。然而，凡夫众生之平庸心态不能如实了知自性—自心及其含具的一切法的无住之本性，通过概念的认定将其建构为对象之物予以沾滞、阻留、执著，进而陷落于谬见与烦恼的迷惑而系缚于生死流转之中，阻碍了通向解脱的道路。一切法本来念念不住、无缚无解，系缚实则是因为执著于有所依住而生起；若超越一切执著而毕竟无住，则概念认定的依住即被打开，呈现出动态开放的含具一切法的自性—自心，自在解脱的道路亦畅通无阻。《坛经》云："道须通流，何以却滞？心不住法，道即通流，住即被缚。"[④] 其实，达摩—慧可禅法已将无住作为解脱之道，如《二入四行论》云"心不住色，不住非色；不住住，亦不住不住。心若有所住，即不免绳索；心

---

① （后秦）鸠摩罗什译：《小品般若波罗蜜经》卷六，T8，n227，p. 561c14–15。（唐）玄奘译：《大般若波罗蜜多经》卷五百四十八，T7，n220，p. 821c27–28。P. L. Vaidya (ed.), *Aṣṭasāhasrikā Prajñāpāramitā: With Haribhadra's Commentary Called Ālokā*, Darbhanga: The Mithila Institute, 1960, p. 148.

② （后秦）鸠摩罗什译：《大智度论》卷八十，T25，n1509，p. 622b25–26。

③ （后秦）僧肇：《肇论》，T45，n1858，p. 151b2–3。

④ 杨曾文：《敦煌新本六祖坛经》，北京：宗教文化出版社，2011 年，第 14 页。

若有所作处，即是系缚”[1]，这是对《金刚经》“应无所住而生其心”[2] 的践行。而《坛经》更明确指点，无住为自性—自心之本性，系缚是于无住之上生起取著的无缚之缚，解脱只是直下地于无住本而无所住、无所取、无所得，故称之为“无住为本”。

具体而言，无住之修学需要彻底远离二边分别。凡夫众生所生起的依住，借助于意识思惟的概念认定的作用，而概念总是名言性的，即在界划作用的基础上建立二边分别的论断和句法结构。通过二边分别的概念认定，现起的存在者被对象化为具有一定范围、领域、限定的事项，实则只是表层的、片面的、残破的影像而被知觉活动取执为依住，而如此之依住进一步扰动、激荡、搅乱凡夫众生原本不安的平庸心态，不断加深谬见与烦恼的重重系缚。故凡夫众生之心有二边分别则有所住，有所住即有系缚，有系缚而流转生死，而趋向解脱的无住之修学必然超越名言概念的二边分别。《杂阿含经》云“离于二边，说于中道”[3]，《小品般若经·叹净品》云“无二边波罗蜜是般若波罗蜜，诸法无著故”[4]，《摩诃般若经·三慧品》云“诸有二者，是有所得；无有二者，是无所得”[5]，《维摩诘经·入不二法门品》云“于一切法无言无说，无示无识，离诸问答，是为入不二法门”[6]。

---

① 柳田圣山：《達摩の語錄：二入四行論》，东京：筑摩书房，1969 年，第 95 页。

② （后秦）鸠摩罗什译：《金刚般若波罗蜜经》，T8，n235，p. 749c22 – 23。

③ （刘宋）求那跋陀罗译：《杂阿含经》卷十二第 301 经，T2，n99，p. 85c28。*Saṃyutta – Nikāya* 12. 15，vol. 2，p. 17.

④ （后秦）鸠摩罗什译：《小品般若波罗蜜经》卷四，T8，n227，p. 553b25 – 26。（唐）玄奘译：《大般若波罗蜜多经》卷五百四十五，T7，n220，p. 805b6。

⑤ （后秦）鸠摩罗什译：《摩诃般若波罗蜜经》卷二十一，T8，n223，p. 373c26 – 27。（唐）玄奘译：《大般若波罗蜜多经》卷四百六十二，T7，n220，p. 334b2 – 3。

⑥ （后秦）鸠摩罗什译：《维摩诘所说经》卷中，T14，n475，p. 551c18 – 19。

而《坛经》则从名言之“对法”说明二边分别之建立及超越二边之无住。《坛经》云：

> 吾教汝〔等〕说法，不失本宗。举三科法门，动用三十六对，出没即离两边。说一切法，莫离于性相。若有人问法，出语尽双，皆取对法，来去相因，究竟二法尽除，更无去处。[①]

禅者的修学重于具体之实践工夫，但禅法之传授则不得不有所方便表示，而《坛经》于此则论说法之方便，亦即说法内容架构之“三科法门”、说法语言组织形式之“三十六对”。所谓“三十六对”是以相互对待的语词组成一对，包括关于外境无情物的五对、从语言上分别法相的十二对、关于自性—自心及其起现作用的十九对。[②]“三十六对”展示了名言概念二边分别的特点，而一切以名言表达的论断和句法结构皆以二边分别为其基本预设，只是所表达的内容一般只取一边之义而不取相对的另一边之义，由此而有爱与非爱、赞同与否认、偏重与轻视的差别，此即有所依住。为了对治二边分别产生的依住，《坛经》善巧地使用“出语尽双，皆取对法，来去相因”，显示出名言概念的二边分别的全部之真相，从而由二边之方便悟入一切法为自性—自心所含具而如如平等、空无所得、无二无别，从而遣除对于二边分别之执著。所谓“究竟二法尽除，更无去处”，即是超越任何二元的对法，无住于原本无住的一切法，远离沾滞、阻留、执著，解开一切谬见与烦恼系缚，获得无来无去的自在解脱。这是从“无住本”直下开显的无住三昧。

---

① 杨曾文：《敦煌新本六祖坛经》，北京：宗教文化出版社，2011 年，第 50 页。
② 杨曾文：《敦煌新本六祖坛经》，北京：宗教文化出版社，2011 年，第 51 页。

四 无念为宗

禅法的修学通过正确且持续地练习各类项目，平稳熟练地相应联结于所缘，解除谬见与烦恼所缠缚的平庸心态，从而锻炼开发明朗觉察、平静安住、专注洞观、深沉寂静、平等达至、专一持住等超越凡俗的心态品质与能力。然而，心态活动是复杂而综合的，自早期佛教以来的修学皆注重如实了知心态活动之中种种不同的作用。在汉语佛教文献中，“念”是关于心态活动的重要术语，然而“念”在不同的语境中包含着不同的心之作用。为了开发心态品质与能力，佛教修学根据不同的心之作用相应采取针对性的修学项目，而“无念”之修学即因“念”之差别语义而略有区分。

其一，无念即无心念觉察。“念”（sati，smṛti），指对于所缘清楚明白地觉察、记忆、想起而不忘、不失、不遗、不漏。[①]说一切有部将“念”列入十大地法之一[②]，即与一切心、心所相应俱起的心所法；而唯识学则归类为五别境心所之一[③]，以为“念”对于未曾觉察之所缘、曾觉察而忘失皆不能生起，故并非

① 世友造，（唐）玄奘译：《阿毗达磨品类足论》卷二，T26，n1542，p. 699c17－18。世友造，（唐）玄奘译：《阿毗达磨界身足论》卷上，T26，n1540，p. 614c20－22。C. A. F. Rhys Davids（ed.），*Visuddhimagga*，London：Pali Text Society，1920－1921，p. 464.

② 世友造，（唐）玄奘译：《阿毗达磨品类足论》卷二，T26，n1542，p. 698c11。世友造，（唐）玄奘译：《阿毗达磨界身足论》卷上，T26n1540，p. 614b16。

③ 无著造，（唐）玄奘译：《显扬圣教论》卷一，T31，n1602，p. 481a4。

与心、心所相应俱起[①]。在早期佛教的三十七道品中，“四念住”（cattāro sati－paṭṭhānā）、五无漏根之“念根”（satindriya）、五力之“念力”（sati－bala）、七觉支之“念觉支”（sati－sambojjhaṅga）、八正道之“正念”（sammā－sati）皆是对明朗、正当、确实的心念觉察的修习，其所否定的是凡夫众生的散乱、错误、虚妄的心念觉察。大乘佛教则依一切法空的甚深智慧，如实观察一切心念觉察皆在缘起之流中如幻如化、空无所有，故将心念觉察取执为实有安住之处即是出于谬见与烦恼的邪念，而正念是通达一切心念觉察皆是平等空寂的无念，《持世经》云：“一切念是邪念，若于处所念生皆是邪念；无忆、无念是名正念……又正念者，于法无有分别是正念、是邪念，是人通达一切念皆无念相。”[②]

其二，无念即无作意。“作意”（manasikāra，manaskāra），又译为“念”“思惟”“思量”等，指在意（manas）之上的行为造作（kāra）[③]，牵引相应的心与心所倾注、导向、思惟于所缘而有所警觉注意。[④] 说一切有部将“作意”列入十大地法[⑤]，并据所缘不同分成自相作意、共相作意、胜解作意[⑥]；而唯识学则归类为五遍行心所之一[⑦]，即与一切心、心所相应俱起的心所法。关于无作意，

---

① （唐）玄奘译：《成唯识论》卷五，T31，n1585，p.28b20－22。

② （后秦）鸠摩罗什译：《持世经》卷四，T14，n482，p.661c9－17。

③ C. A. F. Rhys Davids（ed.），*Visuddhimagga*，London：Pali Text Society，1920－1921，p.466.

④ 世友造，（唐）玄奘译：《阿毗达磨品类足论》卷一，T26，n1542，p.693a15－16。世友造，（唐）玄奘译：《阿毗达磨界身足论》卷上，T26，n1540，p.614c15－17。

⑤ 世友造，（唐）玄奘译：《阿毗达磨品类足论》卷二，T26，n1542，p.698c11。世友造，（唐）玄奘译：《阿毗达磨界身足论》卷上，T26，n1540，p.614b15。

⑥ （唐）玄奘译：《阿毗达磨大毗婆沙论》卷十一，T27，n1545，p.053a13－14。

⑦ （唐）玄奘译：《瑜伽师地论》卷五十一，T30，n1579，p.580b1。

《杂阿含经》将“无相心三昧”说明为“圣弟子于一切相不念（amanasikārā）”①，即于一切法的一切相状不生起作意。大乘佛教一方面从主观实践上说明超越分别取执的无作意。《小品般若经·初品》云：“众生无性故，当知念亦无性(manasikār-âsvabhāvatā)。”② 一切众生之身心存在皆缘起而有、并无实在本质，故心生起的一切作意亦是空、无生、无所有。《维摩诘经·入不二法门品》云：“是动（iñjanā）、是念（manana）为二。不动则无念（na manasikaroty），无念则无分别。通达此者，是为入不二法门。”③ 作意是倾注于所缘而有所警觉、生起分别作用，与散动、不专一、不注意相对相待，故为有二；若无相待之一方即无相待之另一方，故若无散动则作意、分别之规定性亦不成立，而实则散动、作意、分别即是无二平等的空寂本性。由于作意自身空无所有，故于实践上只是超越一切分别的无作意，《般若经》云“不念波罗蜜（amanana－pāramitā）是般若波罗蜜，诸

---

① （刘宋）求那跋陀罗译：《杂阿含经》卷二十一第567经，T2，n99，p.149c28。*Saṃyutta－Nikāya* 41.7，vol.4，p.297.

② （后秦）鸠摩罗什译：《小品般若波罗蜜经》卷一，T8，n227，p.540a3。（唐）玄奘译：《大般若波罗蜜多经》卷五百三十九，T7，n220，p.769b9－10。P. L. Vaidya（ed.），*Aṣṭasāhasrikā Prajñāpāramitā: With Haribhadra's Commentary Called Ālokā*，Darbhanga：The Mithila Institute，1960，p.16.

③ （后秦）鸠摩罗什译：《维摩诘所说经》卷中，T14，n475，p.550c13－15。（唐）玄奘译：《说无垢称经》卷四，T14，n476，p.577b1－4。大正大学综合佛教研究所梵语佛典研究会编：《梵文維摩経：ポタラ宮所藏写本に基づく校訂》，东京：大正大学出版会，2006年，第84页。

念不生故"①，《大智度论》云"一切法毕竟空故，无忆、无念相；无忆、无念相，故名'无念波罗蜜'"②。从客观理则而言，一切法空寂无相，所缘亦空无所有，故作意亦无所倾注、无所思惟、无所注意，无作意即一切法无相之实相。《般若经》云："诸法无念（sarvadharmâmananatayā）故，般若波罗蜜亦无念"③。无论是超越分别取执的无作意还是无相实相的无作意，皆是如实通达一切法空寂本性的修学，故《般若经》称之为"诸法无念三昧"（sarvadharmâmananaś ca nāma samādhiḥ）④。

其三，无念即无思。"思"（cetanā），又译为"念""念行""觉"等，指心的造作、意的行为。⑤说一切有部将"思"列入十

① （后秦）鸠摩罗什译：《小品般若波罗蜜经》卷四，T8，n227，p. 553b16。（唐）玄奘译：《大般若波罗蜜多经》卷五百四十五"是无思虑波罗蜜多，以一切法无动摇故"，T7，n220，p. 805a27 - 28。梵本亦作"无动"（aniñjanatām），P. L. Vaidya (ed.), *Aṣṭasāhasrikā Prajñāpāramitā: With Haribhadra's Commentary Called Ālokā*, Darbhanga: The Mithila Institute, 1960, p. 102. 另见（后秦）鸠摩罗什译：《摩诃般若波罗蜜经》卷十二"不念波罗蜜是般若波罗蜜……一切念破故"，T8，n223，p. 312a23 - 24。

② （后秦）鸠摩罗什译：《大智度论》卷六十五，T25，n1509，p. 519c18 - 19。

③ （后秦）鸠摩罗什译：《小品般若波罗蜜经》卷十，T8，n227，p. 586a7 - 8。P. L. Vaidya (ed.), *Aṣṭasāhasrikā Prajñāpāramitā: With Haribhadra's Commentary Called Ālokā*, Darbhanga: The Mithila Institute, 1960, p. 259. 另见（后秦）鸠摩罗什译：《摩诃般若波罗蜜经》卷二十七，T8，n223，p. 423b1 - 2。

④ （后秦）鸠摩罗什译：《小品般若波罗蜜经》卷十，T8，n227，p. 586a25。P. L. Vaidya (ed.), *Aṣṭasāhasrikā Prajñāpāramitā: With Haribhadra's Commentary Called Ālokā*, Darbhanga: The Mithila Institute, 1960, p. 259. 另见（后秦）鸠摩罗什译：《摩诃般若波罗蜜经》二十七，T8，n223，p. 423b23 - 24。

⑤ 迦多衍尼子造，（唐）玄奘译：《阿毗达磨发智论》卷二，T26，n1544，p. 927b14 - 15。世友造，（唐）玄奘译：《阿毗达磨品类足论》卷一，T26，n1542，p. 693a12 - 13。世友造，（唐）玄奘译：《阿毗达磨界身足论》卷上，T26，n1540，p. 614c13 - 14。C. A. F. Rhys Davids (ed.), *Visuddhimagga*, London: Pali Text Society, 1920 - 1921, p. 463.

大地法[①]，而唯识学则归类为五遍行心所之一[②]。“思”与“心”（citta）同源于√cit，又作为一般的心之作用、意识、觉知、思想活动的通称，如说一切有部的大德法救认为“诸心心所是思差别”[③]。而无思是现入无心定的方便，《长阿含经》云“有念为恶，无念（acetayamānassa）为善……彼不为念行（acetayato），不起思惟（anabhisaṅkharoto），微妙想灭，粗想不生时，即入想知灭定”[④]。

其四，无念即无寻无伺。“寻”（vitakka，vitarka），又译为“念”“觉”，指粗略的思考、寻求、推度、分别；与之相对应的另一心所为“伺”（vicāra），又译为“观”，即细致的考察分析。[⑤] 说一切有部将“寻”“伺”列入不定地法[⑥]，而唯识学认为“寻”“伺”是以思、慧为体性的假法[⑦]。寻伺是欲望生起的根源，故克服欲望必须超越寻伺，《中阿含经》云：“欲者，因

---

① 世友造，（唐）玄奘译：《阿毗达磨品类足论》卷二，T26，n1542，p. 698c10。世友造、（唐）玄奘译：《阿毗达磨界身足论》卷上，T26，n1540，p. 614b15。

② （唐）玄奘译：《瑜伽师地论》卷五十一，T30，n1579，p. 580b1。

③ （唐）玄奘译：《阿毗达磨大毗婆沙论》卷二，T27，n1545，p. 008c7。

④ （后秦）佛陀耶舍、竺佛念译：《长阿含经》卷十七第28经，T1，n1，p. 110b18－23。T. W. Rhys Davids and J. E. Carpenter（ed.），*Dīgha－Nikāya* 9，vol. 1，London：Pali Text Society，1890，p. 184.

⑤ 迦多衍尼子造，（唐）玄奘译：《阿毗达磨发智论》卷二，T26，n1544，p. 927b17－20。大目乾连造，（唐）玄奘译：《阿毗达磨法蕴足论》卷七，T26，n1537，p. 483b13－17。世友造，（唐）玄奘译：《阿毗达磨品类足论》卷一，T26，n1542，p. 693a20－21。世友造，（唐）玄奘译：《阿毗达磨界身足论》卷上，T26，n1540，p. 615b22－27。优波底沙造，（梁）僧伽婆罗译：《解脱道论》卷四，T32，n1648，p. 415b23－29。C. A. F. Rhys Davids（ed.），*Visuddhimagga*，London：Pali Text Society，1920－1921，p. 142.

⑥ 世亲造，（唐）玄奘译：《阿毗达磨俱舍论》卷四，T29，n1558，p. 20a21。众贤造、（唐）玄奘译：《阿毗达磨顺正理论》卷十一，T29，n1562，p. 392a17。

⑦ （唐）玄奘译：《瑜伽师地论》卷五，T30，n1579，p. 302b24－25。傅新毅：《感性与知性之划界：一个唯识学的视角》，《河北学刊》2019年第6期，第59－64页。

念（vitakka）缘念，从念而生，由念故有；若无念者（vitakke asati），则无有欲。”[①] 关于超越寻伺之次第，说一切有部认为，欲界与初禅为有寻有伺地，初禅与二禅的中间为无寻唯伺地，二禅以上为无寻无伺地。[②] 而大乘佛教认为，正智必然无寻无伺，如《楞伽经》云：“如来无虑无察（na vitarkya na vicārya），而演说法；正智所化故，念不忘（amuṣita－smṛtitvāt）故，无虑无察（na vitarkayati na vicārayati）。”[③]

其五，无念即无分别。一念一念相续的心态活动的方式即是区分，亦即给予所缘以不同规定性，故“念”亦常常作为“分别”（vikalpa）的同义语。由于谬见与烦恼的缠缚，凡夫心念的分别皆是虚妄不实，而佛教修学所要开发的超越凡夫境界的智慧心态必须超越虚妄分别，《摩诃般若经·譬喻品》云“般若波罗蜜中无如是忆念分别（vikalpo na saṃvidyate yena manyate）”[④]。后期大乘的如来藏思想则进一步将“念”作为与如来藏自性清净心相对的虚妄分别作用而称为“妄念”，《大乘起信论》云

---

① （东晋）瞿昙僧伽提婆译：《中阿含经》卷三十三第 134 经，T1，n26，p. 635b15－17。T. W. Rhys Davids and J. E. Carpenter（ed.），*Dīgha－Nikāya* 21，vol. 2，London：Pali Text Society，1903，p. 277.

② 世友造、（唐）玄奘译：《阿毗达磨品类足论》卷六，T26，n1542，p. 717c13－17。（唐）玄奘译：《阿毗达磨大毗婆沙论》卷四，T27n1545，p. 19c20－28。

③ （刘宋）求那跋陀罗译：《楞伽阿跋多罗宝经》卷四，T16，n670，p. 513a24－25。（元魏）菩提留支译《入楞伽经》卷八，T16，n671，p. 560c14－16。（唐）实叉难陀译：《大乘入楞伽经》卷六，T16，n672，p. 622c2－3。P. L. Vaidya，*Saddharmalaṅkāvatārasūtram*，Darbhanga：The Mithila Institute，1963，p. 98.

④ （后秦）鸠摩罗什译：《摩诃般若波罗蜜经》卷十五，T8，n223，p. 331a28。（唐）玄奘译：《大般若波罗蜜多经》卷四百四十五，T7，n220，p. 243c26－27。Takayasu Kimura（ed.），*Pañcaviṃśatisāhasrikā Prajñāpāramitā IV*，Tokyo：Sankibo Busshorin 1990，p. 93.

“依一切众生以有妄心念念分别”[①]；而远离妄念所显示的是与诸佛如来不异的清净心体的觉悟，《楞伽经》云“如来寂然无有念想（na kalpayanti na vikalpayanti）”[②]，《十地经论》云“微难知圣道，非分别离念……‘非分别’者，离分别境界故；‘离念’者，自体无念故”[③]，《大乘起信论》云“所言觉义者，谓心体离念。离念相者，等虚空界无所不遍，法界一相，即是如来平等法身，依此法身说名本觉……若得无念者，则知心相生住异灭；以无念等故，而实无有始觉之异，以四相俱时而有皆无自立，本来平等同一觉故”[④]。达摩—慧可禅法受到《楞伽经》的如来藏思想的影响，亦认为无上正等觉即是远离虚妄分别之心念，《二入四行论》云“若识心寂灭，无一动念处，是名正觉”[⑤]；道信和弘忍明确以妄念为心体之上所生起的作用，如实通达妄念无生即朗现清净心体，《入道安心要方便法门》云“即念佛心是佛，妄念是凡夫”[⑥]，《修心要论》云“守真心，妄念不生，我所心灭，故自然与佛平等”[⑦]；而北宗禅则明显受到了《大乘起信论》的影响，如《大乘无生方便门》云“所言觉义者，心体离念”，

① （梁）真谛译：《大乘起信论》，T32，n1666，p. 576b3。

② （刘宋）求那跋陀罗译：《楞伽阿跋多罗宝经》卷四，T16，n670，p. 511c22。（元魏）菩提留支译《入楞伽经》卷七，T16，n671，p. 558c8。（唐）实叉难陀译：《大乘入楞伽经》卷五，T16，n672，p. 621a14－15。P. L. Vaidya，*Saddharmalaṅkāvatārasūtram*，Darbhanga：The Mithila Institute，1963，p. 94.

③ 天亲造，（后魏）菩提流支译：《十地经论》卷二，T26，n1522，p. 132c8－18。

④ （梁）真谛译：《大乘起信论》，T32，n1666，p. 576b12－c4。

⑤ 柳田圣山：《達摩の語錄：二入四行論》，东京：筑摩书房，1969年，第80页。

⑥ （唐）净觉：《楞伽师资记》，T85，n2837，p. 1286c23－24。

⑦ （唐）弘忍：《最上乘论》，T48，n2011，p. 377c3－4。韩传强：《禅宗北宗敦煌文献录校与研究》，南京：江苏人民出版社，2016年，第28页。

“离念名体，见闻觉知是用”[①]，《大乘五方便北宗》云“无心故无动念，无动念故无思惟，无识故无分别”[②]。

其六，无念即无心。与“思”相同，“念”亦可作为一切心态活动的通称。心在时间之流一刹那的现起即为一念，而心态活动即为一念一念相续的历程。《小品般若经·深功德品》以火焰烧炷譬喻心之念念相续[③]，并非实有一念进入时间的序列，而是一刹那生灭的前念、今念、后念具足关联条件而相续现起，虽然如是有而实则无所有、不可得、毕竟清净。《小品般若经·初品》云：“无心（acittatvāt）故，于是中心无所著。”[④] 心、心所及其活动并无常住实在的本质，故依空寂本性说为“无心”；正因为无心，一切对于心、心所及其活动的执著皆是出于谬见与烦恼的遮蔽；相应的修学项目即令心、心所不再转起而悟入无心之实相，《摩诃般若经·问乘品》称之为“无心三昧（niś－citto nāma samādhiḥ）”[⑤]。随着《般若经》传入中国，无心的思想也

---

① 《大乘无生方便门》，T85，n2834，p. 1273c28、p. 1274b5－6。韩传强：《禅宗北宗敦煌文献录校与研究》，南京：江苏人民出版社，2016年，第116、118页。

② 韩传强：《禅宗北宗敦煌文献录校与研究》，南京：江苏人民出版社，2016年，第202页。

③ （后秦）鸠摩罗什译：《小品般若波罗蜜经》卷七，T8，n227，p. 567a28－b7。（唐）玄奘译：《大般若波罗蜜多经》卷五百五十，T7，n220，p. 831a12－26。P. L. Vaidya（ed.），*Aṣṭasāhasrikā Prajñāpāramitā：With Haribhadra's Commentary Called Ālokā*，Darbhanga：The Mithila Institute，1960，p. 175.

④ （后秦）鸠摩罗什译：《小品般若波罗蜜经》卷一，T8，n227，p. 538c25－26。（唐）玄奘译：《大般若波罗蜜多经》卷五百三十八，T7，n220，p. 766b26－27。P. L. Vaidya（ed.），*Aṣṭasāhasrikā Prajñāpāramitā：With Haribhadra's Commentary Called Ālokā*，Darbhanga：The Mithila Institute，1960，p. 10.

⑤ （后秦）鸠摩罗什译：《摩诃般若波罗蜜经》卷五，T8，n223，p. 251c26－28。（唐）玄奘译：《大般若波罗蜜多经》卷四百一十四，T7，n220，p. 75b6－8。Takayasu Kimura，*Pañcaviṃśatisāhasrikā Prajñāpāramitā I－2*，Tokyo：Sankibo Busshorin，2009，p. 68.

逐渐与儒道思想传统的无思、无心、虚心思想合流。在儒家语境中，超越而内在的天道无思无虑，《周易·系辞上》“《易》无思也，无为也，寂然不动，感而遂通天下之故”，《中庸》“诚者，不勉而中，不思而得，从容中道，圣人也”；在道家语境中，对大道的把握必须涤除心中的经验认知、感性欲望、价值认定，《老子》第三章“虚其心”，《老子》第四十九章“圣人无心，以百姓心为心”，《庄子·人间世》“虚者，心斋也”，《庄子·天道》“圣人之心静乎！天地之鉴也，万物之镜也”。魏晋般若学六家七宗之“心无宗”，即以儒道思想传统诠释般若思想之无心，僧肇《不真空论》“心无者，无心于万物，万物未尝无。此得在于神静，失在于物虚”①。虽然六家七宗的思想为鸠摩罗什门下所批判，但以“无心”诠表般若之智仍深远影响了后世中国佛教。昙影《中论序》“至人以无心之妙慧，而契彼无相之虚宗”②，僧肇《涅槃无名论》“圣无有无之知，则无心于内；法无有无之相，则无数于外。于外无数，于内无心，彼此寂灭，物我冥一，怕尔无朕，乃曰涅槃”③。达摩—慧可禅法虽然以“自心现量”建立空相应缘起，但认为通达一切法存在实相的智慧是“无心”，《二入四行论》云“是法不可答，法无心故，答即有心”④，“无心直作任，始成一个规钝心”⑤。而后，深受三论和玄学思想影响的牛头禅更以“无心合道”作为禅法的标的。

① （后秦）僧肇：《肇论》，T45，n1858，p. 152a15－16。
② （梁）僧祐：《出三藏记集》卷十一，T55，n2145，p. 77a17－18。
③ （后秦）僧肇：《肇论》，T45，n1858，p. 159c8－11。
④ 柳田圣山：《達摩の語錄：二入四行論》，东京：筑摩书房，1969年，第91页。
⑤ 柳田圣山：《達摩の語錄：二入四行論》，东京：筑摩书房，1969年，第111页。

《绝观论》[①] 云："有念即有心、有心即乖道；无念即无心、无心即真道"，"无心即无物，无物即天真，天真即大道"[②]。牛头法融《心铭》云："欲得心净，无心用功。纵横无照，最为微妙。知法无知，无知知要。"[③]《宗镜录》引牛头法融语："有心中说无心，是末观；无心中说无心，是本观……若身心本无，佛道亦本无，一切法亦本无，本无亦本无。"[④] 无心的思想虽然受到儒道思想传统的影响，但其意趣仍在于般若波罗蜜多的究竟无所得。

作为般若三昧的具体修学项目，《坛经》的"无念"是本性空寂的自性—自心的当下明朗无碍的呈现。《坛经》并不重视法义名相的辨析，故不严格区分念、作意、思、寻、伺等各自具有差别规定的心所法。然而，这并非意味着取消对于心态活动的细腻洞察而漠视现实心态活动的存在真相或者混同于凡俗的一般认知，而实际上，任何试图借助有限规定的名言分析以把握复杂综合的心态活动皆是徒劳，现实心态活动即是时间之流中刹那一念

① 关于《绝观论》作者，法藏敦煌写本 Pel. chin. 2045 首题"三藏法师菩提达摩绝观论"、p. 2885 尾题"达摩和尚绝观论一卷"。(唐) 宗密《圆觉经大疏释义钞》卷十一"牛头融大师有《绝观论》"，X9，n245，p. 707c22 - 23，另见（唐）宗密：《圆觉经略疏之钞》卷十，X9，n248，p. 929b1 - 2；（北宋）延寿《宗镜录》卷九十七"牛头融大师《绝观论》"，T48，n2016，p. 941a24 - 25。关口真大认为《绝观论》是牛头法融撰述，参见关口真大：《達摩和尚絶觀論（敦煌出土）は牛頭法融の撰述たるを論ず》，《印度学佛教学研究》第 5 卷第 1 号，1957 年，第 208 - 211 页。中川孝认为是牛头宗后学对法融著作的整理本，参见中川孝：《绝观论考》，《印度学佛教学研究》第 7 卷第 2 号，1959 年，第 221 - 224 页。柳田圣山则认为是 8 世纪末出现的关于初期禅宗的纲要书，参见柳田圣山：《絶觀論とその時代：敦煌の禪文獻》，《东方学报》第 52 号，1980 年，第 367 - 401 页。

② 题为菩提达磨：《绝观论》，蓝吉富编：《大藏经补编》第 18 册，台北：华宇出版社，1984 年，第 693 页下。

③ （北宋）道原：《景德传灯录》卷三十，T51，n2076，p. 457c1 - 2。

④ （北宋）延寿：《宗镜录》卷四十五，T48，n2016，p. 681b21 - 22。

心的相续，而并非不断分析臻于单一规定性的剩余。《坛经》的禅法修学即在具体实践活动的当下把握现起的刹那一念心。此一念心虽然并非特指某一心、心所或其组合，但可以用于描述一切心、心所的活动；这并非将一念心视为凝然常住的实在本质，而是指心之为心总是当前呈现的具体活动的心。凡是存在即是缘起之流中活动的存在，若脱离缘起之流的活动即非存在。自性—自心之活动，就其时间性而言即是“念”，就其含具万法而言即是“思量”。若无思量，则自性—自心所含具的万法不能现起而破坏一切存在者及其所居的世界；若无心念，则心态活动即在时间中停止，即是有情众生当前生命的终结。《坛经》“无念”之修学并非去除心念，心念不可尽，而是解除心念之上的谬见与烦恼。《坛经》云：

> 于一切境上不染，名为无念。于自念上离境，不于法上生念。莫百物不思、念尽除却，一念断即死，别处受生。学道者用心，不识法意，自错尚可，更劝他人迷，不自见迷，又谤经法。是以立无念为宗，即缘迷人于境上有念，念上便起邪见，一切尘劳妄念从此而生。然此教门立无念为宗。世人离境，不起于念；若无有念，无念亦不立。无者无何事，念者念何物？无者，离二相诸尘劳；念者，念真如本性。真如是念之体，念是真如之用。自性起念，虽即见闻觉知，不染万境，而常自在。《维摩经》云：“外能善分别诸法相，内于第一义而不动。”①

与《大乘起信论》及北宗禅的“心体离念”不同，《坛经》

① 杨曾文：《敦煌新本六祖坛经》，北京：宗教文化出版社，2011年，第16页。

于此并未将"念"与"心体"对立，而是念用不离心体、心体不离念用，体外无用、用外无体，于如如法性中平等平等。又，与牛头禅的"无心合道"不同，《坛经》之"自心"与"自性"相即不二，自性即是真如、法界、实际，自心现起心念活动即是真如自性现起心念活动，自性—自心是心念所依之体，心念即是自性—自心之见闻觉知之作用，故说"真如是念之体，念是真如之用"。心念虽然如是而有，但本性空寂，本身并无所谓真实或虚妄；凡夫心念呈现虚妄分别状态是因为谬见与烦恼的缠缚而使自性—自心陷落于迷惑遮蔽之中。心念并非空洞，其内容即是相应联结的作为所缘的"境""法"。此境、法即为自性—自心所含具而现起，然而凡夫众生不能如实了知自性—自心及其所含具的一切法的存在真相，通过意识思惟的概念认定将境、法取执为封闭固定的对象之物，并于其上生起爱非爱等，不断造业受报而流转于生死之中，心念亦被种种邪见和烦恼染污而沦为"妄念"。相应的"无念"之修学即是超越妄念之妄，如实了知诸法实相，远离对于一切境、法的二相分别及建立于二相分别之上的邪见和烦恼，从而解除心念之上的染污遮蔽，显现其明明朗朗而自由自在的清净本性。这样的修学只是除病不除法、除妄不除念、除染污不除境与法，亦即《坛经》所谓"无念者，于念而不念"①。经过如此之修学，远离虚妄、邪见、烦恼的心念即显现其明朗、平静、专注、深沉、平等、专一的品质，同时开发觉察、安住、洞观、寂静、达至、持住的能力，如实通达作为所缘的境、法的存在真相。《坛经》引用《维摩诘经·佛国品》"能

① 杨曾文：《敦煌新本六祖坛经》，北京：宗教文化出版社，2011 年，第 15 页。

善分别诸法相，于第一义而不动”①，即说明清净心念既能了知一切法的无限差异，又不落于虚妄执著，确实安住于一切法无相一相的第一义，亦即确实安住于自性—自心的空寂本性而不再散动。

无念既是主观实践上超越偏执的工夫，也是明智、自由、无碍的智慧果德。②《坛经》的无念之修学既涵盖无心念觉察、无作意、无思、无寻无伺、无分别、无心等心态品质和能力，又超越种种心态品质和能力的不同规定。这种超越并非指从“无念”之不同语义抽象为单一性的本质，任何抽象皆因为概念的暴力割截而丧失了存在本身；而无念是具体实践的修学，是现实的心念毫无遮蔽地朗然呈现其全部存在本身，超越了一切片面的、表层的、残破的心念影像。心念在时间的一刹那一刹那相续中皆保持无遮蔽、无隐屈、无陷溺的明明白白状态，即是透彻缘起大相续流的现量智慧，亦即般若波罗蜜多。《坛经》云：

> 何名无念？无念法者，见一切法，不著一切法；遍一切处，不著一切处。常净自性，使六贼从六门走出，于六尘中不离不染，来去自由，即是般若三昧，自在解脱，名无念行。③

① （后秦）鸠摩罗什译：《维摩诘所说经》卷上，T14，n475，p. 537c13。（唐）玄奘译：《说无垢称经》“能善分别诸法相，观第一义摧怨敌”，T14，n476，p. 558c1。梵本作“dharma－prabheda－kuśalaṃ paramārtha－darśin”，大正大学综合佛教研究所梵语佛典研究会编：《梵文維摩経：ポタラ宮所藏写本に基づく校訂》，东京：大正大学出版会，2006年，第5页。

② 参见邓克铭：《禅宗之“无心”的意义及其理论基础》，《汉学研究》第25卷第1期，2007年，第161－188页。

③ 杨曾文：《敦煌新本六祖坛经》，北京：宗教文化出版社，2011年，第31页。

于念离念的般若之智并非取消一切见闻觉知的心态活动，而是于一切法、一切境、一切处皆不舍弃不取执；若有取有舍，则只能获得所缘存在之局部而非全部，正因为不执著一切而能如实观见一切、遍及一切、通达一切。一切法不出如如法性而为自性—自心所含具，故不执著一切即是不执著作为自性—自心活动的心念，了达一切即是了达心念而悟入自性—自心，亦即不取不舍、究竟无所得的无念。具体言之，自性—自心能现起六识、六门（六根）、六尘，见闻觉知之心态活动即六识依凭六门而缘取六尘，六识、六门、六尘和合即为六触。凡夫众生念念执著，于六触生起喜爱贪欲，而使自心陷落于染污遮蔽之中，为谬见与烦恼所裹挟，六识亦沦为劫夺正知正见的“六贼”；禅者修学无念，虽然也是发动六识依凭六门而缘取六尘，但于六尘之上既不远离也不生起执著，只是解除染污遮蔽，以明明朗朗的智慧如实通达六尘之境的存在真相，无所沾滞、系缚、羁绊，自由自在，不断锻炼开发趋向无上正等觉悟的心态品质与能力。如此的“无念行”即是行般若波罗蜜多。

综上所论，《坛经》的“般若三昧”以“无相”显现法身之体、以“无住”显现解脱之相、以“无念”显现般若之用。第一，无相三昧是早期佛教以来的禅法修习项目，即不作意一切相状而平等持住涅槃境界；大乘佛教则以一切相状本性空寂不可取执而远离烦恼染污。《坛经》以为，无相三昧修习之关键为“于相离相”，亦即了知一切法之相状及含具一切法的自性—自心本性空寂，究竟远离一切有相、无相之取执而如其所是地朗然显现毕竟清净的自性—自心。无相三昧直捷显示“性体清净”，而为一切禅法修学的基本品质，故称之为“无相为体”。第二，无住三昧在早期佛教中一方面指无所依住而熄灭谬见与烦恼的系缚，另一方面指如实安住于一切法缘生缘灭之法住；大乘佛教的毕竟无住既是不住一切甚至不住亦不住，也是一切法得以现起的“无住本”。《坛经》以为，无住是自性—自心不断现起相续之心念而无所依住的本性，亦即一切法之法住的“无住本”；念念无住即是无缚无解之中道，相应之修学只是直下地于无住本而无所住、无所取、无所得，而无住之具体要义则是超越任何二元的对法，从而获得远离执著的无来无去的自在解脱。第三，无念之修学在佛教语境中包含着无心念觉察、无作意、无思、无寻无伺、无分别、无心等不同的修学项目。《坛经》并不重视名相的辨析，但涵盖又超越了上述种种无念之修学，而使现实的心念毫无遮蔽地朗现其全部存在本身。《坛经》以为，心念是一切生命存在的心态活动，自性—自心即是心念所依之体，心念即是自性—自心现起之作用，并非自心外有念、念外有真如自性；虽然心念本性空寂，但凡夫心念因为执著于境法而陷落于虚妄分别之中，相应的无念之修学即是超越妄念之妄，远离对于一切境法的二相分别，于一切境法不舍弃不取执而如实通达，从而开发明朗、自由、无碍的般若之智。总之，《坛经》的“般若三昧”充分展现了般若波罗蜜多对于曹溪顿教禅法修学形态的形式显示方法意义。

第六章　早期禅宗与《金刚经》

般若波罗蜜多所摄的六波罗蜜多是大乘菩萨道修学的主干，而“般若波罗蜜多”之名言与思想亦几乎遍在一切大乘经典，但集中以般若波罗蜜多为核心内容议题加以论述的则是《般若经》。伴随着大乘佛教的历史性开展，《般若经》不断编纂集出，形成卷帙浩繁的部类，从初期大乘的兴起贯穿至秘密大乘的传布时代。[①] 这也从侧面反映了般若波罗蜜多对于各种大乘佛教修学形态建构的重要意义。《般若经》中反复校量书写、读诵、受持、供养《般若经》的无量无边功德。[②] 而在大乘佛教史上，《般若经》确实广为流行、信仰、弘传；《小品般若经·不可思议品》云“如来灭后，般若波罗蜜当流布南方，从南方流布西

① 参见印顺：《初期大乘佛教之起源与开展》，台北：正闻出版社，1994 年，第 591 页。

② 例如，《小品般若经·塔品》“若善男子、善女人，供养般若波罗蜜经卷，恭敬、尊重、赞叹，华香乃至伎乐供养，于前功德，百分不及一分，千分、万分、百千万亿分不及一，乃至算数譬喻所不能及。”（后秦）鸠摩罗什译：《小品般若波罗蜜经》卷二，T8，n227，p. 543b14 – 18。（唐）玄奘译：《大般若波罗蜜多经》卷五百四十，T7，n220，p. 777b12 – 18。P. L. Vaidya（ed.），*Aṣṭasāhasrikā Prajñāpāramitā*：*With Haribhadra's Commentary Called Ālokā*，Darbhanga：The Mithila Institute，1960，p. 36.

方，从西方流布北方”[①]，可见般若法门早期的流传状况。各异的大乘佛教修学形态在运用般若波罗蜜多的过程中，也不断造出诠释《般若经》的各种论书，对自证自觉的甚深智慧给予理性的逻辑的确定性。而伴随着般若经论的传译，中国佛教也成了大乘佛教运动的进一步发展。一方面，中国佛教发扬了汉代以来的经学传统，对般若经论进行了细致的义理疏解；另一方面，中国佛教实践“行般若波罗蜜多”，运用般若波罗蜜多创造性建构自身的修学形态。禅宗虽然不注重义学的传统，但在禅法授受过程中依《般若经》说明所行禅法的正当性和所证所悟的真实性。[②]与三论、天台、华严等诸宗相比，禅宗对于《般若经》的运用更加体现出自由发挥、重于实践、指点悟入的修学风格。

《般若经》有关文献卷帙浩繁，孔滋（Edward Conze）曾根据颂数和内容将其分成三类[③]：其一，一般《般若经》，具体又分为大部《般若经》、小部《般若经》；其二，特殊文本；其三，密教文本，具体又分为经典类、祈愿文、陀罗尼集、仪轨类。虽

---

① （后秦）鸠摩罗什译：《小品般若波罗蜜经》卷四，T8，n227，p. 555a27－29。（唐）玄奘译：《大般若波罗蜜多经》卷五百四十六“我涅槃后，至东南方渐当兴盛……从东南方转至南方渐当兴盛……复从南方至西南方渐当兴盛……从西南方至西北方渐当兴盛……从西北方转至北方渐当兴盛……复从北方至东北方渐当兴盛”，T7，n220，p. 808b22－c18。梵本《八千颂般若》作“dakṣiṇā－pathāt punar eva vartanyāṃ pracariṣyanti，vartanyāḥ punar uttara－pathe pracariṣyanti”（从南方流布东方，从东方流布北方），P. L. Vaidya（ed.），*Aṣṭasāhasrikā Prajñāpāramitā：With Haribhadra's Commentary Called Ālokā*，Darbhanga：The Mithila Institute，1960，p. 112. U. Wogihara（ed.），*Abhisamayālaṃkār'ālokā Prajñāpāramitāvyākhyā：The Work of Haribhadra together with the Text Commented on*，Tokyo：The Toyo Bunko，1935，p. 487.

② 伊吹敦：《初期禪宗と「般若経」》，《国际禅研究》第1卷（东京：东洋大学东洋学研究所国际禅研究プロジェクト），2018年，第75－93页。

③ Edward Conze，*The Prajñāpāramitā Literature*，second edition（revised and enlarged），Bibliographia Philologica Buddhica，no. 1，Tokyo：The Reiyukai，1978，pp. 31－91.

然自支娄迦谶于东汉灵帝光和二年（179）十月译出《道行般若经》[①] 之后，颂数众多的大部《般若经》皆传译到了中国，但由于受到中国传统崇尚简易学风的影响，真正在中国佛教中广为流传的则是小部的《般若经》，尤其以《金刚经》和《般若心经》为最。《金刚经》是初期大乘时期成立的《般若经》[②]，篇幅短小，梵本仅三百颂，在六个汉译本中，少则五千余字（鸠摩罗什译本）、多则八千余字（玄奘译本）；形式古朴，以佛陀与“解空第一”的须菩提之间的层层问答步步深入般若波罗蜜多甚深义趣。《金刚经》译出之后开始流行，尤其在隋唐时期走向顶

① （梁）僧祐：《出三藏记集》卷二，T55，n2145，p. 6b10。

② 部分学者认为《金刚经》成立较早。如吕澂认为《金刚经》的形式比《小品般若经》更接近九分教和十二分教以及后来的阿含形式，应是最为古老的《般若经》，参见吕澂：《印度佛学源流略讲》，《吕澂佛学论著选集》第 4 册，济南：齐鲁书社，1991 年，第 2038 – 2039 页。中村元认为，《金刚经》不见“空”“大乘”之语，形式简朴，呈现出古形，参见中村元、纪野一义译注：《般若心经　金刚般若经》，东京：岩波书店，1960 年，第 195 – 196 页。静谷正雄则认为，《金刚经》是比初期大乘更古老的原始大乘经典，参见静谷正雄：《初期大乗仏教の成立過程》，京都：百华苑，1974 年，第 191 – 209 页。另一部分学者认为《金刚经》集出并非较早。长尾雅人认为《金刚经》可追溯到公元 150 年左右，参见长尾雅人译：《金刚般若经》，《大乘佛典 1　般若部经典》，东京：中央公论社，1973 年，第 318 页。孔滋（Edward Conze）认为《金刚经》成立时间在公元 400 年之前，Edward Conze, *The Prajñāpāramitā Literature*, Tokyo: The Reiyukai, 1978, p. 11. 副岛正光认为，《金刚经》提及“如来灭后，后五百岁，有持戒修福者，于此章句能生信心”（T8, n235, p. 749a28 – 29），推定成立时间在公元 2 世纪左右，参见副岛正光：《般若経典の基礎的研究》，东京：春秋社，1980 年，第 322 页。印顺法师认为，《金刚经》的“五眼”、菩萨庄严国土、两次嘱累、“大身”、即非句式等与“中品般若”（《摩诃般若经》）相同，成立时间应与“中品般若”同为公元 150 年左右，参见印顺：《初期大乘佛教之起源与开展》，台北：正闻出版社，1994 年，第 752 – 755 页。渡边章悟则认为不使用“空”“大乘”之语并非罕见；说法之处在“舍卫国祇树给孤独园”，与《文殊般若经》《濡首般若经》相同；提及“乐小法者”（hīnādhimuktikaiḥ sattvaiḥ）；提及《大品般若》系统的“心流注”（cittādhāra）、“五眼”等，故推定成立时间在公元 300 – 350 左右，渡边章悟：《金剛般若経の研究》，东京：山喜房佛书林，2009 年，第 32 – 34 页。

峰。一方面，智𫖮、吉藏、智俨、窥基等各宗高僧大德纷纷撰写经文注疏，《金刚经》文句也为佛教著作频繁引用；另一方面，适应一般信仰的抄写、刻经、读诵、灵验录、变文、变相等在唐代佛教信众中广为盛行，奉持《金刚经》的法社、邑会等开始出现，这反映了《金刚经》已向唐代社会各阶层渗透的普及情形[①]。而唐玄宗为平衡三教，应僧徒之请注释《金刚经》，并于开元二十三年（735）应僧思有之请将《御注金刚般若经》敕颁天下[②]，这标志着《金刚经》在当时已经成为"佛法宗旨"[③] 的象征。

第一节　《坛经》与《金刚经》

受到隋唐时期《金刚经》信仰的影响，禅宗也运用此广为普及的《般若经》指点自身所传习的禅法。道信和弘忍相关著作已经引用了《金刚经》有关文句。《入道安心要方便法门》云："度众生如度空，度空何曾有来去？《金刚经》云：'灭度无

---

① 平野显照著，张桐生译：《唐代文学与佛教》，台北：华宇出版社，1987 年，第 296 - 322 页。

② 房山石经《御注金刚般若经》尾题，中国佛教协会、中国佛教图书文物馆编：《房山石经》第 3 册，北京：华夏出版社，2000 年，第 336 页；衣川贤次整理：《御注金刚般若经》，方广锠编：《藏外佛教文献》第 10 辑，北京：中国人民大学出版社，2008 年，第 106 页。（北宋）王钦若：《册府元龟》卷五十一，北京：中华书局，1960 年，第 575 页。

③ 张九龄《贺御注〈金刚经〉状》云"佛法宗旨，撮在此经"，（唐）张九龄撰，熊飞校注：《张九龄集校注》，北京：中华书局，2008 年，第 791 页。（北宋）王钦若：《册府元龟》卷五十一，北京：中华书局，1960 年，第 575 页。

量众生，实无有众生得灭度者。'"[①] 这是引《金刚经》说明深行菩萨依般若波罗蜜多悟入甚深一切法空，以无所得之方便于生死之中无取无舍地教化众生，使众生趣向清净涅槃，而不执著能度、所度、灭度本身。《修心要论》云："常念他佛，不免生死。守我本心，得到彼岸。故《金刚般若经》云：'若以色见我，以音声求我，是人行邪道，不能见如来。'"[②] 这是引《金刚经》说明如来之为如来在于真如，不可以作为感官认知的对象之境予以系念、推求、分别了知，而应平等契入真如法界，亦即禅者当前活动所呈露的自心。然而，《金刚经》只是道信和弘忍相关著作引用经典之一[③]，并未明确《金刚经》在禅宗传法中的重要意义。真正彰显《金刚经》与禅宗之重要关联的则是代表惠能禅法的《坛经》。《坛经》开篇将曹溪顿教禅法标识为"摩诃般若波罗蜜法"[④]，但这是侧重从"法"的意义上言说"摩诃般若波罗蜜"在禅法修学过程中作为方法的运用，并非指以般若波罗蜜多为主题的《般若经》，更非特指某一部具体的《般若经》。然而，在具体说明"摩诃般若波罗蜜法"时，《坛经》的个别段

---

① （唐）净觉：《楞伽师资记》，T85，n2837，p. 1287c15 – 16。韩传强：《禅宗北宗敦煌文献录校与研究》，南京：江苏人民出版社，2016 年，第 317 页。引文略有出入，（后秦）鸠摩罗什译《金刚般若波罗蜜经》作"如是灭度无量无数无边众生，实无众生得灭度者"，T8，n235，p. 749a9 – 10。

② （唐）弘忍：《最上乘论》，T48，n2011，p. 377b17 – 20。韩传强：《禅宗北宗敦煌文献录校与研究》，南京：江苏人民出版社，2016 年，第 26 – 27 页。引文见（后秦）鸠摩罗什译：《金刚般若波罗蜜经》，T8，n235，p. 752a17 – 18。

③ 《入道安心要方便法门》引经还包括《楞伽经》《文殊般若经》《观普贤菩萨行法经》《摩诃般若经》《华严经》《无量义经》《法华经》《涅槃经》《观无量寿佛经》《维摩经》《遗教经》《大智度论》等等，《修心要论》引经还包括《十地经论》《维摩经》《佛为心王菩萨说头陀经》《遗教经》《涅槃经》《法华经》《观无量寿佛经》《华严经》等等。

④ 杨曾文：《敦煌新本六祖坛经》，北京：宗教文化出版社，2011 年，第 5 页。

落将其等同于《金刚经》；在《坛经》的惠能自叙经历部分，惠能的求法、弘忍的传法也与《金刚经》有关。在《坛经》的不断增补过程中，惠能与《金刚经》的关系不断得到强化，这最终塑造了关于曹溪禅法广为人知的一般知识图景。

一　闻《金刚经》求法

《坛经》的惠能自叙经历部分具有其他惠能传记资料略去的细节。关于惠能早年求法的经历，《坛经》特别提及惠能于市上卖柴时听闻一客读《金刚经》有所悟而往黄梅参礼弘忍求取佛法。敦煌本《坛经》云：

> 忽有一客买柴，遂领惠能至于官店。客将柴去，惠能得钱。却向门前，忽见一客读《金刚经》。惠能一闻，心便明悟。乃部客曰："从何处来，持此经典？"客答曰："我于蕲州黄梅县东冯墓山，礼拜五祖弘忍和尚，见今在彼门人有千余乘。我于彼听见大师劝道俗，但持《金刚经》一卷，即得见性，直了成佛。"惠能最说，宿业有缘，便即辞亲，往黄梅冯墓山礼拜五祖弘忍和尚。①

虽然此一叙述颇具传奇色彩，但亦并非有违情理。在修学过程中，禅者不注重经论义理而强调实践悟入，其修学并非广博研习众多经论，往往由一部经典、一句经文、一个机缘而能以之为方便获得契理的体悟。在禅法传授中，禅宗对于经论的运用与解说立足于自身的禅法修学体验，并非拘泥于经论字面的语义，而

① 杨曾文：《敦煌新本六祖坛经》，北京：宗教文化出版社，2011年，第6页。

自由地创造性发挥经论对于深彻悟入法界的义趣。只是具体禅法授受必须根据修学者的根器机缘，选择适合的方便作为修学的门径。鉴于隋唐时期《金刚经》信仰的普及情况，禅宗以《金刚经》接引修学者走上大乘菩萨修学的道路，亦是契合一般根机、大开方便之门、弘传上乘禅法的合乎情理的方式。

然而，唐德宗建中二年（781）成书的《曹溪大师别传》之中惠能早年求法经历却并不相同。关于惠能皈依佛门的缘起，《曹溪大师别传》仅记载“虽处群辈之中，介然有方外之志”①，并无《坛经》所谓闻《金刚经》开悟之事。在参访弘忍之前，《曹溪大师别传》记载惠能曾先后与韶州曹溪无尽藏比丘尼论《涅槃经》的佛性之理②、住宝林寺三年、随乐昌县西石窟有远禅师学习坐禅、闻惠纪禅师颂《投陀经》（《佛为心王菩萨说头陀经》）等事。③ 惠能前往黄梅求法，也并非一客相告，而是惠纪禅师的建议，《曹溪大师别传》云：

> 至咸亨五年（674），大师春秋三十有四。惠纪禅师谓大师曰：“久承蕲州黄梅山忍禅师开禅门，可往彼修学。”

---

① 《曹溪大师别传》，X86，n1598，p. 49c6 –7；驹泽大学禅宗史研究会编：《慧能研究：慧能の傳記と資料に關する基礎的研究》，东京：大修馆书店，1978 年，第 30 页。

② 《宝林传》逸文：“《宝林传》：使往至于韶州，忽遇一人，名曰志略，姓刘，与能结义为兄弟。能时年三十一，即当咸亨元年戊辰之岁。此刘志略有姑，出家在于本舍，名无尽藏。”日本驹泽大学图书馆藏室町期写本《景德传灯抄录》卷五、第 4 册，第 1 页 b。转引自椎名宏雄《『宝林伝』逸文の研究》，《驹泽大学佛教学部论集》第 11 号，1980 年，第 264 页。唐高宗咸亨元年为庚午，《宝林传》纪年有误。

③ 《曹溪大师别传》，X86，n1598，p. 49c8 –18；驹泽大学禅宗史研究会编：《慧能研究：慧能の傳記と資料に關する基礎的研究》，东京：大修馆书店，1978 年，第 31 –32 页。

> 大师其年正月三日，发韶州往东山，寻忍大师。[1]

此中亦未提及弘忍劝持《金刚经》之语。虽然《曹溪大师别传》纪年较为混乱[2]，似有刻意强调惠能与宝林寺之关联，但总体而言，《曹溪大师别传》关于惠能早年求法经历的叙述却比《坛经》更为详细而朴素。这种不同叙述与其辨别真伪是非，不如视为对于禅法方便、修学经历与悟入体验的不同抉择。

后世文献大体沿袭敦煌本《坛经》之说，但皆有所增补。南唐保大十年（952）[3] 成书的《祖堂集》增加了诵《金刚经》的买柴客的姓名，"有客姓安名道诚"[4]，但这一姓名并未被其他文献采用。同时，《祖堂集》扩展了敦煌本《坛经》"便即辞亲"的有关细节：

> 惠能报云："缘有老母，家乏欠阙，如何抛母，无人供给？"其道诚遂与惠能银一百两，以充老母衣粮，便令惠能往去礼拜五祖大师。惠能领得其银，分付安排老母讫，便辞母亲。不经一月余日，则到黄梅县东冯母山，礼拜五祖。[5]

安置寡母显然是出于孝道伦理的考量，使得与母亲相依为命

---

① 《曹溪大师别传》，X86，n1598，p. 49c18－21；驹泽大学禅宗史研究会编：《慧能研究：慧能の傳記と資料に關する基礎的研究》，东京：大修馆书店，1978年，第32页。

② 印顺：《中国禅宗史》，台北：正闻出版社，1994年，第180－181页。

③ 《祖堂集》五次提及"今唐保大十年壬子岁"，应在此年成书，后有增补。（南唐）静、筠二禅师撰，孙昌武、衣川贤次、西口芳男点校：《祖堂集》，北京：中华书局，2007年，第18、108、111、121、130页。

④ （南唐）静、筠二禅师撰，孙昌武、衣川贤次、西口芳男点校：《祖堂集》卷二，北京：中华书局，2007年，第124页。

⑤ （南唐）静、筠二禅师撰，孙昌武、衣川贤次、西口芳男点校：《祖堂集》卷二，北京：中华书局，2007年，第124－125页。

的惠能离家求法之事更为合乎情理。这一细节亦见于其他文献，如《宋高僧传·慧能传》“忙归备所须，留奉亲老”[①]，《景德传灯录》“师遽告其母，以为法寻师之意”[②]，《传法正宗记》“为母备其岁储，因告往求法”[③]，只是不如《祖堂集》详细。北宋乾德五年（967）[④]，惠昕编订《六祖坛经》，也在敦煌本《坛经》“宿业有缘”之后增补了安置寡母的细节：

> 乃蒙一客取银十两与某甲，令充老母衣粮，教某甲便往黄梅，礼拜五祖。某甲安置母毕，便即辞亲，不经三十余日，便至黄梅，礼拜五祖。[⑤]

较之《祖堂集》，惠昕本《六祖坛经》改“银一百两”为“十两”，改“一月余日”为“三十余日”。其后，属于契嵩校勘本系统的元德异重刊本《六祖法宝坛经·悟法传衣品》[⑥]、元宗宝重编本《六祖大师法宝坛经·行由品》[⑦] 也沿袭了惠昕本

---

① （北宋）赞宁：《宋高僧传》卷八，T50，n2061，p. 754c11－12。

② （北宋）道原：《景德传灯录》卷五，T51，n2076，p. 235b15－16。

③ （北宋）契嵩：《传法正宗记》卷六，T51，n2078，p. 747a12。

④ 真福寺本《六祖坛经》前有惠昕《韶州曹溪山六祖坛经序》“余以太岁丁卯、月在蕤宾、二十三日辛亥，于思迎塔院，分为两卷，开十一门”，其中“太岁丁卯”即北宋乾德五年，参见石井修道：《惠昕本『六祖壇経』の研究：定本の試作と敦煌本との對照》，《驹泽大学佛教学部论集》第11号，1980年，第100页。

⑤ 石井修道：《惠昕本『六祖壇経』の研究：定本の試作と敦煌本との對照》，《驹泽大学佛教学部论集》第11号，1980年，第104页。驹泽大学禅宗史研究会编：《慧能研究：慧能の傳記と資料に關する基礎的研究》，东京：大修馆书店，1978年，第276页。

⑥ 元德异编：《六祖法宝坛经》，驹泽大学禅宗史研究会编：《慧能研究：慧能の傳記と資料に關する基礎的研究》，东京：大修馆书店，1978年，第276页。

⑦ （元）宗宝编：《六祖大师法宝坛经》，T48，n2008，p. 348a4－14。

《六祖坛经》的叙述。此外，《宋高僧传》[①]、《景德传灯录》[②]、《传法正宗记》[③] 根据《曹溪大师别传》，在《坛经》的闻《金刚经》求法之后添入了与无尽藏比丘尼论《涅槃经》、住宝林寺、随乐昌县西石窟智远禅师谈玄（《曹溪大师别传》作“有远禅师”）、智远禅师劝往黄梅弘忍处（《曹溪大师别传》为惠纪禅师之劝）等事；元德异重刊本《六祖法宝坛经·参请机缘品》[④]、元宗宝重编本《六祖大师法宝坛经·机缘品》[⑤] 也增加了与无尽藏比丘尼论《涅槃经》之事。

二　弘忍夜授《金刚经》

关于弘忍传法于惠能的具体情形，《坛经》明确记载弘忍于夜间秘密为惠能说《金刚经》，惠能言下便开悟，同时获得信衣。敦煌本《坛经》云：

> 五祖夜至三更，唤慧能堂内说《金刚经》。慧能一闻，言下便悟。其夜受法，人尽不知，便传顿教及衣，以为六代祖。[⑥]

禅者的悟入体验唯是自证自觉，并非从外而来，亦非他者所给予，亦非他者所能体验，而是清净自心在当下超越障碍而朗然呈现，亦超越一切言说分别，故禅者呈露自己见地和传授付与禅

---

① （北宋）赞宁：《宋高僧传》卷八，T50，n2061，p. 754c12－20。

② （北宋）道原《景德传灯录》卷五，T51，n2076，p. 235b16－29。

③ （北宋）契嵩：《传法正宗记》卷六，T51，n2078，p. 747a13－26。

④ （元）德异编：《六祖法宝坛经》，驹泽大学禅宗史研究会编：《慧能研究：慧能の傳記と資料に關する基礎的研究》，东京：大修馆书店，1978 年，第 335 页。

⑤ （元）宗宝编：《六祖大师法宝坛经》，T48，n2008，p. 355a14－19。

⑥ 杨曾文：《敦煌新本六祖坛经》，北京：宗教文化出版社，2011 年，第 12 页。

法只能是秘密地进行。“密呈”和“密付”是东山门下共通的特点，如《传法宝纪》“及忍、如、大通之世……密来自呈，当理与法，犹递为秘重，曾不昌言”[①]。《坛经》的叙述则将超越言说的秘密的传法具象化为可以加以经验感知的事项。《坛经》的“说《金刚经》”即是将“摩诃般若波罗蜜法”具体落实于隋唐时期盛行的《金刚经》，将传法具象化为解说《金刚经》的甚深般若波罗蜜多的理趣，而“夜至三更”“人尽不知”则烘托了传法情境的隐秘性。惠能的“言下便悟”则可远溯于达摩—慧可禅法“藉教悟宗”[②]的修学传统，即强调经典的言说只是引导启发悟入甚深理境的方便，但《坛经》更加凸显了曹溪禅法的悟入即在“言下”，不需要渐渐进入而是顿时悟入。

《坛经》有关《金刚经》传法之说与神会门下所传相同。日本石井光雄藏敦煌写本《南阳和尚问答杂征义》尾部六代传记部分（可能即《师资血脉传》），叙述菩提达摩至惠能的传法皆以《金刚经》为法契、袈裟为法信，建构了一个完整的禅法传承谱系。《南阳和尚问答杂征义》云：

> 达摩大师，乃依《金刚般若经》，说如来知见，授与慧可。授语以为法契；便传袈裟，以为法信，如佛授娑竭龙王女记。大师云：“《金刚经》一卷，直了成佛，汝等后人，依般若观门修学，不为一法，便是涅槃，不动身心，成无上道。”

---

① 柳田圣山：《初期の禅史 I：楞伽師資記 · 伝法宝纪》，东京：筑摩书房，1971 年，第 420 页。韩传强：《禅宗北宗敦煌文献录校与研究》，南京：江苏人民出版社，2016 年，第 50 页。

② 柳田圣山：《達摩の語錄：二入四行論》，东京：筑摩书房，1969 年，第 31 页。（唐）道宣：《续高僧传》卷十六，T50，n2060，p. 551c8。

> （慧可）时年四十，奉事达摩经于九年，闻说《金刚般若波罗蜜经》，言下证“如来实无有法即佛，菩提离一切法，是名诸佛”。
>
> 于时，璨禅师奉事首末经六年。师依《金刚经》，说如来知见，言下便悟“受持读诵此经，即为如来知见”。密授默语，以为法契；便传袈裟，以为法信，即如文殊师利授善财记。
>
> 于时，信禅师年十三，奉事经九年。师依《金刚经》，说如来知见，言下便证“实无有众生得灭度者”。授默语以为法契；便传袈裟，以为法信，如明月宝珠出于大海。
>
> 于时，忍禅师年七岁，奉事经余三十年。依《金刚经》，说如来知见，言下便证最上乘法、悟寂灭。忍默受语以为法契；便传袈裟，以为法信，如雪山童子得全如意珠。
>
> 于时，能禅师奉事经八个月。师依《金刚经》，说如来知见，言下便证“若此心有住，则为非住”。密授默语，以为法契；便传袈裟，以为法信，犹如释迦牟尼授弥勒记。[①]

六代传记中关于传法的叙述基本采用了同一模式，凸显了《金刚经》为六代传法所共同依据的经典，从而树立了禅法传承的纯粹性与正统性。六代传记可能有一定来源，如慧可言下证“如来实无有法即佛”，即同于《二入四行论》“如法觉，觉无所觉，故名为佛”[②]，亦即《金刚经》“所谓佛法者，即非佛法”[③]；道信言下便证“实无有众生得灭度者”，即同于《入道安心要方

① 杨曾文：《神会和尚禅话录》，北京：中华书局，2011年，第104、105、105、106、107、108页。

② 柳田圣山：《達摩の語錄：二入四行論》，东京：筑摩书房，1969年，第73页。

③ （后秦）鸠摩罗什译：《金刚般若波罗蜜经》，T8，n235，p. 749b25。

便法门》“度众生如度空，度空何曾有来去？《金刚经》云：‘灭度无量众生，实无有众生得灭度者’”①；弘忍言下便证“最上乘法、悟寂灭”，即《金刚经》云“如来为发大乘者说，为发最上乘者说”②，而《修心要论》又名《最上乘论》。但总体而言，六代传记应与神会有关。其中的“依《金刚经》，说如来知见”则明显同于《南阳和上顿教解脱禅门直了性坛语》“今推到无住处立知”③，所谓“无住处”即《金刚经》“应无所住而生其心”④，所谓“知”即“如来知见”；六代传记有关惠能部分的“言下便证‘若此心有住，则为非住’”亦是指“无住处立知”。关于并说“法契”与“法信”的传法叙述，有关神会的另一著作《菩提达摩南宗定是非论》亦是如此：

> 达摩遂开佛知见，以为密契；便传一领袈裟，以为法信，授与慧可。慧可传僧璨，璨传道信，道信传弘忍，弘忍传慧能。六代相承，连绵不绝。⑤

然而，《菩提达摩南宗定是非论》并未提及《金刚经》。同样以“法”与“衣”并传的《历代法宝记》相应部分亦未提及《金刚经》。而《荷泽大师显宗记》不仅说“西天二十八祖，共传无住之心，同说如来知见”，也说“唯指衣法相传，更无别法。内传心印，

---

① （唐）净觉：《楞伽师资记》，T85，n2837，p. 1287c15 – 16；韩传强：《禅宗北宗敦煌文献录校与研究》，南京：江苏人民出版社，2016 年，第 317 页。引文略有出入，（后秦）鸠摩罗什译《金刚般若波罗蜜经》作“如是灭度无量无数无边众生，实无众生得灭度者”，T8，n235，p. 749a9 – 10。

② （后秦）鸠摩罗什译：《金刚般若波罗蜜经》，T8，n235，p. 750c13 – 14。

③ 杨曾文：《神会和尚禅话录》，北京：中华书局，2011 年，第 9 页。

④ （后秦）鸠摩罗什译：《金刚般若波罗蜜经》，T8，n235，p. 749c22 – 23。

⑤ 杨曾文：《神会和尚禅话录》，北京：中华书局，2011 年，第 18 页。

印契本心；外传袈裟，将表宗旨”[①]，这应晚于六代传记。此外，六代传记与《南阳和尚问答杂征义》的前文问答体亦不相衔接，应是后来编入。故可以推论，六代传记的《金刚经》传法之说可能是在神会圆寂后，由神会门下所附加[②]。而建立此说可能是为了抗衡《楞伽师资记》建立的《楞伽经》传法的禅宗谱系。[③]

另一个重要问题是，敦煌本《坛经》与六代传记的《金刚经》传法之说是怎样的关系？虽然无可否认神会门下参与了敦煌本《坛经》的成书[④]，但敦煌本《坛经》与六代传记有关惠能部分存在明显差异。其一，敦煌本《坛经》仅为“说《金刚经》”，并未提及作为神会禅法特点的“如来知见”，更未明确所说为《金刚经》“应无所住而生其心”之语。其二，六代传记还提到：

> 经八个月，忍大师于众中寻觅，至碓上见共语，见知真了见性，遂至夜间，密唤来房内，三日三夜共语，了知证如

---

① （北宋）道原：《景德传灯录》卷三十，T51，n2076，p. 459a26－27、459b2－3。

② 竹内弘道：《初期禅宗と『金剛般若経』》，《曹洞宗研究员研究生研究纪要》第15号，1983年，第132－143页。

③ 铃木大拙：《禅思想史研究第二》，《铃木大拙全集》第2卷，东京：岩波书店，1968年，第34页。伊吹敦：《『師資血脈傳』の成立と變化、竝びに他の神會の著作との關係について》，《东洋思想文化》第7号，2020年，第31－59页。

④ 胡适最早提出《坛经》有关《金刚经》部分与神会一系有关，甚至直接认为《坛经》是神会所作，参见胡适：《荷泽大师神会传》，欧阳哲生编：《胡适文集》第5册，北京：北京大学出版社，1998年，第232－233页。伊吹敦亦赞同胡适之说，参见伊吹敦：《初期禅宗における『金剛経』》，阿部慈园编：《金剛般若経の思想的研究》，东京：春秋社，1999年，第354－355页。

来知见，更无疑滞。①

此中，弘忍传法惠能之前，“于众中寻觅，至碓上见共语”，不见于敦煌本《坛经》，又与《坛经》廊壁题偈之事不同，而同于《曹溪大师别传》“忍大师因行至碓米所……忍大师至夜，命能入房”②；关于传法时长，六代传记为“三日三夜共语”，而敦煌本《坛经》则只是“其夜受法”，并非三日三夜。因此，敦煌本《坛经》的《金刚经》传法之说并不能简单地判定为出自神会门下，反而可能是神会门下根据《坛经》的惠能得法经历敷衍成六代传法的谱系。

《曹溪大师别传》之中弘忍传法惠能的叙述却与《坛经》有所不同。《曹溪大师别传》并未提及《金刚经》与惠能得法的关联，反而更为重视以佛性为主题的《涅槃经》。惠能得法之前，与无尽藏比丘尼论《涅槃经》；得法之后，又于广州制旨寺与印宗法师（627－713）论《涅槃经》③；弘忍传法惠能之时，亦无廊壁题偈之事，而是紧接着惠能初见弘忍时关于佛性的问答，继续深入问答《涅槃经》“一切众生皆有佛性”④ 之义。但《曹溪

① 杨曾文：《神会和尚禅话录》，北京：中华书局，2011 年，第 109 页。《历代法宝记》有相同记载“令能随众踏碓八个月，碓声相似。忍大师就碓上密说，直了见性。于夜间潜唤入房，三日三夜共语了，付嘱法及袈裟”，T51，n2075，p. 182b12－14；柳田圣山：《初期の禅史Ⅱ：歴代法宝記》，东京：筑摩书房，1976 年，第 99 页。

② 《曹溪大师别传》，X86，n1598，p. 050a6－9；驹泽大学禅宗史研究会编：《慧能研究：慧能の傳記と資料に關する基礎的研究》，东京：大修馆书店，1978 年，第 33 页。

③ 《曹溪大师别传》，X86，n1598，p. 50c3－51a7；驹泽大学禅宗史研究会编：《慧能研究：慧能の傳記と資料に關する基礎的研究》，东京：大修馆书店，1978 年，第 37－40 页。印宗之事，另见王维《能禅师碑》，（唐）王维撰、陈铁民校注：《王维集校注》，北京：中华书局，1997 年，第 817 页。

④ （北凉）昙无谶译：《大般涅槃经》卷七，T12，n374，p. 404c4－5；卷八，p. 413c3；卷九，p. 419a18－19。

大师别传》与《坛经》关于代代付嘱仍有相同之处。《曹溪大师别传》云：

> 忍大师至夜，命能入房。大师问："汝初来时，答吾岭南人佛性与和上佛性有何差别，谁教汝耶？"答曰："佛性非偏，和上与能无别，乃至一切众生皆同，更无差别，但随根隐显耳。"忍大师征曰："佛性无形，如何隐显？"能答曰："佛性无形，悟即显，迷即隐。"……忍大师告能曰："如来临般涅槃，以甚深般若波罗蜜法付嘱摩诃迦叶，迦叶付阿难……信付于吾矣。吾今欲逝，法嘱于汝。汝可守护，无令断绝。"……忍大师曰："衣为法信，法是衣宗。从上相传，更无别付。非衣不传于法，非法不传于衣。衣是西国师子尊者相传，令佛法不断；法是如来甚深般若，知般若空寂无住，即而了法身，见佛性空寂无住，是真解脱。汝可持衣去。"①

《曹溪大师别传》与《坛经》、神会门下传说相同，皆以"法"与"衣"同时并传。关于代代付嘱的"法"，《曹溪大师别传》称之为"甚深般若波罗蜜法"，亦与《坛经》"摩诃般若波罗蜜法"相同。只是，《坛经》以"自性"说"摩诃般若波罗蜜法"，而《曹溪大师别传》在解说"甚深般若波罗蜜法"时偏重使用"佛性"。所谓"佛性空寂无住"即客观的理性法则，"般若空寂无住"即主观的具体实践；佛性与般若皆是空寂无住，并无

① 《曹溪大师别传》，X86，n1598，p. 50a8 – b4；驹泽大学禅宗史研究会编：《慧能研究：慧能の傳記と資料に關する基礎的研究》，东京：大修馆书店，1978年，第33 – 35页。

实在的固定本质，故分别说佛性与般若只是方便言说的无分别之分别，实则佛性即般若所觉照之理体、般若即佛性所发用之工夫，佛性与般若相即不二。无论是《坛经》的“自性”还是《曹溪大师别传》的“佛性”，皆是平等一如的清净法性，其本身无所谓传或不传、授或不授、付或不付，而可传、可授、可付的则是作为方法的般若波罗蜜多，故《坛经》与《曹溪大师别传》皆以般若波罗蜜多为代代付嘱的“法”。所不同的是，《坛经》进一步将般若波罗蜜多具象化为《金刚经》，而《曹溪大师别传》并非如此。

后世诸本《坛经》在敦煌本《坛经》的基础上增补了一些弘忍传法惠能的细节。惠昕本《六祖坛经·悟法传衣门》：

> 五祖其夜三更，唤某甲至堂内，以袈裟遮围，不令人见，为某甲说《金刚经》。恰至“应无所住而生其心”，言下便悟，一切万法不离自性。某甲启言和尚：“何期自性，本自清净；何期自性，本不生灭；何期自性，本自具足；何期自性，无动无摇，能生万法。”五祖知悟本性，乃报某甲言：“不识本心，学法无益；若言下识自本心，见自本性，即名丈夫、天人师、佛。”三更受法，人尽不知，便传顿教及衣钵……①

惠昕本《六祖坛经》最大的变化是增加了“何期自性”这首悟道偈。敦煌本《坛经》已经明确说到“性含万法是大，万法尽是自性”②，而“何期自性”一偈则是对这一思想的进一步

---

① 石井修道：《惠昕本『六祖壇経』の研究：定本の試作と敦煌本との對照》，《驹泽大学佛教学部论集》第11号，1980年，第116页。驹泽大学禅宗史研究会编：《慧能研究：慧能の傳記と資料に關する基礎的研究》，东京：大修馆书店，1978年，第285－286页。

② 杨曾文：《敦煌新本六祖坛经》，北京：宗教文化出版社，2011年，第25页。

演绎。至于弘忍所说“不识本心，学法无益；若言下识自本心，见自本性”，则源自敦煌本《坛经》“不识本心，学法无益，识心见性，即悟大意”①，但敦煌本《坛经》将此句置于“菩提本无树”一偈之前，并非视为弘忍之语。此外，为了强调传法的秘密性，惠昕本《六祖坛经》添加了“袈裟遮围”这一情节。而关于说《金刚经》的具体内容，惠昕本《六祖坛经》明确为“应无所住而生其心”，这应源自于神会门下《南阳和尚问答杂征义》附录六代传记的弘忍传“（惠能）言下便证‘若此心有住，则为非住’”②。

属于契嵩校勘本系统的元德异重刊本《六祖法宝坛经·悟法传衣品》和元宗宝重编本《六祖大师法宝坛经·行由品》仅个别文字略异，皆是在惠昕本《六祖坛经》基础上，增加了传法之前的细节。《六祖大师法宝坛经·行由品》云：

> 次日，祖潜至碓坊，见能腰石舂米，语曰：“求道之人，为法忘躯，当如是乎！”乃问曰：“米熟也未？”惠能曰：“米熟久矣，犹欠筛在。”祖以杖击碓三下而去。惠能即会祖意，三鼓入室。祖以袈裟遮围，不令人见，为说《金刚经》。至“应无所住而生其心”，惠能言下大悟，一切万法不离自性……③

传法之前的碓坊问答亦见于《祖堂集》卷二：

> 师又去碓坊，便问行者：“不易，行者！米还熟也未？”

① 杨曾文：《敦煌新本六祖坛经》，北京：宗教文化出版社，2011 年，第 11 页。

② 杨曾文：《神会和尚禅话录》，北京：中华书局，2011 年，第 108 页。

③ （元）宗宝编：《六祖大师法宝坛经》，T48，n2008，p. 349a12 – 18。驹泽大学禅宗史研究会编：《慧能研究：慧能の傳記と資料に關する基礎的研究》，东京：大修馆书店，1978 年，第 285 页。

> 对曰："米熟久矣，只是未有人簸。"师云："三更则至。"行者便唱喏。至三更，行者来大师处。大师与他改名，号为慧能。当时便传袈裟，以为法信，如释迦牟尼授弥勒记矣。①

碓坊问答可能另有来源，而《祖堂集》所说"如释迦牟尼授弥勒记"则是出自《南阳和尚问答杂征义》附录六代传记的弘忍传②。但《祖堂集》的传法也未提及《金刚经》。德异本《六祖法宝坛经》和宗宝本《六祖大师法宝坛经》添加了碓坊问答而有所改易，将《祖堂集》的"不易，行者"扩充为"求道之人，为法忘躯，当如是乎"；而《祖堂集》的"三更则至"则变为戏剧化的"以杖击碓三下"，更加强化了传法的秘密性以及禅宗以心传心的禅法风格。

三　《金刚经》与般若三昧

《坛经》在分别解说"摩诃""般若""波罗蜜"之后，赞颂"摩诃般若波罗蜜"为最上乘法门，又将修学"摩诃般若波罗蜜"的方便说为奉持《金刚经》。敦煌本《坛经》云：

> 若欲入甚深心法界，入般若三昧者，直须修般若波罗蜜行，但持《金刚般若波罗蜜经》一卷，即得见性入般若三昧，当知此人功德无量。经中分明赞叹，不能具说。此是最

① （南唐）静、筠二禅师撰，孙昌武、衣川贤次、西口芳男点校：《祖堂集》，北京：中华书局，2007年，第118－119页。

② 杨曾文：《神会和尚禅话录》，北京：中华书局，2011年，第108页。

上乘法，为大智上根人说。小根智人若闻法，心不生信。何以故？譬如大龙，若下大雨，雨于阎浮提，城邑聚落，悉皆漂流，如漂草叶；若下大雨，雨于大海，不增不减。若大乘者，闻说《金刚经》，心开悟解。[①]

《坛经》将曹溪顿教禅法称之为“摩诃般若波罗蜜法”，作为“法”的般若波罗蜜多不是某种认知对象或理论，而是具体实践的“行”，故又称“行般若波罗蜜多”为“般若三昧”；修学般若三昧即如实通达空相应缘起之理境，亦即现证甚深法界，此理境、法界即是禅者当前活动所呈露的本性空寂清净的自性—自心，故修学般若三昧即是“见性”、即是“心开悟解”。于此，敦煌本《坛经》将作为“法”的般若波罗蜜多具体落实于以般若波罗蜜多为主题的《般若经》，而隋唐时期最为流行的《般若经》莫过于《金刚经》，故说“但持《金刚般若波罗蜜经》一卷，即得见性入般若三昧”。正如《金刚经》反复校量功德，修学般若三昧亦是具足无量功德的最上乘法，然而此最上乘法唯是具足大智上根而修学大乘的行者才能践行，小智劣根难以信解，何况能依此修学？但《坛经》所举的大龙降雨于阎浮提和大海的譬喻则出自《思益经·授不退转天子记品》“大龙所雨，澍如车轴。若其雨者，是阎浮提及城邑、聚落、山林、陂池，悉皆漂流如漂枣叶……又如大海，堪受大雨，澍如车轴，不增不减”[②]。敦煌本《坛经》将“闻说《金刚经》”作为现入般若三昧的方

① 杨曾文：《敦煌新本六祖坛经》，北京：宗教文化出版社，2011 年，第 27－28 页。

② （后秦）鸠摩罗什译：《思益梵天所问经》卷四，T15，n586，p. 57c8－16。另见（西晋）竺法护译：《持心梵天所问经》卷四，T15，n585，p. 28a7－16。（元魏）菩提流支译：《胜思惟梵天所问经》卷六，T15，n587，p. 91b25－c4。

便，这与前文中的惠能闻《金刚经》求法、弘忍夜授《金刚经》之事相互呼应。后世诸本《坛经》相应文字也近于敦煌本《坛经》。

《坛经》以奉持《金刚经》为修学般若波罗蜜多方便的思想同样见于神会有关的著作。在《菩提达摩南宗定是非论》中，神会称自身的修学为“修般若波罗蜜法、行般若波罗蜜行”，紧接着赞颂了般若波罗蜜多的无量功德；此一长段赞颂《金刚经》之文将近三千字，与前后问答体例不合，应是最后插入的①。此中有部分文字与《坛经》十分相近。《菩提达摩南宗定是非论》云：

> 和上答：“修学般若波罗蜜者，能摄一切法。行般若波罗蜜行，是一切行之根本。金刚般若波罗蜜，最尊最胜最第一，无生无灭无去来，一切诸佛从中出。”和上言：“告诸知识，若欲得了达甚深法界，直入一行三昧者，先须诵持《金刚般若波罗蜜经》，修学般若波罗蜜法。何以故？诵持《金刚般若波罗蜜经》者，当知是人不从小功德来……是故《金刚般若波罗蜜经》者，如来为发大乘者说，为发最上乘者说。何以故？譬如大龙，不雨阎浮提。若雨阎浮提，如漂弃叶；若雨于大海，其海不增不灭。故若大乘者，若最上乘者，闻说《金刚般若波罗蜜经》，不惊不怖、不畏不疑者……”②

所谓“金刚般若波罗蜜，最尊最胜最第一”近似敦煌本

① 高堂晃寿：《『菩提達摩南宗定是非論』金剛経宣揚部の意味するもの》，《東アジア佛教：その成立と展開 木村清孝博士還曆記念論集》，东京：春秋社，2002 年，第 131 – 145 页。

② 杨曾文：《神会和尚禅话录》，北京：中华书局，2011 年，第 34 – 37 页。

《坛经》“摩诃般若波罗蜜，最尊最上第一，无住无去无来，三世诸佛从中出”①，仅是将《坛经》的“摩诃般若波罗蜜”改为“金刚般若波罗蜜”；此中的“金刚般若波罗蜜”是指“法”而非《金刚经》，是以无坚不摧之“金刚”修饰“般若波罗蜜”。所谓“若欲得了达甚深法界”以下，与敦煌本《坛经》“若欲入甚深心法界”以下相同，仅是将《坛经》的“般若三昧”改为“一行三昧”。此外，《菩提达摩南宗定是非论》也运用了《思益经》的大龙降雨于阎浮提和大海的譬喻。在神会相关另一著作《南阳和尚问答杂征义》也有类似语句：

> 若欲得了达甚深法界者，直入一行三昧；若入此三昧者，先须诵持《金刚般若波罗蜜经》，修学般若波罗蜜。故《金刚般若波罗蜜经》云：“若有善男子、善女人发菩提心者，于此经中，乃至四句偈等，受持读诵，为人演说，其福胜彼”……是〔无念〕者，即是般若波罗蜜；般若波罗蜜者，即是一行三昧。②

自道信将《文殊般若经》的一行三昧作为悟入法界的禅法，禅宗大多沿用此一术语，但在具体解说时有所不同③；敦煌本《坛经》以一行三昧为“于一切时中行住坐卧，常行直心是”，并以此批评那些“直言坐不动”的禅法④；而《菩提达摩南宗定

---

① 杨曾文：《敦煌新本六祖坛经》，北京：宗教文化出版社，2011 年，第 26 页。

② 杨曾文：《神会和尚禅话录》，北京：中华书局，2011 年，第 73 页。

③ Bernard Faure, “The Concept of One - Practice Samādhi in Early Ch'an”, in Peter N. Gregory (ed.), *Traditions of Meditation in Chinese Buddhism*, Honolulu: The University of Hawaii Press, 1986, pp. 99 - 128.（中译本，［美］伯兰特·佛尔，蒋海怒译：《早期禅的“一行三昧”观念》，《中国哲学史》2010 年第 2 期，第 7 - 23 页。）

④ 杨曾文：《敦煌新本六祖坛经》，北京：宗教文化出版社，2011 年，第 14 页。

是非论》和《南阳和尚问答杂征义》皆说“是无念者，即是般若波罗蜜；般若波罗蜜者，即是一行三昧”①，则显然与敦煌本《坛经》“悟般若三昧，即是无念”② 有关。与《坛经》的批评意趣相同，神会有关著作以般若波罗蜜多重新解释“一行三昧”也可能是为了批评北宗禅。

虽然敦煌本《坛经》与神会有关著作关联密切，但也存在细微差异。其一，敦煌本《坛经》相关段落的行文线索是“摩诃般若波罗蜜法”，先解说“摩诃般若波罗蜜法”，再赞颂“摩诃般若波罗蜜法”相应无量功德，再述论修学般若波罗蜜多的般若三昧，最后提及奉持《般若经》作为适应一般佛教信仰的方便，而《金刚经》则是隋唐时期盛行的《般若经》的代表。相比之下，神会有关著作相关段落则以直接赞颂《金刚经》为主题。其二，敦煌本《坛经》的般若三昧即是“行般若波罗蜜多”，是“摩诃般若波罗蜜法”的具体修学，包括无相、无住、无念等具体三昧；虽然般若三昧之名不见经论，但三昧为大乘菩萨道禅法之通名、般若波罗蜜多为曹溪顿教之“法”，以般若三昧命名亦较为顺适。而“一行三昧”在《般若经》等侧重表示一切法一相、所谓无相，神会有关著作的“一行三昧”亦侧重其无相之义，此“一行三昧”缩小了《坛经》的般若三昧的语义。因此，《坛经》以奉持《金刚经》为修学般若波罗蜜多方便的思想并不能直接等同于神会一系的禅法。

综上所论，《坛经》中惠能所传曹溪禅法与《金刚经》的关联并非不言自明的“知识”，而经历了建构、传播、接受的过程。第

① 杨曾文：《神会和尚禅话录》，北京：中华书局，2011 年，第 39 页。
② 杨曾文：《敦煌新本六祖坛经》，北京：宗教文化出版社，2011 年，第 30 页。

一，《坛经》关于惠能早年闻《金刚经》求法经历的叙述并不见于《曹溪大师别传》等早期传记文献，但后期惠能传记大多采纳了《坛经》之说，并在《坛经》基础上增加了一些细节。第二，《坛经》关于弘忍夜授《金刚经》、以《金刚经》为般若三昧方便的叙述与神会有关著作密切相关，又存在一定差异，但难以简单地判定神会有关著作影响了《坛经》或者神会有关著作是基于《坛经》而敷衍成文。再者，后世诸本《坛经》在敦煌本《坛经》基础上综合其他文献进行了补充修订，进一步强化了惠能与《金刚经》的关联。第三，《坛经》有关《金刚经》的叙述与其视为"事实"，不若作为标识曹溪顿教禅法的"摩诃般若波罗蜜法"的象征，即以隋唐时期在佛教信众中普遍传播的《金刚经》作为引导初学运用般若波罗蜜多之方法悟入本性空寂的自性—自心的方便。随着惠能与《金刚经》的关联成为广为人知的一般的"知识"，简易直截的曹溪顿教禅法最终成了禅宗乃至中国佛教禅法的主流。

第二节　《金刚经解义》的般若思想

超越名言的自证自觉是禅者修学实践共通的意趣。然而对于禅法授受过程之中作为方便的经教言说的运用，不同风格的禅者却有明显的差异：一分禅者警惕名言对于引导证悟的局限性及容易陷入世俗心态的概念认定作用的危险性，而不重经教、不立言说；一分禅者则于胜义之中通达一切名言的空寂本性，善巧运用言说之教的方便而悟入甚深法界。达摩与慧可门下的禅者即分化成三类："受道心行，口未曾说"；"口说玄理，不出文记"；并出文记[①]，后世禅者亦大体如此。所谓"文记"即著述，特别是经论注疏类著作，虽然禅宗并不注重义学的注疏传统，但亦传出了一些署名禅宗祖师的经论注疏类著作。关于《金刚经》，北宋子璿（965－1038）所见注疏之中即有署名"或云达磨，或云五祖"[②]，然而子璿认为仅是托名之作；北宋安保衡[③]编撰《禅宗金刚经解》一卷，"采摭禅宗自达磨而下发明是经者参释之，序称：其有言涉修证者，北宗法门也；举心即佛者，江西法门也；

① （唐）道宣：《续高僧传》卷二十五附编，T50，n2060，p. 666b14－20。

② （北宋）子璿：《金刚经纂要刊定记》卷一，T33，n1702，p. 177c16－17。

③ 安保衡生卒不详，约在北宋真宗天禧至神宗熙宁年间。（南宋）李焘：《续资治通鉴长编》卷一百三十五"（庆历二年［1042］二月丙戌）诏陕西转运司，自今无得差知县出外。仍遣大理寺丞安保衡等五人往本司，以备差使"，第10册，北京：中华书局，2004年，第3224页；卷一百八十九"（嘉祐四年［1059］五月）辛丑，屯田员外郎、通判安州安保衡责授昭化军节度副使、监高邮军酒税"，第14册，北京：中华书局，1985年，第4565页。（清）徐松《宋会要辑稿》职官六五之十八"（嘉祐四年）五月八日，屯田员外郎、通判定州安保衡责左（昭）化军节度副使、监高邮军酒税。以御史知杂事其（吴）中复言：保衡诉其父取杂户任民（氏），奏授邑号，且其父死时，保衡尚幼，及今三十年，岂无保养之恩？此人情之所不忍，请行废点（黜）之"，北京：中华书局，1957年，第3855页；刘琳等校点：《宋会要辑稿》第8册，上海：上海古籍出版社，2014年，第4807页。（南宋）陈耆卿《嘉定赤城志》卷十"（熙宁）四年（1071），安保衡［以屯田郎中至］"，《宋元方志丛刊》第7册，北京：中华书局，1990年，第7363页。成寻：《参天台五台山记》卷三"熙宁五年（1072）八月一日"条所载"熙宁五年七月廿四日帖"署名八人，第七为"尚书屯田郎中通判军州兼劝农事安保衡"，王丽萍校点：《新校参天台五台山记》，上海：上海古籍出版社，2009年，第179页。（明）黄仲昭《（弘治）八闽通志》卷三十三"（漳州）通判军州事……张知常、安保衡［俱治平间任］"，台北：台湾学生书局，1987年，第1775页；（明）陈洪谟《（正德）大明漳州府志》卷三"安保衡，以职封员外郎来任，治平三年（1066）到"，厦门：厦门大学出版社，2012年，第112页；（明）罗青霄《（万历）漳州府志》卷三"安保衡［（治平）三年以职方员外郎任］"，《明代方志选（三）》，台北：台湾学生书局，1965年，第42页。

无法无物者，本来如是者，曹溪法门也"①。这些著作今已亡佚，唯署名惠能的《金刚经解义》存世。② 虽然该书可能只是假托惠

---

① （南宋）晁公武：《郡斋读书志》卷十六，孙猛校证：《郡斋读书志校证》，上海：上海古籍出版社，1990 年，第 778 页；（元）马端临：《文献通考》卷二百二十六，北京：中华书局，2011 年，第 6215 - 6216 页。此外，成书于高丽宣宗八年（1090）的高丽义天《新编诸宗教藏总录》卷一"海东有本见行录上"记载"《〈金刚般若经〉诀》一卷，保衡述"，T55，n2184，p. 1171a5。

② 各版本书名、署名与卷数不一，日本茨城县六地藏寺藏写本《六祖注解金刚经义》一册，署名"曹溪六祖大师慧能解义，亦曰口诀"；京都大学人文科学研究所松本文库藏五山版《金刚般若波罗蜜经》一卷，题下双行注"曹溪六祖大师慧能解义，亦曰口诀并序"；日本内阁文库、京都延历寺叡山文库藏明版《金刚般若波罗蜜经》二卷，署名"东晋武帝时后秦沙门鸠摩罗什奉诏译、梁昭明太子嘉其分目、唐六祖大鉴真空普觉禅师解义"；京都大学、驹泽大学、龙谷大学、奈良东大寺图书馆藏明历元年（1655）中野小左卫刊本《金刚经六祖解义》二卷，署名"东晋武帝时后秦沙门鸠摩罗什奉诏译、梁昭明太子嘉其分目、唐六祖大鉴真空普觉禅师解义"；《卍续藏》本《金刚经解义》以京都大学藏明历元年刊本为底本；另有，京都延历寺叡山文库藏写本《金刚般若波罗蜜经义解》一册，东京都町田市无穷会藏写本《金刚经六祖解义口诀》一册。历代书目著录亦有出入，大多书名含"诀"字。日僧圆珍（814 - 891）于唐宣宗大中八年（854）写成的《福州温州台州求得经律论疏记外书等目录》记载，于温州永嘉郡求得"能大师《金刚般若经诀》一卷"，T55，n2170，p. 1094a2；另见圆珍《日本比丘圆珍入唐求法目录》"《金刚般若经诀》一卷"，T55，n2172，p. 1100a19；圆珍《智证大师请来目录》"《金刚般若经诀》一卷［曹溪］"，T55，n2173，p. 1105c2。日僧永超（1014 - 1095）于日本宽治八年（1094 年）撰成的《东域传灯目录》亦记载"同经《诀》一卷［曹溪所名］"，T55，n2183，p. 1147c3。北宋庆历元年（1041）成书的王尧臣等《崇文总目》原卷五十四"《金刚经口诀义》一卷，释惠能撰……《六祖大师金刚经大义诀》二卷"，《宋元明清书目题跋丛刊》宋代卷第 1 册，北京：中华书局，2006 年，第 168 - 169 页。北宋嘉祐五年（1060）成书的欧阳修等撰《新唐书》卷五十九《艺文志三》："慧能《金刚般若经口诀正义》一卷［姓卢氏，曲江人］"，北京：中华书局，1975 年，第 1528 页。北宋元丰七年（1084）罗适（1029 - 1101）撰《六祖口诀后序》，X24，n459，p. 533c8。南宋绍兴三十一年（1161）成书的郑樵（1104 - 1162）《通志》卷六十七"《金刚经口诀正义》一卷［六祖慧能撰］"，北京：中华书局，1987 年，第 795 页。南宋楼钥（1137 - 1213）《攻媿先生文集》卷七十三《为赵晦之书〈金刚经口诀〉题其后》"开禧元年（1205），表妹婿新彭泽赵丞晦之师侁欲刊六祖《金刚经口誌（诀）》……及观后序，则罗公所作，数畅经意，又发明六祖之说。且云'士大夫无

能[①]，且与神会门下相关，但大体与代表惠能思想的《坛经》多有近似之处[②]。

（接上页）不乐助而四明楼君某愿助成其事'，则我曾大父也"，《四库提要著录丛书》集部第 53 册，北京：北京出版社，2010 年，第 175 页。南宋行秀（1166－1246）《万松老人评唱天童觉和尚颂古从容庵录》曾引《六祖口诀》，T48，n2004，p. 263c13。元脱脱等《宋史》卷二百五《艺文志》："惠能《金刚经口诀义》一卷、《金刚经大义诀》二卷……僧慧能注《金坛经》一卷，又撰《金刚经口诀》一卷"，中华书局，1985 年，第 5182、5185 页。少分书名无"诀"字，称为"释"、"解"、"注"，如北宋德洪（1071－1128）《石门文字禅》卷二十五《题六祖释金刚经》，《明版嘉兴大藏经》第 23 册，台北：新文丰出版公司，1987 年，第 699 页 b5；南宋晁公武（1105－1180）《郡斋读书志》卷十六："《六祖解金刚经》一卷，右唐僧惠能注……"，孙猛校证：《郡斋读书志校证》，上海：上海古籍出版社，1990 年，第 778 页；南宋尤袤（1127－1194）《遂初堂书目》"《六祖金刚经解义》"，《宋元明清书目题跋丛刊》宋代卷第 1 册，北京：中华书局，2006 年，第 490 页；元马端临（1254－1323）《文献通考》卷二百二十六"《六祖解金刚经》一卷。晁氏曰……"，北京：中华书局，1986 年，第 1815 页上；明杨士奇（1366－1444）等《文渊阁书目》卷十七"《六祖注解金刚经》[一部一册]"，《宋元明清书目题跋丛刊》明代卷第 1 册，北京：中华书局，2006 年，第 169 页。明徐𤊹《徐氏红雨楼书目》卷三"《金刚经六祖口诀解》一卷"，《晁氏宝文堂书目 徐氏红雨楼书目》，上海：古典文学出版社，1957 年，第 357 页。

① 部分学者认为该书是惠能真撰，参见中川孝：《『金剛経口訣』と『六祖壇経』》，禅文化研究所编：《禅学论考：山田无文老师喜寿记念》，京都：思文阁出版，1977 年，第 195－219 页；松本史朗：《禅思想の批判的研究》，东京：大藏出版，1994 年，第 89－144 页。大部分学者倾向于认定该书晚出，参见伊吹敦：《『金剛経解義』の成立をめぐって》，《印度学佛教学研究》第 45 卷第 1 号，1996 年，第 63－67 页；伊吹敦：《『金剛経解義』の諸本の系統と古形の復元》，《論叢アジアの文化と思想》第 6 号，1997 年，第 63－218 页；何照清：《惠能与〈金刚经解义〉》，《中国佛学》第 2 卷第 2 期（台北），1999 年，第 103－130 页。

② 参见关口真大：《禅宗思想史》，东京：山喜房佛书林，1964 年，第 125－129 页。徐文明：《中土前期禅学史》，北京：北京师范大学出版社，2013 年，第 350 页。

一　佛性空寂之理境

曹溪顿教禅法以“直指见路”[①] 为其特征，即使善巧运用经论之教，亦不重于闻思分析，而以当下悟入通达法界为其标的。《金刚经解义》虽然在形式上逐段疏解经文，但是在内容上始终紧扣禅者的修学实践。《金刚经解义序》云：“自从达磨西来，为传此经之意，令人悟理见性。”[②] 此中将《金刚经》作为达摩以来所传法契之说见于《南阳和尚问答杂征义》附录六代传记部分[③]，应是出自神会一系的传说，而将《金刚经》之意趣指明为“见性”则体现了曹溪顿教禅法的中心问题。曹溪顿教禅法“不求余物，唯求作佛法”[④]，以成佛为究竟且唯一的修学目标，成佛的道路即是“见性”。“见性”之“性”，通泛言之，即清净智慧所通达的缘起大相续流之理性法则，亦即作为一切法的存在本性的如、法性、实际；虽然此“性”无二无别、平等平等，但由于二边分别的名言本身的局限性，不同佛教修学形态在说明此“性”时有所差异，禅者自由的解说亦各有侧重。关于所观所悟之理境，《坛经》大多使用“自性”一词予以指点，当然个别之处亦使用“本性”“法性”“真如本性”“佛性”“觉性”等；相比之下，在《金刚经解义》的序与正文之中，“自性”一

① 杨曾文：《敦煌新本六祖坛经》，北京：宗教文化出版社，2011 年，第 43 页。
② 题为（唐）慧能：《金刚经解义序》，X24，n459，p. 517a8 –9。
③ 杨曾文：《神会和尚禅话录》，北京：中华书局，2011 年，第 103 –108 页。
④ 杨曾文：《敦煌新本六祖坛经》，北京：宗教文化出版社，2011 年，第 7 页。

词共出现 13 次①，“佛性”一词共出现 27 次②；而《曹溪大师别传》并未使用“自性”，但频频提及“佛性”。“自性”与“佛性”并非别有所指，但语义略有差异：“自性”之“自”点明了禅者于自身当前心性上用功的修学方向，而“佛性”之“佛”则是禅者修学的究竟目标。《金刚经解义》更着重使用源自《大般涅槃经》的“佛性”以说明“见性成佛”的理境。

作为初期大乘经典，《金刚经》并未使用“佛性”相关语词，更未明确出现作为一切法所依的如来藏的思想。在大部《般若经》中，虽然“下品般若”提及“如来性（tathāgatatva）、佛性（buddhatva）”③、“中品般若”提及“如来自性（tathāgata-svabhāva）、如来自性空”④，但这些语词仅是指作为一个具体的现象性存在的“佛”“如来”的本性，与“声闻性”“缘觉性”

① 《金刚经解义序》出现 2 次，X24，n459，p. 517a10、p. 517a18；《金刚经解义》正文卷上出现 7 次，X24，n459，p. 518c9、p. 519c6、p. 520a17、p. 520b16、p. 522a11、p. 523a24、p. 523b15；卷下出现 4 次，p. 524c16、p. 530c6、p. 531a7、p. 532a8。

② 《金刚经解义序》出现 9 次，X24，n459，p. 517b5、p. 517b6、p. 517b8、p. 517b8 - 9、p. 517b14、p. 517b15、p. 517b17、p. 517b17、p. 517b19；《金刚经解义》正文卷上出现 11 次，X24，n459，p. 519a11 - 12、p. 519c13、p. 520b9、p. 520b11、p. 520b13、p. 520b14、p. 521a22、p. 521a22、p. 521c15、p. 522a3、p. 522b2；卷下出现 7 次，p. 524a9、p. 524b11、p. 526a9、p. 529a3、p. 530c2、p. 531c24、p. 532a7。

③ （后秦）鸠摩罗什译《小品般若波罗蜜经》卷五作“如来法、佛法”，T8，n227，p. 559a20；（唐）玄奘译《大般若波罗蜜多经》卷五百四十七作“佛性、如来性”，T7，n220，p. 818a16；梵本《八千颂般若》作“tathāgatatvaṃ buddhatvaṃ”，P. L. Vaidya（ed.），*Aṣṭasāhasrikā Prajñāpāramitā: With Haribhadra's Commentary Called Ālokā*, Darbhanga: The Mithila Institute, 1960, p. 138.

④ （后秦）鸠摩罗什译《摩诃般若波罗蜜经》卷六作“佛性、佛性空”，T8，n223，p. 260b11；（唐）玄奘译《大般若波罗蜜多经》卷四百一十六作“如来空、如来空自性空”，T7，n220，p. 90b25；梵本《二万五千颂般若》作“tathāgata - svabhāvas tathāgata - svabhāvena śūnyaḥ”，Takayasu Kimura（ed.），*Pañcaviṃśatisāhasrikā Prajñāpāramitā I - 2*, Tokyo: Sankibo Busshorin, 2009, p. 109.

"菩萨性"并列，而未直接涉及后期大乘经典中一切众生皆有的常乐我净的"佛性"。然而，般若波罗蜜多本身无说无示，并非某种特定内容的修学形态；以般若波罗蜜多为议题内容的《般若经》亦并非封闭的、固化的、单一的思想体系，而只是建立大乘佛教修学的开放的形式架构，这使得历史性开展中的立足此一形式架构的多元大乘佛教修学形态的创造性建构成为可能。实际上，《般若经》中作为诸佛之母的般若、清净平等的真如、作为诸法实相的如来法身等亦可视为如来藏思想的渊源。[①] 在《金刚经》中，该经通过反复遮遣一切法的相状所显示的无相之实相，从肯定语义的角度而言即是缘起之流中的一切法的清净平等性，而如来藏经典正将此清净平等性称作"如来藏""佛性""法身"。正因此，《金刚经解义》将《金刚经》的"无相之理"直接解说为佛性。

《金刚经解义》认为，"般若波罗蜜法"即是清净真常的佛性。"佛性"思想的提出是为了探究众生是否具有成佛的必然根据[②]，此中关键是对于众生之存在本性的理解。《金刚经》提及"众生"时，又同时遮遣将"众生"视为"我"（ātman）、"人"（pudgala）、"众生"（sattva）、"寿者"（jīva）等错谬的见解，而指出"世尊说我见、人见、众生见、寿者见，即非我见、人

① 参见高崎直道：《般若経と如来藏思想》，《印度学佛教学研究》第17卷第2号，1969年，第49－56页。

② 赖永海：《中国佛性论》，南京：江苏人民出版社，2012年，第2页。

见、众生见、寿者见，是名我见、人见、众生见、寿者见”[①]。此处采用了《金刚经》中出现30余次的“即非”句式：如来说A，即非A，是名A。对于此句式中的“即非A”的解释颇有争论[②]，或从存有论解释为“不存在A这一名言所诠表的实在性”，或从实践论解释为“并不是A这一名言所诠表的见解”。然而此两种解释路径并非不可兼容[③]，如上述“即非我见”，既可以指不存在“我”的实在性，亦即作为人我空的“非我”，也可以指并不是凡夫众生取执“我”的实在性而产生的“我见”，亦即作为法我空的“非见”；两种解释层次有所差别，所显空寂无相之理境则是共通的义趣。历来注疏对此句的解说大致如此，而《金刚经解义》却特别地依据《大般涅槃经》的“常乐我净”之“真我”说明“世尊说我见”。《金刚经解义·知见不生分第三十一》云：

如来说此经者，令一切众生，自悟般若智慧，自修行菩提之果。凡夫之人不解佛意，便谓如来说我、人等见，不知如来说甚深无相无为般若波罗蜜法。如来所说我、人等见，

① （后秦）鸠摩罗什译：《金刚般若波罗蜜经》，T8，n235，p. 752b18－20；（元魏）菩提流支译：《金刚般若波罗蜜经》，T8，n236a，p. 756c24－26；（陈）真谛译：《金刚般若波罗蜜经》，T8，n237，p. 766b11－13；（隋）笈多译：《金刚能断般若波罗蜜经》，T8，n238，p. 771c1－2；（唐）义净译：《能断金刚般若波罗蜜多经》，T8，n239，p. 775b11－12；渡边章悟：《金剛般若経の梵語資料集成》，东京：山喜房佛书林，2009年，第124－125页。“我见”等四见，（唐）玄奘译《大般若波罗蜜多经》卷五百七十七作“我见、有情见、命者见、士夫见、补特伽罗见、意生见、摩纳婆见、作者见、受者见”，T7，n220，p. 985c4－6。

② 郭琼瑶：《〈金刚经〉的“即非”之辩：日本学界对“即非论理”的论考与争议》，《世界宗教学刊》第11期，2008年，第103－149页。

③ 参见 Yoke－Meei Choong（宗玉媺），“The Formula ‘Non－A is A’ in Vasubandhu's commentary on the Triśatikāyāḥ Prajñāpāramitāyāḥ Kārikāsaptatiḥ”，《台大佛学研究》第24期，2012年，第1－60页。

> 不同凡夫我、人等见。如来说一切众生，皆有佛性，是真我见；说一切众生，有无漏智，性本自具足，是人见；说一切众生，本自无烦恼，是众生见；说一切众生，性本不生不灭，是寿者见。①

如来的言说不同于凡夫众生的言说，并非指称如名言的语义所诠表的实在性，而是依据其自证自觉、方便运用世间名言以教化众生修学甚深般若波罗蜜多。所谓“般若波罗蜜法”即是修学般若波罗蜜多所如实通达的缘起大相续流的存在真相，亦即一切法空、无相、无作的甚深的理境。然而，凡夫众生现前心态为虚妄执著与烦恼习气所染污，不能如实了知“般若波罗蜜法”，亦不能领会如来言说的真实义趣，故以自身的虚妄分别的认知臆测如来所说“我见”等。实际上，凡夫众生所理解的“我”“我见”“如来说我见”只是将“非我”取执为“我”、将“非我见”取执为“我见”、将“众生说我见”取执为“如来说我见”而形成的颠倒谬见，而如来所说“我”“我见”则是从胜义的一切法本性空通达“非我”“非我见”的无相之理。《金刚经解义》进一步认为，“非我”“非我见”所显现的无相之理即是“真我”“真我见”的佛性。具体言之，“我”意为常住、唯一、主宰，而一切众生皆有佛性，佛性即是“真我”，如实了知即是“真我见”，这出自《大般涅槃经》“我者，即是如来藏义；一切众生悉有佛性，即是我义”②；一切众生从本性而言本自具足与诸佛如来同一内容的无漏清净智慧，如实了知即是“真人见”；

① 题为（唐）慧能：《金刚经解义》卷下，X24，n459，p. 531c20 – 532a3。

② （北凉）昙无谶译：《大般涅槃经》卷七，T12，n374，p. 407b9 – 10。

佛性本来清净、与烦恼不相应，烦恼当体空寂，如实了知即是“真众生见”；“寿者”意为维持生命存有，而佛性无生无灭，如实了知即是“真寿者见”。可见，空寂、无相、无作的“般若波罗蜜法”即是清净无染、真实常住、具足功德的佛性。这也类似《曹溪大师别传》所说“法是如来甚深般若，知般若空寂无住，即而了法身，见佛性空寂无住，是真解脱”①。

从客观理则方面而言，《金刚经解义》中的“佛性”是普遍必然的真如法性。在相似相续的缘起之流中，一切法无所有而如是有，本性空寂而即是审谛不颠倒的真如法性；若佛出世、若不出世，真如法性绝对无二，而如来之为如来即自证自觉清净平等的真如法性。《金刚经》云“如来者，即诸法如（bhūta－tathatā）义”②，以如来作为真如的异名增语，而《金刚经解义》则以此说明作为客观理则的佛性。《金刚经解义·究竟无我分第十七》云：

> 佛言“诸法如义”者，诸法即是色、声、香、味、触、法，于此六尘中，善能分别，而本体湛然、不染不著、曾无变异、如空不动、圆通莹彻、历劫常存，是名诸法如义。③

---

① 《曹溪大师别传》，X86，n1598，p. 50b2－3；驹泽大学禅宗史研究会编：《慧能研究：慧能の傳記と資料に關する基礎的研究》，东京：大修馆书店，1978年，第35页。

② （后秦）鸠摩罗什译：《金刚般若波罗蜜经》，T8，n235，p. 751a26－27；（元魏）菩提流支译：《金刚般若波罗蜜经》，T8，n236a，p. 755b19；（陈）真谛译：《金刚般若波罗蜜经》，T8，n237，p. 765a2；（隋）笈多译：《金刚能断般若波罗蜜经》，T8，n238，p. 770a8－9；（唐）玄奘译《大般若波罗蜜多经》卷五百七十七，T7，n220，p. 983c27；（唐）义净译：《能断金刚般若波罗蜜多经》，T8，n239，p. 774b1－2；梵本作“tathāgata iti subhūte bhūta－tathatāyā etad adhivacanaṃ”，渡边章悟：《金剛般若経の梵語資料集成》，东京：山喜房佛书林，2009年，第93页。

③ 题为（唐）慧能：《金刚经解义》卷下，X24，n459，p. 528a17－20。

真如法性空寂平等，恒时周遍一切法，超越时间与空间的限制，非一切法之外别有真如法性，故说“曾无变异”“如空不动”“历劫常存”；真如法性毕竟清净，远离一切二边分别的染污取执而为绝对无差别的本性空寂，故说“本体湛然”“不染不著”“圆通莹彻”。作为真如法性的异名增语，如来亦是毕竟常住清净，《大般涅槃经》云“如来常存不变”[①]“如来清净，无有垢秽”[②]。由于众生与如来于真如法性中无二无别，故“诸法如义”亦即一切众生本自具足、平等常住、清净无染的佛性。《金刚经解义》主要就众生论佛性，但亦存在唯一例外，《金刚经解义·离相寂灭分第十四》云“真语者，说一切有情无情皆有佛性”[③]。真如法性周遍一切法，包括一切有情、无情，故就理性法则而言，不仅一切有情皆有佛性，一切无情亦可说皆有佛性。然而，无情有性之说不同于《坛经》“无情无佛种”[④]，亦为神会所不赞同[⑤]，《金刚经解义序》亦云“金在山中，山不知是宝，宝亦不知是山。何以故？为无性故。人则有性”[⑥]。无情

① （北凉）昙无谶译：《大般涅槃经》卷四，T12，n374，p. 387b7。

② （北凉）昙无谶译：《大般涅槃经》卷五，T12，n374，p. 392b13。

③ 题为（唐）慧能：《金刚经解义》卷下，X24，n459，p. 526a9。

④ 杨曾文：《敦煌新本六祖坛经》，北京：宗教文化出版社，2011 年，第 55 页。

⑤ 《南阳和尚问答杂征义》“佛性遍一切有情，不遍一切无情”，杨曾文：《神会和尚禅话录》，北京：中华书局，2011 年，第 87 页。

⑥ 题为（唐）慧能：《金刚经解义序》，X24，n459，p. 517b11－13。

有性之说可能受到了三论学[①]、牛头禅[②]或惠能弟子南阳慧忠(675－775)[③] 的影响，而这种思想将在马祖道一之后的后期禅宗进一步发扬[④]。

从主观实践方面而言，《金刚经解义》中的“佛性”亦与《坛经》的自性即自心相同，是具体活动的自心。真如法性即是空寂，但空寂并非虚无，亦非于一切法之外别有抽象的、孤悬的、玄思的形上之理体，而是具体的、落实的、存有的一切法的本性；作为真如法性的异名增语，佛性亦并非只是形式的理则，而其具体落实处即在自心。《金刚经解义·大乘正宗分第三》云：

> 真者不变，如者不异，遇诸境界，心无变异，名曰真如。[⑤]

---

① （隋）吉藏《大乘玄论》卷三“若欲明有佛性者，不但众生有佛性，草木亦有佛性。此是对理外无佛性，以辨理内有佛性也”，T45，n1853，p. 40b19－21。（隋）均正：《大乘四论玄义》卷八“今谓理外无有一法，故无有佛性。此则对理外无，故说理内为有……亦得何但是众生数有佛性？依报草木等亦有佛性”，X46，n784，p. 613a10－13。

② 《绝观论》“草木无情，本来合道”，蓝吉富编：《大藏经补编》第18册，台北：华宇出版社，1984年，第697页上。（北宋）延寿《宗镜录》卷二十四引牛头《净名私记》“体遍虚空，同于法界；畜生、蚁子，有情、无情，皆是佛子”，T48，n2016，p. 552b20－21。

③ （北宋）道原《景德传灯录》卷二十八“师（南阳慧忠）但说无情有佛性……”T51，n2076，p. 438a27－28。参见竹内弘道：《慧能撰『金剛経解義』について》，《印度学佛教学研究》第31卷第1号，1982年，第144－145页。竹内弘道：《慧能撰『金剛経解義』の思想的特質と成立をめぐって》，《宗学研究》第25号，1983年，第195－201页；收录于阿部慈园编：《金剛般若経の思想的研究》，东京：春秋社，1999年，第387－397页。

④ 参见赖永海：《禅宗前后期思想比较研究》，《中国社会科学院研究生院学报》1987年第5期，第43－49页，后收录于赖永海：《中国佛教与哲学》，北京：宗教文化出版社，2004年，第69－82页。

⑤ 题为（唐）慧能：《金刚经解义》卷上，X24，n459，p. 519a24－b1。

此处的“真如”并非泛泛指一切法的本性，而是就“心”而言的不变不异之本性。《大般若经·第二分》云“心无变异、无分别”①，达摩—慧可禅法文献《二入四行论》亦云“心无异相，名作真如”②。而《金刚经解义》更加强调，就真如而言的心即是如来藏自性清净心。对于《金刚经》“如来说诸心，皆为非心，是名为心”③，《金刚经解义·一体同观分第十八》解释云：

尔所国土中所有众生，一一众生皆有若干差别心数。心数虽多，总名妄心，识得妄心非心，是名为心。此心即真心、常心、佛心、般若波罗蜜心、清净菩提涅槃心也。④

众生的心、心所（心数）的活动亦是本性空寂，《小品般若经·相无相品》云“诸法实相中，无心、无心数法”⑤。只是凡夫不能如实了知，将心、心所取执为实有而陷落于虚妄分别，故沦为“妄心”；若了知妄心并非实有本质的心，其本性亦是空寂的真如法性，则此心即是清净平等、真实常住、诸佛所证所觉的“真心”。相比之下，《坛经》并不辨别自心之真与妄，而《金刚

① （唐）玄奘译：《大般若波罗蜜多经》卷四百八，T7，n220，p. 45a9。（后秦）鸠摩罗什译：《摩诃般若波罗蜜经》卷三作“心相不坏、不分别”，T8，n223，p. 234a7。梵本《二万五千颂般若》作“cittam avikāram avikalpaṃ”，Takayasu Kimura (ed.)，*Pañcaviṃśatisāhasrikā Prajñāpāramitā I-1*，Tokyo：Sankibo Busshorin，2007，pp. 154-155.

② 柳田圣山：《達摩の語錄：二入四行論》，东京：筑摩书房，1969年，第71页。

③ （后秦）鸠摩罗什译：《金刚般若波罗蜜经》，T8，n235，p. 751b26。

④ 题为（唐）慧能：《金刚经解义》卷下，X24，n459，p. 529a22-23。

⑤ （后秦）鸠摩罗什译《小品般若波罗蜜经》卷五，T8，n227，p. 559b6。（唐）玄奘译：《大般若波罗蜜多经》卷五百四十七，T7，n220，p. 818a27。P. L. Vaidya (ed.)，*Aṣṭasāhasrikā Prajñāpāramitā*：*With Haribhadra's Commentary Called Ālokā*，Darbhanga：The Mithila Institute，1960，p. 138.

经解义》的“真心”则更凸显自心为佛性之具体落实处。虽然《金刚经解义》亦并非将真与妄分别成对立的两截，如《金刚经解义·如法受持分第十三》“了真即妄，了妄即真，真妄俱泯，无别有法”①，但如此说明仍有分解的嫌疑，不似《坛经》的当前活动的现实人心更为直捷简要。

二　般若法身之果德

对于曹溪顿教禅法而言，“见性成佛”的究竟目标具体包括一切智智、解脱、法身，而这些目标的实现需要依凭以般若波罗蜜多为首要的大乘菩萨道修学实践。虽然甚深般若波罗蜜多的修学实则无所学、无所行、无所得，但正因此而具有无量无边的殊胜果德，尤其是明明朗朗的全面而彻底的般若智慧。关于“般若”之含义，《金刚经解义序》云：

> 何名般若？是梵语，唐言智慧。智者不起愚心，慧者有其方便。慧是智体，智是慧用。体若有慧，用智不愚；体若无慧，用愚无智。只为愚痴未悟，故修智慧以除之也。②

双音节词“智慧”原是梵语“般若”（prajñā）一词的义译。若分别说“智”与“慧”，“慧”是部派佛教阿毗达磨所成立的心所法之一，指通于世间与出世间的知性简择作用，而“智”侧重于出世间的无漏慧。《金刚经解义序》则采用了《坛

---

① 题为（唐）慧能：《金刚经解义》卷下，X24，n459，p. 524b14－15。
② 题为（唐）慧能：《金刚经解义序》，X24，n459，p. 517b21－24。

经》"三十六对"[1]中的"体"与"用"分别论究"智"与"慧"：作为心所法的"慧"是"智"的法体，"智"是"慧"的法体之上现起的作用。只有具有"慧"的法体，才可以现起"智"的作用，从而对治愚痴未悟的蒙昧状态；若不具有"慧"的法体，则不能现起相应于"慧"的方便作用，只是无智的心态活动。这类似《坛经》"般若是智慧。一切时中，念念不愚，常行智慧，即名般若行。一念愚即般若绝；一念智即般若生"[2]。从诸佛所证所觉而言，般若智慧亦是"阿耨多罗三藐三菩提"。对于《金刚经》"发阿耨多罗三藐三菩提心，应如是住，如是降伏其心"[3]，《金刚经解义·善现起请分第二》解释云：

> "阿"之言无，"耨多罗"之言上，"三"之言正，"藐"之言遍，"菩提"之言知。无者，无诸垢染；上者，三界无能比；正者，正见也；遍者，一切智也；知者，知一切有情皆有佛性，但能修行，尽得成佛。佛者，即是无上清净般若波罗蜜也。是以一切善男子、善女人，若欲修行，应知无上菩提道，应知无上清净般若波罗蜜多法，以此降伏其心也。[4]

将"阿耨多罗三藐三菩提"逐字拆解为"无上正遍知"，亦见于菩提流支译述《金刚仙论》[5]、圆测（613－696）《般若波

---

① 杨曾文：《敦煌新本六祖坛经》，北京：宗教文化出版社，2011年，第51页。

② 杨曾文：《敦煌新本六祖坛经》，北京：宗教文化出版社，2011年，第25页。

③ （后秦）鸠摩罗什译：《金刚般若波罗蜜经》，T8，n235，p. 749a2－4。

④ 题为（唐）慧能：《金刚经解义》卷上，X24，n459，p. 519a9－15。

⑤ （元魏）菩提流支译述《金刚仙论》卷二"'阿'之言无，'耨多罗'言上，名为无上，亦云最胜、最上。'三'之言正，'藐'言遍知。正者，真如智，即一切智也；遍智者，有中一切种智也"，T25，n1512，p. 805a15－18。

罗蜜多心经赞》[①]、圆测《解深密经疏》[②]、窥基（632 – 682）《阿弥陀经疏》[③] 等。《金刚经解义》的特别之处在于将“菩提”之“知”解释为“知一切有情皆有佛性”，即《大般涅槃经》所谓“智者了知一切众生悉有佛性”[④]，依本具之佛性而修行即能成就圆满佛果之“阿耨多罗三藐三菩提”。《金刚经解义》将“阿耨多罗三藐三菩提”之“知”又等同于“般若”之智慧，故又说“佛者，即是无上清净般若波罗蜜也”，这亦类似《坛经》将曹溪顿教的见性成佛之修学称为“摩诃般若波罗蜜法”[⑤]。

《金刚经解义》认为，作为自心作用的般若之智是依据作为真如理体的佛性而显现，般若与佛性相即不二，佛性之全体朗现即般若，般若之全体本性即佛性。对于《金刚经》“诸菩萨摩诃萨应如是生清净心，不应住色生心，不应住声、香、味、触、法生心，应无所住而生其心”[⑥]，《金刚经解义 · 庄严净土分第十》解释云：

---

① （唐）圆测《般若波罗蜜多心经赞》“一曰：‘阿’之言无，‘耨多罗’曰上，‘三’名正，‘藐’言遍，‘三’云知，‘菩提’名觉”，T33, n1711, p. 550a1 – 2。

② （唐）圆测《解深密经疏》卷二“一云：‘阿’之言无，‘耨多罗’云上，‘三名正’，‘藐’之言遍，后‘三’云知，‘菩提’名觉”，X21, n369, p. 224a20 – 21。

③ （唐）窥基《阿弥陀经疏》“‘阿耨多罗’此云无上，‘三藐’言正遍，‘三菩提’言知觉，谓无上正遍知觉”，T37, n1757, p. 327b10 – 11。

④ （北凉）昙无谶译：《大般涅槃经》卷六，T12, n374, p. 402c8 – 9。

⑤ 杨曾文：《敦煌新本六祖坛经》，北京：宗教文化出版社，2011 年，第 15 页。

⑥ （后秦）鸠摩罗什译：《金刚般若波罗蜜经》，T8, n235, p. 749c20 – 23。梵本并无“清净”一词，只作“apratiṣṭhitaṃ cittam”（无住心），参见渡边章悟编：《金剛般若経の梵語資料集成》，东京：山喜房佛书林，2009 年，第 54 – 55 页。菩提流支译本作“清净心而无所住”，T8, n236a, p. 754a2 – 3；真谛译本作“无住著心”，T8, n237, p. 763b1；达摩笈多译本作“不住心”，T8, n238, p. 768a25；玄奘译本作“无所住应生其心”，T7, n220, p. 981c2；义净译本作“应生不住事心，应生不住随处心”，T8, n239, p. 773a6。

> 自性常生智慧，行平等慈下心，恭敬一切众生，是修行人清净心也。若不自净其心，爱著清净处，心有所住，即是著法相。见色著色，住色生心，即是迷人；见色离色，不住色生心，即是悟人。住色生心，如云蔽天；不住色生心，如空无云，日月常照。住色生心，即是妄念；不住色生心，即是真智。妄念生则暗，真智照则明。明即烦恼不生，暗则六尘竞起。①

此中的“自性”即就众生自身本自具足而言的佛性，依佛性而现起的清净心即菩萨的智慧心与慈悲心；所谓“生”指依佛性之体而现起作用，实则体性与作用相即不二，并非如母生子一般的“生”，只是方便地说为“生”。从客观理则而言，一切众生皆有佛性，故一切众生亦可说为含具般若之智，如《金刚经解义·一体同观分第十八》云“见一切众生，各具般若性，名为慧眼”②。但从主观实践而言，诸佛之佛性已无碍显现而具足无上清净的般若智慧，而众生之佛性处于遮蔽状态，只是隐秘含藏般若之性，并未现起般若智慧；因此，现实心态存在着迷与悟、明与暗、清净与杂染、妄念与真智之差别。《金刚经解义》将差别之原因归结为心有所住与心无所住。若心有所住，于某一法甚至清净法之上生起贪爱，则六尘与六根发生缘取作用生起妄念，增长烦恼、造作染业，本具的般若之性被遮蔽而不能显现；若心无所住，于一切法之上不生起执著，则清净的般若之智无碍现起，全然与佛性相应无差别，于实践中无所舍、无所取、无所

① 题为（唐）慧能：《金刚经解义》卷上，X24，n459，p. 523b15 – 22。
② 题为（唐）慧能：《金刚经解义》卷下，X24，n459，p. 529a7。

得地含具着佛性本自具足的一切法，而一切法亦在般若观照下成为如恒河沙数的无量无边的佛法功德，即《金刚经》所谓“一切法皆是佛法”①。《金刚经解义》又将“住色生心”譬喻为“如云蔽天”、“不住色生心”譬喻为“日月常照”，这显然出自《坛经》“世人性净，犹如清天，慧如日，智如月，智慧常明，于外著境，妄念浮云盖覆，自性不能明”②。

依佛性之体而显现的般若之智，《金刚经解义》又称之为“觉照”。般若之智如实通达一切法的存在真相，犹如光明照于其上而全然无纤毫晦暗，故譬喻为“照”，如《小品般若经·泥犁品》“般若波罗蜜能作照明（avabhāsakarī）”③；如此之“照”是般若之智了了分明地看见，故又称为“观照”，一般将“观照”视为般若之体性，《坛经》亦说“般若观照”④“智慧观照”⑤。而“觉照”之语义则侧重于诸佛之无上正觉所现起的智慧观照作用，如《阿差末菩萨经》“正觉照曜”⑥、《华严经·贤首菩萨品》“得圣智慧诸三昧，逮等正觉照世间”⑦、《证契大乘经》“以佛大菩提，觉照于一切”⑧等。《金刚经解义》所谓

① （后秦）鸠摩罗什译：《金刚般若波罗蜜经》，T8，n235，p. 751b2。

② 杨曾文：《敦煌新本六祖坛经》，北京：宗教文化出版社，2011年，第20页。

③ （后秦）鸠摩罗什译：《小品般若波罗蜜经》卷三，T8，n227，p. 549c29－550a1。（唐）玄奘译《大般若波罗蜜多经》卷五百四十四，T7，n220，p. 798c20－21。P. L. Vaidya（ed.），*Aṣṭasāhasrikā Prajñāpāramitā*：*With Haribhadra's Commentary Called Ālokā*，Darbhanga：The Mithila Institute，1960，p. 86.

④ 杨曾文：《敦煌新本六祖坛经》，北京：宗教文化出版社，2011年，第30、44页。

⑤ 杨曾文：《敦煌新本六祖坛经》，北京：宗教文化出版社，2011年，第26、28、46页。

⑥ （西晋）竺法护译：《阿差末菩萨经》卷一，T13，n403，p. 585a19。

⑦ （东晋）佛驮跋陀罗译：《大方广佛华严经》卷七，T9，n278，p. 437a15。

⑧ （唐）地婆诃罗译：《证契大乘经》卷上，T16，n674，p. 654b29。

“觉照”亦侧重于无上正觉之观照，从诸佛所证所觉之境界而言，佛、觉、观照、智慧、般若波罗蜜多相即不二，如《金刚经解义·无得无说分第七》云：“佛即是觉，觉即是观照，观照即是智慧，智慧即是般若波罗蜜多。”① 只是，《金刚经解义》的“觉照”之“觉”并非指已经圆满的处于果位的阿耨多罗三藐三菩提，而是指处于因位的佛性。对于《金刚经》“一切诸佛及诸佛阿耨多罗三藐三菩提法，皆从此经出”②，《金刚经解义·依法出生分第八》解释云：

> “此经”者，非指此一卷之文也，要显佛性，从体起用，妙利无穷。般若者，即智慧也。智以方便为功，慧以决断为用，即一切时中觉照心。是“一切诸佛及阿耨多罗三藐三菩提法”，皆从觉照生，故云“此经出”也。③

佛性之体非抽象孤悬之体，而具体含藏着如恒河沙数的无量无边的佛法功德，能现起妙利无穷的殊胜作用；般若之智是佛性之体本来含具，在关联条件具足时得以显现其观照、方便、决断的功用。因为般若之智是从正觉之佛性而现起观照作用，故称之为“觉照心”；又因为“觉照”所依据的佛性本来具足，故《金刚经解义·一相无相分第九》称之为“本觉常照”④。般若波罗蜜是诸佛之母，《小品般若经·塔品》赞叹“诸佛萨婆若从般若波罗蜜生”⑤，而般若波罗蜜如实通达了知一切法即是“觉照”，

① 题为（唐）慧能：《金刚经解义》卷上，X24，n459，p. 522a3 -4。
② （后秦）鸠摩罗什译：《金刚般若波罗蜜经》，T8，n235，p. 749b23 -24。
③ 题为（唐）慧能：《金刚经解义》卷上，X24，n459，p. 522b2 -6。
④ 题为（唐）慧能：《金刚经解义》卷上，X24，n459，p. 523a5 -6。
⑤ （后秦）鸠摩罗什译：《小品般若波罗蜜经》卷二，T8，n227，p. 542b26 -27。

"觉照"臻于全面彻底即圆满成就诸佛之一切智智，故亦可说"一切诸佛及阿耨多罗三藐三菩提法，皆从觉照生"，而这正是《金刚经》所说"皆从此经出"的甚深义趣，只是《金刚经解义》进一步将"觉照"所依之体说为佛性。"觉照"虽然是从体起用，但并非只是一刹那间生灭的造作，而是于一刹那一刹那相续的时间中始终以明明朗朗的智慧如实观照一切法，是本具的般若之智的无碍显现，并非无中生有，未曾中断灭失，故《金刚经解义·离相寂灭分第十四》云："如者不生，来者不灭，不生者我人等相不生，不灭者觉照不灭。"① 《金刚经解义》对于"觉照不灭"的强调，近似《坛经》"一切时中，念念不愚，常行智慧，即名般若行"②，却有别于《起信论》与神会之说。《起信论》在说明"觉体相"的四种大义时，指出"一者、如实空镜，远离一切心境界相，无法可现，非觉照义故"③，亦即，本觉之体远离一切所觉照的境界，故亦有别于能觉照的作用。神会则将"觉照"视为有生有灭的"起念"，悟入无生无灭的"无念"则必然"无觉照"，如《南阳和尚问答杂征义》"若也起心既灭，即生灭自除，无想可得，假说觉照；觉照已灭，生灭自无，即不生灭"④，《菩提达摩南宗定是非论》"若在学地者，心若有念起，即便觉照；起心即灭，觉照自亡，即是无念"⑤。可见，《起信论》与神会皆为显示无生无灭之心体而遮遣"觉照"

① 题为（唐）慧能：《金刚经解义》卷下，X24，n459，p. 526a2－3。

② 杨曾文：《敦煌新本六祖坛经》，北京：宗教文化出版社，2011年，第25页。

③ （梁）真谛译：《大乘起信论》T32，n1666，p. 576c21－22。（唐）实叉难陀译《大乘起信论》卷上"一、真实空大义，如虚空明镜，谓一切心境界相及觉相皆不可得故"，T32，n1667，p. 585b14－16。

④ 杨曾文：《神会和尚禅话录》，北京：中华书局，2011年，第72－73页。

⑤ 杨曾文：《神会和尚禅话录》，北京：中华书局，2011年，第39页。

之作用，这有分别体与用的嫌疑，不同于《金刚经解义》从体用相即不二论“觉照”即般若波罗蜜多、即诸佛阿耨多罗三藐三菩提。

以般若波罗蜜多为首的六波罗蜜多修学圆满即成就与诸佛如来不异的法身。《金刚经》云：“不可以身相，得见如来。何以故？如来所说身相，即非身相。”[①] 如来之为如来，是全面彻底觉悟一切法如其所是的存在真相，而并非指具有特殊规定的身体相状。自早期佛教以来，如来所证所觉的真如与功德方便地称为“法身”，而如来的具有相状的身体则称为“色身”，《坛经》的“三十六对”之一即为“法身与色身对”[②]。而《金刚经解义》则进一步从“相”与“性”的区分说明不可以色身作为法身。《金刚经解义·如理实见分第五》云：

> 色身是相，法身是性。一切善恶，尽由法身，不由色身。法身若作恶，色身不生善处；法身作善，色身不堕恶处。凡夫唯见色身，不见法身，不能行无住相布施，不能于一切处行平等行，不能普敬一切众生。见法身者，即能行无住相布施，即能普敬一切众生，即能修般若波罗蜜行。方信一切众生，同一真性，本来清净，无有垢秽，具足恒沙妙用。[③]

无限差异的相状虽然不断现起而实则空无所有，相状的空寂所显示的无相法性则平等清净。色身即是相状，法身即是法性；

① （后秦）鸠摩罗什译：《金刚般若波罗蜜经》，T8，n235，p. 749a22－23。
② 杨曾文：《敦煌新本六祖坛经》，北京：宗教文化出版社，2011年，第51页。
③ 题为（唐）慧能：《金刚经解义》卷上，X24，n459，p. 520c8－14。

作为相状的色身无决定性，而作为法性的法身是决定必然如此。所谓“法身若作恶”“法身作善”只是为了说明法身的决定性，一切善恶染净的色身相状皆依据于法身而现起，并非指法身有善有恶，实则法身超越一切相状分别，无所谓善恶染净。凡夫众生不能如实了知一切相状虚妄不实，而取执色身，即使实践布施等六波罗蜜多也只是安住于相状的相似修学，不能如菩萨一般于一切时、一切处无尽修学救度无量众生；只有超越一切相状差别、如实见到一切法如如平等的法身，才能真正不执著任何相状而实践布施等六波罗蜜多为主干的菩萨广大行。然而，以“相”与“性”分别说色身与法身并非截然割裂二者，正如“无相”并非于“相”之外别有“无相”，作为“性”的“法身”并非于作为“相”的色身之外别有“法身”，而是通达色身并非色身即显现无相法身。《金刚经解义》又将“法身”称为一切众生本来具足的清净无垢的“真性”，这应是源自《二入四行论》“深信含生凡圣同一真性”①，亦即具足如恒河沙数功德妙用的佛性。《金刚经解义》对于法身的这种理解亦类似《坛经》所谓“一切法在自性，名为清净法身”②。

三　无相无著之修行

曹溪顿教禅法不属于义学教理之传统，其对于经典的方便运用不在于诠释某种思想体系，而意在引导观行实践的方便。《金

① 柳田圣山：《達摩の語錄：二入四行論》，东京：筑摩书房，1969 年，第 31 页。（唐）道宣：《续高僧传》卷十六，T50，n2060，p. 551c9。

② 杨曾文：《敦煌新本六祖坛经》，北京：宗教文化出版社，2011 年，第 20 页。

刚经解义》虽然是经典注疏的形式，但其解经的旨趣仍在甚深的悟入。《金刚经解义序》开篇云："夫《金刚经》者，无相为宗，无住为体，妙有为用。"① 以"宗""体""用"概括一部经典大义，应该与天台宗"五重玄义"（释名、辨体、明宗、论用、判教）② 的释经方法有关。然而，这与《坛经》的"无念为宗，无相为体，无住为本"③ 并不一致。《坛经》所谓"宗""体""本"并非释经方法的"宗""体""用"，而是从"用""体""相"对曹溪顿教禅法修学方法进行描述概括。若暂且不论各自所用的言说框架，则"无相""无住""妙有"（无念）是《金刚经解义》与《坛经》共通的观行实践法门，只是在具体说明上有所不同。而《金刚经解义》的"无相""无住""妙有"可以对应《金刚经》开篇的三问"应云何住？云何修行？云何摄伏其心？"④

以"无相"作为《般若经》之宗要，亦见于智𫖮、圆测、

---

① 题为（唐）慧能：《金刚经解义序》，X24，n459，p. 517a8。

② （隋）智𫖮《妙法莲华经玄义》卷一上，T33，n1716，p. 681c29 - 682a1。

③ 杨曾文：《敦煌新本六祖坛经》，北京：宗教文化出版社，2011 年，第 15 页。

④ （唐）玄奘译：《大般若波罗蜜多经》卷五百七十七，T7，n220，p. 980a21。（后秦）鸠摩罗什译《金刚般若波罗蜜经》无"云何修行"一句，T8，n235，p. 748c28 - 29。其余译本、梵本、论书均有此句，参见（元魏）菩提流支译：《金刚般若波罗蜜经》，T8，n236a，p. 752c24 - 25；（陈）真谛译：《金刚般若波罗蜜经》，T8，n237，p. 762a21 - 22；（隋）笈多译：《金刚能断般若波罗蜜经》，T8，n238，p. 767a3 - 4；（唐）义净译：《能断金刚般若波罗蜜多经》，T8，n239，p. 772a5 - 6；渡边章悟：《金剛般若経の梵語資料集成》，东京：山喜房佛书林，2009 年，第 32 - 33 页。

昙旷等隋唐诸师的著作[①]。约理而言，一切法虽然在相似相续的缘起之流中依据关联条件现起无限差异的相状，但当体即是无所有的空寂，故以《金刚经》为代表的《般若经》反复遮遣一切法的相状，破除凡夫心态的概念认定作用对于所缘取对象的差异相状的安住执著，同时破除凡夫心态对于我、人、众生、寿者等主体之相的虚妄取执，从而显现超越一切相状的无相之如如法性。然而，无相并非抽象的理则，是在一切法具体存在中显现其本来如是；"无相"这个语词本身亦并非具有如其语义所表达的实在性，只是指点在具体生命实践的活动中不安住任何相状的修学方法。对于《金刚经》"所言法相者，如来说即非法相，是名法相"[②]，《金刚经解义·知见不生分第三十一》解释"希有"云：

> 口说无相法，而心有能所，"即非法相"；口说无相法，心行无相行，而能所心灭，"是名法相"也。[③]

此中，"口说"与"心行"对举亦见于《坛经》"迷人口念，智者心行"[④]。凡夫众生所取执的相状总是经过名言概念的

---

① （隋）智𫖮《妙法莲华经玄义》卷十下"有人会云：众圣以无心契无相，如众流纳海。若其化物，以无相为宗，如空总包。《般若》盛明此二，故于十经最大"，T33，n1716，p. 811c4 - 7。（唐）圆测《仁王经疏》上卷"此经世尊自判，三法轮中，无相为宗"，T33，n1708，p. 360b1。（唐）圆测《般若波罗蜜多心经赞》"今此一部诸宗之中，无相为宗"，T33，n1711，p. 543b4 - 5。（唐）圆测：《解深密经疏》卷一"二、无相大乘，如诸《般若》，遣所执性，无相为宗"，X21，n369，p. 178a7 - 8。（唐）昙旷《金刚般若经旨赞》卷上"《般若》以无相为宗"，T85，n2735，p. 74b22 - 23。

② （后秦）鸠摩罗什译：《金刚般若波罗蜜经》，T8，n235，p. 752b22 - 23。

③ 题为（唐）慧能：《金刚经解义》卷下，X24，n459，p. 532a10 - 11。。

④ 杨曾文：《敦煌新本六祖坛经》，北京：宗教文化出版社，2011 年，第 25 - 26 页。

认定作用而建构为所知所觉的表象，故超越一切相状必须远离名言概念的认定作用，不为名言概念所赋予的规定性所局限，破除能指与所指一一对应的指称论语言观，《金刚经解义·正信希有分第六》云"'无法相'者，离名绝相，不拘文字也"[①]。对于"无相"亦是如此，若只是"口说无相法"，则"无相"只是名言概念的"无相"；在言说"无相"时，"无相法"被建构为所知所觉的对象，而相应的"心"被建构为能知能觉的主体，故在心行上因为有能所分别而已经陷落于有相沾滞之中。般若波罗蜜多的践行应远离心中关于对象与主体的能所分别，从而真正超越一切相状，如其"无相"所是地践行"无相"，实则于一切都无所行，此即"心行无相行"。当然，《金刚经解义》并未否认"口说无相法"的意义，而是认为智慧的"口说"是引导悟入的方便，如《金刚经解义·依法出生分第八》云："所说一切文字章句，如标如指。标指者，影响之义。依标取物，依指观月；月不是指，标不是物。但依经取法，经不是法。"[②] 虽然"指月"之喻见于《大智度论》[③]《央掘魔罗经》[④] 和《楞伽经》[⑤]，但

① 题为（唐）慧能：《金刚经解义》卷上，X24，n459，p. 521b12。

② 题为（唐）慧能：《金刚经解义》卷上，X24，n459，p. 522b8－10。

③ （后秦）鸠摩罗什译：《大智度论》卷九"如人以指指月以示惑者，惑者视指而不视月，人语之言：'我以指指月令汝知之，汝何看指而不视月？'此亦如是，语为义指，语非义也，是以故不应依语"，T25，n1509，p. 125b1－5。

④ （刘宋）求那跋陀罗译：《央掘魔罗经》卷三"我于无量阿僧祇劫恒河沙生，无量众生无我佛语者，建立有我，如指指月故，生舍离身"，T2，n120，p. 537a10－12。

⑤ （刘宋）求那跋陀罗译：《楞伽阿跋多罗宝经》卷四"如愚见指月，观指不观月，计著名字者，不见我真实"，T16，n670，p. 510c17－18。

“标”“指”并举应与《圆觉经》① 《楞严经》② 有关。无所行的无相行并非否定修学的必要性，反而更注重普遍地实践不安住任何相状的六度万行。以六波罗蜜多之布施波罗蜜多为例，《金刚经》云：“菩萨应如是布施，不住于相。何以故？若菩萨不住相布施，其福德不可思量。”③ 对此，《金刚经解义·妙行无住分第四》解释云：

> 应如无相心布施者，为无能施之心，不见有施之物，不分别受施之人，是名“不住相布施”也……又说布施者，由不住六尘境界，又不有漏分别，惟当返皈清净，了万法空寂，若不了此意，惟增诸业，故须内除贪爱，外行布施，内外相应，获福无量。见人作恶，不见其过，自性不生分别，是名离相……④

菩萨所实践的布施波罗蜜多不同于世俗的布施，不分别施者、受者、施物及由此构成的布施行为本身和相应的果报。自性—自心不生分别，即远离能所对待关系，非将六尘境界建构为对象、非将有漏分别的内心建构为主体，而是如实了知万法于胜义中皆如如空寂、本来清净，超越对于任何相状的取执。若不能触证一切法空性、去除自心所生分别和贪爱，则即使践行布施亦只

---

① （唐）佛陀多罗译：《大方广圆觉修多罗了义经》“修多罗教，如标月指，若复见月，了知所标毕竟非月；一切如来种种言说开示菩萨亦复如是”，T17，n842，p. 917a27 – 29。

② （唐）般剌密帝译：《大佛顶如来密因修证了义诸菩萨万行首楞严经》卷二“如人以手指月示人，彼人因指当应看月；若复观指以为月体，此人岂唯亡失月轮，亦亡其指。何以故？以所标指为明月故。岂唯亡指，亦复不识明之与暗。何以故？即以指体为月明性，明暗二性无所了故。”T19，n945，p. 111a9 – 13。

③ （后秦）鸠摩罗什译：《金刚般若波罗蜜经》，T8，n235，p. 749a14 – 16。

④ 题为（唐）慧能：《金刚经解义》卷上，X24，n459，p. 520a8 – 18。

是执著相状、增长诸业而已，其所行有限，其所获福德亦有量；只有不安住任何相状，才能超越施者、受者、施物的局限，于无量的时空之中践行广大无边的布施。同理，六波罗蜜多皆是不住于相而成为菩萨大行。

以“无住”作为《金刚经》之正体，亦见于慧净（578－?）《金刚经注》“菩提以无住为体”[①]。关于生命存在之安住，《金刚经》以发阿耨多罗三藐三菩提心解开凡夫众生系缚于固定静止的范围、领域、限定的迷思，远离一切虚妄不实的安住，而确实安住于“无住”。所谓“无住”，既是主观实践上于一切法无所依住，也是客观理则上作为一切法之本的法住。从主观实践而言，在六度万行的修学过程中，大乘菩萨道行者始终相应于般若波罗蜜多、一切智智、阿耨多罗三藐三菩提；若有所依住、栖居、立足之处，即动摇阿耨多罗三藐三菩提心，不相应于毕竟无住的般若波罗蜜多，偏离大乘菩萨道。对于《金刚经》“若心有住，则为非住”[②]，《金刚经解义·离相寂灭分第十四》解释云：

> 若心住涅槃，非是菩萨住处；不住涅槃，不住诸法，一切处不住，方是菩萨住处。上文说“应无所住而生其心”是也。[③]

一切法本性空寂、无所依住，亦不能成为他者之依住；此“一切法”既包括有为生死诸法，亦包括无为涅槃之法。故大乘菩萨道行者既不住生死、亦不住涅槃，不住杂染、亦不住清净，

---

① （唐）慧净：《金刚般若波罗蜜经注》卷中，X24，n456，p. 459a3。
② （后秦）鸠摩罗什译：《金刚般若波罗蜜经》，T8，n235，p. 750b23－24。
③ 题为（唐）慧能：《金刚经解义》卷下，X24，n459，p. 525c17－19。

不住有为、亦不住无为，于一切范围、领域、限定之处皆无所依住，如此才能在六度万行的实践过程中始终使阿耨多罗三藐三菩提心不发生舍离悔变而安住不动，亦即《金刚经》所说“应无所住而生其心”[①]。毕竟无住而如是安住，这是菩萨的真正住处。从客观理则而言，“无住”的实践显示了一切法“无住”之本性。对于《金刚经》“一切贤圣皆以无为法而有差别”[②]，《金刚经解义 · 无得无说分第七》解释云：

> 佛说“无为法”者，即是无住。无住即是无相，无相即无起，无起即无灭，荡然空寂，照用齐收，鉴觉无碍，乃真是解脱佛性。佛即是觉，觉即是观照，观照即是智慧，智慧即是般若波罗蜜多。[③]

“无住”的深彻意义即是一切法存在之全部真相，即是法住、实相、实际之异名增语。于此，《金刚经解义》将“无住”等同于“无为法”，这应与《维摩诘经 · 观众生品》的“无住本”[④] 有关。作为一切法根本的“无住”，即是《金刚经解义》所言涅槃解脱所依止的佛性。然而，“无为法”“佛性”并非以之作为依住、栖居、立足之处；若有所住，“无为法”即非“无为法”“佛性”即非“佛性”，故“无为法”“佛性”亦只是毕竟无住。因此，虽然于言说上可分别主观实践的超越一切有为的无住与客观理则的无为之“无住本”，但《金刚经解义》实际上并不分别主观与客观、实践与理则、无住与法住，而在“无住”

---

① （后秦）鸠摩罗什译：《金刚般若波罗蜜经》，T8，n235，p. 749c22 – 23。
② （后秦）鸠摩罗什译：《金刚般若波罗蜜经》，T8，n235，p. 749b17 – 18。
③ 题为（唐）慧能：《金刚经解义》卷上，X24，n459，p. 521c24 – 522a4。
④ （后秦）鸠摩罗什译：《维摩诘所说经》卷中，T14，n475，p. 547c22。

的实践之中指点“无住本”、依“无住本”开显“无住”之修学。“无住”既是“无起”“无灭”“荡然空寂”的佛性觉性，亦是“照用齐收”“鉴觉无碍”的观照智慧，一言以蔽之即是般若波罗蜜多。这与《坛经》所言“无住为本”[①] 是一致的。

以“妙有”作为般若波罗蜜多之作用，亦见于神会的《显宗记》[②]。《金刚经解义》认为，作为法性理体的佛性虽然本性空寂，但具体含藏着如恒河沙数的无量无边的佛法功德，如此佛法功德是依据佛性之体而现起的殊胜奥妙的作用，如《金刚经解义·依法出生分第八》云“从体起用，妙利无穷”[③]。这亦近似《显宗记》所谓“用而不有，即是真空；空而不无，便成妙有”[④]。佛性同时亦是自心，就自心而言，自心的作用即是“念”，故所谓“妙有”即自心在念念相续的作用中，降伏虚妄、邪见、烦恼引起的颠倒散乱的心，无碍朗现自心本性之空寂清净；对此，《坛经》称之为“于念而不念”[⑤]，《显宗记》称之为“无念念”[⑥]，《金刚经解义·尊重正教分第十二》称之为“念念

---

① 杨曾文：《敦煌新本六祖坛经》，北京：宗教文化出版社，2011 年，第 16 页。

② （北宋）道原《景德传灯录》卷三十《荷泽大师显宗记》“无念为宗，无作为本，真空为体，妙有为用”，T51，n2076，p. 458c26。（北宋）延寿《宗镜录》卷九十九“《显宗论》云：我此禅门一乘妙旨，以无念为宗，无住为本，真空为体，妙有为用”，T48，n2016，p. 949a26－27。

③ 题为（唐）慧能：《金刚经解义》卷上，X24，n459，p. 522b2－3。

④ （北宋）道原《景德传灯录》卷三十，T51，n2076，p. 459a10－11。（北宋）延寿《宗镜录》卷九十九，T48，n2016，p. 949b3－4。又见敦煌本《顿悟无生般若颂》，杨曾文：《神会和尚禅话录》，北京：中华书局，2011 年，第 50 页。

⑤ 杨曾文：《敦煌新本六祖坛经》，北京：宗教文化出版社，2011 年，第 15 页。

⑥ （北宋）道原《景德传灯录》卷三十，T51，n2076，p. 458c28。（北宋）延寿《宗镜录》卷九十九，T48，n2016，p. 949a29。又见敦煌本《顿悟无生般若颂》，杨曾文：《神会和尚禅话录》，北京：中华书局，2011 年，第 50 页。

常行无念心、无所得心"①。由此可知，"妙有"即"无念"。《金刚经解义》又具体从前念与后念的相续不断说明相应的修学方法。对于《金刚经》"如来善护念（anuparigṛhītāḥ）诸菩萨，善付嘱（parīnditāḥ）诸菩萨"②，《金刚经解义·善现起请分第二》解释云：

> 言"善护念"者，令诸学人，以般若智，护念自身心；不令妄起憎爱、染外六尘、堕生死苦海；于自心中，念念常正，不令邪起。自性如来，自善护念。言"善付嘱"者，前念清净，付嘱后念，后念清净，无有间断，究竟解脱。③

《金刚经》的"护念"原指摄受、利益、恩惠之义，"付嘱"原指托付、给予、满足之义，并未强调心念活动，但《金刚经解义》的解释则侧重于"念"之上。心念的活动总是在时间之流的一刹那一刹那相续之中念念不住，守护自己当前活动的

---

① 题为（唐）慧能：《金刚经解义》卷下，X24，n459，p. 524a3－4。

② （后秦）鸠摩罗什译：《金刚般若波罗蜜经》，T8，n235，p. 748c26－27；（元魏）菩提流支译：《金刚般若波罗蜜经》，T8，n236a，p. 752c23；（陈）真谛译：《金刚般若波罗蜜经》，T8，n237，p. 762a18－19。（隋）笈多译：《金刚能断般若波罗蜜经》作"乃至所有如来、应、正遍知，菩萨摩诃萨顺摄，最胜顺摄；乃至所有如来、应、正遍知，菩萨摩诃萨付嘱，最胜付嘱"，T8，n238，p. 766c29－767a2；（唐）玄奘译：《大般若波罗蜜多经》卷五百七十七作"乃至如来、应、正等觉，能以最胜摄受，摄受诸菩萨摩诃萨，乃至如来、应、正等觉，能以最胜付嘱，付嘱诸菩萨摩诃萨"，T7，n220，p. 980a17－20；（唐）义净译：《能断金刚般若波罗蜜多经》"如来应正等觉，能以最胜利益，益诸菩萨；能以最胜付嘱，嘱诸菩萨"，T8，n239，p. 772a3－5；梵本作"āścaryaṃ sugata yāvad eva tathāgatenārhatā samyaksaṃbuddhena bodhisattvā mahāsattvā anuparigṛhītāḥ parameṇānugraheṇa | āścaryaṃ bhagavan yāvad eva tathāgatenārhatā samyaksaṃbuddhena bodhisattvā mahāsattvāḥ parīnditāḥ paramayā parīndanayā |"，渡边章悟：《金剛般若経の梵語資料集成》，东京：山喜房佛书林，2009年，第31－33页。

③ 题为（唐）慧能：《金刚经解义》卷上，X24，n459，p. 518c7－11。

心念并非断绝心念的作用，因为心念断绝即不再有生命活动。所谓“护念”是依于本性清净的自性—自心，以般若之智解除对于六尘外境所生起的邪妄执著、降伏颠倒散乱；但“降伏其心”亦只是除妄不除念，从而使自心的每一念皆保持正道。《金刚经解义》又将“付嘱”解释为在前的心念与在后的心念的相续无有间断。若在前的心念显现并保持其本性的清净，在后的心念亦显现并保持其本性的清净，则自心的每一念皆显现并保持其本性的清净，从而趋向于究竟的智慧、解脱、法身，如此即是“善付嘱”。对于《金刚经》“受持读诵此经，若为人轻贱，是人先世罪业，应堕恶道；以今世人轻贱故，先世罪业则为消灭，当得阿耨多罗三藐三菩提”①，《金刚经解义·能净业障分第十六》解释云：

> 又约理而言，“先世”即是前念妄心，“今世”即是后念觉心；以后念觉心，轻贱前念妄心，妄不得住，故云先世罪业即为消灭。妄念既灭，罪业不成，即得菩提也。②

于此，《金刚经解义》将时间上的“先世”与“后世”的相续解释为心态活动中的“前念”与“后念”的相续。从观行实践而言，现实活动的心念容易取执外境与自我而呈现虚妄的状态，若修学者在此一心念之后即生起觉察、觉醒、觉悟的心念，如实了知虚妄非真、本性空寂，则在前的心念活动的虚妄即得以解除，朗然呈现其本来如是的清净；于此之后的每一心念皆如此予以觉察、觉醒、觉悟，则念念清净而不再造作杂染的罪业，臻

① （后秦）鸠摩罗什译：《金刚般若波罗蜜经》，T8，n235，p.750c24－27。
② 题为（唐）慧能：《金刚经解义》卷下，X24，n459，p.527b3－6。

于究竟圆满即是阿耨多罗三藐三菩提。《金刚经解义》的解释与神会一系有关。在石井光雄藏敦煌本《南阳和尚问答杂征义》中，神会回答魏州乾光法师问《金刚经》义：

> 又有理义释云："先世罪业"者，喻前念起妄心。"今世人轻贱"者，喻后念齐觉，后觉为悔前妄心。若前心既灭，后悔亦灭。二念俱灭既不存，即是持经功德具足，即是阿耨多罗三藐三菩提。又云：后觉喻轻贱者，为是前念起妄心，若起后觉，亦是起心。虽名作觉，觉亦不离凡夫故，喻世人轻贱也。①

然而，《金刚经解义》与神会的解释亦有一些差异：《金刚经解义》仅言"妄念既灭"，除妄不除念；而神会更加侧重遣破，进一步言"二念俱灭"，以在后生起的觉悟心念亦是"起心"，有起有灭则又陷落于虚妄之心的相状，虽然称为"觉"实则并未达到彻底的觉悟，故仍然需要予以遣破，最终达到妄灭觉亡的不作意的境地。因此，《金刚经解义》的作为"妙有"的"无念"，虽然与神会一系相关，但接近《坛经》的"于念而不念"。

综上所论，《金刚经解义》以经典注疏的形式较为全面展示了曹溪顿教禅法对于般若思想的创造性重构。关于所观之理境，《金刚经解义》以清净真常的佛性解释"般若波罗蜜法"，佛性既是普遍必然的平等清净的真如法性，又是具体活动的真心，这与《坛经》的当前现实的自性—自心有所不同，而更接近《曹溪大师别传》；关于修学之果德，《金刚经解义》将般若之智解释为了知众生本具的佛性，而般若之智即是依佛性之体而显现的

① 杨曾文：《神会和尚禅话录》，北京：中华书局，2011年，第78页。

“觉照”作用，般若波罗蜜多的圆满即显现为法身，这与《坛经》类似，又有神会一系的影响；关于观行之道路，《金刚经解义》以不取执相状的无相行为修学宗要、以确实安住于“无住”为修学正体、以除妄不除念的“妙有”为修学作用，这同于《坛经》的般若三昧，与神会一系有貌合神离之处。《金刚经解义》虽然晚出，但与《坛经》、神会一系大体相近而有其独特之处，又有些许后期禅宗之意趣，可以视为曹溪顿教禅法在前后期禅宗过渡阶段的开展。

第三节　北宗禅与《金刚经》

在六朝至隋唐时期，义学诸师虽然广学三藏，但往往着力弘传某部经论，并以此著称于世，如地论师、摄论师、成实师、涅槃师、三论宗、法华宗、华严宗等皆以经论作为标识。然而，禅宗不属于义学传统，注重深彻的实践悟入，对于经论的使用亦较为自由，不限于某部经论的义理，亦不拘泥某段文字章句，而是以经论义旨与自身的禅观体悟相互验证。当然，在现实修学过程中，禅者亦可能在特定情境下因为某部经论、某段文字而得以悟入甚深法界，因此在其后修学过程中特别重视某部经论，而这种情境只是具体个人的偶然契机。但是，玄赜撰《楞伽人法志》和净觉撰《楞伽师资记》却欲为早期禅宗建立“《楞伽》传灯"[①] 的正统谱系，以《楞伽经》作为禅宗一脉相承的心要，这可能受到了义学传统的影响。其后，神会一系的《南阳和尚问答杂征义》附录六代传记部分则建构了以《金刚经》为法契的禅法传承谱系，意欲确立惠能所传曹溪顿教禅法的正统性。对此，胡适称之为"《金刚经》来替代了《楞伽经》""般若宗革了楞伽宗的命"[②]。然而，非义学传统的禅宗难以用某部经论去简单概括其法门和师资相承，实际上，《楞伽师资记》所载心要亦不局限于《楞伽经》，神会著作亦涉及《金刚经》以外的经典，更不存在《楞伽经》与《金刚经》的对立。在相对于曹溪禅法的其余东山门下的所谓"北宗"[③]，《金刚经》亦为禅者所引用与发挥。

一 北宗文献所引《金刚经》

关于北宗禅法之特质，澄观概括为"看心修净，方便通经"[④]，宗密称为"拂尘看净，方便通经"[⑤]，这是指以神秀为代表的北宗禅法大体不离经论之教。北宗文献也广泛引用大乘经论甚至一些当时流行的伪经，即使如强调法身离言说文字的《传

---

① （唐）李知非：《注般若波罗蜜多心经略序》，杨曾文：《净觉及其〈注般若波罗蜜多心经〉与其校本》，《中华佛学学报》第6期，1993年，第251页；韩传强：《禅宗北宗敦煌文献录校与研究》，南京：江苏人民出版社，2016年，第339页。

② 胡适：《楞伽宗考》，欧阳哲生编：《胡适文集》第5册，北京：北京大学出版社，1998年，第191页。

③ "北宗"一语的相关讨论，参见韩传强：《禅宗北宗研究》，北京：宗教文化出版社，2013年，第2－13页。

④ （唐）澄观：《贞元新译华严经疏》卷二，X5，n227，p. 64b3。

⑤ （唐）宗密：《圆觉经大疏释义钞》卷三下，X9，n245，p. 532c18。

法宝纪》也说“证归一体，功由自觉……然后读诸经论，得最上胜句，则洞焉照会矣”[①]。只是，禅者的引经不同于义学的闻思疏解，而始终围绕禅观证悟展开，以经论作为引导悟入真如法界或验证所证所觉的方便。《金刚经》作为唐代社会最流行的经典，也为北宗文献频繁引用。

北宗文献在解释《金刚经》经题时，以色心如如不动予以阐发。在禅者的观照中，身和心构成生命存在的全体，对生命存在真相的了知也从身心活动去契入；由生命存在而论其所居住世界之一切法，色和心是一切法的二大类，对一切法真相的了知则从色心二法去契入。故禅者认为，佛陀所说教法虽然相应不同根器机缘而千差万别，但亦无非以色（身）心说诸法实相，从而引导修学者开发明明朗朗的智慧。神秀一系的《大乘无生方便门》第二“开智慧门”以心色二法解释诸大乘经典经题，如说《金刚经》：

> 《金刚经》，金是心，刚是色；心如是智，色如是惠，是智惠经。[②]

此依汉语分别解释“金”与“刚”二字，然而“金刚”实则是梵语“vajra”一词的汉译，并非两个独立字；且以“金”为“心”、以“刚”为“色”也并无依据，颠倒言之亦未尝不可。可见，禅者并不拘泥名言，其用意亦并非随文解义，而是以

---

① 柳田圣山：《初期の禅史 I：楞伽師資記 · 伝法宝纪》，东京：筑摩书房，1971 年，第 415 页。韩传强：《禅宗北宗敦煌文献录校与研究》，南京：江苏人民出版社，2016 年，第 50 页。

② 韩传强：《禅宗北宗敦煌文献录校与研究》，南京：江苏人民出版社，2016 年，第 129 页。

“金刚”之题指点色心二法本性空寂、不出真如法性，如实了知色心二法如其所是之真相即是诸佛平等智慧，故称为“智惠经”。《通一切经要义集》第二智慧门解释诸大乘经典经题则更强调“不动”，如说《金刚经》：

通《金刚经》题目，释：心不动，金是定；色不动，般若是惠；色心具（俱）不动，经是常，常依定慧修行。①

此“不动”即神秀所传“五方便门”之第二门“不动门”，亦称为“开智慧门”②。所谓“色”指眼、耳、鼻、舌、身五根，“心”指意根，六根依于真性（心）之体而有见闻觉知之作用，而真性（心）真实常住、不生不灭、如如不动，故六根本性不动、见闻觉知本性不动，由此六根不动而得正定，于一切法不取不舍而开显智慧。这其实是《楞严经》所说“如是见性是心非眼”③ 的悟入法门，亦是道信《入道安心要方便》所言“知心用，用生法宝，起作恒寂，万法皆如”④。《大乘五方便北宗》则以生命存在之身心不动解释诸大乘经典经题，如说《金刚经》：

问：“是没是《金刚般若波罗蜜经》?”答：“般若是西国语，此地往翻名为智惠。心不动是金，身不动是刚，身心

① 韩传强：《禅宗北宗敦煌文献录校与研究》，南京：江苏人民出版社，2016年，第154页。

② 韩传强：《禅宗北宗敦煌文献录校与研究》，南京：江苏人民出版社，2016年，第151页。

③ （唐）般剌密帝译：《大佛顶如来密因修证了义诸菩萨万行首楞严经》卷一，T19，n945，p. 109b27。

④ （唐）净觉：《楞伽师资记》，T85，n2837，p. 1288a17 – 18。韩传强：《禅宗北宗敦煌文献录校与研究》，南京：江苏人民出版社，2016年，第320页。

如如不动，是名《金刚般若波罗蜜经》。”[①]

这也是约六根本性不动而从定发慧的“不动门”。而《大乘开心显性顿悟真宗论》对《金刚经》经题的解释则综合诸说：

> 问曰：“《金刚般若波罗蜜多经》者，此义如何？”答曰：“金刚者，是色心；般若者，清净也；波罗者，彼岸也；蜜者，到也。”又问曰：“不取于相，如如不动。”答曰：“汝心若起，有去有来，即有为法，皆是不安之相；汝心不起，即无来无去，即无为法。无为法中，动不动俱离，是即常住，故称如如不动。”[②]

以“金刚”为色心，这源于《大乘无生方便门》；而“般若波罗蜜”的解释大体与梵语之义相同。对于《金刚经》“不取于相，如如不动”[③]，则着重阐发“心不起”，亦即心如如不动、本性空寂、无来无去，超越“动”与“不动”之分别，由此正定而开发智慧，契入无为法性。

北宗文献对于《金刚经》经文的引用，着重于扫相破执而显示清净心体。[④]《金刚经》中并未出现“空”字，而以“无相”表示一切法本性空；于禅者而言，“无相”并非泛泛指一切法无常住不易之相状，而是指本性清净之心远离虚妄心念之相。在《大乘无生方便门》第一门“总彰佛体”中，“念佛”是现

---

① 韩传强：《禅宗北宗敦煌文献录校与研究》，南京：江苏人民出版社，2016年，第178页。

② 韩传强：《禅宗北宗敦煌文献录校与研究》，南京：江苏人民出版社，2016年，第258－259页。

③ （后秦）鸠摩罗什译：《金刚般若波罗蜜经》，T8，n235，p. 752b27。

④ 参见伊吹敦：《初期禅宗における『金剛経』》，阿部慈园编：《金剛般若経の思想的研究》，东京：春秋社，1999年，第339－343页。

入禅定境界的方便，即专心系念一佛之名或其庄严相状，使禅者诸根不再向外攀援、自心不再涣散而保持清明状态，进而如实观察佛之名号、相状、功德乃至一切法皆如幻如化、空无所有、无相一相，并引《金刚经》予以说明：

> 和言："一切相总不得取，所以《金刚经》云：'凡所有相，皆是虚妄。'看心若净，名净心地。莫卷缩身心，舒展身心，放旷远看，平等看、尽虚空看。"和问言："见何物？"子云："一物不见。"[①]

以上内容又见《通一切经要义集》第一门[②]。凡夫之所以取执相状、有物可见，是因为"卷缩身心"，将身心局限在种种差别规定之中，而不能如实了知一切相状差别皆为自心现起。若能舒展身心，以念佛等方便现入禅定，于定中放旷远、尽虚空、无边际、无障碍、平等地去观看，而"一物不见"，无任何所看相状可得，于一切所看相状皆不舍不取，此即《金刚经》所言"凡所有相（lakṣaṇa），皆是虚妄"[③]。通过如此一番"一物不见"的观看工夫锻炼，能看之心即无碍朗现其本性清净、湛然不动、无起无作，名为"净心地"，此即诸佛心体。而在《顿悟大乘正理决》中，摩诃衍以"离相"为"离妄想"，如：

> 准《佛顶经》云："一根既返源，六根成解脱。"据

---

① 韩传强：《禅宗北宗敦煌文献录校与研究》，南京：江苏人民出版社，2016年，第114页。

② 韩传强：《禅宗北宗敦煌文献录校与研究》，南京：江苏人民出版社，2016年，第142页。

③ （后秦）鸠摩罗什译：《金刚般若波罗蜜经》，T8，n235，p. 749a24。渡边章悟：《金剛般若経の梵語資料集成》，东京：山喜房佛书林，2009年，第38－39页。

《金刚经》及诸大乘经皆云："离一切妄想习气，则名诸佛。"所以令看心，除一切心想、妄想习气。①

想过者，能障众生本来一切智，及三恶道，久远轮回，故有此过。《金刚经》说亦令"离一切诸想，则名诸佛"。②

如《楞伽》及《金刚经》云"离一切想，则名诸佛"。随其根性利钝，如是修习，妄想习气亦歇，即得解脱。③

所谓"离一切想，则名诸佛"，原为《金刚经》之异文，鸠摩罗什译本和菩提流支译本作"离一切诸相，则名诸佛"④，而其余版本的"相"作"想"（saṃjñā），如真谛译作"诸佛世尊，解脱诸想尽无余故"⑤，隋达摩笈多译作"一切想远离，此佛、世尊"⑥、唐玄奘译作"诸佛世尊离一切想"⑦、唐义净译"诸佛世尊离诸想故"⑧、梵本作"sarva－saṃjñâpagatā hi buddhā bhagavantaḥ"⑨。《顿悟大乘正理决》虽然使用鸠摩罗什译本，但将"相"理解为"想"，又进一步释为"妄想习气"，这是结合了《楞伽经》的"离妄想"。宋译《楞伽经》云"如来亦复如是，于法无我离一切妄想相，以种种智慧善巧方便，或说如来藏，或

① 上山大峻：《敦煌佛教の研究》，京都：法藏馆，1990年，第542页。

② 上山大峻：《敦煌佛教の研究》，京都：法藏馆，1990年，第546页。

③ 上山大峻：《敦煌佛教の研究》，京都：法藏馆，1990年，第548页。

④ （后秦）鸠摩罗什译：《金刚般若波罗蜜经》，T8，n235，p. 750b9。（元魏）菩提流支译：《金刚般若波罗蜜经》，T8，n236a，p. 754b24－25。

⑤ （陈）真谛译：《金刚般若波罗蜜经》，T8，n237，p. 763c27。

⑥ （隋）达摩笈多译：《金刚能断般若波罗蜜经》，T8，n238，p. 768c29。

⑦ （唐）玄奘译：《大般若波罗蜜多经》卷五百七十七，T7，n220，p. 982b19。

⑧ （唐）义净译：《能断金刚般若波罗蜜多经》，T8，n239，p. 773b17。

⑨ 渡边章悟：《金剛般若経の梵語資料集成》，东京：山喜房佛书林，2009年，第69－70页。

说无我"[①]，此中"妄想相"，魏译作"分别之相"[②]、唐译作"分别相"[③]、梵本作"vikalpa－lakṣaṇa"[④]，亦即虚妄分别之相状；若远离妄想分别及其习气，则如来藏自性清净心无碍朗现。摩诃衍据此诠释《金刚经》之"离相"，而使其成为北宗禅"看心"法门的经证。

北宗文献亦频频引用《金刚经》的"即非"句式。《金刚经》中反复出现的"如来说 A，即非 A，是名 A"句式，既可以指存有论之空无所有，也可以指实践论之空无所得。[⑤] 神秀系的五方便系列文献则在从定发慧的"不动门"阐发"即非"句式，如《大乘无生方便门》：

> "佛说般若波罗蜜，即非般若波罗蜜，是名般若波罗蜜。"般若波罗蜜是三世诸佛同说，以不动故，即非世人执地般若波罗蜜，是名无相般若波罗蜜；不执相是智，无相是惠。"佛说微尘众，即非微尘众，是名微尘众。"是三世诸佛同说，以不动故，即非世人执微尘众，是名无相微尘众；不执相是智，无相是惠。"佛说灯，即非灯，是名灯。"以不动故，即非世人执相灯，是名无相灯；不执相是智，无相

① （刘宋）求那跋陀罗译：《楞伽阿跋多罗宝经》卷二，T16，n670，p. 489b11－13。

② （元魏）菩提留支译：《入楞伽经》卷三，T16，n671，p. 529c7。

③ （唐）实叉难陀译：《大乘入楞伽经》卷二，T16，n672，p. 599b22。

④ P. L. Vaidya, *Saddharmalaṅkāvatārasūtram*, Darbhanga: The Mithila Institute, 1963, p. 33.

⑤ 参见 Yoke－Meei Choong（宗玉媺），"The Formula 'Non－A is A' in Vasubandhu's commentary on the Triśatikāyāḥ Prajñāpāramitāyāḥ Kārikāsaptatiḥ"，《台大佛学研究》第 24 期，2012 年，第 1－60 页。

是惠。[①]

此中“佛说般若波罗蜜”“佛说微尘众”皆出自《金刚经》[②]。另外，《通一切经要义集》依“即非”句式解说六波罗蜜[③]，而《大乘五方便北宗》则解说《金刚经》“所谓佛法者，即非佛法”[④]。这些文献虽然所引《金刚经》文句不同，但皆将其释为“A是三世诸佛同说，以不动故，即非世人执A，是名无相A”。所谓“不动”即指自心及一切法如如不动，“不执相”即指远离妄想分别而无所得之实践方法，“无相”即指开发般若智慧平等契入诸法实相。可见，禅者的解经始终围绕“看心”法门展开。

二　《顿悟真宗要决》的“看无所处”

《顿悟真宗要决》全称《顿悟真宗金刚般若修行达彼岸法门要决》，题名之“金刚般若修行达彼岸”即“金刚般若波罗蜜多”，既指如金刚坚固之般若波罗蜜多，亦指《金刚般若波罗蜜多经》。顾名思义，这是依《金刚经》所授之法门为契机而顿悟究竟真实之要决。

《顿悟真宗要决》发现于敦煌文献，相关汉文写本有

① 韩传强：《禅宗北宗敦煌文献录校与研究》，南京：江苏人民出版社，2016年，第134页。

② （后秦）鸠摩罗什译：《金刚般若波罗蜜经》，T8，n235，p. 750a14－15、752b9－10。

③ 韩传强：《禅宗北宗敦煌文献录校与研究》，南京：江苏人民出版社，2016年，第158－159页。

④ （后秦）鸠摩罗什译：《金刚般若波罗蜜经》，T8，n235，p. 749b25。韩传强：《禅宗北宗敦煌文献录校与研究》，南京：江苏人民出版社，2016年，第184－185页。

Pel. chin. 2799（存 109 行）、S. 5533（存 62 行）、Pel. chin. 3922（横写，存 24 行）、Дx5830（存 8 行）、Дx11623R + V（存 12 行），其中 S. 5533 与 Дx11623R + V 为同一写本[①]。法国国家图书馆藏敦煌藏文写本 Pel. tib. 116V 第 191 至 242 段半为《顿悟真宗要决》的藏译[②]，其中第 191 – 226 段见于汉文写本，第 227 至 242 段半未见对应汉文写本[③]。此外，《大乘开心见性顿悟真宗论》"时有居士，俗姓李……直问直说，不假烦言"[④] 改写自《顿悟真宗要决》叙文和第一个问答，而"弟子向来问答，皆是量起心生恼乱……若也实有疑滞，即须勤问，皆是证真"和"弟子虽是俗人，心识早已入道……故云《大解脱论》"[⑤] 近似 Pel. tib. 116V《顿悟真宗要决》的藏译。《顿悟真宗要决》正文前有"先天元年（712）十一月五日棣州刺史刘无得叙录"[⑥]，成书时间即在此年。

《顿悟真宗要决》署名"侯莫陈琰问、智达禅师口决、萦主簿本上"，此"侯莫陈琰"与"智达禅师"实为同一人。刘无得

① 程正：《俄藏敦煌文獻中に發見された禪籍について（3） –1》，《驹泽大学禅研究所年报》第 32 号，2020 年，第 154 页。

② 西北民族大学、上海古籍出版社、法国国家图书馆编：《法国国家图书馆藏敦煌藏文文献》第 3 册，上海：上海古籍出版社，2007 年，第 256 – 264 页。

③ 参见上山大峻：《チベット訳『顿悟真宗要决』の研究》，《禅文化研究所纪要》第 8 号（京都：禅文化研究所，1976 年），第 32 – 101 页。牛宏：《敦煌藏文、汉文禅宗文献对读：P. t. 116（191 – 242）与 P. ch. 2799、S. ch. 5533、P. ch. 3922》，《敦煌学辑刊》2007 年第 4 期，第 188 – 205 页。

④ 韩传强：《禅宗北宗敦煌文献录校与研究》，南京：江苏人民出版社，2016 年，第 246 页。

⑤ 韩传强：《禅宗北宗敦煌文献录校与研究》，南京：江苏人民出版社，2016 年，第 260 页。

⑥ 韩传强：《禅宗北宗敦煌文献录校与研究》，南京：江苏人民出版社，2016 年，第 265 页。

叙文云“侯莫陈居士者，雍州长安人也，俗名，法号智达”[①]，另有唐崔宽《六度寺侯莫陈大师寿塔铭文并序》记载“大师姓侯莫陈，讳琰之，法名智达，京兆长安人也”[②]。关于其生卒年，《顿悟真宗要决》智达禅师自答“长身五十有三，入道卅有二”[③]，可知侯莫陈琰于先天元年（712）时为五十三岁、皈依三十二年，故生于显庆五年（660）、皈依于永隆二年（681），与《塔铭》所说“年甫弱冠，便入嵩山”[④] 相合；《塔铭》又记载“开元二年（714）六月十日入涅槃”[⑤]。“侯莫陈”原为鲜卑部落，以部为氏。《元和姓纂》载西魏八柱国之一的侯莫陈崇世系，其孙唐初考功郎中、相州刺史、升平县男侯莫陈肃有子名璀、玮、嗣忠[⑥]，而《塔铭》称侯莫陈琰“族大龙垌，赏延龟纽。地恤公侯之胤，人承孝友之家”[⑦]，其可能是侯莫陈肃之子[⑧]。侯莫陈琰为老安和神秀法嗣，以居士身得传禅法心印，刘

① 韩传强：《禅宗北宗敦煌文献录校与研究》，南京：江苏人民出版社，2016年，第264页。

② 罗振玉：《芒洛冢墓遗文四编》卷五，《石刻史料新编》第1辑第19册，台北：新文丰出版公司，1982年，第14263页。

③ 韩传强：《禅宗北宗敦煌文献录校与研究》，南京：江苏人民出版社，2016年，第265页。

④ 罗振玉：《芒洛冢墓遗文四编》卷五，《石刻史料新编》第1辑第19册，台北：新文丰出版公司，1982年，第14263页。

⑤ 罗振玉：《芒洛冢墓遗文四编》卷五，《石刻史料新编》第1辑第19册，台北：新文丰出版公司，1982年，第14264页。

⑥ （唐）林宝撰，岑仲勉校记：《元和姓纂》卷五，北京：中华书局，1994年，第734页。

⑦ 罗振玉：《芒洛冢墓遗文四编》卷五，《石刻史料新编》第1辑第19册，台北：新文丰出版公司，1982年，第14263页。

⑧ 龙成松推测“嗣忠”可能即侯莫陈琰之字，然并无实据，参见《北朝隋唐侯莫陈氏家族与佛教研究：兼论〈顿悟真宗要决〉之背景》，《敦煌研究》2017年第4期，第73页。

无得叙文云“在嵩山廿余年，初事安阇梨，后事秀和尚，皆亲承口诀，密受教旨”[①]，《塔铭》云：“初事安阇梨，晚归秀和上，并理符心会，意授口诀。二十余年，遂获道果。和上曰：‘汝已智达，辩才无碍，宜以智达为名，道在白衣，吾无忧矣。’”[②] 侯莫陈琰在得法之后，主要弘化于河南、河北地区，《塔铭》云：“时游洛中，或诣河北，迎门拥篲，不可胜纪，因而得度者岁有其人焉。”[③]

《顿悟真宗要决》以询问《金刚经》所说“不应住色生心，不应住声、香、味、触、法生心，应无所住而生其心”[④] 之要义展开。“住”的问题是世界中的存在者对自身之“在”的根本体认。然而，现实中的生命存在一方面在客观上陷落于生死相续的刹那生灭、漂泊动荡、迁流不住之中，另一方面在主观上系缚于概念所认定的固定静止的范围、领域、限定之中。《金刚经》以“发阿耨多罗三藐三菩提心，应云何住？云何降伏其心”[⑤] 的追问，解开凡夫众生身心所沉溺的虚妄不实的“住”，而确实安住于“无住”，于主观实践上超越一切有为而无所依住、于客观理则上通达一切法空寂本性而如是安住。《顿悟真宗要决》发扬了禅者锻炼“自心”的修学传统，将《金刚经》的“无住”与北宗禅的“净心”相结合。《顿悟真宗要决》云：

① 韩传强：《禅宗北宗敦煌文献录校与研究》，南京：江苏人民出版社，2016年，第264页。

② 罗振玉：《芒洛冢墓遗文四编》卷五，《石刻史料新编》第1辑第19册，台北：新文丰出版公司，1982年，第14263页。

③ 罗振玉：《芒洛冢墓遗文四编》卷五，《石刻史料新编》第1辑第19册，台北：新文丰出版公司，1982年，第14263页。

④ （后秦）鸠摩罗什译：《金刚般若波罗蜜经》，T8，n235，p. 749c21－23。

⑤ （后秦）鸠摩罗什译：《金刚般若波罗蜜经》，T8，n235，p. 748c28－29。

> 一切心无，是名“无所”；更不起心，名之为“住”。“而生其心”者，“应”者，当也；“生”者，看也；当无所处看，即是“而生其心”也。①

所谓“一切心无”，即《小品般若经·初品》所言“无心故，于是中心无所著”②，即心、心所及其活动并无常住实在之本质、空寂无所有，这是从客观理则而言一切法的“无住本”。所谓“更不起心”，是以一切差别境界为“自心现量”，如清净大海生起波浪；若“不起心”，则种种境界皆不现起、虚妄分别心念亦无所生起，《楞伽经》云“如水大流尽，波浪则不起，如是意识灭，种种识不生”③，《二入四行论》云“若欲一切心不起，不作解，不起惑，始名为出一切”④，《起信论》云“心性不起，即是大智慧光明义故”⑤，《大乘无生方便门》和《大乘五方便北宗》云“心识俱不起，是诸法自性”⑥；这是从主观实践而言于一切法无所依住。《顿悟真宗要决》进一步指出，《金刚经》的“无住”之心即是如来藏自性清净心：

> “无所处在汝心上三寸，虚空无物，名为‘藏’，亦称为‘心眼’。如神识在中居，经云名‘如来藏’者也。汝当

① 韩传强：《禅宗北宗敦煌文献录校与研究》，南京：江苏人民出版社，2016年，第266页。

② （后秦）鸠摩罗什译：《小品般若波罗蜜经》卷一，T8，n227，p. 538c25－26。

③ （刘宋）求那跋陀罗译：《楞伽阿跋多罗宝经》卷二，T16，n670，p. 496b5－6。

④ 柳田圣山：《達摩の語録：二入四行論》，东京：筑摩书房，1969年，第111页。

⑤ （陈）真谛译：《大乘起信论》，T32，n1666，p. 579a28－29。

⑥ 韩传强：《禅宗北宗敦煌文献录校与研究》，南京：江苏人民出版社，2016年，第138、194页。

谛观看熟，即是本性清净。”①

在禅观实践中，缘虑之心（citta）与肉团之心（hṛdaya）相结合，而作为缘虑之心空寂本性的“无所处”亦具象化为肉团之心上方三寸所呈现的“虚空无物”状态。通过反复锻炼，自心的知觉专注而持久地相应联结于“虚空无物”，从而现入三昧，如实悟入见闻觉知作用生起所依的本性—本心；本性—本心自身并非“物”，空寂无所有，毕竟清净，但依于关联条件现起如是有的一切“物”。就本性—本心觉悟一切法全面彻底真相而称为“心眼”，就本性—本心具有现起差别境界无限妙用而称为“神识”，就本性—本心含具恒沙佛法功德而称为“如来藏”。由此可见，《顿悟真宗要决》以“一切心无”“更不起心”诠释《金刚经》的“无所住”，这是将如来藏思想中“自心”的议题与般若波罗蜜多毕竟无所得的方法予以融合。

《顿悟真宗要决》将“生其心”之“生”释为“看”，这是结合了北宗禅的“看心”法门。道信和弘忍的禅法都曾提到作为禅观方便的“看心”②，而北宗禅将坐禅看心作为最主要的修行方法。“看心”之“看”是以眼睛之观看功能譬喻“心眼”之觉照作用；本性清净的自心本来具足菩提觉性、般若之智，故自心具有明朗觉照功能以洞察缘起之流中的一切法之真实。“看心”并非自心之一部分“看”另一部分，亦不是自心将自身之活动作为对象予以“看”，而是直接的“看”、非对象性的

① 韩传强：《禅宗北宗敦煌文献录校与研究》，南京：江苏人民出版社，2016年，第270页。

② 韩传强：《禅宗北宗敦煌文献录校与研究》，南京：江苏人民出版社，2016年，第326、37页。

"看"，是自心自身之明觉、自身之朗照、自身之体悟。因此，禅观实践中生起的种种差别影像皆不可取执，而只是锻炼细致、深沉、纯熟的觉照能力。《顿悟真宗要决》云：

> 离有无故，名中道；离中道故，名无所，亦名不二法门。不二法门中，用心修行，念念不住，即证一合相。一合相者，不可说示汝，证者乃知此，恃无所亦离。故经云"不在内、不在外、不在中间"，是为证处，亦是汝本心……看一切色相，了了见法性，清净常现前，故是诸佛毕竟空中炽然建立，汝当勤学看，即证汝本神。①
>
> 问曰："看时前头见何物？"答曰："凡所有相，皆是虚妄。但静看无所处，即是。"②

自心及自心所现起的一切法并无常住实在之本质规定，故"看心"不可以有与无、内与外等二边分别偏见加以取执，如《维摩诘经》所言"心不在内、不在外、不在中间"③，而是不取不舍、不落二边、从容中道。一切法依于空寂自心具足关联条件而现起，此即《中论》所言"以有空义故，一切法得成"④，而所谓"毕竟空中炽然建立"则出自禅门伪经《法句经》⑤；相应的"看心"只是"当无所处看"，如实觉照自心及自心所现起

---

① 韩传强：《禅宗北宗敦煌文献录校与研究》，南京：江苏人民出版社，2016年，第269页。

② 韩传强：《禅宗北宗敦煌文献录校与研究》，南京：江苏人民出版社，2016年，第270页。

③ （后秦）鸠摩罗什译：《维摩诘所说经》卷上，T14，n457，p. 541b19－20。

④ 龙树造、（后秦）鸠摩罗什译：《中论》卷四，T30，n1564，p. 33a22－23。

⑤ 《佛说法句经》，T85，n2901，p. 1433c9。该经从敦煌文献中发现，参见曹凌：《中国佛教疑伪经综录》，上海：上海古籍出版社，2011年，第287－300页。

的一切法的空寂本性。当然，“无所处”本身亦不可作为对象加以取执，亦应远离，如《金刚经》所言“凡所有相，皆是虚妄”，故“无所处”并非言语所能指示，而是禅者修学过程中自证自觉的唯一诸法实相，《顿悟真宗要决》依《金刚经》称之为“一合相”①。如此之“看无所处”禅法，即《小品般若经·初品》所言于一切法不取不舍的“诸法无受三昧”② 和《摩诃般若经·问乘品》所言于一切法无所依住的“无住三昧”③。

于修学果德而言，“看无所处”解开了关于存在者之安住的迷思，超越了凡夫平庸心态所拘泥的范围、领域、限定，对治贪嗔痴、十恶五逆等④，而从谬见与烦恼的系缚之中解脱出来。更为重要的是，“看无所处”通达作为一切法之法住的“无住本”。《顿悟真宗要决》云：

> 问曰：“当无所处看，有何意义？”答曰：“一切诸佛皆从无所处得道，亦是诸菩萨修法身处，亦是汝真如法性住处，使汝看时，令汝得见。”问曰：“见何物？”答曰：“经

① （后秦）鸠摩罗什译：《金刚般若波罗蜜经》，T8，n235，p. 752b12；（元魏）菩提流支译：《金刚般若波罗蜜经》，T8，n236a，p. 756c18。“一合相”，（陈）真谛《金刚般若波罗蜜经》译为“聚一执”，T8，n237，p. 766b4；（隋）达摩笈多《金刚能断般若波罗蜜经》译为“抟取”，T8，n238，p. 771b24；（唐）玄奘《大般若波罗蜜多经》卷五百七十七译为“一合执”，T7，n220，p. 985b25 – 26；（唐）义净《能断金刚般若波罗蜜多经》译“聚执”，T8，n239，p. 775b6。梵本作“piṇḍa – graha”（抓取为一团），参见渡边章悟：《金剛般若経の梵語資料集成》，东京：山喜房佛书林，2009 年，第 122 – 123 页。

② （后秦）鸠摩罗什译：《小品般若波罗蜜经》卷一，T8，n227，p. 537c12、538a28。

③ （后秦）鸠摩罗什译：《摩诃般若波罗蜜经》卷五，T8，n223，p. 251c25 – 26。

④ 韩传强：《禅宗北宗敦煌文献录校与研究》，南京：江苏人民出版社，2016 年，第 275 页。

云：见性成佛道。”[①]

作为“无住”的同义语，“无所处”既是主观上的无所依住的“得道”“修法身”，亦是客观上如实安住的“真如法性住处”。而“看无所处”的禅法修学结果，并非如凡夫一般见到某物，而是一物不见，以觉性之心如实见到一切法空寂本性、触证真如，从而开启“直往菩提”[②]的大乘菩萨道究竟成佛的修学道路，《顿悟真宗要决》引《涅槃经》“见佛性成无上道”[③]称之为“见性成佛道”，这类似《大乘五方便北宗》所言“透看十方界，清净无一物。常看无处，相应即是佛”[④]。所谓“见性”之“见”，与凡夫虚妄心念所生关于对象物的世俗知见并不相同，而是通达实相的真实知见。《顿悟真宗要决》云：

问曰：“无心虽不著无所，看即有所见，岂不著见耶？”答曰：“无心看，不取不舍。以不舍不取故，此见是无见之见，是名真大见。以真见故，得见实相。是故菩萨之心，常在无所。”[⑤]

于胜义而言，一切法无所有、不可得，故“看无所处”并非有能看、所看之分别，而是超越分别的无看之看；作为“看”

① 韩传强：《禅宗北宗敦煌文献录校与研究》，南京：江苏人民出版社，2016年，第266－267页。

② 韩传强：《禅宗北宗敦煌文献录校与研究》，南京：江苏人民出版社，2016年，第264页。

③ （北凉）昙无谶译：《大般涅槃经》卷八，T12，n374，p.411c1。

④ 韩传强：《禅宗北宗敦煌文献录校与研究》，南京：江苏人民出版社，2016年，第162页。

⑤ 韩传强：《禅宗北宗敦煌文献录校与研究》，南京：江苏人民出版社，2016年，第268页。

之结果的“见”亦并非有所见，若有所见即陷落于二边分别而为偏见、谬见、狭见，故是不取不舍的无见之见。如此之见，洞察一切法彻底的真相，故称为“真见”；全面了知缘起大相续流之中的一切法，故称为“大见”。这其实是菩萨广大修学所证般若之智，亦是诸佛无上正等菩提。

《顿悟真宗要决》依《金刚经》所说“看无所处”法门与神会的禅法多有相似之处。作为曹溪禅的“急先锋”①，神会意欲“为天下学道者辨其是非，为天下学道者定其宗旨”②，而对北宗禅展开激烈批判。事实上，曹溪禅与北宗禅虽然有差异，但并无神会所夸大的“南顿北渐”之鸿沟，如《顿悟真宗要诀》所言“顿悟”和“见性”亦频频见于《坛经》和神会语录。③特别是对于《金刚经》“应无所住而生其心”的诠释，神会的“知心无住”与“看无所处”在理路上基本一致。《南阳和上顿教解脱禅门直了性坛语》云：

> 无住是寂静，寂静体即名为定。从体上有自然智，能知本寂静体，名为慧。此是定慧等。经云“寂上起照”，此义如是。无住心不离知，知不离无住。知心无住，更无余知。

① 胡适：《荷泽大师神会传》，欧阳哲生编：《胡适文集》第5册，北京：北京大学出版社，1998年，第234页。

② 杨曾文：《神会和尚禅话录》，北京：中华书局，2011年，第19页。

③ 参见 John R. McRae, “Shen-hui and the Teaching of Sudden Enlightenment in Early Ch'an Buddhism”, in Peter N. Gregory (ed.), *Sudden and Gradual: Approaches to Enlightenment in Chinese Thought*, Honolulu: University of Hawai'i Press, 1987, pp. 253-255. 伊吹敦：《『頓悟真宗金剛般若修行達彼岸法門要决』と荷沢神会》，三崎良周编：《日本・中国仏教思想とその展開》，东京：山喜房佛书林，1992年，第291-325页。Bernard Faure, *Chan Insights and Oversights: An Epistemological Critique of the Chan Tradition*, Princeton: Princeton University Press, 1993, p. 118.

《涅槃经》云："定多慧少，增长无明；慧多定少，增长邪见；定慧等者，明见佛性。"今推心到无住处便立知，知心空寂，即是用处。《法华经》云：即同"如来知见，广大深远"。心无边际，同佛广大；心无限量，同佛深远，更无差别。看诸菩萨行甚深般若波罗蜜多，佛推诸菩萨病处如何。《般若经》云："菩萨摩诃萨，应如是生清净心：不应住色生心，不应住声香味触法生心，应无所住而生其心。"〔无所住〕者，今推知识无住心是；而生其心者，知心无住是。①

又，《南阳和尚问答杂征义》引神会《与拓跋开府书》云：

但莫作意，心自无物。即无物心，自性空寂。空寂体上，自有本智，谓知以为照用。故《般若经》云："应无所住而生其心。"应无所住，本寂之体；而生其心，本智之用。但莫作意，自当悟入。②

神会与《顿悟真宗要决》皆将《金刚经》的"应无所住"与"而生其心"分开诠释。神会以为，"无所住"即是"寂静""无物""自性空寂""本寂"，与《顿悟真宗要决》所言"无所处"相近，皆指一切法空无所有之本性。神会强调于客观理则而言的"无住"是自心之"体"，亦与《顿悟真宗要决》所言"本心""如来藏""真如法性住处"相近，而差别仅在于神会又从主观实践说此寂静心体即是与慧相对的"定"。至于"而生其心"，神会释为从自心之"体"上所生起的"本智之用"，就

① 杨曾文：《神会和尚禅话录》，北京：中华书局，2011 年，第 9 页。
② 杨曾文：《神会和尚禅话录》，北京：中华书局，2011 年，第 119 页。

其为自心本身所含具而称为“自然智”，就其通达诸法实相而称为“如来知见”；此智之觉照作用并非于空寂自心之外别有知见，而实则是自心之自证自觉，是自心了知自身、觉悟自身、朗照自身，故云“知心无住，更无余知”“推心到无住处便立知，知心空寂，即是用处”。神会所言“知”与《顿悟真宗要决》所言“看”“见”“真见”相近，皆是自心不依住一切法而现入三昧（定），于三昧中如实证觉自心之空寂本性。只不过，《顿悟真宗要决》的“看无所处”仍有凭借“方便”、分别定慧的意味，而神会的“知心无住”则是直指自心、定慧等持。因此，神会很可能受到了《顿悟真宗要决》的影响。

三　金刚藏菩萨注《金刚经》

敦煌文献中有一署名“金刚藏菩萨注”的《金刚般若经注》。敦煌研究院藏编号096最为完整，首题“金刚般若经 金刚藏菩萨注”，尾题“金刚般若波罗蜜经”，经文朱笔，注释墨笔，卷末有不同笔迹“大唐天宝元年五月日白鹤观御注”；[①] 英国国家图书馆藏S. 2511，首部残损小部分，尾部基本完整，缺尾题，经文大字，注释双行小字；[②] 法国国家图书馆藏Pel. chin. 2216，首尾残损较多，始于“……菩提，一切诸佛及……”，终于“云何为人演说，不取于相，如如不动，何……”，经文大字，注释

① 段文杰主编：《甘肃藏敦煌文献》第1卷，兰州：甘肃人民出版社，1999年，第104-140页。

② 方广锠、吴芳思主编：《英国国家图书馆藏敦煌遗书》第43册，桂林：广西师范大学出版社，2017年，第102-129页。

双行小字;[①] 俄罗斯科学院东方文献研究所藏 Дx2272B、Дx2281 + Дx2316 + Дx2444，残叶，字体、形式与 Pel. chin. 2216 相同，应是 Pel. chin. 2216 前面残损部分。[②]

"金刚藏菩萨"之名见于《华严经·十地品》《胜天王般若经》《楞伽经》《密严经》《圆觉经》等，而此《金刚般若经注》应是托名之作。日本淡海三船（722 – 785）于宝龟十年（779）所撰《送戒明和尚状》云"昔膳大丘，从唐持来金刚藏菩萨注《金刚般若经》，亦同此论（《释摩诃衍论》），并伪妄作也"[③]，可知金刚藏菩萨注曾由天平胜宝四年（752）入唐的膳臣大丘携往日本[④]，但被淡海三船判为伪作。日本常晓（? – 867）于承和六年（839）所撰《常晓和尚请来目录》记载"《金刚般若经注》一卷［金刚藏注］"[⑤]，北宋子璿《金刚经纂要刊定记》论述《金刚经》注本提及"或假托金刚藏"[⑥]，日本永超（1014 – 1095）《东域传灯目录》亦记载"同（金刚般若经）注一卷［金刚藏菩萨注。《释摩诃论》与此注，或处入伪妄，译具人□关。又云，三船王判为伪妄，今披见之，诚以难信］"[⑦]。此外，

① 上海古籍出版社、法国国家图书馆编：《法藏敦煌西域文献》第 9 册，上海：上海古籍出版社，1999 年，第 177 – 182 页。

② 俄罗斯科学院东方研究所圣彼得堡分所、俄罗斯科学出版社东方文学部、上海古籍出版社：《俄藏敦煌文献》第 9 册，上海：上海古籍出版社，1998 年，第 127 页。程正：《俄藏敦煌文獻中に發見された禪籍について（3） – 2》，《驹泽大学佛教学部研究纪要》第 79 号，2021 年，第 71 – 72 页。

③ 杲宝：《宝册钞》卷八《释摩诃衍论真伪事》，T77，n2453，p. 821a15 – 17。

④ 松本信道：《膳大丘による金剛藏菩薩撰『金剛般若経注』将来の背景》，《驹泽史学》第 77 号（东京：驹泽史学会），2012 年，第 17 – 34 页。

⑤ 常晓：《常晓和尚请来目录》卷一，T55，n2163，p. 1069c12。

⑥ （北宋）子璿：《金刚经纂要刊定记》卷一，T33，n1702，p. 177c15 – 16。

⑦ 永超：《东域传灯目录》，T55，n2183，p. 1147c13 – 14。

敦煌写本《观世音经赞》，亦托名“金刚藏菩萨注释”[①]。金刚藏菩萨注不重名相与文句，而强调“心观释”“心道法门”“以印印心”[②]，以自身的禅观实践体验自由解说经文，这是禅者的风格。其法门以“安心息虑”[③] 为主，这是神会所说神秀、普寂、降魔藏所教授的“凝心入定，住心看净，起心外照，摄心内证”[④]，亦即宗密所说“息妄修心宗”[⑤]。金刚藏菩萨注又与《大乘无生方便门》《大乘五方便北宗》《心王经注》等多有相似之处，故大体可认为是北宗禅著作。[⑥]

金刚藏菩萨注继承了道信和弘忍禅法以“心体”和“心用”架构描述空相应缘起甚深理境，而禅法要决一言以蔽之即“息用还本（体）”[⑦]。所谓“心体”是指自心的空无所有的清净本性，就此空寂之体而又称为“本心”[⑧]。金刚藏菩萨注云：

---

① 中国国家图书馆藏敦煌写本 BD03351 尾题“观音经一卷 金藏刚菩萨注释”，中国国家图书馆编：《国家图书馆藏敦煌遗书》第 46 册，北京：北京图书馆出版社，2007 年，第 42 页。旅顺博物馆藏吐鲁番写本 LM20 - 1469 - 05 - 07 题“金刚藏菩萨”，参见严世伟：《新见旅顺博物馆藏〈观世音经赞〉复原研究》，王振芬、荣新江主编：《丝绸之路与新疆出土文献：旅顺博物馆百年纪念国际学术研讨会论文集》，北京：中华书局，2019 年，第 304 - 340 页。永超《东域传灯目录》：“《注普门品》一卷［金刚藏菩萨注］”，T55，n2183，p. 1148c22。

② 伊吹敦：《金剛蔵菩薩撰『金剛般若経註』校訂テキスト》，《东洋学研究》第 40 号（东京：东洋大学东洋学研究所），2003 年，第 128、103、108 页。

③ 伊吹敦：《金剛蔵菩薩撰『金剛般若経註』校訂テキスト》，《东洋学研究》第 40 号，2003 年，第 129 页。

④ 杨曾文：《神会和尚禅话录》，北京：中华书局，2011 年，第 29 - 31 页。

⑤（唐）宗密：《禅源诸诠集都序》卷上之二，T48，n2015，p. 402b17。

⑥ 参见伊吹敦：《北宗禅の新資料：金剛蔵菩薩撰とされる『観世音経讃』と『金剛般若経註』》，《禅文化研究所纪要》第 17 号（京都：禅文化研究所，1991），第 183 - 212 页。

⑦ 伊吹敦：《金剛蔵菩薩撰『金剛般若経註』校訂テキスト》，《东洋学研究》第 40 号，2003 年，第 105 页。

⑧ 伊吹敦：《金剛蔵菩薩撰『金剛般若経註』校訂テキスト》，《东洋学研究》第 40 号，2003 年，第 133 页。

> 经之言心，发菩提心，出生法性，以性昭了，无非是法，故言“皆从此经出”。①
>
> 学道之人，深达实相，安心空寂，性体昭明。②
>
> 经云：如“观身实相，观佛亦然”。实相之理，遍在身心，众生自悟自得，非他授与也。③
>
> 自证实理，性相分明，是名具足。诸法性遍在身心，而诸众生不取不悟，视父而已，跉跰辛苦，故言“即非具足”也。④
>
> 行人知己身心，本来是道，今始悟解，可谓无量珍宝，不求自得，如是信者，不生法相，即是实相。⑤

此中“性”即“法性”，并非世俗形上学的自性本体，而是胜义所说相似相续缘起之流中的一切法之本性，就其法尔如是而称为“实相”“实理”“实相之理”，就其空寂清净而称为“昭了”“昭明”；法性并非抽象的形式，而是即具一切法而为一切法之本性。自心是法界大总相，是普遍必然之法性的具体落实处；法性平等，自心之本性即一切法之本性，故云“发菩提心，出生法性”“实相之理，遍在身心”“诸法性遍在身心”。自心本

---

① 伊吹敦：《金剛藏菩薩撰『金剛般若経註』校訂テキスト》，《东洋学研究》第40号，2003年，第115页。

② 伊吹敦：《金剛藏菩薩撰『金剛般若経註』校訂テキスト》，《东洋学研究》第40号，2003年，第118页。

③ 伊吹敦：《金剛藏菩薩撰『金剛般若経註』校訂テキスト》，《东洋学研究》第40号，2003年，第120页。

④ 伊吹敦：《金剛藏菩薩撰『金剛般若経註』校訂テキスト》，《东洋学研究》第40号，2003年，第130页。

⑤ 伊吹敦：《金剛藏菩薩撰『金剛般若経註』校訂テキスト》，《东洋学研究》第40号，2003年，第134页。

来是道，本来具足菩提觉性，如含藏无量珍宝，与诸佛身心于本性而言并无差别；而凡夫众生不信诸佛之教，不取不悟自心之本性，犹如《法华经·譬喻品》所言诸子无出离火宅之心，不肯信受父亲教诲，“但东西走戏，视父而已”①。所谓“心用”是一切法依于自心而现起，由于凡夫执著自心所现境界为实有，心之作用亦沦为虚妄不实之妄念。金刚藏菩萨注云：

> 安心不动，如须弥山，故言“而坐”，念动即魔网也。②
>
> 众生心性，躁动不停，心去疾于猛风，乱念多于草木，难可调伏。③
>
> 其肉眼者，谓安心未净，神识昏昏，贪爱色声，故名“肉眼”。④
>
> 幻心工匠，画种种色，一切世界中，无法而不造。行人悉了知，一切从转心，若能如是知，是人见真佛。⑤

自心不能安住于如如不动之清净法性，被无始以来的虚妄执著和戏论习气所熏覆，不断产生妄想迷惑之“念”，从而生起一切世界中种种差别境界，如工匠画种种色，这是达摩—慧可禅法所传“自心现量”。所谓“转心”，即《楞伽经》所说“谓彼藏

---

① （后秦）鸠摩罗什译：《妙法莲华经》卷二，T9，n262，p. 12c3－4。

② 伊吹敦：《金剛藏菩薩撰『金剛般若経註』校訂テキスト》，《东洋学研究》第40号，2003年，第105页。

③ 伊吹敦：《金剛藏菩薩撰『金剛般若経註』校訂テキスト》，《东洋学研究》第40号，2003年，第107页。

④ 伊吹敦：《金剛藏菩薩撰『金剛般若経註』校訂テキスト》，《东洋学研究》第40号，2003年，第128页。

⑤ 伊吹敦：《金剛藏菩薩撰『金剛般若経註』校訂テキスト》，《东洋学研究》第40号，2003年，第135页。

识处，种种诸识转”[①]。妄想迷惑之心念进一步将自心所分别的一切法及能分别的自心执著为实有自性，生起无明住地，不断造作烦恼和染业；烦恼和染业又不断增加妄想迷惑之心念，如此循环无穷，自心陷溺于昏沉愚昧、躁动不安、难以调伏，系缚于生死流转之中，故云“念动即魔网”。而相应的修学道路即是“妄心不起”“心既不生，万法清净”“心无偏念，了了分明”[②]，亦即止息妄想迷惑之心念作用而无碍朗现自心之清净本性。

金刚藏菩萨注的禅法实践注重从定发慧，收摄心念现入三昧，次第转舍每一心念之虚妄迷惑而悟入平等实相。针对现实中的凡夫平庸心态的躁动不安，“安心”的禅法要求调适身体诸根的活动，摒挡外境纷扰，排除戏论与烦恼的裹挟，锻炼沉稳清明的心态，使之平稳且持久地相应联结于所缘。而金刚藏菩萨注以自心为禅观之所缘，其注云：

> 观行之人，心心相次，无有闻（间）念，故言“次第”。[③]
>
> 前心付后，学心之人，心心相次，无杂念起。[④]
>
> 行人用观，心心相次，转深转妙。举三千大千世界，如须弥山七宝布施，不及一念无生正观，与理相应也。[⑤]

---

① （刘宋）求那跋陀罗译：《楞伽阿跋多罗宝经》卷一，T16，n670，p.484b19。

② 伊吹敦：《金剛蔵菩薩撰『金剛般若経註』校訂テキスト》，《东洋学研究》第40号，2003年，第106、122、129页。

③ 伊吹敦：《金剛蔵菩薩撰『金剛般若経註』校訂テキスト》，《东洋学研究》第40号，2003年，第105页。

④ 伊吹敦：《金剛蔵菩薩撰『金剛般若経註』校訂テキスト》，《东洋学研究》第40号，2003年，第107页。

⑤ 伊吹敦：《金剛蔵菩薩撰『金剛般若経註』校訂テキスト》，《东洋学研究》第40号，2003年，第132页。

直接观察自心之活动，这是道信以来的“看心”方便，亦是北宗禅的主要法门。自心活动的最重要特征是“心心相次”，亦即在时间的刹那刹那相续之中现起；心心相次并非同一心念贯穿始终，而是每一心念在一刹那间生灭，前念、今念、后念在时间中念念相续，次第而起，未曾间断。观行实践即在于前后相续的每一心念上用功，使每一心念解除无明烦恼的遮蔽、保持明朗清净，金刚藏菩萨注称之为“转念”，其注云：

> 转念即悟，只此妄想，即是“非相”，即见如来，来之言会。①
>
> 狂痴心起，数如恒沙等身。施之言舍，舍一切烦恼，即是檀波罗蜜。此释超过文字罗网，身心烦恼性净，转念即坐道场也。②

所谓“转念”即“转依”，转舍烦恼染业、生死流转所依止的妄想迷惑之心念而为无分别智慧、清净涅槃所依止的如如不动之本心。“转”之关键在于如实了知每一刹那生灭的心念本是空、无生、无所有、不可得，熏覆心念的烦恼与戏论本性亦是空、无生、无所有、不可得，从而转妄为真、转染为净、转烦恼为菩提，亦即《金刚经》所言“若见诸相非相，则见如来”③。具体言之，转念的方法在于前念与后念觉悟的次第深入。金刚藏菩萨注云：

---

① 伊吹敦：《金剛蔵菩薩撰『金剛般若経註』校訂テキスト》，《东洋学研究》第 40 号，2003 年，第 112 页。

② 伊吹敦：《金剛蔵菩薩撰『金剛般若経註』校訂テキスト》，《东洋学研究》第 40 号，2003 年，第 123 页。

③（后秦）鸠摩罗什译：《金刚般若波罗蜜经》，T8，n235，p. 749a24－25。

前心未了，后心决断，见理明净，名断事人。[①]

如是二心，先心难伏，若能降心，便成正觉。[②]

前心悟解浅，名为"菩萨"；后念转深，名"摩诃萨"。[③]

前念已经行忍，后念重复调心，心地纯熟。[④]

前心行行合实相理。若当来者，只是后念心心无间，速与理应，故言"以佛智惠悉知是人、悉见是人"。[⑤]

前虽值佛，犹有所得；于后，只是后念，观时转深，智慧无尽，比前功德，不及今时一分。[⑥]

所谓"如是二心，先心难伏"，源自《大般涅槃经》"发心、毕竟二不别，如是二心先心难"[⑦]，原指大乘菩萨道修学过程中最初发菩提心与金刚喻定之末后心并无差别，而最初发菩提心更为难能可贵。金刚藏菩萨注将其释为禅观过程中，在前的心念更加难以调伏，即使能如理收摄、锻炼、觉照，这种观行仍然是"浅""未了""有所得"，有待于后起的心念予以简择决断、反复调整、不断深入，从而熟练地发挥自心的自观、自照、自证作

① 伊吹敦：《金剛蔵菩薩撰『金剛般若経註』校訂テキスト》，《东洋学研究》第40号，2003年，第103页。

② 伊吹敦：《金剛蔵菩薩撰『金剛般若経註』校訂テキスト》，《东洋学研究》第40号，2003年，第108页。

③ 伊吹敦：《金剛蔵菩薩撰『金剛般若経註』校訂テキスト》，《东洋学研究》第40号，2003年，第117页。

④ 伊吹敦：《金剛蔵菩薩撰『金剛般若経註』校訂テキスト》，《东洋学研究》第40号，2003年，第121页。

⑤ 伊吹敦：《金剛蔵菩薩撰『金剛般若経註』校訂テキスト》，《东洋学研究》第40号，2003年，第123页。

⑥ 伊吹敦：《金剛蔵菩薩撰『金剛般若経註』校訂テキスト》，《东洋学研究》第40号，2003年，第126页。

⑦ （北凉）昙无谶译：《大般涅槃经》卷三十八，T12，n374，p. 590a21。

用，使自心得以“息用还本”，开发明明朗朗的无尽智慧。这同于《心王经注》所言“前念犹浅，后念转深”[①]，又类似《起信论》所言作为“始觉”开端的“如凡夫人觉知前念起恶故，能止后念令其不起”[②]。由此可见，金刚藏菩萨注的禅法具有重视次第的特征。

金刚藏菩萨注的“转深转胜”只是方便，若由此生起对于真与妄、取与舍、深与浅等二边分别的执著，则又陷落于妄想迷惑心念之中，故此“转深转胜”的方便亦不可取执。而《金刚经》的“无住”超越了一切有所得的依住，以毕竟无所得的“住无所住”与般若波罗蜜多相应。金刚藏菩萨注云：

> 如法性住，行人之心，以无住住。[③]
>
> 深住即生死轮回，不住不着即应般若，故言“不可思量”。[④]
>
> 斯乃是心无所行，无所不行，行一切法，皆如来法，故言“修一切善法”也。[⑤]

于客观理则而言，一切法以“无住”为本，故修行人之心“如法性住”即是“以无住住”。于主观实践而言，有所依住即意味着系缚于固定静止的范围、领域、限定之中，生起贪爱执著

① 方广锠：《佛为心王菩萨说头陀经（附注疏）》，方广锠主编：《藏外佛教文献》第1辑，北京：宗教文化出版社，1995年，第268页。

② （梁）真谛译：《大乘起信论》，T32，n1666，p. 576b18－19。

③ 伊吹敦：《金剛藏菩薩撰『金剛般若経註』校訂テキスト》，《东洋学研究》第40号，2003年，第107页。

④ 伊吹敦：《金剛藏菩薩撰『金剛般若経註』校訂テキスト》，《东洋学研究》第40号，2003年，第111页。

⑤ 伊吹敦：《金剛藏菩薩撰『金剛般若経註』校訂テキスト》，《东洋学研究》第40号，2003年，第131页。

而流转生死；若不依住于原本无住的一切法，则不为范围、领域、限定所局限束缚，从生死轮回之中解脱出来，相应于般若波罗蜜多而修行。“行般若波罗蜜多”是遍学、遍修、遍行一切，而于一切都无所行、无所著、无所证，故云“心无所行，无所不行”。禅法虽然注重自心之锻炼，但在方法上又是“住无所住”，不可执著自心为依住，由自心之空寂本性而悟入平等法界，此即《摩诃般若经》所说“无心三昧”[①]。金刚藏菩萨注云：

> 行人无想之想，故言“若有想”。十方诸佛，不见于心，于心无心即“无想”。[②]
>
> 菩萨是能观之智，烦恼是所观之境。缘观俱尽，可谓无心，故言“无有法名为菩萨”也。[③]
>
> 五阴洞达，空无相相，名真菩萨。心庄严色，色庄严心，无色无心，“即非庄严，是名庄严”。[④]

若分解言之，禅观实践过程中有能观之心与所观之境的关联生起。如在“菩萨庄严佛土”中，菩萨是能观之心，佛土是所观之色，于胜义而言，菩萨与佛土俱不可依住，故言“无色无心”，即《金刚经》所说“如来说庄严佛土者，即非庄严，是名

---

① （后秦）鸠摩罗什译：《摩诃般若波罗蜜经》卷五，T8，n223，p. 251c26－28。

② 伊吹敦：《金剛藏菩薩撰『金剛般若経註』校訂テキスト》，《东洋学研究》第40号，2003年，第109页。

③ 伊吹敦：《金剛藏菩薩撰『金剛般若経註』校訂テキスト》，《东洋学研究》第40号，2003年，第128页。

④ 伊吹敦：《金剛藏菩薩撰『金剛般若経註』校訂テキスト》，《东洋学研究》第40号，2003年，第128页。

庄严”①。而在“看心”方便中，心自身即是能缘、能观，而自心之念想即是所缘、所观、境界。自心之念想具足关联条件而现起，于胜义而言即是空，故称为“无想之想”，相应的缠缚念想之烦恼与谬见亦是空无所有；若无所缘所观之念想及烦恼谬见，则能缘能观之自心亦空寂无生；所缘与能观俱不依住，故言“无心”。唯有“无心”，而能自证自觉诸法实相，金刚藏菩萨注称之为“与实相相应”“与波若相应”“与理相应”②。这是无所得而得之般若果德。

综上所论，北宗禅将《金刚经》作为“看心”法门的重要经证。神秀一系五方便系列文献在从定发慧的“不动门”，以色心如如不动而开显诸佛平等智慧解释《金刚经》的经题和“即非”句式。而《金刚经》中关于扫相破执的经文则被北宗文献频频引用，以说明远离相状的清净心体；特别是在《顿悟大乘正理决》中，《金刚经》的“离相”与《楞伽经》的“离妄想”在“看心”实践中得以结合。在北宗文献中，侯莫陈琰的《顿悟真宗要决》着重发扬《金刚经》所授法门，将《金刚经》的“无所住而生其心”释为“看无所处”；此“无所处”之心即是如来藏自性清净心，“看”并非对象性的“看”，而是自心自身之明觉、自身之朗照、自身之体悟，由“看”而通达实相、开启真实知见、见性成佛；《顿悟真宗要决》的“看无所处”影响了神会所说“知心无住”。此外，署名“金刚藏菩萨注”的《金刚般若经注》应是北宗禅者的经疏文献。金刚藏菩萨注的禅法

① （后秦）鸠摩罗什译：《金刚般若波罗蜜经》，T8，n235，p. 751b10－11。

② 伊吹敦：《金剛蔵菩薩撰『金剛般若経註』校訂テキスト》，《东洋学研究》第40号，2003年，第104、115、124页。

以“息用还本”为主要理路，以空寂清净之心为“体”，以依于自心所起虚妄不实之妄念为“用”；观行实践注重“转念”，转用归体，如实了知相续而起的每一心念及所缠烦恼戏论皆空寂无生，次第转舍每一心念之虚妄迷惑，于前念与后念不断决断、调整、深入，使自心保持明朗清净；次第转深的方便不可依住，毕竟以“住无所住”悟入自心之空寂本性，不住缘观而只是“无心”，证觉平等实相而与般若波罗蜜多相应。由此可见，《金刚经》的“无相”“无住”揭示了北宗禅“看心”法门的要决，而北宗禅对《金刚经》的自由解说亦彰显了禅者对“行般若波罗蜜多”的发扬。

第七章　早期禅宗与《般若心经》

自唐代以来，《般若心经》是中国佛教最流行的经典之一。虽然在那体慧（Jan Nattier）质疑《般若心经》是否为“翻译”之后[①]，围绕该经成立过程的问题聚讼纷纭[②]，但该经主要内容源自《大品般若》则是研究者共同承认的事实[③]。《般若心经》依甚深般若波罗蜜多，对早期佛教言说一切法的五蕴、十二处、

① Jan Nattier, “The Heart Sūtra: A Chinese Apocryphal Text?”, *The Journal of the International Association of Buddhist Studies*, vol. 15, no. 2, 1992, pp. 153 – 223.

② 部分学者赞同那体慧观点，如纪赟：《〈心经〉疑伪问题再研究》，《福严佛学研究》第七期（新竹市：福严佛学院），2012 年，第 115 – 182 页；方广锠：《〈般若心经〉：佛教发展中的“文化汇流”之又一例证》，《疑伪经研究与“文化汇流”》，桂林：广西师范大学出版社，2018 年，第 280 – 299 页；Jayarava Attwood, “The History of the Heart Sutra as a Palimpsest”, *Pacific World: Journal of the Institute of Buddhist Studies*, 4th ser., no. 1, 2020, pp. 155 – 182. 大多学者反对那体慧的论证，如原田和宗：《『般若心経』成立史論：大乗仏教と密教の交差路》，东京：大藏出版，2010 年；福井文雅：《般若心経の総合的研究：歴史・社会・資料》，东京：春秋社，2000 年；石井公成：《『般若心経』をめぐる諸問題：ジャン・ナティエ氏の玄奘創作説を疑う》，《印度学佛教学研究》第 64 卷第 1 号，2015 年，第 26 – 33 页。

③ 《般若心经》“舍利子！色不异空……无智亦无得”出自《摩诃般若波罗蜜多经》的《习应品》，“是大神咒……能除一切苦”出自《劝持品》，参见释东初：《般若心经思想史》，台北：东初出版社，1986 年，第 11 – 15 页；印顺：《初期大乘佛教之起源与开展》，台北：正闻出版社，1994 年，第 614 – 615 页。

十八界、十二因缘、四谛等一一予以观察抉择，揭示缘起之流中的一切法本性空寂的理境；正因为一切法“无所有”，般若波罗蜜多的修行于一切法都“无所得”，从而展开遍学一切的大乘菩萨道修学；般若波罗蜜多作为诸佛之母，具有无量功德，最终成就全面而彻底的无上正等觉；而作为方便道，“般若波罗蜜多”被视为明咒、真言，能够降伏一切染法、兴起一切净法。简短的《般若心经》既综括了般若波罗蜜多的甚深义趣，又能适应一般信仰需求，故在僧俗中具有重要影响。伴随着玄奘诵《般若心经》过沙河的感应故事被一再传衍[①]，《般若心经》的讲注、抄写、刻石之风也一直盛行于中国乃至整个东亚地区。在此背景下，“方便通经”的禅宗也运用这一广泛流传的经典，指点所传禅法的正当性和所证所悟的真实性。

第一节　禅门注疏

历代《般若心经》注疏众多。在现存唐代注疏中，最早注疏为纪国寺慧净（578－?）所撰《般若波罗蜜多心经疏》；玄奘门下有圆测（613－696）《般若波罗蜜多心经赞》、靖迈《般若波罗蜜多心经疏》、窥基（632－682）《般若波罗蜜多心经幽赞》；法藏（643－712）于长安二年（702）在西京清禅寺撰《般若波罗蜜多

① 参见吉村诚：《玄奘と『般若心経』》，《佛教史学研究》第56卷第2号（京都：佛教史学会），2014年，第34－48页。

心经略疏》[①]，“为时所贵，天下流行”[②]；天台明旷撰有《般若心经疏》[③]，其中有三谛、三观、三智、四教等天台教义；题为“中天竺国沙门释提婆注”的《注般若波罗蜜多心经》[④]，可能是唐代注疏[⑤]；敦煌文献中另有一批佚名注本。禅宗虽然并非义学传统，但亦有《般若心经》注疏。《郡斋读书志》曾记载“《六祖解心经》一卷，右唐僧慧能解”[⑥]，已佚。现存唐代禅宗注疏包括：智诜（609－702）《般若波罗蜜多心经疏》、净觉（683－？）《注般若波罗蜜多心经》、慧忠（？－775）《般若波罗蜜多心经注》、题达磨大师《心经颂》、智融《般若波罗蜜多心经注》。[⑦] 现对唐代禅宗《般若心经》注疏略作梳理。

---

① 法藏《般若波罗蜜多心经略疏》跋“长安二年，于京清禅寺翻经之暇，属同礼部兼检校雍州长史荥阳郑公……再三殷勤，令出略疏。辄以蠡管讵测高深云尔”，T33，n1712，p. 555a17－23。

② （北宋）赞宁：《宋高僧传》卷五，T50，n2061，p. 732b13。

③ 《般若心经疏》署名“妙乐门人明旷述”（X26，n0528，p. 733c5），则其为妙乐大师荆溪湛然（711－782）弟子；但《佛祖统纪》卷十记载“禅师明旷，天台人，依章安禀教观”（T49，n2035，p. 202a12），则其为章安灌顶（561－632）弟子。未详孰是。

④ X26，n526，p. 720a5。

⑤ 真兴（934－1004）《般若心经略释》“造此经疏，十人各撰。提婆法师，中天竺国。基、测、迈、启、法藏、智开等师，及与武敏，并唐。空海、智光，日本”（《大日本佛教全书》第1卷，东京：财团法人铃木学术财团，1970年，第176页上），所列举皆属唐代，则提婆注可能也是唐代著作。

⑥ （南宋）晁公武：《郡斋读书志》卷十六，孙猛校证：《郡斋读书志校证》，上海：上海古籍出版社，1990年，第780页。另见（元）马端临：《文献通考》卷二百二十六，北京：中华书局，2011年，第6221页。（明）焦竑：《国史经籍志》卷四上，清光绪十一年（1885）汇印粤雅堂丛书本，第79a页。

⑦ 参见 John R. McRae, “Ch'an Commentaries on the *Heart Sūtra*: Preliminary Inferences on the Permutation of Chinese Buddhism”, *The Journal of the International Association of Buddhist Studies*, vol. 11, no. 2, 1988, pp. 87－115. 另有大颠和尚《般若波罗蜜多心经注解》，或误认为唐代大颠宝通（732－824）之作，但该书引用晚唐五代禅师语录，应是宋代著作，参见饶宗颐：《大颠禅师与〈心经注〉》，《饶宗颐潮汕地方史论集》，汕头：汕头大学出版社，1996年，第399－403页。

一　智诜、净觉、慧忠注疏

在现存唐代禅宗注疏中，智诜、净觉、慧忠注疏归属明确，作者均为唐代早期著名禅者，亦见于其他文献著录。

（一）智诜疏

据《历代法宝记》[①]，智诜，俗姓周氏，汝南人，祖上因官至蜀地。年十三岁出家，起初师事玄奘学习经论[②]，又至双峰山随弘忍学禅法，后弘化于资州德纯寺，为东山门下十大弟子之一；曾于武则天万岁通天二年（697）应诏入长安，后因疾病辞归。由于智诜先学经论，弘忍曾评价其“兼有文字性”[③]。关于智诜著作，《历代法宝记》记载有《虚融观》三卷、《缘起》一卷、《般若心（经）疏》一卷[④]，高丽义天（1055－1101）《新编诸宗教藏总录》也著录“《(般若心经）疏》一卷，智诜述”[⑤]。现仅存敦煌文献中发现的《般若心经疏》。

---

① 《历代法宝记》，T51，n2075，p. 184b18－25；柳田圣山：《初期の禅史Ⅱ：歴代法宝記》，东京：筑摩书房，1976年，第137页。

② 智诜出家于武德四年（621），此时玄奘正在成都，《大慈恩寺三藏法师传》称“法师理智宏才皆出其右，吴、蜀、荆、楚无不知闻，其想望风徽，亦犹古人之钦李、郭矣”（卷一，T50，n2053，p. 222a21－23），而武德六年（623）玄奘已前往荆州。智诜可能在此期间参与玄奘法筵。

③ 《历代法宝记》，T51，n2075，p. 184b23；柳田圣山：《初期の禅史Ⅱ：歴代法宝記》，东京：筑摩书房，1976年，第137页。净觉《楞伽师资记》也记载弘忍语“资州智诜、白松山刘主簿，兼有文性”，T85，n2837，p. 1289c11－12；柳田圣山：《初期の禅史Ⅰ：楞伽師資記・伝法宝纪》，东京：筑摩书房，1971年，第273页。

④ 《历代法宝记》，T51，n2075，p. 184b24－25；柳田圣山：《初期の禅史Ⅱ：歴代法宝記》，东京：筑摩书房，1976年，第137页。

⑤ ［高丽］义天：《新编诸宗教藏总录》卷一，T55，n2184，p. 1171a28。同书卷二“《(梵网经）疏》一卷，智诜述”（T55，n2184，p. 1173b10），这个“智诜”可能指律师智诜（539－618）。

智诜疏的敦煌写本有：S. 839、S. 7821、S. 8351、S. 8685、S. 9787、S. 10238、S. 10587v、Pel. chin. 2178V⁰、Pel. chin. 3229V⁰、Pel. chin. 4940、BD03652(为 52)、BD04909(阙 9)、BD09110(陶 31)、BD09222(唐 43)、Дx290、Дx385、Дx1183、Дx5583v、Дx6148、Дx1485、Дx6555。①

智诜疏与慧净《般若心经疏》、龙谷大学藏大谷光瑞西域探险队带回的敦煌写本《心经疏》内容相近②，只不过慧净疏分为十门、智诜疏分为九门、龙谷本《心经疏》分为八门，各门名称大多相同，应是次第改编而成③。

（二）净觉注

净觉，俗姓韦氏，王维《大唐大安国寺故大德净觉禅师碑铭》称其为"孝和皇帝庶人之弟也"④，即唐中宗皇后韦氏之弟。净觉早年师事神秀和慧安，后得玄赜真传。李知非《（注心经）

---

① 相关写本介绍，参见程正：《敦煌禅宗文献分类目录》，东京：大东出版社，2014年，第207－212页。程正：《英藏敦煌文獻から發見された禪籍について：S6980以降を中心に（2）》，《驹泽大学佛教学部研究纪要》第76号，2018年，第154－158页。程正：《俄藏敦煌文獻中に發見された禪籍について（3）－2》，《驹泽大学佛教学部研究纪要》第79号，2021年，第67－70页。相关录校本，柳田圣山曾据Pel. chin. 2178V⁰、Pel. chin. 4940、BD03652（为52）、BD04909（阙9）、S839和慧净《般若心经疏》、龙谷大学藏大谷光瑞西域探险队带回的敦煌写本《心经疏》校勘，参见柳田圣山：《『資州詵禅師撰般若心経疏』考》，《禅仏教の研究》（柳田圣山集第1卷），京都：法藏馆，1999年，第326－349页。方广锠进一步据Pel. chin. 4940、BD03652（为52）、BD04909（阙9）、Pel. chin. 3229V⁰、S839、Pel. chin. 2178V⁰、S7821和慧净疏校勘，参见方广锠：《般若心经译注集成》，上海：上海古籍出版社，2011年，第239－265页。

② 参见柳田圣山：《北宗禅の一資料》，《印度学佛教学研究》第19卷第2号，1971年，第133－134页；《禅仏教の研究》（柳田圣山集第1卷），京都：法藏馆，1999年，第296－298页。

③ 伊吹敦认为，慧净疏原作在七世纪末曾经过弘忍门下修改，又在8世纪前半经过普寂一派改编，后在8世纪中叶由无相一派改编而形成智诜疏，而龙谷本《心经疏》则是普寂一派改编基础上形成的另一个文本，参见伊吹敦：《般若心経慧浄疏の改変にみる北宗思想の展開》，《佛教学》第32号，1992年，第41－67页。

④ （唐）王维撰，陈铁民校注：《王维集校注》，北京：中华书局，1997年，第1164页。

略序》记载“先是荆州秀大师门人，复是洛州嵩山禅师足下，又是安州寿山赜大师传灯弟子……其赜大师，所持摩纳袈裟、瓶钵、锡杖等，并留付嘱净觉禅师”[①]，净觉自著《楞伽师资记》也说“去大足元年（701），在于东都，遇大通和上讳秀，蒙授禅法，开示悟入，似得少分，每呈心地，皆云努力”，又说“净觉当即归依（玄赜），一心承事。两京来往参觐，向经十有余年。所呈心地，寻已决了”[②]。净觉虽然是北宗禅师，但也重视律仪、博通经论，王维称其“至于律仪细行，周密护持；经典深宗，毫厘剖析”[③]。李知非序记载净觉于神龙元年（705）注《金刚般若理境》一卷，但已亡佚。现存敦煌文献中发现的《楞伽师资记》和《注般若波罗蜜多心经》。

净觉注的敦煌文献有两本：

一是敦煌市博物馆藏编号敦博077－F。[④] 该文献为册叶装，共有六个文本合写：A.《菩提达摩南宗定是非论》；B.《南阳和上顿教解脱禅门直了性坛语》；C.《南宗定邪正五更转》；D.《敦煌新本〈六祖坛经〉》；E.《目录两行》；F.《注般若波罗蜜多心经》。该本净觉注前有首题“注般若波罗蜜多心经”，“皇四从伯中散大夫行金州长史李知非略序”，署名“此（嗣）法沙门

① 韩传强：《禅宗北宗敦煌文献录校与研究》，南京：江苏人民出版社，2016年，第339－340页。

② 柳田圣山：《初期の禅史Ⅰ：楞伽師資記·伝法宝纪》，东京：筑摩书房，1971年，第52、57页。韩传强：《禅宗北宗敦煌文献录校与研究》，南京：江苏人民出版社，2016年，第280－281页。

③（唐）王维撰，陈铁民校注：《王维集校注》，北京：中华书局，1997年，第1169页。

④ 段文杰主编：《甘肃藏敦煌文献》第6卷，兰州：甘肃人民出版社，1999年，第275－278页。

释净觉注"，经文大字、注文双行小字，尾题"注般若波罗蜜多心经卷终"，后有比丘光范跋文。关于年代，或以为张氏归义军时期[①]，或推测抄于元代前后[②]。该本最早由向达从任子宜处见到并抄录[③]，后由吕澂据向达抄本校订[④]。

二是英国国家图书馆藏敦煌写卷 S. 4556。[⑤] 卷首残损，尾题"般若波罗蜜多心经卷"。李知非序、《般若心经》经文、结尾赞偈为大字，注释为双行小字。该本最早由竺沙雅章从斯坦因藏品微缩胶卷中发现[⑥]。后来研究多以上述两本互校。[⑦]

关于净觉注成书过程，李知非序记载"后开元十五年(727)，有金州司户尹玄度、录事参军郑暹等，于汉水明珠之郡，请注《般若波罗蜜多心经》一卷，流通法界。有读诵者，

① 邓文宽、荣新江：《敦博本禅籍录校》，南京：江苏古籍出版社，1998 年，第 22 页。

② 张涌泉：《敦博本〈注心经〉抄写时间考》，《汉字汉语研究》2018 年第 1 期，第 4 – 11 页。

③ 向达：《西征小记：瓜沙谈往之一》，载《唐代长安与西域文明》，北京：商务印书馆，2017，第 375 – 376 页。荣新江编：《向达先生敦煌遗墨》，北京：中华书局，2010 年，第 264 – 275 页。

④ 吕澂：《敦煌写本唐释净觉〔注〕般若波罗蜜多心经（附说明）》，《现代佛学》1961 年第 4 期，第 32 – 37 页。

⑤ 黄永武主编：《敦煌宝藏》第 36 册，台北：新文丰出版公司，1982，第556 – 559 页。

⑥ 竺沙雅章：《浄覚夾注「般若波羅蜜多心経」について》，《佛教史学》第 7 卷第 3 号，京都：平乐寺书店，1958，第 64 – 67 页。

⑦ 参见柳田圣山：《初期禅宗史書の研究》（柳田圣山集第 6 卷），京都：法藏馆，2000 年，第 594 – 610 页。方广锠：《般若心经译注集成》，上海：上海古籍出版社，2011 年，第 336 – 355 页。杨曾文：《净觉及其〈"注"般若波罗蜜多心经〉与其校本》，《中华佛学学报》第 6 期，1993 年，第 237 – 261 页。邓文宽、荣新江：《敦博本禅籍录校》，南京：江苏古籍出版社，1998 年，第 435 – 488 页。韩传强：《禅宗北宗敦煌文献录校与研究》，南京：江苏人民出版社，2016 年，第 338 – 359 页。

愿依般若而得道也。"[①] 可见，该注为净觉四十五岁时应金州（今陕西安康）信徒之请而作。

此外，唐开成四年（839），日本入唐僧圆行（799 – 852）于长安所请经论疏章中有"《般若心经注》二卷［一卷，净觉师注］"[②]，则净觉注流传于长安，后又传入日本。

（三）慧忠注

慧忠，俗姓冉氏，越州诸暨人。关于其师承，《祖堂集》和《景德传灯录》称其为惠能法嗣[③]；《宋高僧传》称其"少而好学，法受双峰"[④]，此时道信早已入灭，故"双峰"应该不是蕲州双峰山，而是韶州双峰山，即惠能所在的曹溪；至于说其为青原行思（671 – 741）或荷泽神会（684 – 758）弟子[⑤]，似不足信。慧忠游历名山，曾住河南南阳白崖山党子谷四十余年。开元年间，唐玄宗召居南阳龙兴寺[⑥]；上元二年（761）[⑦]，唐肃宗征诏赴长安，住千福寺、西禅院；唐代宗迎居光宅寺，直至大历十年（775）十二月九日入灭，代宗敕谥"大证禅师"，诏归葬于

① 韩传强：《禅宗北宗敦煌文献录校与研究》，南京：江苏人民出版社，2016年，第340 – 341页。

② 日本圆行：《灵岩寺和尚请来法门道具等目录》，T55，n2164，p. 1073a3。

③（南唐）静、筠二禅师撰，孙昌武、衣川贤次、西口芳男点校：《祖堂集》卷三，北京：中华书局，2007年，第161页；（北宋）道原：《景德传灯录》卷五，T51，n2076，p. 235a24。

④（北宋）赞宁：《宋高僧传》卷九，T50，n2061，p. 762b13 – 14。

⑤（五代）省僜：《泉州千佛新著诸祖师颂》"国师惠忠和尚（法嗣司和尚）"，T85，n2861，p. 1322b22；《宋僧传》卷十"忠（慧忠）奏曰：'此人（灵坦）是贫道同门，具神会弟子，敕赐号曰大悲。'"T50，n2061，p. 767b3 – 4。

⑥（北宋）赞宁：《宋高僧传》卷九，T50，n2061，p. 762b23 – 28。

⑦（南宋）祖琇《隆兴佛教编年通论》卷十七误作"乾元二年（759）"，X75，n1512，p. 192c16。另见（南宋）宗鉴：《释门正统》卷四，X75，n1513，p. 311c24；（南宋）志磐：《佛祖统纪》卷四十，T49，n2035，p. 376a29。

白崖山党子谷香严寺。[①] 关于慧忠语录，日僧圆珍（814－891）入唐时请回“《南阳忠和上言教》一本”[②]，《祖庭事苑》提及《南阳广录》[③]，《宋史·艺文志》记载“《惠忠国师语》一卷［冉氏］”、“僧慧忠《十答问语录》一卷”[④]，现存《祖堂集》和《景德传灯录》所收录部分语录[⑤]、黑水城出土西夏文《唐忠国师二十五问答》[⑥]。慧忠博通经论，主张“禅宗学者，应遵佛语一乘了义，契自心源”[⑦]；《祖堂集》某禅客语“和尚（慧忠）是为人

① （南唐）静、筠二禅师撰，孙昌武、衣川贤次、西口芳男点校：《祖堂集》卷三，北京：中华书局，2007年，第163、173页；（北宋）赞宁：《宋高僧传》卷九，T50，n2061，p.762c15－763a7、763b8－11；（北宋）道原：《景德传灯录》卷五，T51，n2076，p.244a7－12、245a8－9。

② 圆珍：《日本比丘圆珍入唐求法目录》，T55，n2172，p.1101a27；圆珍：《智证大师请来目录》，T55，n2173，p.1106c21。

③ （北宋）善卿：《祖庭事苑》卷六，X64，n1261，p.396c1。

④ （元）脱脱等：《宋史》卷二百五，北京：中华书局，1985，第5183、5186页。

⑤ （南唐）静、筠二禅师撰，孙昌武、衣川贤次、西口芳男点校：《祖堂集》卷三，北京：中华书局，2007年，第162－173页。（北宋）道原：《景德传灯录》卷五，T51，n2076，p.244a12－245a3；卷二十八，T51，n2076，p.437c17－439b19。

⑥ 俄罗斯科学院东方文献研究所藏编号俄Инв. No. 2536、俄Инв. No. 2859、俄Инв. No. 6376、俄Инв. No. 2613、俄Инв. No. 2894、俄Инв. No. 2612、俄Инв. No. 2849、俄Инв. No. 2832、俄Инв. No. 2886、俄Инв. No. 2840、俄Инв. No. 2626、俄Инв. No. 2611、俄Инв. No. 2822、俄Инв. No. 7121、俄Инв. No. 5607、俄Инв. No. 2891、俄Инв. No. 3816《唐忠国师光殿众宫中住尔时众人佛义问二十五问答》，《俄藏黑水城文献》第26册，上海：上海古籍出版社，2017年，第124－174页；编号俄Инв. No. 4375《金刚般若略记上半、唐忠国师二十五问答》，《俄藏黑水城文献》第25册，上海：上海古籍出版社，2016年，第308－314页。英国国家图书馆藏黑水城文献Or. 12380－3720. 1－3、Or. 12380－3954，北方民族大学、上海古籍出版社、英国国家图书馆编：《英藏黑水城文献》第5册，上海：上海古籍出版社，2010年，第13－14、362页。研究和翻译，参见Kirill Solonin，“The Chan Teaching of Nányáng Huìzhōng（－775）in Tangut Translation”，in Nathan Hill ed.，*Medieval Tibeto－Burman Languages IV*，Leiden：Brill，2012，pp.267－345.

⑦ （北宋）道原：《景德传灯录》卷五，T51，n2076，p.244b8－9。另见（北宋）延寿《宗镜录》“南阳忠国师云：禅宗法者，应依佛语一乘了义，契取本原心地”，T48，n2016，p.418c11－12。

天师，说般若波罗蜜多”[①]，可能指慧忠讲《般若经》。至于其《般若心经注》，南宋晁公武（1105－1180）《郡斋读书志》曾著录“忠国师解心经一卷”[②]，可知慧忠注在南宋曾有单行本流传。

慧忠注现存四个版本：

一是黑水城出土金刻本，无题名，拟题《摩诃般若波罗蜜多心经注》，为俄罗斯科学院东方文献研究所（原俄罗斯科学院东方研究所圣彼得堡分所）藏黑水城文献编号TK116，蝴蝶装，未染麻纸。[③] 现存14页，上下单边，左右皆残损，每半页大字5行、每行10－12字，小字双行、每行16字，版心白口，每2页于书口下印用纸序数“一”至“七”，应是每纸印2页。开篇“将释经题，都〔有〕五句，以明众生本心”“第一摩诃”“第二般若”“第三波罗”“〔第四蜜多〕”“第五心经”“已上经题，大意只令”直至“本来具足，无所分别也”均为大字，经题注释为小字；《般若心经》经文为大字，经文注释为小字，但结尾“如是神咒，直指本，无动静”直至“闻者审□，必无差谬矣”又为大字。另，《俄藏黑水城文献》所影印第1a页首行残损，但可辨识“……岂在□论摩……”正可以衔接第14b页慧忠

---

① （南唐）静、筠二禅师撰，孙昌武、衣川贤次、西口芳男点校：《祖堂集》卷三，北京：中华书局，2007年，第169页

② （南宋）晁公武：《郡斋读书志》卷十六，孙猛校证：《郡斋读书志校证》，上海：上海古籍出版社，1990年，第781页。另见（元）马端临：《文献通考》卷二百二十六，北京：中华书局，2011年，第6221页。（明）焦竑：《国史经籍志》卷四上，清光绪十一年（1885）汇印粤雅堂丛书本，第79a页。

③ 俄罗斯科学院东方研究所圣彼得堡分所、中国社会科学院民族研究所、上海古籍出版社编：《俄藏黑水城文献》第3册，上海：上海古籍出版社，1996年，第29－35页。相关录校本，参见程正：《校注〈般若心经慧忠注〉》，《驹泽大学禅研究所年报》第16号，2004年，第163－187页。吴超、霍红霞：《俄藏黑水城汉文佛教文献释录》，北京：学苑出版社，2018年，第984－988页。

《般若波罗蜜多心经序》第 4 行“因心之所立但了心地……”（第 5 行残损），故第 14 页应置于首页，校补如下：

第 14b 页第 4 行：因心之所立但了心地〔故号总〕
第 14b 页第 5 行：〔持悟法无生名为妙觉一念〕
第 1a 页第 1 行：〔超越〕岂在〔繁〕论摩〔诃般若波〕
第 1a 页第 2 行：罗蜜多心经将释经题都〔有〕

二是朝鲜刊本《摩诃般若波罗蜜多心经注》，先录《般若心经》全文，后为慧忠注，但无慧忠序。该本最早为大韩光武五年（1901）李正信刊印，韩国东国大学中央图书馆藏木板本，《般若心经》全文后有刊记“大韩光武五年十月湛然居士李正信二十卷印布”。又有后继施印者：全南大学图书馆藏木板本，刊记“大韩光武五年十月湛然居士李正信/同年月金载庭二卷印布”；韩国国立中央图书馆、全南大学图书馆、京畿大学图书馆等藏木板本，刊记“大韩光武五年十月湛然居士李正信/朴润泰资助刻”；韩国国立中央图书馆藏木活字翻刻本，刊记“大韩光武五年十月湛然居士李正信/朴润泰资助刻/同年月金友镇十卷印布”。大韩隆熙二年（1908），姜在喜重印朴润泰资助刻本，大谷大学图书馆、东京大学综合图书馆藏木板本，刊记“大韩光武五年十月湛然居士李正信/朴润泰资助刻/隆熙二年戊申东庵居士姜在喜印施五百卷”。[①]

三是《三注般若波罗蜜多心经》，该书将慧忠、芙蓉道楷

① 古田绍钦曾介绍和校订朝鲜刊本，参见古田绍钦：《隆熙二年版南阳慧忠注〈摩诃般若波罗蜜多心经〉》，金知见、蔡印幻编：《新罗佛教研究》，东京：山喜房佛书林，1973 年，第 359 – 370 页。

(1043－1118)、慈受怀深（1077－1132）三者的注释集录于经文之下。现存日本曹洞宗僧师静（1757－1817）重刊本，前有《重刊三注心经序》，题“宽政三年岁舍辛亥（1791）春，芙蓉远孙师静，焚香稽首，撰于湖东玉川山常德禅寺”[①]，又有慧忠《般若波罗蜜多心经序》；日本大谷大学图书馆藏本刊记“江州常德禅寺藏版”，驹泽大学图书馆、名古屋大学图书馆、佛教大学图书馆等藏本卷末有“江州常德禅寺藏版”、刊记为“六角通御幸町西江入町、小川多左卫门/洛阳柳枝轩藏版/江户日本桥南二町目、小川彦九郎”。京都大学图书馆藏经书院文库所藏写本也抄自师静重刊本，后收入《卍续藏》[②]。《三注般若波罗蜜多心经》作者署名“唐、南阳国师慧忠/本朝、芙蓉禅师道楷、慈受禅师怀深”[③]，芙蓉道楷和慈受怀深均为宋人，此中“本朝”即指宋朝，这表明该书原有宋刻本。又，师静《重刊三注心经序》称“皇和虽既刊焉，盖为兵燹夺与，泯焉久之”[④]，则师静所据为日本覆刻宋本。[⑤]

四是黑水城出土西夏文刊本，无题名，拟题《般若波罗蜜多心经慧忠注》，为俄罗斯科学院东方文献研究所藏黑水城文献编号俄 Инв. No. 851。[⑥] 现存封面残页和正文 8 页，左右双边，

① X26，n533，p. 796c12－13。

② X26，n533，p. 796c1－801c24。

③ X26，n533，p. 797a8－9。

④ X26，n533，p. 796c8－9。

⑤ 宇井伯寿曾从《三注般若波罗蜜多心经》中集录慧忠注，参见宇井伯寿：《南陽慧忠の心経註疏》，久松真一编：《禅の論攷：鈴木大拙博士喜寿記念論文集》，东京：岩波书店，1949 年，第 69－82 页。

⑥ 俄罗斯科学院东方文献研究所、中国社会科学院民族学与人类学研究所、上海古籍出版社编：《俄藏黑水城文献》第 25 册，上海：上海古籍出版社，2016 年，第 346－349 页。

每半页大字 7 行、每行 13 – 15 字，小字双行、每行 19 – 21 字，版心白口，首尾残损。慧忠序、释经题五句、《般若心经》经文、结尾神咒功德一段用大字，其余注释为双行小字。①

此外，西安碑林有宋大中祥符二年（1009）的《般若心经序碑》，为慧忠所作序。碑无首趺，高 69 厘米、宽 55 厘米，共 12 行、每行 15 字，楷书，额题隶书“多心经序”。首题“般若心经序/唐南阳忠国师述”，尾题“时大中祥符二/年四月一日、赐紫僧澄远建/九华山僧省言书、安璨刻字”②。该碑明代尚在报恩寺壁间③，后移至西安碑林。该碑录文载《金石续编》卷十四④。

二　题达磨大师《心经颂》

菩提达摩（或达磨）作为中国禅宗传法初祖，亦是多种禅学文献的托名作者。现存题为“达磨大师”的《心经颂》，其版本可分为三类：

一是黑水城出土西夏刊汉文本《夹颂心经》，有俄罗斯科学

① 该本最早由荒川慎太郎刊印图版并作释读，后由林英津作了详细对勘研究，参见荒川慎太郎：《ロシア所蔵西夏語訳『般若心経註』の研究》，白井聡子、庄垣内正弘编：《中央アジア古文献の言語学的・文献学的研究》（Contribution to the Studies of Eurasian Languages Series 10），京都：京都大学文学部言语学研究室，2006 年，第 95 – 156 页；林英津：《透过翻译汉（译）文本佛学文献，西夏人建构本民族佛学思想体系的尝试：以“西夏文本慧忠〈心经〉注”为例》，杜建录主编：《西夏学》第 6 辑，上海：上海古籍出版社，2010 年，第 19 – 56 页。

② 高峡主编：《西安碑林全集》第 27 册《多心经序》，广州：广东经济出版社、深圳：海天出版社，1999 年，第 2706 页。

③ （明）赵崡：《石墨镌华》卷四《唐草书心经》，清长塘鲍氏刻知不足斋丛书本，第 13a 页。

④ （清）陆耀遹：《金石续编》卷十四《忠国师多心经序》，清同治十三年（1874）毗陵双白燕堂刻本，第 6b 页。

院东方文献研究所藏黑水城文献编号 TK158 和 TK159，皆为经折装，未染楮纸[①]。TK158 存 39 页，每页 5 行（第 38 页为 6 行），首缺前 2 颂，第 6 页上半残，每一颂前有《般若心经》经文和“颂曰”二字，尾题“夹颂心经一卷”，后有施刻发愿文：

盖闻《般若多心经》者，实谓醒昏衢/之高炬，济苦海之迅航。极物导迷，莫/斯为最。文政睹兹法要，遂启诚心，意弘/无漏之言，用报父母罔极之德。今则/特舍净贿，恳尔良工，雕刻板成，印施/含识。欲使：佛种不断，善业长流。/荐资考妣，离苦得乐，常生胜处，常/悟果因。愿随弥勒以当来，愿值/龙华而相见。然后福沾沙界，利及/□□。有识之俦，皆蒙此益。/天〔赐礼〕盛国庆五年岁次癸丑八月壬申朔陆文政施。[②]

由此可知，该本为天赐礼盛国庆五年（1073）陆文政施刻本，是目前所知最早的《心经颂》版本。TK159 存 37 页，第 1 页首题“夹颂心经”，前 2 页有“净口业真言”“安土地真言”“普供养真言”；第 3 页第 1 颂前题“般若波罗蜜多心经/达磨大师三十七颂，颂曰”，以下每一颂前有《般若心经》经文和“颂曰”二字；第 26 页“敬”字缺末笔，应是避讳；多页折叠处残

---

① 俄罗斯科学院东方研究所圣彼得堡分所、中国社会科学院民族研究所、上海古籍出版社编：《俄藏黑水城文献》第 4 册，上海：上海古籍出版社，1997 年，第 1－14 页。吴超、霍红霞：《俄藏黑水城汉文佛教文献释录》，北京：学苑出版社，2018 年，第 1017－1028 页。椎名宏雄：《カラホト出土の達磨大師『夾頌心経』》，《宗学研究》第 46 号，2004 年，第 235－240 页。

② 《俄藏黑水城文献》第 4 册，上海：上海古籍出版社，1997 年，第 7 页。该发愿文最早由史金波先生整理，参见史金波：《西夏佛教史略》，银川：宁夏人民出版社，1988 年，第 237 页。

损，尾缺第 35 至 37 颂，无刊刻信息。TK158 和 TK159 内容版式相近，应是覆刻关系或基于共同底本而成。另，TK296V 亦为《夹颂心经》残片[①]。

二是《少室六门》收录本。《少室六门》将《心经颂》与同样传为菩提达摩所撰《破相论》《二种入》《安心法门》《悟性论》《血脉论》合编为一书。该书有日本茨城县六地藏寺藏镰仓末期至南北朝初期五山版[②]、日本国立公文书馆内阁文库藏林罗山（1583－1657）旧藏写本、河村孝道藏安养寺旧藏写本，驹泽大学图书馆藏正保四年（1647）江户左太郎刊本（另藏早稻田大学图书馆）、宽文七年（1667）刊本、延宝三年（1675）京都秋田屋五郎兵卫刊鳌头本（另藏日本国立国会图书馆、东京都立日比谷图书馆井上文库、堺市立中央图书馆）以及三种年代不明刊本，叡山文库天海藏、真如藏、药树院藏、金台院藏也有年代不明刊本。[③]《卍续藏》仅录《心经颂》和《二种入》，其余重出而省略[④]；《大正藏》所录为宗教大学藏江户时代刊本，题作《小室六门》[⑤]。有学者认为《少室六门》可能是在日本编

① 《俄藏黑水城文献》第 4 册，上海：上海古籍出版社，1997 年，第 385 页。参见佟建荣：《黑水城汉文文献补考》，《敦煌研究》2021 年第 2 期，第 131－139 页。

② 椎名宏雄编：《五山版中国禅籍丛刊》第 6 卷，京都：临川书店，2016 年，第 1－24 页。

③ 参见伊吹敦：《『達磨大師三論』と『少室六門』の成立と流布》，《論叢アジアの文化と思想》第 3 号（东京：アジアの文化と思想の会），1994 年，第 76 页。

④ X64，n1272，p. 785c－787c.

⑤ 《大正藏》第 48 册，第 365 页注 3。

辑；也有学者反对此说，认为该书曾有宋版。[①]

三是浮光翁述《般若心经颂钞》，对颂文逐句注释。浮光翁即湛月绍圆（1608－1672），号浮光子，日本临济宗妙心寺一百九十四世。该书有日本宽文三年（1663）刊鳌头本，文中有训点，书末刊记“宽文三癸卯岁初夏吉祥日/六角通室町东入町/堀井传右卫门开板”，驹泽大学图书馆藏本为二卷二册，东京大学综合图书馆藏本为三卷三册。另有驹泽大学图书馆藏江户时代写本一册；日本长野市大安寺藏延宝三年（1675）写本二卷一册，尾题“延宝三乙卯年七月吉祥日/于长泉下东北窗下书写智者也”[②]。《般若心经颂钞》序中提及“遂有好事者与佗《悟性》《血脉》等之说纂合，而是名《少室六门集》矣，不知何之所证哉”[③]，可见，该书所据底本可能为《少室六门》收录本。

《心经颂》的作者题为“达磨大师”，即菩提达摩。然而，所依

---

① 秃氏祐祥、望月信亨、柳田圣山认为《少室六门》可能是日本编辑。［秃氏祐祥：《少室六門集に就て》，《龙谷学报》第309号，京都：龙谷学会，1934年，第1－18页。望月信亨编：《望月佛教大辞典》（增订版）第3卷，京都：世界圣典刊行协会，1952年，第2625页。柳田圣山：《北宗禅の一資料》，《禅仏教の研究》，京都：法藏馆，1999年，第293页。］阿部隆一和川濑一马认为五山版是覆刻宋版。（阿部隆一：《六地藏寺法宝藏典籍について》，《斯道文库论集》第5号，东京：庆应义塾大学附属研究所斯道文库，1967年，第379页。川濑一马：《五山版の研究》，东京：日本古书籍商协会，1970年，第85页。）椎名宏雄赞同此说，并进一步认为《少室六门》是宋代编辑。（椎名宏雄：《『少室六門』と『達磨大師三論』》，《驹泽大学佛教学部论集》第9号，1978年，第212页。）伊吹敦虽然认为《少室六门》是日本编辑，但认为《少室六门》的第一门《心经颂》恐怕是基于祖本（高丽本或宋本）。（伊吹敦：《『達磨大師三論』と『少室六門』の成立と流布》，《論叢アジアの文化と思想》第3号，1994年，第40页。）

② 程正：《傳達摩撰『般若波羅蜜多心経頌』の譯注研究》，《驹泽大学佛教学部论集》第38号，2007年，第261页。

③ 湛月绍圆：《般若心经颂钞》序，东京大学综合图书馆藏日本宽文三年（1663）堀井传右卫门刊本，第1a页。

《般若心经》为玄奘译本，《开元释教录》记载该经为“贞观二十三年（649）五月二十四日于终南山翠微宫译，沙门知仁笔受”[①]，则《心经颂》应晚于此。湛月绍圆《般若心经颂钞》序云：“是知吾祖先锋于玄奘者，亡虑一百又余岁矣。大师岂预作颂而待彼译经乎后来哉？若斯，则非达磨之颂者断可观矣。”[②] 圣仆义谛《禅籍志》亦云：“只如《般若心经》，则唐玄奘所译之文，曰达磨颂之，其伪不足论也。”[③] 而且，颂文也提及玄奘的新译用语，如：“观自在”（第2颂），题为鸠摩罗什译《摩诃般若波罗蜜大明咒经》[④] 作“观世音”，玄奘在贞观二十年（646）成书的《大唐西域记》中有注“旧译为‘光世音’，或云‘观世音’，或‘观世自在’，皆讹谬也”[⑤]，故采用“观自在”这一不同前人的译法；“五蕴”（第4颂），旧译为“五阴”“五众”，《摩诃般若波罗蜜大明咒经》作“五阴”，玄奘译为“五蕴”，最早见于贞观十九年（645）译出的《大菩萨藏

---

① （唐）智升：《开元释教录》卷八，T55，n2154，p. 555c3 – 4。有学者质疑《般若心经》“玄奘译本”并非由玄奘翻译，并质疑智升记载的可靠性，参见 Jan Nattier，“The Heart Sūtra：A Chinese Apocryphal Text?”，*The Journal of the International Association of Buddhist Studies*，vol. 15，no. 2，1992，p. 209，note 42. 纪赟：《〈心经〉疑伪问题再研究》，《福严佛学研究》第七期，2012 年，第 163 – 165 页。但这种怀疑证据不足，待考。

② 湛月绍圆：《般若心经颂钞》序，东京大学综合图书馆藏日本宽文三年（1663）堀井传右卫门刊本，第 1b 页。

③ 圣仆义谛：《禅籍志》卷上，《大日本佛教全书》第 96 卷，东京：财团法人铃木学术财团，1972 年，第 239 页下。

④ 《摩诃般若波罗蜜大明咒经》的内容从鸠摩罗什译《摩诃般若波罗蜜经》（或《大智度论》）抄录，直到智升《开元释教录》才见著录“姚秦三藏鸠摩罗什译（出经题第一译，拾遗编入）”，T55，n2154，p. 584a8。参见渡边章悟：《経録からみた『摩訶般若波羅蜜咒経』と『摩訶般若波羅蜜大明咒経』》，《印度学佛教学研究》第 39 卷第 1 号，1990 年，第 54 – 58 页。

⑤ （唐）玄奘、辩机：《大唐西域记》卷三，T51，n2087，p. 883b23 – 24。季羡林等：《大唐西域记校注》，北京：中华书局，1985 年，第 288 页。

经》[①]；“遍计”（第9颂）、“圆成真实”（第11颂）、“依他性”（第19颂）为唯识学的“三自性”，但不同于求那跋陀罗[②]、菩提留支[③]、佛陀扇多[④]、真谛[⑤]、达摩笈多[⑥]的译语，而采用了玄奘的新译，最早见于贞观十九年译出的《显扬圣教论颂》[⑦]。由此可见，《心经颂》成书不可能早于7世纪中叶。

“三自性”译语对照表

《心经颂》	遍计	依他性	圆成真实
求那跋陀罗	妄想自性	缘起自性	成自性
菩提留支	虚妄分别名字相	因缘法体自相	第一义谛法体相
佛陀扇多	妄想分别相	他性相	成就相
真谛	分别性	依他性	真实性
达摩笈多	分别	依止他	成就
玄奘	遍计所执自性	依他起自性	圆成实自性

《心经颂》的思想较为复杂，但主要源自菩提达摩所传禅宗。正如湛月绍圆《般若心经颂钞》序所说：“但睹彼所著体裁，禅亲教熟，宗通说到矣。虽非是达磨之所述，亦必出乎印定

① （唐）菩提流志编：《大宝积经》卷三十五《菩萨藏会》，T11，n310，p. 201b2。（唐）道宣《大唐内典录》卷五记载“贞观十九年在弘福寺译”，T55，n2149，p. 282b11。

② （刘宋）求那跋陀罗译：《楞伽阿跋多罗宝经》卷一，T16，n670，p. 487c5。

③ （元魏）菩提留支译：《入楞伽经》卷三，T16，n671，p. 527b29－c2。

④ 阿僧伽造，（后魏）佛陀善多译：《摄大乘论》卷上，T31，n1592，p. 100c22－23。

⑤ 世亲造，（陈）真谛译：《摄大乘论释》卷一，T31，n1595，p. 155b26。

⑥ 世亲造，（隋）达摩笈多共行矩等译：《摄大乘论释论》卷一，T31，n1596，p. 272a26－27。

⑦ 无著造，（唐）玄奘译：《显扬圣教论颂》，T31，n1603，p. 586c24－25。（唐）智升《开元释教录》卷八记载该论为“贞观十九年六月十日于弘福寺翻经院译，沙门辩机笔受”，T55，n2154，p. 556b13－14。

单传密旨、鼓吹大藏真诠底有道之士也。”[①] 具体言之，《心经颂》的文本呈现了如下思想特征：

其一，北宗禅的法门。《心经颂》的主体思想是回转自心：第1颂“向道只由心”，第6颂“达道由心本，心净利还多”，此将行者的“心”作为禅法修学的根本，亦即《修心要论》所说“自心是道”[②]；“心”之所以是修学的根本，是因为一切法乃自心所现起，此心即唯一平等的法性，而第30颂“三身同归一，一性遍含身”，亦即《二入四行论》所说“深信含生凡圣同一真性”[③]；但现实的众生之自心为虚妄心念所迷惑，流转生死，故第5颂说：“妄系身为苦，人我心自迷。涅槃清净道，谁肯着心依？”相应的解脱道路在于遣除虚妄心念，回转与法性同一的自性清净之心，如第19颂“心王却遣回”、第35颂“回心悟实相，苦尽见无生”“故说真如理，未悟速心回”。可见，《心经颂》的主要修学方法与东山法门、北宗禅相通。北宗禅在8世纪上中叶极盛，至9世纪中叶没落[④]，而《心经颂》主体部分可能在此期间形成。

其二，曹溪禅的法门。《心经颂》在北宗禅法的基础上，又融入了曹溪顿教禅法。[⑤] 《心经颂》提到“见性”（第10、24、28颂），这是曹溪禅“识心见性”的修学门径；又说“顿觉”

---

① 湛月绍圆：《般若心经颂钞》序，日本宽文三年（1663）堀井传右卫门刊本，第2a页。

② （唐）弘忍：《最上乘论》，T48，n2011，p. 379b4。韩传强：《禅宗北宗敦煌文献录校与研究》，南京：江苏人民出版社，2016年，第39页。

③ 柳田圣山：《達摩の語錄：二入四行論》，东京：筑摩书房，1969年，第31页。

④ 参见韩传强：《禅宗北宗研究》，北京：宗教文化出版社，2013年，第284页。

⑤ 椎名宏雄：《『少室六門』と『達磨大師三論』》，《驹泽大学佛教学部论集》第9号，1978年，第221页。

（第 6 颂）、“顿见”（第 11 颂）、“顿悟”（第 19、24 颂）、“顿教”（第 21 颂），这是曹溪禅的圆顿风格。此外，《心经颂》一些语句出自敦煌本《坛经》，如：第 25 颂“心空性广大”，即《坛经》“心量广大，犹如虚空”[①]；第 36 颂“心花五叶开”，即《坛经》中达摩和尚《传衣付法颂》“吾本来唐国，传教救迷情，一花开五叶，结果自然成”[②]。一般认为敦煌本《坛经》形成于 8 世纪末至 9 世纪初[③]，则《心经颂》的修改也可能在 9 世纪了。

其三，牛头禅的“无心”说。《心经颂》第 21 颂“欲知成佛处，心上莫留停”，第 27 颂“境忘心亦灭，性海湛然宽”，第 29 颂“要会无心理，莫着息心源”，这种境去心无的禅法，虽然是般若学的究竟无所得的要义，却是牛头禅将其发扬，后又为曹溪门下石头一系所继承[④]。特别是第 26 颂“解脱心无碍，意若太虚空。四维无一物，上下悉皆同。来往心自在，人法不相逢。访道不见物，任运出烦笼”，颂文以虚空之道为根本，强调“无一物”，而相应修学只是“意”与虚空之道相合，“不见物”、无修无证、任运自在，此即牛头禅《绝观论》所说“无心即无物，无物即天真，天真即大道”[⑤]。值得注意的是，第 13 颂“本来无一物”，是《祖堂集》、《宗镜录》、惠昕编订《六祖坛经》等记

① 杨曾文：《敦煌新本六祖坛经》，北京：宗教文化出版社，2011 年，第 25 页。

② 杨曾文：《敦煌新本六祖坛经》，北京：宗教文化出版社，2011 年，第 56 页。

③ 参见印顺：《中国禅宗史》，台北：正闻出版社，1994 年，第 251 页。伊吹敦：《敦煌本『壇経』の形成：惠能の原思想と神會派の展開》，《論叢アジアの文化と思想》第 4 号，1995，第 167 页。

④ 参见印顺：《中国禅宗史》，台北：正闻出版社，1994 年，第 408 页。

⑤ 题为菩提达磨：《绝观论》，蓝吉富编：《大藏经补编》第 18 册，台北：华宇出版社，1984 年，第 693 页中。

载的惠能获得弘忍传法的呈心偈[①]，但敦煌本《坛经》相应处作“佛性常清净”[②]，此句应是后来改订；虽然“本来无一物，何处有尘埃”又见于黄檗希运（？－850）《宛陵录》[③]，但其思想渊源则是牛头禅的“无物”。

其四，唯识学的影响。除了论及“三自性”，《心经颂》另有“四智”（第23、32颂）、“八识”（第27、32颂）等唯识学术语。这可能是作偈颂时参考了当时流行的注疏。最早的《般若心经》注疏为慧净所作《般若心经疏》，其中可见八识、三性、种子、熏习、四智等唯识学术语；而圆测、靖迈、窥基出于玄奘门下，其所作注疏皆依唯识学解释。但《心经颂》的唯识学思想与玄奘所传唯识今学有所差别。《心经颂》第19颂解释“无眼界乃至无意识界”：

六识从妄起，依他性所[④]开。眼耳兼身鼻[⑤]，谁肯自

---

① （南唐）静、筠二禅师撰，孙昌武、衣川贤次、西口芳男点校：《祖堂集》卷二，北京：中华书局，2007年，第118页；（北宋）延寿《宗镜录》卷三十一，T48，n2016，p. 594c10；驹泽大学禅宗史研究会编：《慧能研究：慧能の傳記と資料に關する基礎的研究》，东京：大修馆书店，1978年，第284页。

② 杨曾文：《敦煌新本六祖坛经》，北京：宗教文化出版社，2011年，第11页。

③ （唐）裴休集：《黄檗断际禅师宛陵录》，T48，n2012B，p. 385b11－12。楼宇烈认为惠昕编订《六祖坛经》的呈心偈源自《宛陵录》，参见楼宇烈：《读慧海〈顿悟入道要门论〉随记》，载《中国佛教与人文精神》，北京：宗教文化出版社，2003年，第322页。

④ “所”，据西夏刊本TK158和TK159，参见《俄藏黑水城文献》第4册，上海：上海古籍出版社，1997年，第3、11页。《卍续藏》、《大正藏》、椎名宏雄校订本作“自”，参见X64，n1272，p. 786c2. T48，n2009，p. 365c26；椎名宏雄：《『少室六門』と『達磨大師三論』》，《驹泽大学佛教学部论集》第9号，1978年，第229页。

⑤ “鼻”，据西夏刊本TK158和TK159，参见《俄藏黑水城文献》第4册，上海：上海古籍出版社，1997年，第3、11页。《卍续藏》、《大正藏》、椎名宏雄校订本作“意”，参见X64，n1272，p. 786c2. T48，n2009，p. 365c26；椎名宏雄：《『少室六門』と『達磨大師三論』》，《驹泽大学佛教学部论集》第9号，1978年，第229页。

量裁。

舌意[1]行颠倒，心王却遣回 。六识中不久，顿悟向如来。

所谓“六识从妄起”，类似净影慧远《大乘义章》所说“依于妄识起六事识”[2]；所谓“自量裁”即指恒审思量的第七识，执著“我”与“我所”；“心王”这一用法可能来自传为傅大士所作《心王铭》[3]，即指作为根本种子心识的第八识，依第八识而现起以虚妄分别为自性的诸识。《心经颂》将“心王”作为“六识”依止的根本而非并列说八识，这是唯识古学的“一种七现”说，不同于唯识今学的“八识现行”。[4] 此一偈颂可能参考了慧净的《般若心经疏》：

五识向外缘五尘，意识同缘五尘，亦向内缘，名遍计所执性；七识依六识分别，向内缘八识，名依他起性；八识体是如来藏根本，亦名真如，亦名圆成实性。[5]

慧净以前六识、第七识、第八识与遍计所执性、依他起性、圆成实性相对应，又以第八识为如来藏，可能源自隋末唐初流行的摄论学派。而《心经颂》中六识“行颠倒”即是遍计所执性；

① “意”，据西夏刊本TK158和TK159，参见《俄藏黑水城文献》第4册，上海：上海古籍出版社，1997年，第3、11页。《卍续藏》、《大正藏》、椎名宏雄校订本作“鼻”，参见X64，n1272，p. 786c3. T48，n2009，p. 365c27；椎名宏雄：《『少室六門』と『達磨大師三論』》，《驹泽大学佛教学部论集》第9号，1978年，第229页。

② （隋）慧远：《大乘义章》卷三，T44，n1851，p. 532b5。

③ （唐）楼颖：《善慧大士录》卷三，X69，n1335，p. 115b7－c5。

④ 关于“一种七现”，参见印顺：《摄大乘论讲记》，台北：正闻出版社，1992年，第59页。

⑤ 方广锠：《般若心经译注集成》，上海：上海古籍出版社，2011年，第168页。《卍续藏》本有衍文，X26，n521，p. 594c22－595a2。

“依他性所开”，即指前六识和第七识依于第八识而现起；“顿悟向如来”即是遣除六识的遍计所执，显示第八识根本之真如空性，即圆成实性。由此可见，《心经颂》的唯识学思想可能是由慧净疏而来。

其五，道家思想的元素。第12颂“和光尘不染”出自《老子》第4章“和其光，同其尘”；第30颂“无法号玄门”出自《老子》第1章“玄之又玄，众妙之门”；第25颂“内外尽无为”、第27颂“无为性自安”、第28颂“无为果自周”中的“无为”并非指佛教的“无为法”，而是《老子》第64章说的“圣人无为”。

多重思想话语的交织表明，《心经颂》作者并非某一人某一系，而是经过了复杂的修改增补过程，并在禅门中广为流传。

《心经颂》与《金刚经赞》多有相似之处：

首先，体例相同。二者皆以五言八句诗偈赞颂《般若经》。印度佛教原有以偈颂解释经典的体例，如世亲《金刚经论》中有偈颂和长行[①]。虽然中国佛教注疏较少采用偈颂，但慧净《般若心经疏》有9首自制偈颂，而窥基《般若波罗蜜多心经幽赞》则引用29首印度经论偈颂。这或许与唐代诗歌繁荣有关。《心经颂》与《金刚经赞》可能受此影响，采用偈颂体例，而《般若心经》与《金刚经》则是唐代僧俗普遍信仰的佛教经典。

其次，作者皆附会梁代著名大士。《心经颂》作者题为“达

---

① 菩提留支以为《金刚经论》偈颂、长行皆为世亲所造（金刚仙造、魏菩提留支译述：《金刚仙论》卷十，T25n1512，p. 874c19 - 20）；义净以为无著从弥勒受偈颂、世亲造长行（义净：《略明般若末后一颂赞述》，T40，n1817，p. 783a16）；大竹晋主张偈颂为历史上的弥勒所造，长行为世亲所作（大竹晋：《元魏漢訳ヴァスバンドゥ釈経論群の研究》，东京：大藏出版，2013年，第64 - 67页）。

磨大师”，传说其为观音菩萨化身[1]，被后世尊为禅宗初祖；后期的《金刚经赞》作者题为傅大士[2]，其自称弥勒菩萨应化[3]，传习维摩禅行。菩提达摩和傅大士都生活于梁代，倡导大乘禅法，分头弘化于北方和江东，传有种种神迹。湛然（711－782）曾将菩提达摩和傅大士作对比：“设使印度一圣来仪，未若兜率二生垂降。”[4] 此中“印度一圣”指菩提达摩，“兜率二生垂降”指傅大士。《心经颂》与《金刚经赞》作者分别附会菩提达摩和傅大士，似乎也有将两者对举之意。

再次，语句相同或类似。《心经颂》第27颂“境忘心亦灭”同于《金刚经赞》“境亡心亦灭”[5]，第28颂“二边纯莫立，中道勿心修”同于《金刚经赞》“二边纯莫立，中道不须安”[6]；第2颂“三昧任西东”类似《金刚经赞》“三昧任遨游”[7]，第9颂“故云亦如是，性相一般般”类似《金刚经赞》“始终无变异，性相本来如”[8]。

---

① （唐）智炬《双峰山曹侯溪宝林传》卷八传说梁武帝与宝志关于菩提达摩问答：“武帝曰：‘何人？’宝志曰：‘此是传佛心大士，乃观音圣人乎！’”《中华大藏经》第73册，第665页下。另见（南唐）静、筠二禅师撰，孙昌武、衣川贤次、西口芳男点校：《祖堂集》卷十八，北京：中华书局，2007年，第819页；（北宋）延寿：《宗镜录》卷九十七，T48，n2016，p.939b25；（北宋）契嵩：《传法正宗论》卷上，T51，n2080，p.776c25。

② 达照法师认为早期的《金刚经赞》并无作者信息，后来演变为《梁朝傅大士颂金刚经》，参见达照：《〈金刚经赞〉研究》，北京：宗教文化出版社，2002年，第108－110页。

③ 参见张子开：《傅大士研究：修订增补本》，上海：上海人民出版社，2012年，第231－235页。

④ （唐）湛然：《止观义例》卷上，T46，n1913，p.452c20－21。

⑤ 达照：《〈金刚经赞〉研究》，北京：宗教文化出版社，2002年，第292页。

⑥ 达照：《〈金刚经赞〉研究》，北京：宗教文化出版社，2002年，第287页。

⑦ 达照：《〈金刚经赞〉研究》，北京：宗教文化出版社，2002年，第288页。

⑧ 达照：《〈金刚经赞〉研究》，北京：宗教文化出版社，2002年，第296页。

最后，内容都受到北宗禅、曹溪禅、牛头禅、唯识学、道家思想的影响。相比之下，《金刚经赞》依无著《金刚般若论》造颂而偏于义学①，《心经颂》虽有经论之言但更显禅学风格。

总之，《心经颂》创作过程中很可能参考了《金刚经赞》。《金刚经赞》创作于7世纪中叶至8世纪下叶，或由佛窟遗则（751－830）附会成“傅大士颂”。② 由此可以推测，《心经颂》可能创作于8世纪下叶至9世纪中叶（会昌法难之前），原作者可能为兼通唯识学的北宗禅者，经曹溪、牛头禅者改订，并附会成菩提达摩所作。

三　江南禅师智融注

敦煌文献中发现了题为“江南禅师智融注”的《般若心经注》③，共有四个写本：

一是法国国家图书馆藏 Pel. chin. 3131bis 及其背面 Pel. chin. 3131bis V^0。前者首行题“般若波罗蜜多心经序，江南禅师智融注，义和寺僧”；第2－12行为序文，字体较大；其后为《般若心经》经文和注释，经文字体略大，注释字体略小、或用双行或用单行，双行可能是为了与经文相区分，字体潦草；

① 达照：《〈金刚经赞〉研究》，北京：宗教文化出版社，2002年，第106页。

② 达照：《〈金刚经赞〉研究》，北京：宗教文化出版社，2002年，第113－114页。

③ 智融注最早由柳田圣山介绍并录文，参见柳田圣山：《江南智融禅师注·般若波罗蜜多心经》，《花信风：花园大学评论》第2号，1976年，第130－134页；《禅仏教の研究》（柳田圣山集第1卷），京都：法藏馆，1999年，第350－358页。另见方广锠：《般若心经译注集成》，上海：上海古籍出版社，2011年，第362－369页；田中良昭：《江南禅師智融註『般若波羅蜜多心経』の訳注》，《财団法人松ケ岡文庫研究年報》第19号，2005年，第35－51页。

末行至“波罗僧羯帝”止。Pel. chin. 3131bis V^0 仅一行，内容为“彼岸无烦恼善哉菩提菩萨婆诃道大海心般若波罗蜜多心经”（“菩”为抄错涂抹），内容正与 Pel. chin. 3131bis 相衔接。①

二是中国国家图书馆藏 BD06146（姜 46），首部残缺，现存首行为“身云五色无刑不生不灭是空相真身章”，第 2 行《般若心经》经文“舍利子是诸法空相不生不〔灭不垢不〕”；经文和分章用大字，注释用双行小字，楷体；尾题“般若波罗蜜多心经”。②

三是俄罗斯科学院东方文献研究所藏 Дx149，残存大小字 20 行上半部分，第 1 行存小字“此〔岸〕……”、第 2 行存小字“见五蕴皆空即是……”；第 5 行存大字“在菩萨行深般……”、第 6 行存大字“五蕴〔皆〕空〔度〕……”、第 19 行为大字“五蕴空章”、20 行存大字“舍利子色不异〔空〕空不〔异〕……”，可知该本格式与 BD06146（姜 46）相同，经文和分章用大字，注释用双行小字，楷体。③

四是俄罗斯科学院东方文献研究所藏 Дx6238，残存 9 行，第 1 至 5 行下半部分缺损，第 1 行存大字经文“〔空〕即是色受想行……”，其余为小字注释；第 6 至 8 行完整，第 9 行被纵向割裂，内容依稀可辨为“复如是若见色身无相即是妙色真身故

① 上海古籍出版社、法国国家图书馆编：《法藏敦煌西域文献》第 21 册，上海：上海古籍出版社，2002 年，第 367 - 368 页。

② 中国国家图书馆编：《国家图书馆藏敦煌遗书》第 82 册，北京：北京图书馆出版社，2008 年，第 200 - 203 页。

③ 俄罗斯科学院东方研究所圣彼得堡分所、俄罗斯科学出版社东方文学部、上海古籍出版社：《俄藏敦煌文献》第 6 册，上海：上海古籍出版社，1996 年，第 100 页。

说法”。[①] 而且，Дx149、Дx6238、BD06146（姜 46）可以缀合[②]，内容正好衔接，字体格式亦相同。

“江南禅师智融”未见其他文献记载。序中提及“立本少好斯文，研精日久”，此“立本”似与作者名讳相关。[③] 而法国国家图书馆藏敦煌文献 Pel. chin. 2903 佚名《注多心经》所引用“道曰”与智融注相同。[④] Pel. chin. 2903 首残尾存，尾题“注多心经一卷”，集录“开曰”“觉曰”“辩曰”“泰曰”“道曰”“明曰”六家注释。[⑤]“开”可能是指“智开”，日僧圆行于长安所请经论疏章中有“《般若心经义》一卷［智开法师撰］”[⑥]，永超（1014－1095）《东域传灯目录》记载“同（般若心经）疏一卷［智开］”[⑦]，真兴《般若心经略释》提及唐人注疏“基、测、迈、启、法藏、智开等师，及与武敏，并唐”[⑧]；智开的生平不详，可能即王勃《彭州九陇县龙怀寺碑》所说隋初“法会

① 俄罗斯科学院东方研究所圣彼得堡分所、俄罗斯科学出版社东方文学部、上海古籍出版社：《俄藏敦煌文献》第 13 册，上海：上海古籍出版社，2000 年，第 56 页。

② 参见程正：《俄藏敦煌文献中に發見された禪籍について（3）－2》，《驹泽大学佛教学部研究纪要》第 79 号，2021 年，第 65－67 页。

③ 柳田圣山推测“立本”即智融，是江南地区一个不出名的早期禅宗学者，参见柳田圣山：《江南智融禅师注·般若波罗蜜多心经》，《禅仏教の研究》（柳田圣山集第 1 卷），京都：法藏馆，1999 年，第 351－352 页。

④ 参见福井文雅：《敦煌新出〈般若心经〉文沼注与智融注钞本研究》，《第一届中国域外汉籍国际学术会议论文集》，台北：联合报文化基金会国学文献馆，1987 年，第 1141 页。福井文雅：《『般若心経』注の敦煌新出寫本二點——文沼注と智融注》，《东方学论集：东方学会创立四十周年记念》，1987 年，第 725－731 页。

⑤ 上海古籍出版社、法国国家图书馆编：《法藏敦煌西域文献》第 19 册，上海：上海古籍出版社，2001 年，第 376－380 页。

⑥ 圆行：《灵岩寺和尚请来法门道具等目录》，T55，n2164，p. 1073a1。

⑦ 永超：《东域传灯目录》，T55，n2183，p. 1148c7。

⑧ 真兴：《般若心经略释》，《大日本佛教全書》第 1 卷，东京：财团法人铃木学术财团，1970 年，第 176 页上。

禅师”的弟子[①]。“觉”可能是高丽义天《新编诸宗教藏总录》记载的“《(般若心经) 注》一卷，正觉述”[②]。Pel. chin. 2903 的“道曰”与智融注基本相同，偶有文字出入。例外则是“无眼界乃至无意识界”的注释，“道曰”不见于智融注，而“明曰”前半部分与智融注相同；“无无明……亦无老死尽”“无苦集灭道”“依般若波罗蜜多故，心无挂碍”三处注释，“明曰”与智融注相同，且无“道曰”；此或为抄写笔误，错将“道曰”与“明曰”混淆[③]。更进一步问题是，“道曰”之“道”与“智融”有何关联？唐代许登所撰《润州上元县福兴寺碑［并序］》记载牛头六祖慧忠（683 – 769）弟子润州福兴寺“道融”，其文云：

> 有禅师德号道融，本姓楼，东阳义乌人也。肃宗皇帝龙飞朔方，大赦天下，改元为至德，每寺度人，以蕃王室。时润州刺史兼御史大夫江南东道节度处置使京兆韦公陟，俾属城大德，咸举所知。禅师行业精修，法门之中，裒然为首，遂正名僧籍，而第于福兴焉。初入牛头山，谒第六祖忠大师，遽受密印而为上足。[④]

① （唐）王勃《彭州九陇县龙怀寺碑》“禅师殁后，爰有孝恭法师、智开法师、弘向法师、宝积阇黎四上人者，并禅师之上足，而法门之领袖也”，（唐）王勃著，（清）蒋清翊注：《王子安集注》卷十九，上海：上海古籍出版社，1995，第 572 页年。（清）董诰等：《全唐文》卷一百八十五，北京：中华书局，1983 年，第 1883 页。

② 义天：《新编诸宗教藏总录》卷一，T55，n2184，p. 1171a29。

③ 参见方广锠：《般若心经译注集成》，上海：上海古籍出版社，2011 年，第 442 页。

④ （清）严观：《江宁金石记》卷二，《中国华东文献丛书》第 184 册（第 7 辑第 9 卷），北京：学苑出版社，2010 年，第 85 – 86 页。另见，（清）董诰等：《全唐文》卷四百四十一，北京：中华书局，1983 年，第 10 册，第 4496 页。（明）葛寅亮：《金陵梵刹志》卷四十六，蓝吉富主编：《大藏经补编》第 29 册，第 336 页下。缪荃孙：《江苏通志稿 · 金石志》卷四，《石刻史料新编》第 1 辑第 13 册，台北：新文丰出版公司，1982 年，第 9535 页。

天宝十五年（756）七月，唐肃宗李亨在灵武即位，改元为“至德”，令寺院度僧，道融经推举得度，僧籍隶属于润州上元县福兴寺。道融原是牛头六祖慧忠的法嗣，《景德传灯录》亦记载慧忠弟子有“兴善道融禅师”[①]；而契嵩《传法正宗记》将“兴善道融”列于云居智法嗣[②]，但从年龄而言，道融与云居智之师佛窟遗则同辈，故契嵩所记有误；至于“兴善”，恐是“福兴”误作“兴福”、又误作“兴善”。若“智融”即“道融”，则 Pel. chin. 2903《注多心经》引用智融注称为“道曰”即可理解。至于 Pel. chin. 3131bis 署名“江南禅师”，道融祖籍义乌属于婺州东阳郡，与其主要活动的润州丹阳郡皆属于江南道，故称“江南禅师”；而“江南”可区别于鸠摩罗什弟子、“关中四圣”之一的道融，“禅师”则可区别于律师道岸（654－717）弟子、会稽龙兴寺都维那道融。此外，Pel. chin. 3131bis 署名“义和寺僧”，据北宋李潜于元符三年（1100）所立《崇明寺大佛殿庄功德记》“句容崇明寺，即西晋之义和也。暨唐以会昌之难，因而见废。宣宗即位，从而复之。皇朝太平中，改赐今额”[③]，可知义和寺在句容县，与福兴寺俱在润州。道融或许在至德元年得度之前曾住于义和寺，故称“义和寺僧”。由此可见，“智融”可能是“道融”之讹。[④]

智融注（依学界惯例，仍称“智融注”）将《般若心经》

① （北宋）道原：《景德传灯录》卷四，T51，n2076，p. 224a4。

② （北宋）契嵩：《传法正宗记》卷九，T51，n2078，p. 765b12。

③ （清）严观：《江宁金石记》卷四，《中国华东文献丛书》第184册（第7辑第9卷），北京：学苑出版社，2010年，第135页。

④ 参见程正：《『般若心経智融注』の著者について》，《宗学研究》第47号，2005年，第251－256页。

分为七章："用智慧照五蕴章""五蕴空章""空相真身章""空身成菩萨章""成佛具无上道章""照五蕴空咒除身心邪见章""咒章"。注释则多围绕"身心"展开，将五蕴、十二处、十八界分为色心二法，又将色心二法对应修学者的身心，这显示出注重锻炼身心的禅师风格。智融注引用经典有两处：其一，开篇"龙（老?）飞（耽?）氏曰：'众人之迷，其日已久'释典曰：'无明被底，长夜睡眠'"[①]，前一句即《老子》第58章"人之迷，其日固久"，后一句出自禅门伪经《佛说法句经》[②]。其二，"度一切苦厄"注释"老子曰：'吾所以有大患者，为吾（有）身。及吾无身，吾有何患?'是无身苦厄也。又《涅槃经》云：'诸行无常，是生灭法，生灭灭以（已），寂灭为乐。'是有诸行为心苦厄"[③]，所引《老子》出自第13章，所引《涅槃经》偈颂最早见于东晋法显译本[④]。禅师大多不拘泥于经教，而引用禅门伪经则是禅宗注释《般若心经》共同的倾向[⑤]。至于引用《老子》，则是牛头禅所承江东玄学的遗风。诚然，禅者注疏亦有疏漏，如智融注以"羯帝"为"善哉"[⑥]，但瑕不掩瑜。

---

① 方广锠：《般若心经译注集成》，上海：上海古籍出版社，2011年，第362页。"龙飞"二字潦草，柳田圣山校订为"老耽"，参见《禅仏教の研究》（柳田圣山集第1卷），京都：法藏馆，1999年，第353页。

② 《佛说法句经》，T85，n2901，p.1433b17－18。

③ 方广锠：《般若心经译注集成》，上海：上海古籍出版社，2011年，第363页。

④ （东晋）法显译：《大般涅槃经》卷下，T1，n7，p.204c23－24。昙无谶和慧严等译本中"诸行无常，是生灭法"、"生灭灭已，寂灭为乐"中间有长行分开，见（北凉）昙无谶译：《大般涅槃经》卷十四，T12，n374，p.450a16、451a1；（刘宋）慧严等译：《大般涅槃经》卷十三，T12，n375，p.692a13、693a1。

⑤ 程正：《『般若心経』と初期禪宗：禪僧による注疏を中心にして》，《驹泽大学佛教学部论集》第37号，2006年，第255－272页。

⑥ 方广锠：《般若心经译注集成》，上海：上海古籍出版社，2011年，第366页。

综上所论，唐代禅宗的《般若心经》注疏佚失已久，端赖敦煌文献、黑水城文献的发现和海外传本而得以窥见一斑。这些注疏涉及早期禅宗各系：智诜疏虽然有义学倾向而仍可代表东山法门，净觉注代表北宗禅的特质，智融注则是江南牛头宗风；慧忠注出入东山与牛头、南宗与北宗，有其独特之处；达磨颂虽然年代较晚，但尚无“超佛越祖”的后期禅宗之语，故仍可视为综合早期禅宗各系的《般若心经》注疏。

第二节　“心”之诠释

“注疏”是中国佛教创造性建构自身修学形态的一种重要方式。虽然名言本身只是一种假施设，然而“表达”依赖于这种方便。义学传统的注疏通过名言的闻思，领纳佛陀从其自证的无上正等觉中所流露的言教，并进一步开展言教所表达的甚深智慧境界。禅者不着意于言教的闻思，重视自身心态的锻炼和甚深智慧境界的自证自觉，而这种修学实践可以超越名言；只是禅法授受则需要借助“表达”的中介，经论之言教经过善巧运用可以作为引导悟入的方便。正因此，早期禅宗虽然也采用义学传统的注疏形式，但其诠释往往不拘泥于名言本身所表达的语义，甚至与名言语义大相径庭，而意在指点趣入圣道的门径。[①] 这类似于

① 参见龚隽：《中古禅学史上的〈心经〉疏：一种解经学的视角》，《世界宗教文化》2021 年第 1 期，第 139 – 146 页。

同样重视止观实践的天台宗的“观心释”[①]，只不过天台的“观心释”尚在义学传统下，而禅宗的注疏则更加自由地言说自身实践的心中法门。这种“藉教悟宗”的风格集中表现在《般若心经》的“心”字之诠释，通过对比“教下”的注疏更为显豁。

一　心要与真言

“心”字在《般若心经》中共出现两次：其一为经题，其二为“菩提萨埵，依般若波罗蜜多故，心无挂碍”。后者语义较为明确，而前者异解颇多。

关于《般若心经》的经题，梵文本尾题主要为“prajñāpāramitā－hṛdaya”（般若波罗蜜多的心），或于前加“ārya”（圣）、“śrī”（吉祥）、“pañcaviṃśatikā”（二十五［颂］）、“bhagavatī”（薄伽梵母），或于后加“nāma dhāraṇī”（名为陀罗尼）等。[②]《西藏大藏经·甘珠尔》“秘密部”收录印度亲教师离垢友（Vimalamitra）和西藏译师宝军（Rin chen sde）翻译、虚空（Nam mkha'）等校订的“*bcom ldan 'das ma shes rab kyi pha rol tu phyin pa'i snying po*”（薄伽梵母般若波罗蜜多心）；“般若部”收录失译本的经题为“*'phags pa bcom ldan 'das ma shes rab kyi pha rol tu phyin pa'i*

① （隋）智顗：《妙法莲华经文句》卷一上“若寻迹，迹广徒自疲劳；若寻本，本高高不可极，日夜数他宝，自无半钱分。但观己心之高广，扣无穷之圣应，机成致感，逮得己利，故用‘观心释’也”，T34，n1718，p. 2b7－10。

② 参见 Edward Conze，“The Prajñāpāramitā－hṛdaya Sūtra”，in *Thirty Years of Buddhist Studies*，Oxford：Bruno Cassirer，1967，p. 153. 林光明：《心经集成》，台北：嘉丰出版社，2000 年，第 458－462 页。

snying po”（圣薄伽梵母般若波罗蜜多心）。[①] 在汉译本中，一些有“心”字，如玄奘、般若共利言、法成、智慧轮、义净译本经题作《般若波罗蜜多心经》，法月重译本作《普遍智藏般若波罗蜜多心经》，已佚的唐实叉难陀译本作《摩诃般若随心经》[②]；一些无“心”字，如题为鸠摩罗什译本作《摩诃般若波罗蜜大明咒经》，北宋施护译本作《佛说圣佛母般若波罗蜜多经》，已佚的唐菩提流志译本作《般若波罗蜜多那经》[③]。而汉语音译本的经题，唐玄奘译、不空润色《唐梵翻对字音般若波罗蜜多心经》作“钵啰［二合，般］誐攘［二合，若］播［波］啰［罗］弭［蜜］哆［多］纥哩［二合］那野［心］素怛覽［经］”、唐不空译《梵本般若波罗蜜多心经》作“钵啰［二合］枳娘［二合］播啰弭跢［上］唦 嘌［二合］乃野素怛覽［二合］”、辽慈贤译《梵本般若波罗蜜多心经》作“钵啰［二合］倪也［二合］钵啰蜜多［一］唦 哩［二合］那野素怛啰［二合］”、南宋道隆传入日本的《梵语心经》作“八罗娘波啰弥陀逆哩驮耶素怛啰”[④]、南宋思觉集《如来广孝十种报恩道场密教》卷上《直字梵语心经陀罗尼》作“钵啰娘。钵啰密哆。逆邻那野。素怛啰”[⑤]，此皆为“prajñā pāramitā-hṛdaya sūtraṃ”的

① 参见 Jonathan A. Silk, *The Heart Sūtra in Tibetan: A Critical Edition of the Two Recensions Contained in the Kanjur*, Wien: Arbeitskreis für Tibetische und Buddhistische Studien, Universität Wien, 1994, pp. 102–103.

② （唐）智升：《开元释教录》卷九，T55，n2154，p. 566a6。

③ （唐）智升：《开元释教录》卷九，T55，n2154，p. 569c12。

④ 以上参见方广锠：《般若心经译注集成》，上海：上海古籍出版社，2011 年，第 40、57、59、61 页。

⑤ （南宋）思觉集，赵文焕、侯冲整理：《如来广孝十种报恩道场仪》，方广锠编：《藏外佛教文献》第 8 辑，北京：宗教文化出版社，2003 年，第 307 页。

音译。

可见，《般若心经》经题中的“心”对应于梵文“hṛdaya”、藏文“snying po”，一般作为泵血器官的心脏[①]。而“prajñāpāramitā-hṛdaya”这一复合词为依主释[②]，以“prajñāpāramitā”为“hṛdaya”的所依，意即“般若波罗蜜多的心脏”。然而，“般若波罗蜜多”作为大乘菩萨道修学的最主要实践项目，言其“心脏”则有待更进一步的解释。

最常见的观点把“心”（hṛdaya）视为一种拟人比喻，引申为核心、心髓、心要、真实本质。对于有情众生而言，心脏是为身体循环系统提供动力的最重要器官；对于无情之物和抽象事物而言，虽然没有作为身体器官的心脏，却也有中央、枢纽、精髓、本质之处。《般若经》以“诸佛母”比喻“般若波罗蜜多”[③]，而“诸佛母的心脏”即比喻般若波罗蜜多的中心。唐代的《般若心经》注疏大多采纳此种解释。根据对“般若波罗蜜多”的不同理解，又可细分为三类：其一，从能诠而言，“般若波罗蜜多”指《般若经》，而“般若波罗蜜多的心脏”即《般若经》的精髓要义。如，圆测赞：

> “心经”，正显能诠之教。卢道之中，心王独秀；于诸

---

① Manfred Mayrhofer, *Etymologisches Wörterbuch des Altindoarischen*, *Band* Ⅱ, Heidelberg: Universitätsverlag C. Winter, 1996, S. 818.

② （唐）窥基《般若波罗蜜多心经幽赞》卷上“三磨娑释（ṣaṭ-samāsa），依士（tat-puruṣa）为名；苏漫多声（subanta），属主为目”，T33，n1710，p. 524a6-7。

③ （后秦）鸠摩罗什译：《摩诃般若波罗蜜经》卷十四，T8，n223，p. 326a7。（唐）玄奘译：《大般若波罗蜜多经》卷四百四十三，T7，n220，p. 232b7。Takayasu Kimura (ed.), *Pañcaviṃśatisāhasrikā Prajñāpāramitā IV*, Tokyo: Sankibo Busshorin, 1990, p. 70.

《般若》，此教最尊。从谕立名，故曰心也。[①]

圆测明确指出“心”乃比喻。所谓“心经”是就佛陀所言之教而言，《般若心经》为各种《般若经》最为尊崇，犹如心脏为身体器官之王。“心王独秀”，出自《大般涅槃经》“是身如城，血肉筋骨皮裹其上，手足以为却敌楼橹，目为窍孔，头为殿堂，心王处中”[②]。而窥基则认为“心”同时含有“简要”之意：

> 心者，坚实妙最之称。《大经》随机，义文具广。受持传习，或生怯退。传法圣者，录其坚实妙最之旨，别出此经。三分二序，故皆遗阙；甄综精微，纂提纲迹。事虽万像，统即色而为空；道纵千门，贯无智而兼得。探广文之秘旨，标贞心以为称。[③]

所谓“坚实妙最”是相对于“浮虚粗浅”而言。同样是以般若波罗蜜多为主题的《大般若经》，卷帙过于庞大、法义过于广阔，对于修学者而言不易掌握。相比之下，《般若心经》以寥寥二百余字阐明般若波罗蜜多之甚深义趣，提纲挈领又不失要旨，可谓“坚实妙最”，故称之为“贞心”，意即中心，同时又含有真实之义。其二，从所诠而言，“般若波罗蜜多的心脏”即般若法门的精髓要义。如法藏略疏：“般若等是所诠之法，心之一字是所引之喻。即般若内统要衷之妙义，况人心藏为主为要、

① （唐）圆测：《般若波罗蜜多心经赞》，T33，n1711，p. 543b10－12。
② （北凉）昙无谶译：《大般涅槃经》卷一，T12，n374，p. 367b1－3。
③ （唐）窥基：《般若波罗蜜多心经幽赞》卷上，T33，n1710，p. 524a25－b1。

统极之本。”[①] 明旷疏：“心者，要妙心也，即上所谈圆融三谛理也”[②] 提婆注：“心者，此观门即是众智慧之要宗，趣涅槃城之真路。”[③] 慧沼（652－715）也提及：“真实名心，如‘般若多心’，即真如理亦名为心故。”[④] 其三，兼论能诠与所诠，“般若波罗蜜多的心脏”既是《般若经》之中心，也是般若法门的无相之真如。靖迈疏：

> 远相离边，是以言“心”。故《经》说云：“如众生心识，体虽是有，而无长短青黄等相。”又曰：“是身为城，心王处中。”故今举之以显中实也……以“心”为目者，穷其实也……实之不穷，安足以冥有无、一真俗也？文约义包，词华旨妙。括群籍之幽致，握庶典之玄枢。[⑤]

此种解释实则直接源于《不空羂索神咒心经后序》解释“心”为“斯群籍之中心，无相之妙极者也”[⑥]。而前两类解释只是从此各取一方面而已。西藏所传印度的《般若心经》注疏对于“心”的解释也与《不空羂索神咒心经后序》之意相近。[⑦]

另一种解释将“心”（hṛdaya）视为一种隐藏的象征，引申为“秘密”之意，而此“秘密”在密教语境中与真言法门相结合。这种解释可以追溯到空海（774－835）的《般若心经秘键》：

---

① （唐）法藏：《般若波罗蜜多心经略疏》，T33，n1712，p. 552b22－25。

② （唐）明旷：《般若心经疏》，X26，n528，p. 734a1－2。

③ 提婆：《注般若波罗蜜多心经》，X26，n526，p. 720b7－8。

④ （唐）慧沼：《金光明最胜王经疏》卷二末，T39，n1788，p. 218b12－13。

⑤ （唐）靖迈：《般若波罗蜜多心经疏》，X26，n522，p. 598a22－b5。

⑥ T20，n1094，p. 406a9－10。

⑦ Donald S. Lopez, Jr., *The Heart Sūtra Explained: Indian and Tibetan Commentaries*, Albany: State University of New York Press, 1988, p. 30.

《大般若波罗蜜多心经》者，即是大般若菩萨大心真言三摩地法门……又，《陀罗尼集经》第三卷说此真言法，经题与罗什同。言“般若心”者，此菩萨有身心等陀罗尼，是经真言即大心咒。依此心真言，得“般若心”名。或云，略出《大般若经》心要，故名“心”，不是别会说云云。所谓如有龙之蛇鳞。①

空海并不赞同唐代诸师关于“《大般若经》心要”的观点，而依密教法门予以解释。在密教将大乘思想仪轨化过程中，作为“诸佛母”的“般若波罗蜜多”演变为一尊“大般若菩萨”②；唐阿地瞿多于永徽五年（654）③译出的《陀罗尼集经》卷三有“画大般若像法”，其中描绘大般若菩萨“其菩萨身，除天冠外，身长一肘，通身白色，面有三眼，似天女相，形貌端正如菩萨形……”④这是一尊女性菩萨形象，并有相应的手印、陀罗尼、坛法等仪轨；大般若菩萨也出现在胎藏界曼荼罗之中，为六臂三目的形象⑤；唐不空（705－774）译《修习般若波罗蜜菩萨观行念诵仪轨》为大般若菩萨观行方法⑥。根据密教法门，空海将“般若波罗蜜多心”理解为大般若菩萨的心，而此“心”即《般若心经》最后揭示的真言，在《陀罗尼集经》中称为“般若大

① 空海：《般若心经秘键》，T. 57，n2203A，p. 11a19－c8。

② Edward Conze, *The Prajñāpāramitā Literature*, Tokyo: The Reiyukai, 1978, pp. 14－16.

③ （唐）明佺等：《大周刊定众经目录》卷一，T55，n2153，p. 379b2。

④ （唐）阿地瞿多译：《陀罗尼集经》卷三，T18，n901，p. 805b8－10。

⑤ （唐）善无畏译：《大毗卢遮那经广大仪轨》卷下“次当大日前，般若波罗蜜，明妃契六臂，三目皆圆满……”，T18，n851，p. 106b19－20。

⑥ （唐）不空译：《修习般若波罗蜜菩萨观行念诵仪轨》，T20，n1151，p. 610c6－614a7。

心陀罗尼”[①]。事实上，“密教部”中有不少以“心咒”“咒心”“心真言”“心陀罗尼”命名的典籍，一些梵本《般若心经》经题也含有“dhāraṇī”[②]。因此，空海的这种独特解释亦有其根据，“心”（hṛdaya）确实与咒、真言、陀罗尼有关联。[③]

以上两种解释代表了显密二教，分别着眼于《般若心经》的前半部分和后半真言部分。而禅宗的注疏则依据自证自觉境界作出了第三种解释。

二　禅者之“自心”

禅宗的《般若心经》注疏倾向于将“心”释为作为法界大总相的本性清净的自心。这种解释似有望文生义之嫌，然而并非全然无据。正如《不空罥索神咒心经后序》所说[④]，“心”（hṛdaya）除了引申为中心，又表示真实之本质，这在佛教胜义之中即作为一切法之本性的真如之理。而在如来藏思想中，如来藏即真如之理，亦即一切法之“心”，故《楞伽经》称之为“成自性如来藏

---

① （唐）阿地瞿多译：《陀罗尼集经》卷三，T18，n0901，p. 807b20－21。

② Edward Conze，“The Prajñāpāramitā－hṛdaya Sūtra”，in *Thirty Years of Buddhist Studies*，Oxford：Bruno Cassirer，1967，p. 153.

③ 福井文雅通过分析《不空罥索神咒心经》的异译，认为“心”与咒、真言、陀罗尼等含义相同，参见福井文雅著，郭自得、郭长城译：《般若心经观在中国的变迁》，《敦煌学》第6辑，台北：台湾中国文化大学中国文学研究所敦煌学会，1983年，第17－30页。阿理生提出了一种词源学论证，认为“hṛdaya”是由表示保持、搬运的“hṛd”（< hṛt < √hṛ）加上表示手段、工具、方法的“aya”（< √i＋a）构成，本义为“传达的方法”，作为特指的“心脏”是传送血液的功能性器官，而这种“传达的方法”含义用在仪轨中即与咒、真言、陀罗尼具有相通之处，参见阿理生：《*Prajñāpāramitāhṛdaya*（『般若心経』）の成立試論》，《印度学佛教学研究》第58卷第2号，2010年，第142－147页。

④ 《不空罥索神咒心经后序》，T20，n1094，p. 406a9－10。

心”（pariniṣpanna-svabhāvas-tathagata-garbha-hṛdaya）[①]、“性自性第一义心”（bhāva-svabhāva-paramārtha-hṛdaya）[②]。在梵语中，“心”（hṛdaya）除了指物质性的心脏、内脏和中心、本质，也被认为是精神性活动的场所；在后者意义上，“心”（hṛdaya）与思索认知之“心”（citta）密切相关，甚至可以相互通用，只是这种情况并不多[③]。而如来藏思想明确将作为“hṛdaya”的如来藏和作为“citta”的自性清净心相结合[④]；于众生因位，自性清净心是如来藏的别名。[⑤] 这种结合在汉语的语境中更易于接受。在汉语中，甲骨文、金文的“心”之字形正像心脏的轮廓外形，但“心”不只是指心脏，更多指一切理智、感受、欲求等精神性活动。不同于梵语明确区分了“hṛdaya”与“citta”，汉语并不区分此两种不同语义的“心”。为

---

① （刘宋）求那跋陀罗译：《楞伽阿跋多罗宝经》卷一，T16，n670，p. 487c15。（元魏）菩提留支译：《入楞伽经》卷三“第一义谛相诸佛如来藏心”，T16，n671，p. 527c14－15。（唐）实叉难陀译：《大乘入楞伽经》卷二“圆成自性如来藏心”，T16，n672，p. 598a4－5。P. L. Vaidya, *Saddharmalaṅkāvatārasūtram*, Darbhanga：The Mithila Institute, 1963, p. 29.

② （刘宋）求那跋陀罗译：《楞伽阿跋多罗宝经》卷一，T16，n670，p. 483b17。（元魏）菩提留支译：《入楞伽经》卷二，T16，n671，p. 522b8。（唐）实叉难陀译：《大乘入楞伽经》卷一“法自性第一义心”，T16，n672，p. 593c15。P. L. Vaidya, *Saddharmalaṅkāvatārasūtram*, Darbhanga：The Mithila Institute, 1963, p. 19.

③ 如《梨俱吠陀》X. 10. 13“naiva te mano hṛdayaṃ cāvidāma”（我们在你身上从未找到意和心），此处将 hṛdaya（心）与 manas（意）视为同义语。

④ （元魏）菩提留支译：《不增不减经》“我依此清净真如法界，为众生故，说为不可思议法自性清净心”，T16，n668，p. 467b28－29。（刘宋）求那跋陀罗译：《胜鬘师子吼一乘大方便方广经》“此性清净如来藏，而客尘烦恼、上烦恼所染……然有烦恼，有烦恼染心，自性清净心而有染者”，T12，n353，p. 222b23－28。（后魏）勒那摩提译：《究竟一乘宝性论》卷二“真如非本有染、后时言清净，此处不可思议，是故经言：心自性清净（prakṛti－prabhāsvaraṃ cittam）”，T31，n1611，p. 827a22；中村瑞隆：《梵汉对照究竟一乘宝性论研究》，东京：山喜房佛书林，1961 年，第 41 页。

⑤ 印顺：《如来藏之研究》，台北：正闻出版社，1992 年，第 172－173 页。

了对应梵语的区分，中国古代将“hṛdaya”称为“肉团心”“坚实心”，将“citta”称为“缘虑心”“虑知心”。但由于两者存在意义关联，中国佛教对“hṛdaya”与“citta”的区分并不严格。禅宗受到如来藏思想的自性清净心之说影响，又不注重名言分别，故将《般若心经》之“心”理解为一切众生当前活动而现起无限差别境界的自心。

智诜疏虽然在慧净疏基础上改编而成，具有明显的义学之论，但其改编处正凸显了禅宗重视指点自心的修学风格。智诜疏对于《般若心经》经题的解释：

> 然《多心经》者，乃五乘之宝运，严万法以为尊；八藏之妙高，饰四珍而独秀……“多”者，大乘之总名；“心”者，此经之别称；“经”者，为常为法，是摄是观。[①]

这段文字直接出自慧净疏[②]，仅个别文字略异。疏中赞叹《般若心经》“妙高”“独秀”，似乎意指其作为《般若经》的精髓，这类似于玄奘门下的解释。虽然疏中仅把经题之“心”视为标识本经的别称，但从其以“大乘之总名”释“（般若波罗蜜）多”、以“为常为法，是摄是观”释“经”，似乎更注重从修学实践视角发挥经题之深远义趣，而非仅仅依名言语义而论。智诜疏对于“心”隐含意义之发挥，出现在解释“观自在菩萨”之“自在”时，有一段关于“芥子纳于须弥”的说明，进而指出一切法皆是依于自心现起：

> 心喻芥子，芥子不大；境喻须弥，须弥不小。而能容

---

① 方广锠：《般若心经译注集成》，上海：上海古籍出版社，2011年，第239页。

② （唐）慧净：《般若波罗蜜多心经疏》，X26，n521，p.591a13。

受，不宽不窄，乾坤宛然，本相如故，即是诸佛菩萨不思议解脱之心、自在神通之力也。所以然者，一切诸法，以心为本。心生故即种种法生，心灭故即种种法灭。三界六道，本由自是心生；净土秽土，悉由心造。①

这段解释不见于慧净疏，乃智诜所增添。自达摩—慧可禅法以来，《楞伽经》所说的“自心现量”为禅宗所接受，通过对于修学者而言最为切近的自心而契入缘起大相续流，说明一切差别境界依于自心而现起，并在自心的度量、给予、认定作用中赋予无限差别的规定。所谓“心生故即种种法生，心灭故即种种法灭”则出自《起信论》②。禅宗强调“以心为本”是为了超越现实自心的虚妄心念。智诜疏：

“能除一切苦，真实不虚”者，心为根本，由心起故，即取尘造业。以无明爱业为因，能生五蕴苦果。以此五蕴而起种种诸苦……万类俱尽，灵觉独存。犹如金矿，以火烧炼，除去滓秽，唯真金在。善男子、善女人，若能用智火，烧尽无明烦恼，滓秽总尽，证得真如法体。③

这段解释亦不见于慧净疏。凡夫妄念不断是因为不能如实了知一切法由心现起，分别所现起的一切诸法，并于其上产生爱或非爱的染著，造作种种业行，从而流转生死。然而，妄念烦恼并不能改变自心的清净本性，因为自心之本性即真如法体。所谓

① 方广锠：《般若心经译注集成》，上海：上海古籍出版社，2011 年，第 242 页。

② （陈）真谛译：《大乘起信论》，T32，n1666，p. 577b22。（唐）实叉难陀译：《大乘起信论》卷上，T32，n1667，p. 586a10 – 11。

③ 方广锠：《般若心经译注集成》，上海：上海古籍出版社，2011 年，第 264 页。

“灵觉”即《起信论》的“本觉”，即从胜义而言，自性清净之心为觉悟之根本；自心之空寂本性无增无减，故依于自心而起的觉悟亦无增无减，为自心本自具足。虽然慧净疏也提及“所见境界，不知从自心变”[①]，但着重凸显“心”之于修学实践的根本意义，则是智诜疏所显示的东山法门的特点。

净觉注并无释经题，但在经题下解释二种般若（文字般若、深净般若），并说“深净般若者，心通默用也”[②]，似是指《般若心经》并非仅是口说文传之文字般若，甚深般若波罗蜜多超越名言，乃“心”所通达之智慧境界。在经文注释中，净觉注依北宗禅“看心”“看净”之修学方便，强调修学者自心的本性清净。如说“心是佛心，非凡夫所解”，“迷时三界有，悟即十方空。欲知成佛处，会自净心中”[③]。现实中的净心为无明遮蔽而显现虚妄心念和种种差别境界，对于此，净觉注依“薰习种子”予以解释：

> 此谓十二因缘也。如薰香薰在衣上，即有香气；善恶种子薰在识中，即有生老病死也……故知心生三界生，心灭三界灭也。[④]

唯识学以现行诸法薰习于阿赖耶识中而形成种子，种子又在诸缘和合成熟时生起现行诸法。而净觉注所谓“善恶种子薰在

---

① （唐）慧净：《般若波罗蜜多心经疏》，X26，n521，p. 597a14。

② 韩传强：《禅宗北宗敦煌文献录校与研究》，南京：江苏人民出版社，2016年，第341页。

③ 韩传强：《禅宗北宗敦煌文献录校与研究》，南京：江苏人民出版社，2016年，第358页。

④ 韩传强：《禅宗北宗敦煌文献录校与研究》，南京：江苏人民出版社，2016年，第349－350页。

识中”应是指《起信论》所说染法薰习和净法薰习[①]。染法薰习即以无明薰习真如净心而有妄心，妄心又不断薰习增长无明；妄心现起虚妄境界，虚妄境界又薰习妄心，造作种种业而受种种苦。净法薰习即真如法薰习无明，令妄心自觉其虚妄；妄心还薰习真如，灭尽无明。净觉注以染法薰习解释十二因缘“无明缘行，行缘识，识缘名色……”的生死流转，以净法薰习解释“无明灭则行灭，行灭则识灭，识灭则名色灭……”的解脱还灭，并点明自性清净心为生死和解脱的所依。在般若思想影响下，净觉注又强调净心与妄心无二无别，如其对于“不垢不净”的解释：

> 垢净皆是心也。心本无心，谁垢谁净也？如人梦见明月宝珠，落在淤泥不净，以水洗之。睡觉之后，珠本不入泥中，何曾有垢？元不水洗，何曾有净？明珠本常净也。是以妄即非妄，而妄本来无妄；真即非真，而真未曾不真也。故知垢即非垢，而垢本来无垢也；净即非净，而净本来常净也。[②]

一切法皆是自心依据关联条件而现起，因自心度量计较之概念认定作用而有垢净、真妄等无限之分别，故说“垢净皆是心也”。从胜义而言，自心及所现起的无限差别的诸法，其本性皆是空寂、无生、无所有，无二无别、平等平等，并无“垢净”、“真妄”等名言所表示的实在自性，实则不垢不净、非真非妄。

---

① （陈）真谛译：《大乘起信论》，T32，n1666，p. 578a14 – b24。（唐）实叉难陀译：《大乘起信论》卷上，T32，n1667，p. 586b25 – c29。

② 韩传强：《禅宗北宗敦煌文献录校与研究》，南京：江苏人民出版社，2016年，第346 – 347页。

就如如不异而言，心及一切法可以说“本来常净”；此“本来常净”并非与“垢”相对而言的“净”，而是绝对无差别的“毕竟净”。所举“明月宝珠”即比喻自性清净心，凡夫沉迷生死，其净心为烦恼缠缚，需通过修学以解缚，犹如梦中宝珠落在淤泥之中，需以水清洗；圣者觉悟真如，其净心本性毕竟净，无缚无解，犹如宝珠光明不可磨灭。这种垢净、真妄相即无二的思想，则接近《坛经》所说“自性本净”[①]。

慧忠注以“本心”贯穿《般若心经》的解释。“本心”又见于《坛经》[②]，指作为一切法本性的本来如是空寂之心。于理境而言，“一切万法，不出于心”[③]，一切法依于本心而随缘现起；于修行而言，修学道路亦只是“直指本心，决定是佛，不假修证”[④]；于果德而言，“心本清净，湛然常住，圆照法界，应现无穷”[⑤]，自心本来是佛，一切功德为本心所含具。慧忠注认为，《般若心经》名为“心”，即是对此“本心”之指点展示。如其对经题的解释：

> 将释经题，都有五句，以明众生本心。第一“摩诃”，此是梵语，唐言大也。为破凡夫妄执尘境，坚著世间，故多隔碍，名之为尘；欲令众生摄诸妄念，不染世间，悟心境

---

① 杨曾文：《敦煌新本六祖坛经》，北京：宗教文化出版社，2011 年，第 17 页。

② 杨曾文：《敦煌新本六祖坛经》，北京：宗教文化出版社，2011 年，第 11、15、29、30、43 页。

③ 程正：《校注〈般若心经慧忠注〉》，《驹泽大学禅研究所年报》第 16 号，2004 年，第 181 页。

④ 程正：《校注〈般若心经慧忠注〉》，《驹泽大学禅研究所年报》第 16 号，2004 年，第 181 页。

⑤ 程正：《校注〈般若心经慧忠注〉》，《驹泽大学禅研究所年报》第 16 号，2004 年，第 181 页。

> 空，洞然含受十方世界。第二“般若”，此是梵语，唐言智慧。为破凡夫背心取境，坚执我见，堕在愚痴；欲令众生背境观心，悟心无我，故名“般若”。第三“波罗”，此是梵语，唐言清净。为破凡夫不悟自心，凭六根学，唯览六尘，随尘杂乱，堕于不净；欲令众生背境合觉，本来清净，故名“波罗”也。第四“蜜多”，蜜者和也，多者诸法。为破凡夫妄心求法，执著名相差别不同；欲令众生反照自心，本含万法，和合无二，本来具足，无所欠少，故名“蜜多”也。第五“心经”，心经者即是大道也。为破凡夫不识本心，唯学多闻，分别名相，心随境转，轮回六道，堕于邪见；欲令众生反照心源，本来空寂，实无少法可得，无所分别，即归大道也。已上经题大意，只令自悟心源广大，智慧清净，和合无二，本来具足，无所分别也。①

于真如平等而言，一切众生皆有本心；于现实差别而言，凡夫迷惑于本心，圣者如实觉悟本心。“摩诃般若波罗蜜多心经”之经题即在于指点众生悟入本心。“摩诃”（mahā）即大，亦即心源广大，含具一切诸法；“般若”（prajñā）即智慧，亦即自心本来具足智慧，空寂无我；“波罗”（pāra）即彼岸，慧忠注引申为清净，自心本性空寂、毕竟清净；“蜜多”（mi－tā 或－m－itā）原由表示到达的“√mā”或“√i”而来，“多”（－tā）是集合名词的词尾②，慧忠注由“到达”引申为“和合”、由集

---

① 程正：《校注〈般若心经慧忠注〉》，《驹泽大学禅研究所年报》第 16 号，2004 年，第 166－168 页。

② 参见阿理生：《pāramitā（波羅蜜）の語源・語義について》，《印度学佛教学研究》第 54 卷第 2 号，2006 年，第 102－108 页。

合名词词尾引申为“诸法”，虽难免望文生义之嫌，但意趣更为深远，指明自心与一切法和合无二，一切法为自心所含具而依关联条件现起之一切法，自心为含具一切法而为其平等体性之自心；“经”在汉语语境中有经典、道路、恒常之意①，“心经”可释为心所经行之道，慧忠注引申为“大道”，亦即自心本性无所有、不可得、无分别，从而悟入无上菩提。慧忠注可能参考了《坛经》对于“摩诃般若波罗蜜多”的解释，特别是以自心含具一切法解释“摩诃”②。较之智诜疏和净觉注，慧忠注更加不拘泥文字语义，而是围绕“本心”作了自由发挥，显示出曹溪禅直指顿入的风格。

至于智融注“‘心’，圣人心也”③，《心经颂》“波罗到彼岸，向道只由心”④，其对于“心”的理解亦是禅宗所言作为法界大总相的“自心”。

三　“无心”之法门

禅宗对于《般若心经》之“心”的解释，与其说为思想议题之展开，未若说是修学道路之指点。一切言说只是引导悟入真如实相的方便，而“自心”对于修学者而言是平等契入空相应缘起的最为切近、直接、简要的门径。凡夫众生之自心为戏论谬

① （东汉）刘熙《释名·释典艺》“经，径也，常典也，如径路无所不通，可常用也”，（清）毕沅疏证，王先谦补，祝敏彻、孙玉文点校：《释名疏证补》卷六，北京：中华书局，2008年，第211页。

② 杨曾文：《敦煌新本六祖坛经》，北京：宗教文化出版社，2011年，第25页。

③ 方广锠：《般若心经译注集成》，上海：上海古籍出版社，2011年，第362页。

④ 《俄藏黑水城文献》第4册，上海：上海古籍出版社，1997年，第8页。

见和烦恼习气交织的洪流所裹挟，处于散乱、蒙昧、染污的状态，执著于虚妄分别作用所抓取、统合、认定的外境和自我。而禅宗对于"自心"的揭示要求修学者回转自心所关注的焦点，从对于外境的迷惑取执之中抽离解脱出来，关注当前活动的自心状态的品质和能力，通过正确且持续的练习，解除迷惑、消极、平庸心态的干扰，锻炼出清明、深沉、专注的智慧观照能力，从而如实了知一切现象本来如是之彻底真相。因此，禅宗的《般若心经》注疏在说明自心的真如体性、空寂清净、含具万法之后，又强调"反照心源"的修学道路，并以"无心"的法门显示甚深般若波罗蜜多的究竟无所得。

智诜疏以自心为一切法之所依，凡夫不能如实了知自心而流转生死，圣者通达自心实相而解脱还灭。智诜疏在解释"不生不灭"时，抄录了慧净疏关于"翳眼妄见空华"[①]之例，说明一切现象的生灭本来如幻如化、空无所有，而凡夫对于生灭现象的分别、认知、取执皆是因为妄想遮蔽了自心的清净本性。接着又增补了如下解释：

> 若以智慧反照心源，妄想体空，即无生灭，故言"不生不灭"。[②]

所谓"照"原指光线照耀于事物而使之分明显现，此用于比喻心对于事物的观察、了知、抉择的过程中，使事物之存在得以分明显现。而所谓"反照"指将观察的方向折返，由对事物的观察转向对心之存在状态与行为活动的观察。"反照"不是观

① （唐）慧净：《般若波罗蜜多心经疏》，X26，n521，p. 593c14 - 17。
② 方广锠：《般若心经译注集成》，上海：上海古籍出版社，2011 年，第 249 页。

察自心之外的心，不是自心之一部分观察另一部分，亦不是自心将自身之活动通过概念认定作用建构为一个对象加以观察，而是自心的非对象性的、直接的自身之明觉、自身之朗照、自身之体悟。智诜疏的“智慧反照心源”应是源自慧净疏，慧净疏曾提及“若智慧返照，一念之间，所有业障悉皆消灭”“行者若能證（澄）心向内，返照诸根体性不可得”[①]，这两处注释也为智诜疏所抄录[②]。但在锻炼心态品质和能力的禅法实践中，“反照”则是较多使用的修学方法，如天台宗“六妙门”之“还门”，即是“转心反照能观之心”[③]；又如智顗解释《般若经》的“觉意三昧”为“妄惑之本，是即意之实际；至道出要，所谓反照心源”[④]。而“反照”总是针对“妄想”而言，“反（返）”也意味着如实了知“妄想”的虚妄不实，而回归自心的空寂无生的本性。“反照心源”的方法不仅解除了对于外在境界的虚妄执著，同时也警惕将“自心”作为对象予以取执。智诜疏解释“自在”云：

> 心外无别境，境外无别心。心外无境，无境故无心；境外无心，无心故无境。无心无境，名为“般若”。先明“自在”，说法显胜，于观无滞，内外明彻，即妄想不生，法界常安，触途皆妙，济物称心，故云“自在”。若被妄想翳障

---

① （唐）慧净：《般若波罗蜜多心经疏》，X26，n521，p. 592c12－13、p. 594b23－24。

② 方广锠：《般若心经译注集成》，上海：上海古籍出版社，2011年，第244、252页。

③ （隋）智顗：《法界次第初门》卷上之下，T46，n1925，p. 673b21。

④ （隋）智顗：《释摩诃般若波罗蜜经觉意三昧》，T46，n1922，p. 621a11－12。

真如，即遍周法界，触事皆碍，不名自在。①

在自心所现起的观照作用之中，由于妄想分别“所观”和“能观”，“所观”被建构为对象化的“境”，“能观”被建构为对象化的“心”；凡夫进一步于“心”和“境”之上生起爱非爱，执著为“我”和“我所”，遮蔽了自心现起一切差别境界的真相，系缚于差别境界之中而不得自由。依甚深般若波罗蜜多如实了知，所观之境和能观之心联结于观照作用关系之中，互为关联条件。若无能观之心，则所观之境不能得以认定为观照对象；若无所观之境，则能观之心无须规定为观照主体。因此，于胜义而言，所观之境和能观之心并无独立常住之自性，实则无生、无所有、如幻如化，亦即“无心无境”。若能以般若智慧通达内心与外境的真相，则自心遣除戏论谬见和烦恼习气，不再呈现虚妄分别心念，而观照一切法如如不异，获得不染生死的自由。由此可见，对于“心源”的“反照”是行般若波罗蜜多而于一切法无所得。

净觉注强调“净心”，这既是指自心的清净本性，也指净化现实虚妄心念的修学方法。自达摩—慧可禅法以来，禅宗皆注重远离“妄念”。“妄念”是清净的自心在谬见与烦恼的缠缚下生起虚妄分别作用，于一念一念相续的心态活动中呈现染污不净的状态，这是凡夫的平庸心态。而般若波罗蜜多的修学能够解除一切谬见与烦恼，使虚妄心念不再生起，开发超越虚妄分别的智慧心态，故净觉注云“以般若神力，洗涤四大、五蕴、世间一切

① 方广锠：《般若心经译注集成》，上海：上海古籍出版社，2011 年，第 242－243 页。

烦恼，悉皆荡尽，归清净心海”[①]。然而，远离妄念并非意味着对于净心的取执。净觉注又强调心与境俱不可得，而说“无心”的法门。净觉注解释“观自在菩萨”：

> 菩萨内观四大、五荫，空无所有，而得自在也；外观十方国土，空不可见，而得自在也。肇云：“法无有无之相，故无数于外；圣无有无之知，故无心于内。”若如此者，处有不有，无心于有有之场；居空不空，不在于空空之境。心净不动，境净不移，物我虚通，一切无碍，故言自在菩萨也。[②]

所谓“肇云”，指僧肇《涅槃无名论》[③]。僧肇以心境俱空说“无心”“无（法）数”，这是般若思想共通的义趣。《般若经》也以心、心所及其活动并无常住实在的本质，而依胜义说“无心故，于是中心无所著”[④]。净觉注受此影响，认为菩萨向内观照身心、向外观照十方世界，皆为四大和合、五蕴所成，不可执著为“实有”，实际是无所有、不可得；作为一切法实相的“空”并不破坏一切法如幻如化的“有”，不可执著为“实无”，实际是无所有、不可得。无心故无境，若自心不于“实有”和“实无”之上取执，则境界的空寂真相如如不动、毕竟清净，即“境净不移”；无境故无心，若境界不成为遮蔽自心的障碍，则

① 韩传强：《禅宗北宗敦煌文献录校与研究》，南京：江苏人民出版社，2016年，第356页。

② 韩传强：《禅宗北宗敦煌文献录校与研究》，南京：江苏人民出版社，2016年，第342页。

③ （后秦）僧肇《涅槃无名论·妙存第七》“圣无有无之知，则无心于内；法无有无之相，则无数于外”，《肇论》，T45，n1858，p. 159c8－10。

④ （后秦）鸠摩罗什译：《小品般若波罗蜜经》卷一，T8，n227，p. 538c25－26。

自心的空寂真相如如不动、毕竟清净，即“心净不动”。心境俱不动，而平等契入真如法界，于一切法自在解脱。净觉注也说“动念即魔网，不动是法印也”[①]，此“不动”类似神秀《大乘无生方便门》所说“心不动，是定、是智、是理；耳根不动，是色、是事、是惠”[②]。但净觉注以“无心”说明“心净不动”，则明显是般若法门的不舍不著，《小品般若经》云“诸法如，不动故”[③]。

慧忠注以“直指本心”为修学门径。但现实中的凡夫众生不能如实觉悟本心，沉湎、耽著、取执于一切差别境界而不自觉，反而遮蔽自心及所现起的一切差别境界的彻底的真相，慧忠注称之为“背心取境”[④]，亦即顺取于外境而违背自心。与此相反，觉悟解脱的道路应是遣除对于外境的虚妄执著，随顺于自心的清净本性，慧忠注称之为“背境观心”[⑤]；“观心”的实践由于反转了注意觉察的方向，故也称为“反照心源”，如说“菩萨反照心源，本来清净”[⑥] “只是众生智慧清净，无清净可分别，反照自心，离诸尘妄”[⑦]。依般若波罗蜜多的智慧观照，不仅外

① 韩传强：《禅宗北宗敦煌文献录校与研究》，南京：江苏人民出版社，2016年，第357页。

② 韩传强：《禅宗北宗敦煌文献录校与研究》，南京：江苏人民出版社，2016年，第120页。

③ （后秦）鸠摩罗什译：《小品般若波罗蜜经》卷十，T8，n227，p.584a22－23。

④ 程正：《校注〈般若心经慧忠注〉》，《驹泽大学禅研究所年报》第16号，2004年，第166页。

⑤ 程正：《校注〈般若心经慧忠注〉》，《驹泽大学禅研究所年报》第16号，2004年，第166页。

⑥ 程正：《校注〈般若心经慧忠注〉》，《驹泽大学禅研究所年报》第16号，2004年，第171页。

⑦ 程正：《校注〈般若心经慧忠注〉》，《驹泽大学禅研究所年报》第16号，2004年，第179页。

境不可得，自心也不可得。慧忠注解释“自在”云：

> 此破凡夫，历劫背心，唯观诸法，被法所拘，不得自在。大意只令众生背境观心，悟心无法可得。何以故？且如色法，因心而起，反观起心，无有处所、实不可得。心尚自无，色从何有？犹如梦幻，不念不著。方知于色法得自在，乃至一切法不可得，亦不被一切法所摄，一切处得自在。如是之人，悟心非心，了境无境，心境两忘，无了可了，坦然无碍，故名自在。[①]

一切法在总体上可分为色法和心法。慧忠注依达摩—慧可禅法以来的“自心现量”，说自心含具一切法，包括色法和心法，具足关联条件而现起，故了知通达自心即了知通达一切法。作为一切法所依的自心本身空无所有、实不可得、如梦如幻、毕竟清净，故曰“心非心”，即《小品般若经》所说“是心非心，心相本净故”[②]。依于自心而现起的一切法也并无常住实在的本质，不可作为“境”加以取执，故曰“境无境”。凡夫以一切法和自心为实有，而被一切法所拘束、系缚、陷溺，自心迷染，不得自在；般若智慧如实通达一切法和自心的空寂无生，无缚无解，本来解脱自在。所谓“心境两忘”，即“无心无境”。慧忠注对《般若心经》的真言评论云：

> 如是神咒，直指本，无动静，不可起心求心；心无生灭，不可以生灭心求心；非内、外、中间，不可向内、外、

① 程正：《校注〈般若心经慧忠注〉》，《驹泽大学禅研究所年报》第16号，2004年，第168－169页。

② （后秦）鸠摩罗什译：《小品般若波罗蜜经》卷一，T8，n227，p. 537b14。

中间求心；非一切处求，求不可得。即知，无一切心；以无一切心故，即一切境摄不动；以不动故，即是降一切魔。①

心之本性空寂，只有“心”这一假名，并无假名的语义所表示的实在本质。心本来无动无静，故不可于动静活动中征求心的实在本质；心本来无生无灭，故不可于生灭现象征求心的实在本质；心本来“不在内，不在外，不在中间”②，故不可在内、外、中间征求心的实在本质；心本来不在一切处，不可在一切处征求心的实在本质。于一切征求心不可得，故知心本来如如不动，所有戏论烦恼亦空寂无住而翻转显现其清净本性。此“无心”法门为达摩—慧可禅法所运用，后为牛头禅所发扬。而慧忠特别重视“无心”，《景德传灯录》记载其“无心可用，即得成佛”③ 之语。故慧忠注作了进一步诠释，充分显示了般若波罗蜜多毕竟无所得的方法意义。

此外，《心经颂》的“回心悟实相，苦尽见无生”④ “故说真如理，未悟速心回”⑤，亦是“反照心源”的修学道路；“境

① 程正：《校注〈般若心经慧忠注〉》，《驹泽大学禅研究所年报》第 16 号，2004 年，第 183 页。

② （后秦）鸠摩罗什译：《维摩诘所说经》卷上，T14，n475，p. 541b19 – 20。（后秦）鸠摩罗什译：《持世经》卷三，T14，n482，p. 658b27。（后秦）鸠摩罗什译：《自在王菩萨经》卷上 T13，n420，p. 925b26 – 27。（后秦）鸠摩罗什译：《大智度论》卷十九，T25，n1509，p. 203c25 – 26。（后魏）菩提流支译：《大宝积经论》卷三，T26，n1523，p. 223b4。（唐）玄奘译：《大般若波罗蜜多经》卷五百七十，T7，n220，p. 947a2。（唐）般剌密帝译：《大佛顶如来密因修证了义诸菩萨万行首楞严经》卷一，T19，n945，p. 108b6 – 7。（唐）善无畏、一行译：《大毗卢遮那成佛神变加持经》卷一，T18，n848，p. 1c9。

③ （北宋）道原：《景德传灯录》卷二十八，T51，n2076，p. 439a4。

④ 《俄藏黑水城文献》第 4 册，上海：上海古籍出版社，1997 年，第 6 页。

⑤ 《俄藏黑水城文献》第 4 册，上海：上海古籍出版社，1997 年，第 7 页。

忘心亦灭，性海湛然宽”[1]“要会无心理，莫着息心源”[2]亦是“无心”的法门。智融注亦说“已心色俱空，故六根皆空也。我之心色验是皆空，则所见所知岂复有实”[3]。由此可见禅宗各系于“心”之实践上的相似性。

综上所论，禅宗的《般若心经》注疏自由发扬了“心”之于禅法修学实践的独特意义。关于《般若心经》经题之“心”，玄奘之后的中国佛教注疏主流解释为“心要”，亦即《般若经》的中心、般若法门所诠无相之真如；空海和一些现代学者解释为大般若菩萨的心脏，亦即《般若经》结尾的真言。禅宗的《般若心经》注疏与显密二教的解释皆不相同，其受到如来藏思想的自性清净心之说影响，皆倾向于将经题之“心”解释为修学者当前活动的体即真如、空寂清净、含具一切法的“自心”。作为最切要的修学门径，现实中的自心因为戏论烦恼而呈现迷染状态，故禅宗注疏强调“反照心源”的工夫，遣除对于外境的虚妄取执，转而观照体悟自心，如实了知“无心无境”，从而平等契入空相应缘起。虽然不同注疏显示了禅宗各系对于自心之理境、修行、果德的见解差别，但般若波罗蜜多的无所得则是甚深悟入的共通旨趣。

---

① 《俄藏黑水城文献》第 4 册，上海：上海古籍出版社，1997 年，第 5 页。
② 《俄藏黑水城文献》第 4 册，上海：上海古籍出版社，1997 年，第 5 页。
③ 方广锠：《般若心经译注集成》，上海：上海古籍出版社，2011 年，第 364 页。

第三节　“空”之诠释

“空”虽然是早期佛教以来的术语，却在《般若经》中得到着重弘扬。《般若经》依般若波罗蜜多如实谛观甚深缘起之实相，而“甚深相者，即是空义（śūnyatā）”①。依一切法的不同分类，《般若经》又将“空”按类纂集为“七空”“十四空”“十六空”“十八空”“二十空”等。因此，“空”的深彻体悟无疑成为了般若法门的主要特色。《般若心经》亦主要围绕空性之表现展开，详细观察五蕴皆空，又简略观察十二处、十八界、十二因缘、四谛、智得等世间法和出世间法皆空，从而如实通达一切法性空，并从观行实践总结为“以无所得故”。《般若心经》注疏亦注重“空”义之解说，然而各家注疏差别较为显著。禅宗注疏虽然皆从“自心”说“空”，但具体解释又略有不同。

一　即心即空

“空”具有双关意义。遮遣之空表示生灭诸行虚妄不实，并非凡夫妄执的实有，而是无相、无作、无起、无所有；胜义之空表示一切法如其所是之真如、法性、实际，与寂灭、清净、涅槃

① （后秦）鸠摩罗什译：《小品般若波罗蜜经》卷七，T8，n227，p. 566a11。（唐）玄奘译：《大般若波罗蜜多经》卷五百四十九，T7，n220，p. 829a12－13。P. L. Vaidya（ed.），*Aṣṭasāhasrikā Prajñāpāramitā*：*With Haribhadra's Commentary Called Ālokā*，Darbhanga：The Mithila Institute，1960，p. 170.

为同一内容。《般若心经》亦同时从遮遣和胜义说“空”。

《般若心经》的遮遣之空是从相似相续缘起之流中的一切法无世俗所谓“自性”而言。关于玄奘译本“五蕴皆空”① 一句，题为鸠摩罗什译本作“五阴空”②，而其他汉译本皆译出“自性”一词，如：唐法月重译本、智慧轮译本、北宋施护译本作“五蕴自性皆空”③，唐般若、利言等译本作“五蕴性空”④，唐法成译本作“五蕴体性悉皆是空”⑤。梵文本相应处也作“svabhāva -śūnyān”（自性空）⑥；汉语音译本皆为“svabhāva -śūnyān”的音译，如：唐玄奘译、不空润色《唐梵翻对字音般若波罗蜜多心经》作“娑嚩［自］婆［引］嚩［引，性］戍儞焰［二合，空，六］”、唐不空译《梵本般若波罗蜜多心经》作“娑嚩［二合］婆［去］嚩舜［引］你焰［二合］”、辽慈贤译《梵本般若波罗蜜多心经》作“娑嚩［二合］婆嚩舜你焰［二合，十二］”、南宋道隆传入日本的《梵语心经》作“娑婆婆嚩戍涅”⑦、南宋思觉集《如来广孝十种报恩道场密教》卷上《直

① （唐）玄奘译：《般若波罗蜜多心经》，T8，n251，p. 848c7 -8。

② 题为（后秦）鸠摩罗什译：《摩诃般若波罗蜜大明咒经》，T8，n 250，p. 847c10 -11。

③ （唐）法月译：《普遍智藏般若波罗蜜多心经》，T8，n 252，p. 849a22。（唐）智慧轮译：《般若波罗蜜多心经》，T8，n 254，p. 850a14。（北宋）施护译：《佛说圣佛母般若波罗蜜多经》，T8，n 257，p. 852b13。

④ （唐）般若、利言等译：《般若波罗蜜多心经》，T8，n 253，p. 849c6。

⑤ （唐）法成译：《般若波罗蜜多心经》，T8，n 255，p. 850b27。

⑥ Edward Conze，“The Prajñāpāramitā -hṛdaya Sūtra”，in *Thirty Years of Buddhist Studies*，Oxford：Bruno Cassirer，1967，p. 150.

⑦ 以上参见方广锠：《般若心经译注集成》，上海：上海古籍出版社，2011 年，第 40、57、59、61 页。

字梵语心经陀罗尼》作“娑波波嚩戌涅”①。藏译本相应处作“rang bzhin gyis stong pa”或“ngo bo nyid kyis stong pa”（从自性而言是空）②。关于“自性”，《般若经》将“自性”假施设为世俗自性和胜义自性，世俗自性即形上学所立的作为存在之存在的本质，胜义自性即一切法空无所有的真如、法性、实际；于般若波罗蜜多观察缘起，世俗自性和胜义自性皆是空。③《般若心经》的“五蕴自性皆空”，类似《小品般若经·初品》所说“色离色性（rūpa - svabhāva），受、想、行、识离识性”④，这是针对说一切有部等部派以五蕴等法体为实有，指明依蕴、处、界的闻思分析缘起并未彻底摆脱世俗形上学，而五蕴等法体亦只是方便施设的假名，实则本来空无所有，亦即由本无世俗所谓自性故说为“空”。

禅宗注疏亦从“缘起无自性”解释《般若心经》的遮遣之空。只是禅宗并非以名言概念一一分析缘起之相，而是根据一切法在行者心中显现的禅观体验，以“自心”为空相应缘起之大总相，就自心空寂而说一切法本来空无所有。智诜疏虽然也如义学注疏分析名相，但对“空”义的阐发也不离禅观实践，如其解释“五蕴皆空”：

---

① （南宋）思觉集，赵文焕、侯冲整理：《如来广孝十种报恩道场仪》，方广锠编：《藏外佛教文献》第 8 辑，北京：宗教文化出版社，2003 年，第 307 页。

② 参见 Jonathan A. Silk, *The Heart Sūtra in Tibetan: A Critical Edition of the Two Recensions Contained in the Kanjur*, Wien: Arbeitskreis für Tibetische und Buddhistische Studien, Universität Wien, 1994, pp. 118 - 119.

③ 参见印顺：《空之探究》，台北：正闻出版社，1992 年，第 180 页。

④ （后秦）鸠摩罗什译：《小品般若波罗蜜经》卷一，T8，n227，p. 538a6。（唐）玄奘译：《大般若波罗蜜多经》卷五百三十八，T7，n220，p. 764c25 - 26。P. L. Vaidya (ed.), *Aṣṭasāhasrikā Prajñāpāramitā: With Haribhadra's Commentary Called Ālokā*, Darbhanga: The Mithila Institute, 1960, p. 6.

> “皆空”者，幻化不实。愚人见之为实，智者了达，一一蕴荫中，观其体性，无有一实。理寂无染，妄想不生，故曰“皆空”。①

智诜疏认为，“五蕴皆空”之“空”主要是遮遣以五蕴和合的有为法为实有的戏论谬见。依甚深般若波罗蜜多观察，不仅五蕴和合的有为法自身本来空无所有，具足关联条件现起而如幻如化似有，五蕴自身也并无常住实在、唯一不变、主宰自成的体性，本来空无所有，亦即由无自性说一切法性空，这是般若思想和中观学的通义。智诜疏的特殊之处在于就自心性空说一切法性空，将无自性空进一步解释为“理寂无染，妄想不生”，亦即虚妄分别的心念现起种种差别境界，而境界和心念本来空寂无生，只是平等、空寂、清净的真如之理。这是禅者遣除戏论和烦恼的空三昧之修习，也是胜义之空的甚深悟入。净觉注亦以禅观修习解释遮遣之空，如其解释“照见五蕴皆空”：

> 《中论》云：“五蕴和合，故假名为我，无有决定。如梁椽和合故有舍焉，离梁椽更无有别舍也。”故知，色如聚沫，受如水泡，想如阳炎，行如芭蕉，识如幻化也。照则五蕴皆空，而得净明三昧也；不照则四蛇共住，贪著无明窟宅也。如千年暗室，有瑠璃七宝，人亦不知；有恶鬼六贼，人亦不觉。灯光一照，暗尽而见长明，则水净珠生，云开月朗。②

---

① 方广锠：《般若心经译注集成》，上海：上海古籍出版社，2011 年，第 245 页。

② 韩传强：《禅宗北宗敦煌文献录校与研究》，南京：江苏人民出版社，2016 年，第 343 页。

所引“《中论》”为《中论·观邪见品》青目释[①]，净觉注以此说明五蕴和合的有为法并无决定自性，而本来空无所有。而五蕴本身亦如幻如化，这是禅观修习的境界。所谓“色如聚沫，受如水泡，想如阳炎，行如芭蕉，识如幻化”是《杂阿含经》中分别观察五蕴的禅观方法[②]，而《摩诃般若经·摄五品》将此作为菩萨禅那波罗蜜的实践内容[③]。若不能在禅观修习中如实观照五蕴无自性故空，于身则取执四大所造，如与四毒蛇共住[④]；于心则系缚谬见和烦恼，如处无明窟宅、千年暗室；于身心活动，则六内根攀缘六外境和合引生六喜爱，六外境和六喜爱如外六贼和内六贼挟持身心[⑤]。若能如实观照五蕴性空，则遣除无明而现证智慧，如暗室照明而本具之七宝显现，如浊水澄清而水中宝珠生光，如浮云散开而明月朗照，此即《摩诃般若经·问乘品》所说证得四无碍智的“净明三昧”（śuddhaprabhāso nāma samādhiḥ）[⑥]。而慧忠注并不分别遮遣之空与胜义之空，只是相对迷染心境直指自心空寂，其释如下：

---

① 龙树造，青目释，（后秦）鸠摩罗什译：《中论》卷四，T30，n1564，p. 38a4

② （刘宋）求那跋陀罗译：《杂阿含经》卷十第265经，T2，n99，p. 69a18－20。

③ （后秦）鸠摩罗什译：《摩诃般若波罗蜜经》卷二十，T8，n223，p. 367a21－23。

④ （刘宋）求那跋陀罗译《杂阿含经》卷四十三第1172经“毒蛇者，譬四大——地界、水界、火界、风界。地界若诤，能令身死，及以近死；水、火、风诤，亦复如是”，T2，n99，p. 313c12－14。

⑤ （刘宋）求那跋陀罗译《杂阿含经》卷四十三第1172经“六内贼者，譬六爱喜。空村者，譬六内入。善男子！观察眼入处，是无常变坏，执持眼者，亦是无常虚伪之法；耳、鼻、舌、身、意入处，亦复如是。空村群贼者，譬外六入处。眼为可意、不可意色所害；耳声、鼻香、舌味、身触、意，为可意、不可意法所害”，T2，n99，p. 313c14－20。

⑥ （后秦）鸠摩罗什译：《摩诃般若波罗蜜经》卷五，T8，n223，p. 252a23－24。（唐）玄奘译《大般若波罗蜜多经》卷四百一十四作“净光三摩地”，T7，n220，p. 75c11－13。Takayasu Kimura, *Pañcaviṃśatisāhasrikā Prajñāpāramitā I－2*, Tokyo: Sankibo Busshorin, 2009, p. 69.

> 凡夫之人，被此五法所障，不悟本心，故名曰“阴”；不出三界，轮回不停，故名为“苦厄”。菩萨反照心源，本来清净；观前五法，并无生处，本来空寂，实无纤毫可得。故云“照见五蕴皆空，度一切苦厄”也。①

慧忠注以为，凡夫不能如实了知一切法为自心所含具，而于五蕴和合的有为法生起虚妄执著，为谬见和烦恼所障碍，于三界中流转生死。而菩萨行般若波罗蜜多，如实觉悟自心无世俗自性、空无所有、本来清净，自心所含具的五蕴等法亦无世俗自性，无生、无所有、本来空寂。一切法本空乃是法尔如是，并非观修所成。若能直指自心空寂，则无须借助方便观修五蕴如幻，而平等契入空相应缘起。约自心在迷而言，“空”具有遮遣的实践意义；约自心在悟而言，“空”只是一切法平等的实相。

关于胜义之空，《般若心经》云“是诸法空相，不生不灭，

① 程正：《校注〈般若心经慧忠注〉》，《驹泽大学禅研究所年报》第16号，2004年，第171页。

不垢不净，不增不减”①，此句亦见于《摩诃般若经·习应品》②和《大般若经·初分·相应品》③，意即诸法本性空无所有，皆是一如、清净大平等性，超越生灭、垢净、增减等一切二元名言分别。对此，东山一系禅者以含具恒沙佛法功德的佛性、如来藏、如来法身解释《般若心经》的胜义之空。如智诜疏解释“不增不减”：

> “不增不减”者，真如理体，沉沦六道，未必减少；得出三界，不必增多。在缠名如来藏，出缠名为法身。出入语言虽殊，真如法体本来无别。以法性为身，无有障碍。犹如

---

① （唐）玄奘译：《般若波罗蜜多心经》，T8，n 251，p. 848c10－11；题为（后秦）鸠摩罗什译：《摩诃般若波罗蜜大明咒经》，T8，n 250，p. 847c15－16；（唐）法月译：《普遍智藏般若波罗蜜多心经》，T8，n 252，p. 849b2－3；（唐）般若、利言等译：《般若波罗蜜多心经》，T8，n 253，p. 849c8－9。“是诸法空相”，（唐）智慧轮译《般若波罗蜜多心经》作“是诸法性相空”，T8，n 254，p. 850a23；（北宋）施护译《佛说圣佛母般若波罗蜜多经》作“此一切法如是空相”，T8，n257，p. 852b22－23。（唐）法成译《般若波罗蜜多心经》作“一切法空性、无相”，T8，n 255，p. 850c6。梵本《般若心经》作“sarvadharmāḥ śūnyatālakṣaṇā”（Edward Conze，“The Prajñāpāramitā－hṛdaya Sūtra”，in *Thirty Years of Buddhist Studies*，Oxford：Bruno Cassirer，1967，p. 151.），梵本的“śūnyatālakṣaṇā”可理解为“śūnyatā－lakṣaṇā”（空性之相）或“śūnyatā－alakṣaṇā”（空性、无相）。藏译作“stong pa nyid de，mtshan nyid med pa”或“stong pa nyid dang，mtshan nyid med pa nyid dang”（空性、无相），参见 Jonathan A. Silk，*The Heart Sūtra in Tibetan：A Critical Edition of the Two Recensions Contained in the Kanjur*，Wien：Arbeitskreis für Tibetische und Buddhistische Studien，Universität Wien，1994，pp. 122－123.

② （后秦）鸠摩罗什译：《摩诃般若波罗蜜经》卷一，T8，n223，p. 223a15－16。（唐）玄奘译《大般若波罗蜜多经》卷四百三，T7，n220，p. 14a14－15。Takayasu Kimura（ed.），*Pañcaviṃśatisāhasrikā Prajñāpāramitā I－1*，Tokyo：Sankibo Busshorin，2007，p. 64.

③ （唐）玄奘译《大般若波罗蜜多经》卷四，T5，n220，p. 022b6－7。Pratāpacandra Ghoṣa（ed.），*Śatasāhasrikā Prajñāpāramitā：A Theological and Philosophical Discourse of Buddha with his Disciples*（*in a Hundred－Thousand Stanzas*），*Part I*，*Fas.* 2，Calcutta：Asiatic Society of Bengal，1902，p. 140，*ll.* 11－13.

虚空，无有损减，故言“不增不减”。①

这其实抄录自慧净疏②，依如来藏思想之真空妙有而将作为真如、法性、实际的胜义之空与如来藏、法身等视为异名同体。又，净觉注解释“不增不减”：

如来法身，无有边际。十地满足，法身亦不增；六道生死，法身亦不减也。③

如来法身本来具足恒沙佛法功德，而本性空寂、如如不动、一体平铺。于生死流转之中，如来法身为客尘烦恼缠缚，而客尘烦恼并无实体，与如来法身根本不相应，亦并非在如来法身之外别有所依，故客尘烦恼不增加，如来法身所具清净功德亦不减损；于解脱修证之中，如来法身出离烦恼缠缚而无碍朗现，而烦恼无自性，法身本来圆满具足万德，故客尘烦恼不减损，清净功德亦不增加。又如《心经颂》第14颂：

如来体无相，满足十方空。空上难立有，有内不见空。看似水中月，闻如耳畔风。法身何增减，三界号真容。④

这也是以如来法身周遍含容一切法。只是智诜疏、净觉注和

---

① 方广锠：《般若心经译注集成》，上海：上海古籍出版社，2011年，第249页。“以法性为身，无有障碍”，方广锠校本原作“以法为性，身无有障碍”，据BD04909（阙9）和慧净疏改。

② （唐）慧净：《般若波罗蜜多心经疏》，X26，n521，p.593c24－594a4。

③ 韩传强：《禅宗北宗敦煌文献录校与研究》，南京：江苏人民出版社，2016年，第347页。

④ 《俄藏黑水城文献》第4册，上海：上海古籍出版社，1997年，第3、10页。

《心经颂》并未采纳如来藏思想的“空”与“不空”的区分[1]，而将佛性、如来藏、如来法身归结于毕竟空。净觉注云：“是故诸佛或说空，或说于不空。诸法实相中，无空无不空，是名诸法空相。”[2] 这近似《大般涅槃经》续译部分所说“佛性者，名第一义空”[3]。而慧忠注和智融注并不别立如来法身，只是就一切法空说“不增不减”。慧忠注云：

> 法法是心，心无体段，有何生灭，故云‘不增不减’等也。[4]

慧忠注的“自心”不是抽象的理则或真心，而指向现实存在之心，自心的如其所是的状态只是本性空寂，于此空性之中并无生灭、垢净、增减等二元分别。《摩诃般若经·佛母品》云：“佛知诸众生心相不广不狭、不增不减、不来不去，心相离故。是心不广不狭乃至不来不去，何以故？是心性无故。”[5] 智融注云：

> 色若是有，则可增使多，可减使尽；色相是空，故不可增减。四蕴然也。[6]

超越分别的胜义之空并非在遮遣之空外别有其体，更非与

---

① （刘宋）求那跋陀罗译：《央掘魔罗经》卷二，T2，n120，p. 527b28。（北凉）昙无谶译：《大般涅槃经》卷五，T12，n374，p. 395b25 - 28。（刘宋）求那跋陀罗译：《胜鬘师子吼一乘大方便方广经》，T12，n353，p. 221c16 - 18。

② 韩传强：《禅宗北宗敦煌文献录校与研究》，南京：江苏人民出版社，2016年，第346页。

③ （北凉）昙无谶译：《大般涅槃经》卷二十七，T12，n374，p. 523b12。

④ 程正：《校注〈般若心经慧忠注〉》，《驹泽大学禅研究所年报》第16号，2004年，第173页。

⑤ （后秦）鸠摩罗什译：《摩诃般若波罗蜜经》卷十四，T8，n223，p. 324a24 - 27。

⑥ 方广锠：《般若心经译注集成》，上海：上海古籍出版社，2011年，第363 - 364页。

"空"相对的"不空"，实则胜义之空与遮遣之空平等无二，而只是从凡夫妄执说遮遣之空、从诸佛自证说胜义之空。禅宗各系的注疏虽然略有差别，但皆是般若波罗蜜多的甚深毕竟空寂。

二 不二中道

不同于部派佛教"空者不有，有者不空"之"空"，《般若经》以为一切法之存在当体自身即是空。此"空"并非破坏一切法之存在，并非在一切法存在之外，并非因为观照作用而成为空，而是空即是有、有即是空，空有不二而显示中道实相。《般若心经》云："色不异空，空不异色。色即是空，空即是色。受想行识，亦复如是。"① 此句亦见于《摩诃般若经·习应品》②

① （唐）玄奘译：《般若波罗蜜多心经》，T8，n251，p. 848c7 -9。梵本《般若心经》"色不异空"之前多一句"rūpaṃ śūnyatā, śūnyataiva rūpaṃ"（Edward Conze, "The Prajñāpāramitā-hṛdaya Sūtra", in *Thirty Years of Buddhist Studies*, Oxford: Bruno Cassirer, 1967, p. 150.），一些汉译本也译出此句，如法月重译本作"色性是空，空性是色"（T8，n252，p. 849a28），智慧轮译本作"色空，空性见色"（T8，n254，p. 850a20 -21），法成译本作"色即是空，空即是色"（T8，n255，p. 850c4），施护译本作"所谓即色是空，即空是色"（T8，n257，p. 852b20 -21），藏译本作"gzugs stong pa'o, stong pa nyid gzugs so"（Jonathan A. Silk, *The Heart Sūtra in Tibetan: A Critical Edition of the Two Recensions Contained in the Kanjur*, Wien: Arbeitskreis für Tibetische und Buddhistische Studien, Universität Wien, 1994, pp. 120 -121.）。而部分梵本、藏译本、法成译本、施护译本并无"空不异色"后的"色即是空，空即是色"一句。

② （后秦）鸠摩罗什译：《摩诃般若波罗蜜经》卷一，T8，n223，p. 223a13 -14。（唐）玄奘译《大般若波罗蜜多经》卷四百三，T7，n220，p. 14a11 -12。Takayasu Kimura (ed.), *Pañcaviṃśatisāhasrikā Prajñāpāramitā I -1*, Tokyo: Sankibo Busshorin, 2007, p. 64.

和《大般若经·初分·相应品》[1]，意即：从相状而言，五蕴等一切法当体自身并无常住、实在、决定的相状，无相之空性并非离开或灭除一切法之相状而成为诸法空相，而是“离空无色，离色无空”[2]，故一切法不异空性、空性不异一切法；从体性而言，五蕴等一切法于空相应缘起之中具足关联条件而现起、消散，无所有而如是有，如幻如化而本性空寂，“以有空义故，一切法得成”[3]，故一切法即是空性、空性即是一切法；性相皆空，本来清净，世间与涅槃如如不异，故于一切法不舍不著，行于中道。

禅宗注疏着重从禅观实践遮遣执色、执空等二边取执而彰显非色非空之中道观行。凡夫之心为谬见与烦恼所缠缚，于一切法上生起分别，有分别而陷落于褊狭边见，生起爱非爱等，随即造作染污业行；二乘虽然修学空三昧，一一分析现象作用幻化不实，不取一切法相状，但偏取法体实有，于空义并未彻底；更有方广道人错解空义，恶取断灭之空，沦陷于虚无主义之中。大乘之不二中道超越此种种二边分别之谬见，如实悟入一切法平等空性。禅宗注疏对于“色不异空”四句的解释亦从此着眼。如智诜疏：

> “色不异空，空不异色”者，广明实义，以显真宗。证空之缘，必须灭色。色，形色也；空，形空也。凡夫迷故，

---

① （唐）玄奘译《大般若波罗蜜多经》卷四，T5，n220，p. 22b3 – 5。Pratāpacandra Ghoṣa (ed.), *Śatasāhasrikā Prajñāpāramitā: A Theological and Philosophical Discourse of Buddha with his Disciples (in a Hundred – Thousand Stanzas)*, *Part I*, *Fas.* 2, Calcutta: Asiatic Society of Bengal, 1902, p. 140, *ll.* 4 – 11.

② （后秦）鸠摩罗什译：《摩诃般若波罗蜜经》卷三，T8，n223，p. 237b22。

③ 龙树造，（后秦）鸠摩罗什译：《中论》卷四，T30，n1564，p. 33a22。

> 以空为色；圣人悟达，即色是空。今言，色性自空，非空故空；空性自色，非色故色。是知，非色，故即无色可色；非空，故即无空可空。遂乃非空非色，可谓真色；非色非空，可谓真空。当知，空内无色，色外无空，空色一如，故言“不异”。①

此中语义须作简别。二乘之人将色与空视为相形相对，色相对于空而成为存在之有，以空分别色；空相对于色而成为空无所有，以色分别空，故说“色，形色也；空，形空也”。相应地，对于空的修证必须以“灭色”作为条件，即通过分析现象性色法的存在，观察色法的无常、变易、坏灭，遣除以现象性存在为常住固定实有的谬见及由此生起的烦恼，从而次第证入现象不实的空性。然而如此观空尚且不彻底，仍为俗谛。“今言”之后是《般若经》宣扬的大乘空义的真谛。依般若波罗蜜多甚深观察，色与空并非相形相对。色法无自性，自身存在当体即是空，并非因为遣除其现象而使其成为空，亦即并非以色分别空；空性亦无自性，作为一切法之本性而不碍缘起宛然似有，并非因为执著色法为实有而使色法显现，亦即并非以空分别色。色法是空的，故是“非色”，并无“色”这一名言表示的实在之义，“无色可色”；空不碍假有，故是“非空”，并无“空”这一名言表示的虚无之义，“无空可空”。“非空非色”显示真实之色，“非色非空”显示真实之空，色与空实则相即不二，同一如如平等真实法性，这是《般若心经》所表示的超越二乘的“实义”和“真

① 方广锠：《般若心经译注集成》，上海：上海古籍出版社，2011 年，第246－247 页。

宗"。当然，智诜疏并非徒有义理辩证，实则围绕空观修习展开不二中道。如说：

> 观有不住于有，观空不著于空。闻名不或（惑）于名，见相不没于相。无即不破于有，一切皆无；有即不坏于无，一切〔皆〕有。故知心不能动，境不能移，随动随移，不乱真实，证此理法，名为无碍慧，名之为"观"。①

禅法的修学为了超越凡夫的平庸心态，往往反复锻炼专注而持久地相应联结于所缘的心态品质与能力，然而仍有取执所缘的危险。大乘的不二中道观行，若以"有"为所观所缘，一切"有"在相似相续的缘起之流中宛然呈现，而并不改变一切"有"当体空寂之本性，故"不住于有"，不为"有"所沾滞、阻留、系缚；若以"空"为所观所缘，一切法空无所有，而并不破坏如幻如化之现象性存在，故"不著于空"，不为"空"所沾滞、阻留、系缚。至于名言施设和相状认定，亦只是了知假有的方便，而并不为名相所迷惑遮蔽。观照空有而不住空有的修习，最终达到"心不能动，境不能移"。所谓"不动不移"可以追溯到《中阿含经·大空经》所说"念不移动"（āṇañjaṃ manasikaroti）② 的空观修习，但不同于二乘的析法空，大乘的空观并非因修习观照之力而使心境至于"不动不移"，而是心本来不动、境本来不移，当体即是空，故在心与境的随动随移之中，亦不扰乱一切法真实空性。如此不二中道空观所证为无碍般若

---

① 方广锠：《般若心经译注集成》，上海：上海古籍出版社，2011 年，第 242 页。

② （东晋）瞿昙僧伽提婆译：《中阿含经》卷四十九第 191 经，T1，n26，p. 738c16。Richard Chalmers（ed.），*Majjhima - Nikāya* 112，vol. 3，London：Pali Text Society，1899，p. 112.

智慧。

与智诜疏相同，净觉注亦简别了凡夫执色和二乘执空，而说明色法本空，即是非色，不可停住于色，遣除执著实有的谬见；空亦本空，即是非空，不可停住于空，遣除执著实无的谬见。二边谬见皆除，如实了知色空不离、如如不异，色空相即、无二无别，即为一佛乘之空观。净觉注解释“色不异空，空不异色”云：

> 色，凡夫见色也；空，二乘见空也。色不异空，即色即是空也；色即非色，除其有见也。空不异色，即空即是色也；空即非空，除其无见也。故龙树云：即色以明空，离色更无空；即空以明色，离空更无色也。是以空外非色，色外非空，空色性同，故言不异。此一乘道也。[①]

所谓“龙树云”，可能指《中论·观五阴品》“若离于色因，色则不可得；若当离于色，色因不可得……”以及“若人有问者，离空而欲答，是则不成答，具同于彼疑……”[②] 大意可通，但文字有别。所谓“色以明空”“空以明色”并非二乘所见色与空相形相对，而是指《摩诃般若经·相行品》所说“离空无色，离色无空”[③]，离于空性不能有色法具足关联条件而现起，离于色等一切法亦并无作为一切法本性的空性。又解释“色即是空，空即是色”云：

① 韩传强：《禅宗北宗敦煌文献录校与研究》，南京：江苏人民出版社，2016年，第344页。

② 龙树造、青目释、（后秦）鸠摩罗什译：《中论》卷一，T30，n1564，p.6b20－21、7a17－18。

③ （后秦）鸠摩罗什译：《摩诃般若波罗蜜经》卷三，T8，n223，p.237b22。

> 色即是空，非色外有空也；空即是色，非空外有色也。《大品》云："即色是空，非色灭空。"是知得道之人，不以空分别色，知色本非色也；不以色分别空，知空本非空也。非色即是真色，非空即是真空。非空非色，即除其真色；非色非空，即除其真空。真俗并无，色空俱尽，非安立谛，即诸佛如来乘也。①

所引"即色是空，非色灭空"并非出自《摩诃般若经》(《大品》)，而是《维摩诘经·入不二法门品》"色即是空，非色灭空（na rūpa – vināśāc chūnyatā)"②，智𫖮和灌顶著作也误将此句认为是《摩诃般若经》经文③，但此句文义与《摩诃般若经》相同，即否定二乘通过"色灭"作为修证空性的条件，而以为色本性空，色与空相即不二、不可分别。《摩诃般若经·幻听品》云："不以空分别色，不以色分别空。"④ 但与智诜疏归结于"真宗"之"真色"和"真空"不同，净觉注进一步依"非

① 韩传强：《禅宗北宗敦煌文献录校与研究》，南京：江苏人民出版社，2016年，第345页。

② （后秦）鸠摩罗什译：《维摩诘所说经》卷中，T14，n475，p. 551a19 – 20。（唐）玄奘译：《说无垢称经》卷四，T14，n476，p. 577c23 – 24。大正大学综合佛教研究所梵语佛典研究会编：《梵文維摩経：ポタラ宮所藏写本に基づく校訂》，东京：大正大学出版会，2006，第86页。

③ （隋）智𫖮：《妙法莲华经玄义》卷二下，T33，n1716，p. 701c13 – 14；卷三下，T33，n1716，p. 712b12 – 13；卷十上，T33，n1716，p. 804c29 – 805a1。（隋）智𫖮：《观音义疏》卷上，T34，n1728，p. 921b23。（隋）智𫖮：《维摩经玄疏》卷三，T38，n1777，p. 535a22 – 23。（隋）智𫖮：《释禅波罗蜜次第法门》卷三上，T46，n1916，p. 492c18 – 19。（隋）智𫖮：《四念处》卷二，T46，n1918，p. 564c14 – 15。（隋）智𫖮：《四教义》卷二，T46，n1929，p. 728b2 – 3；卷八，T46，n1929，p. 749b15。（隋）灌顶：《大般涅槃经疏》卷十五，T38，n1767，p. 128a13 – 14。

④ （后秦）鸠摩罗什译：《摩诃般若波罗蜜经》卷八，T8，n223，p. 276b20。参见（唐）玄奘译：《大般若波罗蜜多经》卷四百二十六，T07n0220，p. 140b4 – 6。

空非色”和“非色非空”遣除对于“真色”和“真空”可能产生的偏执，从而达到“真俗并无，色空俱尽”，于一切二边分别皆不取执。这已经并非名言所能安立的真谛，而是甚深般若般若波罗蜜多所修所证，故名为“诸佛如来乘”。

智诜疏和净觉注仍带有义学色彩，而慧忠注对于“色不异空”四句的解释始终围绕禅者的“自心”展开。若言色等一切法，过于广大无垠；若言空性，过于玄妙甚深。从自心平等契入空相应缘起，则自心即是色空不二之中道。慧忠注解释“色不异空，空不异色”云：

> 凡夫妄执身心，便于心外见色。不知色因心有，推心本无，色因何立？故云“色不异空”。[①]
>
> 凡夫背心见法，谓言心外有空，不知空因心生。但悟自心，无空可得，空色不异，故云“空不异色”。[②]

此缘性的色等一切法，依于自心，具足关联条件而现起。凡夫不能如实了知自心为法界大总相，离于自心而执著色等一切法为实有，为谬见和烦恼所缠缚。实则，自心无自性，本来空寂，无一切相状可得，如《摩诃般若经·佛母品》云“是心性无故，谁作广、谁作狭乃至来去？”[③] 自心本无，则依于自心现起的色等一切法亦无自性，本来空寂，故云“色即是空”。凡夫往往或执著实有，或执著实无。实则，空亦复空，并无实在的“空”

---

① 程正：《校注〈般若心经慧忠注〉》，《驹泽大学禅研究所年报》第 16 号，2004 年，第 171－172 页。

② 程正：《校注〈般若心经慧忠注〉》，《驹泽大学禅研究所年报》第 16 号，2004 年，第 172 页。

③ （后秦）鸠摩罗什译：《摩诃般若波罗蜜经》卷十四，T8，n223，p. 324a27。

可得。所谓“空因心生”，不是指“空”为自心所生成，而是指，空性作为一切法如其所是之本性，并非离于一切法，亦即并非离于自心，就空性即具一切法而于自心中显现说为“生”，故云“空不异色”。禅者的用语并不严谨，但不妨碍其在禅观实践中如实观照色空不异。又解释“色即是空，空即是色”云：

> 心起，故即色；心不得不异色，故即空。故“色即是空”。①
>
> 前云“心起，故即色；心不得不异色，故即空。”此犹是空，色因心所生。今即不然，心正有之时，即是空；心正无之时，即是有。何以故？且众生心正有时，实无生处，即是“色即是空”；心正无时，现能应用，即是“空即是色”。此先举身心，一切万法例皆是也，故下文云（受想行识，亦复如是）。②

自心本性非“有”、非“无”（空），亦“有”、亦“无”（空）。若言其“有”，自心随缘现起色等一切法，此“现起”如幻如化，实则无生、无所有、当体即是空，故云“色即是空”；若言其“无”，自心本性空寂，此“空”并非抽象的灭色之“空”，“空”而含具色等一切法，依自心作用即能显现，故云“空即是色”。可见，自心即是实相，即是非色非空之不二中道。

此外，《心经颂》的解释接近智诜疏和净觉注，如第 7 颂

---

① 程正：《校注〈般若心经慧忠注〉》，《驹泽大学禅研究所年报》第 16 号，2004 年，第 172 页。

② 程正：《校注〈般若心经慧忠注〉》，《驹泽大学禅研究所年报》第 16 号，2004 年，第 172－173 页。

"色与空一种，未到见两般。二乘生分别，执相自心谩"[①]、第8颂"非空空不有，非色色无形。色空同归一，净土得安宁"[②]。智融注则强调身心不可得，"圣人观身心两无一微尘坚固相可得，故言'色不异空'也；空亦无微尘坚固相可得，故言'空不异色'也"[③]，与慧忠注意趣相近。

三　空无所得

《般若经》说"空"并非闻思分别，而旨在对于甚深一切法空的彻底悟入。"行深般若波罗蜜多"的菩萨，与二乘局限于自身的修学项目不同，普遍而全面地修学三乘道的一切项目，于任一乘皆无局限、障碍、沾滞，遍学一切同时也于一切都无所行、无所证、无所得。《般若心经》"无无明，亦无无明尽……无智亦无得，以无所得故"一段，亦见于《摩诃般若经·习应品》[④]和《大般若经·初分·相应品》[⑤]，依次否定空性之中有十二因缘、四谛、智得，归结于一切法无所有而无所得。这是对般若波

① 《俄藏黑水城文献》第4册，上海：上海古籍出版社，1997年，第1、9页。

② 《俄藏黑水城文献》第4册，上海：上海古籍出版社，1997年，第1、9页。

③ 方广锠：《般若心经译注集成》，上海：上海古籍出版社，2011年，第363页。

④ （后秦）鸠摩罗什译：《摩诃般若波罗蜜经》卷一，T8，n223，p. 223a19－20。"无智"，（唐）玄奘译《大般若波罗蜜多经》卷四百三作"无现观"，T7，n220，p. 14a23；梵本《二万五千颂般若》作"nâ bhisamayaḥ"（无现观），Takayasu Kimura (ed.), *Pañcaviṃśatisāhasrikā Prajñāpāramitā I－1*, Tokyo: Sankibo Busshorin, 2007, p. 65.

⑤ （唐）玄奘译《大般若波罗蜜多经》卷四，T5，n220，p. 22b14－17。Pratāpacandra Ghoṣa (ed.), *Śatasāhasrikā Prajñāpāramitā: A Theological and Philosophical Discourse of Buddha with his Disciples (in a Hundred－Thousand Stanzas)*, *Part I*, *Fas.* 2, Calcutta: Asiatic Society of Bengal, 1902, p. 141, *ll.* 2－10.

罗蜜多修学方法的简要说明。禅宗注疏在解释这段经文时，直接点明对于十二因缘、四谛、智得的否定并非泛泛说理境，而是就修学实践而言，三乘道的境观皆空无所得，于如如实相中并无三乘分别，此为广大甚深的大乘菩萨道。

智诜疏将《般若心经》“无无明”这段经文概括为“三乘境观俱空分”[①]。这种解释源自于慧净疏[②]，其以十二因缘、四谛、智得分别对应缘觉乘、声闻乘、菩萨乘，三乘各具所乘之法和能乘之人、所观之境和能观之智，依般若波罗蜜多甚深观察一切法空，如实了知“人法俱空，色心齐遣，境观两亡”[③]。智诜疏受慧净疏影响，亦从三乘道作解释，如说：

> 后明三乘境观俱不可得。先明中乘，“无无明亦无无明尽”，即无中乘境；“乃至无老死亦无老死尽”，即无中乘观。“无苦集”，即无小乘境；无“灭道”，即无小乘观。“无智亦无得”，即无大乘境；“以无所得故”，即无大乘观。[④]

这段文字与慧净疏相近[⑤]，仅个别文字略异。所谓“中乘”即指缘觉乘，相对于“小乘”“大乘”而称为“中乘”；缘觉乘即观悟十二因缘而得道。《法华经·序品》云：“为求辟支佛者，说应十二因缘法。”[⑥] 缘觉乘以顺逆观察十二因缘的现起和灭尽，而般若波罗蜜多观察十二因缘空无所得，并无顺观之现起和逆观

---

① 方广锠：《般若心经译注集成》，上海：上海古籍出版社，2011年，第240页。
② （唐）慧净：《般若波罗蜜多心经疏》，X26，n521，p. 591b20。
③ （唐）慧净：《般若波罗蜜多心经疏》，X26，n521，p. 592b7。
④ 方广锠：《般若心经译注集成》，上海：上海古籍出版社，2011年，第240页。
⑤ （唐）慧净：《般若波罗蜜多心经疏》，X26，n521，p. 591c14－18。
⑥ （后秦）鸠摩罗什译：《妙法莲华经》卷一，T9，n262，p. 3c23－24。

之灭尽。《小品般若经 · 见阿閦佛品》云："菩萨行般若波罗蜜，以如是无尽法观十二因缘；若菩萨如是观时，不见诸法无因缘生，亦不见诸法常，不见诸法作者、受者。"[①] "小乘"即指声闻乘，其以四谛为真实不虚之理，慧净疏和智诜疏所言"五荫等法名苦果，无明爱业是集因，灭尽生死名涅槃、涅槃即为果，戒定慧等是道因"[②]，即阿毗达磨诸师所说四谛自性[③]，而四谛的现观一一各有其行相[④]。依般若波罗蜜多观察，四谛空无自性，亦无行相可得。《摩诃般若经 · 差别品》云"四圣谛所摄、四圣谛所不摄法皆空。"[⑤] "大乘"即指菩萨乘，其以"智"和"得"为其修学目标，慧净疏和智诜疏认为"智"即菩提智德、"得"即涅槃断德[⑥]；而般若波罗蜜多观察菩提和涅槃空无所得，《小品般若经 · 释提桓因品》云："我说佛法亦如幻如梦，我说涅槃亦如幻如梦。"[⑦] 因此，三乘境观皆空无所得。

净觉注亦以破斥三乘妄见解释《般若心经》对于十二因缘、四谛、智得的否定。其对于十二因缘、四谛的解释与智诜疏相

① （后秦）鸠摩罗什译：《小品般若波罗蜜经》卷九，T8，n227，p. 579a3 - 4。

② （唐）慧净：《般若波罗蜜多心经疏》，X26，n521，p. 595c8 - 9。方广锠：《般若心经译注集成》，上海：上海古籍出版社，2011 年，第 255 页。

③ （唐）玄奘译《阿毗达磨大毗婆沙论》卷七十七"阿毗达磨诸论师言：五取蕴是苦谛，有漏因是集谛，彼择灭是灭谛，学、无学法是道谛"，T27，n1545，p. 397a29 - b2。

④ （唐）玄奘译《阿毗达磨大毗婆沙论》卷五"复次，以忍位中，或时以十六行相观察圣谛，或时以十二行相观察圣谛，或时以八行相观察圣谛，或时以四行相观察圣谛"，T27，n1545，p. 24b3 - 6。

⑤ （后秦）鸠摩罗什译：《摩诃般若波罗蜜经》卷二十六，T8，n223，p. 412a28 - 29。

⑥ （唐）慧净：《般若波罗蜜多心经疏》，X26，n521，p. 596b23 - 24。方广锠：《般若心经译注集成》，上海：上海古籍出版社，2011 年，第 257 页。

⑦ （后秦）鸠摩罗什译：《小品般若波罗蜜经》卷一，T8，n227，p. 540c14 - 15。

近。十二因缘说明三界生死流转，净觉注以为，三界生死流转皆因自心妄想现起而并非实有，“无明体空，十二因缘本非有也……此空破缘觉妄想十二因缘之所见也”①。四谛依阿毗达磨所解仍然不免世俗之说，容易陷于执著苦集二谛之生与灭道二谛之灭，而非究竟离二边的真谛，净觉注以为“苦集本空，识龟毛之不有；灭道不实，了兔角之元无。即四谛本空，空无四谛也。此空破声闻妄想四谛生灭之见也”②。净觉注的特殊之处在于对“无智亦无得”的解释：

> 此明十地菩萨也。十地者：欢喜、离垢、明、炎、难胜、现前、远行、不动、善惠、法云也。“智”是佛智，“得”即道也。圣道冲虚，非智所测；法身湛寂，无得无为。以有六道四生，权设三乘十地也。故言渴麈（鹿）逐阳炎，实非水也；远看似水，近则还无。画饼充饥，说食得饱，亦何有也。即三乘十地本空，空即实无三乘十地也。此空破菩萨妄想三乘十地之见也。③

注文以“智”为菩萨登地之后所生智慧，以“得”为菩萨层层升进的修学过程，此依《华严经·十地品》所说即是“欢喜”等十地。然而，无上菩提清净无生，并非有相智所能蠡测；涅槃、法身湛然空寂，并无获得和造作。因此，菩萨遍学的三乘、菩萨所修的十地亦只是方便施设的表示修学阶位层次差别的

① 韩传强：《禅宗北宗敦煌文献录校与研究》，南京：江苏人民出版社，2016年，第350页。

② 韩传强：《禅宗北宗敦煌文献录校与研究》，南京：江苏人民出版社，2016年，第351页。

③ 韩传强：《禅宗北宗敦煌文献录校与研究》，南京：江苏人民出版社，2016年，第351－352页。

假名，本身亦无实在自性，而旨在引导六道四生的众生开展菩提道修学。举譬喻言之，三乘、十地如口渴之鹿所追逐的阳炎，妄想所生，虚幻不实，《正法念处经》云“恶业持身，妄见食想，犹如渴鹿见阳焰时，谓之为水，空无所有”①；“画饼充饥”出自《三国志·魏书·卢毓传》②，“说食得饱”出自《楞严经》③和禅门伪经《法句经》④，三乘、十地如所画之饼与所说之食，皆空无所有。《般若心经》的“无智亦无得”即破斥菩萨道行者对于三乘、十地的执著，净觉注云“乘即非乘，地何所地也。羊车、鹿车、大牛之车，十地六波罗蜜，空无所得也”⑤。

与净觉注相同，智融注⑥和《心经颂》⑦亦以无十二因缘为缘觉乘空、无四谛为声闻乘空，无智得为菩萨十地空。如《心经颂》第21颂“声闻休妄想，缘觉意安宁。欲知成佛处，心上莫留停”、第22颂“寂灭体无得，真空绝手攀。本来无相貌，权且立三檀。四智开法喻，六度号都关。十地三乘法，众圣测他难”⑧。

慧忠注并不分别三乘道以解释十二因缘、四谛、智得，而始

---

① （元魏）瞿昙般若流支译：《正法念处经》卷十七，T17，n721，p.100c2－3。

② （晋）陈寿撰，（南朝宋）裴松之注：《三国志》卷二十二，北京：中华书局，1982年，第651页。

③ （唐）般剌密帝译：《大佛顶如来密因修证了义诸菩萨万行首楞严经》卷一“如人说食，终不能饱”，T19，n945，p.109a25。

④ 《法句经》“说食与人，应得无饱；若得无饱，一切饮食则无所用。何以故？说食寻饱，不须食故”，T85，n2901，p.1432b29－c1。

⑤ 韩传强：《禅宗北宗敦煌文献录校与研究》，南京：江苏人民出版社，2016年，第352页。

⑥ 方广锠：《般若心经译注集成》，上海：上海古籍出版社，2011年，第364页。

⑦ 《俄藏黑水城文献》第4册，上海：上海古籍出版社，1997年，第4、11－12页。

⑧ 《俄藏黑水城文献》第4册，上海：上海古籍出版社，1997年，第4、12页。

终围绕“自心”展开禅者的解经，以“无心”点明一切修学皆空无所得。依曹溪顿教禅法，一切万法为自心所含具，菩萨遍学的一切修行项目亦不离自心，故十二因缘、四谛、智得等皆是依于自心而现起；自心空寂无生，则一切修行项目亦空寂无生，无所有故无所得。慧忠注云“心法一如，并无所得，故名‘菩提萨埵’”①，大乘菩萨道之修学乃是究竟无所得，而关键即在于直指了悟自心无所得。如其对于“无苦集灭道”的解释：

> 此四谛。心有所求，系著于法，故名谛。精勤修证，心无间歇，名“苦”；广寻经论，贪求妙理，名“集”；断诸妄念，至求常寂，名“灭”；远离烦乱，精研佛理，名“道”。今更明四圣谛，名“药”，以破前病。心本清虚，不关修证，名苦谛；性含万法，岂借寻求，名集谛；妄念无生，本自常寂，名灭谛；净〔秽无〕二，邪正不殊，名道谛。此对病之说。若了无心，四谛何有？故云“无苦集灭道”。②

慧忠注从“心”的修习锻炼着眼，对阿毗达磨以来分别四谛自性的闻思之学进行批判。闻思之四谛于自心中分别真与妄、净与秽、悟与迷，不断追求真、净、悟而舍离妄、秽、迷，以精勤不停为“苦”，寻求真理为“集”，断除妄念为“灭”，远离烦恼为“道”，有苦之知、集之断、灭之证、道之修。慧忠注认为，这种有分别、次第、取舍的四谛仍然是虚妄执著的疾病，依

① 程正：《校注〈般若心经慧忠注〉》，《驹泽大学禅研究所年报》第 16 号，2004 年，第 178 页。

② 程正：《校注〈般若心经慧忠注〉》，《驹泽大学禅研究所年报》第 16 号，2004 年，第 177 页。

其所言："心外求法名'颠'，心内观空名'倒'，无中计有名'梦'，心有所缘名'想'"①。针对此病，慧忠注一一开解四谛实义：自心本性空无所有，并非相续不停之修证所成，即为"苦谛"；自心—自性本来具足万法，无须向外寻求，即为"集谛"；妄念本来空寂，无生无灭，无须断除，即为"灭谛"；自心毕竟清净，无净与秽、邪与正等二边分别，无须择取正净而舍离邪秽，即为"道谛"。如此之四谛近似智𫖮所说天台圆教的"无作四谛"②。只是，慧忠注进一步认为，自心空无所得，故四谛亦空无所得，一切修学项目皆空无所得，如《小品般若经·初品》云"无心故，于是中心无所著"③。毕竟空无所得，正是行般若波罗蜜多。

综上所论，禅宗的《般若心经》注疏依禅法实践阐扬空之观行，只是禅宗各系的解说略有差异。关于遮遣之空，禅宗注疏皆就自心空寂的禅观体验而说一切法缘起无自性；关于胜义之空，智诜疏、净觉注、《心经颂》依如来藏思想说如来法身即第一义空，而慧忠注和智融注只以毕竟空说"不增不减"等。关于色空关系，智诜疏、净觉注、《心经颂》从禅观实践遮遣二边取执而彰显非色非空之中道，而慧忠注和智融注直接以自心实相彰显不二中道。关于空之悟入，智诜疏、净觉注、智融注、《心经颂》从十二因缘、四谛、智得说明三乘道皆空无所得，而慧

① 程正：《校注〈般若心经慧忠注〉》，《驹泽大学禅研究所年报》第16号，2004年，第179页。

② （隋）智𫖮：《妙法莲华经玄义》卷一下，T33，n1716，p. 687c26。

③ （后秦）鸠摩罗什译：《小品般若波罗蜜经》卷一，T8，n227，p. 538c25－26。（唐）玄奘译：《大般若波罗蜜多经》卷五百三十八，T7，n220，p. 766b26－27。P. L. Vaidya (ed.), *Aṣṭasāhasrikā Prajñāpāramitā*: *With Haribhadra's Commentary Called Ālokā*, Darbhanga: The Mithila Institute, 1960, p. 10.

忠注以“无心”点明一切修学皆空无所得。禅宗各系的差异是禅法所用方便的差异，但毕竟无所得则是禅宗所用般若波罗蜜多方法共通的“虚宗”风格。

结语　作为方法的般若波罗蜜多

通过上述分析，早期禅宗的修学形态通过在自身建筑过程中对于般若思想的运用得以完整地呈现出来。然而，早期禅宗的般若思想并非是从早期禅宗之中挖掘出的符合、体现相应般若思想的部分，亦并非从般若思想中追溯、探赜、索隐的早期禅宗的思想元素，否则就会将般若思想对象化为一种论述目的，并通过包含前见的诠释制造出一种效果历史连续性的幻象。虽然，出于名言的特性，可以言说的思想并不可能完全空洞无内容，般若思想亦作为主题内容呈现于般若经典之中，但可以言说并非意味着指称与能指之名言相应的作为对象的所指，而般若波罗蜜多的言说实际上是实践的语用情境的方便表示。遵循审慎的悬置道路，倾听般若波罗蜜多的言说并非尝试理解“般若波罗蜜多是什么”，般若波罗蜜多无说无示①，所听到的只是一一具体的修学形态的内容；般若波罗蜜多本身并非某种特定的修学形态，只是一般的知识习惯于将其抽象为以“空”为特征的修学形态，并常常将

① （后秦）鸠摩罗什译：《小品般若波罗蜜经》卷一，T8，n227，p. 540b29。

其等同于中观学。实际上，“空”的思想虽然形态各异，却原是早期佛教以来的通说，而般若波罗蜜多亦几乎遍在一切大乘经典而为大乘佛教的各种修学形态所承继。故与其将般若思想局限于特定的内容议题而走向背离般若波罗蜜多的道路，不若将般若思想视为一种多元道路的“行”，一种动态的实践，一种开放的方法。

般若波罗蜜多之智慧所开显的提升生命境界的方法，并非将作为整体的生命存在进行割截、削弱、固化的总体化或形式化的方法，而是“形式显示”（die formale Anzeige）[①] 的方法，即从它本身来显示它自身的方式被从它本身那里所觉照，不分别我与我所、能缘与所缘、本体与作用，如实通达生命存在及其世界的现起过程，参与缘起的关联意义的当下实现，并同时将关联意义揭示出来，为实现智慧、自由、真理开辟了可行的道路，使得相应不同境况的修学形态的建立成为可能。在诸种佛教修学形态建筑自身过程中，形态的框架结构是在具体运用般若波罗蜜多形式显示的方法的过程中相应于不同目的建立起来的。而佛教修学的主要目的包括正确了知、正确实践、正确结果。作为获得正确了知的方法，般若波罗蜜多如实面对空相应缘起，打开此缘性的一切现象性存在的关联意义的实行过程，将此一过程先行显示并揭示出来，建立起缘起之理境，为开发明明朗朗的智慧提供了可操作的程序；作为获得正确实践的方法，般若波罗蜜多基于智慧的

---

① 马丁·海德格尔著，孙周兴编译：《形式显示的现象学：海德格尔早期弗莱堡文选》，上海：同济大学出版社，2004 年，第 73 页。海德格尔著，欧东明、张振华译：《海德格尔文集 宗教生活现象学》，北京：商务印书馆，2018 年，第 64 页。Martin Heidegger, *Phänomenologie des Religiösen Lebens*, *Gesamtausgabe*, Band 60, Frankfurt am Main: Vittorio Klostermann, 1995, S. 63.

洞见，创造依于关联条件的具体修学工夫，将此一工夫在实践的当下如其所是地显示并揭示出来，建立起切实之修行，为实现无碍无著的自由提供了可操作的程序；作为获得正确结果的方法，般若波罗蜜多指导实践的工夫，导向与实践之因行不离不即的果德境界，将此一境界在悲智双运的感受中予以体认并揭示出来，建立起圣者之果德，为圆满究竟无上的真理觉悟提供了可操作的程序。总之，般若波罗蜜多形式显示的方法全面打开了提升生命存在的整条修学道路，相应不同根器机缘、抉择不同项目内容、采取不同步骤策略而建筑起不同的修学形态。

禅宗作为中国佛教史上以禅法标示自身的修学形态，注重实践工夫与证悟体验而不从经论义理的论究作为进路。禅法之为“法”并非只是禅者个人了生脱死的修学而已，亦需要传授、教化、弘传禅者自身所实践的法门。然而，无分别的、自足的、显示关联意义的、生动具体的禅法何以可能予以了知、把握、授受？禅法的实践特性已经明确拒斥了总体化或形式化的方法，否则即沦为普遍性的概念所认定的对象；事实上，经论义理的论究也潜存着陷落于总体化或形式化的危险，即将生命的实践抽象为静态的、封闭的、理论的说明。而般若波罗蜜多形式显示的方法将实践工夫与证悟体验的关联意义先行显示，不外加二相分别的概念，不将关联意义形式化为范畴的关联，亦不在后置的反思中再现出相关的表象，使得实践工夫与证悟体验能够作为当下活动着的生命存在所抉择的实行道路。虽然禅宗并没有对自身修学形态的建筑过程及其方法具有充分的自觉，但禅宗的修学形态正是在般若波罗蜜多的方法下开展的。与其他修学形态不同，禅宗并不严格分辨方法使用程序中的对象、步骤、目的，亦不明确建立框架结构，只是直下得地实践般若波罗蜜多的方法。然而言说禅宗则需要借助一定的框架结构，故本书依般若波罗蜜多形式显示的方法在不同方面运用所建立的理境、修行、果德的架构展开早期禅宗修学形态的建筑过程。

关于缘起之理境，般若波罗蜜多如实通达甚深缘起，显现缘起并非封闭、同一、凝固、单子的个体存在的世界，而是开放、差异、动态、多元的关系存在的历程；一切缘生法本性空、无生、无所有，只是假施设的名言而不指涉常住固定的实在本质，于如如平等之中毕竟清净。达摩—慧可禅法根据禅者的证悟体验开创了依“自心现量”建立空相应缘起的修学传统。作为达摩—慧可禅法最重要文献的《二入四行论》，将《楞伽经》所说如来藏-藏识现起一切境界的思想通俗譬喻为自心如壁上作画，由此说明一切法为自心所现。但达摩—慧可禅法并非以此建构一套存有论，而进一步强调自心所现起的一切法如幻如化、本性空寂、如如平等，使得从实践上把握缘起之大总相成为可能。道信和弘忍的禅法则将禅观所悟理境发展为“心体”与“心用”。道信著作《入道安心要方便法门》提出，无差别的一相法界即是禅者本性清净的“心体”，“心体”即是一切法同入一相法界，而依于“心体”所现起的作用即是无限自在差别的一切法的空相应缘起；代表弘忍禅法的《修心要论》进一步凝练了道信开创的心体、心用框架，以一切法平等清净的真如法性作为一切众生本来具足、呈露当前活动之中的真心，而心依于因缘关联条件现起种种差别境界并由此产生执著系缚即是“妄念”之作用，“真心”与“妄念”从体与用、本性与现实、胜义与世俗建立了空相应缘起之理境。道信虽然强化心之体义与清净义，但仍然保留了达摩—慧可禅法注重此心即为禅者自身活动之心的现实意味；而弘忍的凝练简化则有将真心抽象化而淡化其现实意味的倾向。体现惠能思想的《坛经》虽然用“自性”指普遍的客观理性法则，以“自心”指具体的主观实践活动，但并不分立体用，认为自心是自性的具体落实处、自性是自心的普遍理则，自性与自心相即不二，全心是性、全性是心，当体自身即是空寂、毕竟清净；空寂的自性—自心含具一切法，在自心的思量作用下依因缘现起，而一切法无所有，以空为本性，不出如如自性—自心。《坛经》的自性—自心既是佛性、亦是现实人心，将达摩—慧可禅法以来的“自心现量”思想传统最终落实于从当前现实之心指点空相应缘起之甚深理境。

关于实现之果德，般若波罗蜜多于一切法无所取、无所执、无所行、无所得，而能依于相似相续的缘起，遍学一切善法的因行促成遍达一切诸法的无限、无量、无边的果德，包括全面而彻底的一切智智、不染生死的自由解脱、悲智圆满的无上正等觉。对于禅宗而言，修学所要实现的究竟目标即是与诸佛如来同一内容的智慧、解脱、觉悟，如此果德与目标应是不言自明的。达摩—慧可禅法简略地提及，诸佛如来的一切智智不同凡夫有知而有所不知之知，应是无知而无不知之知；一切法无缚无解，本性解脱，虽然常在生死而无有挂碍；诸佛之觉悟则是超越觉知、亦超越觉悟自身的无觉而无不觉之觉，无限智心所照的诸佛境界即是诸佛如来的实相法身。道信和弘忍的禅法并未着意目标与果德。而《坛经》则因为当时禅者只求人天福田、不求无上觉悟而重新申明“唯求作佛法”的大乘菩萨道修学的究竟目标，以增强修学者的信念、担当与动力。《坛经》的果德境界皆是就自性—

自心而言：菩提般若之智为一切众生自性—自心所含具，在主观实践上不舍不著地含具着万法，始终以清净无漏的智慧予以观照、觉察、明辨，使得万法在般若之智慧观照中呈现自身；“识自本心”即无缚无解的解脱，而解脱只在每一具体心念的迷与悟状态之中，每一心念皆觉悟不迷即开佛知见、自在解脱，如此之迷悟亦不脱离于世间而于现实人间身心活动中转烦恼为菩提；悟入一切法空寂本性即朗现自性—自心本自具足的三身佛，如智不二即法身、自性—自心现起思想作用即化身、念念清净即报身，而自性—自心处于觉悟状态则其世界亦庄严为清净佛土。《坛经》对于修学目标的重新确立指点禅者坚定不移地踏上大乘菩萨道。

关于修行之道路，般若波罗蜜多作为“行深般若波罗蜜多”，以发阿耨多罗三藐三菩提心为修学道路的起点，遍学一切而于一切都无所行、无所著、无所证，特别修习远离一切烦恼的无诤三昧以及于一切法不取不舍的诸法无受三昧，超越一切二分差别而毕竟无所得，从而在大乘菩萨道上不断迈进。达摩—慧可禅法依般若波罗蜜多的形式显示方法结合《楞伽经》的离言自证、一如来乘，以究竟无所得为方便建立不住一切、无觉无知、即生死作佛事、即心顿入得道的禅观方法；其无所住处、无相绝言、情事无寄、无诤三昧都体现了不同于说一切有部及瑜伽行派禅法的“虚宗”特质。道信和弘忍的禅法则以更加多元善巧的方便于自心上开展毕竟无所得的实践工夫。道信结合了《文殊般若经》的“一行三昧”，通过专心系念一佛而现入一行三昧，得定而观心与法界平等无差别，又有守一不移等其他悟入法界的方便，进而具足智慧、得见空性，于一切举足下足活动中自在无缚地从事严土熟生的大乘菩萨道修学。而道信传记中“念摩诃般若波罗蜜退贼”成为修学般若波罗蜜多获得身心平和的象征。弘忍强调“自心是道”，导凡趣圣的修学道路即在于如实了知禅者自己本性清净的真心，防守蔽覆真心的重云妄念，守护真心的清净本性；“守心”有适应不同根机的方便，或“看心”，或“日想”，或夜观光明，或“看一字”，或不借助任何方便而于一切事上恒常守本真心，操作方法有所不同，但皆如实观察一切妄念不实、一切法本性空寂，于一切法无所取、无所住、无所学，究竟方便地平等契入真如法性。《坛经》则弘扬不借助方便的最上乘禅法，悟入自性—自心而不取执自性—自心，以定慧平等的“般若三昧”为其修学工夫，明见自性、直指自心、顿入法界。具体包括于相离相、显现清净法身之体的无相三昧，不居住原本念念无住的“无住本”、显现无缚无解的解脱之相的无住三昧，超越妄念之妄、于一切境法不取不舍、朗现现实心念全部存在本身、显现般若之用的无念三昧。《坛经》的般若三昧顿悟平等法界而究竟无所得、无所行、无所著，成就彻底的智慧、自在的解脱、无碍的法身，将般若波罗蜜多形式显示方法的“虚宗”特质于甚深的悟入中充分发扬。

早期禅宗在建构修学形态的过程中，修学内容上紧紧围绕如来藏思想中“自心”的议题，关于缘起之理境、实现之果德、修行之道路皆依“自心”而展开，但将“自心”的内容建筑为作为整体的修学形态则是通过般若波罗蜜多的形式显示方法。正是在此方法下，“自心”避免了在总体化和形式化方法中普遍化为反思的对象、概念的关联、抽象的真理、形上的本质，得以作为具有生命的、显示关联意义的、超越分别的、具体活动着的禅者自身之心，以从它本身来显示它自身的方式被从它本身那里所觉照，在如其所是的朗然呈现过程中如实通达遍知自身及整个缘起的大相续流，从而把握生命、净化生命、提升生命，突破现实的平庸、堕落、冥黯而绽放出无限灿烂之光辉。故从思想的形式与方法而言，早期禅宗的修学即是甚深的“行般若波罗蜜多”。而早期禅宗对于《金刚经》和《般若心经》的运用与诠释，正是这种“行般若波罗蜜多”修学风格的具体表现。

对于方法本身的反思是当今时代亟需关注的问题。在佛教历史传统中，佛陀依自证自觉的智慧所宣说的正法是不证自明的真理，而真理本身即是在相似相续的缘起之流中实践行动的方法。然而，在“现代”对古典时代的拒斥和将来世界的转折中，智慧似乎已经耗尽明辨自身的力量，真理的隐匿使得其自明性遭遇普遍的怀疑；启蒙的祛魅导致了真理的缺失，时代之思想使命又要求重新探寻绝对可靠的真理。只是，离开了智慧的觉照，真理不再直接向我们敞开显示自身，而我们所能知觉到的只是零散、残破、恍惚的影像，必须借助某种结构或程序再现出真理，故方法的反思成为致思的可能道路。这条道路的深远起源正是培根的“新工具”（novum organum）、笛卡尔的“方法”（la méthode）开启的近代思想序幕，后来对于现代性的批判也是从方法的批判上展开。作为西方之他者的东方也正是在现代进入世界的图景，当竹内好反思东方的亚洲如何参与现代世界所要寻求的普遍性的真理，他提出“作为方法的亚洲”①，以开放而独特的亚洲作为主体形成的过程逆袭现代性未竟的事业；当沟口雄三反思西方中

① 竹内好：《方法としてのアジア》，《日本とアジア》（竹内好评论集第3卷），东京：筑摩书房，1966年，第420页。

心和中西对抗的历史叙事，他提出“作为方法的中国”[1]，以中国为世界的构成要素之一重建多元的世界图景；当末木文美士反思现代佛教学和批判佛教之外的致思路径，他提出“作为方法的佛教”[2]，以佛教的智慧思考现代世界所面临的种种问题。佛教何以成为方法？因为佛教的方法即是般若波罗蜜多，即是被现代世界之思排除于思想尺度之外的智慧本身。在真理的缺失之处，重新聆听作为人与自身相区分所实现规定的智慧的纯粹言说，在当下回忆起已经得到言说的智慧所给予的开端性的所思与所言，在对所思与所言的赞同中重新直观洞察生命存在及其所居世界的全部真理，这可能是通往当下之思的可能的道路。而般若波罗蜜多作为无上甚深的智慧，本身亦是如其所是透彻遍知一切的方法，为如实通达当今生活的虚无而趣向无上正等觉悟提供了光明指引。

① 沟口雄三著，孙军悦译：《作为方法的中国》，北京：三联书店，2011 年，第 130 页。

② 末木文美士：《仏教：言葉の思想史》，东京：岩波书店，1996 年，第287－295 页。

参考文献

一、原典

[1]（后秦）佛陀耶舍、竺佛念译：《长阿含经》，大正新修大藏经刊行会编：《大正新修大藏经》（以下简称《大正藏》）第1册第1号，东京：大藏出版株式会社，1988年。

[2]（东晋）瞿昙僧伽提婆译：《中阿含经》，《大正藏》第1册第26号。

[3]（刘宋）求那跋陀罗译：《杂阿含经》，《大正藏》第2册第99号。

[4]（刘宋）求那跋陀罗译：《央掘魔罗经》，《大正藏》第2册第120号。

[5]（东晋）瞿昙僧伽提婆译：《增壹阿含经》，《大正藏》第2册第125号。

[6]（后汉）安世高译：《七处三观经》，《大正藏》第2册第150A号。

[7]（唐）般若译：《大乘本生心地观经》，《大正藏》第3册第159号。

[8]（后汉）竺大力、康孟详译：《修行本起经》，《大正藏》第3册第184号。

[9]（三国吴）维祇难等译《法句经》，《大正藏》第4册第210号。

［10］（西晋）法炬、法立译：《法句譬喻经》，《大正藏》第 4 册第 211 号。

［11］（唐）玄奘译：《大般若波罗蜜多经》，《大正藏》第 7 册第 220 号。

［12］（西晋）无罗叉译：《放光般若波罗蜜经》，《大正藏》第 8 册第 221 号。

［13］（西晋）竺法护译：《光赞般若波罗蜜经》，《大正藏》第 8 册第 222 号。

［14］（后秦）鸠摩罗什译：《摩诃般若波罗蜜经》，《大正藏》第 8 册第 223 号。

［15］（后汉）支娄迦谶译《道行般若经》，《大正藏》第 8 册第 224 号。

［16］（三国吴）支谦译《大明度无极经》，《大正藏》第 8 册第 225 号。

［17］（苻秦）昙摩蜱、竺佛念译：《摩诃般若钞经》，《大正藏》第 8 册第 226 号。

［18］（梁）曼陀罗仙译：《文殊师利所说摩诃般若波罗蜜经》，《大正藏》第 8 册第 232 号。

［19］（梁）僧伽婆罗译：《文殊师利所说般若波罗蜜经》，《大正藏》第 8 册第 233 号。

［20］（后秦）鸠摩罗什译：《金刚般若波罗蜜经》，《大正藏》第 8 册第 235 号。

［21］（后秦）鸠摩罗什译：《小品般若波罗蜜经》，《大正藏》第 8 册第 227 号。

［22］（唐）玄奘译：《般若波罗蜜多心经》，《大正藏》第 8 册第 251 号。

［23］（后秦）鸠摩罗什译：《妙法莲华经》，《大正藏》第 9 册第 262 号。

［24］（东晋）佛驮跋陀罗译：《大方广佛华严经》，《大正藏》第 9 册第 278 号。

［25］（唐）实叉难陀译：《大方广佛华严经》，《大正藏》第 10 册第

279 号。

[26]（刘宋）求那跋陀罗译：《胜鬘师子吼一乘大方便方广经》，《大正藏》第 12 册第 353 号。

[27]（三国吴）支谦译：《阿弥陀三耶三佛萨楼佛檀过度人道经》，《大正藏》第 12 册第 362 号。

[28]（刘宋）畺良耶舍译：《观无量寿佛经》，《大正藏》第 12 册第 365 号。

[29]（北凉）昙无谶译：《大般涅槃经》，《大正藏》第 12 册第 374 号。

[30]（西晋）竺法护译：《当来变经》，《大正藏》第 12 册第 395 号。

[31]（西晋）竺法护译：《大哀经》，《大正藏》第 13 册第 398 号。

[32]（后汉）支娄迦谶译：《般舟三昧经》，《大正藏》第 13 册第 418 号。

[33]（后秦）鸠摩罗什译：《维摩诘所说经》，《大正藏》第 14 册第 475 号。

[34]（后秦）鸠摩罗什译：《持世经》，《大正藏》第 14 册第 482 号。

[35]（后秦）鸠摩罗什译：《思益梵天所问经》，《大正藏》第 15 册第 586 号。

[36]（西晋）竺法护译：《修行地道经》，《大正藏》第 15 册第 606 号。

[37]（后秦）鸠摩罗什等译：《禅秘要法经》，《大正藏》第 15 册第 613 号。

[38]（后秦）鸠摩罗什译：《诸法无行经》，《大正藏》第 15 册第 650 号。

[39]（后秦）鸠摩罗什译：《华手经》，《大正藏》第 16 册第 657 号。

[40]（隋）宝贵编：《合部金光明经》，《大正藏》第 16 册第 664 号。

[41]（唐）义净译：《金光明最胜王经》，《大正藏》第 16 册第 665 号。

[42]（东晋）佛陀跋陀罗译：《大方等如来藏经》，《大正藏》第 16 册第 666 号。

[43]（元魏）菩提流支译：《不增不减经》，《大正藏》第 16 册第 668 号。

[44]（梁）真谛译：《无上依经》，《大正藏》第 16 册第 669 号。

[45]（刘宋）求那跋陀罗译：《楞伽阿跋多罗宝经》，《大正藏》第16册第670号。

[46]（元魏）菩提留支译：《入楞伽经》，《大正藏》第16册第671号。

[47]（唐）实叉难陀译：《大乘入楞伽经》，《大正藏》第16册第672号。

[48]（唐）玄奘译：《解深密经》，《大正藏》第16册第676号。

[49]（唐）般剌密帝译：《大佛顶如来密因修证了义诸菩萨万行首楞严经》，《大正藏》第19册第945号。

[50]（唐）义净译：《根本说一切有部毗奈耶》，《大正藏》第23册第1442号。

[51]（后秦）弗若多罗译：《十诵律》，《大正藏》第23册第1435号。

[52]（后秦）鸠摩罗什译：《大智度论》，《大正藏》第25册第1509号。

[53]［古印度］天亲造，（元魏）菩提流支译：《金刚般若波罗蜜经论》，《大正藏》第25册第1511号。

[54]［古印度］无著造颂，［古印度］世亲释，（唐）义净：《能断金刚般若波罗蜜多经论释》，《大正藏》第25册第1513号。

[55]（后魏）菩提流支等译：《十地经论》，《大正藏》第26册第1522号。

[56]［古印度］亲光等造，（唐）玄奘译：《佛地经论》，《大正藏》第26册第1530号。

[57]（唐）玄奘译：《阿毗达磨集异门足论》，《大正藏》第26册第1536号。

[58]［古印度］大目乾连造，（唐）玄奘译：《阿毗达磨法蕴足论》，《大正藏》第26册第1537号。

[59]（北宋）法护等译：《施设论》，《大正藏》第26册第1538号。

[60]［古印度］世友造，（唐）玄奘译：《阿毗达磨界身足论》，《大正藏》第26册第1540号。

［61］［古印度］世友造，（唐）玄奘译：《阿毗达磨品类足论》，《大正藏》第 26 册第 1542 号。

［62］［古印度］迦多衍尼子造，（唐）玄奘译：《阿毗达磨发智论》，《大正藏》第 26 册第 1544 号。

［63］（唐）玄奘译：《阿毗达磨大毗婆沙论》，《大正藏》第 27 册第 1545 号。

［64］（后秦）昙摩耶舍、昙摩崛多等译：《舍利弗阿毗昙论》，《大正藏》第 28 册第 1548 号。

［65］［古印度］世亲造，（唐）玄奘译：《阿毗达磨俱舍论》，《大正藏》第 29 册第 1558 号。

［66］［古印度］众贤造，（唐）玄奘译：《阿毗达磨顺正理论》，《大正藏》第 29 册第 1562 号。

［67］［古印度］龙树造，（后秦）鸠摩罗什译：《中论》，《大正藏》第 30 册第 1564 号。

［68］（唐）玄奘译：《瑜伽师地论》，《大正藏》第 30 册第 1579 号。

［69］（唐）玄奘译：《成唯识论》，《大正藏》第 31 册第 1585 号。

［70］［古印度］无著造，（唐）玄奘译：《摄大乘论本》，《大正藏》第 31 册第 1594 号。

［71］［古印度］世亲造，（陈）真谛译：《摄大乘论释》，《大正藏》第 31 册第 1595 号。

［72］［古印度］世亲造，（唐）玄奘译《摄大乘论释》，《大正藏》第 31 册第 1597 号。

［73］［古印度］无性造，（唐）玄奘译：《摄大乘论释》，《大正藏》第 31 册第 1598 号。

［74］［古印度］无著造，（唐）玄奘译：《显扬圣教论》，《大正藏》第 31 册第 1602 号。

［75］（后魏）勒那摩提译：《究竟一乘宝性论》，《大正藏》第 31 册

第 1611 号。

[76] [古印度] 无著造，(唐) 波罗颇蜜多罗译：《大乘庄严经论》，《大正藏》第 31 册第 1604 号。

[77] [古印度] 诃梨跋摩造，(后秦) 鸠摩罗什译：《成实论》，《大正藏》第 32 册第 1646 号。

[78] (梁) 真谛译：《大乘起信论》，《大正藏》第 32 册第 1666 号。

[79] (隋) 吉藏：《大品经游意》，《大正藏》第 33 册第 1696 号。

[80] (隋) 吉藏：《金刚般若经义疏》，《大正藏》第 33 册第 1699 号。

[81] (北宋) 子璿：《金刚经纂要刊定记》，《大正藏》第 33 册第 1702 号。

[82] (隋) 吉藏：《仁王般若经疏》，《大正藏》第 33 册第 1707 号。

[83] (梁) 法云：《妙法莲华经义记》，《大正藏》第 33 册第 1715 号。

[84] (隋) 智顗：《妙法莲华经玄义》，《大正藏》第 33 册第 1716 号。

[85] (隋) 智顗：《妙法莲华经文句》，《大正藏》第 34 册第 1718 号。

[86] (隋) 吉藏：《法华玄论》，《大正藏》第 34 册第 1720 号。

[87] (唐) 窥基：《妙法莲华经玄赞》，《大正藏》第 34 册第 1723 号。

[88] (唐) 智俨：《大方广佛华严经搜玄分齐通智方轨》，《大正藏》第 35 册第 1732 号。

[89] (梁) 宝亮等：《大般涅槃经集解》，《大正藏》第 37 册第 1763 号。

[90] (后秦) 僧肇：《注维摩诘经》，《大正藏》第 38 册第 1775 号。

[91] (隋) 智顗：《维摩经略疏》，《大正藏》第 38 册第 1778 号。

[92] (隋) 吉藏：《净名玄论》，《大正藏》第 38 册第 1780 号。

[93] (北魏) 昙鸾：《无量寿经优婆提舍愿生偈婆薮槃头菩萨造并注》，《大正藏》第 40 册第 1819 号。

[94] (隋) 慧远：《大乘义章》，《大正藏》第 44 册第 1851 号。

[95] (隋) 吉藏：《大乘玄论》，《大正藏》第 45 册第 1853 号。

[96] (东晋) 慧远、(后秦) 鸠摩罗什：《鸠摩罗什法师大义》，《大正藏》第 45 册第 1856 号。

[97]（后秦）僧肇：《肇论》，《大正藏》第 45 册第 1858 号。

[98]（唐）智俨：《华严五十要问答》，《大正藏》第 45 册第 1869 号。

[99]（唐）窥基：《大乘法苑义林章》，《大正藏》第 45 册第 1861 号。

[100]（隋）智颉：《摩诃止观》，《大正藏》第 46 册第 1911 号。

[101]（唐）湛然：《止观辅行传弘决》，《大正藏》第 46 册第 1912 号。

[102]（隋）智颉：《释禅波罗蜜次第法门》，《大正藏》第 46 册第 1916 号。

[103]（隋）智颉：《六妙法门》，《大正藏》第 46 册第 1917 号。

[104]（元）宗宝编：《六祖大师法宝坛经》，《大正藏》第 48 册第 2008 号。

[105]（唐）弘忍：《最上乘论》，《大正藏》第 48 册第 2011 号。

[106]（唐）宗密：《禅源诸诠集都序》，《大正藏》第 48 册第 2015 号。

[107]（唐）玄奘译：《异部宗轮论》，《大正藏》第 49 册第 2031 号。

[108]（南宋）志磐：《佛祖统纪》，《大正藏》第 49 册第 2035 号。

[109]（隋）费长房：《历代三宝纪》，《大正藏》第 49 册第 2034 号。

[110]（梁）慧皎：《高僧传》，《大正藏》第 50 册第 2059 号。

[111]（唐）道宣：《续高僧传》，《大正藏》第 50 册第 2060 号。

[112]（唐）慧详：《弘赞法华传》，《大正藏》第 51 册第 2067 号。

[113]《历代法宝记》，《大正藏》第 51 册第 2075 号。

[114]（北宋）道原：《景德传灯录》，《大正藏》第 51 册第 2076 号。

[115]（北宋）契嵩：《传法正宗记》，《大正藏》第 51 册第 2078 号。

[116]（唐）道宣：《广弘明集》，《大正藏》第 52 册第 2103 号。

[117]（唐）法琳：《辩正论》，《大正藏》第 52 册第 2110 号。

[118]（唐）道世：《法苑珠林》，《大正藏》第 53 册第 2122 号。

[119]（陈）真谛译：《金七十论》，《大正藏》第 54 册第 2137 号。

[120]（梁）僧祐：《出三藏记集》，《大正藏》第 55 册第 2145 号。

[121]（唐）道宣：《大唐内典录》，《大正藏》第 55 册第 2149 号。

[122]（唐）靖迈：《古今译经图纪》，《大正藏》第55册第2151号。

[123]（唐）智升：《开元释教录》，《大正藏》第55册第2154号。

[124]［高丽］义天：《新编诸宗教藏总录》，《大正藏》第55册第2184号。

[125]（唐）净觉：《楞伽师资记》，《大正藏》第85册第2837号。

[126]（隋）智顗：《维摩罗诘经文疏》，［日］河村孝照等编：《卍新纂续藏经》第18册第338号，东京：株式会社国书刊行会，1975－1989年。

[127]题为（唐）慧能：《金刚经解义》，《卍新纂续藏》第24册第459号。

[128]（唐）慧净：《般若波罗蜜多心经疏》，《卍新纂续藏》第26册第521号。

[129]（刘宋）竺道生：《妙法莲华经疏》，《卍新纂续藏》第27册第577号。

[130]（南宋）本觉编：《历代编年释氏通鉴》，《卍新纂续藏》第76册第1516号。

[131]（北宋）李遵勖：《天圣广灯录》，《卍新纂续藏》第78册第1553号。

[132]《曹溪大师别传》，《卍新纂续藏》第86册第1598号。

[133]（唐）智炬：《双峰山曹侯溪宝林传》，《中华大藏经（汉文部分)》第73册，北京：中华书局，1994年。

[134]题为（梁）菩提达磨：《绝观论》，蓝吉富主编：《大藏经补编》第18册，台北：华宇出版社，1984年。

[135]（明）葛寅亮：《金陵梵刹志》，蓝吉富主编：《大藏经补编》第29册，台北：华宇出版社，1984年。

[136]（南唐）静、筠二禅师撰，孙昌武、衣川贤次、西口芳男点校：《祖堂集》，北京：中华书局，2007年。

[137]［日］成寻撰，王丽萍校点：《新校参天台五台山记》，上海：上海古籍出版社，2009年。

[138]（梁）萧子显：《南齐书》，北京：中华书局，1972年。

[139]（唐）杜佑撰，王文锦等点校：《通典》，北京：中华书局，1988年。

[140]（唐）令狐德棻等：《周书》，北京：中华书局，1971年。

[141]（唐）魏徵等：《隋书》，北京：中华书局，1973年。

[142]（唐）姚思廉：《梁书》，北京：中华书局，1973年。

[143]（唐）林宝撰，岑仲勉校记：《元和姓纂》，北京：中华书局，1994年。

[144]（唐）王维撰，陈铁民校注：《王维集校注》，北京：中华书局，1997年。

[145]（唐）张九龄撰，熊飞校注：《张九龄集校注》，北京：中华书局，2008年。

[146]（后晋）刘昫等：《旧唐书》，北京：中华书局，1975年。

[147]（北宋）王钦若：《册府元龟》，北京：中华书局，1960年。

[148]（北宋）欧阳修、宋祁等：《新唐书》，北京：中华书局，1975年。

[149]（南宋）李焘：《续资治通鉴长编》，北京：中华书局，2004年。

[150]（南宋）晁公武撰，孙猛校证：《郡斋读书志校证》，上海：上海古籍出版社，1990年。

[151]（元）马端临：《文献通考》，北京：中华书局，2011年。

[152]（明）黄仲昭：《（弘治）八闽通志》，台北：台湾学生书局，1987年。

[153]（明）陈洪谟：《（正德）大明漳州府志》，厦门：厦门大学出版社，2012年。

[154]（明）罗青霄：《（万历）漳州府志》，台北：台湾学生书局，1965年。

[155]（清）董诰等编：《全唐文》，北京：中华书局，1983 年。

[156]（清）郭庆藩撰，王孝鱼点校：《庄子集释》，北京：中华书局，2012 年。

[157]（清）毕沅疏证，王先谦补，祝敏彻、孙玉文点校：《释名疏证补》，北京：中华书局，2008 年。

[158]（清）徐松：《宋会要辑稿》北京：中华书局，1957 年。

[159]（清）严观：《江宁金石记》，《中国华东文献丛书》第 184 册（第 7 辑第 9 卷），北京：学苑出版社，2010 年。

[160] 缪荃孙：《江苏通志稿 · 金石志》，《石刻史料新编》第 1 辑第 13 册，台北：新文丰出版公司，1982 年。

[161] 罗振玉：《芒洛冢墓遗文四编》，《石刻史料新编》第 1 辑第 19 册，台北：新文丰出版公司，1982 年。

二、专著

[1] 白光：《〈坛经〉版本谱系及其思想流变研究》，北京：宗教文化出版社，2013 年。

[2] 白照杰：《圣僧的多元创造：菩提达摩传说及其他》，上海：上海社会科学出版社，2019 年。

[3] [法] 伯兰特 · 佛尔著，蒋海怒译：《正统性的意欲：北宗禅之批判系谱》，上海：上海古籍出版社，2010 年。

[4] 蔡耀明：《般若波罗蜜多教学与严净佛土：内在建构之道的佛教进路论文集》，南投：正观出版社，2001 年。

[5] 曹凌：《中国佛教疑伪经综录》，上海：上海古籍出版社，2011 年。

[6] 陈寅恪：《陈寅恪集 · 讲义及杂稿》，北京：三联书店，2002 年。

[7] 达照：《〈金刚经赞〉研究》，北京：宗教文化出版社，2002 年。

[8] [法] 德勒兹、[法] 加塔利著，姜宇辉译：《资本主义与精神分裂：第 2 卷. 千高原》，上海：上海书店出版社，2010 年。

[9] 邓文宽、荣新江：《敦博本禅籍录校》，南京：江苏古籍出版社，1998 年。

[10] 杜继文、魏道儒：《中国禅宗通史》，南京：江苏人民出版社，2008 年。

[11] 方广锠：《般若心经译注集成》，上海：上海古籍出版社，2011 年。

[12] 方广锠：《疑伪经研究与"文化汇流"》，桂林：广西师范大学出版社，2018 年。

[13] 方立天：《中国佛教哲学要义》，北京：中国人民大学出版社，2002 年。

[14] [法] 福柯著，钱翰译：《必须保卫社会》，上海：上海人民出版社，2010 年。

[15] 傅斯年：《性命古训辨证》，上海：上海三联书店，2018 年。

[16] [日] 高崎直道等著，李世杰译：《唯识思想》，贵州：贵州大学出版社，2016 年。

[17] 葛兆光：《增订本中国禅思想史：从六世纪到十世纪》，上海：上海古籍出版社，2008 年。

[18] 龚隽：《禅史钩沉：以问题为中心的思想史论述》，北京：三联书店，2006 年。

[19] 哈磊：《四念处研究》，成都：巴蜀书社，2006 年。

[20] [德] 海德格尔著，孙周兴译：《路标》，北京：商务印书馆，2000 年。

[21] [德] 海德格尔著，欧东明、张振华译：《海德格尔文集宗教生活现象学》，北京：商务印书馆，2018 年。

[22] 韩传强：《禅宗北宗研究》，北京：宗教文化出版社，2013 年。

[23] 韩传强：《禅宗北宗敦煌文献录校与研究》，南京：江苏人民出版社，2016 年。

[24] 洪修平、孙亦平：《惠能评传》，南京：南京大学出版社，1998 年。

[25] 洪修平：《禅宗思想的形成与发展》，南京：江苏人民出版社，2011 年。

[26] [日] 忽滑谷快天著，朱谦之译：《中国禅学思想史》，上海：上海古籍出版社，2002 年。

[27] 胡适著，欧阳哲生编：《胡适文集》，北京：北京大学出版社，1998 年。

[28] 黄宝生：《奥义书》，北京：商务印书馆，2010 年。

[29] 季羡林等：《大唐西域记校注》，北京：中华书局，1985 年。

[30] [德] 康德著，邓晓芒译，杨祖陶校：《纯粹理性批判》，北京：人民出版社，2004 年。

[31] 赖非：《赖非美术考古文集》，济南：齐鲁书社，2014 年。

[32] 赖永海：《佛学与儒学》（修订本），北京：中国人民大学出版社，2017 年。

[33] 赖永海：《中国佛教与哲学》，北京：宗教文化出版社，2004 年。

[34] 赖永海主编：《中国佛教通史》，南京：江苏人民出版社，2010 年。

[35] 赖永海：《中国佛性论》，南京：江苏人民出版社，2012 年。

[36] [美] 列奥 · 施特劳斯：《古典政治理性主义的重生》，北京：华夏出版社，2011 年。

[37] [美] 列奥 · 施特劳斯著，刘锋译：《迫害与写作艺术》，北京：华夏出版社，2012 年。

[38] 林光明：《心经集成》，台北：嘉丰出版社，2000 年。

[39] 楼宇烈：《中国佛教与人文精神》，北京：宗教文化出版社，2003 年。

[40] 吕澂：《吕澂佛学论著选集》，济南：齐鲁书社，1991 年。

[41] [德] 马丁 · 海德格尔著，孙周兴编译：《形式显示的现象学：海德格尔早期弗莱堡文选》，上海：同济大学出版社，2004 年。

[42] [美] 马克瑞著，韩传强译：《北宗禅与早期禅宗的形成》，上海：上海古籍出版社，2015 年。

[43] 牟宗三：《佛性与般若》，《牟宗三先生全集》第 3－4 册，台北：联经出版公司，2003 年。

[44] 潘桂明：《中国禅宗思想历程》，北京：今日中国出版社，1992 年。

[45] [日] 平野显照著，张桐生译：《唐代文学与佛教》，台北：华宇出版社，1987 年。

[46] 任继愈：《汉唐佛教思想论集》，北京：人民出版社，1981 年。

[47] [日] 山口益著，肖平、杨金萍译：《般若思想史》，上海：上海古籍出版社，2006 年。

[48] 史金波：《西夏佛教史略》，银川：宁夏人民出版社，1988 年。

[49] 汤用彤：《汉魏两晋南北朝佛教史》，上海：上海人民出版社，2015 年。

[50] [德] 特奥多·阿多尔诺著，张峰译：《否定的辩证法》，重庆：重庆出版社，1993 年。

[51] 王恩洋：《王恩洋先生论著集》第 2 卷，成都：四川人民出版社，2000 年。

[52] 王晓毅：《王弼评传：附何晏评传》，南京：南京大学出版社，1996 年。

[53] 王永波、雷德侯主编：《中国佛教石经·山东省》第 1 卷，杭州：中国美术学院出版社，2014 年。

[54] 王永波、温狄娅主编：《中国佛教石经·山东省》第 2 卷，杭州：中国美术学院出版社，2014 年。

[55] 吴超、霍红霞：《俄藏黑水城汉文佛教文献释录》，北京：学苑出版社，2018 年。

[56] 吴汝钧：《游戏三昧：禅的实践与终极关怀》，台北：台湾学生书局，1993 年。

[57] 吴汝钧：《禅的存在体验与对话诠释》，台北：台湾学生书局，2010 年。

［58］向达：《唐代长安与西域文明》，北京：商务印书馆，2017 年。

［59］［日］辛嶋静志：《佛典语言及传承》，上海：中西书局，2018 年。

［60］徐梵澄：《五十奥义书》，北京：中国社会科学出版社，1995 年。

［61］徐复观：《中国人性论史·先秦篇》，北京：九州出版社，2013 年。

［62］徐文明：《中土前期禅学史》，北京：北京师范大学出版社，2013 年。

［63］徐小跃：《禅与老庄》，南京：江苏人民出版社，2009 年。

［64］杨惠南：《禅史与禅思》，台北：东大图书公司，1995 年。

［65］杨惠南：《慧能》，台北：东大图书公司，1993 年。

［66］杨维中：《中国佛教心性论研究》，北京：宗教文化出版社，2007 年。

［67］杨维中：《如来藏经典与中国佛教》，南京：江苏人民出版社，2012 年。

［68］杨曾文：《唐五代禅宗史》，北京：中国社会科学出版社，1999 年。

［69］姚卫群：《佛教般若思想发展源流》，北京：北京大学出版社，1996 年。

［70］姚卫群：《古印度六派哲学经典》，北京：商务印书馆，2003 年。

［71］姚卫群：《佛教思想与文化》，北京：北京大学出版社，2009 年。

［72］印顺：《空之探究》，台北：正闻出版社，1992 年。

［73］印顺：《说一切有部为主的论书与论师之研究》，台北：正闻出版社，1992 年。

［74］印顺：《如来藏之研究》，台北：正闻出版社，1992 年。

［75］印顺：《初期大乘佛教之起源与开展》，台北：正闻出版社，1994 年。

［76］印顺：《中国禅宗史》，台北：正闻出版社，1994 年。

［77］印顺：《性空学探源》，新竹：正闻出版社，2000 年。

［78］印顺：《佛教史地考论》，新竹：正闻出版社，2000 年。

[79] 印顺：《永光集》，新竹：印顺文教基金会，2004 年。

[80] 张岱年：《中国哲学大纲》(张岱年全集增订版)，北京：中华书局，2017 年。

[81] 张子开：《傅大士研究：修订增补本》，上海：上海人民出版社，2012 年。

[82] [日] 阿部慈园编：《金剛般若経の思想的研究》，东京：春秋社，1999 年。

[83] [日] 长尾雅人、户崎宏正译：《大乗仏典 1 般若部経典》，东京：中央公论社，1973 年。

[84] [日] 程正：《敦煌禅宗文献分类目录》，东京：大东出版社，2014 年。

[85] [日] 大正大学综合佛教研究所梵语佛典研究会编：《梵文維摩経：ポタラ宮所藏写本に基づく校訂》，东京：大正大学出版会，2006 年。

[86] [日] 大竹晋：《元魏漢訳ヴァスバンドゥ釈経論群の研究》，东京：大藏出版，2013 年。

[87] [日] 渡边章悟：《金剛般若経の梵語資料集成》，东京：山喜房佛书林，2009 年。

[88] [日] 渡边章悟：《金剛般若経の研究》，东京：山喜房佛书林，2009 年。

[89] [日] 副岛正光：《般若経典の基礎的研究》，东京：春秋社，1980 年。

[90] [日] 福井文雅：《般若心経の総合的研究：歴史・社会・資料》，东京：春秋社，2000 年。

[91] [日] 关口真大：《禅宗思想史》，东京：山喜房佛书林，1964 年。

[92] [日] 静谷正雄：《初期大乗仏教の成立過程》，京都：百华苑，1974 年。

[93] [日] 驹泽大学禅宗史研究会编：《慧能研究：慧能の傳記と資

料に關する基礎的研究》，东京：大修馆书店，1978 年。

［94］［日］铃木大拙：《鈴木大拙全集》，东京：岩波书店，1968 年。

［95］［日］柳田圣山：《禅仏教の研究》，京都：法藏馆，1999 年。

［96］［日］柳田圣山：《初期禅宗史書の研究》，京都：法藏馆，2000 年。

［97］［日］柳田圣山：《達摩の語錄：二入四行論》，东京：筑摩书房，1969 年。

［98］［日］柳田圣山：《初期の禅史 I：楞伽師資記・伝法宝纪》，东京：筑摩书房，1971 年。

［99］［日］柳田圣山：《初期の禅史 Ⅱ：歷代法宝記》，东京：筑摩书房，1976 年。

［100］［日］柳田圣山：《ダルマ》，东京：讲谈社，1998 年。

［101］［日］末木文美士：《仏教：言葉の思想史》，东京：岩波书店，1996 年。

［102］［日］平川彰：《初期大乘仏教の研究》，东京：春秋社，1968 年。

［103］［日］平井俊荣：《中國般若思想史研究：吉蔵と三論學派》，东京：春秋社，1976 年。

［104］［日］上山大峻：《敦煌佛教の研究》，京都：法藏馆，1990 年。

［105］［日］松本史朗：《禅思想の批判的研究》，东京：大藏出版，1994 年。

［106］［日］藤善真澄：《道宣伝の研究》，京都：京都大学学术出版会，2002 年。

［107］［日］原田和宗：《『般若心経』成立史論：大乘仏教と密教の交差路》，东京：大藏出版，2010 年。

［108］［日］中村瑞隆：《梵汉对照究竟一乘宝性论研究》，东京：山喜房佛书林，1961 年。

［109］［日］中村元、纪野一义译注：《般若心经　金刚般若经》，东京：岩波书店，1960 年。

[110]［日］椎名宏雄编:《五山版中国禅籍丛刊》第6卷，京都：临川书店，2016年。

[111] Bernard Faure, *Chan Insights and Oversights: An Epistemological Critique of the Chan Tradition*, Princeton: Princeton University Press, 1993.

[112] Bernard Faure, *The Will to Orthodoxy: A Critical Genealogy of Northern Chan Buddhism*, California: Stanford University Press, 1997.

[113] C. A. F. Rhys Davids (ed.), *Visuddhimagga*, London: Pali Text Society, 1920 - 1921.

[114] Donald S. Lopez, Jr., *The Heart Sūtra Explained: Indian and Tibetan Commentaries*, Albany: State University of New York Press, 1988.

[115] Edmund Hardy (ed.), *Aṅguttara - Nikāya*, vol. 3, London: Pali Text Society, 1897.

[116] Edmund Hardy (ed.), *Aṅguttara - Nikāya*, vol. 5, London: Pali Text Society, 1900.

[117] Edward Conze, *Thirty Years of Buddhist Studies*, Oxford: Bruno Cassirer, 1967.

[118] Edward Conze, *The Prajñāpāramitā Literature*, second edition (revised and enlarged), Tokyo: The Reiyukai, 1978.

[119] Gilles Deleuze, *Difference and Repetition*, tr. by Paul Patton, New York: Columbia University Press, 1994.

[120] Giuseppe Tucci, *Minor Buddhist Texts*, Part I, Roma: Instituto Italiano per il Medio ed Estremo Oriente, 1956.

[121] Har Dayal, *The Bodhisattva Doctrine in Buddhist Sanskrit Literature*, New Delhi: Motilal Banarsidass, 1970.

[122] Hendrik Kern and Bunyiu Nanjio (ed.), *Saddharmapuṇḍarīka*, St. Pétersbourg, 1912.

[123] Jonathan A. Silk, *The Heart Sūtra in Tibetan: A Critical Edition of*

the Two Recensions Contained in the Kanjur, Wien: Arbeitskreis für Tibetische und Buddhistische Studien, Universität Wien, 1994.

[124] John. L. Austin, *How to Do Things with Words*, Oxford: Oxford University Press, 1962.

[125] John R. McRae, *The Northern School and the Formation of Early Ch'an Buddhism*, Honolulu: University of Hawaii Press, 1986.

[126] John R. McRae, *Seeing Through Zen: Encounter, Transformation, and Genealogy in Chinese Chan Buddhism*, Berkeley: University of California Press, 2003.

[127] M. Léon Feer (ed.), *Saṃyutta – Nikāya*, vol. 1, London: Pali Text Society, 1884.

[128] M. Léon Feer (ed.), *Saṃyutta – Nikāya*, vol. 2, London: Pali Text Society, 1888.

[129] M. Léon Feer (ed.), *Saṃyutta – Nikāya*, vol. 3, London: Pali Text Society, 1890.

[130] M. Léon Feer (ed.), *Saṃyutta – Nikāya*, vol. 4, London: Pali Text Society, 1894.

[131] M. Léon Feer (ed.), *Saṃyutta – Nikāya*, vol. 5, London: Pali Text Society, 1898.

[132] Manfred Mayrhofer, *Etymologisches Wörterbuch des Altindoarischen*, Band Ⅱ, Heidelberg: Universitätsverlag C. Winter, 1996.

[133] N. A. Jayawickrama (ed.), *Buddhavaṃsa and Cariyāpiṭaka*, London: Pali Text Society, 1974.

[134] Oskar von Hinüber and K. R. Norman (ed.), *Dhammapada*, London: Pali Text Society, 1995.

[135] P. L. Vaidya (ed.), *Aṣṭasāhasrikā Prajñāpāramitā: With Haribhadra's Commentary Called Ālokā*, Darbhanga: The Mithila Institute, 1960.

[136] P. L. Vaidya (ed.), *Saddharmalaṅkāvatārasūtram* (*Buddhist Sanskrit Texts No.* 3), Darbhanga: The Mithila Institute, 1963.

[137] P. L. Vaidya (ed.), *Daśabhūmikasūtram*, Darbhanga: The Mithila Institute, 1967.

[138] Patrick Olivelle, *The Early Upaniṣads: Annotated Text and Translation*, New York: Oxford University Press, 1998.

[139] Pratāpacandra Ghoṣa (ed.), *Śatasāhasrikā Prajñāpāramitā: A Theological and Philosophical Discourse of Buddha with his Disciples* (*in a Hundred - Thousand Stanzas*), *Part I*, Calcutta: Asiatic Society of Bengal, 1902 - 1913.

[140] Reginald A. Ray, *Buddhist Saints in India: A Study in Buddhist Values and Orientations*, New York: Oxford University Press, 1994.

[141] Richard Morris (ed.), *Aṅguttara - Nikāya*, vol. 2, London: Pali Text Society, 1888.

[142] Richard Morris (ed.), A. K. Warder (revised), *Aṅguttara - Nikāya*, vol. 1, London: Pali Text Society, 1961.

[143] Robert Chalmers (ed.), *Majjhima - Nikāya*, vol. 3, London: Pali Text Society, 1899.

[144] Robert E. Buswell, Jr., *The Formation of Ch'an Ideology in China and Korea: The Vajrasamādhi - Sūtra, a Buddhist Apocryphon*, Princeton: Princeton University Press, 1989.

[145] Ryusho Hikata(ed.), *Suvikrāntavikrāmi-Paripṛcchā Prajñāpāramitā-Sūtra: Edited with An Introductory Essay*, Fukuoka: Kyushu University, 1958.

[146] Sarah Shaw, *Buddhist Meditation: An Anthology of Texts from the Pāli Canon*, London: Routledge, 2006.

[147] Sarvepalli Radhakrishnan, *The Principal Upaniṣads*, Lodon: George Allen and Unwin Ltd, 1968.

[148] Shoko Watanabe (ed.), *Saddharmapuṇḍarīka Manuscripts Found in*

Gilgit, Part Two, Romanized Text, Tokyo: The Reiyukai, 1975.

[149] Takayasu Kimura (ed.), *Pañcaviṃśatisāhasrikā Prajñāpāramitā II – III*, Tokyo: Sankibo Busshorin, 1986.

[150] Takayasu Kimura (ed.), *Pañcaviṃśatisāhasrikā Prajñāpāramitā IV*, Tokyo: Sankibo Busshorin 1990.

[151] Takayasu Kimura (ed.), *Pañcaviṃśatisāhasrikā Prajñāpāramitā V*, Tokyo: Sankibo Busshorin, 1992.

[152] Takayasu Kimura (ed.), *Pañcaviṃśatisāhasrikā Prajñāpāramitā VI – VIII*, Tokyo: Sankibo Busshorin, 2006.

[153] Takayasu Kimura (ed.), *Pañcaviṃśatisāhasrikā Prajñāpāramitā I* – 1, Tokyo: Sankibo Busshorin, 2007.

[154] Takayasu Kimura (ed.), *Pañcaviṃśatisāhasrikā Prajñāpāramitā I* – 2, Tokyo: Sankibo Busshorin, 2009.

[155] Tom Rockmore, *On Foundationalism: A Strategy for Metaphysical Realism*, Lanham: Rowman & Littlefield, 2004.

[156] Unrai Wogihara (ed.), *Abhisamayālaṃkār'ālokā Prajñāpāramitāvyākhyā: The Work of Haribhadra together with the Text Commented on*, Tokyo: The Toyo Bunko, 1935.

[157] Vilhelm Trenckner (ed.), *The Milindapañho: Being Dialogues between King Milinda and the Buddhist Sage Nāgasena*, London: Pali Text Society, 1890.

[158] Vilhelm Trenckner (ed.), *Majjhima – Nikāya*, vol. 1, London: Pali Text Society, 1979.

三、论文

[1] 蔡耀明:《由三乘施设论菩萨正性离生:以〈大般若经·第二会〉为中心》,《中国文哲研究通讯》第7卷第1期,1997年,第109–142页。

[2] 蔡耀明:《〈大般若经·第二会〉的严净/清净》,《佛学研究中心

学报》第 4 期，1999 年，第 1 – 41 页。

［3］蔡耀明：《〈阿含经〉的禅修在解脱道的多重功能：附记“色界四禅”的述句与禅定支》，《正观杂志》第 20 期，2002 年，第 83 – 140 页。

［4］蔡耀明：《佛教住地学说在心身安顿的学理基础》，《正观》第 54 期，2010 年，第 5 – 48 页。

［5］蔡耀明：《“确实安住”如何可能置基于“无住”：以〈说无垢称经〉为主要依据的“安住”之哲学探究》，《正观》第 57 期，2011 年，第 119 – 168 页。

［6］陈金华：《事实与虚构：禅宗“三祖”及其传说的创生》，洪修平主编：《佛教文化研究》第 4 辑，南京：江苏人民出版社，2016 年，第 37 – 77 页。

［7］程正：《敦煌本〈二入四行论〉文献研究史》，方广锠主编：《佛教文献研究》第 3 辑，桂林：广西师范大学出版社，2019 年，第 53 – 69 页。

［8］邓克铭：《禅宗之“无心”的意义及其理论基础》，《汉学研究》第 25 卷第 1 期，2007 年，第 161 – 188 页。

［9］方广锠：《〈佛为心王菩萨说头陀经〉（附注疏）》，方广锠主编：《藏外佛教文献》第 1 辑，北京：宗教文化出版社，1995 年，第 315 页。

［10］方广锠：《敦煌本〈坛经〉首章校释疏义》，吴言生主编：《中国禅学》第 1 卷，北京：中华书局，2002 年，第 100 页。

［11］方广锠：《敦煌本〈坛经〉录校三题》，方广锠主编：《藏外佛教文献》第 10 辑，北京：中国人民大学出版社，2008 年，第 420 – 421 页。

［12］傅新毅：《感性与知性之划界：一个唯识学的视角》，《河北学刊》2019 年第 6 期，第 59 – 64 页。

［13］龚隽：《中古禅学史上的〈心经〉疏：一种解经学的视角》，《世界宗教文化》2021 年第 1 期，第 139 – 146 页。

［14］郭琼瑶：《〈金刚经〉的“即非”之辩：日本学界对“即非论理”

的论考与争议》，《世界宗教学刊》第 11 期，2008 年，第 103 – 149 页。

［15］［德］贺伯特 · 博德：《通往当下思想的路》，戴晖译，《江海学刊》2007 年第 6 期，第 18 – 21 页。

［16］何照清：《惠能与〈金刚经解义〉》，《中国佛学》第 2 卷第 2 期（台北），1999 年，第 103 – 130 页。

［17］洪修平：《“一行三昧”与东山法门》，《河北学刊》2015 年第 4 期，第 1 – 6 页。

［18］侯冲：《契嵩本〈坛经〉新发现》，《世界宗教研究》2018 年第 4 期，第 54 – 66 页。

［19］纪赟：《〈心经〉疑伪问题再研究》，《福严佛学研究》第 7 期，2012 年，第 115 – 182 页。

［20］贾晋华：《〈宝林传〉著者及编撰目的考述》，《文献》2011 年第 2 期，第 131 – 139 页。

［21］可潜：《〈文殊般若经〉译者小考》，《佛学研究》第 25 期，2016 年，第 81 – 96 页。

［22］赖永海：《禅宗何以能成为中国佛教的代表》，赖永海主编：《禅学研究》第 4 辑，南京：江苏古籍出版社，2000 年，第 1 – 4 页。

［23］李四龙：《三法无差与自性自度：以“一行三昧”为中心的台禅两宗观心论比较》，湛如主编：《华林》第 1 卷，北京：中华书局，2001 年，第 107 – 120 页。

［24］林英津：《透过翻译汉（译）文本佛学文献，西夏人建构本民族佛学思想体系的尝试：以“西夏文本慧忠〈心经〉注”为例》，杜建录主编：《西夏学》第 6 辑，上海：上海古籍出版社，2010 年，第 19 – 56 页。

［25］龙成松：《北朝隋唐侯莫陈氏家族与佛教研究：兼论〈顿悟真宗要诀〉之背景》，《敦煌研究》2017 年第 4 期，第 69 – 78 页。

［26］牛宏：《敦煌藏文、汉文禅宗文献对读：P. t. 116（191 – 242）与 P. ch. 2799、S. ch. 5533、P. ch. 3922》，《敦煌学辑刊》2007 年第 4 期，

第 188 – 205 页。

［27］释圣严：《六祖坛经的思想》，《中华佛学学报》第 3 期，1990 年，第 149 – 164 页。

［28］严玮泓：《论〈般若经〉的“假名”概念：以〈大般若波罗蜜多经 · 第四会〉〈妙行品〉与〈第二会〉〈善现品〉的对比作为考察的基础》，《中华佛学研究》第 10 期，2006 年，第 43 – 70 页。

［29］杨维中：《四祖道信大师〈入道安心要方便法门〉校释》，吴言生主编：《中国禅学》第 3 卷，北京：中华书局，2004 年，第 1 – 30 页。

［30］杨曾文：《净觉及其〈“注”般若波罗蜜多心经〉与其校本》，《中华佛学学报》第 6 期，1993 年，第 237 – 261 页。

［31］张涌泉：《敦博本〈注心经〉抄写时间考》，《汉字汉语研究》2018 年第 1 期，第 4 – 11 页。

［32］张总：《北朝至隋山东佛教艺术查研新得》，巫鸿编：《汉唐之间的宗教艺术与考古》，北京：文物出版社，2000 年，第 61 – 88 页。

［33］［日］斋藤智宽：《〈文殊说般若经〉的传播与禅思想》，洪修平主编：《佛教文化研究》第 4 辑，南京：江苏人民出版社，2016 年，第 19 – 36 页。

［34］宗玉媺：《“菩提心”用语成形前后的含义探究：以〈般若波罗蜜经〉前二品为主》，《法鼓佛学学报》第 2 期，2008 年，第 1 – 39 页。

［35］宗玉媺：《关于 na śūnyatayā śūnya 的争论》，《正观》第 67 期，2013 年，第 61 – 104 页。

［36］［日］椎名宏雄：《天顺本〈菩提达摩四行论〉》，程正译，吴言生主编：《中国禅学》第 2 卷，北京：中华书局，2003 年，第 12 – 37 页。

［37］郭济源（释大寂）：《〈六祖坛经〉般若三昧与〈摩诃止观〉非行非坐三昧在修学思想上的比较研究》，新北：华梵大学东方人文思想研究所博士论文，2012 年。

［38］［日］阿理生：《pāramitā（波羅蜜）の語源 · 語義について》，

《印度学佛教学研究》第 54 卷第 2 号，2006 年，第 102 – 108 页。

［39］［日］阿理生：《Prajñāpāramitāhṛdaya（『般若心経』）の成立試論》，《印度学佛教学研究》第 58 卷第 2 号，2010 年，第 142 – 147 页。

［40］［日］阿理生：《bodhisatta；bodhisattva（菩薩）の語源と変遷》，《印度学佛教学研究》第 60 卷第 2 号，2012 年，第 937 – 932 页。

［41］［日］阿理生：《bodhisatta；bodhisattva（菩薩）の語源と変遷：語義・用語法のさらなる考察》，《印度学佛教学研究》第 61 卷第 2 号，2013 年，第 834 – 829 页。

［42］［日］程正：《校注〈般若心经慧忠注〉》，《驹泽大学禅研究所年报》第 16 号，2004 年，第 163 – 187 页。

［43］［日］程正：《『般若心経智融注』の著者について》，《宗学研究》第 47 号，2005 年，第 251 – 256 页。

［44］［日］程正：《『般若心経』と初期禪宗：禪僧による注疏を中心にして》，《驹泽大学佛教学部论集》第 37 号，2006 年，第 255 – 272 页。

［45］［日］程正：《傳達摩撰『般若波羅蜜多心経頌』の譯注研究》，《驹泽大学佛教学部论集》第 38 号，2007 年，第 259 – 278 页。

［46］［日］程正：《英藏敦煌文獻から發見された禪籍について：S6980 以降を中心に（2）》，《驹泽大学佛教学部研究纪要》第 76 号，2018 年，第 147 – 164 页。

［47］［日］程正：《俄藏敦煌文獻中に發見された禪籍について（3）– 1》，《驹泽大学禅研究所年报》第 32 号，2020 年，第 143 – 160 页。

［48］［日］程正：《俄藏敦煌文獻中に發見された禪籍について（3）– 2》，《驹泽大学佛教学部研究纪要》第 79 号，2021 年，第 65 – 80 页。

［49］［日］池丽梅：《『続高僧伝』研究序説：刊本大藏経本を中心として》，《鹤见大学佛教文化研究所纪要》第 18 号，2013 年，第 203 – 258 页。

[50] [日] 池丽梅:《道宣の前半生と『続高僧伝』初稿本の成立》,《日本古写经研究所研究纪要》创刊号, 2016 年, 第 65 – 95 页。

[51] [日] 冲本克己:《チベット訳『二入四行論』について》,《印度学佛教学研究》第 24 卷第 2 号, 1976 年, 第 39 – 46 页。

[52] [日] 渡边章悟:《経録からみた『摩訶般若波羅蜜呪経』と『摩訶般若波羅蜜大明呪経』》,《印度学佛教学研究》第 39 卷第 1 号, 1990 年, 第 54 – 58 页。

[53] [日] 渡边章悟:《プラジュニャー(prajñā)再考:ウパニシャッドから仏教へ》,《东洋学论丛》第 21 号, 1996 年, 第 76 – 90 页。

[54] [日] 渡边章悟:《『八千頌般若』の一切智:sarvajña, sarvajñatva, sarvajñatā》,《东洋学论丛》第 28 号, 2003 年, 第 165 – 136 页。

[55] [日] 渡边章悟:《悟りへの一瞬の智慧》,《仏教の修行法:阿部慈園博士追悼論集》, 东京:春秋社, 2003 年, 第 153 – 175 页。

[56] [日] 渡边章悟:《般若経の三乗思想》,《东洋学论丛》第 38 号, 2013 年, 第 146 – 137 页。

[57] [日] 渡边章悟:《般若経の三乗における菩薩乗の意味》,《印度学佛教学研究》第 62 卷第 2 号, 2014 年, 第 892 – 884 页。

[58] [日] 服部弘瑞:《原始仏教に於ける無明(avijjā)の語義に就いて》,《パーリ学仏教文化学》第 10 卷, 1997 年, 第 105 – 111 页。

[59] [日] 高崎直道:《般若経と如來藏思想》,《印度学佛教学研究》第 17 卷第 2 号, 1969 年, 第 49 – 56 页。

[60] [日] 高堂晃寿:《『菩提達摩南宗定是非論』金剛経宣揚部の意味するもの》,《東アジア佛教:その成立と展開 木村清孝博士還暦記念論集》, 东京:春秋社, 2002 年, 第 131 – 145 页。

[61] [日] 关口真大:《慧能研究に関するメモ》,《印度学佛教学研究》第 20 卷第 2 号, 1972 年, 第 17 – 22 页。

[62] 韩尚希:《paññattiの意味と種類:Puggalapaññattiaṭṭhakathāを中

心として》，《印度学佛教学研究》第 65 卷第 2 号，2017 年，第 797 - 794 页。

［63］［日］荒川慎太郎：《ロシア所蔵西夏語訳『般若心経註』の研究》，白井聡子、庄垣内正弘编：《中央アジア古文献の言語学的・文献学的研究》，京都：京都大学文学部言语学研究室，2006 年，第 95 - 156 页。

［64］［日］吉村诚：《玄奘と『般若心経』》，《佛教史学研究》第 56 卷第 2 号，2014 年，第 34 - 48 页。

［65］［日］吉冈义丰：《仏教の禅法と道教の守一》，《智山学报》第 27 - 28 辑，1964 年，第 105 - 128 页。

［66］［韩］金宰晟：《慧解脱について》，《印度学佛教学研究》第 51 卷第 2 号，2003 年，第 831 - 827 页。

［67］［泰］Kongkarattanaruk Phrapongsak：《慧解脱者は四禅を必要としないのか》，《パーリ学仏教文化学》第 26 号，2012 年，第 1 - 13 页。

［68］［日］铃木格禅：《「壁観」と「覚観」について》，《印度学佛教学研究》第 24 卷第 1 号，1975 年，第 124 - 129 页。

［69］［日］铃木格禅：《「壁観」試論（I）》，《驹泽大学佛教学部研究纪要》第 33 号，1975 年，第 23 - 39 页。

［70］［日］铃木格禅：《「壁観」試論（Ⅱ）》，《驹泽大学佛教学部研究纪要》第 34 号，1976 年，第 26 - 47 页。

［71］［日］柳幹康：《『楞伽経』と『二入四行論』：「楞伽宗」の思想とそこに占める『楞伽経』の位置》，《インド哲学仏教学研究》第 18 号，2011 年，第 71 - 85 页。

［72］［日］柳田圣山：《菩提達摩二入四行論の資料価値》，《印度学佛教学研究》第 15 卷第 1 号，1966 年，第 320 - 323 页。

［73］［日］柳田圣山：《北宗禅の一資料》，《印度学佛教学研究》第 19 卷第 2 号，1971 年，第 127 - 135 页。

［74］［日］柳田圣山：《語録の歴史：禪文獻の成立史的研究》，《东

方学报》第 57 号，1985 年，第 211 – 663 页。

［75］［日］末光爱正：《吉蔵の仏身論》，《驹泽大学佛教学部研究纪要》第 44 号，1986 年，第 360 – 375 页。

［76］［日］平川彰：《般若と識の相違》，《日本学士院纪要》第 50 卷第 1 号，1995，第 1 – 25 页。

［77］［日］平井俊荣：《三種般若説の成立と展開》，《驹泽大学佛教学部研究纪要》第 41 号，1983，第 178 – 198 页。

［78］［美］ポール・スワンソン：《ダルマと「壁観」と梵漢合成語》，《驹泽大学佛教学部论集》第 35 号，2004 年，第 53 – 68 页。

［79］［日］前川隆司：《道宣の後集続高僧伝に就いて》，《龙谷史坛》第 46 号，1960 年，第 20 – 37 页。

［80］［日］山本启量：《原始仏教における仮の意義について》，《印度学佛教学研究》第 26 卷第 1 号，1977，第 324 – 327 页。

［81］上山大峻：《チベット訳『頓悟真宗要决』の研究》，《禅文化研究所纪要》第 8 号，1976 年，第 32 – 101 页。

［82］［日］石井公成：《石壁を通りぬける習禅者と壁に描かれた絵：壁観の原義について》，《佛教学》第 37 号，1995 年，第 61 – 77 页。

［83］［日］石井公成：《『金剛三昧経』の成立事情》，《印度学佛教学研究》第 46 卷第 2 号，1998 年，第 551 – 556 页。

［84］［日］石井公成：《初期禅宗と『楞伽経』》，《驹泽短期大学研究纪要》第 29 号，2001 年，第 171 – 189 页。

［85］［日］石井公成：《『般若心経』をめぐる諸問題：ジャン・ナティエ氏の玄奘創作説を疑う》，《印度学佛教学研究》第 64 卷第 1 号，2015 年，第 26 – 33 页。

［86］［日］石井修道：《伊藤隆壽氏發見の真福寺文庫所藏の『六祖壇経』の紹介：惠昕本『六祖壇経』の祖本との關連》，《驹泽大学佛教学部论集》第 10 号，1979 年，第 74 – 111 页。

［87］［日］石井修道：《惠昕本『六祖壇経』の研究：定本の試作と敦煌本との對照》，《驹泽大学佛教学部论集》第 11 号，1980 年，第 96－138 页。

［88］［日］石井修道：《惠昕本『六祖壇経』の研究（續）：定本の試作と敦煌本との對照》，《驹泽大学佛教学部论集》第 12 号，1981 年，第 68－132 页。

［89］［日］水野弘元：《菩薩十地説の發展について》，《印度学佛教学研究》第 1 卷第 2 号，1953 年，第 321－326 页。

［90］［日］水野弘元：《菩提達摩の二入四行説と金剛三昧経》，《印度学佛教学研究》第 3 卷第 2 号，1955 年，第 33－57 页。

［91］［日］水野弘元：《原始仏教および部派仏教における般若について》，《驹泽大学佛教学部研究纪要》第 23 号，1965 年，第 13－42 页。

［92］［日］水野弘元：《心性本浄の意味》，《印度学佛教学研究》第 20 卷第 2 号，1972 年，第 8－16 页。

［93］［日］松本信道：《膳大丘による金剛蔵菩薩撰『金剛般若経注』将来の背景》，《驹泽史学》第 77 号，东京：驹泽史学会，2012 年，第 17－34 页。

［94］［日］唐井隆德：《初期経典における縁起説の展開》，佛教大学大学院文学研究科博士学位论文，2017 年。

［95］［日］田中良昭：《四行論長巻子と菩提達摩論》，《印度学佛教学研究》第 14 卷第 1 号，1965 年，第 217－220 页。

［96］［日］田中良昭：《菩提達摩に関する敦煌写本三種について》，《驹泽大学佛教学部研究纪要》第 31 号，1973 年，第 161－179 页。

［97］［日］田中良昭：《『二入四行論長巻子』（擬）研究覚え書》，《驹泽大学佛教学部研究纪要》第 38 号，1980 年，第 51－69 页。

［98］［日］田中良昭：《『壇経』研究考：特に最近のテキスト研究を中心として》，镰田茂雄博士还历记念论集刊行会编：《鎌田茂雄博士還

曆記念論集：中国の仏教と文化》，东京：大藏出版株式会社，1988 年，第 291 – 313 页。

［99］［日］田中良昭：《校注和訳「蕲州忍和上導凡趣聖悟解脱宗修心要論」》，《驹泽大学禅研究所年报》第 2 号，1991 年，第 34 – 49 页。

［100］［日］田中良昭：《江南禅師智融註『般若波羅蜜多心経』の訳注》，《財団法人松ヶ岡文庫研究年報》第 19 号，2005 年，第 35 – 51 页。

［101］［日］藤近惠市：《『八千頌般若経』におけるdharmaの概念》，《般若波罗蜜多思想论集：真野龙海博士颂寿记念论文集》，东京：山喜房佛书林，1992 年，第 79 – 107 页。

［102］［日］藤井教公：《仏知見の解釈をめぐって》，《印度学佛教学研究》第 31 卷第 2 号，1983 年，第 333 – 336 页。

［103］［日］藤田宏达：《一乘と三乘》，横超慧日编：《法华思想》，京都：平乐寺书店，1969 年，第 352 – 405 页。

［104］［日］藤田宏达：《原始仏教における空》，佛教思想研究会编：《空（下）》（佛教思想 7），京都：平乐寺书店，1982 年，第 415 – 467 页。

［105］［日］藤田正浩：《心解脱と慧解脱》，《印度学佛教学研究》第 42 卷第 2 号，1994 年，第 574 – 578 页。

［106］［日］梶芳光運：《十地に就いて：特に般若経を主として》，《智山学报》第 11 号，1937 年，第 124 – 141 页。

［107］［日］梶芳光運：《三智の成立過程について》，《智山学报》第 19 辑（芙蓉良顺博士古稀记念 密教文化论集），1971 年，第 171 – 182 页。

［108］［日］梶山雄一：《般若思想の生成》，平川彰等编：《般若思想》（讲座大乘佛教 2），东京：春秋社，1983 年，第 1 – 86 页。

［109］［日］小峰弥彦：《道種智と六波羅蜜》，《智山学报》第 31 辑，1982 年，第 13 – 22 页。

[110] [日] 小泽宪珠：《般若経における菩薩地と菩薩位》，《印度学佛教学研究》第34卷第1号，1985年，第154–159页。

[111] [日] 伊吹敦：《『続高僧伝』の増広に関する研究》，《東洋の思想と宗教》第7号，1990年，第58–74页。

[112] [日] 伊吹敦：《北宗禅の新資料：金剛蔵菩薩撰とされる『観世音経讃』と『金剛般若経註』》，《禅文化研究所纪要》第17号，1991年，第183–212页。

[113] [日] 伊吹敦：《法如派について》，《印度学佛教学研究》第40卷第1号，1991年，第110–113页。

[114] [日] 伊吹敦：《般若心経慧浄疏の改変にみる北宗思想の展開》，《佛教学》第32号，1992年，第41–67页。

[115] [日] 伊吹敦：《『頓悟真宗金剛般若修行達彼岸法門要決』と荷沢神会》，三崎良周编：《日本・中国仏教思想とその展開》，东京：山喜房佛书林，1992年，第291–325页。

[116] [日] 伊吹敦：《『達磨大師三論』と『少室六門』の成立と流布》，《論叢アジアの文化と思想》第3号，1994年，第1–115页。

[117] [日] 伊吹敦：《敦煌本『壇経』の形成：惠能の原思想と神會派の展開》，《論叢アジアの文化と思想》第4号，1995年，第1–221页。

[118] [日] 伊吹敦：《『金剛経解義』の成立をめぐって》，《印度学佛教学研究》第45卷第1号，1996年，第63–67页。

[119] [日] 伊吹敦：《『金剛経解義』の諸本の系統と古形の復元》，《論叢アジアの文化と思想》第6号，1997年，第63–218页。

[120] [日] 伊吹敦：《再び『心王経』の成立を論ず》，《东洋学论丛》第22号，1997年，第82–106页。

[121] [日] 伊吹敦：《『心王経』の諸本について》，《印度学佛教学研究》第52卷第1号，2003年，第180–187页。

[122]［日］伊吹敦：《金剛蔵菩薩撰『金剛般若経註』校訂テキスト》，《东洋学研究》第 40 号，2003 年，第 101－136 页

[123]［日］伊吹敦：《『續高僧傳』達摩＝慧可傳の形成過程について》，《印度学佛教学研究》第 53 卷第 1 号，2004 年，第 124－130 页。

[124]［日］伊吹敦：《『續高僧傳』に見る達摩系習禪者の諸相：道宣の認識の變化が意味するもの》，《东洋学论丛》第 30 号，2005 年，第 45－75 页。

[125]［日］伊吹敦：《『二入四行論』の成立について》，《印度学佛教学研究》第 55 卷第 1 号，2006 年，第 127－134 页。

[126]［日］伊吹敦：《初期禪宗と「般若経」》，《国际禅研究》第 1 卷，2018 年，第 75－93 页。

[127]［日］伊吹敦：《『師資血脈傳』の成立と變化、竝びに他の神會の著作との關係について》，《东洋思想文化》第 7 号，2020 年，第 31－59 页。

[128]［日］玉城康四郎：《空思想への反省》，佛教思想研究会编：《空（下）》（佛教思想 7），京都：平乐寺书店，1982 年，第 907－1015 页。

[129]［日］玉城康四郎：《心解脱・慧解脱に関する考察》，《仏教の歴史と思想：壬生台舜博士颂寿記念》，东京：大藏出版，1985 年，第 295－371 页。

[130]［日］玉井威：《施設について》，《印度学佛教学研究》第 27 卷第 2 号，1979 年，第 714－716 页。

[131]［日］真田康道：《『八千頌般若経』にあらわれる清浄の語》，《印度学佛教学研究》第 40 卷第 1 号，1991 年，第 423－418 页。

[132]［日］真田康道：《『八千頌般若経』における清浄の研究》，《般若波罗蜜多思想论集：真野龙海博士颂寿记念论文集》，东京：山喜房佛书林，1992 年，第 225－251 页。

［133］［日］中川孝：《『金剛経口訣』と『六祖壇経』》，禅文化研究所编：《禅学论考：山田无文老师喜寿记念》，京都：思文阁出版，1977年，第195－219页。

［134］［日］竺沙雅章：《浄覚夾注「般若波羅蜜多心経」について》，《佛教史学》第7卷第3号，京都：平乐寺书店，1958年，第64－67页。

［135］［日］竹内弘道：《慧能撰『金剛経解義』について》，《印度学佛教学研究》第31卷第1号，1982年，第144－145页。

［136］［日］竹内弘道：《初期禅宗と『金剛般若経』》，《曹洞宗研究员研究生研究纪要》第15号，1983年，第132－143页。

［137］［日］椎名宏雄：《『少室六門』と『達磨大師三論』》，《驹泽大学佛教学部论集》第9号，1978年，第208－231页。

［138］［日］椎名宏雄：《『宝林伝』逸文の研究》，《驹泽大学佛教学部论集》第11号，1980年，第234－257页。

［139］［日］椎名宏雄：《天順本『菩提達摩四行論』の資料価値》，《宗学研究》第38号，1996年，第222－227页。

［140］［日］椎名宏雄：《天順本『菩提達摩四行論』》，《驹泽大学佛教学部研究纪要》第54号，1996年，第189－214页。

［141］［日］椎名宏雄：《カラホト出土の達磨大師『夾頌心経』》，《宗学研究》第46号，2004年，第235－240页。

［142］Bernard Faure, "Bodhidharma as Textual and Religious Paradigm", *History of Religions*, vol. 25, no. 3, 1986, pp. 187－198.

［143］Bernard Faure, "The Concept of One－Practice Samādhi in Early Ch'an", in Peter N. Gregory (ed.), *Traditions of Meditation in Chinese Buddhism*, Honolulu: The University of Hawaii Press, 1986, pp. 99－128.

［144］Giuseppe Tucci (ed.), "Saptaśatikāprajñāpāramitā", *Memorie della Reale Accademia Nazionale dei Lincei*, *Classe di Scienze morali*, *storiche e filologiche*, serie V, vol. 17, 1923, pp. 116－139.

[145] Harrison Paul and Watanabe Shōgō (ed.), "Vajracchedikā Prajñāpāramitā", in Jens Braarvig ed. *Buddhist Manuscripts in the Schøyen Collecion vol. III*, Oslo: Hermes Publishing, 2006, pp. 89 - 132.

[146] James L. Fitzgerald, "A Semantic Profile of Early Sanskrit 'buddhi'", *Journal of Indian Philosophy*, vol. 45, 2017, pp. 669 - 709.

[147] Jan Nattier, "The Heart Sūtra: A Chinese Apocryphal Text?", *The Journal of the International Association of Buddhist Studies*, vol. 15, no. 2, 1992, pp. 153 - 223.

[148] Jayarava Attwood, "The History of the Heart Sutra as a Palimpsest", *Pacific World: Journal of the Institute of Buddhist Studies*, 4th ser., no. 1, 2020, pp. 155 - 182.

[149] Jiryo Masuda, "Saptaśatikā Prajñāpāramitā: Text and the Hsüan - chwang Chinese Version with Notes," *Journal of the Taisho University*, vols. 6 - 7: In Commemoration of the Sixtieth Birthday of Professor Unrai Wogihara, part II, 1930, pp. 185 - 241.

[150] John R. McRae, "Shen - hui and the Teaching of Sudden Enlightenment in Early Ch'an Buddhism", in Peter N. Gregory (ed.), *Sudden and Gradual: Approaches to Enlightenment in Chinese Thought*, Honolulu: University of Hawai'i Press, 1987, pp. 227 - 278.

[151] John R. McRae, "Ch'an Commentaries on the Heart Sūtra: Preliminary Inferences on the Permutation of Chinese Buddhism", *The Journal of the International Association of Buddhist Studies*, vol. 11, no. 2, 1988, pp. 87 - 115.

[152] Paul M. Williams, "Some Aspects of Language and Construction in the Madhyamaka", *Journal of Indian Philosophy*, vol. 8, vo. 1 (Mar. 1980), pp. 26 - 27.

[153] Timothy H. Barrett, "The Date of the Leng - chia shih - tzu chih", *Journal of the Royal Asiatic Society*, series 3, vol. 1, no. 2, 1991, pp. 255 - 259.

[154] Yoke - Meei Choong, "The Formula 'Non - A is A' in Vasubandhu's commentary on the Triśatikāyāḥ Prajñāpāramitāyāḥ Kārikāsaptatiḥ",《台大佛学研究》第 24 期，2012 年，第 1 - 60 页。

后　记

此书在博士论文基础上修改而成。自构思以来，已过数载。荏苒冬春，管窥椎指。虽理董写定、草就篇章，犹觉仰之弥高、钻之弥坚，惟叹知也无涯、生也有涯。今荣幸入选《儒道释博士论文丛书》，得以付梓，需向此中给予帮助之师友亲朋表示衷心感谢。

首先，当感谢恩师赖永海先生。承蒙先生不弃钝根顽劣，吾得以从硕士至博士跪履绛帐，聆听谆谆教诲。先生渊默深沉，洞察朗鉴，温和平易，慈悲泰然，循循善诱学生契于正途，而又予以学思行动之自由，不拘泥执着于琐屑。吾虽忝列门墙，而自觉获益匪浅。博士论文写作之时，感恩先生于百忙之中抽出时间对选题、理路、架构、叙述、措辞进行耐心指导；先生提纲挈领、开钥引路之宝贵意见，深入浅出、启愤发悱、小叩大鸣，令吾得以虚往实归、终成学业。书稿改定，又蒙先生欣然赐序，感动之情，无以言表。

其次，当感谢董群、徐长安、王月清、杨维中、李承贵、刘鹿鸣、沈文华、宋立宏、周群、邵佳德诸位老师对标题、结构、行文等提出宝贵修改意见，振聋发聩，发人深省，感佩在心。此书出版过程中，又承四川大学道教与宗教文化研究所厚爱支持，于此一并致谢。

再者，当感谢诸位学友，分享资料，交流心得，互相批评，如切如磋，如琢如磨。学思之精进、日常之清平、生活之静好，幸赖良朋知己相伴。

最后，当感谢祖母、父母养育之恩。吾虽已年过而立，生活重担仍倚赖双亲，常怀惭愧，无以为报，唯以勤勉努力报答之。

此书虽可算作“完成”，然挂一漏万，贻笑大方。更觉智海弘深，道路长远，犹待求索，以俟来日。

陆杰峰

壬寅春记于南雍

《儒道释博士论文丛书》已出书目

第一批(1999 **年**)

道教斋醮科仪研究　张泽洪著

道教炼养心理学引论　张　钦著

道教劝善书研究　陈　霞著

道教与神魔小说　苟　波著

净明道研究　黄小石著

第二批(2000 **年**)

神圣礼乐——正统道教科仪音乐研究　蒲亨强著

魏晋玄学人格美研究　高华平著

明清全真教论稿　王志忠著

佛教与儒教的冲突与融合　彭自强著

经验主义的孔子道德思想及其历史演变　邓思平著

第三批(2001 **年**)

宋元老学研究　刘固盛著

道教内丹学探微　戈国龙著

汉魏六朝道教教育思想研究　汤伟侠著

般若与老庄　蔡　宏著

刘一明修道思想研究　刘　宁著

晚明自我观研究　傅小凡著

第四批(2002 **年**)

近现代以佛摄儒研究　李远杰著

礼宜乐和的文化思想　金尚礼著

生死超越与人间关怀——神仙信仰在道教与民间的互动　李小光著

近现代居士佛学研究　刘成有著

生命的层级——冯友兰人生境界说研究　刘东超著

第五批(2003 **年**)

中国佛教僧团发展及其研究　王永会著

实相本体与涅槃境界　余日昌著

斋醮科仪　天师神韵　傅利民著

荷泽宗研究　聂　清著

精神分析与佛学的比较研究　尹　立著

太虚对中国佛教现代化道路的抉择　罗同兵著

终极信仰与多元价值的融通　姚才刚著

第六批(2004 年)

西学东渐与明清实学　李志军著

上清派修道思想研究　张崇富著

北宋《老子》注研究　尹志华著

相国寺

——在唐宋帝国的神圣与凡俗之间　段玉明著

熊十力本体论哲学研究　郭美华著

关于知识的本体论研究

——本质　结构　形态　昌家立著

明代王学研究　鲍世斌著

中国技术思想研究

——古代机械设计与方法　刘克明著

朱熹与《参同契》文本　钦伟刚著

中国律宗思想研究　王建光著

第七批(2005 年)

元代庙学

——无法割舍的儒学教育链　胡　务著

牟宗三"道德的形而上学"研究　闵仕君著

隋唐五代道教美学思想研究　李　裴著

宋元道教易学初探　章伟文著

杜光庭《道德真经广圣义》的道教哲学研究　金兑勇著

天台判教论　韩焕忠著

杜光庭道教小说研究　罗争鸣著

魏源思想探析　李素平著

泰州学派新论　季芳桐著

《文子》成书及其思想　葛刚岩著

傅金铨内丹思想研究　谢正强著

第八批(2006 年)

汉末魏晋南北朝道教戒律规范研究　伍成泉著

两性关系本乎阴阳

——先秦儒家、道家经典中的性别意识研究　贺璋瑢著

陈撄宁与道教文化的现代转型　刘延刚著

扬雄《法言》思想研究　郭君铭著

《周易禅解》研究　谢金良著

明清道教与戏剧研究　李　艳著

王弼易学解经体例探源　尹锡珉著

唐代道教管理制度研究　林西朗著

四念处研究　哈　磊著

天人之际的理学新诠释

——王夫之《读四书大全说》思想研究　周　兵著

第九批(2007 年)

晚明狂禅思潮与文学思想研究　赵　伟著

先秦儒家孝道研究　王长坤著

致良知论

——王阳明去恶思想研究　胡永中著

伍守阳内丹思想研究　丁常春著

贝叶上的傣族文明

——云南德宏南传上座部佛教

社会考察研究　吴之清著

朱子论“曾点气象”研究　田智忠著

二十世纪中国道教学术的

新开展　傅凤英著

道教与基督教生态思想

比较研究　毛丽娅著

汉晋文学中的《庄子》接受

杨　柳著

马祖道一禅法思想研究　邱　环著

道教自然观研究　赵　芃著

第十批（2008 **年**）

王船山礼学思想研究　陈力祥著

王船山美学基础

——以身体观和诠释学

为进路的考察　韩振华著

马来西亚华人佛教信仰研究

白玉国著

《管子》哲学思想研究　张连伟著

东晋佛教思想与文学研究

释慧莲著

北宋禅宗思想及其渊源

土屋太祐著

早期道教教职研究　丁　强著

隋唐五代道教诗歌的审美管窥

田晓膺著

道教与明清文人画研究　张明学著

道教戒律研究　唐　怡著

第十一批（2009 **年**）

驯服自我

——王常月修道思想研究

朱展炎著

道经图像研究　许宜兰著

阳明学与佛道关系研究　刘　聪著

清代净土宗著述研究　于海波著

宗教律法与社会秩序

——以道教戒律为例的研究

刘绍云著

老子及其遗著研究

——关于战国楚简《老子》、《太一生水》、《恒先》的考察

谭宝刚著

汉唐道教修炼方式与道教

女性观之变化研究　岳齐琼著

宋元三教融合与道教发展研究

杨　军著

都市佛寺的社会交换研究

肖尧中著

早期天台学对唯识古学的

吸收与抉择　刘朝霞著

第十二批（2010 **年**）

道教社会伦理思想之研究

何立芳著

印度佛教净土思想研究　汪志强著

社会转型下的宗教与健康

关系研究　冯小林著

教化与工夫

——工夫论视域中的阳明心学系统　陈多旭著

心性灵明之阶

——早期全真道情欲论思想研究　刘　恒著

中古道书语言研究　冯利华著

近现代禅净合流研究　许　颖著

永明延寿心学研究　田青青著

中国传统社会宗教的世俗化研究

——以金元时期全真教社会思想与传播为个案　夏当英著

成玄英《庄子疏》研究　崔珍晳著

第十三批(2011年)

道医陶弘景研究　刘永霞著

汉代内学

——纬书思想通论　任蜜林著

一心与圆教

——永明延寿思想研究　杨文斌著

三教关系视野中的陈景元思想研究　隋思喜著

蒙文通道学思想研究　罗映光著

敦煌本《太玄真一本际经》思想研究　黄崑威著

总持之智

——太虚大师研究　丁小平著

明清民间宗教思想研究

——以神灵观为中心　刘雄峰著

东晋宋齐梁陈比丘尼研究　唐　嘉著

《贞观政要》治道研究　杨　琪著

第十四批(2012年)

老子八十一化图研究　胡春涛著

马一浮思想研究　李国红著

《老子》思想溯源　刘鹤丹著

“仙佛合宗”修道思想研究　卢笑迎著

方东美论道家思想　施保国著

湛甘泉哲学思想研究　王文娟著

仪式的建构与表达

——滇南建水祭孔仪式的文化与记忆　曾　黎著

智旭佛学易哲学研究　张韶宇著

悟道·修道·弘道

——丘处机道论及其历史地位　赵玉玲著

隋唐道教与习俗　周　波著

第十五批(2013年)

庄子哲学的后现代解读　郭继明著

法藏圆融之“理”研究　孙业成著

汉传佛教寺院经济演变研究　于　飞著

魏晋南北朝社会生活与道教文化　刘　志著

中古道官制度研究　刘康乐著

金元道教信仰与图像表现——以永乐宫壁画为中心　刘　科著

元代道教戏剧研究　廖　敏著

明代灵济道派研究　王福梅著

中国宗教的慈善参与新发展及机制研究　明世法著

两晋南北朝时期河陇佛教地理研究　杨发鹏著

第十六批(2014 年)

道教气论学说研究　路永照著

历史中的镜像——论晚明僧人视域中的《庄子》　周黄琴著

从玄解到证悟——论中土佛理诗之发展演变　张君梅著

回归诚明——李翱《复性书》研究　韩丽华著

图像与信仰——中古中国维摩诘变相研究　肖建军著

中国道教经籍在十九世纪英语世界的译介研究　俞森林著

四川道教宫观建筑艺术研究　李星丽著

道与艺——《庄子》的哲学、美学思想与文学艺术　胡晓薇著

李光地易学思想研究　冯静武著

显隐哲学视域中的文艺审美　杨继勇著

第十七批(2015 年)

赞宁《宋高僧传》研究　杨志飞著

自我与圣域——现代性视野中的唐君毅哲学　胡　岩著

明代道教文化与社会生活　寇凤凯著

道教医世思想溯源　杨　洋著

近代以来中国佛教慈善事业研究　李湖江著

现代性和中国佛耶关系(1911—1949)　周晓微著

西域佛教演变研究　彭无情著

藏族古典寓言小说研究　觉乃·云才让著

藏传佛教判教研究　何杰峰著

藏彝走廊北部地区藏传佛教寺院研究　李顺庆著

第十八批(2016 年)

重庆华岩寺佛教仪式音乐与传承　陈　芳著

明末清初临济宗圆悟、法藏纷争始末考论　吕真观著

《文子》思想研究　姜李勤著

汉末至五代道教书法美学研究　沈　路著

佛教传统的价值重估与重建

——太虚与印顺判教
思想研究　邓莉雅著

边缘与归属:道教认同的
文化史考察　郭硕知著

道教时日禁忌探源　廖　宇著

清代清修内丹思想比较
研究——以柳华阳、闵
一得、黄元吉为对象　张　涛著

闵一得研究　陈　云著

第十九批(2017 年)

中医运气学说与道教关
系研究　金　权著

《道枢》研究　张　阳著

全真教制初探　高丽杨著

道教师道思想研究　孙瑞雪著

生命哲学视域下的道教
服食研究　徐　刚著

"真心观"与宋元明文艺
思想研究　曹　磊著

礼法与天理:朱熹《家礼》
思想研究　彭卫民著

儒佛融摄视野下的马一
浮、熊十力思想
比较研究　王　毓著

道教与书法关系研究　阳志辉著

近代城市宫观与地方
社会——以杭州玉
皇山福星观为中心　郭　峰著

第二十批(2018 年)

法相唯识学认知思想研究
石文山著

禅观影像论　史　文著

早期道教经韵授度体系
研究　陈文安著

明清禅宗"牧牛诗组"之
研究　林孟蓉著

道教内外丹关系研究　盖　菲著

先秦道家人性论研究　周　耿著

王弼易学研究
——以体用论为中心　张二平著

究天人之际
——从《尚书》上探儒
家本色　黄靖雅著

上阳子陈致虚生平及思想
研究　周　冶著

第二十一批(2019 年)

《春秋》纬与汉代思想世界
王小明著

道教与唐前志怪小说专题
研究　徐胜男著

康有为、梁启超、谭嗣同佛
教思想研究　赵建华著

先秦儒道本体论研究　王先亮著

张万福与唐初道教仪式
的形成　田　禾著

“三纲九目”:朱子《小学》思想研究　徐国明著
先秦儒家天命鬼神观研究　胡静静著
汉末道教的“真道”观及其展开——基于《太平经》《老子想尔注》《周易参同契》的研究　孙功进著
道德与解脱:中晚明士人对儒家生死问题的辩论与诠释　刘琳娜著
王阳明与其及门四大弟子的情论研究　张翅飞著
大道鸿烈——《淮南子》汉代黄老新“道治”思想研究　高　旭著

第二十二批(2020 年)

元代理学与社会　朱　军著
《晏子春秋》研究　袁　青著
明代寺院经济研究　周上群著
《老子指归》的哲学研究　袁永飞著
南宋士人笔记中的宋代道士形象研究　武清旸著
唐玄宗道儒佛思想研究——以注疏三经为中心　王玲霞著
陈景元美学思想研究　罗崇蓉著
敦煌本《大乘百法明门论》注疏研究　张　磊著
川北地区道教宫观建筑思想及历史文化研究　王鲁辛著
德国巴伐利亚州立图书馆藏三类金门瑶经书抄本研究　肖　习著

第二十三批(2021 年)

元代《春秋》学研究　张立恩著
《楞严经》思想体系研究　段新龙著
困境与机遇——民国成都道教生存状况研究　金恺文著
早期禅宗般若思想研究　陆杰峰著
聚云吹万广真研究　王廷法著
邵以止与明初净明道　叶文学著
清代道教事务管理研究　由　申著
四川三台县云台观研究　袁春霞著
宋代道教炼度研究　刘　陶著

图书在版编目（CIP）数据

早期禅宗般若思想研究/陆杰峰著．—成都：巴蜀书社，2022.8

（儒道释博士论文丛书）

ISBN 978-7-5531-1775-1

Ⅰ.①早…　Ⅱ.①陆…　Ⅲ.①禅宗—慧—研究　Ⅳ.①B946.5

中国版本图书馆 CIP 数据核字（2022）第 127391 号

早期禅宗般若思想研究
ZAOQI CHANZONG BORE SIXIANG YANJIU
陆杰峰　著

责任编辑　谢正强
出　　版　巴蜀书社
　　　　　成都市锦江区三色路 238 号新华之星 A 座 36 层
　　　　　邮政编码：610023
　　　　　总编室电话：(028) 86361843
网　　址　www.bsbook.com
发　　行　巴蜀书社
　　　　　发行科电话：(028) 86361852
经　　销　新华书店
印　　刷　四川宏丰印务有限公司
　　　　　电话：(028) 85726655　13689082673
版　　次　2023 年 4 月第 1 版
印　　次　2023 年 4 月第 1 次印刷
成品尺寸　203mm×140mm
印　　张　18.75
字　　数　530 千字
书　　号　ISBN 978-7-5531-1775-1
定　　价　89.00 元